Administrative Law Text, Vol.3
Administrative Organization Law/
Civil Service Law/Public Things Law

行政法概説 III

行政組織法／公務員法／公物法

【第5版】

宇賀克也

有斐閣
yuhikaku

第5版はしがき

本書の対象である行政組織法，公務員法，公物法の分野では，制度の改正が頻繁に行われるため，今回の改訂でも，法令の改正に伴う加筆修正をかなり行ったが，その他，以下の方針で改訂を行った。

第1に，本書では，裁判例もできる限り説明する方針を採っているため，最近の裁判例についても，かなり追記した。

第2に，本書の全体を改めて読み返し，理論的部分について，より詳しく説明するように記述を補充した。

第3に，読者の方に，行政組織法，公務員法，公物法の分野への関心を深めていただくためのコラム欄も増設した。コラム数は，合計158になり，約4頁に1つの割合になった。

第4に，本書では，公務員，研究者の方が職務上の必要から調査・研究をしたり，学生の方が演習の報告等のために調査をしたりする際の便宜を図る目的で，脚注で，できる限り参考文献を記載しているが，それについても，追記を行った。

第5に，本書では，できる限り制度の運用の実態も示す方針を採っているため，制度の運用に関する統計を更新した。

今回の改訂では，有斐閣法律編集局書籍編集部の浦川夏樹氏に大変お世話になった。ここに記して，厚くお礼申し上げたい。

2019年2月

宇賀克也

はしがき

本書は，著者が東京大学において行ってきた行政法第3部の講義ノートに加筆してまとめたものである。東京大学においては，かつては，行政法第3部において，行政組織法，公務員法，公物法に加えて，地方自治法も対象としていたが，地方自治法が独立の講義となったため，これについては，別に，その講義内容を『地方自治法概説』（有斐閣，初版2004年）として刊行した。したがって，本書の行政組織法では，国の行政組織を中心に説明しており，地方公共団体の行政組織については，必要に応じて触れるにとどめている。しかし，『地方自治法概説』では，地方公務員法については詳しく説明していないので，本書の公務員法の部分で，国家公務員法のみならず，地方公務員法についても，かなり丁寧に説明している。このように，本書は，学部学生も読者として念頭に置いているため，基礎的概念についても説明を加え，基礎から無理なく学習できるように配慮した。また，重要な条文については，条文数を引くにとどめず，条文の内容も記述し，初学者の方の便宜を図った。

東京大学では，2004年4月より，法科大学院，公共政策大学院の発足に伴い，公共政策大学院の授業科目として，行政組織法，公物・公共施設法が設けられることになった。これに対応し，本書では，法科大学院や公共政策大学院での学習にも対応できるように，応用的な内容も盛り込んだ。また，行政組織法，公務員法，公物法の分野は，とくに国家公務員，地方公務員の方にとっては，重要な法分野であり，関心も高い。そこで，公務員の方も読者として念頭に置き，実務上生ずる問題について調べるときに参考になるような情報も加筆し，紙幅の許す限りにおいて，参考文献を注で掲げるようにした。

このように多面的な読者を念頭に置いたため，学部学生や一般市民の方が理解しておくべき基本的な内容は大文字で，学部の演習，大学院での発展的学習や実務上の必要から調査される方を想定した叙述は小文字で表記することとした。したがって，初学者の方は，小文字の部分は飛ばして読んでいただいて結構である。

本書では，とくに以下の点に配慮した。第1に，できる限り最新の情報を提供することである。とくに行政組織法，公務員法の分野では，変革が急速であるため，2008年通常国会に提出された国土交通省設置法等改正法案（船員労働委員会の廃止，観光庁の設置等を内容とする），同年2月に公表された「公務員制度の総合的な改革に関する懇談会」報告書（内閣人事庁の設置，キャリア制度の廃止，総合職採用者の内閣人事庁による一元管理システム，政官関係の集中管理等を内容とする）等，2008年2月半ばまでの最新の情報を提供している。第2に，制度の説明にとどめず，運用の実態についても，可能な限り統計を示して説明するように努めた。

本書で取り上げた分野は，行政法学者による研究が他分野と比較して少ないといえるが，それでも，過去の研究の蓄積は大きく，その重みを実感した。また，行政組織，公務員については，行政学による研究が盛んであり，本書執筆に当たって，大いに参考になった。行政法学の研究にとり，行政学の研究を参照することが有益であることを強く感じた次第である。本書の刊行に当たり，多くの先輩の先生方，とりわけ，研究生活を始めてから今日に至るまで暖かいご指導を賜った塩野宏先生，小早川光郎先生に心より感謝したい。拙い本書であるが，本年めでたく喜寿をお迎えになられる塩野先生に，これまでの懇切なご指導に対する深甚なる感謝の念をこめて，本書を献呈させていただきたい。

本書の行政組織法，公務員法の内容の一部については，法学教室319～330号に連載した。ただし，雑誌の紙幅の制約があったことや，その後，法制度や判例の新たな動きがあったため，本書では，大幅な加筆修正を行っている。法学教室連載時には，有斐閣法学教室編集室の足立曉信，大森響の両氏に大変お世話になった。また，『行政法概説Ⅰ』，『行政法概説Ⅱ』，『地方自治法概説』同様，有斐閣書籍編集第1部の佐藤文子さんには，精緻な編集作業を行っていただいた。これらの方に，この場を借りて，心から謝意を表させていただきたい。

2008年2月

宇 賀 克 也

目　次

第2編　公務員法

文献略語（五十音順）

阿部・法システム(下)	阿部泰隆・行政の法システム(下)〔新版〕（有斐閣，1997年）
石森・会計検査院	石森久広・会計検査院の研究――ドイツ・ボン基本法下の財政コントロール（有信堂，1996年）
板垣・住宅市場	板垣勝彦・住宅市場と行政法――耐震偽装，まちづくり，住宅セーフティネットと法（第一法規，2017年）
板垣・保障行政	板垣勝彦・保障行政の法理論（弘文堂，2013年）
伊藤・行政委員会	伊藤正次・日本型行政委員会制度の形成――組織と制度の行政史（東京大学出版会，2003年）
稲継・官僚人事	稲継裕昭・日本の官僚人事システム（東洋経済新報社，1996年）
稲葉・法理論	稲葉馨・行政組織の法理論（弘文堂，1994年）
宇賀・行政情報化	宇賀克也・行政手続と行政情報化（有斐閣，2006年）
宇賀・個人情報逐条解説	宇賀克也・個人情報保護法の逐条解説〔第6版〕（有斐閣，2018年）
宇賀・国家補償法	宇賀克也・国家補償法（有斐閣，1997年）
宇賀・地方自治法	宇賀克也・地方自治法概説〔第8版〕（有斐閣，2019年）
宇賀・判例行政法	宇賀克也・判例で学ぶ行政法（第一法規，2015年）
宇賀ほか・対話	宇賀克也＝大橋洋一＝高橋滋編・対話で学ぶ行政法（有斐閣，2003年）
薄井・分離時代	薄井一成・分権時代の地方自治（有斐閣，2006年）
荏原・公共施設	荏原明則・公共施設の利用と管理（日本評論社，1999年）
大石・憲法秩序	大石眞・憲法秩序への展望（有斐閣，2008年）
岡田・公権力	岡田雅夫・行政法学と公権力の観念（弘文堂，2007年）
兼子・行政法学	兼子仁・行政法学（岩波書店，1997年）
北島・行政上の主体	北島周作・行政上の主体と行政法（弘文堂，2018年）
木村・港湾	木村琢麿・港湾の法理論と実際――行政法・財政法からのアプローチ（成山堂書店，2008年）
栗田・国家公務員法	栗田久喜編・国家公務員法（青林書院，1997年）
佐藤・行政組織法	佐藤功・行政組織法〔新版・増補〕（有斐閣，1985年）

佐藤・経済行政法	佐藤英善・経済行政法（成文堂，1990年）
塩野・行政法概念	塩野宏・行政法概念の諸相（有斐閣，2011年）
塩野・行政法Ⅲ	塩野宏・行政法Ⅲ〔第4版〕（有斐閣，2012年）
塩野・諸問題	塩野宏・行政組織法の諸問題（有斐閣，1991年）
塩野・地方公共団体	塩野宏・国と地方公共団体（有斐閣，1990年）
塩野・法治主義	塩野宏・法治主義の諸相（有斐閣，2001年）
塩野古稀(上)(下)	塩野宏先生古稀記念・行政法の発展と変革(上)(下)（有斐閣，(上)(下)2001年）
芝池・総論講義	芝池義一・行政法総論講義〔第4版補訂版〕（有斐閣，2006年）
下井・公務員制度	下井康史・公務員制度の法理論――日仏比較公務員法研究（弘文堂，2017年）
田中・行政法中	田中二郎・新版行政法中巻〔全訂第2版〕（弘文堂，1976年）
西尾・行政学	西尾勝・行政学〔新版〕（有斐閣，2001年）
西尾ほか・講座行政学(2)(4)	西尾勝＝村松岐夫編・講座行政学(2)(4)（有斐閣，(2)1994年・(4)1995年）
野中ほか・憲法ⅠⅡ	野中俊彦＝中村睦男＝高橋和之＝高見勝利・憲法ⅠⅡ〔第5版〕（有斐閣，ⅠⅡ2012年）
広岡・公物法	広岡隆・公物法の理論（ミネルヴァ書房，1991年）
藤田・基礎理論(下)	藤田宙靖・行政法の基礎理論(下)（有斐閣，2005年）
藤田・行政組織法	藤田宙靖・行政組織法（有斐閣，2005年）
藤田・思考形式	藤田宙靖・行政法学の思考形式〔増補版〕（木鐸社，2002年）
室井・民主的統制	室井力・行政の民主的統制と行政法（日本評論社,1989年）51頁
毛利・統治構造	毛利透・統治構造の憲法論（岩波書店，2014年）
森園ほか・逐条国家公務員法	森園幸男ほか編・逐条国家公務員法（学陽書房，2015年）
森田・行政改革	森田寛二・行政改革の違憲性（信山社，2002年）
森田・内閣府	森田寛二・行政機関と内閣府（良書普及会，2000年）
山本・判例探究	山本隆司・判例から探究する行政法（有斐閣，2012年）

米丸・私人	米丸恒治・私人による行政（日本評論社，1999 年）
行政法講座(4)(5)	田中二郎＝原龍之助＝柳瀬良幹編・行政法講座(4)(5)（有斐閣，(4)(5) 1965 年）
行政法大系(7)(8)(9)(10)	雄川一郎＝塩野宏＝園部逸夫編・現代行政法大系(7)(8)(9)(10)（有斐閣，(7) 1985 年・(8)(9)(10) 1984 年）
争点	成田頼明編・行政法の争点〔初版〕〔新版〕（有斐閣，初版 1980 年・新版 1990 年），芝池義一＝小早川光郎＝宇賀克也編・行政法の争点〔第 3 版〕（有斐閣，2004 年）（版数を明示する）
新争点	高木光＝宇賀克也編・行政法の争点（有斐閣，2014 年）
百選Ⅰ・Ⅱ	宇賀克也＝交告尚史＝山本隆司編・行政判例百選〔第 7 版〕（有斐閣，2017 年）（第 6 版以前の版については，版数を明示する）
地方自治百選	磯部力＝小幡純子＝斎藤誠編・地方自治判例百選〔第 4 版〕（有斐閣，2013 年）（第 3 版以前の版については，版数を明示する）
公務員百選	塩野宏＝菅野和夫＝田中舘照橘編・公務員判例百選（有斐閣，1986 年）

著 者 紹 介

宇 賀 克 也（うが　かつや）

東京大学法学部卒。前東京大学大学院法学政治学研究科教授（東京大学法学部教授・公共政策大学院教授を兼担)。この間，ハーバード大学，カリフォルニア大学バークレー校，ジョージタウン大学客員研究員，ハーバード大学，コロンビア大学客員教授を務める。

〈主要著書〉

行政法一般

行政法〔第 2 版〕（有斐閣，2018 年）
行政法概説Ⅰ〔第 6 版〕（有斐閣，2017 年）
行政法概説Ⅱ〔第 6 版〕（有斐閣，2018 年）
ブリッジブック行政法〔第 3 版〕（編著，信山社，2017 年）
行政法評論（有斐閣，2015 年）
判例で学ぶ行政法（第一法規，2015 年）
対話で学ぶ行政法（共編著，有斐閣，2003 年）
アメリカ行政法〔第 2 版〕（弘文堂，2000 年）

情報法関係

新・情報公開法の逐条解説〔第 8 版〕（有斐閣，2018 年）
個人情報保護法の逐条解説〔第 6 版〕（有斐閣，2018 年）
自治体のための 解説 個人情報保護制度――行政機関個人情報保護法から各分野の特別法まで（第一法規，2018 年）
論点解説 個人情報保護法と取扱実務（共著，日本法令，2017 年）
逐条解説 公文書等の管理に関する法律〔第 3 版〕（第一法規，2015 年）
情報公開・個人情報保護――最新重要裁判例・審査会答申の紹介と分析(有斐閣, 2013 年)
情報法（共編著，有斐閣，2012 年）
情報公開と公文書管理（有斐閣，2010 年）
個人情報保護の理論と実務（有斐閣，2009 年）
地理空間情報の活用とプライバシー保護（共編著，地域科学研究会，2009 年）
災害弱者の救援計画とプライバシー保護（共編著，地域科学研究会，2007 年）
大量閲覧防止と情報セキュリティ（編著，地域科学研究会，2006 年）
情報公開の理論と実務（有斐閣，2005 年）
諸外国の情報公開法（編著，行政管理研究センター，2005 年）
情報公開法――アメリカの制度と運用（日本評論杜，2004 年）
プライバシーの保護とセキュリティ（編著，地域科学研究会，2004 年）
解説 個人情報の保護に関する法律（第一法規，2003 年）
個人情報保護の実務Ⅰ・Ⅱ（編著，第一法規，加除式）

ケースブック情報公開法（有斐閣，2002 年）
情報公開法・情報公開条例（有斐閣，2001 年）
情報公開法の理論〔新版〕（有斐閣，2000 年）
行政手続・情報公開（弘文堂，1999 年）
情報公開の実務Ⅰ・Ⅱ・Ⅲ（編著，第一法規，加除式）
アメリカの情報公開（良書普及会，1998 年）

行政手続・マイナンバー法関係

行政手続三法の解説〔第 2 次改訂版〕（学陽書房，2016 年）
番号法の逐条解説〔第 2 版〕（有斐閣，2016 年）
論点解説 マイナンバー法と企業実務（共著，日本法令，2015 年）
完全対応 特定個人情報保護評価のための番号法解説（監修，第一法規，2015 年）
完全対応 自治体職員のための番号法解説［実例編］（監修，第一法規，2015 年）
施行令完全対応 自治体職員のための番号法解説［制度編］（共著，第一法規，2014 年）
施行令完全対応 自治体職員のための番号法解説［実務編］（共著，第一法規，2014 年）
行政手続法制定資料⑾～⒃（共編，信山社，2013 ～ 2014 年）
行政手続法の解説〔第 6 次改訂版〕（学陽書房，2013 年）
完全対応 自治体職員のための番号法解説（共著，第一法規，2013 年）
マイナンバー（共通番号）制度と自治体クラウド（共著，地域科学研究会，2012 年）
行政手続と行政情報化（有斐閣，2006 年）
改正行政手続法とパブリック・コメント（編著，第一法規，2006 年）
行政手続オンライン化 3 法（第一法規，2003 年）
行政サービス・手続の電子化（編著，地域科学研究会，2002 年）
行政手続と監査制度（編著，地域科学研究会，1998 年）
自治体行政手続の改革（ぎょうせい，1996 年）
税務行政手続改革の課題（監修，第一法規，1996 年）
明解 行政手続の手引（編著，新日本法規，1996 年）
行政手続法の理論（東京大学出版会，1995 年）

政策評価関係

政策評価の法制度――政策評価法・条例の解説（有斐閣，2002 年）

行政争訟関係

行政不服審査法の逐条解説〔第 2 版〕（有斐閣，2017 年）
解説 行政不服審査法関連三法（弘文堂，2015 年）
Q&A 新しい行政不服審査法の解説（新日本法規，2014 年）
改正行政事件訴訟法〔補訂版〕（青林書院，2006 年）

国家補償関係

条解 国家賠償法（共編著，弘文堂，2019 年）
国家賠償法［昭和 22 年］（日本立法資料全集）（編著，信山社，2015 年）
国家補償法（有斐閣，1997 年）

国家責任法の分析（有斐閣，1988 年）

地方自治関係

地方自治法概説〔第 8 版〕（有斐閣，2019 年）

2017 年地方自治法改正――実務への影響と対応のポイント（編著，第一法規，2017 年）

環境対策条例の立法と運用（編著，地域科学研究会，2013 年）

地方分権――条例制定の要点（編著，新日本法規，2000 年）

法人法関係

Q&A 新しい社団・財団法人の設立・運営（共著，新日本法規，2007 年）

Q&A 新しい社団・財団法人制度のポイント（共著，新日本法規，2006 年）

第 1 編

行政組織法

序章　行政法における行政組織法

Point

1）　行政作用法・行政救済法・行政組織法の３つの法領域は三位一体の関係にあり，その全体を理解して，はじめて行政法が理解できたといえる。

2）　行政組織の内部と外部を峻別し，前者に関する内部法と後者に関する外部法を二元的に把握し，内部法は国民の権利義務と関わらないとする古典的思考は，今日では，支持を失っている。

1　行政組織法の意義

行政法学においては，国・地方公共団体等の行政を行う法人（学問上，「行政主体」[1]と呼ばれることが多い）の機関が，私人（自然人に限らず，法人や法人格のない団体を含む）に対して，行政行為により命令をしたり，行政指導として助言勧告をしたりする作用や，行政主体が私人と契約を締結したりする作用を行政作用という。行政作用に関する法が行政作用法と呼ばれる。建築基準法，都市計画法，国土利用計画法，食品衛生法等がこれに属する。そして，行政作用により私人の権利利益が侵害されたとき，またはされそうになったときに救済を図る法を行政救済法という。行政不服審査法，行政事件訴訟法，国家賠償法等がこれに属する。行政作用法・行政救済法は，私人の権利利益と直接に関わる法であり外部法と呼ばれることがある。これに対して，行政組織に関する法を行政組織法という（⇒

1）　行政主体という用語が，国民を行政客体として受動的にとらえるものであること等を理由として，「行政体」という言葉を使用すべきとする者もある。室井力「行政組織と法」同・行政の民主的統制と行政法（日本評論社，1989年）51頁，芝池・総論講義5頁参照。また，国，地方公共団体以外の「行政法人」は行政体と呼ぶべきとするものとして，兼子・行政法学19頁参照。また，薄井一成「行政組織法の基礎概念」一橋法学9巻3号183頁以下は，行政主体の概念に代えて，ドイツの「行政単位（Verwaltungseinheit）」の概念を採用すべきことを主張する。また，国は，行政主体であるのみならず，立法主体，司法主体でもあるにもかかわらず，行政主体と称することへの疑問も提起されている。岡田雅夫「行政法の基礎概念と行政法解釈学」同・行政法学と公権力の観念（弘文堂，2007年）274頁参照。また，行政主体という用語を行政をすることについての権利の主体の意味で用いるべきとするものとして，森田・内閣府107頁参照。

第Ⅰ巻序章)。

行政作用法と行政救済法は，戦前から，行政法学の主たる研究対象であった。これに対して，伝統的な行政法学においては，行政組織法の研究は十分になされてきたとは必ずしもいえない。その要因は，行政組織法は，行政作用法や行政救済法のように私人の権利利益と直接に関わる外部法とは異なる行政内部の法であり[2]，私人の権利義務に直結するものではないので，私人の権利利益の保護を主目的とする行政法学にとっては，重要ではないと考えられてきたことによる。そのため，行政組織に関する研究は，行政法学よりも政治学の1分野である行政学においてより重視されてきたといえる[3]。

2　行政作用法・行政救済法との関係

組織規範とは，国や地方公共団体の組織や機能を定める規範であり，内閣法，内閣府設置法，国家行政組織法がその例である（⇒第Ⅰ巻第3章*2*(2)2)）。組織規範は，たしかに行政内部の法としての側面を持ち，直接に私人の権利義務と関わらないことが稀でなく，当然に裁判規範になるわけではない。たとえば，かつて，付加価値通信網（Value Added Network）を当時の通商産業省と郵政省のいずれが所管するかをめぐって，両省間で権限争議が発生したことがある。この紛争は，法的には，当時の通商産業省設置法と郵政省設置法の所掌事務規定を解釈して決せられる問題といえる。しかし，この紛争は，行政機関間のものであり，法律上の争訟（裁3条1項）ではなく，「国又は公共団体の機関相互間における権限の存否又はその行使に関する紛争についての訴訟」（行訴6条）すなわち機関訴訟を認める特別の規定がない限り（行訴42条），訴訟により解決することはできない（権利義務の帰属主体たりえない行政庁が提起した差止訴訟を不適法としたものとして，最判平成5・9・9訟月40巻9号2222頁参照）。かかる紛争は，最終的には，内閣総理

2)　内部法については，平岡久「行政『内部法』に関する若干の考察」同・行政立法と行政基準（有斐閣，1995年）284頁以下，高橋明男「行政の『内部』と法」公法研究57号218頁以下参照。フランス法の比較研究を通じて「内部法」の意義について検討するものとして，多賀谷一照「『内部法』論」公法研究50号202頁以下参照。

3)　公法学全般における行政組織研究の軽視の理由について，田村悦一「行政組織法の課題」公法研究50号158頁，宇賀ほか・対話220頁以下の大石眞・大橋洋一両教授の対談参照。

大臣が閣議にかけて裁定することが予定されている（内7条）。行政手続法4条4項が，広い意味での行政組織内部の関係について定める命令等であって，直接に国民の権利義務と関わらないものを同法6章の意見公募手続に関する規定の適用除外としていること[4]は，組織規範の内部法的側面を示すものといえよう。

しかし，行政法を学ぶ上では，行政主体の組織編成や行政機関相互間の指揮監督・協力・調整等に関する法である行政組織法も重要である。行政作用法・行政救済法・行政組織法の3つの法領域は三位一体の関係にあり，その全体を理解して，はじめて行政法が理解できたといえる。行政作用や行政救済のあり方を考えるに当たって，行政作用の公正性・透明性を向上させるために審議会のような第三者機関への諮問の仕組みを設けたり，行政上の不服申立てを実効あるものとするために審査会のような第三者機関への諮問を義務づける仕組みを設ける等，行政組織法的観点からの検討も必要であることを考えれば，そのことが理解できよう。また，たとえば，経済産業大臣が，経済産業省設置法において同省の所掌事務とされていないにもかかわらず，放送局に対して，経済番組を増やすように指導することは，所掌事務を逸脱した違法な行政作用となる（行政手続法2条6号は，行政指導を「行政機関がその任務又は所掌事務の範囲内において一定の行政目的を実現するため特定の者に一定の作為又は不作為を求める指導，勧告，助言その他の行為であって処分に該当しないものをいう」と定義している）。放送局免許拒否処分に対する審査請求があったため，総務大臣が電波監理審議会の議に付し（電波85条），同審議会の議決により総務大臣が審査請求に対する裁決をしたところ（電波94条1項），これに対して取消訴訟が提起された場合に，電波監理審議会が裁決案を議決（電波93条の4）したときの定足数の不備という問題が，当該処分の取消事由として行政救済法上，意味を持つこともある。

行政機関相互間の手続を定める規範も組織規範といえるが，行政作用法・行政救済法上の意味を持つことがある。内閣総理大臣が公益社団法人や公益財団法人に対して公益認定の取消しをしようとする場合は，原則として，公益認定等委員会に諮問しなければならないが（公益法人43条1項2号），この諮問を行わず，または諮問をしたが答申を待たずに認定取消処分を行えば，諮問・答申という行政

4）　宇賀・行政情報化76頁以下，同・行政手続3法の解説〔第2次改訂版〕（学陽書房，2016年）84頁以下，同編著・改正行政手続法とパブリック・コメント（第一法規，2006年）38頁以下参照。

機関間の組織規範違反が，認定取消処分の瑕疵として，行政作用法・行政救済法上，重要な意味を持ちうる[5)]。なお，組織規範の中には，法律・命令（政令・内閣官房令，内閣府令・省令・委員会および庁の規則，人事院規則，会計検査院規則のように行政機関が立法を行うための法形式），条例，地方公共団体の執行機関（長，教育委員会，公安委員会等）の規則によらずに，訓令・通達等の行政内部規定の形式で定められている場合もあり，後者の場合には，当該手続違反は，平等原則違反等の問題を生じない限り，行政作用法上は意味を持たないとする説がある[6)]。

国の地方出先機関（これを地方支分部局という。行組9条）の長が，土地管轄を有しないにもかかわらず，行政処分を行えば，当該処分は無権限でなされたものであり，処分の相手方に対する効力を有しないと解されよう。刑事訴訟においても，公務員の収賄罪や業務上過失致死傷罪の構成要件該当性を判断するに当たって，所掌事務を定める組織規範が一定の意味を持つことがある。

国家賠償法1条の規定に基づき公務員の公権力の行使に起因する損害賠償責任を国または公共団体が負った後，責任ある公務員に求償する場合，どの公務員に責任が帰属するかを決定するには，行政組織法的観点から，個人責任の帰属主体を判断する必要がある。さらに，地方公共団体の職員が違法な財務会計上の行為により当該地方公共団体に財産的損害を与えた場合，地方自治法は住民訴訟という制度を定めており，住民は単独で，当該地方公共団体の執行機関等に対して違法行為を行った職員に損害賠償請求を行うことを求める訴訟を提起することができるが，この場合にも，行政組織法的観点からの検討が重要になることがある。たとえば，知事の権限を知事の名において，しかし実際には課長が処理する権限を内部的に委任しているような例は多く，これを専決というが，かかる場合，専決権限を違法に行使して地方公共団体に損害を与えた当該課長に対する損害賠償請求の義務付けを住民訴訟で求めることができるのみならず，指揮監督を怠った知事に対する損害賠償請求の義務付けを求めることもでき（最判平成3・12・20民集45巻9号1455頁・百選Ⅰ22事件①・地方自治百選77事件），行政組織内部における

5）各種の組織間手続とその評価については，小早川光郎「行政組織法と行政手続法」公法研究50号176頁以下，組織間手続と行政作用法との関係については，同「行政内部手続と外部法関係」兼子仁＝磯部力編・手続法的行政法学の理論（勁草書房，1995年）（以下，「行政内部手続」という）104頁以下参照。

6）小早川・前掲注5）（行政内部手続）110頁参照。

専決や指揮監督という問題が，行政救済法である住民訴訟においても重要な意味を持つのである。したがって，行政組織の内部と外部を峻別し，前者に関する内部法と後者に関する外部法を二元的に把握し，内部法は国民の権利義務と関わらないとする古典的思考は，今日では，支持を失っているといえる[7]。

3　行政組織法の対象

戦前は，公法私法二元論の下で，法人も公法人，私法人に分類され，公法人が行政法学の研究対象とされてきた。戦前の公法人論について，代表的な美濃部達吉の学説は変遷を見せているが，1944年に公表された論文において，公法人と私法人の区別はもっぱらその目的に求められ，公法人は国家的目的のために存立する法人であると述べられていた[8]。戦後，公法と私法の峻別を前提として国家による存在目的の付与という形式によって公法人と私法人を区別する見解が批判され，法人が遂行する業務が国の行政事務として位置づけられているか否かという実質に着目して行政主体性を判断する理論[9]が唱えられた。この学説によれば，国・地方公共団体という典型的な行政主体とは独立した法人格を付与されたものの中でも，国・地方公共団体の行政事務を遂行することを目的として設立された法人は，行政主体として位置づけられることになる。独立行政法人，地方独立行政法人は，その典型例といえよう[10]。他方において，行政作用法上の行政主体は，個々の具体的な法律関係によって，国・地方公共団体以外のものもこれに該当することがあるが，行政組織法上の行政主体といえるのは，国・地方公共団体に限られるとする説も唱えられている[11]。さらに，町内会や各種の住民団体の

---

7)　行政組織法と行政作用法の関係について，松戸浩「組織法と作用法」争点〔第3版〕16頁以下参照。行政文書を素材として，行政組織法と行政作用法の整合的・連続的理解のための視座を提示するものとして，木藤茂「行政の活動とその記録としての文書に関する法的考察(上)(中)(下)――行政組織法と行政作用法の『対話』のための1つの視点」自治研究82巻8号115頁以下・9号104頁以下・10号125頁以下参照。行政組織法の側からの視線を取り込んだ行政救済法の思考・制度体系を構築すべきことを提言するものとして，木藤茂「2つの『行政機関』概念と行政責任の相関をめぐる一考察――行政組織法と行政救済法の『対話』のための1つの視点」行政法研究2号62頁参照。

8)　美濃部達吉「公法人の観念について(2)」自治研究20巻4号9頁以下参照。

9)　塩野・諸問題3頁以下参照。

10)　藤田宙靖「『行政主体』の概念に関する若干の整理」同・基礎理論(下)95頁参照。

ように，社会管理機能を担うものを含めて機能的な行政組織として位置づけるべきという見解もある[12]。また，政府周辺法人について，「公法規範」の潜脱が生じないような制度設計を行うための理論的検討が進むとともに[13]，「私法規範」によるアカウンタビリティやガバナンスの確保も視野に入れた公法私法横断的な取組みの必要性も指摘されている[14]。

本書では，典型的な行政主体である国・地方公共団体について論ずるが，地方公共団体の行政組織についての詳細は，宇賀・地方自治法で論じているので，国の行政組織を中心に解説することとする。また，自治会などを含めた最広義の機能的行政組織論をとるものではないが，国・地方公共団体と法人格が別であっても，行政主体としての性格を有するものは，特別行政主体として対象とし，また，私的な法人が行政権を行使することを認められる委任行政も対象としている。もっとも，このことは，法人について，行政主体と私的な法人の二分論をとるものではない。アカウンタビリティやガバナンスの観点から，いかなる法人組織とすべきかについては，典型的な行政主体である国・地方公共団体と特別行政主体の間には，差異があるし，また，特別行政主体間においても差異がある。さらに，行政主体とはされない法人であっても，公的な任務を遂行する場合，一般の私的な法人とは異なるアカウンタビリティやガバナンスの仕組みが必要になる。このように，典型的な行政主体とその周辺法人との間で，アカウンタビリティやガバナンスの観点から，グラデーションがみられるのであり，その現状を認識したうえで，そこに問題がないかを考えることが重要と思われる[15]。

11)　舟田正之「特殊法人論」同・情報通信と法制度（有斐閣，1995 年）202 頁以下参照。

12)　遠藤博也・行政法II（各論）（青林書院，1977 年）80 頁参照。

13)　中川丈久「米国法における政府組織の外延とその隣接領域」金子宏先生古稀祝賀・公法学の法と政策(下)（有斐閣，2000 年）493 頁以下，山本隆司「公私協働の法構造」同 531 頁以下，同「行政組織における法人」塩野古稀(上) 847 頁以下，同「行政の主体」磯部力ほか編・行政法の新構想 I（有斐閣，2011 年）89 頁以下，同「日本における公私協働の動向と課題」新世代法政策学研究 2 号 277 頁以下，橋本博之「行政主体論に関する覚え書き」立教法学 60 号 30 頁以下参照。

14)　北島・行政上の主体 215 頁参照。

15)　アメリカにおいて，単に合衆国と法人格を異にすることのみで，行政通則的法律の適用除外とせず，実質的に行政機関と同視しうる政府関係法人を適用範囲に含めていることについて，宇賀克也「アメリカの政府関係法人」金子古稀・前掲注 13）205 頁以下，同「特殊法人と独立行政法人――日米比較」公法研究 62 号 94 頁以下参照。アメリカの政府関係法人の歴史的展開については，宇賀克也「アメリカにおける政府関係法人の歴史的展開(上)(下)」自治研究 76 巻 4 号 14 頁以下・7 号 25 頁以下参照。

Outline

第 1 部では，行政組織法の基礎理論として，行政組織を定める権限（行政組織編成権），行政機関概念，行政機関相互の関係，国と地方公共団体の関係について説明する。

第 1 章　行政組織編成権

Point

1）行政組織について決定する権限を行政組織編成権という。
2）大日本帝国憲法は，天皇が国家行政組織を定める権限（官制大権）を有することとしていた。
3）日本国憲法 41 条が，国会を「国権の最高機関」であると規定している点に着目し，民意を反映した国会による行政の民主的統制の一環として，基本的な行政組織編成権が国会に帰属すると解する見解が，行政法学においては有力である。
4）1983（昭和 58）年の国家行政組織法改正により，官房・局・部の設置・所掌事務が法律事項から政令事項になり，附属機関については，審議会等，施設等機関，特別の機関に 3 分され，審議会等，施設等機関については法律または政令により設置することができることとされ，特別の機関については法律で設置できることとされた。また，同年の改正により，国の行政組織の一覧表の官報公示に加えて，組織規制弾力化の結果，政令事項となった組織の設置・改廃の状況を次の国会に報告する義務が政府に課されることになった。

1　大日本帝国憲法下における行政組織編成権

行政組織について決定する権限を行政組織編成権という。大日本帝国憲法 10 条は，「天皇ハ行政各部ノ官制及文武官ノ俸給ヲ定メ及文武官ヲ任免ス但シ此ノ憲法又ハ他ノ法律ニ特例ヲ掲ケタルモノハ各々其ノ条項ニ依ル」と定めていた。ここでいう官制とは，天皇の名において国家事務を分任する国家機関の設置，構成，権限を定めたものである。すなわち，大日本帝国憲法は，天皇が国家行政組織を定める権限（官制大権）を有することとしていたのである（これに対して，文武官を任免する天皇の権限は，任免大権と呼ばれた)。これは，組織権力の君主留保という（狭義の）立憲君主制の伝統的思考によるものであった。したがって，国家行政組織の骨格は，法律ではなく勅令で定められていた（内閣官制，各省官制通則，各省官制等)。ただし，官制大権は，地方公共団体の組織にまで及ぶと考えられていたわけではなく，これについては，市制・町村制という法律で定められていた[1)]。

当時の通説である美濃部達吉博士の説は，人民の権利を侵害したり，人民に義務を負わせたりする行政作用は，法律の根拠を要するという侵害留保の原則と官制大権の調和点として，人民との間に法律関係を設定する権限を有する国家機関については勅令で定めることを要するとしていた。人民との間に法律関係を設定する権限を有する行政機関については，実際，各省官制という勅令の形式で定められていた。また，府県知事は官選知事であったが，これについては地方官官制という勅令で定められていた。他方，人民との間で法律上の交渉が行われる職務を担当しない機関については，勅令によることを要しないとされたのである[2)]。

2 日本国憲法下における行政組織編成権

日本国憲法下では，官制大権は認められない[3)]。そこで，行政組織編成権について，新たな学説が唱えられることになった。

行政による自律的行政組織編成権説　天皇主権を基礎とする官制大権が否定された後も，権力分立主義の観点から，行政組織をいかに定めるかについては行政の自律性が認められるべきとし，行政組織編成権は原則として行政に帰属するとする説がある[4)]。戦後改革のための法制度を審議した臨時法制調査会の幹事の中

1)　宇賀・地方自治法 15 頁参照。

2)　美濃部達吉・日本行政法(上)〔復刻版〕（有斐閣，1986 年）367 頁参照。

3)　日本国憲法・内閣法・国家行政組織法の制定過程における行政組織編成権をめぐる議論については，稲葉馨「行政組織編成権論」同・法理論 250 頁以下参照。また，わが国における行政組織と法律の関係に関する学説を分析したものとして，松戸浩「行政組織と法律との関係(上)(下)」自治研究 78 巻 1 号 89 頁以下・4 号 110 頁以下，村西良太「憲法学からみた行政組織法の位置づけ――協働執政理論の一断面」法政研究 75 巻 2 号 138 頁以下，同・執政機関としての議会――権力分立論の日独比較研究（有斐閣，2011 年）248 頁以下参照。

4)　槙重博「行政法における内部法とその法理」上智法学論集 16 巻 3 号 12 頁参照。

にも，かかる意見を唱える者がいた[5]。しかし，アメリカにおいて，行政組織編成権が議会に帰属していることからもうかがえるように，権力分立主義から直ちに行政組織編成権が行政に帰属するという結論を導きうるわけではないと思われる。

狭義の法規概念説

戦前の通説であった美濃部説が，人民との間に法律上の交渉がある職務を担当する機関については勅令による根拠規範が必要と解したのに対して，官制大権が否定された日本国憲法下においては，かかる機関については勅令ではなく法律の根拠規範が必要であるとする説が唱えられた。すなわち，国の行政機関のうち，直接国民に対して行動する権限を有するものに関する規律は，同時に国民に対し，その行動を国の行動と認め，それに服従する義務を命ずる意味を含むものであるから，行政法規に属し，必ず法律をもって定めることを要するとする説である[6]。この説は，行政組織を定める規範が勅令ではなく法律とされた点においては，戦前の通説と異なるものの，狭義の「法規」概念に基づいて行政組織を定める規範を論ずる点において，美濃部説の延長線上に位置づけることができるものであった。日本国憲法草案の国会審議における金森徳次郎国務大臣の説明は，この論理に立脚したものと思われる。この立場においては，国や地方公共団体の意思を最終的に決定し外部に表示する権限を有する機関（行政庁）と直接に国民に実力を行使する権限を有する機関（警察官職務執行法3条に基づき実力で国民を保護する権限を有する警察官等）については，法律で組織規範を定めることが必要になる。

広義の法規概念説

日本国憲法41条は，国会を「国の唯一の立法機関」としているが，そこでいう「立法」の意味については，実質的意味の法律と一般に解されている。そして，実質的意味の法律とは，「法規」としての性質を持つ法規範と解する見解が少なくない。「法規」の意味について，戦前の憲法学においては，国民の権利を直接に制限し，または国民に義務を課す規範とする見解が支配的であったが，戦後の憲法学においては，「法規」を「直接または間接に国民を拘束し，あるいは国民に負担を課する新たな法規範」[7]と解する見解が有力になっている。また，「法規とは，国民の権利・義務を定める規範

5）　佐藤・行政組織法86頁で紹介されている萩原幹事の意見参照。
6）　柳瀬良幹・行政法教科書〔再訂版〕（有斐閣，1969年）30頁参照。
7）　宮沢俊義著（芦部信喜補訂）・全訂日本国憲法（日本評論社，1978年）331頁参照。

を重要な構成要素としつつ（内閣法11条はこれを確認する），国家と機関との関係に関する法規範をも包摂する概念と解される」[8)]としたり，「国家機関内部の問題であっても，国家と国民との関係に関連することがありうる」[9)]として，組織規範を「法規」概念に含める見解がみられる。

一般的規範説 日本国憲法41条が規定する「立法」の意義について，「法規」概念を離れて，「およそ一般的・抽象的な法規範」すべて[10)]と解する説も有力である。

日本国憲法41条の「立法」の意義に関する現在の憲法学説は，おおむね法規概念説と一般的規範説に分かれるが[11)]，いずれの立場からしても，組織規範を「立法」に含めることが多く，組織規範を国会が法律で定めるべきとする立場が通説となっているといってよいと思われる[12)]。もっとも，両説は内部部局まで法律の専管事項とするわけでは必ずしもないため[13)]，後述する民主的統制説との実際上の差異は定かではない。

立法部・行政部共管説 比較法的考察も踏まえて，行政組織法定主義が憲法上の要請とまではいえず，立法部・行政部の共管と解すべきで，国家行政組織法3条2項のように省の設置を法律で定めることは合憲であるが，国家行政組織法3条2項を改正して，省の設置・廃止を政令で定めることとすることも合憲であるとする説もある[14)]。

---

8) 佐藤幸治・憲法〔第3版〕（青林書院，1995年）144頁参照。

9) 伊藤正己・憲法〔第3版〕（弘文堂，1995年）421頁参照。

10) 芦部信喜著（高橋和之補訂）・憲法〔第6版〕（岩波書店，2015年）296頁参照。小林直樹・憲法講義(下)〔新版〕（東京大学出版会，1981年）145頁，浦部法穂・憲法学教室〔全訂第2版〕（日本評論社，2006年）525頁も同旨。なお，この解釈も，「法規」概念の拡大として理解する立場もある。野中ほか・憲法Ⅱ79頁〔高見勝利執筆〕参照。

11) 中村睦男・論点憲法教室（有斐閣，1990年）281頁以下，辻村みよ子・憲法〔第6版〕（日本評論社，2018年）366頁，戸波江二・憲法〔新版〕（ぎょうせい，1998年）365頁，内野正幸・憲法解釈の論点〔第4版〕（日本評論社，2005年）132頁参照。

12) 樋口陽一＝佐藤幸治＝中村睦男＝浦部法穂・憲法Ⅲ（青林書院，1998年）22頁〔樋口陽一執筆〕，樋口陽一・憲法Ⅰ（青林書院，1998年）212頁，松井茂記・日本国憲法〔第3版〕（有斐閣，2007年）159頁，大沢秀介・憲法入門〔第3版〕（成文堂，2003年）257頁参照。

13) 芦部信喜・憲法の焦点(3)（有斐閣，1985年）42頁以下，大石眞・憲法講義Ⅰ〔第3版〕（有斐閣，2014年）147頁参照。

民主的統制説　日本国憲法41条が国会を「国権の最高機関」であると規定している点に着目し，民意を反映した国会による行政の民主的統制の一環として，基本的な行政組織編成権が国会に帰属すると解する見解（民主的統制説）がある。行政法学においては，この見解が現在最も有力といってよいと思われる[15)]。日本国憲法の下で，官制大権が否定され，行政組織編成権が天皇から国会に移転したことの論拠としては，官吏の任免大権が否定され，日本国憲法73条4号が，官吏に関する事務についても，法律の定める基準によるべきとしていることも挙げられる。官吏に関する事務について，民主的統制の観点から法律で基準を定めることとしていることは，行政組織編成権についても，同様の観点から，国会による統制を基礎づける論理を導くことを可能とするからである。法律の留保についての重要事項留保説（本質性理論⇒第Ⅰ巻第3章***2***(2)3)）により，行政組織法律主義を導く見解においては，行政組織に対する国民の可視性を担保すること，行政組織の基本決定が，行政の重点施策・行政の守備範囲についての決定を意味すること等が，行政組織法律主義の根拠として挙げられている[16)]が，この説も，民主的統制説に含めることが可能と思われる。

民主的統制説に立つ場合，憲法上，法律で定めなければならない範囲はどこまでであろうか。日本国憲法66条1項は，「内閣は，法律の定めるところにより，その首長たる内閣総理大臣及びその他の国務大臣でこれを組織する」と規定しているので，内閣の組織については法律で定めることが憲法上義務づけられており，これを受けて内閣法が制定されている。また，日本国憲法90条2項は，「会計検査院の組織及び権限は，法律でこれを定める」と規定しており，これを受けて会計検査院法が定められている（さらに，日本国憲法92条は，「地方公共団体の組織及び運営に関する事項は，地方自治の本旨に基いて，法律でこれを定める」と規定しているから，地方公共団体の組織の骨格については，法律で規定しなければならないことも明らかであり，地方自治法が地方公共団体の組織について定めている）。

---

14)　上田健介・首相権限と憲法（成文堂，2013年）320頁参照。

15)　塩野・行政法Ⅲ10頁，室井力「行政組織と法」同・行政の民主的統制と行政法（日本評論社，1989年）56頁，稲葉馨・行政法と市民（放送大学教育振興会，2006年）25頁，大浜啓吉・行政法総論〔第3版〕（岩波書店，2012年）43頁参照。憲法学において，この見解を支持するものとして，渋谷秀樹＝赤坂正浩・憲法2統治〔第6版〕（有斐閣，2016年）63頁参照。

16)　大橋洋一・行政法Ⅰ〔第3版〕（有斐閣，2016年）396頁参照。

このように憲法が明示的に法律で定めることを義務づけている内閣，会計検査院以外の国の行政組織については，どの範囲まで法律で定めなければならないのかについては，憲法解釈に委ねられている。この点については，以下のような解釈が有力である。日本国憲法が明示しているわけではないが，憲法が定める内閣は，その構成員たる国務大臣が内閣の統轄の下に置かれる各種行政機関を意味する行政各部（憲72条，内6条参照）の長として，それを指揮監督する仕組みを前提としていると一般に解されている（もっとも，異論もある）。このような仕組みを国務大臣行政長官同一人制または行政大臣制という。もし，日本国憲法が国務大臣行政長官同一人制を前提としていると解する場合には，その仕組みについて法律で定めることは，憲法上の要請という解釈は成立しうるであろう[17)]。

Column　法律によらない省統合を違憲とした判決

憲法裁判所を有しないわが国では，行政組織編成権の憲法問題が訴訟で争われることはなかった。ドイツでは，ノルトライン・ヴェストファーレン州首相が，1998年6月9日，法律によらずに組織令により内務省と司法省を統合したことに対し，同州議会野党（CDU）が出訴し，1999年9月2日，同州憲法裁判所は，重要事項留保説（本質性理論）に立脚し，内務省と司法省の統合は重要事項であり法律の留保に服するとして，組織令による両省統合は許されないと判示している。わが国であれば当然視されるであろう内容の判決であるが，ドイツでは，省の編成権を第一次的には首相の権限ととらえ，上記判決を批判する見解が多い。

もっとも，後述するように（⇒第1編第9章），府・省に設けられる委員会・庁の場合には，委員長や長官が国務大臣でないのが一般的である。たとえば，内閣府に置かれている国家公安委員会の委員長は国務大臣をもって充てることとされているが（警6条1項），公正取引委員会の委員長は，国務大臣をもって充てることとされてはいない（独禁29条2項）。同様に，内閣府に置かれる金融庁の長官も国務大臣をもって充てられているわけではないし，財務省に置かれる国税庁の長官も国務大臣をもって充てることとはされていない。国務大臣行政長官同一人制を根拠に内閣の統轄の下にある行政機関の組織編成の法律主義を導く場合，公

17）佐藤（幸）・前掲注8）87頁，小早川光郎「組織規定と立法形式」芦部古稀・現代立憲主義の展開(下)（有斐閣，1993年）474頁参照。佐藤・行政組織法141頁は，日本国憲法66条1項は，国務大臣の定数も法律で定めることを義務付けており，その定数をいかに定めるかは，各国務大臣の所掌事務の分担と不可分であり，かつ，国務大臣・行政長官同一人制の下では，いかなる省を設けるかの問題にほかならないから，府省の設置・廃止・所掌事務は法律で定められなければならないとする。

正取引委員会，金融庁や国税庁は法律の根拠なしに設置できることになってしまうが，国権の最高機関たる国会による行政組織の民主的統制の要請と，可変的な行政需要への迅速な対応の要請との調和を図る結果，行政権による行政組織編成を一定範囲で許容することは不可避であるとしても，やはり，委員会，庁という基本的行政組織の設置とその所掌事務は，法律事項と解すべきと思われる。とりわけ，委員会は，職権行使について内閣から独立しており，内閣が指揮監督権を有することを前提として，内閣が行政権の行使について国会に対して連帯責任を負う通常の民主的統制の仕組みの例外を設けるものであるから，国会自身が，法律で定める必要は大きいといえよう。他方，府・省・委員会および庁における内部部局の設置および所掌事務については，法律で定めなくても直ちに違憲とはいいがたいと思われる。なお，地方自治法158条1項は，普通地方公共団体の長は，その権限に属する事務を分掌させるため，必要な内部組織を設けることができるとしながら，長の直近下位の内部組織の設置およびその分掌する事務については条例で定めるものとしており，国においても，官房・局の設置および所掌事務までは法律事項とする立法政策もありえよう。また，内部部局の基本的構成単位（官房，局，部，課，室）を一般的にどのようにするかについては，法律により定められるべきとする有力説がある[18]。

さらに，行政が担うべき事務の範囲を定めることは，国権の最高機関たる国会の権限であるべきであるから，やはり基本的には法律で定めるべき事項といえよう[19]。内閣府設置法，国家行政組織法，各省設置法が行政事務を分担する各府省の設置と各府省の所掌事務を定めているが，これは憲法上の要請に基づくものとみることができる。そして，各府省は，それぞれの設置法で定められた所掌事務の範囲内においてのみ活動することができるのである。ただし，行政需要は社会的経済的諸条件の変動に伴い変化するので，立法者があらかじめ，あらゆる行政事務を具体的に確定することは困難であるから[20]，この説による場合においても，総務省設置法4条1項96号が，例外的に，抽象的包括的に「他の行政機関の所掌に属しない事務」を総務省の所掌事務としていることが，直ちに違憲と

18）　塩野・行政法Ⅲ15頁，長谷部恭男・憲法〔第7版〕（新世社，2018年）331頁参照。
19）　小早川・前掲注17）475頁参照。
20）　国家行政事務の概念が本質的に流動的なものであることについては，薄井一成「行政組織法の基礎概念」一橋法学9巻3号191頁参照。

いうことにはならないと思われる。

Column　各省設置法の体系の見直しを求める意見

2008（平成20）年6月5日，参議院内閣委員会は，国家公務員制度改革基本法案に対する附帯決議において，縦割り行政の弊害排除のため，各省設置法の体系を見直し，行政組織編成を弾力的に行いうる制度について検討することを求めている。同日に公表された自由民主党国家戦略本部・政治体制改革プロジェクトチームの「政治体制改革報告～政治制度改革・財政改革・統治機構改革一体の見直し」においても，内閣総理大臣のリーダーシップ発揮により省庁横断的な政策を実施できるように，硬直的な省庁別設置法を政府機関設置法に一本化した上，柔軟かつ弾力的に組織の統合・改廃ができる法体系とすべきことが提言されている。民主党行政改革調査会が同年4月にまとめた「霞が関改革・国家公務員制度等改革重点事項」においても，各府省設置法の任務および所掌事務を政令で規定し，内閣の意思と責任で縦割りの弊害を克服した機動的・一元的な対策チームを編成することを可能とする法的措置を実施することとされている。このように，当時の2大政党のいずれもが，府省別設置法の体系に批判的であったことが注目される。

以上，憲法上，法律で定めることが必要な必要的法律事項について述べてきたが，憲法上の要請ではないものの法律で定めうる任意的法律事項の限界も重要な検討課題である[21]。

3　行政組織法律主義の変遷

(1)　国家行政組織法制定時の選択

国家行政組織法は1948（昭和23）年に制定されたが，政府提出法案には，国会，とくに参議院において多数の修正が加えられた。行政組織編成権との関係においても，内部部局のうち官房・局・部の設置および所掌事務，審議会・試験所等の設置について，政府提出法案では，行政の実情に即して機動的に行政事務を遂行する上で適当であるという理由で政令で定めることとされていた（GHQ民政部もこの方針を支持していた）のに対して，国会では，日本国憲法が国会を国権の最高機関としている趣旨に照らして，政令で定めることは適当でないとされ，法律で定めることとされたのである。

21）　村西・前掲注3）法政研究81頁以下，同・執政機関としての議会257頁以下参照。

その結果，制定された国家行政組織法は，行政組織に対する法律による規制の範囲をかなり広く認めるものとなった。すなわち，国の行政機関の組織は，同法で定めることとし，行政機関のために置かれる国の機関は，府，省，委員会および庁（同法3条が定めているため，「3条機関」といわれることがある）とし，その設置および廃止は別に法律の定めるところによるとした。府および省には，その所掌事務を遂行するため，官房，局，課を置くことができ，庁および委員会事務局には，その所掌事務を遂行するため，官房，部，課を置くことができるとされたが，官房，局および部の設置ならびに所掌事務の範囲は，法律でこれを定め，課の設置および所掌事務の範囲は，その法律の範囲内で，各大臣または各外局の長が定めることとされた。また，府，省，委員会および庁には，官房，局，部，課という内部部局のほか，法律の定める所掌事務の範囲内で，特に必要がある場合においては，法律の定めるところにより，審議会または協議会（諮問的または調査的なもの等，3条機関としての委員会以外のものをいう）および試験所，研究所，文教施設，医療施設その他の機関を置くことができるとし，これらの機関が地方に置かれる場合においては，地方自治法156条の規定の適用があるものと明記された。地方自治法156条は，国の地方行政機関（駐在機関を含む）は，国会の承認を経なければ，設けてはならないとしており（ただし，司法行政および懲戒機関，警察機関，検疫機関，税務署およびその支署，電波観測所，文教施設，国立の病院および療養施設，気象官署等については，この規制は適用除外とされている），地方自治の尊重という観点からも，国会による民主的統制が法定されていたのである。さらに，府，省，委員会および庁の各行政機関には，その所掌事務を分掌させる必要がある場合においては，法律の定めるところにより，地方支分部局を置くことができるとされた。そして，行政機関の所掌事務の範囲および権限についても，別に法律で定めることとされた。

このように制定当時の国家行政組織法は，きわめて広範に行政組織を法律で定める方針を採用していた。これは，前述したように，国権の最高機関としての国会が行政組織編成を主導すべきであるという理論的根拠に支えられたものであったが，行政権による自律的組織編成に委ねた場合，官僚機構が自らの利益のために行政組織を肥大化させることへの懸念があり，国会による監視を徹底する必要があるという行政不信も背景にあった。

(2)　行政組織法律主義の緩和

行政組織規制弾力化の試み

行政需要の変化に機動的に対応するためには，局，部，課等の内部部局や審議会，試験所等の附属機関，地方支分部局等の組織を法律改正によらずとも行政権のみの判断により迅速に変更することができるようにすべきであるという考えは，政府提出の国家行政組織法案の基礎になっていたが，政府部内においては，この考えは，同法案の国会における修正により否定された後も，断念されることはなく，その後も，繰り返し，法律事項を政令事項に改める行政組織規制の弾力化が試みられてきた。理論上も実際上もその大きな支えになったのが，第1次および第2次の臨時行政調査会答申であった。

第1次臨時行政調査会答申

1964（昭和39）年に出された第1次臨時行政調査会答申は，国家行政組織法が，中央省庁の内部部局を官房および局という画一的形態に限定し，かつ，その設置を法律事項としているために，行政需要の変動に応じて弾力的な組織編成および運営が図られない傾向があると指摘する。すなわち，中央省庁の内部組織である局・部は，設置法によりその所掌事務が固定的に配分されているので，行政需要の変動に即応することができないというのである。そして，行政組織の内部編成については，法律では通則のみを定め，どの省にいかなる部局・専門官を置くかという個別的・具体的な判断については内閣に委ね，政令以下の法形式で定めるのが，能率的な行政運営の要請にかなうとするのである。かかる考えを基礎にして，同答申は，「行政機関の内部組織の編成に関しては，組織・機構の画一性・硬直性の除去および行政運営の能率の向上を確保するため，内閣自体の自律的な組織編成権を大幅に認めるべきである。このため，現行の国家行政組織法を改正し，行政機関の内部組織のうち，企画的・専門技術的な行政事務を所掌する部門の組織の編成権は，原則として，これを内閣の自律的決定に任せ，政令以下の段階で定めることとすべきである」と勧告したのである。

同答申の以上のような方針は，審議会にも適用されている。すなわち，同答申は，審議会等の設置はすべて法律事項とされているが，これは弾力性を欠き，円滑な行政運営を阻害しているとし，審議会等は，国民の権利義務に関する行政処分をみずから行うものではないから，その設置改廃には一般行政機関と異なる自由が認められるべきであると指摘する。そして，審議会等の設置を原則として政令によるものとし，法律上の機関として設けるものは，当該合議制機関の議決に基づくことが行政庁の意思決定の要件とされている参与（審査・検定）機関で，法令の施行に当たって付議する実質的必要（専門知識の導入，公正の確保等）があるもの，答申に法的拘束力のない諮問（調査審議）機関であって行政部外に関連する事項を所掌するものおよび行政制度の基本的事項に関連し特に必要と認められるものに限定すべきことを勧告している。

狭義の法規概念に基づく内閣提出法律案整理の方針

第1次臨時行政調査会答申にみられた行政需要への迅速な対応の要請という観点から行政組織規制の弾力化を求める流れとは別に，国民の権利義務と直接に関わらない事項については，法律で規定する必要はなく，このような事項については，法律による規制を行うべきではないという方針が閣議決定されたことも，行政組織規制の緩和の方向に拍車を掛けるものであった。すなわち，1963（昭和38）年の閣議決定（「内閣提出法律案の整理について」）は，「現に法律の規定により法律事項とされているもののうち，国民の権利義務に直接的な関係がなく，その意味で本来の法律事項でないものについては，法律の規定によらないで規定しうるように措置すること。とくに国家行政組織については，諮問的または調査的な審議会や部の設置は政令で定めることとし，また行政機関に置くべき国家公務員の総数は法律で規定し，その各省庁への配布は政令で規定すること等の改正を早急に検討すること」としたのである。

この後者の点について敷衍すると，国家行政組織法は，制定当初，「各行政機関に置かるべき職の定員は，法律でこれを定める」（旧19条）と規定しており，個々の行政機関の職の定員を法律で定める方針を採用していた。これに対して，上記閣議決定は，総定員のみは法律で定めるが，各行政機関の職の定員は政令事項としようとするものであった。そして，職の定員に関するこの閣議決定は，迅速で柔軟な定員管理という行政管理の観点からの理論的根拠にも支えられて，1969（昭和44）年の「行政機関の職員の定員に関する法律」（総定員法）により実現し，各行政機関の職の定員を法律で定めることとする国家行政組織法の根拠規定は削除されることになった。

このことは，職の定員に関する規制の弾力化であり，行政組織自体の規制の弾力化ではないものの，国家行政組織法が制定当初に採用した国会による広範な民主的統制を柔軟な定員管理の要請の観点から縮減するものであり，行政組織規制の弾力化の伏線をなすものであったともいえよう。

1970（昭和45）年～72（昭和47）年の国家行政組織法改正案

1970（昭和45）年11月20日に，「行政需要の変化に即応した効率的な行政の実現に資するため，国の行政組織の内部部局等の設置改廃を政令で定めることとする等の措置をすみやかに講ずることとする」旨が閣議決定された。これを受けて，同年，国家行政組織法改正案が国会に提出された。同法案において，行政組織規制の弾力化に関する改正として注目すべき内容は，以下の2点であった。第1に，府・省および庁の内部部局である官房・局および部の設置および所掌事務を法律ではなく政令で定めることができるようにすることである。第2に，国家行政組織法8条が定める附属機関（「3条機関」と対比して「8条機関」といわれることがある）を，(i)調査，審議，不服審査その他の目的のための合議制機関，(ii)試験研究，検査検定，文教研修，医療厚生等のための機関，施設，(iii)以上の(i)(ii)以外の特別の機関に3分し，(i)(ii)は法律または政令により，(iii)は法律により置くことができることとすることである。同内容の法案は，翌年，翌々年にも国会に提出されたが，いずれも野党の反対が強く与党も積極的でなく，審議未了で廃案となっている[22]。しかし，1980（昭和55）年には，「附属機関，地方支分部局等に関する規定の整理等に関する法律」により，国家行政組織法ではなく，各府省設置法を改正し，国家行政組織法と抵触しない範囲で，行政組織規制の弾力化が図られた[23]。

第2次臨時行政調査会答申

1982（昭和57）年に出された第2次臨時行政調査会の「行政改革に関する第3次答申・基本答申」[24]は，行政機構の肥大化や行政運営の固定化を防止し，その簡素効率化を継続的に促進する必要があり，このためには，まず，行政府において恒常的に自己革新が推進されるような仕組みを設けることが効果的であり，また，行政組織規制の弾力化等これに必要な条件整備が図られなければならないと述べ，(i)各省庁の内部組織については現在法律事項とされている局・部等内部部局および次長等職の設置・改廃を政令事項とすること，(ii)国家行政組織法8条（当時）に規定されている「附属機関その他の機関」については，(a)試験研究機関，検査検定機関その他各種施設等機関，(b)審議会等，(c)個別性・特別性が強く，(a)および(b)のいずれにも該当しない機関に区分し，それぞれにふさわしい規制方式に改めることを提言している。具体的には，(a)については，公権力の行使を行うもの等を除き，その設置・改廃は原則として政令事項に改め，(b)については，不服審査，個別具体的な行政処分に関与するもの，その他法律により規制すべき特段の事由のあるものを除き，その設置・改廃は政令事項に改め，(c)については，少なくともその設置には個別に法律の根拠を要するものとするとされた。なお，自衛隊部隊等の組織については，その性格上，行政需要の変化への対応という観点のみをもって規制を弾力化することは適当ではなく，その規制のあり方

22） かかる行政組織弾力化の動きへの批判的見解として，間田穆「民主的法治主義と行政組織権」渡辺左平編・民主的行政改革の理論（大月書店，1978年）170頁参照。

23） 八木俊道「行政組織編成の改善・附属機関・地方支分部局等の機動的，弾力的な設置――附属機関，地方支分部局等に関する規定の整理等に関する法律」時法1082号5頁以下参照。

24） 同答申については，塩野宏「臨時行政調査会答申の意義」同・諸問題166頁以下参照。

については，別途，検討を要するとされた。

同答申は，地方支分部局についても，とくに，ブロック機関については，少なくとも個別名称・位置・管轄区域については政令事項とすること，その際，国の地方行政機関の設置についての国会の承認に関する地方自治法の規定については再検討することを内容とする規制の弾力化を提言している。第2次臨時行政調査会が改めて，かかる提言を行った背景の1つとして，内部部局や審議会の設置を法律事項としたために，かえって歴代の内閣が行おうとした行政改革が困難になったという経緯がある。すなわち，行政改革による組織の縮減に抵抗するため，当該行政機関が，当該行政機関と関係の深い議員に働きかけて，法案の成立を阻止する傾向がみられたのである[25)]。上記のような行政組織規制の弾力化の方針は，第1次臨時行政調査会答申の提言と基本的方向において異ならない。

行政需要に応じた迅速な組織の設置・改廃を可能にするという理由で政府提出の国家行政組織法案において政令事項とされていた事項が，国会による民主的統制の強化の観点から国会で修正され法律事項とされた経緯に鑑みれば，これを再び政令事項としようとすることは，国会に対する抵抗ともみられる余地があり，行政需要への迅速な対応という理由のみによっては，国会の同意を得ることは容易でないことは，この問題に関する第1次臨時行政調査会答申の提言が実現してこなかったことからも明らかである。そこで，第2次臨時行政調査会答申は，行政組織規制の弾力化に伴って政令により規制されることとなる組織の設置・改廃状況について国会に報告するものとすることも併せて提言している。

行政組織編成権が基本的には国会に帰属するとしても，国会が行政組織の細部にまでわたり法定することは，現場の行政需要に即した効率的な行政組織編成を阻害するおそれがあり，行政組織編成権を議会に帰属させるアメリカにおいても，行政権に対して広範な委任が行われている。これは，行政組織編成を議会に全面的に委ねることは実際的ではないという考慮に基づくものといえよう。しかし，アメリカにおいては，行政組織編成権の行政権への広範な委任は，議会による同意権とセットになっているのであり[26)]，日本においても，行政権による自律的組織編成の承認は，国会による監視と統制を留保したものでなければならない。そのためには，行政権による自律的組織編成に関する情報が国会に報告されることが不可欠の前提になる。同答申が，行政権による自律的組織編成の範囲の拡大と，政令事項となる組織の設置・改廃状況の国会への報

25)　林修三「戦後の行革と戦前の行革」ジュリ811号52頁参照。行政組織法定主義に対して同様の疑念を示すものとして，上田・前掲注14）321頁参照。

告を併せて提言したことは，行政需要への迅速な対応の要請の実現を図りつつ，国会による民主的統制の要請にも配慮して，両者の適切な調和点を見出そうとしたものと評価することができる。

しかし，単に国会への報告制度を設けるのみでは，行政権が行政組織を肥大化させるのではという危惧を払拭するのには十分ではなかった。そこで，同答申は，行政組織の膨張を抑制するため，たとえば，本省庁の局の設置数の上限規制を設けるなどの措置を講ずることとしている。

行政組織規制弾力化の実現 第2次臨時行政調査会答申に沿って，国家行政組織法改正案が作成され，1981（昭和56）年の第98回国会に提出され，1983（昭和58）年の第100回国会で可決・成立した。官房・局・部，次長の設置・所掌事務を法律事項から政令事項に改正し，附属機関については，審議会等，施設等機関，特別の機関に3分し，審議会等，施設等機関については法律または政令により設置することができることとし（行組8条・8条の2），特別の機関については法律で設置できることとされた（行組8条の3）。なお，国の附属機関が地方に置かれる場合は，国会の承認を得なければならないとする国家行政組織法8条2項の規定は，この改正により削除されたが，第2次臨時行政調査会により再検討を求められたにもかかわらず，地方自治法156条の規制は存続しているので，附属機関である国の地方行政機関を政令で設置する場合には，同条の適用除外に該当しない限り，国会の承認が必要になる。

第2次臨時行政調査会答申が，行政組織規制が法律事項から政令事項に緩和された組織の設置・改廃の状況について，国会への報告の義務付けを提言してい

26） アメリカにおける行政組織編成権については，間田穆「アメリカにおける行政組織編成権限・序説」室井還暦・現代行政法の理論（法律文化社，1991年）268頁以下，上田・前掲注14）305頁以下参照。ドイツにおける行政組織編成権の理論については，佐藤（幸）・前掲注8）137頁以下，堀内健志「公法学上の『組織法』（規範）に関する基本的考察」同・立憲理論の主要問題（多賀出版，1987年）139頁以下，間田穆「ドイツにおける伝統的行政組織権理論の確立」名古屋大学法政論集60号52頁以下，同「ワイマール憲法下における行政組織権理論の展開」名古屋大学法政論集72号109頁以下，松戸浩「行政組織編成と立法・行政間の権限分配の原理(1)〜（4・完）」法学65巻2号157頁以下・3号43頁以下，愛知大学法経論集157号41頁以下，158号1頁以下，上田・前掲注14）300頁以下，大橋洋一「制度的留保理論の構造分析」同・都市空間制御の法理論（有斐閣，2008年）264頁以下，木藤茂「法概念としての『行政』に関する一考察」一橋法学5巻2号77頁以下，村西・前掲注3）書342頁以下参照。フランス，イギリスにおける行政組織編成権については，上田・前掲注14）301頁以下参照。

たのに対して，政府提出の国家行政組織法改正案は，政府に対して，少なくとも毎年1回，国の行政機関の一覧表を官報で公示する義務を課すにとどまっていた。そのため，衆議院で修正され，国の行政組織の一覧表の官報公示に加えて，組織規制弾力化の結果，政令事項となった組織の設置・改廃の状況を次の国会に報告する義務が政府に課されることになった（行組旧22条1項）。また，第2次臨時行政調査会答申に沿って，府・省・国務大臣をもってその長に充てるものとされている庁の官房・局の総数を，当分の間，従前の各省庁設置法により認められていた128を上限とする旨が法定された（行組旧25条）[27]。しかし，国会による民主的統制へのかかる配慮をもってしても，なお，国会による民主的統制を縮減するに足る十分な理由が立法過程で示されていないという批判は存在する[28]。

4　現行の行政組織規制

法律による規制　前述したとおり，日本国憲法の定めるところに従い，内閣については内閣法，内閣から独立した地位にある会計検査院については会計検査院法が定めている。そして，内閣府について内閣府設置法が定められ，内閣の統轄の下における行政機関で内閣府以外のものである省については，国家行政組織法が基準法として存在する。各省については各省設置法がその設置・所掌事務について定めている。内閣府・各省に置かれる委員会・庁を外局というが（内閣府49条1項，行組3条3項），これについても，法律事項とされている（内閣府49条3項，行組3条2項・4項）。国税庁は財務省設置法で設置と所掌事務が定められているように，各省設置法において，本省の内部部局とともに，外局の設置・所掌事務について規定する場合（文化庁もその例）と，外局の設置の根拠となる法律が別に存在し，内閣府設置法・各省設置法でそれを引用する場合とがある。後者の例として，たとえば，内閣府に置かれる公正取引委員会の設置と所掌事務については，独占禁止法27条・27条の2において定められており，内閣府に置かれる国家公安委員会の設置と所掌事務については警察

27）　第100回国会における国家行政組織法改正については，増島俊之「国家行政組織法改正の意義——組織規制の弾力化(上)(下)」自治研究60巻2号44頁以下・3号20頁以下，瀧上信光「行政組織規制の弾力化」時法1214号5頁以下，同「国家行政組織法の一部を改正する法律／国家行政組織法の一部を改正する法律の施行に伴う関係法律の整理等に関する法律」法令解説資料総覧38号12頁以下参照。

28）　室井・前掲注15）56頁，佐藤英善「行政改革と行政機構」同・経済行政法187頁以下参照。

法4条・5条において定められており，内閣府設置法64条は，これらの法律を引用するにとどまる。このように，個別分野における作用法・組織法の双方を包括した法律により設置されるものもある。総務省に置かれる消防庁については，消防組織法2条・4条において，設置と所掌事務が定められており，総務省設置法32条は，「消防庁については，消防組織法（これに基づく命令を含む。）の定めるところによる」と規定するにとどまる。また，外局としての委員会・庁について設置法という名称の法律が制定されている場合がある（公害等調整委員会，公安審査委員会，金融庁，消費者庁，中小企業庁，公安調査庁等）。

各省設置法の例として，財務省設置法をみると，同法2条1項で「国家行政組織法……第3条第2項の規定に基づいて，財務省を設置する」とされ，財務省の任務（3条），所掌事務（4条）が法定されている。本省に置かれる特別な職として財務官の設置と所掌事務（5条），本省に置かれる審議会等として財政制度等審議会，関税・外国為替等審議会の設置と所掌事務（6条～8条），本省に置かれる地方支分部局として財務局，税関，沖縄地区税関の設置と所掌事務等（12条～17条），本省に置かれる庁として国税庁の設置（18条）と任務（19条），所掌事務（20条），国税庁に置かれる審議会等として国税審議会の設置と所掌事務（21条），国税庁に置かれる特別の機関としての国税不服審判所の設置（22条。所掌事務については国税通則法78条1項に規定），国税庁に置かれる地方支分部局として国税局，税務署の設置と所掌事務（23条・24条），さらに，国税庁監察官の職の設置と所掌事務（26条・27条）についても，同法で定められている。

政令による規制

官房・局・部の設置および所掌事務は原則として政令で定められる（内閣府17条3項，行組7条4項）。財務省を例にとると，内部部局の骨格については政令である財務省組織令で定められており，本省には，大臣官房および主計局，主税局，関税局，理財局，国際局の5局を置くこととされ（2条），それぞれの所掌事務（3条～8条）が定められている。本省に置かれる特別の職である官房長，次長，総括審議官，政策評価審議官，サイバーセキュリティ・情報化審議官，審議官，参事官の設置と所掌事務（9条～12条），大臣官房および各局に置かれる課とそれぞれの所掌事務（13条～63条），国家行政組織法8条の審議会である関税等不服審査会の設置と所掌事務（65条），国家行政組織法8条の2の施設等機関である財務総合政策研究所，会計センター，関税中央分析所，税関研修所の設置と所掌事務（66条～71条），国家行政組織法9条の地方支分部局である財務局・税関，沖縄地区税関の名称，位置，管轄区域および内部組織（80条～86条），国税庁に内部部局として置かれる長官官房および部の設置とそれぞれの所掌事務（88条～92条）も財務省組織令で定められている。国税庁に置かれる課の総数（行組7条6項参照），国税庁の施設等機関である税務大学校の設置と所掌事務（財務省組織令95条），国税庁の地方支分部局である国税局の名称，位置および管轄区域（96条），国税局の部の数（97条）等も，財務省組織令で定められている。

省令による規制　政令事項とされている組織より下位の組織については，内閣府令または各省大臣の定める省令による組織規則で定められている。たとえば，省令である財務省組織規則においては，大臣官房を例にとると，企画官・専門調査官等の特別の職の設置およびその所掌事務の定め（1条），課の下に置かれる室の設置およびその所掌事務の定め（秘書課に置かれる財務官室，文書課に置かれる情報公開・個人情報保護室・政策評価室等。2条～6条・8条），施設等機関の位置，施設等機関に置かれる部・室とそれぞれの所掌事務等（36条～101条）が定められている。地方支分部局の場合，税関を例にとると，部の所掌事務（263条～266条），部に置かれる課・室とその所掌事務（268条～274条・286条～291条・301条～305条・324条～329条），税関支署，税関出張所および税関監視署の名称・位置・管轄区域および所掌事務（343条）も，財務省組織規則において定められている。

訓令による規制　省令事項とされている組織より下位の組織については，財務省組織規則571条で，「この省令に定めるもののほか，事務分掌その他組織の細目は，本省の内部部局にあっては官房長又は各局長，地方支分部局にあっては各財務局長若しくは福岡財務支局長又は各税関長若しくは沖縄地区税関長が財務大臣の承認を受けて定め，施設等機関にあっては各施設等機関の長，国税庁にあっては国税庁長官が定める」としており，財務省関税局の場合，関税局事務分掌規則（関税局長訓令）で定められている。関税局事務分掌規則では，関税局の各課に置かれる係の設置と所掌事務（1条～7条），各課を通じて置かれる課長補佐の定数の上限が定められており（8条1項），課長補佐の事務の分担の細目については，各課長が局長の承認を得て定めることとされている（同条2項）。また，東京税関を例にとると，各課に置かれる係の種類とその所掌事務については東京税関事務分掌規則（東京税関長訓令），税関支署および税関出張所の事務分掌については，東京税関支署及び出張所事務分掌規則（東京税関長訓令）で定められている。

第2章 行政機関

Point

1） 行政機関とは，行政主体の手足となって行動する単位であるが，そのとらえ方については，大別して，ふたつのものがある。わが国の法律は，このふたつの行政機関概念を混在させている。

2） ひとつの行政機関概念は，行政主体のために私人に対して法律行為を自己の名において行う権限を付与された機関である行政庁を中心に置き，これを補助したり，これからの諮問に応じたりする機関を行政庁との関係で位置づけるものである。この行政機関概念は，私人に対する行政作用に着目したものであるため，作用法的行政機関概念と呼ばれる。

3） いまひとつの行政機関概念は，国家行政組織法等が採用するもので，もっぱら行政事務の配分の単位に着目したものであり，組織法的行政機関概念と呼ばれる。

4） 国の意思を決定し，私人に対してこれを表示する権限を付与された国家機関を行政官庁という。

5） 行政官庁は，国の機関のみを念頭に置いたものであり，地方公共団体の機関も含める場合には行政庁という言葉が使用される。

6） 行政庁は，1人の者からなる独任制のものと，複数の者により構成される合議制のものがある。

7） 事務配分の単位の最小のものは，1人の人間に割り当てられる職務と責任を意味する職である。

1 意　　義

行政機関という言葉は，日本国憲法においても，「行政機関は，終審として裁判を行ふことができない」（76条2項後段），「裁判官の懲戒処分は，行政機関がこれを行ふことはできない」（78条後段）のように使用されている。そこにおいては，立法権，司法権に対する形式的意味の行政権に属する機関一般が念頭に置かれている。

行政法学において，行政機関とは国・地方公共団体等の行政主体の手足となって行動する単位であるが，そのとらえ方については，大別して，ふたつのものがある。ひとつは，行政主体のために私人に対して法律行為を自己の名において行う権限を付与された機関である行政庁を中心に置き，これを補助したり，これらの諮問に応じたりする機関を行政庁との関係で位置づけるものである。この行政機関概念は，私人に対する行政作用に着目したものであるため，作用法的行政機関概念と呼ばれる（「理論的意味での行政機関」[1]概念や「講学上の行政機関」[2]概念と呼ばれることもある）。

いまひとつの行政機関概念は，もっぱら行政事務の配分の単位に着目したものであり，組織法的行政機関概念（「包括的機関概念」[3]や「事務配分的行政機関概念」[4]と称されることもある）と呼ばれる。すなわち，外交，国防，財務等の行政事務を配分される単位に着目して，外務省，防衛省，財務省等を行政機関としてとらえるものである。

わが国の法律は，このふたつの行政機関概念を混在させている。作用法的行政機関概念も，行政組織内部での機能分担を示すものであり，組織法的視点がないわけではなく，組織法的行政機関概念も，行政指導のような非権力的な行政作用を可能にする所掌事務の配分を定めているという点では，行政作用とまったく無縁ではなく，両者の相違を過度に強調すべきではないし[5]，両者を統一的に理論構成する試みも存在する。しかし，現行の行政組織法と行政作用法との関係を理解する上で，両概念の相違について認識しておくことは，なお有用と思われる。以下，このふたつの行政機関概念について敷衍することとする。

1）　藤田・行政組織法29頁以下，大浜啓吉・行政法総論〔第3版〕（岩波書店，2012年）38頁以下参照。

2）　芝池・総論講義91頁参照。

3）　塩野・行政法Ⅲ20頁参照。

4）　塩野・行政法Ⅲ23頁参照。

5）　稲葉馨「行政機関と行政庁」同・法理論204頁参照。両概念の密接な関係を指摘するものとして，室井力「行政機関と行政庁」争点〔初版〕117頁，加藤幸嗣「行政機関と行政庁」園部逸夫編著・法学ガイド行政法（日本評論社，1987年）117頁参照。

2　作用法的行政機関概念

(1)「行政官庁理論」

戦前の行政法学の特色の反映

国の意思を決定し，私人に対してこれを表示する権限を付与された国家機関を行政官庁という。明治40（1907）年代以後のわが国の行政法学においては，行政官庁を中心とした作用法的行政機関概念が支配的であり，これに基づく行政組織法理論が「行政官庁理論」と呼ばれていた。1947（昭和22）年に制定され，国家行政組織法が制定されるまで施行されていた行政官庁法[6]も，戦前の「行政官庁理論」を継承していた。この理論は，ドイツ法の影響を受けつつも，それをそのまま継受したものでは必ずしもなく，日本的変容が加えられたものであった[7]。

明治40年代に確立した「行政官庁理論」は，戦前のわが国の行政法学の特色とも対応する面を有する。すなわち，戦前のわが国の行政法学においては，法律行為が主たる関心の対象となり，また，法律行為を行う最終段階に焦点が合わせられ，法律行為がなされるまでの行政過程への関心は稀薄であった。また，行政作用には行政指導も含まれ，行政指導は行政官庁ではない機関によっても行われることが多いが（行手2条6号参照），それは法的拘束力を伴わないので，行政作用法上軽視ないし無視されたのである。法律行為を行う権限を有する機関である行政官庁に着眼し，これを中心として行政機関概念を構成する「行政官庁理論」は，かかる行政作用の理解の仕方と親和的であったといえよう。もっとも，わが国の各省官制が組織法的行政機関概念ではなく各省大臣に事務配分を行ったのは，戦前の行政法学の思考様式の反映ではなく，大臣個別責任原則に由来する大臣責

6)　行政官庁法について詳しくは，松戸浩「事務配分規定成立の経緯(1)」愛知大学法経論集160号19頁以下，同「制定法に於ける事務配分単位の変容とその意義(1)――所謂『分担管理原則』の影響」広島法学31巻1号97頁以下参照。

7)　戦前のわが国における「行政官庁理論」確立の過程については，稲葉馨「行政官庁法理論」同・法理論208頁以下，松戸浩「行政官庁理論」法学（東北大学）81巻6号271頁以下参照。美濃部達吉博士の「行政官庁理論」については，小林博志「日本法と『行政庁』概念の展開」同・行政組織と行政訴訟（成文堂，2000年）33頁以下，同「行政機関と行政庁」争点〔第3版〕138頁参照。

任の明確化の要請によるもののように思われる[8)]。

「行政官庁」と「行政庁」　行政官庁は，国の機関のみを念頭に置いたものであり，地方公共団体の機関も含める場合には行政庁という言葉が使用される。「行政官庁理論」の枠組みは，行政庁全般に適用されるものであったが，戦前のわが国で，「行政庁理論」ではなく「行政官庁理論」という表現が用いられた。その理由は，当時は，違法な公権力の行使から国民を防御することが，行政法学の主たる任務と認識されていたため，行政庁の法律行為の中でも，公権力の行使としての行政行為が最大の関心事であったわけであるが（もっとも，美濃部博士等の「行政官庁理論」は，行政官庁が行う法律行為として行政行為のみを念頭に置いていたわけではなかった）[9)]，当時の地方公共団体は基本的には事業団体であり，原則として公権力を行使しなかったし，都道府県知事は官選であり，国の機関であったからであると思われる[10)]。

戦前の実定法制　個別の行政作用法のみならず，行政強制作用の一般法である行政執行法（1条の「行政官庁」等），行政救済法である訴願法（2条1項の「処分ヲ為シタル行政庁」等）・行政裁判法（17条2項の「各省大臣ノ処分又ハ内閣直轄官庁又ハ地方上級行政庁ノ処分」等），行政組織法である各省官制通則，各省官制等[11)]は，「行政官庁理論」に依拠したものであったし，逆に，これらの実定法制が「行政官庁理論」を支える関係にあった。

現行実定法上の「行政官庁」の用法　「行政官庁」という用語は，現在でも，実定法上用いられることが必ずしも稀ではない（刑25条の2第2項・28条・30条，総務省4条13号ハ，金商52条1項7号，会計士46条の12の2，労基18条6項・19条2項・33条1項・2項・41条3号・56条2項・61条3項・64条・71条・73条・78条・85条1項〜4項・96条の3・103条・104条の2第1項，再建整備27条，農村負債整理組合法2条，漁抵4条1項等）。ただし，海事代理士法2条2号が，「行政官庁において10年以上海事に関する事務に従事した者」と規定しているように，「行政官庁」という用語が行政組織一般の意味で用いられている例も皆無ではない。

---

8)　精緻な資料分析に基づき，このことを指摘するものとして，松戸・前掲注6)「(2)」広島法学31巻2号113頁以下参照。

9)　稲葉・前掲注5) 210頁，小林・前掲注7)「日本法と『行政庁』概念の展開」57頁参照。

10)　宇賀・地方自治法123頁参照。

11)　詳しくは，松戸・前掲注6) 愛知大学法経論集4頁以下参照。

⑵　行政庁の類型

作用法的行政機関概念の下において行政庁になることが多いのは，大臣，都道府県知事，市町村長等である。これらのように，1人の者からなる独任制の行政庁と，公正取引委員会，教育委員会，収用委員会のように複数の者により構成される合議制の行政庁がある。また，内閣や財務大臣のように権限が全国に及ぶ官庁を中央官庁，税務署長のように権限が特定の地域に限定されている官庁を地方官庁という。かつては，地方官庁のうち，権限が行政事務一般に及ぶものを普通地方官庁，特定の行政事務に限定されているものを特別地方官庁と称していた。戦前は，内務大臣が任命する官選知事が普通地方官庁であったが，現在は，都道府県知事はいうまでもなく地方公共団体の機関であって，普通地方官庁は存在しなくなり，税務署長等すべての地方官庁は特別地方官庁であるので，普通地方官庁と特別地方官庁を区別する意義は失われている。

⑶　行政作用法における作用法的行政機関概念の存続

戦後のわが国においては，国家行政組織法は「行政官庁理論」を採らず，後述するように，組織法的行政機関概念を採用したのであるが，個別の行政作用法においては，従前同様，「行政官庁理論」を基礎におく作用法的行政機関概念が支配的である。課税処分を例にとると，一般の国税については，申告納税額を更正処分により更正する権限が税務署ではなく税務署長に付与されている（税通24条）。したがって，更正処分は，税務署長の名において行われるのであり，税務署長は行政庁として位置づけられる。この例では地方支分部局の長が行政庁になっていることからもうかがえるように，行政庁になりうるのは，大臣，都道府県知事，市町村長に限られるわけではない。労働基準主管局長に労働基準監督官の任免権限等が付与されている例（労基99条1項），建築確認は建築主事が行うとされている例（建基6条）があるように，省の内部部局の長や地方公共団体の長部局の職員が行政庁として法定されていることもあるのである。

⑷　作用法的行政機関概念における行政庁以外の機関

1）　総　　説

作用法的行政機関概念は，行政庁を中心に据えたものであるが，行政庁は，現実の行政組織の一部でしかない。そこで，行政庁以外の行政機関について，その有する権限に着目して，以下のように，補助機関，諮問機関，執行機関の分類がなされている。

2）　補助機関

税務署長が課税処分をするといっても，実際には，課税処分は税務署長のみの判断で行われるわけではないことはいうまでもなく，税務署の多数の職員による調査・検討を経て行われるので，組織的決定としての性格を有する。しかし，作用法的行政機関概念においては，行政庁を補佐する内部部局の職員は補助機関として位置づけられる。課税処分の例では，税務署の署長以外の職員は，税務署長を補佐する補助機関として位置づけられることになる。総務省の放送行政を例にとると，放送局の免許を付与する権限は総務大臣が有し（電波12条），総務大臣が行政庁としての性格を有する。総務大臣の下に副大臣（行組16条），大臣政務官（行組17条），事務次官（行組18条1項・2項），情報通信政策局長，放送行政課長等が置かれているが，これらは，放送局の免許との関係では，すべて補助機関として位置づけられる。都道府県知事が国土利用計画法の規制区域内における土地売買の許可（国土利用14条）をするときは，副知事（自治161条）その他の職員（自治172条）が，市町村長が生活保護法に基づいて保護の決定（生活保護19条1項）をするときは，副市町村長（自治161条）その他の職員（自治172条）が補助機関となる。

3）　諮問機関

専門的知見の活用，行政過程の公正中立性の確保，利害調整等を目的として，行政庁の諮問を受けて答申を行う権限を有する機関は諮問機関と呼ばれる。諮問機関は，諮問を待たずに行政庁に意見を述べる（これを建議という）権限も認められていることが多い。通常は合議制機関であるが，参与（中山恭子氏が拉致問題担当の内閣官房参与になったのがその例）のような独任制機関の場合もある。内閣府設置法37条・54条，国家行政組織法8条に規定する審議会等，地方自治法138条の4第3項が規定する附属機関は，基本的に諮問機関に該当する。たとえば，総務大臣が基幹放送用周波数使用計画を定め，または変更しようとするときは，電波監理審議会に諮問しなければならない（電波99条の11第1項2号）。この電波監理審議会は諮問機関である。後述するように，上記以外にも，大臣決裁等により設置される「私的諮問機関」が多数存在する。

なお，行政庁の意思決定の要件として諮問機関の議決が必要とされ，行政庁がその議決に拘束される場合，特に参与機関ということがあり，検察官適格審査会（検察23条），審査請求につき付議される電波監理審議会（電波85条・94条）がその例とされる。「議決を経て」（検察23条1項），「その議決により」（電波94条1項）等の表現は，参与機関の場合に用いられる。財務大臣が(i)税理士の懲戒処分をしようとするとき，(ii)税理士法人に対し，戒告し，もしくは業務の停止を命じ，または解散を命ずるときは，国税審議会に諮り，その議決に基づいてしなければならないが（税理士47条4項，48条の20第2項），この場合の国税審議会も参与機関である。また，国土交通大臣が，社会資本整備審議会の議を経て，特定公共事業の認定をする場合（用地取得特措7条）の社会資本整備審議会も参与機関である。総合設計許可については建築審査会の同意（建基59条の2第2項，44条2項）が必要とされているため，この場合の建築審査会も参与機関とみることもできる。地方公共団体の議会も，契約締結に当たって議決を行うような場合には，参与機関と分類されることもあるが（自治96条1項5号～12号），参与機関と区別して議決機関として分類されることもある。群馬中央バス事件1審判決（東京地判昭和38・12・25行集14巻12号2255頁）が，「運輸審議会は，形式上は……運輸大臣の諮問機関ではあるが，本件のような免許の許否等についての審議，答申に関するかぎり，実質上，いわゆる参与機関としての役割りを果すべきことが期待されて」いると述べているように，諮問機関と参与機関を峻別できるわけでは必ずしもなく，両者を特に区別する意義はないとする意見もある。

4)　執行機関

「行政官庁理論」においては，私人に対して直接に実力を行使する権限を有する機関は執行機関と呼ばれる。行政庁が法律行為を行う機関に着目した概念であるのに対して，執行機関は実力行使という事実行為に着目した概念である。行政的執行，即時強制，国税通則法132条等が定める臨検・捜索・差押えという強制調査に携わる機関は，執行機関として位置づけることができる。退去強制事由に該当すると疑うに足りる相当の理由があるときに収容令書により収容を行う入国警備官（入管39条），国税の滞納者の財産を差し押さえる権限を有する徴収職員（税徴47条），犯罪行為を制止する警察官（警職5条），火災現場において土地の使用等を行う権限を有する消防吏員（消防29条1項）が執行機関の例である。

⑸ 地方自治法における作用法的行政機関概念

地方自治法においても，作用法的行政機関概念が中心となっているが，「行政官庁理論」における行政機関概念とは多少異なる。すなわち，地方自治法は，議決機関としての性格を基本とする議会に対して，行政事務を管理執行する機関として執行機関という概念を設け（自治138条の2），普通地方公共団体の長・委員会・委員を執行機関として位置づけている（自治138条の4第1項）。この執行機関の概念は，地方公共団体の意思を最終的に決定し，それを自己の名において外部に表示する権限を有する機関を基本的に念頭に置いたものである。したがって，実力行使に着目した「行政官庁理論」における執行機関の概念とはまったく異なる。そして，副知事・副市町村長以下の機関は，補助機関として位置づけられている（自治161条・168条・171条・172条）。

⑹ 作用法的行政機関概念の功罪

作用法的行政機関概念は，行政作用として行われる法律行為を行う機関を中核にして構成されたものであるので，行政作用であっても，法的拘束力を伴わない行政指導を行う機関，任意調査を行う機関は視野の外に置かれてしまう。また，行政機関相互間の調整，行政内部における計画策定等，行政作用でない行政活動も視野に入りにくい。とりわけ，後述するように，行政機関相互間において，行政庁の指揮監督権と類似する権限を有する総括管理機関（⇒第1編第3章***2***(**4**)）については，行政過程において重要な機能を果たしているにもかかわらず，それが行政作用を行う機関でないために，関心が稀薄になる傾向があった。

また，作用法的行政機関概念は，私人に対する行政作用に着目するもので，行政作用法との接点として有益な概念であるが，行政作用に至る行政過程においては，実際上，補助機関，諮問機関のほうが，より重要な機能を果たすことが多く，行政過程の実態を適切に反映した理論とはいえないという指摘もある。国家賠償の局面においても，形式的には大臣という行政庁の職を占める公務員の過失が認定されても，実際は，当該省の組織全体の過失が認定された東京予防接種禍訴訟控訴審判決（東京高判平成4・12・18高民集45巻3号212頁）の例が示すように，行政庁の決定といえども，通常は組織的決定であり，作用法的行政機関概念が，かかる実態を認識する上で阻害要因にならないかという懸念が示されることもある。

また，戦前は，行政行為であっても自由裁量が認められている場合には，裁量不審理原則が採られ，司法審査の対象外とされたし，事前の行政手続による統制という観念はきわめて乏しく，行政過程の最終的アウトプットとしてなされる行政行為が，裁量の認められない実体法上の要件に適合しているかを司法審査するものであったため，裁量行使過程，事前手続への関心は稀薄であった。しかし，戦後は，裁量統制や手続的統制が重視されるようになってきたため，補助機関や諮問機関の活動が，法的にも大きな意味を持つことになった。このように戦前の行政行為論の限界への批判が，「行政官庁理論」を基礎におく作用法的行政機関概念の限界への批判につながっていったのである。

3 組織法的行政機関概念

(1) 内閣府設置法・国家行政組織法における行政機関概念

内閣府設置法や国家行政組織法は，もっぱら行政事務の配分の単位としての行政機関概念を採用している。組織法的行政機関概念自体は，明治時代からわが国にも存在したが，戦後，国家行政組織法がこの概念を採用したことが[12]，わが国の行政組織法制における組織法的行政機関概念の優位性を決定づけたといえる。国家行政組織法の立案作業は，1948（昭和23）年2月15日に解体された法制局（内閣法制局の前身）に代わり，行政調査部が担当した。行政調査部はGHQ民生局の意向を踏まえ，意識的に「行政官庁理論」からの脱却を図り，組織法的行政機関概念を採用した[13]。

内閣府設置法をみると，内閣府の組織は，任務およびこれを達成するため必要となる明確な範囲の所掌事務を有する行政機関により系統的に構成されると規定されており（内閣府5条1項），行政機関を所掌事務との関係でとらえている。そして，内閣府本府（内閣府16条～47条），宮内庁（内閣府48条），委員会および庁（内閣府49条～64条）という行政事務配分単位の組織について定めている。国家

12) 国家行政組織法の制定過程について詳しくは，松戸・前掲注6)「(2)」愛知大学法経論集162号39頁以下，同・前掲注6) 広島法学103頁以下参照。

13) 伊藤・行政委員会106頁参照。

行政組織法も，国家行政組織は，内閣の統轄の下に，内閣府の組織とともに，任務およびこれを達成するために必要となる明確な範囲の所掌事務を有する行政機関の全体によって，系統的に構成されなければならないとしており（行組2条1項），行政組織のために置かれる国の行政機関は，省，委員会および庁とするとしているので（行組3条2項），もっぱら行政事務配分単位の観点から行政機関が定義されているといえる。そして，内閣総理大臣は内閣府の長（内閣府6条1項），各省大臣は各省の長（行組5条1項）として規定されている。

(2)　分配の原理

所掌事務の再配分　委員会および庁は，内閣府または省の外局として置かれる（内閣府49条1項，行組3条3項）。外局は内部部局に対する概念であるが，これについては，後に詳しく説明する（⇒第1編第9章）。組織法的行政機関概念のもとでは，府・省・委員会・庁に置かれる（ことがある）官房・局・部・課・室等は，内部部局として位置づけられる（内閣府17条・52条・53条，行組7条）。附属機関である審議会等（内閣府37条・54条，行組8条），施設等機関（内閣府39条・55条，行組8条の2），特別の機関（内閣府40条〜42条・56条，行組8条の3），地方支分部局（内閣府43条〜47条・57条，行組9条）も，組織法的行政機関概念によるものである。府省に配分された所掌事務は，外局や内部部局，附属機関に再配分される。事務配分の単位の最小のものは，1人の人間に割り当てられる職務と責任を意味する職（国公2条参照）である。

分配の原理　省の場合を例にとると，省に配分された所掌事務は，内部部局と場合によっては委員会・庁という外局に配分される。内部部局における事務の配分をみると，官房や局に配分された所掌事務は，さらに課に配分され，課に配分された所掌事務は係に配分され，係に配分された所掌事務は，係を構成する個々の係長・係員の職に配分される。これが，行政組織における「分配の原理」である[14)]。

所掌事務の配分を行う場合には，同一の組織が担うことが適切か，分離したほうが適切かが考慮される。たとえば，かつて，原子力委員会は，原子力の研究，開発，利用に関する事項について企画・審議・決定するのみならず，安全確保に

---

14)「分配の原理」について詳しくは，佐藤・行政組織法60頁以下参照。

関する事項についても所掌事務としていたが，両者を分離しないと，安全確保が適切に行われないおそれがあることから，1978（昭和53）年に，後者については，原子力安全委員会という別組織に担わせることとされた。

Column　福島第1原発事故を受けた原子力組織制度改革

2011（平成23）年3月11日に発生した福島第1原発事故を受けて，同年6月7日に原子力安全に関する国際原子力機関（IAEA）閣僚会議に提出された日本政府の報告書において，原子力安全・保安院を経済産業省から独立させ，内閣府原子力安全委員会や各省も含めて原子力安全規制行政や環境モニタリングの実施体制の見直しの検討に着手することが約束された。同年8月15日には「原子力安全規制に関する組織等の改革の基本方針」が閣議決定され，「規制と利用の分離」の観点から，原子力安全・保安院の原子力安全規制部門を経済産業省から分離し，内閣府原子力安全委員会の機能をも統合して，環境省にその外局として，原子力安全庁（仮称）を設置することとされた。そして，2012（平成24）年1月31日に「原子力の安全の確保に関する組織及び制度を改革するための環境省設置法等の一部を改正する法律案」および「原子力安全調査委員会設置法案」が閣議決定され，国会に提出された。その後，両法案は撤回され，衆議院環境委員長提出の原子力規制委員会設置法案が同年6月20日に成立した。同法では，原子力安全・保安院を経済産業省から分離し，各省の関係業務を一元化し，環境省の外局として原子力規制委員会を設置することとしている。原子力規制委員会は，同年9月19日に発足した。IAEA安全基準においては，安全に関する意思決定における規制機関の独立性が確保されること，規制機関の意思決定に不当な影響を及ぼす可能性のある組織との機能的分離を確保することを政府の義務としている。

原子力安全・保安院は，中央省庁再編の際，規制行政と振興行政を分離する観点から，資源エネルギー庁の特別の機関として，一定の独立性を持つものとして設置されたが，原発推進政策を採ってきた経済産業省の外局である資源エネルギー庁内に置かれていたことは，IAEA安全基準に照らしても問題であったことは明らかであり，その経済産業省からの分離は当然といえる。原子力規制委員会設置法1条は，「一の行政組織が，原子力利用の推進及び規制の両方の機能を担うことにより生ずる問題を解消する」ことを目的として明記している。

また，食品が人の健康に及ぼす影響の評価の実施とそれに基づく勧告・意見陳述等は，食品安全管理を行う農林水産省や厚生労働省とは独立の専門組織を設けて行うことが望ましいという判断を基礎として，2003（平成15）年の食品安全基本法に基づき，内閣府に食品安全委員会が設置されたのもその例である[15]。国が起業者となり事業認定を申請する場合，事業認定庁は国土交通大臣であるが，国の公共事業の大半は国土交通省所管のものであり，中立性に疑念をもたれるおそれがあることから，2001（平成13）年の土地収用法改正により，事業認定庁は社会資本整備審議会の意見を聴取し，その意見を尊重しなければならないとされたのも，かかる場合の事業認定の実質的判断は，社会資本整備審議会に委ね，公共事業の実施主体と事業認定の（実質的）判断機関を分離することにより，事業認定事務の中立性・独立性を確保しようとしたことによる[16]。破壊活動防止法，無差別大量殺人行為を行った団体の規制に関する法律に基づき調査，処分請求等を行う公安調査庁と審査，処分を行う公安審査委員会を分離したのも，審査，処分の事務における公正性・中立性を確保するためといえよう。また，実現しなかったものの，1997（平成9）年の行政改革会議中間報告において，国土開発省と国土保全省に分離する案が示されたことにも，類似の発想を看取することができる。行政手続法が聴聞主宰者という制度を設けたり（行手19条1項），行政不服審査法が審理員という制度を設けているのも（行審9条1項），審理の公正さを担保するための職能分離の必要性の認識に基づいている。

Column　ノー・リターン・ルール

機能分離の観点から組織を新設しても，新組織の職員が旧来の組織からの出向者で占められ，出向者が短期間在籍するのみの新組織（出向先）よりも，近い将来に戻るであろう出向元の組織の利害を重視した行動をとるのであれば，組織の機能的分離の意義が没却されることになる。この弊害を除去するために，機能分離の観点から組織が新設された場合，新組織に出向した職員を出向元の組織に戻さない方針とすることが考えられる。これがノー・リターン・ルール（no return rule）である。金融政策が財政政策から独立に行われるべきとする財金分離の観点から，旧大蔵省（現・財務省）から旧金融監督庁（現・金融庁）が分離したが，財務省から金融庁へ出向した幹部職員については，ノー・リターン・ルールが運用上行われている。この方針が初めて法定化されたのが，原子力規制委員会設置法制定附則6条2項である。同項は，「原子力規制庁の職員については，原子力利用における安全の確保のための規制の独立性を確保する観点から，原子力規制庁の幹部職員のみならずそれ以外の職員についても，原子力利用の推進に係る事務を所掌する行政組織への配置転換を認めないこととする。ただし，この法律の施行後5年を経過するまでの間において，当該職員の意欲，適性等を勘案して特にやむを得ない事由があると認められる場合は，この限りでない」と規定している。

15）　リスクアセスメントとリスク管理の組織分離については，下山憲治・リスク行政の法的構造――不確実性の条件下における行政決定の法的制御に関する研究（敬文堂，2007年）145頁以下が詳しい。

16）　宇賀・行政情報化205頁参照。

⑶　内閣府設置法・国家行政組織法が規定する職

内閣府設置法は，内閣総理大臣（6条・7条），内閣官房長官（8条1項），内閣官房副長官（8条2項），特命担当大臣（9条〜12条），副大臣（13条），大臣政務官（14条），大臣補佐官（14条の2），事務次官（15条），内閣府審議官（16条），経済財政諮問会議議長（21条），経済財政諮問会議議員（22条・23条），総合科学技術・イノベーション会議議長（28条），総合科学技術・イノベーション会議議員（29条〜34条），金融危機対応会議議長（42条3項），金融危機対応会議議員（42条4項），委員会の委員長および庁の長官（50条・58条），次長（61条1項・63条3項），総括整理職（61条2項・63条4項），局長・部長・課長に準ずる職（62条・63条4項），局長・部長・課長・室長（63条1項），官房長（63条2項）の職について規定している。

また，国家行政組織法は，各省大臣（5条・10条・11条・12条1項・14条・15条），委員会の委員長（6条・10条・12条2項），庁の長官（6条・10条・12条2項・13条〜15条），副大臣（16条），大臣政務官（17条），大臣補佐官（17条の2），事務次官（18条1項・2項），次長（18条3項・21条3項），総括整理職（18条4項），秘書官（19条），局長・部長・課長に準ずる職（20条・21条4項・5項），局長・部長・課長・室長（21条1項），官房長（21条2項）の職について規定している。

⑷　職員と公務員

職を占める者が職員であり，国の行政組織においては国家公務員が，地方公共団体の行政組織においては地方公務員が職員となる。主計局長，関東財務局長，小石川税務署長等，1人の人間に割り当てられる権限と責任を意味する職は，行政組織内における役割分担を示す概念であるのに対して，当該職に就く公務員は，国・地方公共団体等との雇用関係の観点からとらえた概念である。公務員の勤務関係の性質や公務員が国・地方公共団体等に対して有する権利義務を中心に考察するのが，公務員法である。

⑸　結合の原理

複数の職が組み合わさって係となり，複数の係が組み合わさって課となる。同様に，複数の課が組み合わさって局となり，複数の局が組み合わさって省となる。このように，組織法的行政機関概念の下においては，最小の事務配分単位である職が結合して，小さな事務配分単位が組織され，それらが結合して，より大きな事務配分単位が組織されるという関係にある。これが，行政組織における「結合の原理」である[17]。前述した作用法的行政機関概念における合議制機関の場合，単一の合議制機関は委員の複数の職から構成されることになるのに対して，独任制の機関は，単一の職で構成されることになる。

⑹　地方自治法上の組織法的行政機関概念

地方自治法が基本的に作用法的行政機関概念によっていることは前述したが，「保健所，警察署その他の行政機関」（自治156条1項）という表現にみられるように，組織法的行政機関概念を用いている箇所もあり，両概念が混交している。

⑺　行政作用法における組織法的行政機関概念

組織法的行政機関概念は，もっぱら行政事務をいかに配分するかという観点から構成された概念であり，行政作用に焦点を合わせたものではない。しかし，行政作用法上，組織法的行政機関概念が用いられることがある。たとえば，行政手続法は，行政指導を行う主体を行政機関と規定しているが（行手2条6号），行政機関については，「法律の規定に基づき内閣に置かれる機関若しくは内閣の所轄の下に置かれる機関，宮内庁，内閣府設置法……第49条第1項若しくは第2項に規定する機関〔委員会および庁。筆者注〕，国家行政組織法……第3条第2項に規定する機関〔省，委員会および庁。筆者注〕……又はこれらの機関の職員であって法律上独立に権限を行使することを認められた職員」（行手2条5号イ）および「地方公共団体の機関（議会を除く。）」（行手2条5号ロ）と定義されている。2条5号イの「法律の規定に基づき」以下「第3条第2項に規定する機関」までの部分は，明確に組織法的行政機関概念を用いている。また，「行政機関の保有する情報の公開に関する法律」は，行政機関を組織法的行政機関概念により定義し（2条1項），開示請求を受けたり，開示・不開示の決定をしたりする作用法的側面においては，行政庁ではなく，「行政機関の長」という表現を用いている（3条～17条）。「行政機関の保有する個人情報の保護に関する法律」も同様である（12条～25条・27条～41条）。

17）「結合の原理」について詳しくは，佐藤・行政組織法70頁以下参照。

(8) 組織間手続における組織法的行政機関概念

行政組織間の協力について，組織法的行政機関概念が用いられることがある（入管61条の8，警59条・60条1項，海保27条1項）。また，行政組織間の協議についても，河川法35条，自然環境保全法43条1項が，「関係行政機関の長」との協議について定めているように，組織法的行政機関概念が使用される例がある。

4　作用法的行政機関概念と組織法的行政機関概念の相互補完関係

作用法的行政機関概念と組織法的行政機関概念は，視点を異にするものであるが，両者は相互補完関係にあるともいえる。

(1) 作用法的行政機関概念の組織法的行政機関概念による補完

個人情報の保護に関する法律44条は，緊急かつ重点的に個人情報等の適正な取扱いの確保を図る必要があることその他の政令で定める事情があるため，個人情報取扱事業者等に対し，勧告または命令を効果的に行う上で必要があると認めるときは，個人情報保護委員会は，同法40条1項の規定による立入検査等の権限を事業所管大臣に委任することができると定めている。この委任を受けて立入検査等の権限を行使する事業所管大臣が何かは，内閣府設置法・国家行政組織法，各省設置法[18)]等の行政組織法に照らして判断しなければならない。一例を挙げると，個人情報取扱事業者が私立大学である場合，文部科学省設置法4条の所掌事務規定に照らし，文部科学大臣が事業所管大臣となる。すなわち，この場合，作用法的行政機関概念である「事業所管大臣」は，組織法的行政機関概念に依拠した文部科学省設置法により決定されることになるのである。

行政不服審査法は，作用法的行政機関概念に依拠して，審査請求は最上級行政庁[19)]に対して行うことを原則としているが（行審4条4号），何が最上級行政庁に

---

18)　各省設置法の制定過程については，松戸・前掲注6)「(3・完)」愛知大学法経論集164号33頁以下参照。

19)　1つの行政処分については1つの行政庁があるのみであり，ここでいう「上級行政庁」とは上級行政機関の意味であることにつき，遠藤博也・行政法II〔各論〕（青林書院，1977年）38頁参照。

該当するかも，行政組織法上，定まることになる。たとえば，消防吏員が処分庁の場合，消防吏員の直近上級行政庁は消防署長，消防署長の直近上級行政庁は消防長，消防長の直近上級行政庁は市町村長であり，最上級行政庁は市町村長になる。このように，作用法的行政機関概念は組織法的行政機関概念による補完を必要とする。

(2)　組織法的行政機関概念の作用法的行政機関概念による補完

他方，法律の留保が及ばない行政指導等については，組織の所掌事務の範囲内で行うことが可能であるが，法律の留保が及ぶ不利益処分等を行うような場合には，所掌事務の範囲内であるのみでは足りず，作用法的行政機関概念に基づく行政庁に当該権限が付与されていなければならない。すなわち，事務を配分された行政機関がいかに行政作用を行うかを考える局面では，作用法的行政機関概念の有用性が認められる。その意味で，両概念は相互補完関係にあるともいえる[20)]。

20)　両概念の関係についての諸学説については，木藤茂「2つの『行政機関』概念と行政責任の相関をめぐる一考察――行政組織法と行政救済法の『対話』のための1つの視点」行政法研究2号37頁以下参照。

第3章 行政機関相互の関係

Point

1) 行政法上の委任は，委任により権限が委任機関から受任機関に移譲され，当該権限は受任機関のものとなり，委任機関は当該権限を失うことになる。
2) 権限の委任の場合とは異なり，権限の代理は，民法上の代理と基本的には異ならない。代理機関の行為は，被代理機関の行為としての効果が生ずる。行政法上の代理の場合にも，代理機関は，被代理機関の代理として権限を行使することを明らかにする必要があるとするのが通説である。
3) 国・地方公共団体を問わず，実務上広く行われている行政事務の処理方法として，専決と呼ばれるものがある。これは，内部委任とも呼ばれるが，権限を対外的には委任せず，また代理権も付与せずに，実際上，補助機関が行政庁の名において権限を行使することをいう。
4) 訓令は，行政機関を名あて人にするものであり，私人に対する拘束力を有するものではない。

1 権限の委任，代理と専決・代決

(1) 委　任

1) 意　義

民法上の委任との相違　伝統的な「行政官庁理論」においては，行政官庁に法律上付与された権限を他の者が行使することが認められるかが，重要な関心事であった。そして行政庁の権限（とりわけ行政行為を行う権限）を他の機関に委任することができるか，委任の効果は何か等が議論されてきた。民法上の委任は，一方の当事者が他方の当事者に法律行為をすることを委託し，他方の当事者がこれを承諾することにより成立する契約であり（民643条），受任者は委任の本旨に従い善良な管理者の注意をもって委任事務を処理する義務を負う（民644条）。民法上の委任は，代理権の授与を伴うことが多い。

行政法上の委任は，これとは大きく異なり，委任により権限が委任機関から受任機関に移譲され，当該権限は受任機関のものとなり，委任機関は当該権限を失

うことになる。すなわち，行政法上の委任の場合には，代理権の付与を伴わず，委任と代理は明確に区別される。

実定法制　行政法上の委任の法理について明文の規定があるわけではないが，実定法制は，この法理を前提としていると考えられる。たとえば，地方自治法は，条例による事務処理の特例により法定受託事務に係る処分をする権限を有する市町村長（原権限庁）C がその権限を補助機関である D に委任した場合において，委任を受けた行政庁 D がその委任に基づいてした処分に係る審査請求につき，原権限庁 C が審査庁として裁決をしたときには，地方自治法 255 条の 2 第 1 項 1 号の規定により都道府県知事 B に再審査請求，各大臣 A に再々審査請求が認められている（自治 252 条の 17 の 4 第 4 項・第 5 項）。これは，委任により，処分権限が C から D に移転し，D が処分庁となり，C は処分権限を喪失することを前提とした規定である[1)]。

判　　例　判例も，権限の委任により，権限が移譲されると解している。すなわち，最判昭和 54・7・20 判時 943 号 46 頁は，「行政庁相互の間においていわゆる権限の委任がされ，委任を受けた行政庁が委任された権限に基づいて行政処分を行う場合には，委任を受けた行政庁はその処分を自己の行為としてする」と判示している。この判例は，抗告訴訟の被告が原則として処分または裁決をした行政庁とされていた時代のもので，「処分の取消しを求める訴えは，右委任を受けた行政庁を被告として提起すべきものであって，委任をした行政庁を被告として右訴えを提起することは許されない」としたものである。

行政救済法における意義　2004（平成 16）年の行政事件訴訟法改正により，抗告訴訟の被告が原則として処分または裁決をした行政庁の所属する国または公共団体に変更されたことにより（行訴 11 条 1 項），権限の委任が行われた場合の被告適格は，従前ほどは，大きな問題ではなくなった。しかし，なお，権限の委任が抗告訴訟の被告の選択に影響を与えることがある。委任が行われない場合，主務大臣による命令に対する抗告訴訟は，主務大臣の所属する国を被告として提起することになるのに対して，委任が行われた場合には，地方公共団体の長その他の執行機関が所属する地方公共団体を被告とすることになるので

1）　この規定の趣旨について詳しくは，宇賀克也「行政不服審査法の施行に伴う関係法律の整備等に関する法律」住民行政の窓 411 号 19 頁参照。

ある。その他，委任の有無により行政庁が変わることが，実際上影響する規定は，行政事件訴訟法の中に少なくない（11条1項本文かっこ書・11条2項・5項・6項・12条1項・23条・23条の2・33条・37条の2第5項・37条の4第5項・37条の5第1項・2項・5項・39条・45条2項・3項・46条）。行政不服審査法に基づく再調査の請求を行う場合には，委任が行われていれば処分庁は受任庁になるから，委任庁ではなく受任庁に対して行わなければならない。

2）法律の根拠

権限の委任は，法律上定められた処分権者を変更するものであるから，法律より下位の法形式で行うことはできず，法律の根拠が必要であることには異論がない（法律で権限を委任された機関が発足しない場合，政令で当該権限を委任元の機関が行使するよう読替え規定を置くことができるかが議論されたことがあるが，これについては，530頁の***Column***参照）。委任規定は，法律の雑則に関する章に置かれることが少なくない（電気114条，航空137条等）。委任が有効であるためには，委任が行われた旨が公示されていなければならないかという問題がある。大阪地判昭和50・12・25判時808号99頁・公務員百選25事件は不要説をとるが，学説においては，必要説が有力である。さらに，公示にとどまらず，処分の際に，委任の根拠法条も示すべきとする説もある[2)]。

なお，権限の委任の根拠法が有効か否かが争われた大阪地判昭和57・2・19行集33巻1＝2号118頁〔近鉄特急事件〕は，第2次大戦中に制定された許可認可等臨時措置法は失効していると判示した（1991〔平成3〕年，行政事務に関する国と地方の関係等の整理及び合理化に関する法律により，同法を廃止する措置がとられた）。

受任機関

①　多様な受任機関　　実際に法律で定められた委任規定における受任機関は，地方出先機関の長（「地方整備局長又は北海道開発局長」とする景観法97条，道路法97条の2，建設業法44条の3，「総合通信局長又は沖縄総合通信事務所長」とする電波法104条の3第1項，「国税局長又は税務署長」とする税理士法57条1項，「支庁若しくは地方事務所，……市の区の事務所……市の総合区の事務所又は……税務に関する事務所の長」とする地方税法3条の2，「保健所長」とする地域保健法9条等），内部部局の長その他の職員（国公55条2項，自治153条1項・167条2項，教育行政25条1項・3項，地公企13条2項，電気114条，航空137条1項，行政情報公開17条等），他の地方公営企業の管理者（地公企13条の2），管理に属する行政庁（自治153

2）阿部・法システム㊦615頁参照。

条2項，生活保護19条4項），各省各庁の長（会計46条2項），他の機関（国公21条），防衛大臣（航空137条3項），警視総監または道府県警察本部長（道交114条の2第1項），他省の地方支分部局の長（経済産業大臣が税関長に委任できるとする外国為替及び外国貿易法54条2項，輸出入取引法36条等），認可法人（日本銀行への委任を定める外国為替及び外国貿易法69条1項等）等，多様である[3]。以上の例からも明らかなとおり，委任は階層制組織における下級機関に対して行われるとは限らない。実際，人事院は，国家公務員法21条，国家公務員の職階制に関する法律（廃止）12条，人事院規則6-1により，1951（昭和26）年，人事院指令6-1を出して，職階制に関する法律に基づく職級の格付けをする権限および格付けを変更する権限（一部の官職を除く）を国の27の機関に委任したことがある。なお，権限が私人に委任される場合もあるが，これについては，委任行政として別に扱う（⇒第1編第13章***4***）。

②　地方支分部局の長への委任の意義　　地方支分部局の長への委任は，地方在住者の便宜に資するという観点から積極的に行われることがある。「行政機関の保有する情報の公開に関する法律」の立法過程において，地方在住者の便宜のために，裁判管轄の特例を設けることを望む意見が少なくなかった。開示・不開示の決定をした行政庁の所在地を管轄する裁判所は，取消訴訟の管轄を有するので（行訴12条1項），開示・不開示の決定権限を大臣が地方支分部局の長に委任すれば，地方において訴訟提起できる場合が拡大することが，行政改革委員会の答申である「情報公開法制の確立に関する意見」（平成8年12月16日）においても指摘され，実際，同法17条，同法施行令15条1項・2項に基づき，地方支分部局の長への委任が積極的に行われた[4]。

また，地方支分部局を有しない省庁が他省の地方支分部局の長に委任することにより，地方における執行体制を確立する方策が採られることがある。金融庁は，地方支分部局を有しないため，監督権限の一部を財務省の地方支分部局である財務局の長に委任する方式を採っており（銀行59条2項，同施行令17条の2第1項～3項），当該委任事務については，金融庁長官の財務局に対する指揮監督権を認めている（財務省設置法13条2項）。健康増進法においては，内閣総理大臣の調査権限（58条・59条・61条1項）を消費者庁長官に委任しているが（69条3項），消費者庁には地方支分部局がないため，消費者庁長官は，委任された権限の一部

3）　資料としては古くなっているが，長富祐一郎「行政機関概念の採用(3)（6・完）――行政組織法上の諸問題」自治研究39巻7号82頁以下，40巻7号71頁以下が，委任に関する多様な例を列挙している。

4）　宇賀克也・新・情報公開法の逐条解説〔第8版〕（有斐閣，2018年）179頁参照。

を地方厚生局長または地方厚生支局長に委任することができるものとし（同条4項），地方厚生局長または地方厚生支局長は，委任された権限を行使したときは，その結果について消費者庁長官に報告するものとして（同条5項），消費者庁長官に地方厚生局または地方厚生支局に対する指揮監督権を認めている（厚生労働省設置法18条2項・19条5項）。特定商取引法69条3項も，消費者庁長官が内閣総理大臣から委任を受けた権限を経済産業局長に委任することを認めており，消費者庁長官に経済産業局に対する指揮監督権を認めている（経済産業省設置法10条3項）。

③ 普通地方公共団体の長と委員会・委員の間の委任　普通地方公共団体においては，執行機関の多元主義が採られ，長は委員会または委員の職権行使の独立を守らなければならないが，長が委員会または委員と協議して，委員会，委員会の委員長，委員もしくはこれらの執行機関の事務を補助する職員もしくはこれらの執行機関の管理に属する機関の職員に委任することができ（自治180条の2），逆に，委員会または委員は，長と協議して，長の補助機関である職員等に委任することができる（自治180条の7）。

④ 再委任　再委任についての規定が法律に置かれている場合もある（航空137条2項，教育行政25条4項，道交114条の2第2項）。

⑤ 実定法における文言　実定法上は，「委任」という言葉が用いられず，「この法律に基づく権限の一部を他の機関をして行なわせることができる」（国公21条），「分掌させる」（国財9条1項・2項）のような表現が用いられることもある。

3) 委任の範囲

委任機関の固有の権限については，委任が認められないと解される場合がある。2006（平成18）年の地方自治法改正により，副知事および副市町村長は，普通地方公共団体の長の権限に属する事務の一部について，同法153条1項の規定により委任を受け，その事務を執行する旨の明文の規定が設けられたが（自治167条2項），議会招集権，規則制定権，副知事・副市町村長任命権，再議に付す権限等は，長の固有の権限として，委任することは認められないと考えられる。また，実質的必要性がないのに委任することも許されないと解されている。なお，国家公務員の任命権と懲戒権を分離して委任することは適法であるとする裁判例（前掲大阪地判昭和50・12・25）がある。教育に関する事務の管理および執行の基本的な方針に関すること，教育委員会規則その他教育委員会の定める規程の制定または改廃に関すること，教育委員会の所管に属する学校その他の教育機関の設置および廃止に関すること，教育委員会および教育委員会の所管に属する学校その他の教育機関の職員の任免その他の人事に関すること等，教育委員会が教育長に委任することができない事項については法定されている（教育行政25条2項)。情報公開条例に基づく実施機関とされた教育委員会が，開示・不開示の決定権限を教育長に委任することに対しては，教育委員会の情報管理責任の放棄になり許されないとする説がある（中野区公開審査勧告平成8・1・10）[5)]。

4)　委任と指揮監督権

民法上の委任とは異なり，行政法上の委任の場合には，権限が移譲されることになり，法律に別段の規定がない限り，委任機関は受任機関に対して指揮監督権を有しないと解される。しかし，上級機関は，下級機関に対して，一般に指揮監督権を有するので，委任が下級機関に対して行われたときには，委任機関としてではなく，上級機関としての指揮監督権は残ることになる。下級機関でない者に委任が行われる場合において，委任機関の指揮監督権を特に保持させたい場合には，明文の規定が置かれる。国土交通大臣から防衛大臣への委任に関する航空法137条4項がその例である（国公21条後段，外為法54条1項，財務省設置法13条2項，厚生労働省設置法18条2項・19条5項，経済産業省設置法12条4項も参照)。

最判昭和62・4・10民集41巻3号239頁・地方自治百選99事件〔都議会議長交際費違法支出住民訴訟事件〕は，平成14年法律第4号による改正前の地方自治法242条の2第1項4号の「普通地方公共団体に代位して行なう当該職員に対する損害賠償の請求……」の「当該職員」の意義について，「当該訴訟においてその適否が問題とされている財務会計上の行為を行う権限を法令上本来的に有するものとされている者及びこれらの者から権限の委任を受けるなどして右権限を有するに至った者を広く意味」すると述べ，当該権限を法令上本来的に有する者は，委任により権限を喪失しても，損害賠償責任を問われうると解しうる判示をしている。

さらに，最判平成5・2・16民集47巻3号1687頁・地方自治百選〔3版〕84事件〔箕面市忠魂碑・慰霊祭訴訟〕は，「長は，その権限に属する一定の範囲の財務会計上の行為をあらかじめ特定の吏員に委任することとしている場合であっても，右財務会計上の行為を行う権限を法令上本来的に有するものとされている以上，

5)　兼子仁＝室井敬司編・情報公開実務指針（ぎょうせい，2007年）14頁参照。

右財務会計上の行為の適否が問題とされている当該代位請求住民訴訟において，同法242条の2第1項4号にいう『当該職員』に該当するものと解すべきである」と判示している。そして，委任を受けた吏員が委任に係る当該財務会計上の行為を処理した場合においては，長は，当該吏員が財務会計上の違法行為をすることを阻止すべき指揮監督上の義務に違反し，故意または過失により当該吏員が財務会計上の違法行為をすることを阻止しなかったときに限り，自らも財務会計上の違法行為を行ったものとして，普通地方公共団体に対し，当該違法行為により当該普通地方公共団体が被った損害につき賠償責任を負うものと解するのが相当であると述べ，より明確に，委任を行った場合であっても，指揮監督権は残り，指揮監督上の義務違反に対する責任が生じうる旨，判示している。この判決は，委任により権限は移譲されるので，委任機関は指揮監督権を喪失するという通説と異なる立場を最高裁が採ったようにも読めないわけではない。しかし，この事件においては，市長は財産管理権を所管課長に委任しており，下級機関に委任がなされているので，上級機関としての指揮監督権について言及していると解すれば，通説と異なる判示とはいえないことになる。

⑵　代　　理

1)　意義——民法上の代理との異同

顕名主義　権限の委任の場合とは異なり，権限の代理は，民法上の代理と基本的には異ならない。代理機関の行為は，被代理機関の行為としての効果が生ずる。民法においても，代理人は本人のためにすることを示して意思表示をしなければならないという顕名主義がとられているが（民99条1項），行政法上の代理の場合にも，「財務大臣代理としての理財局長」のように，代理機関は，被代理機関の代理として権限を行使することを明らかにする必要があるとするのが通説である（代理権の付与の公示は不要と解されている）。

他方，最判平成7・2・24民集49巻2号517頁・地方自治百選〔3版〕17事件は，被代理機関の名称を示さずに行われた行為について代理と解している。これは，政治資金規正法（平成6年法律第4号による改正前のもの。以下同じ）に基づき政治団体から大阪府選挙管理委員会に提出された収支報告書の写しの交付の請求が，大阪府公文書公開等条例に基づいてなされた事案に関するものである。同条例では，知事等に委任された国の事務について，主務大臣等から公にしてはならない旨の明示の指示がある場合，当該公文書を公開してはならないと定めていた。この事件では，当時の自治省選挙部政治資金課長から各都道府県の選挙管理委員会書記長宛に送られた「政治資金規正法関係質疑集」において，政治資金規正法21条２項が，何人も収支報告書等の閲覧を請求することができると定めているのは，写しの交付は認めない趣旨であると記されていることが，主務大臣から収支報告書の写しの交付をしてはならないという明示の指示がある場合に該当するかが争点となった。

本件最高裁判決は，自治省文書決裁規程（昭和39年自治省訓令第８号）２条が，法令の質疑，解釈に対する回答の決裁権者・文書施行名義者を課長と定めているのであるから，自治省選挙部政治資金課長は，この訓令の定めによって，自治大臣から，政治資金規正法の執行に関し，都道府県の選挙管理委員会を指揮監督する上で必要となる同法の質疑，解釈についての回答の決裁・発出に関する代理権を授与されているものということができると述べ，主務大臣等から公にしてはならない旨の明示の指示がある場合に該当すると判示したのである。

表見代理　民法においては，代理人が代理権の範囲外の契約を締結した等の無権代理の場合であっても，契約の相手方が代理権の範囲内である等と信ずることもやむをえないときには，相手方を保護するために当該契約の効果を本人に帰属させる表見代理（民109条・110条・112条）が法定されているが，行政処分の権限の代理の場合においては，法律による行政の原理に照らし表見代理は認められないと一般に解されている（ただし，国家賠償責任が認められることがありうる）。

2）　授権代理（任意代理）と法定代理

権限の代理には，授権代理と法定代理がある。授権代理については，地方自治法153条１項（「普通地方公共団体の長は，その権限に属する事務の一部をその補助機関である職員に……臨時に代理させることができる」）のように明文で認められている例もある（教育行政25条１項・４項，地公企13条２項）。わが国においては，授権代理が行われることはほとんどない。

3）　狭義の法定代理と指定代理

法定代理の中には，狭義の法定代理と指定代理がある。前者は，法定の要件の充足により当然に代理関係が発生する場合であり，地方自治法152条１項前段（「普通地方公共団体の長に事故があるとき，又は長が欠けたときは，副知事又は副市町村長がその職務を代理する」）がその例である。「人事院総裁に事故のあるとき，又は人事院総裁が欠けたときは，先任の人事官が，その職務を代行する」と定める国家公務員法11条3項も，狭義の法定代理の例である（原子力規制委員会設置法10条4項も参照）。

指定代理は，法定の要件が充足された場合に被代理機関の指定により代理関係が発生する制度である。指定が事前に行われることを予定している場合もある。たとえば，内閣法9条は，「内閣総理大臣に事故のあるとき，又は内閣総理大臣が欠けたときは，その予め指定する国務大臣が，臨時に，内閣総理大臣の職務を行う」と規定している[6)]。

Column　内閣総理大臣の臨時代理

内閣発足時に，あらかじめ，内閣総理大臣を臨時に代理する国務大臣を正式に指定して官報に掲載し，代行期間を限定せずに発令した場合，「副総理」（これは法令上の用語ではない）と呼ぶ慣行があった（三木武夫内閣の福田赳夫経済企画庁長官，第3次中曽根康弘内閣の金丸信国務大臣〔民間活力導入担当〕等）。これは，いわゆる大物大臣を内閣総理大臣に次ぐ事実上の副首相格として処遇する場合に採られた方法で，指定代理の一種である。実際には，内閣総理大臣臨時代理の指定は，内閣発足時に常に行われてきたわけではない。

2000（平成12）年4月，小渕恵三内閣総理大臣が急病で執務不能となり，病床で内閣官房長官を臨時代理に指定したとされる。この指定の有無につき議論があったこともあり，これ以後は，内閣発足時に，内閣総理大臣の臨時代理就任予定者5名を指定して官報に掲載する運用がなされるようになり，内閣官房長官である国務大臣を第1順位とすることが原則とされるようになった。この場合には，内閣官房長官である国務大臣は「副総理」とは称されないが，内閣官房長官以外の国務大臣が内閣総理大臣臨時代理予定者第1順位として指定された場合には，当該大臣を「副総理」と称する。野田佳彦内閣における岡田克也国務大臣がその例であり，藤村修内閣官房長官は第2順位とされた。第2次・第3次安倍晋三内閣における麻生太郎財務大臣も「副総理」である。

地方公営企業の管理者についても，事前指定による指定代理制が採られている（地公企13条1項）。

他方，内閣法10条は，「主任の国務大臣に事故のあるとき，又は主任の国務大臣が欠けたときは，内閣総理大臣又はその指定する国務大臣が，臨時に，その

6）　内閣総理大臣の臨時代理については，高見勝利「内閣総理大臣の臨時代理について」清水古稀・現代国家の憲法的考察（信山社，2000年）65頁以下参照。

主任の国務大臣の職務を行う」と規定しており，この場合には，指定が事前に行われることを当然には予定していない。地方自治法にも指定代理の規定がある（自治152条2項）。

4)　法律の根拠

法定代理の場合は，定義上，当然に法律の根拠があるが，授権代理については，実務上は，法律上の根拠なしに行われることがあるものの，法律の根拠の要否について学説は分かれている。授権代理には法律の根拠は不要とする説は，権限の代理の場合は，被代理機関に代理機関の行為の効果が帰属し，それに伴う責任も生ずる以上，代理機関に対して指揮監督を行うことができるし，法律で定められた権限の所在自体を変更するものではないことを理由とする。他方，法律の根拠を要するとする説は，法律で権限を付与された以上，自らそれを行使する責任があり，法律の特別の定めなしに他の機関に当該権限を行使させることを認めるべきではないとする。また，原則としては，法律の根拠が必要としながら，重要でない権限の一部の授権代理については法律の根拠を不要とする折衷説もある。

5)　代理機関

代理機関には，補助機関がなることが多いが，それに限定する理論的根拠はない。しかし，公権力を行う権限を明文の規定なしに私人に代理させることができるかについては疑問が提起されており，内閣府設置法，国家行政組織法，地方自治法等が定める形式的意義の行政機関に対してのみ代理権を与えることができるとする有力説がある[7)]。

6)　代理権の範囲

代理権の範囲については，授権代理であれ，法定代理であれ，当該職の一身専属的権限までは代理させることができないと解される（これについては，異論もある）。内閣総理大臣が病気，怪我で入院した場合や外遊中の代理の場合，衆議院の解散や大臣の罷免等，内閣総理大臣の一身専属的な権限は代理できないと考えられる。

職務代理者に対する解職請求等

都道府県知事が重病になり，副知事がその職務を代理している場合，知事の職務代理者としての副知事の解職請求を地方自治法81条の長の解職請求として行うことはできない。長の解職請求制度は，長の地位にある者に対してなされるのであり，長の職務を代理していることのみに

7)　塩野・行政法Ⅲ33頁参照。

より長の地位に立つわけではないので，知事の職務を代理している副知事の解職を請求する場合には，同法86条の役員の解職請求制度を用いるべきである。同様に，市長の職務を副市長が代理しているからといって，市長職務代理者としての副市長に対して議会が同法178条1項に基づく長の不信任決議を行うことはできない。

職務代理者の兼職制限等

普通地方公共団体の長は，国会議員，地方公共団体の議員・常勤職員・短時間勤務職員との兼業を禁止されている（自治141条）。また，当該普通地方公共団体に対して請負をする者およびその支配人または主として同一の行為をする法人（当該普通地方公共団体が出資している法人で政令で定めるものを除く）の無限責任社員，取締役，執行役もしくは監査役もしくはこれらに準ずべき者，支配人および清算人となることができない（自治142条）。これらの規制は，長の職務執行の公正を確保するためのものであるから，長の職務を代理する者にも適用される。

7）指揮監督権

授権代理の場合には，被代理機関は，授権の範囲内で代理機関に対する指揮監督権を有すると解されるが，法定代理については，場合により異なろう。被代理機関が欠けた場合には，指揮監督権を行使しえないのは当然であるが，外遊の場合には，指揮監督権を認めてよいと思われる。病気や怪我の場合であっても，被代理機関が適切な判断をなしうる場合には，指揮監督権を完全に否定することが妥当かには疑問の余地がある。

⑶　専決・代決

1）意　義

専　決

国・地方公共団体を問わず，実務上広く行われている行政事務の処理方法として，専決と呼ばれるものがある。これは，内部委任とも呼ばれるが，権限を対外的には委任せず，また代理権も付与せずに，実際上，補助機関が行政庁の名において権限を行使することをいう。行政庁Aの決裁権限を補助機関である課長Bが最終的に行使することを内部的に認め，BがAの名において当該権限を行使する方式である（内閣府本府における行政文書の取扱いに関する規程22条等参照）。形式的にはAの名において権限が行使されるので，Aが処分庁として扱われる。したがって，行政手続法5条1項の規定に基づき審査基準の作成義務を負うのはAである。

Column　三菱ふそう刑事事件と9条俳句事件

三菱ふそう刑事事件においては，専決が大きな論点になった。国土交通大臣の三菱ふそうに対する道路運送車両法（平成14年法律第89号による改正前のもの）63条の4第1項に基づく報告要求に対し，同社の従業者が虚偽報告を行ったとして虚偽報告罪で起訴された事件において，横浜簡判平成18・12・13判時2028号159頁は，上記規定において，報告要求については国土交通大臣がするものとし，質問検査についてはその職員にさせるものとし，明確に書き分けていることからして，報告要求は国土交通大臣によりなされなければならないが，国土交通大臣が報告要求を行うことを自ら意思決定し，それを被告会社に表示した事実は認められないし，職員が国土交通大臣の代理として報告要求を行ったとも，専決を行ったとも認められないから，国土交通大臣による報告要求があったとは認められないとして，無罪判決を下した。控訴審の東京高判平成20・7・15判時2028号145頁は，上記規定に基づく報告要求については，国土交通省決裁規則により自動車交通局長が専決権限を有するとする。しかし，迅速かつ柔軟な対応が必要な場合に，その都度自動車交通局長の決裁を得なければならないとすることは現実的でなく，かえって上記規定の趣旨を没却することになりかねないこと，実際上も，当該報告要求については，自動車交通局長の決裁を得て行うことは異例であり，同局技術安全部審査課長または同課リコール対策室長の判断・指示に基づき，同室の職員がこれを行うのが通例であったことに照らし，当該報告要求の事務については，慣行として，決裁規則上の専決権限を有する自動車交通局長から同局技術安全部長，審査課長およびリコール対策室長に，その意思決定を含めた処理権限が委ねられ，国土交通大臣もこれを了承していたものと認めることができると判示した。

このように，専決権限を慣行上，専決権者より下位の職員に委ねることが判決で認められたことは注目される。

他方，さいたま地判平成29・10・13裁判所Webは，公民館長に決裁権限のある公民館だよりの発行を公民館主幹が公民館長の決裁を経ずに行う慣行があったとはいえないとして，主幹に公民館だより発行の専決権限が慣行上付与されていたとはいえないと判示した。

代　決　代決とは，決裁権者が出張または休暇その他の事故により不在であるとき，特に至急に処理しなければならない決裁文書について，局長の決裁事項であれば総務課長，課長の決裁事項であれば総括課長補佐のように，決裁権者のあらかじめ指定する直近下位者が内部的に代理の意思表示をして決裁することで，代決した者は，事後速やかに決裁権者に報告しなければならない（内閣府本府における行政文書の取扱いに関する規程23条等参照）。代決した事務をその後において本来の決裁権者の閲覧に供することを「後閲」という（ニセコ町文書管理規則2条4号参照）。代決の場合，代理の意思表示をして決裁するといっても，対外的には，そのことは表示されないので，内部代理ということもできる。実務上は，事案処理の迅速化を図るとともに決裁権者の負担を軽減するために，代決処理が，文書管理規則上規定された要件を緩和して，かなり広く認められる傾向がみられる。実際には，軽微な事案について，決裁権者が不在でないにもかかわらず代決が行われることも少なくない。これを常時代決という。

「行政官庁理論」のフィクション性 専決・代決が広範に行われているという事実は，行政官庁が意思決定を行い，補助機関はそれを補助するという「行政官庁理論」の枠組みが，フィクションであることが多いことを示しており，組織法的行政機関概念のほうが，かかる実態を説明しやすいといえるように思われる。また，専決・代決が広範に行われていることが，わが国の行政組織において，授権代理が例外的であることの原因となっている。

第1次臨時行政調査会答申 第1次臨時行政調査会は，専決・代決の慣行に対して批判的であった。すなわち，表示者と実質的決定者との分離は，行政処分に対して真に国民が求める責任をあいまいなものとし，国民の批判を生む1つの原因となっていると思われるとして，名目上のものでしかない決定権（表示者としての地位）は，できる限り実質的決定者に委任し，受任者が自己の名で決定・表示すること，委任が行えない場合には，可能な限り実質的な決定者の名を決定書に付記すること等を提言している。しかし，この提言は，専決・代決の慣行に目にみえるかたちで変化をもたらしたようには思われない。

2) 行政救済法上の効果

A の権限の B による専決・代決においては，形式的には A の名において権限が行使されるので，行政救済法上も，A が処分庁として扱われる。したがって，再調査の請求が可能な場合には，A に対して再調査の請求を行うことになる。専決・代決による事務処理が違法に行われた場合に，住民訴訟で誰に対する損害賠償請求の義務付けを求めるべきかという問題がある。最判平成 3・12・20 民集 45 巻 9 号 1455 頁・百選 I 22 事件①・地方自治百選 77 事件は，専決権限を付与された B が不法行為責任を負いうると同時に，A も B に対する指揮監督責任を問われうるとする[8)]。

8） この問題について詳しくは，稲葉馨「行政組織における決定権限の内部委譲と責任」同・法理論 266 頁以下参照。

3)　法律の根拠

専決・代決については，授権代理の一種としてとらえる説もあるが[9)]，代理関係が対外的に明示されるわけではなく，対外的には，法律により権限を付与された機関が当該権限を行使しているので，専決・代決機関は，単に補助執行をしているにすぎないと一般に解されており，したがって，法律の根拠は不要とされている。実際，専決・代決については，内閣府本府における行政文書の取扱いに関する規程のような訓令で定められている。

4)　専決の限界

東京都公安委員会が，集団行動の許可申請についての不許可処分，許可の取消処分等重要特異な事項は除外して，その許可処分等（許可処分の際の条件の付与をも含めて）定例軽易な事項を，訓令により警視総監以下の警察官に専決処理させたことを適法としたものとして，東京高判昭和39・4・27東高刑時報15巻4号73頁・地方自治百選〔初版〕62事件，教育委員会が訓令により免職処分権限を教育長に専決処理させたことを適法としたものとして，最判昭和43・2・16教職員人事関係裁判例集6集49頁・地方自治百選A20事件がある。もっとも，合議制機関である行政委員会制度が設けられた趣旨に照らして，専決処理が可能な事項には限界があると思われる[10)]。

Column　専決処理が違法とされた例

専決と存否応答拒否の関係が問題になった興味深い事例が，名古屋地判平成22・11・11判例集不登載である。この事案において，原告は，「地区校長会を特別支援学校で開催しない地区高等学校に限る」という限定を付して「発達障害等を有すると考える児童生徒に対する指導助言が記載されている文書（H 14年度から21年度まで)」（本件文書）の開示を求めた。本件判決は，各県立高等学校を単位として本件開示請求に対し応答するとすれば，開示するか否かにかかわらず，当該県立高等学校において本件文書を管理しているか否かが判明することになり，当該県立高等学校において発達障害等を有すると考える生徒が在籍しまたは在籍していたか否かが明らかになるとする。そして，その情報は，それ自体では特定の個人を識別すること

9)　美濃部達吉・日本行政法(上)〔復刻版〕（有斐閣，1986年）199頁，山内一夫「決裁文書について」同・新行政法論考（成文堂，1979年）179頁以下参照。専決・代決に関する諸学説について詳しくは，遠藤文夫「専決・代決と代理との関係・その1」地方自治180号21頁以下，授権代理説への批判については，同「専決・代決と代理との関係・その2」地方自治181号25頁以下参照。

10)　都道府県における専決・代決については，柴田啓次「決定権限の委譲をめぐって」自治研究42巻3号141頁以下参照。

ができる情報とはいい難いが，当該県立高等学校に在籍しまたは在籍していた発達障害等を有する生徒がごく少数である場合には，当該県立高等学校の他の生徒やその保護者等の関係者にとっては，特異な言動をする特定の生徒が存在すること等の他の情報と照合することにより，発達障害等を有するとして指導助言を受け，または受けていた生徒を特定・識別することが可能になると考えられ，そうであるとすれば，各県立高等学校を単位として本件開示請求に対して応答し本件文書の存否を明らかにしてしまうと，愛知県情報公開条例7条2号により不開示情報とされている特定個人識別情報を開示することになる場合に該当することになると判示している。

他方，地区校長会を特別支援学校で開催しない地区の愛知県立高等学校は68校あり，保護者から届出のあった発達障害等により特別な支援を要する生徒の数は，1校当たり1名または2名もしくは数名であったので，本件文書に関係する68校の高等学校には合計すると相当数の発達障害等を有すると考えられる生徒が在籍しまたは在籍していたことになるから，愛知県全体を単位として本件開示請求の当否を判断する場合には，本件文書の存否を明らかにすることにより，特定個人識別情報を開示することとなる場合には当たらないことになると本件判決は指摘する。

そこで問題になるのが，特定個人識別性を考える単位を愛知県全体とすべきか，同県の各県立高等学校とすべきかである。被告は，処務規程により，本件開示請求に対しては各県立高等学校別に開示・不開示の判断をせざるをえない旨主張した。本件判決は，処務規程は本件条例に基づき制定されたものではなく，愛知県公立学校における事務分掌や職務権限を定めたものであり，教育委員会内部の手続等を定めたものにすぎず，本件条例に基づき開示請求をした者と教育委員会との関係を規律する性質のものであるとは認められないとする。したがって，教育委員会が本件条例に基づく開示請求を処務規程に従い処理したとしても，その手続や結果が本件条例の趣旨に反すると認められる場合には，当該処分は違法であるとする。そして，本件開示請求については，各県立高等学校を単位として応答するとすれば，存否応答拒否ができる場合に該当することになるが，原告は，本件開示請求において，各県立高等学校ごとの文書の開示を求めておらず，被告が管理している文書の開示を求めているのみであるから，教育委員会としては，本件開示請求の対象となる県立高等学校68校を一括して，その請求の当否を判断するのが相当であり，このように判断すれば，存否応答拒否事由に該当することはないとする。確かに，処務規程は，県立高等学校の校長が開示請求に対する決定等に関して専決することができるとしているが，これはあくまでも内部規定であり，本件条例上，開示請求の当否を判断するのは実施機関（本件では教育委員会）であるから，教育委員会は各県立高等学校の校長に専決させることなく，自らが判断することができるのであって，本件開示請求については，その対象となる高等学校68校全部について一括してその当否を判断することに何ら支障があるとは認められないと述べている。そして，本件開示請求に対し各県立高等学校ごとに存否応答拒否をすることは，開示請求に対しては可及的に開示するという条例の趣旨に反し違法であるといわざるをえないと判示している。控訴審の名古屋高判平成23・8・24判例集不登載も，学校単位でなく県全体で一括して開示請求に応ずべきとする点で一審判決を支持している（ただし，個人情報，事務・事業情報該当性を肯定して，一審判決を取り消している）。開示請求への応答権限を専決により複数の下級行政庁に処理させている場合であって，実施機関全体に係る情報の開示請求がなされたときには，下級行政庁の単位では存否応答拒否をせざるをえなくても実施機関全体では存否応答拒否は不要である以上，実施機関全体の情報を対象として存否応答拒否を避けるべきとする判示は正当であろう。

2　行政組織における意思統一の仕組み

(1)　上級機関の指揮監督権

職権行使の独立性が保障された行政委員会のような例外はあるものの，行政組織の一般的特色は，ピラミッド型の階層構造が重層的に積み重なっている点にある。すなわち，ピラミッドの底辺において，複数の係員からなる係という小さなピラミッドが多数存在し，いくつかの係が集まって課というピラミッドを構成し，いくつかの課が集まって局というピラミッドができ，複数の局が集まって省という大きなピラミッドができ，その頂点に大臣が位置づけられることになる。大小様々なピラミッドにおいては，職を最小単位として職務と責任が配分され，各ピラミッドの頂点に位置する管理的な職（係長，課長，局長等）により意思統一が図られ，省全体としては，大臣により意思統一が図られることになる。この意思統一を可能にするためには，上級機関に下級機関に対する指揮監督権が認められなければならない。指揮権とは，上級機関が下級機関に対して，その所掌事務について，方針等を命令する権限であり，監督権とは，下級機関の行為を監視し，その行為の適法性および合目的性を担保する権限である。地方公共団体の場合も，長は，補助機関である職員を指揮監督する（自治154条）。明文の規定がなくても，上級機関には下級機関に対する指揮監督権が認められること自体には異論がない。この指揮監督権の内容を敷衍すると以下のようになる。

1)　監 視 権

上級機関が下級機関に対して指揮を行うためには，下級機関の事務処理が適切に行われているかについての情報を把握しなければならない。そのためには，上級機関は下級機関の事務処理について調査権を有することが前提になる。これが監視権である。具体的には，下級機関に報告を求め，その書類等を閲覧し，現場を視察する権限等が監視権に含まれる。

2) 同意（承認）権

下級機関の事務処理に対して，上級機関が同意（承認）等を行う権限が認められることがある。同意（承認）等が得られない場合，下級機関は，不同意（不承認）等の取消しを求めたり，同意（承認）等の義務付けを求めて訴訟を提起することは，特に機関訴訟が法定されていない限りできない。

3) 指揮（訓令）権

意　義

内閣総理大臣は内閣府の所掌事務について，各省大臣，内閣府・各省に置かれる各委員会および各庁の長官は，その機関の所掌事務について，命令または示達するため，所管の諸機関および職員に対し，訓令または通達[11]を発することができる（内閣府7条6項・58条7項，行組14条2項）。これが指揮権または訓令権と呼ばれるものである。ただし，訓令・通達を発することができるのは，ここに列記された機関に限られるわけではない。法律で明示されてはいないが，事務次官，局長，官房長，部長，課長，委員会事務局長，地方支分部局の長，附属機関の長等も，それぞれの所掌事務について指揮権を有するから，当該指揮権に基づき訓令・通達を発することができる。

なお，大臣が事務次官に代理権に基づく訓令・通達を出させる場合のように，代理権に基づく訓令・通達は，依命通達と呼ばれている。また，下級機関からの要請（伺または請訓）を受けて，訓令・通達が出されることもある（かかる訓令は，かつては，指令と呼ばれた）。

一般的指揮権と個別的指揮権

指揮権は一般的なかたちで行使されることも，個別具体的に行使されることもある。前者の例として，大臣が地方支分部局の長による処分の裁量基準や解釈基準を通達として示す場合がある。検察庁法14条は，「法務大臣は，第4条及び第6条に規定する検察官の事務に関し，検察官を一般に指揮監督することができる。但し，個々の事件の取調又は処分については，検事総長のみを指揮することができる」と定めている。この規定の本文が一般的指揮権，ただし書が個別的指揮権である。個別的指揮権の名あて人を検事総長に限定しているのは，政治権力による介入に対する検察の独立に配慮したためである。

11）　訓令・通達について詳しくは，平岡久「訓令・通達」行政法大系(7) 195頁以下，山内一夫「訓令と通達」同・新行政法論考（成文堂，1979年）147頁以下参照。

Column　造船疑獄事件

1954（昭和29）年，造船疑獄事件に際して，時の犬養健法務大臣が，検事総長による自由党幹事長に対する逮捕状請求の請訓を阻止したのが，法務大臣の検事総長に対する個別的指揮権が発動された例である。犬養法務大臣は，このとき，政治的責任をとって辞職している。

訓令は，行政機関を名あて人にするものであり，私人に対する拘束力を有するものではない（最判昭和33・3・28民集12巻4号624頁・百選Ⅰ54事件）。訓令に従って行政作用が行われても，そのことは当該行政作用が適法であることを保障するものではないし，逆に，訓令に違反して行政作用が行われても，そのことから直ちに当該行政作用が違法になるわけではない。

訓令の公示　訓令が私人に対する拘束力を有しないことから，訓令は必ず公示しなければならないとは考えられていない。「官報の編集について」（昭和48年3月12日事務次官等会議申合せ）では，訓令は官報掲載事項とされているが（別紙10），「用紙供給削減に伴う官報用紙節約の臨時措置について」（昭和48年11月29日における宮崎総務副長官発言要旨）において，訓令については，極力掲載を避けるよう協力が要請されている。そのため，訓令の中には，名あて人に通知されるのみで，公示されない「内訓」がある。

訓令は，行政機関を名あて人として出されるものであるが，行政機関の職員に対する職務命令としての性格も有することになる。たとえば，財務省主計局法規課長に対する訓令は，この職に就く職員がAからBに交替しても失効せず，後任のBも，この訓令に拘束される。しかし，Aに対する出張命令のように，訓令としての性格を有しない職務命令は，後任のBに対しては効力を有しない。

瑕疵ある訓令の名あて人に対する拘束力　訓令は，それが違法であっても，名あて人となった行政機関を常に拘束するのであろうか。この瑕疵ある訓令の名あて人に対する拘束力の問題について，学説は，おおむね以下のように分かれている。

(a)　形式要件説　　この説は，下級機関の職員は，訓令の形式要件についてのみ審査することができ，実体要件については審査できないとする。形式要件とは，(i)当該訓令が上級機関の地位にある機関が発したものであること，(ii)当該訓令が名あて人である下級機関の所掌事務に含まれる内容のものであること，(iii)名あて人である下級機関の職務上の独立を侵害しないこと等である。

(iii)について敷衍すると，職務上の独立が重要になるのは，第1に合議制機関の場合である。人事院，中央労働委員会，公正取引委員会，収用委員会等の行政委員会は職権行使の独立性を保障されている。すなわち，人事院は内閣の所轄（国公3条1項），中央労働委員会は厚生労働大臣の所轄（労組19条の2第1項），公正取引委員会は内閣総理大臣の所轄（独禁27条2項），収用委員会は都道府県知事の所轄（収用51条1項）の下に置かれている。「所轄」という用語は，形式的にはある機関の下にあるが，職権行使の独立性が認められている場合に用いられる。審議会等の諮問機関も，それが合議制機関である以上，委員の自由な合議により結論を出すべきであり，それを妨げるような訓令は許されないと考えられる。会計検査院も実務の解釈によれば行政委員会であるが，内閣から独立した地位にある。

準司法的手続を主宰する審判官は，合議体として審理を行うことが多いが，単独で審理する場合であっても，訴訟における裁判官に対応する機能を果たすものであるから，その職権行使に独立性が要請されることは当然であり，それを侵害するような訓令を出すことはできない。公正取引委員会事務総長は，事務総局の事務を統理するが，公正取引委員会が審判官を指定して行わせることとした事務については，統理権の対象から除外していた（平成25年法律第100号による改正前の独禁35条3項）のも，準司法的手続を主宰する審判官の独立を保障するためであった。準司法的手続ではないが，聴聞手続の主宰者についても，不利益処分を行おうとする職員との職能分離が必要であり，主宰者の独立性を侵害するような指揮を処分庁が行うことは認められない。

合議制機関ではなくても，学術研究機関に対して学問の自由を侵害するような訓令を出すことも職務上の独立に抵触するものといえよう。国立大学は法人化されたが，国の行政機関であった時代においても，文部科学大臣は，大学の運営に関しては，法令に別段の定めがある場合を除いて，行政上および運営上の監督は行わないこととされていたのは，そのためである。

もっとも，職権行使の独立性を侵害するかは，実体に踏み込んで判断する必要のある微妙なケースもあるから，形式要件の問題とみるよりは実体要件の問題とみるべきという考えもありうる。下級機関の職員が実体要件も審査しうるという前提に立つ場合には，かかる分類でもよいであろうが，形式要件説に立つ場合には，(iii)も形式要件として位置づけるべきであろう。

形式要件を満たさない訓令に服従義務は生ぜず，名あて人である下級機関の職員は，不服従を理由として懲戒処分に処せられるべきではないことにはほぼ異論がない。逆に，形式要件を満たさない訓令に従って，下級機関が違法な行政作用を行い，その結果，私人に損害を生ぜしめた場合，当該下級機関の職員は，訓令に従ったことを理由として当然に懲戒処分を免れるわけではないと解される。換言すれば，下級機関の職員は，形式要件を欠く訓令に従う義務を負わないにとどまらず，かかる訓令には従わない義務を負うことになる。ちなみに，宮崎県では，上司から犯罪行為に係る訓令を受けた職員に対し，他の上司への相談や公益通報を義務づける職員の倫理規程を定め，この規程に違反した場合に懲戒処分に処することとしている（2007〔平成19〕年7月施行）。

(b)　重大明白説　　戦後のわが国における行政行為の無効の理論は，取消訴訟の排他的管轄により，本来ならば，出訴期間内に取消訴訟を提起して争わなければならないところ，例外的に取消訴訟の出訴期間を経過しても抗告訴訟を提起する機会を確保するためには，いかなる要件が必要かという観点から考えられたものである。この行政行為の無効の理論にならい，訓令に重大明白な瑕疵がある場合，当該訓令は無効であり，名あて人である下級機関の職員は無視することができるとするのが重大明白説である。

(c)　明白説　　訓令の場合には，取消訴訟を提起できないのであるから，重大性の要件は不要であるとし，他方において，訓令の適法性について，上級機関と下級機関の認識が相違する場合，行政組織の階層制に照らし，原則として上級機関の判断が優先すべきであるから，その例外が認められるためには，瑕疵が明白であることが要件となるとするのが明白説である。

(d)　違法＝無効説　　下級機関が違法な訓令に拘束されるとすると，私人に対して違法な行政作用が行われることにつながることが多いから，下級機関の職員に全面的に訓令の適法性審査権を認めることが，法律による行政の原理を担保する前提となるとして，違法な訓令は当然に無効であり下級機関の職員は服従義務を負わないとするのが，この説である。理論的には明確であるし，下級機関の職員は上命下服ではなく，訓令の適法性を絶えず審査するため，法令遵守の意識や法令についての知識が向上することが期待される。しかし，他面において，下級機関の職員の訓令審査の負担が増大し，迅速な法執行が阻害されるおそれがあるという指摘，さらに，訓令の適法性について上級機関と下級機関の判断が相違する場合に，後者の判断を第1次的には優先させる原則を採用することは，行政組織の階層制原理にそぐわないのではないかという指摘もされている。

なお，ここで「第1次的には」という留保を付したのは，下級機関の職員が訓令が違法であるとしてそれに従わない場合，当該訓令は，下級機関の職員に対する職務命令としての性格も持つから，上級機関が懲戒権を有する場合（国公82条・84条・55条1項・2項，地公29条・6条），職務命令違反を理由として懲戒処分を行うことができるからである。この懲戒処分の取消訴訟が提起されれば，当該訓令の適法性が司法審査され，裁判所により決着が付けられることになる。

行政組織の階層性原理と法律による行政の原理との調和点をいかに見出すかについては，上記のように諸説があるが，(d)説は，前者の要請を過度に軽視するものといえ，(c)説が妥当なように思われる[12]。

なお，違法な訓令に従って行政処分がなされた場合，私人は当該訓令に拘束されないから，取消訴訟において行政処分の違法を主張しうる。

訓令審査についての特別の定め　国税不服審判所のような第三者機関の独立性を過度に侵害することがないように，国税通則法99条は，国税不服審判所長は，国税庁長官が指揮権に基づき通達の形式で示した法令の解釈と異なる解釈により裁決をしようとするときは，あらかじめその意見を国税庁長官に通知しなければならないこととし，国税庁長官は，この通知があった場合において，国税不服審判所長の意見が審査請求人の主張を認容するものであり，かつ，国税庁長官が当該意見を相当と認める場合を除き，国税不服審判所長と共同して当該意見について国税審議会に諮問しなければならず，国税不服審判所長は，国税庁長官と共同して国税審議会に諮問した場合には，当該国税審議会の議決に基づいて裁決をしなければならないとしている[13]。

4）取消し・停止権

下級機関が行った権限行使が違法または不当であるとして上級機関がその取消しまたは停止を行うことが，法律に明文の規定がなくても可能かについては，見解が分かれている。行政上の不服申立てに基づく争訟取消し・停止の場合には，

12）　金子宏「行政機関および公務員の服従義務について」自治研究34巻11号50頁以下，鵜飼信成・公務員法〔新版〕（有斐閣，1980年）232頁，遠藤博也・行政法スケッチ（有斐閣，1987年）7頁も同旨。

13）　宇賀・概説Ⅱ66頁参照。

行政不服審査法等の法律に取消し・停止の根拠が定められているので，この問題は，もっぱら，行政行為の職権による取消し・停止について議論されている。

職権による取消し・停止について，明文の規定が置かれている場合の例としては，内閣法8条（「内閣総理大臣は，行政各部の処分又は命令を中止せしめ，内閣の処置を待つことができる」），地方自治法154条の2（「普通地方公共団体の長は，その管理に属する行政庁の処分が法令，条例又は規則に違反すると認めるときは，その処分を取り消し，又は停止することができる」）がある。かかる明文の規定がない場合においても，上級機関の指揮監督権に取消し・停止権が当然に包含されているか否かは，実務にも重大な影響を与える問題である。

一般的に議論されているのは，下級機関の権限行使が違法な場合の職権取消しであり，かつては肯定説が有力であったが，最近は，否定説が多数になっている[14)]。肯定説は，下級機関がすでに法律上付与された権限を行使している以上，上級機関がそれを取り消したり停止したりしても，上級機関が積極的に権限を代行しているとまではいえず，法律上の権限を変動させるものとはいえないこと，上級機関の指揮監督権の実効性を担保するためには，取消し・停止権まで認める必要があること，違法な権限行使は，法律による行政の原理に照らして，可及的に是正されるべきであることを理由とする。これに対して否定説は，取消し・停止権といえども，法律上定められた権限分配を変動させるものといえ，法律に明文の規定がなければ認められるべきではないし，取消し・停止権まで認めなくても，取消し・停止の指揮に従わない場合に懲戒権を発動することにより，指揮監督権の実効性は確保しうるとする。なお，下級機関の権限行使が違法な場合の取消し・停止権は肯定するものの，不当にとどまる場合には，下級機関に与えられた裁量権の行使に上級機関が介入することになるので，違法な場合と同一視することに慎重な意見もある[15)]。

5)　代 行 権

下級機関が処分権限を行使しない場合に上級機関が代行することは，法律が定めた処分権限を変動させることが明白なので，法律に明文の規定（労基99条4項参照）がない限り認められないことに異論はない。代行権がなくても，下級機関

---

14)　宇賀・概説Ⅰ368頁参照。

15)　藤田・行政組織法79頁参照。

が上級機関の訓令に従わなければ，懲戒権を有する上級機関は免職を含む懲戒権を発動することにより，訓令の内容の実現を図ることができる。

1999（平成11）年の地方分権一括法により改正される前の地方自治法旧151条の2，国家行政組織法旧15条が定めていた職務執行命令訴訟は，国の機関委任事務について，主務大臣が都道府県知事が行うべき機関委任事務を代行すること，都道府県知事が市町村長が行うべき機関委任事務を代行することを一般的に認めるものであったが，機関委任事務制度の廃止により，この訴訟制度も廃止されることになった。地方分権一括法による地方自治法改正で，法定受託事務に係る代行制度が法定されたが（自治245条の8），これは，各大臣，都道府県知事，市町村長が訴訟当事者になるとはいえ，実質は，国と普通地方公共団体，都道府県と市町村の間の訴訟であり，職務執行命令訴訟とは大きく性質を異にする。

なお，国の普通地方公共団体に対する関与の特別の場合として，個別法において，訴訟によらずに，審議会の確認を得た上で指示に係る必要な措置を代行する制度が法定されている例がある（建基17条7項・12項，国土利用13条2項，都計24条4項参照）。

6）裁 定 権

国家行政組織法2条1項は，「国家行政組織は，内閣の統轄の下に，内閣府の組織とともに，任務及びこれを達成するため必要となる明確な範囲の所掌事務を有する行政機関の全体によって，系統的に構成されなければならない」と規定している。実際，この理念に基づいて所掌事務の府省への配分が行われるのであるが，社会経済的諸条件の変化に伴い，不断に新たな行政事務が生まれることになり，その事務をどの行政機関が所掌すべきかをめぐって，行政機関相互間に紛争が発生することが必ずしも稀でない。

対等の行政機関の間で権限争議が発生した場合には，それらに共通の上級機関の裁定により処理されることになる。かかる権限は法律に明文の規定がなくても認められる。このことが明示されている例が，内閣法7条（「主任の大臣の間における権限についての疑義は，内閣総理大臣が，閣議にかけて，これを裁定する」）である。しかし，実際には，内閣総理大臣の裁定権には，大きな限界がある。なぜならば，この裁定権は閣議にかけて行使しなければならないが，閣議は全会一致が慣行となっているため，各国務大臣にはいわば拒否権が付与されているともいえるからである。各省間で権限争議があれば，主任の大臣は，通常は各省の立場を代弁するから，閣議で全員の合意を得ることも困難になる。そのため，内閣法7条の裁定に委ねる前に，交渉を積み重ねて合意を得る努力がなされることになる（与党の政調会長や関連部会の議員が，権限争議の調整に重要な役割を果たすこともある）。

なお，普通地方公共団体の長は，当該普通地方公共団体の執行機関相互の間にその権限につき疑義が生じたときは，これを調整するように努めなければならないとされているにとどまり（自治138条の3第3項），裁定権までは付与されていない。これは，長以外の執行機関は，職権行使について長から独立しているため，裁定権を付与することは適当でないと考えられたためである。長による調整がつかず，紛争に発展した場合には，都道府県の機関が当事者となるものにあっては総務大臣，その他のものにあっては都道府県知事が，当事者の文書による申請に基づきまたは職権により，紛争の解決のため，自治紛争処理委員を任命し，その調停に付することができる（自治251条の2第1項）。

(2)　統合的調整[16]

1)　広義の調整と狭義の調整

調整という言葉は，行政組織法上，必ずしも一義的に用いられているわけではないが，広義では，行政組織における意思を統一するための作業全般を指す。このように広義の調整を考える場合，各省大臣は当該省において重要な調整機能を果たし，各局長は当該局において重要な調整機能を果たすというように，階層的構造の行政機関の長は，当該行政機関において調整機能を果たすことが期待されていることはいうまでもない。内閣が国務を「総理」すること（憲73条1号），内閣が内閣府を「統轄」すること（内閣府5条2項），内閣が行政機関を「統轄」すること（行組1条・2条），内閣官房長官が内閣府の事務を「統括」し（内閣府8条1項），内閣官房の事務を「統轄」すること（内13条3項，省庁改革基10条8項），各省大臣，各委員会の委員長および各庁の長官がその機関の事務を「統括」すること（行組10条），普通地方公共団体の長が当該普通地方公共団体を「統轄」すること（自治147条）等の表現に見られる「総理」，「統轄」，「統括」等の用語は，ある組織の長が，当該組織を総合的に調整して統べることを含意している。この

16)「統合的調整」という用語は，佐藤・行政組織法77頁，遠藤文夫「行政機関相互の関係」行政法大系(7)187頁で使用されている。

ような用語が使われていなくても，行政組織の長である以上，当該組織の意思統一のための調整，すなわち統合的調整を行う権限と責務を有するのは当然といえよう。(1)で述べた上級機関による指揮監督権の行使も，広義の調整のための手法の一環をなすものと位置づけることができる。しかし，広義の調整には，それに限らず，指導・助言のような非権力的な手法，予算の配分，組織の改変等の権限の行使も含まれる[17)]。以下においては，上級機関による統合的調整全般のうち，(1)で述べた上級機関による指揮監督権の行使を除くものを狭義の統合的調整として，その仕組みについて概観することとしたい。

委員会等に対する統合的調整権の行使

職権行使の独立性が認められている行政委員会等が組織内に設置されている場合，組織の長といえども，かかる機関の職権行使に関しては，指揮権を行使することはできないので，狭義の調整がとりわけ重要になる。ここでは，普通地方公共団体の例をみることとする。

普通地方公共団体の長の統合的調整機能

普通地方公共団体の長は，職権行使の独立性が認められる委員会または委員に対しては，指揮権を行使してその独立性を侵害することはできないが，当該普通地方公共団体を統轄する立場にあるため，1956（昭和31）年に，3つの分野で，統合的調整権に関する規定が設けられた。

①　組織等　　第1は，組織等に関する長の統合的調整機能である。各執行機関を通じて組織および運営の合理化を図り，その相互の間に権衡を保持するため，必要があると認めるときは，当該普通地方公共団体の委員会もしくは委員の事務局，または委員会もしくは委員の管理に属する事務を掌る機関の組織，事務局等に属する職員の定数またはこれらの職員の身分取扱いについて，委員会または委員に必要な措置を講ずべきことを勧告することができる（自治180条の4第1項）。

②　予算の執行　　第2に，普通地方公共団体の長の統合的調整機能は，予算の執行についても認められている。すなわち，普通地方公共団体の長は，予算の執行の適正を期するため，委員会もしくは委員またはこれらの管理に属する機関で権限を有するものに対して，収入および支出の実績もしくは見込みについて報告を徴し，予算の執行状況を実地について調査し，またはその結果に基づいて必要な措置を講ずべきことを求めることができる（自治221条1項）。

③　公有財産　　第3は，公有財産に関する長の統合的調整機能である。すなわち，普通地方公共団体の長は，公有財産の効率的運用を図るため必要があると認めるときは，委員会もしくは委員またはこれらの管理に属する機関で権限を有するものに対し，公有財産の取得または管理

17）「調整の原理」について詳しくは，佐藤・行政組織法74頁以下参照。

について，報告を求め，実地について調査し，またはその結果に基づいて必要な措置を講ずべきことを求めることができる（自治238条の2第1項）。

長を補佐する調整職

①　法律職　　以上においては，普通地方公共団体の長による調整について述べてきたが，組織の規模が大きくなれば，長のみによる調整は困難となり，長を補佐する調整職が必要になる。そのため，上級の補助機関に長を補佐する調整機能が与えられることがある。

省の事務次官（行組18条1項）は，その省の長である大臣を助け，省務を「整理」する（同条2項）職として置くことができるとしているのがその例である。なお，内閣府の事務次官は，内閣府の長である内閣総理大臣を直接に補佐するのではなく，内閣官房長官および特命担当大臣を助け，府務を整理し，内閣府（宮内庁，大臣委員会等，金融庁および消費者庁を除く）の各部局および機関の事務を監督する（内閣府15条2項）。また，各省には，特に必要がある場合においては，その所掌事務の一部を総括整理する職を法律に基づいて置くことができるとされている（行組18条4項）。

若干の例を挙げると，内閣府本府に置かれる内閣府審議官（内閣府16条1項）は，内閣府の所掌事務に係る重要な政策に関する事務を総括整理する（同条2項）。また，財務省に置かれる財務官は，財務省の所掌事務のうち，国際的に処理を要する事項に関する事務を総括整理し（財務省設置法5条），国土交通省に置かれる技監（国土交通省設置法5条1項）は，同省の所掌事務に係る技術を統理し（同条2項），同省に置かれる国土交通審議官（同条1項）は，同省の所掌事務に係る重要な政策に関する事務を総括整理する（同条3項）。

②　政令職　　各庁には，特に必要がある場合においては，長官を助け，庁務を「整理」する職として次長を置くことができ，その設置および定数は，政令で定めることとしている（行組18条3項）。また，各庁には，特に必要がある場合においては，その所掌事務の一部を総括整理する職を政令に基づいて置くことができるとされている（同条4項）。

国家行政組織法は，官房，局もしくは部（実施庁に置かれる官房および部を除く）または委員会の事務局には，その所掌事務の一部を総括整理する職または課（課に準ずる室を含む）の所掌に属しない事務の能率的な遂行のためこれを所掌する職で課長に準ずるものを置くことができるものとし，官房または部を置かない庁（実施庁を除く）にこれらの職に相当する職を置くことも認めている（「実施庁」については，第1編第9章で説明する）。そして，これらの設置，職務および定数は，政令で定めることとしている（行組21条4項）。

財務省を例にとると，大臣官房に，総括審議官，政策評価審議官，審議官が置かれ（財務省組織令11条1項），総括審議官は，財務省の所掌事務に関する特に重要な事項についての企画および立案ならびに調整に関する事務を総括整理し（同条2項），政策評価審議官は，財務省の所掌事務に関する政策の評価に関する重要事項についての企画および立案に参画し，関係事務を総括整理する（同条3項）。また，審議官は，財務省の所掌事務に関する特に重要な事項についての企画および立案に参画し，関係事務を総括整理する（同条5項）。大臣官房には，参事官も置かれ（財務省組織令12条1項），財務省の所掌事務のうち特に重要な経済情勢に関する専門的な調査および研究に関するものを総括整理し，または所掌事務に関する重要事項についての企画および立案に参画する（同条2項）。

総括整理職は府省により一様ではなく，たとえば外務省の場合，監察査察官，儀典長，外務報道官，国際文化交流審議官，地球規模課題審議官のような総括整理職も置かれている（外務省組織令16条1項）。

2) 統合的調整組織

分担管理と統合的調整　行政組織には，調整を重要な任務とする調整機関が設けられることが多い。組織上，上位の立場から調整を行うことを主要な任務とするものとして，内閣官房（⇒第1編第6章*3*）と内閣府（⇒第1編第7章）がある。わが国の中央の行政組織の特色は，主任の大臣（内閣府の長たる内閣総理大臣および各省大臣。外局の長に充てられている国務大臣は主任の大臣ではない）を長とする各府省による分担管理を強調する伝統が官界において強固なことである。これは明治政府の時代以来の伝統であり，日本国憲法下においても，この伝統は引き継がれている。このことが，統合的調整を困難にする弊害をもたらしており，累次の行政改革において，内閣の統合的調整機能の強化が課題とされてきた。内閣補助部局である内閣官房の重要な所掌事務は，統合的調整であり，内閣に置かれた最高の調整機関である（内12条2項2号～5号）。また，行政改革会議最終報告に基づく中央省庁等改革で設置された内閣府は，各省より一段高い立場から統合的調整を行うことを重要な所掌事務としている（内閣府4条1項・2項）。

内閣府の統合的調整機能　2001（平成13）年1月6日に実施された中央省庁等改革による省庁再編以前は，内閣総理大臣を長とする総理府が，各行政機関の施策および事務の統合的調整機関として設置され，その外局に経済企画庁，科学技術庁，環境庁，国土庁，総務庁等が調整機関として置かれていた（国務大臣が長とされていたため,「大臣庁」と呼ばれることもあった)。中央省庁等改革による省庁再編に至るまでの戦後のわが国の国家行政組織の変遷の特徴は,総理府外局の調整機関の増大であったといえる[18)]。中央省庁等改革による省庁再編により,総理府は廃止され,内閣府が新設された。そして,旧総理府外局の大臣庁は,内閣府の外局となったり(防衛庁。ただし,その後,省に昇格),省に昇格したり(環境庁,総務庁),府省の内部部局となったりした(北海道開発庁が国土交通省北海道局になったのがその例)。内閣府は,内閣の統轄の下における行政機関として内閣総理大臣が所掌するにふさわしい事務も担任しており,この面では,各省と同格である一方,他面において,内閣に置かれる機関として,総理府とは異なり,各省より一段高い立場から統合的調整機能を発揮することが期待されている。

内閣に置かれる本部の統合的調整機能　内閣に置かれる本部(⇒第1編第6章*7*)も,統合的調整機能を果たす。たとえば,知的財産戦略本部は,知的財産の創造,保護および活用に関する施策の統合的調整を所掌事務の1つとしている(知財基25条2号)。

総合調整　内閣,内閣官房,内閣府が上位の立場から行う調整に限り,実定法上,「総合調整」という用語が使われていた(内12条2項2号〜5号,内閣府4条1項・2項,18条1項)[19)]。しかし,後述するように(⇒**(3)3)**)2015年通常国会で成立した「内閣の重要政策に関する総合調整等に関する機能の強化のための国家行政組織法等の一部を改正する法律」により,各省大臣も,「総合調整」を行うことができることになった(行組5条2項)。各省等が総合調整に関する事務を行う際には,内閣官房と内閣府があらかじめ協議したうえで,内閣総理大臣が発議を行い,閣議決定を行うこととされている(2015〔平成27〕年1月27日閣議決定)[20)]。

---

18)　今村都南雄「行政組織制度」西尾ほか・講座行政学(2) 67頁以下参照。

19)　審議会等や特別の機関(内閣府40条・56条,行組8条の3)の中にも,省際的分野を所掌し,調整機能を果たすものもあることについては,八木俊道「行政における総合調整と行政組織」公法研究50号219頁参照。

20)　同法については,木藤茂「各省による総合調整と行政組織法上の諸問題(上)(下)——『内閣官房・内閣府見直し法』をめぐる法的考察」自治研究92巻6号20頁以下・7号63頁以下,藤野知之「内閣官房及び内閣府の事務の見直しについて」季刊行政管理研究151号64頁以下参照。

(3) 分立的調整[21)]

1) 意　義

行政組織における意思統一の仕組みについて，かつての行政法学においては，上級機関による統合的調整が主たる考察の対象とされてきた。しかし，近年は，対等な立場にある行政機関相互間における分立的調整にも大きな関心が向けられるようになった。実際，行政組織の意思決定に当たっては，分立的調整が大きな比重を占めており，そのための法的仕組みについて考察することは，行政組織法の重要な課題といえる。

2) 府省間の政策調整

採用が府省単位で行われる従前の仕組みの下では，府省への強い帰属意識が生まれ，また，自己の所属する府省の権限・予算の拡大が再就職にも有利に働くため，権限・予算の拡大を志向した権限争議が発生することが少なくなかった。

Column **権限争議**

権限争議（機関争議または主管争議ということもある）の中には，複数の行政機関が，当該事務は自己の所掌であるとして争う積極的権限争議と，複数の行政機関のいずれもが，当該事務は自己の所掌ではないとして争う消極的権限争議とがある。多いのは，前者である。(i)付加価値通信網を経営する業者について，コンピュータによるデータ処理を行っているのであり，情報処理サービス業者として通商産業省（当時）が所掌すべきという主張と，電気通信事業者として郵政省（当時）が所掌すべきという主張が対立した例，(ii)コンピュータ・ソフトウェアの保護について，ソフトウェア産業の保護という観点から特別立法を行おうとした通商産業省と著作権法の改正で対応しようとした文化庁が対立した例，(iii)発足まもない環境庁（当時）が総合的な自然保護基本法案を作成したところ，林野庁や建設省（当時）の反対で，森林法の保安林に指定された地域は原生自然環境保全地域に指定できないことになり，都市における緑地の保全は，建設省所管の都市緑地保全法（現在は，都市緑地法）に委ねることとなった例，(iv)港湾法の臨港地区の分区のモデル条例を運輸省（当時）が緩和し，建設可能な建物を増加させることに対して，建設省が都市計画行政への侵犯として批判した例，(v)東京臨海新交通や神戸新交通等について，軌道法を適用すべきか，鉄道事業法を適用すべきかにつき建設省と運輸省の主張が対立した例，(vi)竹下登内閣のジオフロント開発政策で脚光を浴びた大深度地下利用について，建設省，運輸省，厚生省（当時），農林水産省，通商産業省，郵政省，消防庁の間で調整が行

---

21) 「分立的調整」という用語は，佐藤・行政組織法 77 頁，遠藤・前掲注 16) 187 頁で使用されている。

われたが，決着がつかなかった例（その後，議員立法による臨時大深度地下利用調査会設置法に基づく臨時大深度地下利用調査会〔総理府〕での調整の結果，2000〔平成12〕年に「大深度地下の公共的使用に関する特別措置法」が制定された），(vii)石油パイプライン事業について，石油に関する面を強調する通商産業省と輸送に関する面を強調する運輸省の間で意見が分かれた例は，いずれも積極的権限争議である。

府省間の政策調整システム　中央省庁等改革基本法28条は，府省間における政策についての協議および調整（内閣府が行う総合調整を除く）のための制度を整備するとし，府省は，その任務の達成に必要な範囲において，他の府省が所掌する政策について，提言，協議および調整を行いうる仕組みとすることとされた(1号)。

これを受けて，内閣府設置法5条2項は，内閣府は，内閣の統轄の下に，国家行政組織法1条の国の行政機関と相互の調整を図るとともに，その相互の連絡を図り，すべて一体として行政機能を発揮しなければならないと定め，国家行政組織法2条2項は，国の行政機関は，内閣の統轄の下に，その政策について，国の行政機関相互の調整を図るとともに，その相互の連絡を図り，すべて一体として行政機能を発揮するようにしなければならないこと，内閣府との政策についての調整および連絡についても同様とすることを規定している。そして，国家行政組織法15条は，各省大臣，各委員会および各庁の長官は，その機関の任務を遂行するため政策について行政機関相互間の調整を図る必要があると認めるときは，その必要性を明らかにした上で，関係行政機関の長に対し，必要な資料の提出および説明を求め，ならびに当該関係行政機関の政策に関し意見を述べることができると定めている。内閣府設置法においても，内閣総理大臣に同様の調整権限が付与されている（内閣府7条7項）(⇒第1編第8章***2***(2))。

府省間の政策調整については，「政策調整システムの運用指針」（平成12年5月30日閣議決定），「政策調整システムの運用指針について」（平成12年6月1日事務次官等会議申合せ）により，運用の指針が定められているが，積極的に運用されるならば，分担管理を強調するわが国の官界の伝統的な意識に揺らぎをもたらす可能性を秘めたものといえるように思われる[22]。しかし，これまでのところ，こ

22）府省間の政策調整については，牧原出「府・省・庁間の調整」ジュリ1161号107頁以下参照。

の制度が期待どおり活用されているとはいえない[23]。

中央省庁等改革前の政策調整システムの状況

中央省庁等改革による省庁再編以前においては，総理府外局の調整機関の長官については，明文の規定をもって，他の行政機関に対する資料提出・説明要求権（旧経済企画庁設置法6条2項，旧科学技術庁設置法6条2項，旧環境庁設置法5条2項，旧総務庁設置法5条2項，旧沖縄開発庁設置法5条2項），勧告権（旧経済企画庁設置法6条3項，旧科学技術庁設置法6条3項，旧環境庁設置法5条3項，旧総務庁設置法5条3項，旧沖縄開発庁設置法5条3項），勧告に基づいてとった措置の報告徴収権（旧経済企画庁設置法6条4項，旧科学技術庁設置法6条4項，旧環境庁設置法5条4項，旧総務庁設置法5条7項，旧沖縄開発庁設置法5条3項）が定められていたが，これらは，例外として位置づけられており，一般的には，省庁間でかかる権限を認めることに対しては消極的な見方が少なくなかった。

3) 各省大臣による総合調整

内閣の重要政策に関する総合調整機能を強化するため，特定の内閣の重要政策に関する内閣の事務を助けることを各府省の任務とし，当該重要政策に関して行政各部の施策の統一を図るために必要となる企画および立案ならびに総合調整に関する事務を各府省等の所掌事務とすること等を内容とする「内閣の重要政策に関する総合調整等に関する機能の強化のための国家行政組織法等の一部を改正する法律」が，2015年9月4日に成立した。これにより，各省大臣は，行政事務を分担管理するほか（行組5条1項），その分担管理する行政事務に係る各省の任務に関連する特定の内閣の重要政策について，当該重要政策に関して閣議において決定された基本的な方針に基づいて，行政各部の施策の統一を図るために必要となる企画および立案ならびに総合調整に関する事務を掌理することとされた（同条2項）。そして，各省大臣は，同条2項に規定する事務の遂行のために必要があると認めるときは，関係行政機関の長に対し，必要な資料の提出および説明を求めること（同法15条の2第1項），同条2項に規定する事務の遂行のために特に必要があると認めるときは，関係行政機関の長に対し勧告すること（同条2項），勧告をしたときは，当該関係行政機関の長に対し，その勧告に基づいてとった措置について報告を求めること（同条3項），勧告した事項に関し特に必要があると

23） 稀な活用例について，牧原出・行政改革と調整のシステム（東京大学出版会，2009年）255頁以下参照。

認めるときは，内閣総理大臣に対し，当該事項について内閣法6条の規定による措置がとられるよう意見を具申すること（行組5条の2第4項）が認められた。

Column　指定調整

中央省庁等改革基本法28条2号において，内閣官房は，必要に応じ，調整の中核となる府省を指定して政策調整を行わせること等により，総合調整を行うこととされ，これを受けて閣議決定された「政策調整システムの運用指針」（2000〔平成12〕年5月30日）2(6)では，内閣官房および内閣府は，必要に応じ，一または複数の府省を調整省として指定し，総合調整において必要な関係府省間相互の政策調整の取りまとめを行わせることができるものとされた。この場合，内閣官房および内閣府は，調整省および関係府省に対し，(i)政府全体としての政策の方針，(ii)調整の進め方に関する方針，(iii)調整を終了すべき期限をできる限り具体的に示すものとされている。しかし，この指定調整の仕組みは，全く活用されてこなかった。その主たる理由は，調整省は，自らが企画立案していない事務の調整部分のみを行うことができるにとどまり，調整省と内閣総理大臣との関係等も明確でないことにあったと思われる。

4）協議等

協　議

行政機関Aが権限を有するが，当該権限の行使に当たって，他の行政機関Bと協議することが義務づけられていることが少なくない。また，法律に協議を義務づける規定がなくても，行政機関間の協議は頻繁に行われている。実際，府省間では，内閣提出法案についての法令協議が日常的に行われている。当該法律案の主管府省は関係する府省に合議を申し入れ，閣議請議前に合意を得ておかなければならない[24)]。協議は，分立的調整の代表的仕組みといえる。

行使にあたって協議が義務づけられる権限は，省令の制定等（農薬16条の2第1項，容器包装42条，船舶職員29条），基本方針・計画・指針の策定（感染症9条4項，農振地域3条の2第3項，循環型社会基15条5項，都計23条1項・5項，首都圏緑地4条3項，近畿圏9条1項，大店立地4条1項），地域等の指定（首都圏24条2項），許可処分（河35条，道32条5項，道交79条）等，多様である[25)]。省の設置法に協議規定が置かれる例もあ

24）　法令協議については，伊藤直「内閣提出法案の企画立案」大森政輔＝鎌田薫編・立法学講義〔補遺〕（商事法務，2011年）69頁以下，田丸大「省庁における法案の作成過程とその変容」年報行政研究40号（官邸と官房）69頁以下参照。

25）　日本の中央省庁の二省間協議について精緻に分析したものとして，牧原出「『協議』の研究(1)～（5・完）――官僚制における水平的調整の分析」国家107巻1＝2号106頁以下，108巻3＝4号259頁以下・9＝10号1135頁以下，109巻5＝6号475頁以下・7＝8号591頁以下参照。

る（経済産業省設置法4条2項）。

最近の立法の特色の1つとして，国の関係行政機関（の長）等からなる協議会を組織したり（自然再生8条，都市再生19条1項），協議会を設置して，必要と認めるときには，協議会に関係行政機関も加えることができるとするものがある（景観15条1項）。

普通地方公共団体においては，委員会または委員が，組織・定数等に関する規則その他の規程を定め，または変更しようとする場合や公有財産を取得したり行政財産の用途を変更したりしようとする場合において，あらかじめ当該普通地方公共団体の長と協議しなければならない（自治180条の4第2項・238条の2第2項）。

協議による合意は当然法令に適合したものでなければならないが，法令に反しない限り，協議当事者である双方の機関を拘束すると一般に考えられている。行政機関が申請に対する処分，不利益処分，勧告等の行政作用を行う前に，関係行政機関の間において協議が義務づけられている場合において，協議が行われなかったとき，または協議は行われたが真摯なものでなかったときには，そのことが行政作用の瑕疵になりうる。

意見聴取

協議より緩和された分立的調整の仕組みとして意見聴取がある（都計23条2項，公水47条2項，地財21条1項，首都圏22条1項・2項）。これは，権限を有する行政機関が関係行政機関の意見を聴く仕組みである。石垣島新空港建設のための公有水面埋立てに関して環境庁長官（当時）が述べた意見が計画変更につながったように，実際には，意見聴取制度のもとで，関係行政機関が公式に表明した意見は，大きな影響力を持つことが少なくない。

なお，国と地方公共団体の関係も，地方分権一括法により対等・協力の関係として位置づけられたが，国の行政機関が決定するに当たり，地方公共団体の長の意見を聴取する規定が置かれている例は多い（国土利用5条3項，河36条1項・5項）。

措置要請（請求）・勧告

逆に，関係行政機関のほうから，権限を有する行政機関に対して，必要な措置をとるべきことを要請（請求）または勧告することができるとされている例もある（都計24条2項，火薬52条4項，輸出入取引34条4項・5項，大気汚染21条1項，労基100条1項，廃棄物19条の2，環境省設置法5条2項）。地方公共団体が国の行政機関に対して，意見を申し出ることができるとする規定が置かれることもある（都計24条7項）。

同意（承認）

協議より強化された分立的調整の仕組みとして，同意（承認）制がある。具体的には，許可または確認（建基93条1項，消防7条），地域指定（自然環境14条3項），免許（自賠28条1項），命令（自賠28条2項・4項）等を行おうとするときに関係行政機関との協議にとどまらずその同意を得ることが明文で規定されている場合である。防衛大臣による周波数の使用について総務大臣の承認が必要とされているのもその例である（自衛112条2項）。

5）内　申

異なる行政主体に属し，対等・独立の機関の間においても，「内申」制度が設けられていることがある。市町村立学校の教職員の給与は都道府県が負担しているので，県費負担教職員と呼ばれるが，県費負担教職員の都道府県教育委員会による任免は，市町村教育委員会の内申を待って行うとされているのがその例である（教育行政38条1項）。県費負担教職員については，任免権は都道府県教育委員会が有するが，服務の監督は市町村教育委員会が行っている。そのため，都道府県教育委員会が任免権を行使するに当たっては，教職員の勤務の現場に近く，その服務状態をよりよく知りうる立場にある市町村教育委員会の意見を都道府県教育委員会による任免権の行使に反映させる趣旨で，市町村教育委員会の内申制度が設けられているのである。したがって，この内申なしに任免権を行使することは，原則として違法となる。しかし，市町村教育委員会が内申をしないことが，服務監督者としてとるべき措置を懈怠するものであり，人事管理上著しく適正を欠く場合には，例外的に内申なしに任免権を行使することが許されるとするのが判例の立場である（最判昭和61・3・13民集40巻2号258頁・百選Ⅰ〔第3版〕44事件・地方自治百選125事件）。

(4)　総括管理機関による調整

意　義　典型的なライン系統の上級機関による統合的調整とも，(3)で述べた対等・独立な行政機関間の分立的調整とも異なる特別な調整システムが，法制管理，組織・定員管理，人事管理，予算管理の分野でみられる。ここでは，かかる調整機関を総括管理機関[26]と称して，総括管理機関による調整についてみることとする。総括管理機関による調整権については，統制という言葉が使われることもある[27]。また，典型的なライン系統の上級機関による直系監督・一般監督と対比して，傍系監督・特別監督と称されることもある[28]。

総括管理機関　各府省においても，官房3課と呼ばれる大臣官房の文書（法規），人事，会計を所掌する課が，府省内において，調整権限を行使しているが，こ

26）「総括管理機関」という用語は，西尾・行政学368頁で使用されている。遠藤・前掲注16）188頁では，総括管理機関（同論文では行政管理機関）による調整は，統合的調整の1類型として位置づけられている。

27）遠藤・前掲注16）191頁参照。

28）桜田誉「指揮監督権」行政法講座(4) 157頁。

こでは，府省横断的に，かかる管理機能を果たしている機関を概観しておくこととする。まず法制面では，内閣法制局が，閣議に付される法律案，政令案，条約案の審査等を通じて，各府省に対して，重要な管理機能を果たしている。組織機構の管理，定員管理については内閣人事局が，統計制度については総務省政策統括官（統計基準担当）が，行政評価等については総務省行政評価局が，職員の勤務条件の整備・任用・給与・不利益処分に対する審査請求の審査等については人事院が，予算については財務省主計局が，国有財産の管理については財務省理財局が，それぞれ重要な管理機能を果たしている。以上のうち，内閣法制局，内閣人事局および人事院は内閣補助部局として広義の内閣の一翼をなし（人事院を内閣補助部局と位置づけることには異論もある），主任の大臣の下で行政事務を分担管理する行政各部の上位に位置づける見方も可能であるが，財務省，総務省は，国家行政組織法上は対等の行政機関に対して，総括管理機関としてはあたかも上級機関のような地位に立つ（⇒第1編第8章 ***3***(7)）。地方公共団体においても，総務局や総務部は，文書（法規），人事，会計について総括管理機能を担っている。たとえば，東京都においては総務局総務部法務課（2007年3月までは法務部）が法務管理の面で重要な機能を果たしている[29]。総括管理機関には，典型的なライン系統の上級機関としての指揮監督権限に類似する権限が特に法律で認められていることがある。それは，以下のようなものである[30]。

① 調査権　総括管理機能を発揮するためには，他の機関の情報を取得することが前提になる。上級機関の場合は明文の規定がなくても指揮監督権の一環としての監視権が認められるが，総括管理機関の場合は，上級機関としての指揮監督権を有するわけではないので，法律で調査権を規定している。たとえば，人事院またはその指名する者は，人事院の所掌する人事行政に関する事項に関し調査をすることができ（国公17条1項），証人喚問，書類またはその写しの提出の求め（同条2項），立入検査（同条3項）を行うことができ，違反に対しては罰則さえ定められている（国公110条1項3号5号の2）。

財務大臣も，予算の執行の適正を期するため，各省各庁に対して，収支の実績もしくは見込みについて報告を徴し，予算の執行状況について実地監査を行うことができ，また，自らまたは各省各庁の長に委任して，工事の請負契約者，物品の納入者，補助金の交付を受けた者または調査，試験，研究等の委託を受けた者に対して，その状況を監査しまたは報告

29） 金井利之「東京都庁における法務管理——東京都庁総務局法務部」都市問題95巻5号27頁以下参照。
30） 遠藤・前掲注16）192頁以下参照。

を徴することができる（会計46条）。また，国有財産・物品・債権の管理についても，財務大臣は，各省各庁の長に対する調査権が認められている（国財10条1項，物品管理12条2項，債権管理9条2項）。

総務大臣は，評価または監視を行うため必要な範囲において，各行政機関の長に対し資料の提出および説明を求め，または各行政機関の業務について実地に調査することができる（総務省6条2項）。

② 協議を受ける権利　総括管理機関は，総括管理事務について協議を受ける権利を認められていることが稀でない（国財12条・14条，債権管理38条，首都圏開発34条2項）。

③ 承認権　総括管理の観点から，総括管理機関に承認権が付与されている場合がある。人事院が職員の選考による採用を承認する権限（国公36条），人事院が非常勤職員の手当てを承認する権限（給与法22条1項），財務大臣が予算の彼此移用または流用（財33条1項・2項），支払計画等（財34条1項），繰越使用（財43条1項），繰越明許費の翌年度使用（財43条の3）を承認する権限，総務大臣が基幹統計調査の実施，その変更または中止を承認する権限（統計9条1項・11条1項）等がその例である。

④ 勧告権　総括管理機関に勧告権が与えられている場合がある。人事院は，人事行政の改善に関し，関係大臣その他の機関の長に勧告することができる（国公22条1項）。また，総務大臣は，行政機関の運営に関する企画および立案ならびに調整，各行政機関の業務の実施状況の評価（当該行政機関の政策についての評価を除く）および監視に関して，関係行政機関の長に勧告することができる（総務省6条1項）。さらに，総務大臣は，政策の評価の結果，必要があると認めるときは，関係する行政機関の長に対し，当該評価の結果を政策に反映するために必要な措置をとるべきことを勧告する権限を有する（政策評価17条1項）。分担管理事務を行う内閣府の主任の大臣としての内閣総理大臣は各省大臣と同列であるが，行政機関の長に対し，公文書の管理について改善すべき旨の勧告をすることができる（公文書管理31条）。

Column　もんじゅに関する勧告

2015（平成27）年11月13日，原子力規制委員会が，原子力規制委員会設置法4条2項の規定に基づき，文部科学大臣に対して，①国立研究開発法人日本原子力研究開発機構に代わってもんじゅの出力運転を安全に行う能力を有すると認められる者を具体的に特定すること，②もんじゅの出力運転を安全に行う能力を有する者を具体的に特定することが困難であるのならば，もんじゅが有する安全上のリスクを明確に減少させるよう，もんじゅという発電用原子炉施設の在り方を抜本的に見直すことを勧告した。これが契機となり，2016（平成28）年12月21日の第6回原子力関係閣僚会議において，「『もんじゅ』の取扱いに関する政府方針」が決定され，もんじゅについては，原子炉としての運転再開はせず，今後，廃止措置に移行することとされた。上記勧告は，わが国の高速炉政策に大きな影響を与える重要な意義を有するものであったといえる。

⑤ 報告請求権 総括管理機関に，勧告に基づいてとった措置についての報告請求権が認められている場合がある（総務省6条6項，政策評価17条2項，公文書管理31条）。

⑥ 意見具申権 総括管理機関には，内閣総理大臣に対し，内閣法6条の規定による措置がとられるよう意見を具申することが認められている場合がある（総務省6条7項，政策評価17条3項）。

⑦ 措置要求権 総括管理機関に措置要求権が認められている場合がある。総務大臣が，基幹統計調査が承認の要件に適合しなくなったと認めるときに，当該行政機関の長に対し，当該基幹統計調査の変更または中止を求めることができるのがその例である（統計12条1項）。消費者安全法39条1項に基づく内閣総理大臣の措置要求もその例といえる。

⑧ 指示権 総括管理機関は，各省各庁の長に対し，指示をすることが認められている場合がある。財務大臣が，予算の執行の適正を期するため，各省各庁に対して，必要に応じ，閣議の決定を経て，予算の執行について必要な指示をなすことができるのがその例である（会計46条1項）。財務大臣は，国有財産・物品・債権の管理についても，同様の指示権を有する（国財10条3項，物品管理12条2項，債権管理9条2項）。

⑨ 人事院規則・省令等制定権 総括管理機関は，所掌事務について関係行政機関を拘束する一般ルールを定める権限を与えられている場合がある。人事院には，人事院規則を制定する権限が与えられており（国公16条1項），予算決算及び会計令が，収入，支出その他国の会計経理に関し必要な規定は，財務大臣が定めるとしている（予会令144条）のが，その例である。

(5) 幹事による統合的調整

統合的調整組織に各府省の職員と兼務する幹事を置き，幹事が統合的調整組織と各府省の連携機能を果たすことにより，統合的調整の実効性の向上を図ることがある。中央省庁等改革基本法58条1項の規定に基づき，中央省庁等改革推進本部に置かれた例，高齢社会対策基本法16条4項の規定に基づき高齢社会対策会議に置かれる例もあるが，審議会等に幹事を置き，幹事には関係行政機関の職員を任命することにより，幹事を通じて府省間調整を円滑にする仕組みがとられることは少なくない。「審議会等の整理合理化に関する基本的計画」において，基本的政策型審議会とされたものであって現存する25審議会のうち17審議会には幹事が設置されている（その中には，選挙制度審議会設置法7条のように幹事の設置を法定しているものもある）。これらのうち法制審議会は，学識経験者のみが幹事になっているが，それ以外の審議会における幹事は，関係行政機関の職員を幹事に任命している。平成30年法律第34号による統計法改正で，統計委員会が法施行型審議会から基本的政策型審議会に移行したことに伴い，統計委員会を補佐する体制を強化し，幹事が各府省との連絡調整を行うこととされた（同法49条の2）。幹事には，各府省の部局長級の職員を任命する運用がなされている。

(6) 統合的・分立的調整

行政機関による政策形成と統合的・分立的調整

国会が制定した法律を行政権が執行するのみであれば，上級機関は，裁量基準・解釈基準を作成し，訓令・通達により，それを下級機関に示して，その遵守を促すため，監視権を行使したり，ときには指揮権を発動し，違法な職務遂行の是正を命ずることで，おおむね足りることになる。この場合においても，法執行の現場の情報を収集することは，上級機関が裁量基準・解釈基準を作成・改正するに当たって有益であり，ボトムアップの情報の流通経路が適切に作動していることが望まれるが，法律の適正な執行という観点からは，上級機関による指揮監督の実効性を担保することが，より重視されるべきといえよう。しかし，実際には，行政機関は，単に法律の執行を行っているのではなく，政策形成を行っていることが少なくない。そして，政策形成に当たっては，課ないし係のレベルで問題が認識され，検討が行われ，それが上級機関に伝えられていくことが多いので，下級機関からの政策提案のプロセスが持つ意味は，きわめて大きい。

法令案の決定等の重要な政策決定の場合，現実の行政過程は，上級機関による指揮監督権の行使というトップダウン方式ではなく，下級機関が問題を発見し，そこが主管課となって，局の総務課長・審議官・局長，官房の関係課長・官房長，事務次官等の意見を聴取して，主管課の第1次案をまとめることが多い。次いで，局の総務課，官房文書課と相談し，協議する関係課を決定することになる。そして，関係課の職員を招集して会議を開き，主管課は第1次案を説明し，質疑応答を行う。関係課の職員は，それぞれの課に第1次案を持ち帰り，課内で検討し，第1次原案に対する質問と意見をまとめ，書面にして主管課に提出する。主管課は，関係課からの質問や意見を斟酌して第2次案をまとめ，再度，会議を招集するのが通例である。このプロセスは，関係課の疑問が解消され，賛成が得られるまで反復される。その過程において，主管課と関係課の間で，了解事項を覚書にまとめることも少なくない。このプロセスを繰り返しても関係課の同意が得られない場合には，当該局内の関係課であれば当該局の総務課，局外の関係課であれば官房文書課に調整を依頼する。以上のような統合的・分立的調整を経て関係者間の合意が成立すれば，主管課は合意内容に沿って起案を行い，主管課の職員が起案文書を持参して，関係者に面談し，その場で承認の押印を求める持ち回り方式により，決裁を得るのである。このように，法令案の作成のような場合には，起案文書作成前における統合的・分立的調整が実質的な意思形成プロセスであり，起案から決裁に至る過程は，多分に形式的なものとなる[31)]。

(7)　ボトムアップ型調整

稟議制とボトムアップ型調整

行政裁量がほとんど認められない許認可等の事案を処理する場合には，通常，主管課の担当係員がマニュアルに従って起案し，順次，上級機関に進達され，各機関が検討を行い必要に応じて修正を施し，承認をする場合には押印をする。そして，最終的に許可権者（専決・代決が用いられている場合には専決・代決権者）の決裁を経て，組織としての意思決定がなされる。一例を示せば，係長，業務担当補佐，法令担当係員，法令担当係長，法令担当補佐，総括補佐，主管課長，総務課法令担当係員，総務課法令担当係長，総務課法令担当補佐，総務課総括補佐，総務課長，審議官，局長というルートで，起案書が順次回覧されて決裁により，組織の意思が確定する[32)]。このような意思統一の仕組みを稟議制という。

稟議制の場合，起案文書の回覧の過程において，中間の職員から問題の指摘を受け，修正が行われることがある。そして，当該中間者の承認が得られると，起案文書上の所定欄にそのことを示す押印がなされて，次の順位の者に回覧がなされる。このように稟議制においては，ボトムアップで調整過程が積み上げられていくことになる。

「上申」，「具申」，「意見の申出」，「助言」とボトムアップ型調整

稟議制は，対外的には拘束力を有しない訓令（内閣府本府における行政文書の取扱いに関する規程21条等参照）によって定められているにすぎないが，よりフォーマルに下級機関が上級機関に対し，政策案や個別事案

31)　西尾・行政学310頁以下参照。詳しくは，井上誠一・稟議制批判論についての一考察――わが国行政機関における意思決定過程の実際（行政管理研究センター，1981年）18頁以下参照。
32)　西尾・行政学307頁参照。詳しくは，井上・前掲注31）14頁以下参照。

処理案を提案する仕組みも考えられる。これが「上申」,「具申」,「意見の申出」,「助言」等と呼ばれるものである。たとえば，内閣法制局は，閣議に付される法律案，政令案および条約案を審査し，これに意見を付し，および所要の修正を加えて，内閣に上申すること，また，法律案および政令案を立案し，内閣に上申することを所掌事務としている（内閣法制局設置法3条1号・2号)。また，調査担当補佐官が懲戒権者に意見を上申したり（捕虜等懲戒規則4条2項)，防衛大臣が内閣総理大臣に表彰について上申したりする（自衛隊法施行規則3条1項）制度がある。地方公共団体レベルでは，所属の県費負担教職員の任免その他の進退に関して，学校の校長は意見を市町村教育委員会に申し出ることができ（教育行政39条)，市町村教育委員会は，都道府県教育委員会に内申を行うに当たって，教育長の助言によることとしている（教育行政38条3項)。このような仕組みが法定されている場合には,「上申」等の尊重の要請が強くなるので，調整は「上申」等の前の段階で終了していることが通常である。

(8)　諮問機関の答申・建議等

上下の指揮命令系統にあるライン組織とは異なる諮問機関からの政策提案・事案処理案の提案も，広範に行われている。このうち，特に諮問機関の答申の場合には，諮問機関に対して意見を求めた以上，法的拘束力はなくても，実際上は，それを尊重する要請が強く働く。したがって，答申前の段階で諮問機関の事務局が関係部局等との調整を行い，調整結果が答申に反映されるのが通常である。

3　行政組織における協力の仕組み

(1)　共　　管

行政事務は特定の行政機関に分配されるのが原則であるが，複数の行政機関の所掌事務と関連することが稀でない。かかる場合，いずれかひとつの行政機関に当該事務を分配し，他の行政機関との間で分立的調整（協議，意見聴取等）を図る仕組みも考えられるが，当該事務の主管機関をひとつに限定することが困難な場合，例外的に，複数の行政機関が共同で意思決定をし，対外的にも複数の機関の名で表示する場合がある。これが共管事務である。たとえば，石油パイプライン事業法5条1項は,「石油パイプライン事業を営もうとする者は，主務省令で定める石油パイプラインの系統ごとに，主務大臣の許可を受けなければならない」とし，同法41条1項2号は，石油パイプライン事業の許可に関する事項については，経済産業大臣および国土交通大臣が主務大臣であるとしている。この場合には，経済産業大臣および国土交通大臣双方が許可を与える意思を示さなければ，許可は与えられない。「医療分野の研究開発に資するための匿名加工医療情報に関する法律」39条1項では，同法の主務大臣を，内閣総理大臣，文部科学大臣，厚生労働大臣および経済産業大臣としている。共管方式は，積極的権限争議の調整の結果として採用されることもある。

(2) 共　助

1) 意　義

「共助」という言葉は，「外国の要請により，当該外国の刑事事件の捜査に必要な証拠の提供……をすること」（国際捜査1条1号）のように，独立の国家間の協力の意味で使用されることが多いが（警察法23条1項8号の「国際捜査共助」，民事訴訟手続に関する条約等の実施に伴う民事訴訟手続の特例等に関する法律3条見出しの中で用いられている「司法共助」等），国内の対等または独立の行政機関間における協力の意味で用いられることもある。

かかる協力は，法律の定めがなくても広範に行われているが，特に法定されている例もある。海上保安庁法3章の章名「共助等」がその例で（海保5条16号も参照），海上保安庁，警察行政庁，税関その他の関係行政庁が，相互に連絡を保たなければならず，また，犯罪の予防もしくは鎮圧または犯人の捜査および逮捕のため必要があると認めるときは，相互に協議し，かつ，必要な協力を求めることができること（海保27条1項），協力を求められた海上保安庁，警察行政庁，税関その他の関係行政庁は，できるだけその求めに応じなければならないこと（同条2項）が定められている。また，消防および警察は，国民の生命，身体および財産の保護のために相互に協力をしなければならないとされている（消組42条1項）。公共職業安定所の地方運輸局長に対する協力（職安10条），水防管理者による市町村長・消防長等に対する応援の要求（水防23条1項），教育委員会による地方公共団体の長その他の行政庁への協力（社教7条），地方公共団体の長および関係行政庁による教育委員会への協力（社教8条），厚生労働省女性主管局長の同省労働基準主管局長への援助（労基100条1項），関係行政機関の長による国土交通大臣への協力（近畿圏9条2項）も法定例である。その他，少年院法13条，消防法28条3項，国税通則法141条，水防法22条（援助）も参照されたい。行政機関相互間の協力が責務規定に明記されることもある（災害基3条3項・4条2項・5条3項）。

2) 情報の共有

行政機関相互間における情報の提供による共有も，共助の一類型といえる[33]。しかし，当該情報が個人情報の場合には，目的外の利用・提供は原則として禁止されるので，法定された例外事由に該当しない限り，他の機関や行政主体に情報を与えることはできない（行政個人情報8条1項・2項)。渋谷区は，震災対策総合条例を2006（平成18）年に改正し，福祉部局が保有する高齢者・障害者等の災害時要援護者情報を防災部局で目的外利用したり，消防署・警察署等に目的外提供することを明示的に認めている（36条3項)[34]。なお，2013年の災害対策基本法の改正により，緊急時には，条例の根拠規定の有無にかかわらず，避難行動要支援者名簿情報を避難支援等関係者その他の者に対し，本人同意なしに提供することが認められたので，市区町村長は，消防機関，都道府県警察等に必要な限度で避難行動要支援者名簿情報を提供することができることとなった。

明文の規定がなくても，関係行政機関への通報によって情報を共有する義務が生ずる場合があるかが争点になることがある。カネミ油症事件において，農林省（当時）の職員が，米糠から食用油を製造する際に副産物として生産されるダーク油を原料とする飼料を与えた鶏が大量に斃死したことを確認しながら，その情報を食品衛生を所管する厚生省（当時）に通報しなかったことが，カネミ油症の発生の一因となったため，国家賠償請求訴訟において，かかる通報義務が認められるべきかが争われたのである。通報義務を認めた裁判例として，福岡高判昭和59・3・16判時1109号44頁，福岡地小倉支判昭和60・2・13判時1144号18頁が，認めなかった裁判例として，福岡高判昭和61・5・15判時1191号28頁がある。

消費者安全法12条1項は，行政機関の長，都道府県知事，市町村長および国民生活センターの長は，重大事故等が発生した旨の情報を得たときは，直ちに，内閣総理大臣に対し，その旨および当該重大事故等の概要等を通知しなければならないと定めている。また，行政機関の長，都道府県知事，市町村長および国民

33） 鈴木庸夫「行政情報と統計情報——統計法改正と『共助』概念」雄川一郎先生献呈論集・行政法の諸問題(下)（有斐閣，1990年）624頁参照。

34） 柳澤信司「[東京都渋谷区］災害時要援護者対策——震災対策総合条例の改正と避難支援プラン」宇賀克也＝鈴木庸夫編・災害弱者の救援計画とプライバシー保護（地域科学研究会，2007年）29頁以下参照。

生活センターの長は，重大事故等を除く消費者事故等が発生した旨の情報を得た場合であって，当該消費者事故等の態様，当該消費者事故等にかかる商品等または役務の特性その他当該消費者事故等に関する状況に照らし，当該消費者事故等による被害が拡大し，または当該消費者事故等と同種もしくは類似の消費者事故等が発生するおそれがあると認めるときは，内閣総理大臣に対し，その旨および当該消費者事故等の概要等を通知するものとされている（同条2項）。

3) 職員の融通

職員の融通も，共助の一形態とみることができよう。普通地方公共団体の長は，当該普通地方公共団体の委員会または委員と協議して，その補助機関である職員を，当該執行機関の事務を補助する職員もしくはこれらの執行機関の管理に属する機関の職員と兼ねさせ，もしくは当該執行機関の事務を補助する職員もしくはこれらの執行機関の管理に属する機関の職員に充て，または当該執行機関の事務に従事させることができる（自治180条の3）のは，典型的な職員の融通といえる。長が，自己の権限に属する事務の一部を，委員会または委員と協議して，委員会または委員の管理に属する機関の職員をして補助執行させたり（自治180条の2），委員会または委員が，自己の権限に属する事務の一部を，長と協議して，長の補助機関である職員もしくはその管理に属する行政機関に属する職員をして補助執行させることも（自治180条の7），長と委員会または委員の共助の一種とみることができる（なお，地方公共団体間の職員の派遣の制度もある〔自治252条の17〕）。海上保安庁法27条1項が定める協力要請の中には，職員の派遣も含まれる。

4 検査・評価・監視等

府省等は，組織内部において監査を行っているが（国税庁監察官について財務省設置法26条・27条），ここでは，同一府省外の行政機関による府省横断的な検査・評価・監視等について説明することとする。なお，かかる検査・評価・監視等を行う機関を監査機関と称することがある[35]。

Column 行政監視院法案

1996（平成8）年，民主党は，行政監視院（日本版GAO）法案を国会に提出した。この法案は，国会による行政の監視および立法に関する機能の充実を図るため，国の行政機関の業務に関する監視，調査および評価を行うとともに，その結果に基づい

35） 監査機関による行政を監察行政と総称して考察するものとして，村上武則監修・横山信二編・新・応用行政法（有信堂，2017年）34頁以下参照。

て必要な法律の制定および改廃等に関し意見を述べる行政監視院を国会に置くことを目的とするものであった（行政監視院の設置に伴い総務庁行政監察局は廃止することとしていた）。自由民主党は翌1997年，対案をまとめ，自由民主党・社会民主党・新党さきがけの与党と民主党との協議が行われた。その結果，衆議院の決算委員会を改組して決算行政監視委員会とし，会計検査院との連携を強化することになった（行政監視院法案は，同年の通常国会閉会とともに審議未了廃案となった）。

(1)　会計検査

会計検査院は，日本国憲法90条の規定により国の収入支出の決算の検査を行うほか，法律に定める会計の検査を行う（会検20条1項）（⇒第1編第12章***4***）。

(2)　行政評価等

総務省の所掌事務のなかには，各府省の政策について，統一的もしくは総合的な評価を行い，または政策評価の客観的かつ厳格な実施を担保するための評価を行うこと（総務省4条1項11号），各行政機関の業務の実施状況の評価（当該行政機関の政策についての評価を除く）および監視を行うこと（同条1項12号）があり，そのために同省に行政評価局が置かれている。総務省設置法4条1項11号と1項12号の評価を併せて行政評価等という。

前者は，総務省が行う「政策の評価」（「行政機関が行う政策の評価に関する法律」では，各府省が行う自己評価を「政策評価」〔3条2項〕，総務省が評価専担組織として行う評価を「政策の評価」〔4章標題〕と称している）であり，2以上の行政機関に共通するそれぞれの政策であってその政府全体としての統一性を確保する見地から評価する必要があると認められるもの（統一性評価），2以上の行政機関の所掌に関係する政策であってその総合的な推進を図る見地から評価する必要があると認められるもの（総合性評価），行政機関の政策評価の実施状況を踏まえ，政策評価の客観的かつ厳格な実施を担保するための評価（客観性担保評価）からなる（政策評価12条）。客観性担保評価は，さらに，(i)当該行政機関により改めて政策評価が行われる必要がある場合において，当該行政機関によりその実施が確保されないと認めるときに行われる2次評価，(ii)社会経済情勢の変化等に的確に対応するために当該行政機関により政策評価が行われる必要がある場合において，当該行政機関によりその実施が確保されないと認めるときに行われる代替評価，(iii)行政機関から要請があった場合において当該行政機関と共同して評価を行う必要があると認めるときに行われる共同評価に区分される（同条2項）。

総務省設置法4条1項12号にいう「各行政機関の業務の実施状況の評価（当該行政機関の政策についての評価を除く。）及び監視を行うこと」は，行政評価・監視と呼ばれるもので，かつての行政監察に対応する[36)]。総務大臣は，各行政機関の評価・監視について，関係行政機関の長に対して勧告をすることができる（総務省6条1項）。

Column　EBPM（Evidence-Based Policy Making）＝証拠に基づく政策立案

EBPMとは，政策目的を明確化し，目的のために真に実効性のある行政手段は何かなど，政策の基本的な枠組みを証拠に基づき明確化する取組である。官民データ活用推進基本法3条3項は，EBPMを念頭に置いて，「官民データ活用の推進は，国及び地方公共団体における施策の企画及び立案が官民データ活用により得られた情報を根拠として行われることにより，効果的かつ効率的な行政の推進に資することを旨として，行われなければならない」と定めている。統計改革推進会議が2017（平成29）年5月に公表した「最終とりまとめ」においても，「EBPM推進体制の構築」を含む今後の統計改革の具体的方針が示された。同月に閣議決定された「世界最先端IT国家創造宣言・官民データ活用推進基本計画」では，官民データ活用推進戦略会議の下にEBPM推進委員会を設置することが決定された。2018（平成30）年度には，各府省においてEBPMの推進を担う審議官の新設等が行われた。統計改革推進会議の「最終とりまとめ」では，統計改革とEBPMの推進は車の両輪と位置づけられており，政策部局において統計・データの利活用が推進され，統計部局においてニーズを反映した統計・データの改善が図られることにより，両者が連動するEBPMサイクルを確立することが目指されている。第2回EBPM推進委員会決定では，①行政事業レビュー，②政策評価，③経済・財政再生計画の点検・評価の3本の矢の取組を通じ，EBPMを実践するとされている[37)]。

---

36)　宇賀克也「行政監察から行政評価・監視へ」同・政策評価の法制度（有斐閣，2002年）1頁以下参照。

37)　EBPMについては，大山伊知郎「EBPM（Evidence-based Policymaking）の推進」行政＆情報システム53巻5号16頁以下，古矢一郎「政府における『証拠に基づく政策立案（EBPM）』への取組について」季刊行政管理研究160号76頁以下，青柳恵太郎「EBPMが継承すべきEBMの思考法」行政＆情報システム54巻5号28頁以下等参照。

第4章　国・地方公共団体間および地方公共団体相互間の関係

Point

1）　最高裁は，国または地方公共団体が提起した訴訟であって，財産権の主体として自己の財産上の権利利益の保護救済を求めるような場合には，法律上の争訟に当たるというべきであるとしながら，国または地方公共団体が専ら行政権の主体として提起する訴訟は，法規の適用の適正ないし一般公益の保護を目的とするものであって，自己の権利利益の保護救済を目的とするものということはできないから，法律上の争訟として当然に裁判所の審判の対象となるものではなく，法律に特別の規定がある場合に限り，提起することが許されるものと解されると判示している。

2）　学説においても，国または地方公共団体が「固有の資格」で提起する訴訟は法律上の争訟とはいえないとする有力説が存在する一方，このような考え方に対しては，異論も少なくない。

1　問題の所在

国・地方公共団体間および地方公共団体相互間の関係をどのようにとらえるかは，地方自治法の重要テーマであるが，行政組織法の観点からも，興味深い論点である。そこで，本章においては，国と地方公共団体間および地方公共団体相互間の法的紛争を訴訟により解決しうるか，可能な場合，法律が特に認めた機関訴訟としてなのか，抗告訴訟や当事者訴訟という主観訴訟としても可能なのかという論点について説明することとする。

地方公共団体の自治権も国から付与されたものであり，地方公共団体も国家の統治機構の一環をなすことを重視する考え方によれば，国と地方公共団体の関係および地方公共団体相互間の関係は，基本的には，行政機関相互間の関係と同様，内部法関係[1)]であり，行政主体と私人の関係を規律する「法律による行政の原理」や「適正手続の法理」は，少なくともそのまま適用されるものではないと解

1）　ドイツでは，わが国では行政機関とされるものであっても，特定の法規範との関係で権利能力を認められ訴訟を提起しうる場合があることについて，薄井一成「行政組織法の基礎概念」一橋法学9巻3号200頁以下参照。

されることになる。行政手続法4条1項が，「国の機関又は地方公共団体若しくはその機関に対する処分（これらの機関又は団体がその固有の資格において当該処分の名あて人となるものに限る。）及び行政指導並びにこれらの機関又は団体がする届出（これらの機関又は団体がその固有の資格においてすべきこととされているものに限る。）については，この法律の規定は，適用しない」としているのも，国と地方公共団体の関係および地方公共団体相互間の関係は，国と私人の関係とまったく同様に考えることはできないという思考の現れとみることができよう。国による普通地方公共団体への関与に関する訴訟（自治251条の5第1項），都道府県による市町村への関与に関する訴訟（同法252条1項）が，立法者意思によれば機関訴訟とされたことも，かかる思考を基礎にしているといえよう。

地方自治法が定める上記の訴訟が機関訴訟か主観訴訟かは，理論上の相違にとどまるが，上記の訴訟の対象外の裁定的関与（地方公共団体の機関がした処分または裁決に対する不服申立てについて，都道府県の機関がした処分または裁決にあっては国の機関に，市町村の機関がした処分または裁決にあっては都道府県の機関に審査請求または再審査請求が認められている場合があり，かかる不服申立ての審査を通じた関与を裁定的関与という。自治255条の4参照）等に関する訴訟のように，訴訟を認める特別の定めがない場合には（自治245条3号かっこ書参照），機関訴訟説によれば訴訟は認められないのに対して，主観訴訟説によれば抗告訴訟または当事者訴訟が認められる場合があるという実際上の差が生ずることになる。

そこで，以下において，財産権の主体でない場合には，国または地方公共団体が提起する訴訟は法律上の争訟に当たらないとする否定説と，これを法律上の争訟とみる肯定説を対比して論ずることとする（国と特殊法人のような政府周辺法人との関係を行政機関間の関係とみるべきかについても議論があるが，この点については，第1編第5部で後述することとする）。

2　法律上の争訟性を否定する裁判例・学説

はじめに，大阪市が経営する国民健康保険の被保険者証交付申請を拒否された者が，大阪府国民健康保険審査会に対して審査請求を行ったところ，同審査会が被保険者証交付申請拒否処分を取り消し，申請者を大阪市が経営する国民健康保険の被保険者とする裁決を行ったため，大阪市が同裁決の取消訴訟を提起した事案をみることとしたい。大阪地判昭和40・10・30行集16巻10号1771頁は，大阪市は，処分を行う行政庁としての地位と国民健康保険事業を経営する権利義務の帰属主体としての地位を併有するとして，本件が法律上の争訟であることを前提として裁決を取り消し，大阪高判昭和46・8・2民集28巻4号630頁は，控訴を棄却した。しかし，最判昭和49・5・30民集28巻4号594頁・百選Ⅰ1事件・地方自治百選119事件は，「現行法上，国民健康保険事業は市町村又は国民健康保険組合を保険者とするいわゆる保険方式によって運営されているとはいえ，その事業主体としての保険者の地位を通常の私保険における保険者の地位と同視して，事業経営による経済的利益を目的とするもの，あるいはそのような経済的関係について固有の利害を有するものとみるのは相当でなく，もっぱら，法の命ずるところにより，国の事務である国民健康保険事業の実施という行政作用を担当する行政主体としての地位に立つものと認めるのが，制度の趣旨に合致するというべきである」とし，「国民健康保険事業の運営に関する法の建前と審査会による審査の性質から考えれば，保険者のした保険給付等に関する処分の審査に関するかぎり，審査会と保険者とは，一般的な上級行政庁とその指揮監督に服する下級行政庁の場合と同様の関係に立ち，右処分の適否については審査会の裁決に優越的効力が認められ，保険者はこれによって拘束されるべきことが制度上予定されているものとみるべきであって，その裁決により保険者の事業主体としての権利義務に影響が及ぶことを理由として保険者が右裁決を争うことは，法の認めていないところであるといわざるをえない」と判示したのである。

また，対潜水艦戦作戦センター（ASWOC）に関する建物の設計図および建築申請に関する資料に対する開示請求が那覇市情報公開条例に基づいて行われ，那覇市長が非開示決定を行ったところ，開示請求者から異議申立てがなされ，一部が開示されることになったため，国が防衛行政への支障等を理由として一部開示決定の取消訴訟を提起した事案をみることとする。那覇地判平成7・3・28判時1547号22頁は，抗告訴訟は，個人の権利利益の救済を目的とする主観訴訟であるから，行政主体は，私人と同視される地位にある場合，あるいは国民と同様の立場に立つものと認められる場合に例外的に抗告訴訟を提起する余地があるにとどまり，原則として抗告訴訟を提起することはできないとし，国の適正かつ円滑な行政活動を行う利益を侵害されたことを理由とする訴えは，行政主体が，他の行政主体に属する公権力の行使によって，その行政権限の行使を妨げられることを理由とするものであるから，いかなる意味でも，個人の自由や権利の侵害と同様に見る余地はなく，法律上の争訟に当たらず，国の秘密保護の利益を侵害されたことを理由とする訴えも，主観訴訟の外形的枠組みには一応合致しているものの，救済を求める利益の性質は私的利益ではなく公的利益といわざるをえないから，法律上の争訟には当たらないとし，福岡高那覇支判平成 8・9・24 行集 47 巻 9 号 808 頁も，同様の論理で控訴を棄却している。上告審の最判平成 13・7・13 判例自治 223 号 22 頁・百選Ⅱ142 事件・地方自治百選 118 事件は，本件訴訟が法律上の争訟であることを認めたが，それは，国が，本件文書の公開によって国有財産である本件建物の内部構造等が明らかになると，警備上の支障が生じるほか，外部からの攻撃に対応する機能の減殺により本件建物の安全性が低減するなど，本件建物の所有者として有する固有の利益が侵害されることをも理由として，本件各処分の取消しを求めていると理解することができるからであり，財産権の主体として，私人と同様の立場で提起した訴訟としての一側面も持つと解したものと思われる。このような最高裁の法律上の争訟についての考えは，最判平成 14・7・9 民集 56 巻 6 号 1134 頁・百選Ⅰ109 事件・地方自治百選 46 事件の「国又は地方公共団体が提起した訴訟であって，財産権の主体として自己の財産上の権利利益の保護救済を求めるような場合には，法律上の争訟に当たるというべきである」としながら，「国又は地方公共団体が専ら行政権の主体として」提起する訴訟は，「法規の適用の適正ないし一般公益の保護を目的とするものであって，自己の権利利益の保護救済を目的とするものということはできないから，法律上の争訟として当然に裁判所の審判の対象となるものではなく，法律に特別の規定がある場合に限り，提起することが許されるものと解される」という判示に，より明瞭に示されている。

杉並区が東京都を相手取って提起した住基ネット確認訴訟は，地方公共団体相互間の訴訟であるが，東京地判平成 18・3・24 判時 1938 号 37 頁・地方自治百選 4 事件は，前掲最判平成 14・7・9 を引用して，法律上の争訟に当たらないと判示している。そして，東京高判平成 19・11・29 判例自治 299 号 41 頁も，同様の理由で控訴を棄却している（最決平成 20・7・8 判例集不登載は上告棄却，上告不受理）。

学説においても，国または地方公共団体が「固有の資格」（行手 4 条 1 項，行審 7 条 2 項）[2)] で提起する訴訟は法律上の争訟とはいえないとする有力説が存在する[3]。また，「自治権」の評価等固有の問題がある国・地方公共団体間の紛争は射程外にしつつ，法主体ないし法人格が法関係ごとに認められる相対的なものであることから，行政主体相互間の関係の法的把握においても，常に法主体間の関係として捉えることは必ずしも適当でないとし，法主体が他の法主体の機関とされ，その固有の利益を欠く場合には，そもそも裁判的保護を受ける立場になく，法主体であるか否かよりも「固有の利益」が問題となる紛争であるか否かの検討が，出訴の是非の判断の上で求められるとする説もある[4]。ここでいう「固有の利益」は「固有の資格」と同義ではなく，「固有の資格」であっても「固有の利益」が認められる場合もあるのではないかと思われるが，法人格の相対性という基本的発想においては，「固有の資格」説と通底しているものと考えられる。もっとも，独立の法人格を付与されていることを重視して，行政主体間の法的紛争についても，法律上の争訟性を広く認める立場も，例外を留保していることが少なくなく，「固有の利益」がない場合を例外と捉えるのであれば，「固有の利益」説は，従前の多数説と必ずしも合致しないものではないのかもしれない。

なお，法主体間相互の関係を行政主体を一方当事者とする内部関係として位置づける視点は，一方当事者の法主体性を否定し他方の法主体の機関として位置づけるものであったが，近時の行政活動を行う主体の多様化は，必ずしもかかる強固な結合を国・地方公共団体との間で伴うとは限らず，むしろ当該主体の独立性を前提としたものも少なくない。これらの制度では，事務遂行に対する監督ないし統制が問題になるが，ドイツでは，保障責任[5]の下にかかる行政事務の外部化についても一定の準則が確立しているように見える一方，わが国における規制緩和や民営化では，少なくとも実務では必ずしも同様になっているとはいいがたく，

2）「固有の資格」の意味については，宇賀克也・行政手続3法の解説〔第2次改訂版〕（学陽書房，2016年）78頁以下参照。

3）藤田・行政組織法49頁，同「行政主体相互間の法関係について」同・基礎理論(下)76頁以下参照。雄川一郎「地方公共団体の行政争訟」同・行政争訟の理論（有斐閣，1986年）428頁は，断定は避けつつも，地方公共団体が固有の資格で抗告訴訟を提起することについては懐疑的である。

4）松戸浩「『行政主体』の多様化と裁判所による統制(1)(2・完)」立教法学95号45頁以下・99号26頁以下参照。

5）保障責任について，詳しくは，板垣・保障行政，山田洋「『保証国家』とは何か」同・リスクと協働の行政法（信山社，2013年）47頁以下，三宅雄彦・保障国家論と憲法学（尚学社，2013年）参照。

統制を確保したルールの確立が学説実務を通じた今後の課題であることが指摘されている[6)]。

3 法律上の争訟性を肯定する裁判例・学説

他方，国または地方公共団体が「固有の資格」で提起する訴訟の法律上の争訟性を否定する考え方に対しては，異論も少なくない。前述した大阪地判昭和40・10・30，大阪高判昭和46・8・2は，大阪市は国民健康保険事業主体として，都道府県国民健康保険審査会の裁決の取消訴訟を提起することを認めていたし，いわゆる摂津訴訟についての東京高判昭和55・7・28行集31巻7号1558頁・地方自治百選117事件は，児童福祉法に基づく保育所設置費用の国庫負担金の支払を求めて摂津市が国に対して提起した訴訟が法律上の争訟であることを前提として審理している（都道府県知事が行う市町村営土地改良事業施行認可の処分性を肯定した最判昭和61・2・13民集40巻1号1頁は，施行認可が拒否された場合に，市町村が拒否は違法であるとして取消訴訟を提起しうるかの問題に直接答えるものではない）。これらの下級審裁判例は，いずれも地方公共団体の財産上の権利利益とも関わるものであるが，そうでない事案においても，地方公共団体の固有の権利利益が国または他の地方公共団体により侵害された場合，出訴を認める特別の法律がなくても，主観訴訟として出訴することを認める解釈も成立しうる。

行政手続法4条1項が適用除外とした地方公共団体に対する国の関与の手続についても，国と地方公共団体を対等・協力の関係と位置づける地方分権改革により，行政手続法をモデルにした手続が地方自治法に法定されている[7)]。学説においても，地方公共団体は国とは独立した行政主体であり，日本国憲法により「地方自治の本旨」の一環として団体自治が保障されており，この自治権の侵害に対しては，抗告訴訟を提起しうるとする見解が多数を占めている[8)]。この見解

6）松戸浩「行政組織法の課題」行政法研究20号135頁以下参照。
7）詳しくは，宇賀・地方自治法418頁以下参照。
8）成田頼明・地方自治の保障（第一法規，2011年）131頁，塩野・行政法Ⅲ252頁，塩野宏「地方公共団体の法的地位論覚書き」「地方公共団体に対する国家関与の法律問題」同・地方公共団体37頁・119頁，阿部泰隆「区と都の間の訴訟（特に住基ネット訴訟）は法律上の争訟に当たらないか(上)(下)」自治研究82巻12号3頁以下，83巻1号3頁以下，同「続・行政主体間の法的紛争は法律上の争訟にならないのか(上)(下)

によれば，地方自治法が定める国による普通地方公共団体への関与に関する訴訟，都道府県による市町村への関与に関する訴訟は，抗告訴訟の特則を定めたものと解することになろう。

――東京地裁平成18年3月24日判決について」自治研究83巻2号3頁以下・3号20頁以下，兼子仁＝阿部泰隆編・自治体の出訴権と住基ネット――杉並区訴訟をふまえて（信山社，2009年），寺田友子「行政組織の原告適格」民商83巻2号271頁，薄井・分権時代197頁以下，碓井光明・要説自治体財政・財務法〔改訂版〕（学陽書房，1999年）113頁以下，木佐茂男「国と地方公共団体の関係」行政法大系(8) 412頁以下，曽和俊文「地方公共団体の訴訟」杉村敏正編・行政救済法(2)（有斐閣，1991年）306頁，白藤博行「国と地方公共団体との間の紛争処理の仕組み」公法研究62号209頁，山本隆司「行政組織における法人」塩野古稀(上) 861頁参照。

第2部　広義の内閣

Outline

第２部では，国の最高の行政機関である内閣の組織，権限等について，その補助部局（内閣官房，内閣法制局，国家安全保障会議，復興庁，内閣府，人事院，法律または閣議決定に基づく本部等）を含めて説明する。内閣府は，内閣補助事務と分担管理事務の双方を行い，前者の事務を行う場合には内閣補助部局としての性格を有し，後者の事務を行う場合には内閣の統轄の下にある行政機関としての性格を有する。そこで第２部では，内閣府については，内閣補助部局としての側面について述べ，内閣の統轄の下にある行政機関としての側面については第３部で述べることとする。

第5章　内　閣

Point

1） 日本国憲法下における内閣総理大臣は，同輩中の主席ではなく，内閣の首長としての地位にあることが憲法上明確にされている。

2） 日本国憲法においては，主権者である国民が選挙で選んだ国民代表からなる国会が内閣総理大臣を指名し，内閣総理大臣が他の国務大臣を任命して内閣を組織し，内閣が最高行政機関として他の行政機関について統轄し，国会に対して連帯責任を負うことにより，内閣統轄下の行政機関→内閣→国会→国民という責任の連鎖の下で，国民主権の理念が貫徹する議院内閣制が採用された。

3） 内閣総理大臣の内閣における指導性の強化，内閣の機能強化は，国民主権の下で民主的正統性を有する政治部門による官の統制という意味を持つことになる。

4） 狭義の内閣は，内閣総理大臣およびその他の国務大臣からなる合議制機関である。これに対して，内閣を補助する組織（内閣補助部局）として内閣に置かれる内閣官房，内閣法制局，国家安全保障会議，内閣府，各種本部等，人事院を含めた広義の内閣を観念しうる。

5） 最高裁は，閣議にかけて決定した方針が存在しない場合においても，流動的で多様な行政需要に遅滞なく対応するため，内閣総理大臣は，少なくとも，内閣の明示の意思に反しない限り，行政各部に対し，随時，その所掌事務について一定の方向で処理するよう指導，助言等の指示を与える権限を有すると判示している。しかし，これに対しては批判がある。

6）内閣総理大臣により任命される国務大臣は，主任の大臣として行政事務を分担管理するのが原則であるが，例外的に，無任所大臣を置くこともできる。

1 戦前の内閣

内閣職権

わが国の内閣は，太政官府に代わり1885（明治18）年に制定された内閣職権により設けられた。内閣職権は，内閣総理大臣が「各大臣ノ首班トシテ機務ヲ奏宣シ旨ヲ承テ大政ノ方向ヲ指示シ行政各部ヲ統督ス」（1条）と規定されていたように，内閣総理大臣は各省統制権等を有し，他の大臣に優越する大宰相主義を採っていた。このように，大日本帝国憲法制定前の内閣職権は，内閣総理大臣の内閣における指導性を強く認めていた。しかし，内閣総理大臣を補佐する部局の整備はなされなかったため，実際には，内閣総理大臣がリーダーシップを発揮することには限界が伴った。

大日本帝国憲法と内閣官制

大日本帝国憲法には，内閣についての規定は置かれておらず，「国務各大臣ハ天皇ヲ輔弼シ其ノ責ニ任ス」（明憲55条1項）という国務大臣単独輔弼原則が定められていた。すなわち，行政権は君主たる天皇に属し，内閣を構成する大臣は，それぞれ直接に天皇に対して輔弼の責任を負うとされたのである。もっとも，1889（明治22）年に内閣官制という勅令により内閣についての定めが置かれていたが，そこにおいては，大日本帝国憲法と平仄を合わせて，「内閣ハ国務各大臣ヲ以テ組織ス」（1条）とされ，「内閣総理大臣ハ各大臣ノ首班トシテ」（2条）と位置づけられていた。すなわち，内閣は，天皇により組閣を命じられた内閣総理大臣を中心とする天皇の輔弼者集団であり，内閣総理大臣は同輩中の主席としての位置づけを与えられるにとどまっていた。大宰相主義を採った内閣職権と比較して，内閣官制は，閣僚平等主義に立ち，内閣における内閣総理大臣の権限を大きく制約したのである。その背景には，内閣職権の下での大宰相主義が逆に藩閥を背景とする各大臣の対立を誘発したことへの反省，政党政治が発展し政党内閣が天皇の大権を左右することへの危惧が存在した[1]。内閣官制が内閣総理大臣に認めていた各省大臣に対する処分・命令の中止権（3条）も一度も発動されることはなかった。そして，閣内不一致による内閣総辞職が少なくなかったのである[2)]。

内閣総理大臣の権限強化の動き

もっとも，第2次大戦中，国家総動員業務の推進のため，各省大臣に対する優越性を内閣総理大臣に認めようとする主張がなされ，1939（昭和14）年の勅令（「国家総動員法等ノ施行ノ統轄ニ関スル件」）で，国家総動員法の施行に関する事項につき統轄上必要な指示をなすことができる旨の規定が置かれた。そして，1943（昭和18）年，勅令である「戦時行政職権特例」により，各省大臣の職務に関する拘束力を有するより強力な指示権が認められた。

2　日本国憲法下における議院内閣制

(1)　議院内閣制の選択

戦後，アメリカの国務・陸軍・海軍3省調整委員会（SWNCC）は，1946（昭和21）年1月7日にSWNCC228号を承認し，日本の統治体制改革のガイドラインを決定し，これをマッカーサー最高司令官に送付した。そこにおいては，選挙民に対して責任を負う政府を確立する方針が明示された。具体的には，大統領制と議院内閣制が念頭に置かれており，議院内閣制の採用は，日本国民が天皇制を維持すると決定したときのみであるという条件が付されていた。興味深いのは，SWNCC228号は天皇制が維持された場合，内閣は天皇に助言を与え，天皇を補佐し，天皇は，すべての重要事項について，内閣の助言に基づいてのみ行動するという制約を課していたことである。すなわち，天皇制を維持した場合，内閣に安全弁の機能を持たせる方針が採られたのである。そして，同年2月3日の憲法改正に関する「マッカーサー3原則」が天皇制維持を明確にしたことにより，戦後のわが国における議院内閣制の採用が決定づけられた[3)]。そして次にみるように日本国憲法で議院内閣制の統治体制がとられたのである。

---

1)　山口二郎・内閣制度（東京大学出版会，2007年）52頁以下参照。

2)　具体例について，神谷昭「内閣」宮沢還暦・日本国憲法体系(5)（有斐閣，1964年）54頁参照。

3)　岡田彰・現代日本官僚制の成立：戦後占領期における行政制度の再編成（法政大学出版局，1994年）119頁参照。

⑵　日本国憲法の定める議院内閣制の仕組み

国会による内閣総理大臣の指名　内閣総理大臣は，国会議員の中から国会の議決で指名され（憲67条1項），これに基づき天皇が任命する（憲6条1項）。この指名は，他のすべての案件に先立って行われることとされている（憲67条1項）。衆議院と参議院とが異なった指名の議決をした場合に，法律の定めるところにより，両議院の協議会を開いても意見が一致しないとき，または衆議院が指名の議決をした後，国会休会中の期間を除いて10日以内に，参議院が指名の議決をしないときは，衆議院の議決が国会の議決となる（憲67条2項）。したがって，国会の中でも衆議院に内閣総理大臣の指名における優越的地位が付与されている。天皇は，国会の指名に基づいて，内閣総理大臣を任命するが（憲6条1項），これは形式的権限にとどまる。

内閣総理大臣による国務大臣の任免　内閣は，法律の定めるところにより，その首長たる内閣総理大臣およびその他の国務大臣でこれを組織する（憲66条1項）。国務大臣を任命する権限を有するのは内閣総理大臣である。さらに，内閣総理大臣は，任意に国務大臣を罷免することができるし（憲68条），国務大臣の在任中の訴追の同意権（憲75条）を有する。このように，日本国憲法下における内閣総理大臣は，同輩中の主席ではなく，内閣の首長としての地位にあることが憲法上明確にされている。

***Column*　内閣総理大臣による国務大臣の罷免**

内閣総理大臣による国務大臣罷免権は伝家の宝刀であり，ごく稀にしか発動されない。2010（平成22）年8月8日，鳩山由紀夫内閣の福島瑞穂内閣府特命担当大臣が普天間基地移設方針決定への署名を拒否したため罷免されたことは記憶に新しいが，これを含めて，日本国憲法下で国務大臣が罷免されたのは5件のみである。

国会に対する内閣の連帯責任　内閣は，行政権の行使について，国会に対し連帯して責任を負う（憲66条3項）。内閣は，衆議院で不信任の決議案を可決し，または信任の決議案を否決したときは，10日以内に衆議院が解散されない限り，総辞職をしなければならない（憲69条）。内閣総理大臣が欠けたとき，または衆議院議員総選挙の後に初めて国会の召集があったときも，内閣は，総辞職をしなければならない（憲70条）。内閣が総辞職をした場合には，内閣は，新たに内閣総理大臣が任命されるまで引き続きその職務を行う（憲71条）。このように，日本国憲法は，内閣は衆議院の信任の下に存続を認められることとし，衆議院に内閣不信任決議を行う権限を認め，他方，内閣には，衆議院解散権（憲7条3号・69条）を認めている。そして，内閣総理大臣その他の国務大臣は，両議院のいずれかに議席を有すると否とにかかわらず，何時でも議案について発言するために議院に出席することができ，また，答弁または説明のため出席を求められたときは，出席しなければならない（憲63条）。

Column 問責決議

参議院は，衆議院と異なり，不信任決議権が認められていないが，内閣総理大臣，国務大臣等に対する不信任の意思を表示するため，問責決議を行うことがある。国務大臣等の問責決議が可決されても，法的効果はないが，問責された国務大臣等が辞任するまで野党が審議拒否する場合，国会審議の停滞を防ぐため本人が辞任を余儀なくされたり，内閣改造により当該国務大臣等を交代させたりする政治的効果を有することが多い。日本国憲法下で問責決議案が提出されたのは40件を超えるが，可決されたのは，1998（平成10）年の防衛庁長官に対するものを嚆矢として，2015（平成27）年4月1日現在，11件である。

地方公共団体の議会は，長に対する不信任決議を行うことができるが，不信任の議決については，議員数の3分の2以上の者が出席し，その4分の3以上（ただし，解散後初めて招集された議会において再び不信任の議決をするときは過半数）の者の同意が必要であるので（自治178条3項），ハードルが高いし，議会を解散されるリスクを伴うので，長を政治的に糾弾する効果を狙って，過半数の同意による問責決議が行われることがある（2014年9月25日，大阪府議会で議長に対する「不信任決議」が過半数の賛成多数で可決されたが，議長に対する不信任決議の制度はなく，法的拘束力のない問責決議としての性格を有するものといえる）。

(3) 議院内閣制の明確化

以上でみたように，日本国憲法は，議院内閣制を採用している（もっとも，日本国憲法が議院内閣制を採用しているという解釈には異論も皆無ではない）[4]。そして，主権者である国民が選挙で選んだ国民代表からなる国会が内閣総理大臣を指名し，内閣総理大臣が他の国務大臣を任命して内閣を組織し，内閣が最高行政機関として行政機関について統轄し，国会に対して連帯責任を負うことにより，内閣統轄

4）小嶋和司「憲法の規定する政治機構――はたして議院内閣制か」法時25巻12号52頁以下参照。これへの反論として，野村敬造「議院内閣制――日本国憲法の規定する統治機構」宮沢還暦・日本国憲法体系4巻（有斐閣，1962年）87頁以下参照。

下の行政機関→内閣→国会→国民という責任の連鎖の下で，国民主権の理念が貫徹する仕組みが採用されたのである。行政改革会議[5)]の最終報告を受けた中央省庁等改革[6)]の一環としての内閣法改正においては，この点を明確にするため，内閣は，「国民主権の理念にのっとり」日本国憲法に定める職権を行うこと（内1条1項），内閣は，行政権の行使について，「全国民を代表する議員からなる」国会に対して連帯責任を負うこと（同条2項），内閣は，「国会の指名に基づいて任命された首長たる」内閣総理大臣および「内閣総理大臣により任命された」国務大臣をもって組織すること（内2条1項）が明記された。

3　最高の行政機関

日本国憲法65条は，「行政権は，内閣に属する」と規定しており，内閣が最高の行政機関として位置づけられている（このことは，国会が行政権について法律で定めたり，裁判所が行政権について司法統制することを排除する趣旨でないことはいうまでもない）。ただし，ここでいう行政権は国の行政権であり，憲法上自治を保障された地方公共団体の行政は含まれず，地方公共団体の行政機関が内閣の統轄の下にあるわけではない。また，実質的に国の行政を行っているが，形式的には国とは独立の法人格を有する独立行政法人等は，内閣の統轄の下にある行政機関とは位置づけられていない。しかし，かつて，公団が国家行政組織の一部をなすものとして国家行政組織法別表に列記されていたり，アメリカにおいても，公社が省の一部として位置づけられる例があるように[7)]，国とは独立の法人格を付与しても，当該法人を国の行政組織の一環として位置づけることが理論的に不可能なわけではない。

5)　行政改革会議の発足から最終報告にいたるまでの経緯については，三辺夏雄＝荻野徹「中央省庁等改革の経緯(1)」自治研究83巻2号17頁以下が詳しい。

6)　中央省庁等改革基本法の立案・制定の経緯および中央省庁等改革の実現過程については，三辺＝荻野・前掲注5)「(2)」自治研究83巻3号36頁以下が詳しい。

7)　宇賀克也「特殊法人と独立行政法人――日米比較」公法研究62号104頁参照。

4　政治と行政の接点

(1)　執政機関としての内閣

内閣は最高の行政機関であるにとどまらず，政治を行う執政機関としての性格を有する。すなわち，衆議院の解散（憲7条3号・69条），内閣総理大臣による議案（内閣提出の法律案等）の国会提出（憲72条，内5条），外交関係を処理すること（憲73条2号），条約を締結すること（同条3号），予算を作成して国会に提出すること（同条5号），大赦，特赦，減刑，刑の執行の免除および復権を決定すること（同条7号）等は，単なる行政とは異なる執政[8)]としての性格を有する行為といえる。内閣が執政機能も持つがゆえに，議院内閣制の仕組みにより，国会による内閣のコントロールの仕組みが不可欠になる。学説の中には，日本国憲法65条が規定する「行政権」とは基本的には執政のみを意味すると解すべきとする説もある[9)]。

(2)　政治部門による官の統制

内閣を，官の一環ではなく政治の側に位置づけ，官を統制するためには，国民の支持が重要であり，そのためには，選挙を通じて政治プログラムと首相となるべき者が事実上決定され，国民の内閣といえるような議院内閣制の直接民主制的運用が望ましいとする「国民内閣制」が有力に提唱されている[10)]。内閣総理大臣の内閣における指導性の強化，内閣の機能強化は，国民主権の下で民主的正統性を有する政治部門による官の統制という意味を持つことになる[11)]。内閣を執政機関として位置づけると，議院内閣制は，選出勢力（議会，内閣，大臣）が非選出勢力（官僚制）に優位し，前者が後者を従属させるための制度とする見方が出

8)　執政を内閣と国会による協働権としてとらえるものとして，村西良太「執政機関としての議会――『執政』概念をめぐる批判的考察」法学研究74巻1号45頁以下，同・執政機関としての議会――権力分立論の日独比較研究（有斐閣，2011年）232頁以下参照。

9)　中川丈久「行政活動の憲法上の位置付け」神戸法学年報14号157頁参照。

10)　高橋和之・国民内閣制の理念と運用（有斐閣，1994年），同「『国民内閣制』再論」同・現代立憲主義の制度構想（有斐閣，2006年）63頁以下参照。

11)　岡田信弘「内閣総理大臣の地位・権限・機能――行政学と憲法学の『接点』で考える」公法研究62号69頁以下参照。

てくることになる[12]。そして，そのための処方箋として，イギリスのように，行政府の頂点に与党政治家を大量に送り込み，この政権が結束して官僚制を指導し統制する方式，フランス，ドイツのように，高級官僚を政治任用の対象とし，これを梃子にして内閣，内閣総理大臣，各省大臣が官僚制を指導し統制する方式も提唱されている[13]。

5　内閣の組織

(1)　意　義

狭義の内閣は，内閣総理大臣およびその他の国務大臣からなる合議制機関である。狭義の内閣については，日本国憲法5章のほか内閣法が定めている。内閣総理大臣が任命する国務大臣の数は，憲法では定められていない。内閣法は，この数を14人以内とすること，ただし，特別に必要がある場合においては，3人を限度にその数を増加し，17人以内とすることができることを定めている（内2条2項）。ただし，東日本大震災からの復興に関する国の施策の企画・調整，被災した地方公共団体の支援等を行うために設置された復興庁が廃止されるまでの間（2020〔平成32〕年度末まで）においては，国務大臣の数は原則15人以内とし，最大限18人までとされ，さらに，「平成32年東京オリンピック競技大会・東京パラリンピック競技大会特別措置法」により，2020（平成32）年度末まで国務大臣の数は原則16人以内とし，最大限19人以内に増員されている。なお，内閣総理大臣は，自ら各省大臣の職につくことも妨げられない（行組5条3項）。

これに対して，内閣を補助する組織（内閣補助部局）として内閣に置かれる内閣官房，内閣法制局，国家安全保障会議，復興庁，内閣府，各種本部等，形式的には内閣の下にあるが，職権行使について内閣から独立性を有する人事院を含めた広義の内閣を観念しうる。かつての憲法調査会，臨時司法制度調査会，司法制度改革審議会のように，諮問機関ないし建議機関が内閣に置かれることもある[14]。現在は，「持続可能な社会保障制度の確立を図るための改革の推進に関す

12)　西尾勝「議院内閣制と官僚制」公法研究57号29頁参照。
13)　西尾・前掲注12）42頁参照。

る法律」18条の規定に基づく社会保障制度改革推進会議が建議機関として内閣に置かれている。

内閣府は，後に詳述するように，内閣補助部局としての性格を持つ部分（⇒第1編第7章）と内閣総理大臣を主任の大臣として行政事務を分担管理する部分（⇒第1編第8章）がある。後者の側面においての内閣府は各省と並列的地位にあり，各省より上位に位置づけられるのは前者の側面のみである。そこで，内閣府の機能のうち，行政事務を分担管理する「行政各部」の機能の部分を広義の内閣から除外した部分を実質的意味の内閣と位置づけることもできる[15]。

⑵ 内閣総理大臣

1) 内閣総理大臣の権限強化とその限界

大日本帝国憲法下と比較して，日本国憲法下では，内閣総理大臣の権限が格段と強化された反面，内閣の統轄の下にある行政各部の指揮監督権すら閣議にかけて決定した方針に基づかなければ行使できないという重大な制約を伴っている。GHQ民政局は，内閣総理大臣の権限強化を主張したが，法制局（内閣法制局の前身）は，行政権は合議体としての内閣に属するとして，内閣総理大臣の権限強化に抵抗し，その結果が，このような制約をもたらすことになったと言われている[16]。学説の中には，日本国憲法は，内閣総理大臣に強い権限を認めているが，内閣法は，内閣総理大臣の優越性を弱め，合議体としての内閣中心主義を採っていると解し，日本国憲法の内閣に関する規定と内閣法の規定の齟齬を指摘するものもある[17]。以下，内閣総理大臣の権限とその制約について具体的に述べることとしたい。

2) 内閣の首長としての内閣総理大臣の発議権

内閣総理大臣は，内閣の首長（憲66条，内2条1項）として，閣議を主宰し（内

14) 2003年12月31日までに，内閣に置かれた調査審議機関については，日比野勤「内閣補佐機構の一考察――内閣官房を中心として」樋口古稀・憲法論集（創文社，2004年）487～488頁の表①－Aを参照。同論文は，同日時点における（人事院を除く狭義の）内閣補佐機構全般について考察している。

15) 藤田・行政組織法116頁参照。

16) 内閣法立案過程についての研究は少なくないが，最近のものとして，大石眞「内閣法立案過程の再検討」同・憲法秩序211頁以下参照。

17) 下條芳明「内閣制度の改革をめぐる諸問題――とくに『行政国家』化の観点から」法政論叢38巻1号167頁参照。

4条2項)，内閣を代表して議案を国会に提出し，一般国務・外交関係について国会に報告する（憲72条，内5条)。日本国憲法72条の規定に基づき国会に提出される議案の中に法律案も含まれるかについて議論はあるものの，通説はこれを肯定しており，内閣法5条は，内閣総理大臣が内閣提出の法律案を国会に提出する旨，明記している。

内閣総理大臣が，内閣府の主任の大臣として内閣の首長たる内閣総理大臣に閣議請議することができることは明らかであるが（内4条3項)，内閣の首長たる内閣総理大臣が自ら案件を閣議に発議することができるかという問題がある。内閣総理大臣が閣議を「主宰」する（内4条2項）ことの意味は，法制局作成の『内閣法想定問答』においても，単なる進行役にとどまらず，発議権も含む趣旨であるという解釈が採られていたものの，従前必ずしも明確ではなかった。内閣総理大臣の内閣におけるリーダーシップの強化を意図した行政改革会議最終報告において，内閣は，それぞれの行政各部を分担管理する大臣の単なる集合体ではなく，内閣総理大臣の「政治の基本方針ないし一般政策」を共有しつつ，一体となって国政に当たる存在であり，内閣総理大臣が内閣の「首長」たる立場において，閣議にあって自己の国政に関する基本方針を発議し，討議・決定を求めうることは当然であり，かかる発議権を内閣法上明記すべきであるという提言がなされた。これを受けて，内閣総理大臣が内閣の重要政策に関する基本的な方針その他の案件を発議することができる旨が明記された（内4条2項)。

内閣法4条2項の「内閣の重要政策に関する基本的な方針その他の案件」が何かについては，中央省庁等改革基本法6条が明らかにしている。すなわち，そこにおいては，内閣総理大臣が閣議にかける「国政に関する基本方針」には，対外政策および安全保障政策の基本，行政および財政運営の基本，経済全般の運営および予算編成の基本方針ならびに行政機関の組織および人事の基本方針のほか，個別の政策課題であって国政上重要なものが含まれることが明らかにされている。

内閣の首長としての内閣総理大臣に上記のような発議権が付与されたということは，内閣の首長としての内閣総理大臣自ら予算の大綱，法案の作成を行うことができることを含意する。骨太の方針，予算編成方針，特殊法人整理合理化計画等は，内閣の首長としての内閣総理大臣の発議権に基づき，閣議にかけられている。

3)　内閣総理大臣の指揮監督権

内閣は，行政各部，すなわち，内閣の統轄の下に国の行政組織を構成し，行政事務を分掌する機関全体に対する統轄権を有するが，統轄権は下級機関を指揮監督しつつ総合調整する権能であるから，内閣の首長である内閣総理大臣は，府省という行政各部に対する指揮監督権（憲72条），主任の大臣の間における権限争議の裁定権を有する。行政各部に対する内閣総理大臣の指揮監督権の行使の方法について，日本国憲法72条は，「内閣総理大臣は，内閣を代表して……行政各部を指揮監督する」と規定している。「内閣を代表して」の部分が「行政各部を指揮監督する」にもかかるかについては，意見が分かれている。内閣法は，閣議にかけて決定した方針によるものとしている（内6条）。主任の大臣の間における権限争議の裁定権も，内閣総理大臣が閣議にかけて行うこととされている（内7条）。また，内閣総理大臣は，行政各部の処分または命令を中止する権限（内8条）を有する。

この点について，ロッキード事件丸紅ルートに係る最大判平成7・2・22刑集49巻2号1頁・百選Ⅰ19事件が判示している。この事件は，アメリカの航空機会社であるロッキード社がわが国の販売代理店である丸紅株式会社を通じて，当時の内閣総理大臣田中角栄氏に対して同社のトライスター機を全日空に売り込むにつき尽力を依頼し，その報酬として5億円を渡したとされる事件である。当時の丸紅株式会社代表取締役は，田中氏に対して，全日空がロッキード社のトライスター機を選定購入することを運輸大臣（当時）が行政指導をするよう運輸大臣を指揮し，または直接に全日空に働きかけるなどの協力を請託したとされる。この事件で田中氏は受託収賄罪で起訴された。刑法197条1項の受託収賄罪が成立するためには，公務員がその職務に関し賄賂を収受することが必要なため，内閣総理大臣が運輸大臣に対して指揮する職務権限があるかが大きな争点になった。

1審の東京地判昭和58・10・12判時1103号3頁は，日本国憲法72条は，内閣総理大臣は，内閣を代表して行政各部を指揮監督するとされていると解し，内閣法6条も，内閣総理大臣は，閣議にかけて決定した方針に基づいて行政各部を指揮監督するとしていることから，内閣総理大臣の指揮監督権は，閣議にかけて決定した方針に基づくことが必要であるという立場をとった。しかし，本件の場合，1970（昭和45）年の「航空企業の運営体制について」と題する閣議了解等，閣議で定められた方針が存在し，それに基づくものであったと認定している。また，内閣総理大臣が全日空に対して直接に働きかけたことについては，国家行政組織法2条1項に照らして，航空会社の航空機の選定に関する権限は運輸大臣にあり，内閣総理大臣にはないので，内閣総理大臣の職務権限に属するとはいえないとする。しかし，内閣総理大臣は，国務大臣の任免権を持ち，行政各部に対する処分等の中止権も持つ等，強力な権限を有するので，かかる強力な権限を有する内閣総理大臣による全日空に対する働きかけは，運輸大臣に対する指揮監督権の行使と密接な関係を有する準職務行為であり，刑法197条1項の構成要件を満たすと判示した。控訴審の東京高判昭和62・7・29高刑集40巻2号77頁は，以上の論点に関しては，1審判決の立場を支持した。

上告審の最大判平成7・2・22は，内閣総理大臣による指揮監督権の行使は，閣議にかけて決定した方針が存在することを要するが，内閣の首長としての地位（憲66条1項），国務大臣の任免権（憲68条）等からみて，閣議にかけて決定した方針が存在しない場合においても，流動的で多様な行政需要に遅滞なく対応するため，内閣総理大臣は，少なくとも，内閣の明示の意思に反しない限り，行政各部に対し，随時，その所掌事務について一定の方向で処理するよう指導，助言等の指示を与える権限を有すると判示している。したがって，内閣総理大臣の運輸大臣に対する働きかけは，一般的には，内閣総理大臣の指示として，その職務権限に属することは否定できないと判示している（内閣総理大臣による全日空への直接の働きかけが内閣総理大臣としての権限に属するかの判断は示されていない）。

このような考えを主張する学説は，以前から存在したが[18)]，内閣総理大臣の固有の所掌事務が行政事務全般に及ばない以上，内閣総理大臣が内閣を代表しないで，すなわち，内閣の意思を媒介しないで行動することは，指揮監督であれ指導・助言であれできず，また，内閣総理大臣は国務大臣を任意に罷免することができるから，指揮監督と指導・助言を区別する意義は乏しいとする批判がある[19)]。

なお，社会保険庁（当時。以下同じ），厚生労働省の各長に対して内閣総理大臣が憲法72条または内閣法6条に基づき指揮監督権を行使することの義務付け等

18)　菊井康郎・わが国の内閣制の展開（信山社，1996年）8頁参照。
19)　塩野・行政法Ⅲ59～60頁参照。

を求めた訴訟において，東京高判平成19・7・26訟月54巻12号3044頁は，控訴人ら主張のような不正な支出について閣議にかけて決定した方針が存在しなければ，内閣総理大臣は，上記不正支出について社会保険庁および厚生労働省の各長に対して被害弁償等の適切な措置を執るよう憲法72条または内閣法6条の規定に基づく指揮監督権を行使することはできないことを指摘する。そして，仮に，上記方針が存在するのであれば，内閣総理大臣は，上記不正支出について社会保険庁および厚生労働省の各長に対して被害弁償等の適切な措置を執るよう同条の規定に基づく指揮監督権を行使することができるが，その場合において，内閣総理大臣は，社会保険庁および厚生労働省の各長に対してその法律上の所掌事務および権限を当該方針に従って行使するよう強制することはできないとする。また，上記方針が存在していないとしても，内閣総理大臣は，社会保険庁および厚生労働省の各長に対して上記不正支出について被害弁償等の適切な措置を執るよう指導，助言等の指示をすることはできるが，その場合においても，上記措置を執るよう強制することはできないから，仮に，上記不正支出について，憲法72条または内閣法6条の規定に基づく内閣総理大臣の指揮監督権が行使されたとしても，それによって控訴人らの具体的な権利義務に直接影響が及ぶということはできず，本件義務付けの訴え等は，当事者間の具体的な権利義務にかかわらない訴えであり，裁判所法3条1項にいう「法律上の争訟」には当たらないと判示している。

4)　基本方針の閣議決定と内閣総理大臣の指揮監督権

内閣法制局は「閣議にかけて決定した方針に基いて，行政各部を指揮監督する」（内6条）ということの意味は，内閣総理大臣が個別具体的案件ごとに閣議にかける必要があるのではなく，あらかじめ一般的な方針を定めておくことで足りると解している（平成8年6月11日衆議院内閣委員会・大森政輔内閣法制局長官答弁）。かかる運用が特に必要になるのが危機管理についてであり，行政改革会議は，「内閣の危機管理機能の強化に関する意見集約」（平成9年5月1日）において，「突発的な事態の態様に応じた対処の基本方針についてあらかじめ所要の閣議決定をしておき，総理大臣が迅速に行政各部を指揮監督できるようにすること」を提言している。

行政改革会議最終報告は，「内閣総理大臣の行政各部に対する指揮監督に関する内閣法の規定は，弾力的に運用する」と提言するのみであり，中央省庁等改革基本法も，内閣法を改正して「閣議にかけて決定した方針に基づいて」の部分を削除することまでは踏み切らなかった。これは，上記のロッキード事件丸紅ルート最高裁判決や内閣法制局長官答弁を踏まえると，運用による対応の余地が大きいので，憲法上の議論を避けられない内閣法改正にあえて踏み切る必要は必ずしもないという認識によるものである。

5)　内閣総理大臣の指導性

内閣総理大臣が内閣全体または個々の国務大臣に対して発揮しうる指導性は，内閣総理大臣の政治的資産に依存する面が大きく[20]，内閣総理大臣の指導性の強化は，選挙制度，政党制度等を含めた多面的な文脈で検討する必要性があることはいうまでもない。

6)　政党の憲法改正案と内閣総理大臣の権限

いわゆる55年体制の下では，護憲を掲げる社会党が野党第1党であり，憲法改正の現実的可能性がなかったが，政治情勢が変化し，国会における護憲勢力の力が弱まったこともあり，2000（平成12）年に両議院に憲法調査会が設置され，2002（平成14）年には，自由民主党，民主党，公明党が各党の憲法調査会を設置し，2005（平成17）年には，自由民主党新憲法起草委員会が，立党50周年記念大会で憲法改正試案を正式に公表した。一方，民主党は，同年，条文化は見送ったものの，憲法提言を公表した。

自由民主党の憲法改正試案は，行政権は，「この憲法に特別の定めがある場合を除き」内閣に属することとし，衆議院の解散権，自衛隊の指揮権と並んで，行政各部の指揮監督・総合調整権を内閣総理大臣の権限としている。また，民主党の憲法提言においては，執政権を内閣総理大臣に与え，内閣総理大臣が行政権を統括することとしている。両党の改正案はいずれも内閣総理大臣の権限強化をうたうものである。

⑶　国務大臣

国務大臣行政長官同一人制の原則　国務大臣は内閣の構成員であるが（憲66条1項・68条1項，内2条1項），戦争の惨禍を招いた軍国主義への反省から，文民でなければならないとされている（憲66条2項）。また，国務大臣の過半数は

20）　長谷部恭男「内閣機能の強化」法教217号13頁参照。

国会議員でなければならない（憲68条1項。イギリスでは，国務大臣は全員国会議員でなければならない）。実際には，ほとんどの国務大臣は国会議員から選ばれているが，国会議員でない者が国務大臣になることは珍しくない（福田康夫内閣における増田寛也総務大臣兼内閣府特命担当大臣，大田弘子内閣府特命担当大臣，菅直人内閣における片山善博総務大臣等）。内閣総理大臣により任命される国務大臣は，主任の大臣として行政事務を分担管理するのが原則である（内3条1項）。主任の大臣とは，行政各部の長としての大臣である。このように，内閣を構成する国務大臣が同時に行政各部を分担管理する国務大臣行政長官同一人制は，議院内閣制の下における国の行政組織原理として，ありうべき1つのモデルであるといえる。

無任所大臣　内閣には，例外的に，いずれの行政機関にも属さない大臣（無任所大臣）を置くこともできる（内3条2項）。無任所大臣の制度は，内閣官制10条にも置かれていた。無任所大臣の例としては，細川護熙内閣の山花貞夫氏（政治改革担当），村山富市内閣の小里貞利氏（阪神・淡路震災復興担当），小渕恵三内閣の柳沢伯夫氏（金融再生担当），森喜朗内閣の笹川尭氏（科学技術担当）などがある。なお，広義で無任所大臣という場合には，内閣官房長官や外局の長で国務大臣をもって充てるもの，内閣府特命担当大臣のように，特定の行政機関に属してはいるものの，内閣府や各省の主任の大臣でないもの，すなわち，内閣総理大臣および各省大臣以外の国務大臣全部を含めることがある。

閣議請議　各大臣は，案件の如何を問わず，閣議を求めることができる（内4条3項）。

国務大臣をもって充てられる委員会の長　内閣府の委員会の長の中には，国務大臣をもって充てられるものがあり，国家公安委員会の委員長がその例である。この国務大臣は「主任の大臣」ではなく，財務大臣に対する予算要求権（財20条2項）も閣議請議権（内4条3項）もない。法律・政令の署名も行うことができない（憲74条）。旧防衛庁長官は国務大臣をもって充てられていたが，防衛庁は内閣府の外局であったため，防衛庁の主任の大臣は防衛庁長官ではなく，内閣総理大臣であった。2007（平成19）年1月9日，防衛庁が防衛省に昇格し[21]，「主任の大臣」が内閣総理大臣から防衛大臣になった。防衛大臣は省令制定権も有する（行組12

21）　黒江哲郎「防衛庁設置法等の一部を改正する法律（省移行関連法）」ジュリ1329号37頁以下，柴田秀司「防衛庁から防衛省へ――より充実した安全保障政策の立案のために」時法1786号38頁以下参照。

条1項)。また，財務大臣に対する予算要求権，閣議請議権のほか，行政財産の管理権（国財5条)，物品の管理権も有する（物品管理7条)。

国務大臣の職務権限

国務大臣の職務権限について争われた判例として，最決平成11・10・20刑集53巻7号641頁，最決平成12・3・22刑集54巻3号119頁，最決平成22・9・7刑集64巻6号865頁がある。最決平成11・10・20は，リクルート事件において，内閣官房長官の職務権限が問題になったもので，内閣官房長官は内閣官房の事務を統轄し，内閣官房は閣議にかかる重要事項に関する総合調整その他行政各部の施策に関するその統一保持上必要な総合調整に関する事務を掌るものとされており，国の行政機関が国家公務員の採用に関し民間企業における就職協定の趣旨に沿った適切な対応をとるよう要請することは，内閣官房長官の職務権限に属すると判示された。最決平成12・3・22は，国務大臣をもって充てられていた旧北海道開発庁長官が北海道総合開発計画に含まれるスポーツ施設の建設に関する情報の提供を市等に求めることおよび同施設の建設事業主体等として特定企業を市等に紹介斡旋することならびに旧北海道東北開発公庫に対し特定企業への融資を紹介斡旋することが北海道開発庁長官の職務権限に属すると判示されたものである。最決平成22・9・7は，北海道開発庁長官が，港湾工事の受注に関し特定業者の便宜を図るように北海道開発局港湾部長に働きかける行為は，職員に対する服務統督権限を背景に，予算の実施計画作製事務を統括する職務権限を利用して，職員に対する指導の形を借りて行われたものであり，また，北海道開発庁長官には港湾工事の実施に関する指揮監督権限はないとしても，その働きかけた内容は，予算の実施計画において概要が決定される港湾工事について競争入札を待たずに工事請負契約の相手方である工事業者を事実上決定するものであって，このような働きかけが金銭を対価に行われることは，北海道開発庁長官の本来的職務として行われる予算の実施計画作製の公正およびその公正に対する社会の信頼を損なうものであり，上記働きかけは，北海道開発庁長官の職務に密接な関係のある行為であるとする。

6 内閣の所掌事務

憲法に基づくもの

日本国憲法は，内閣が行う職務を例示している。すなわち，内閣は，他の一般行政事務のほか，法律を誠実に執行し，国務を総理すること，外交関係を処理すること，条約を締結すること（ただし，事前に，時宜によっては事後に，国会の承認を経ることを必要とする)，法律の定める基準に従い，官吏に関する事務を掌理すること，予算を作成して国会に提出すること，日本国憲法および法律の規定を実施するために，政令を制定すること（ただし，政令には，特にその法律の委任がある場合を除いては，罰則を設けることができない)，大赦，特赦，減刑，刑の執行の免除および復権を決定することを行うとされている（憲73条)。日本国憲法には，このほか，内閣の職務として，天皇の国事行為に関する助言と承認（憲3条)，最高裁判所長官の指名（憲6条2項)，国会の臨時会の召集の決定（憲53条)，参議院の緊急集会の要求（憲54条2項)，最高裁判所裁判官の任命（憲79条1項)，下級裁判所裁判官の任命（憲80条1項）が明記されている。

Column　内閣の助言と承認の差止め

衆議院の解散に伴い予定されていた衆議院議員選挙が，従前の選挙区割りに基づいて実施されると投票価値の平等が侵害されたまま投票を行うことを余儀なくされ重大な損害を被ることになるとして，民衆訴訟として，差止めの訴えを類推適用し，内閣が天皇に対し選挙施行の公示に係る助言と承認をすることの差止めを求めるなどした事案において，最判平成24・11・30訟月60巻1号79頁は，民衆訴訟として法律に規定のない訴訟類型が，抗告訴訟に関する法律の規定またはその趣旨の類推適用により創設的に認められると解することはできないと判示した。

法律に基づくもの

行政権は内閣に属するから（憲65条)，行政事務である限り，日本国憲法に列記されていない事務であっても，法律で内閣の所掌事務とすることは可能であると一般に解されている。内閣法に基づくものとしては，行政各部の指揮監督に関する方針の決定（内6条)，権限疑義の裁定案の決定（内7条)，内閣総理大臣が中止権を行使した場合の処置（内8条）がある。また，内閣法以外の法律に基づくものとして，重要な人事に関するもの（会計検査院検査官の任命〔会検4条1項〕，人事院人事官の任命〔国公5条1項〕，内閣法制局長官の任命〔内閣法制局設置法2条1項〕，大臣政務官の任免〔行組17条5項〕)，日本銀行の総裁，副総裁，審議委員，監事の任命（日銀23条1項～3項)，重要な計画等の決定（環境基本計画の決定〔環境基本15条3項〕，国土利用計画法の全国計画の決定〔国土利用5条2項〕，自然環境保全基本方針の決定〔自然環境12条3項〕)，行政処分の要件として閣議決定が必要とされているもの（湖沼水質保全特別措置法3条5項)，未所属地域の編入（自治7条の2第1項）等がある。

閣議決定に基づくもの

行政改革会議最終報告は，行政各部に対する内閣の優位性を明確にするため，行政各部の幹部人事について各大臣に任命権を残しつつ，任免を行うに際し内閣の承認を要することとすべきことを提言し，中央省庁等改革基本法13条においては，「国の行政機関の事務次官，局長その他の幹部職員については，任命権者がその任免を行うに際し内閣の承認を要することとするための措置を講ずるものとする」と規定された。そして，「中央省庁等改革の推進に関する方針」（平成11年4月27日中央省庁等改革推進本部決定）Ⅳ6において，「国の行政機関の事務次官，局長その他の幹部職員の任免について，閣議決定により内閣の承認を要するものとする」とされた。これを受けて，2000（平成12）年12月19日に「事務次官，局長その他の幹部職員の任免に際し内閣の承認を得ることについて」が閣議決定され，従前の「各省次官等重要人事の任命発令に際し閣議了解を求めるの件」（1949〔昭和24〕年2月8日閣議決定）が廃止された。閣議了解が内閣の承認に，任命が任免に変更されたことになる（官房長官と3名の官房副長官からなる閣僚人事検討会議を経て閣議にかける運用になっている）。したがって，内閣は，国の行政機関の幹部職員の任免の承認も所掌事務としている。

なお，2014（平成26）年の国家公務員法改正により，幹部職に係る任免を行うに当たっては，あらかじめ内閣総理大臣および内閣官房長官に協議した上で，当該協議に基づいて行うこととされている（国公61条の4第1項）。

7　行政事務の分担管理

意　義　日本国憲法は，法律および政令には，すべて主任の国務大臣が署名し，内閣総理大臣が連署することを必要とすると定めている（憲74条）。すなわち，法律および政令には，特定の所管大臣が存在することが予定されている。法律および政令の執行責任について，主任の国務大臣を第1順位に置き，連署する内閣総理大臣は第2次的立場に置かれているように読める規定である。行政作用法において「主務大臣」と表されているのは，当該法律・政令の所管大臣を意味している。そして，内閣法は，各大臣は，別に法律の定めるところにより，主任の大臣として，行政事務を分担管理[22]するとしている（内3条1項）。すなわち，日本国憲法74条にいう「主任の国務大臣」を内閣法3条1項では，「主任の大臣」と称しているのである。この「主任の大臣」は，内閣府については内閣総理大臣であり（内閣府6条2項），各省については各省大臣である（行組5条1項）。このように，国の行政事務は，内閣府と各省に配分され，その長としての国務大臣が行政事務を分担管理する仕組みがとられているのである（主任の大臣には，行政作用法上，一般に行政官庁としての権限が付与されている）。

内閣の所掌事務についての狭義説

以上のような仕組みに加えて，日本国憲法上，最高行政機関は内閣総理大臣ではなく内閣とされている（憲65条）。そのため，内閣の首長としての内閣総理大臣は，閣議にかけて決定した方針に基づいてのみ行政各部を指揮監督することができるという規定（内6条）が置かれたという理解が生まれる[23]。すなわち，（狭義の）内閣が行うことができる事務は，日本国憲法73条各号に列挙された事務以外は，行政各部が分担管理する行政事務の執行の統轄権に限定されるという見解である。日本国憲法73条にいう「一般行政事務」について，行政各部の担当する事務と異質の「行政事務の全体的要務」を意味すると解する説もある[24]。内閣の所掌事務をこのように限定的に理解する立場を狭義説ということがある。狭義説の中には，行政事務を分担管理する機能も持つ内閣府が内閣に置かれたことは違憲とする主張すらみられる[25]。

府省横断的な不服申立審理機関

この分担管理を硬い原則としてとらえると，主任の大臣の行った処分を取り消したり変更したりする権限を有する府省横断的な不服申立審理機関を設置することは，分担管理原則に抵触することになる。かかる考え方が行政実務の世界では根強い。そのため，地方分権改革において，総務省に置かれた国地方係争処理委員会を裁決機関とはせずに勧告権限を付与するにとどめている。内閣府に置かれている情報公開・個人情報保護審査会も裁決機関ではなく諮問機関として位置づけられている。ただし，人事院は，各大臣等が職員に対して行った不利益処分に対する審査請求の裁決で各大臣等が行った不利益処分を取り消したり，修正したりすることができる（国公92条）。もっとも，人事院は広義の内閣に属するとみれば，上級機関として裁決権限を行使しているともいえるので，分担管理原則と抵触しないと説明することもできないわけではない。

他方，総務省に置かれた公害等調整委員会の場合，処分庁および裁定

22） 分担管理について，中川丈久「『分担管理原則』と公文書管理」総合研究開発機構＝高橋滋編・政策提言——公文書管理の法整備に向けて（商事法務，2007年）229頁以下，松戸浩「制定法に於ける事務配分単位の変容とその意義(1)——所謂『分担管理原則』の影響」広島法学31巻1号116頁以下，櫻井敬子「行政組織編成のあり方について」自治実務セミナー49巻5号11頁参照。

23） 内閣法6条の解釈・運用については，小高章「内閣総理大臣の権限——内閣法第6条の解釈及び運用」自治研究72巻8号78頁以下参照。

24） 森田・内閣府21頁参照。

25） 森田・行政改革15頁参照。

に関係のある行政庁を拘束する裁定を行う権限を付与されており（土地利用調整44条1項），分担管理原則があるから，行政各部において府省横断的な裁決機関を設置できないという原則が貫徹されているわけではない。また，かかる府省横断的な不服申立審理機関を裁決機関として位置づけた場合，主務大臣に裁決に対する出訴を認めることも考えられる[26]。

Column　インカメラ審理

内閣府に置かれる公文書管理委員会は，諮問庁から独立した第三者機関であり，的確な判断を行うことが期待されている。そのため，公文書管理委員会に諸種の調査権限が付与されている。とりわけ重要な権限が，諮問庁に対し，利用請求の対象になった特定歴史公文書等の提示を求め，実際に，特定歴史公文書等を見分して審理をする権限である。これが，いわゆるインカメラ審理の権限である。公文書管理委員会がインカメラ審理を行うことは，利用拒否処分の理由とされている情報が実際に当該特定歴史公文書等に記録されているのか，利用請求に対する判断が違法または不当でないか，部分利用決定が適切に行われているか等を的確かつ迅速に判断するために，非常に有効である。そして，インカメラ審理の実効性を担保するため，諮問庁は，公文書管理委員会から特定歴史公文書等の提示を求められた場合，これを拒むことができないとされている。

公文書管理委員会は内閣府に置かれるが，外務省外交資料館が国立公文書館等となった場合には，外務大臣も公文書管理委員会のインカメラ審理の要求に従わなければならないことになる。情報公開・個人情報保護審査会のインカメラ審理の要求に行政機関の長が従う義務を負うという先例があるが（情報審9条1項），情報公開・個人情報保護審査会の委員の場合は国会同意人事であるのに対し（同法4条1項），公文書管理委員会の委員の場合は国会同意人事でない（公文書管理28条3項参照）。国会同意人事に服さない諮問機関の要求に他の行政機関に設置された国立公文書館等の長が従う義務が明記されたことは，分担管理原則を厳格に解さない立法の一例として注目される。

内閣の所掌事務についての広義説　かかる分担管理は，いわゆる縦割行政の弊害を生じさせているという指摘がかねてよりなされている。そのこともあり，分担管理原則を一切の例外を許さない硬い原則ととらえるべきではないという見解も学界では有力である。すなわち，日本国憲法には，上記のような厳格な分担管理原則が明示されているわけではなく，73条では，列記された事項のほか，「一般行政事務」を所掌するとされていること，分担管理原則を明示しているのは内閣法3条1項であり，立法政策として定められたにすぎないと解すれば，

26）　塩野・行政法Ⅲ66頁参照。

個別法で例外を設けることは憲法上可能とみる余地があること，また，日本国憲法74条は，内閣の構成員としての国務大臣が，法律・政令の執行につき責任を持つことを明らかにするために主任の国務大臣による署名を義務づけているにとどまり，行政各部のあり方について憲法はなんら定めていないから，国務大臣が各省大臣になるという国務大臣行政長官同一人制が含意されているとは必ずしもいえず，内閣法3条1項についても，内閣を構成する各大臣が，行政事務を分担管理することについて定めているにすぎず，省の存在およびその長に国務大臣が充てられることは国家行政組織法5条で明らかにされているにとどまることが指摘されている[27]。そして，内閣法3条1項が定める分担管理原則についても，単に同一の行政事務について複数の大臣が管轄することはできないという分業の原則を示したにすぎないという見方もある[28]。行政改革会議は，分担管理原則を柔軟に理解し，内閣に置かれた内閣府に内閣補助事務にとどまらず，行政各部による分担管理の対象となる行政事務も行わせるものとしている（内閣府3条2項・4条3項。⇒第1編第8章*1*(2)）。このように内閣の所掌事務を広く解する立場を広義説ということがある。

なお，分担管理原則が，同一の行政事務を複数の大臣が所管することは許されないという原則であるとすると，同一の省（たとえば厚生労働省）に複数（たとえば2名）の大臣が置かれても，1名は厚生行政担当，他の1名は労働行政担当というように，大臣間の役割分担が明確であれば，許容されることになろう。また，1人の大臣が複数の省の主任の大臣となることも，分担管理原則に反しないと思われる。実際，第1次安倍晋三内閣において，若林正俊環境大臣が農林水産大臣の臨時代理を務めた例がある。

8 閣　議

種　類　「内閣がその職権を行うのは，閣議によるものとする」（内4条1項）。閣議には，毎週所定の日に開かれる定例閣議と必要に応じて開かれる臨時閣議があり，閣議室に集合して開催される。しかし，軽微な案件，迅速な

27)　藤田・行政組織法125頁参照。
28)　行政組織研究会「中央省庁等改革関連法律の理論的検討(1)」自治研究76巻9号14頁参照。

処理を要する案件，閣僚間の意見調整が済んでいる案件の場合には，内閣参事官が閣議書を持ち回って国務大臣の署名を集めて議決する持回り閣議の方式が採られることがある。

閣議決定と閣議了解　内閣として意思決定すべき事項について議決するものが閣議決定，本来は主務大臣の所管事項であるが，重要な案件のため閣議に付され内閣として同意の意思決定をするものが閣議了解である。これは法律に基づく区別ではなく，実務上の区別である。

議決方式　内閣は合議体であるから，閣議という会議により意思決定を行うが，閣議の議決方式については，憲法にも内閣法にも明文の規定は存在しない。従前の通説は，内閣が国会に対して連帯責任を負うことから，全会一致制でなければならないと解し，実務上も全会一致が慣行となっている。しかし，国会に対する連帯責任から当然に閣議の全会一致制が帰結されるとすることには疑問が提起されている[29]。そして，閣議の議決方式について憲法にも内閣法にも規定がないのは，これを内閣の判断に委ねる趣旨であり，多数決制の採用も可能であるとする説もある。この立場による場合，多数決で議決しても，ひとたび議決された事項についての執行面では，閣内不統一が生じないよう，一致して行動し，当該決定を理由とする不信任決議がなされれば衆議院を解散するか総辞職すれば，国会に対する連帯責任の趣旨に反しないと解することになる。日本国憲法制定過程や憲法の運用，改正の要否について検討した内閣憲法調査会では，閣議の決定は必ずしも全員一致である必要はなく，閣議で定足数を定め，多数決制をとることも立法論的に可能ではないかという意見が出されていた。また，法制局『内閣法想定問答』においても，内閣が全員一致で閣議の運用を多数決ないし一部の反対のあるときは内閣総理大臣の定めるところによる等の決定をすることはもちろん差し支えないとされていた。

行政改革会議最終報告も，閣議の議決方法については，本来，内閣自らが定めるものであり，この場合，必要とあれば，合意形成のプロセスとして多数決の採用も考慮すべきであるとする。行政改革会議がこのような解釈を打ち出した背景には，閣議の全会一致制がもたらしている弊害の認識がある。すなわち，法律案・政令案の決定や予算の作成のみならず，行政各部に対する内閣総理大臣の指

29)　大石眞「内閣制度の展開」同・憲法秩序200頁参照。

揮監督も，主任の大臣の間における権限についての疑義の裁定も，閣議にかけて行われるので，全会一致制をとると，各国務大臣がいわば拒否権を持つことになり，通常，各省大臣は当該省の利益を代弁するので，各省のセクショナリズムを助長する傾向があるという認識が基礎になっているのである。現在は，閣議における全会一致制を前提としているため，実際には，事前に府省間で調整が行われ，合意が成立したものが閣議にかけられる運用になっており，閣議の形骸化を招いていることも，しばしば指摘されている。

しかしながら，行政改革会議最終報告を受けて，内閣法に，閣議の議決方法は内閣の定めるところによるとする明文の規定を設けることはされなかった。中央省庁等改革基本法14条は，内閣機能の強化のための内閣の運営の改善について規定しているので，閣議の議決方法が内閣の裁量に委ねられているという解釈を前提とすれば，多数決制の導入は運用の改善の問題であり，中央省庁等改革基本法14条は，閣議の多数決制の導入も念頭に置いて運用の改善を求めたと解することも不可能ではないと思われる。しかし，全会一致制が憲法上の要請であるとする少なからぬ憲法学説を踏まえ，違憲の疑いのある立法には踏み切れなかったともみることができる。

学説の中には，内閣法6条（行政各部の指揮監督）・7条（権限疑義の裁定）の閣議については，内閣総理大臣単独の権限について，内閣総理大臣の独断を避け，他の国務大臣の意見を聴くために行われるものであり，性質上全員一致を要しないと解するものもある[30]。また，内閣自身による統一的な内閣運営規則の成文化を考え，その際，閣議の官僚レベルでの事前調整機関を内閣法でどこまで規律すべきかを検討すべきという指摘もなされている[31]。

閣議，閣僚懇談会および閣僚会議については議事録も議事概要も作成されていなかったが，これらの会議の議事録等の作成および一定期間経過後の公開制度について検討を行うため，2012（平成24）年7月に，閣議議事録等作成・公開制度検討チームが設置された。同チームは，同年10月，閣議，閣僚懇談会の議事録の作成を義務づけ，原則として30年経過後に国立公文書館に移管することを義務づける報告書をまとめている。第185回臨時国会には，この報告書の内容を

30）　清宮四郎・憲法I〔新版〕（有斐閣，1971年）323頁以下参照。
31）　稲葉馨「内閣・国家行政組織制度――日本国憲法50年の回顧と展望」公法研究59号166頁参照。

実現すること等を目的とする「公文書等の管理に関する法律の一部を改正する法律案」が議員提出として国会に提出されたが，2014（平成26）年3月28日，「閣議等の議事の記録の作成及び公表について」が閣議決定され，同年4月1日以降に開催する閣議等から，議事の記録を作成し，概ね3週間後に首相官邸のウェブサイトに掲載することにより公表することとされた。

Column　事務次官等会議・各府省連絡会議・次官連絡会議

内閣官房長官が主宰し，内閣官房副長官（事務担当），府省の事務次官のほか，内閣法制次長，警察庁・金融庁・消費者庁の長官を構成員とする「事務次官等会議」は，閣議の前日に開催され，閣議提出案件を事前に調整していた。実際上は，内閣官房長官は原則として出席せず，内閣官房副長官（事務担当）が取り仕切っていたため，官僚主導の象徴という見方もあり，政治主導を標榜する民主党は，「政権構想Manifesto2009」において，「閣僚委員会」の活用により，閣僚を先頭に政治家自ら困難な課題を調整するとして，事務次官等会議廃止を宣言し，鳩山由紀夫内閣は，2009（平成21）年9月，事務次官等会議を廃止した。内閣制度発足以来，名称，構成員，役割は変化しながらも連綿と続いてきた事務次官等による閣議前の調整連絡会議は，こうして，いったんその歴史を閉じることとなった。しかし，2011（平成23）年3月11日に発生した東日本大震災への対応のため，菅直人内閣の下で，同月22日に府省の事務次官で構成される「被災者生活支援各府省連絡会議」が発足し，事務次官等会議が実質的に復活したため，政治主導路線が軌道修正を余儀なくされたという評価もみられた。その後，野田佳彦内閣は，東日本大震災への対応に所掌事務を限定されない「各府省連絡会議」を定例化することとなり，官僚排除による政治主導路線の軌道修正は，より鮮明になった。もっとも，「各府省連絡会議」には，内閣官房長官，内閣官房副長官（政務担当）も恒常的に出席する方針が採られており，その点では，「事務次官等会議」とは異なる。2012（平成24）年12月，自公政権が復活すると，各府省連絡会議に代わり，次官連絡会議が開催されるようになった。次官連絡会議は，各府省の事務次官が出席するものであるが，閣議で決定した政策の基本方針に沿って各府省が連携して施策を進めていくための情報共有，重要課題の具体策の検討を目的とするもので，閣議案件の事前調整を行うものではないので，かつての事務次官会議とは性格を異にする。

第6章 内閣補助部局(1)——内閣府以外

Point

1) 内閣官房，内閣法制局，国家安全保障会議，復興庁，内閣府，法律で設置される各種本部についての主任の大臣は内閣総理大臣とされている。
2) 内閣官房は，内閣の首長たる内閣総理大臣の活動を直接補佐・支援する企画・調整機関とし，総合戦略機能を担う。
3) 内閣法制局の主要な所掌事務は，閣議に付される法律案，政令案および条約案を審査し，これに意見を付し，および所要の修正を加えて，内閣に上申すること（審査事務），法律問題に関し内閣ならびに内閣総理大臣および各省大臣に対し意見を述べること（意見事務）である。
4) 復興庁は，東日本大震災からの復興に関する内閣の事務を内閣官房とともに助けること等を任務とする。
5) 人事院は，3人の人事官からなる行政委員会であるが，人事行政の政治的中立性を確保するため，内閣府設置法や国家行政組織法の適用を受けず，自ら，その内部機構を管理する。
6) 人事院は内閣の所轄の下に置かれ，職権行使の独立性を保障され，人事官については，強い身分保障が与えられている。
7) 人事院は，一般職の国家公務員の給与その他の勤務条件の改善および人事行政の改善に関する勧告，採用試験および任免，給与，研修，分限，懲戒，苦情の処理，職務に係る倫理の保持その他職員に関する人事行政の公正の確保および国家公務員の利益の保護等に関する事務をつかさどる。
8) 人事院は，一般職の職員についての中央人事行政機関としての性格を持つ。

1 内閣補佐機能の強化

内閣法は，内閣（＝狭義の内閣）に，内閣官房のほか，別に法律で定めるところにより，必要な機関を置き，内閣の事務を助けしめることができるとしている(内12条4項)。以下，内閣補助部局の中央省庁等改革前の内閣補佐機能強化の経緯について説明することとする。

行政改革会議以前の内閣補佐機能の強化

第1次臨時行政調査会（1961〔昭和36〕～64〔昭和39〕年）は，内閣府の設置，内閣補佐官の設置等を提言したが実現しなかった。第2次臨時行政調査会（1981〔昭和56〕～83〔昭和58〕年）は，総合調整機能強化のために総理府外局として総務庁を設置し，人事管理，組織定員管理，行政監察の機能を持たせることを提言し，これは1984（昭和59）年に実現している。第1次臨時行政改革推進審議会（1983〔昭和58〕～86〔昭和61〕年）の答申は，1986（昭和61）年，安全保障会議の設置，内閣官房組織令の改正による内閣審議室の内閣内政審議室，内閣外政審議室および内閣安全保障室への再編成として実現した[1]。第3次臨時行政改革推進審議会（1990〔平成2〕～93〔平成5〕年）の答申は，1996（平成8）年，内閣総理大臣補佐官を3人以内設置することを可能とする内閣法改正として実現している。

行政改革会議の官邸機能強化策

橋本龍太郎内閣総理大臣が会長を務めた行政改革会議は，総理自ら官邸機能の強化を課題として設定した。1997（平成9）年12月3日の行政改革会議最終報告は，行政各部中心の行政（体制）観と行政事務の各省庁による分担管理原則は，従来は時代に適合的であったものの，国家目標が複雑化し，時々刻々変化する内外環境に即応して賢明な価値選択・政策展開を行っていく上で，その限界ないし機能障害を露呈しつつあると述べている。そして，いまや，国政全体を見渡した総合的，戦略的な政策判断と機動的な意思決定をなし得る行政システムが求められており，これを実現するためには，内閣が，日本国憲法上国務を総理するという高度の統治・政治作用，すなわち，行政各部からの情報を考慮した上での国家の総合的・戦略的方向付けを行うべき地位にあることを重く受け止め，内閣機能の強化を図る必要があることを指摘している。

内閣機能強化の骨格については，「内閣が『国務を総理する』任務を十全に発揮し，現代国家の要請する機能を果たすためには，内閣の『首長』である内閣総理大臣がその指導性を十分に発揮できるような仕組みを整えることが必要である」とし，そのため，まず，合議体としての内閣が，実質的な政策論議を行い，トップダウン的な政策の形成・遂行の担い手となり，新たな省間調整システムの要として機能できるよう，内閣の機能強化が必要であると述べている。さらに，内閣が内閣総理大臣の政治の基本方針を共有して国政に当たる存在であることを明らかにするため，内閣総理大臣の指導性をその権能の面でも明確にする必要が

1)　この改正については，芝池義一「内閣」論叢124巻3＝4号107頁以下参照。

あるとする。また，以上の強化方策を実効あらしめるため，内閣および内閣総理大臣の補佐・支援体制について，内閣なかんずく内閣総理大臣の主導による国政運営が実現できるようにするとの観点から，抜本的改革を加え，その強化を図る必要があると述べている。これを受けて，中央省庁等改革基本法は，「内閣が日本国憲法の定める国務を総理する任務を十全に果たすことができるようにするため，内閣の機能を強化し，内閣総理大臣の国政運営上の指導性をより明確なものとし，並びに内閣及び内閣総理大臣を補佐し，支援する体制を整備すること」(4条1号）を中央省庁等改革の基本方針として掲げている[2)]。この方針にのっとって内閣法が改正，内閣府設置法が制定され内閣補佐機能の強化がなされた。

2　内閣補助部局の長

内閣補助部局である内閣官房，内閣法制局，国家安全保障会議，復興庁について，内閣総理大臣は，主任の大臣と位置づけられている（内26条1項，内閣法制局設置法7条，国家安全保障会議設置法13条，復興庁6条2項)。また，法律で設置される各種本部についても，主任の大臣は内閣総理大臣とされている（知財基32条等)。また，内閣総理大臣は，内閣府の長として，内閣府の主任の大臣となる(内閣府6条)。このように内閣補助部局についても主任の大臣として内閣総理大臣を位置づけているのは，日本国憲法74条は，内閣が直接行うものを除き，すべての国の行政事務に主任の大臣が置かれることを想定しているという理解に基づくものと思われる[3)]。しかし，内閣の所掌事務のすべてが分担管理の対象になるものではなく，日本国憲法73条に列記された事務以外の行政事務のうち何を分担管理の対象とするかは，立法政策に委ねられているという説もあることは，前述したとおりである。この説による場合，内閣補助部局の事務を分担管理の対象となる行政事務ではないと分類することも可能と思われる。内閣補助部局の事務が内閣法3条1項の意味における分担管理の対象たる事務でないとすると，同条の意味における「主任の大臣」を置く必要はないことになろう。しかし，実際には，これらの内閣補助部局についても主任の大臣が定められている。このこ

2）　中央省庁等改革による内閣機能強化の実態と課題については，久保田正志「内閣機能強化の理念と実態」立法と調査227号11頁以下参照。

3）　林修三「内閣の組織と運営」行政法講座(4) 37頁参照。

とは，内閣法7条の主任の大臣間の権限疑義の場合にのみ意味を持つ規定と解することも不可能ではない[4)]。

3 内閣官房

(1) 所掌事務

1885（明治18）年に内閣が設置された際，内閣補助部局として内閣書記官室が置かれた。これが内閣官房の前身である。1924（大正13）年には内閣所属部局及職員官制により，内閣官房が設置された。1947（昭和22）年，新たに総理庁が設置され，閣議事項の整理その他内閣の庶務を除く内閣官房の事務は，総理庁が所掌することとされたが，1949（昭和24）年，総理庁が廃止されて総理府になり，総理府大臣官房が内閣官房の事務をすべて所掌することになった。しかし，1957（昭和32）年，総理府大臣官房で行ってきた内閣官房の事務を内閣官房に専任の職員を置いて行わせることになり，内閣官房の事務と総理府の事務が分離された。中央省庁等改革前の内閣官房の事務は，閣議事項の整理その他内閣の庶務（内閣参事官担当），閣議に係る重要事項に関する総合調整その他行政各部の施策に関するその統一保持上必要な総合調整（内閣審議官担当），内閣の重要政策に関する情報の収集調査（内閣調査官担当）であった。

行政改革会議最終報告は，内閣官房について，内閣の首長たる内閣総理大臣の活動を直接補佐・支援する企画・調整機関として総合戦略機能を担うこととし，内閣官房の基本的な機能は，内閣の補助機関としての機能のほか，(i)国政の基本方針（内閣としての総合戦略）の企画立案，(ii)新たな省間調整システムにおける最高・最終の調整，(iii)情報，(iv)危機管理，(v)広報とするとしている。また，人事面に関する中枢的な機能を担うとしている。そして，国政の基本方針に係る企画立案機能は，内閣官房の任務として法律上明記すべきであり，このため，内閣官房の事務に関する内閣法12条2項に関し，企画立案を含めるよう改正することを提言している。もっとも，従前から内閣法に明記されていた内閣官房による総合

4)　行政組織研究会「中央省庁等改革関連法律の理論的検討(1)」自治研究76巻9号16頁参照。

調整は企画立案を含むと解されており，中央省庁等改革基本法案のように，内閣官房が企画立案した法案も存在するので，行政改革会議の提言は，内閣官房が企画立案機能を有することを明確化したものであり，中央省庁等改革基本法8条3項は，「内閣官房の任務に，国政に関する基本方針の企画立案を行うことが含まれることを法制上明らかにするものとする」と規定して，その趣旨を明確にしている。内閣官房は，内閣の統轄機能全般を補佐し，その企画立案・総合調整機能は，特定事項に限定されず，行政各部の施策のすべてにわたる。内閣官房は分担管理事務は所掌しない。

行政改革会議最終報告を受けて改正された内閣法12条2項は，内閣官房は，閣議事項の整理その他内閣の庶務（1号），内閣の重要政策に関する基本的な方針に関する企画および立案ならびに総合調整に関する事務（2号），閣議に係る重要事項に関する企画および立案ならびに総合調整に関する事務（3号），行政各部の施策の統一を図るために必要となる企画および立案ならびに総合調整に関する事務（4号），内閣法12条2項2号～4号に掲げるもののほか，行政各部の施策に関するその統一保持上必要な企画および立案ならびに総合調整に関する事務（5号），内閣の重要政策に関する情報の収集調査に関する事務（6号）をつかさどるほか，政令の定めるところにより，内閣の事務を助けるとしている（内12条3項)。2号・4号の部分が新設であり，3号・5号の部分について企画および立案が追加されている。2号の新設は，内閣総理大臣の基本方針発議権が明確化されたことを受けて，これを補佐する体制の強化として位置づけられる。また，4号の新設は，5号が行政各部から持ち込まれる案件の受動的総合調整であるのに対し，能動的な総合調整を規定するためのものである[5)]。

2008（平成20）年に成立した国家公務員制度改革基本法5条4項は，職員の育成および活用を府省横断的に行うとともに，幹部職員等について，適切な人事管理を徹底するため，①幹部職員等にかかる各府省ごとの定数の設定および改定，②幹部候補育成過程に関する統一的な基準の作成および運用の管理，③管理職員に求められる政策の企画立案および業務の管理にかかる能力の育成を目的とした研修のうち政府全体を通ずるものの企画立案および実施，④幹部候補育成課程対象者の府省横断的な配置換えにかかる調整，⑤管理職員を任用する場合の選考に

5） 行政組織研究会・前掲注4）23頁参照。

関する統一的な基準の作成および運用の管理，⑥管理職員の府省横断的な配置換えにかかる調整，⑦幹部職員等以外の職員の府省横断的な配置に関する指針の作成，⑧幹部職員としての適格性の審査および候補者名簿の作成，⑨幹部職員等および幹部候補育成課程対象者の人事に関する情報の管理，⑩公募に付する幹部職員等の職の数についての目標の設定等を通じた公募による任用の推進，⑪官民の人材の交流の推進に関する事務を内閣官房において一元的に行うこととするための措置を講ずるものとしている。

Column　内閣官房報償費

内閣官房報償費は，内閣官房の所掌事務を円滑かつ効果的に遂行するために，当面の任務と状況に応じて機動的に使用することを目的とした経費として，毎年度国会で予算措置が講じられているものである。内閣官房報償費の目的および支出方法等について定める法令は存在しない。内閣官房報償費の取扱いに関して，その管理執行体制等を明確化することにより，内閣官房報償費の持つ性格に留意しつつその透明性をできる限り向上させ，厳正かつ効果的な執行を確保することを目的として，2002（平成14）年4月1日，「内閣官房報償費の取扱いに関する基本方針」（以下「基本方針」という）が内閣官房長官により定められた。基本方針によれば，内閣官房報償費の取扱責任者である内閣官房長官は，毎年度（内閣官房長官が異動する場合にあっては，異動の都度），内閣官房報償費の目的類型を明らかにした上で，その執行にあたっての基本的な方針を定め，これに基づき自己の責任と判断により内閣官房報償費の執行にあたるものとし，内閣官房報償費の支払に関する関係書類の記録，管理および内部確認等を行うため別途取扱要領を定めることとされている。

この点に関する判例として，最判平成30・1・19判時2377号4頁がある。本件の原告は，2012（平成24）年12月から2013（平成25）年12月31日まで（本件対象期間）の内閣官房報償費の支出に関する行政文書の開示を，行政機関の保有する情報の公開に関する法律（ただし，平成26年法律第67号による改正前のもの。以下「行政機関情報公開法」という）に基づき請求した。内閣官房内閣総務官は，2014（平成26）年3月24日付けで，原告に対し，本件対象期間についての請求書（ただし，2013〔平成25〕年3月分を除く），支出負担行為即支出決定決議書（ただし，2013〔平成25〕年3月分を除く）および支出計算書（ただし，表紙および該当ページのうち，個人に関する情報や，公にした場合に法人等の正当な利益を害するおそれがある部分を除く）については開示するが，内閣官房長官の支出に係る内閣官房報償費の本件対象期間における支出に関する行政文書（政策推進費受払簿，支払決定書，出納管理簿，報償費支払明細書および領収書等）については行政機関情報公開法5条6号および同条3号の不開示情報が記録されていることを理由として不開示決定を行った（以下「本件決定」という）。なお，開示するとされた請求書と支出負担行為即支出決定決議書について2013（平成25）年3月分が除かれている理由は，該当する支出がなかったため文書が作成されておらず内閣官房内閣総務官が保有していないためである。

原告は，2014（平成26）年9月17日，大阪地方裁判所に対し，本件決定のうち2013（平成25）年1月1日から同年12月31日までの間の内閣官房報償費の支払（支出）に関する行政文書（政策推進費受払簿，支払決定書，出納管理簿，報償費支払明細書および領収書等）を不開示とした部分（本件不開示決定部分）の取消しに係る訴えを提起するとともに，本件不開示決定部分に係る文書についての開示決定の義務付けを求める訴えを提起した。

情報開示請求の対象とされた文書が作成された期間については，2012（平成24）年12月28日，「内閣官房報償費取扱要領」が定められていた。また，同日，基本方針に基づき，2012（平成24）年度の内閣官房報償費の執行にあたっての基本的な方針として，「内閣官房報償費の執行に当たっての基本的な方針」が決定され，内閣官房報償費の執行は，(i)政策推進費（施策の円滑かつ効果的な推進のため，内閣官房長官としての高度な政策的判断により，機動的に使用することが必要な経費），(ii)調査情報対策費（施策の円滑かつ効果的な推進のため，その時々の状況に応じ必要な情報を得るために必要な経費），(iii)活動関係費（上記(i)および(ii)を実施するにあたり，これらの活動が円滑に行われ，所期の目的が達成されるよう，これらを支援するために必要な経費）の3つの目的類型ごとに，それぞれの目的に照らして行うものとする旨が定められた。

最高裁は，報償費支払明細書のうち調査情報対策費および活動関係費の各支払決定に係る記録部分が開示された場合，その支払相手方や具体的使途が直ちに明らかになるものではないが，支払決定日や具体的な支払金額が明らかになることから，当該時期の国内外の政治情勢や政策課題，内閣官房において対応するものと推測される重要な出来事，内閣官房長官の行動等の内容いかんによっては，これらに関する情報との照合や分析等を行うことにより，その支払相手方や具体的使途についても相当程度の確実さをもって特定することが可能になる場合があるものと考えられるので，上記記録部分に記録された情報は，これを公にすることにより，内閣官房において行うわが国の重要政策等に関する事務の適正な遂行に支障を及ぼすおそれがあるものと認められ，さらに，上記情報のうちわが国の外交関係や他国等の利害に関係する事項に関するものについては，これを公にすることにより，国の安全が害され，他国等との信頼関係が損なわれ，または他国等との交渉上不利益を被るおそれがあるとした内閣官房内閣総務官の判断に相当な理由があるものと認められるとして，上記情報は，行政機関情報公開法5条3号または6号所定の不開示情報に該当すると判示している。

これに対し，政策推進費の繰入れは，内閣官房報償費から政策推進費として使用する額を区分する行為にすぎないから，その時期や金額が明らかになっても，その後関係者等に対してされた個々の支払の日付や金額等が直ちに明らかになるものではなく，また，一定期間における政策推進費または内閣官房報償費全体の支払合計額が明らかになっても，その支払が1度にまとめて行われたのか複数回に分けて行われたのか，支払相手方が1名か複数名かなどについては明らかになるものではないことからすると，内閣官房報償費に関する情報の性質を考慮しても，これによって内閣が推進しようとしている政策や施策の具体的内容，その支払相手方や具体的使途等を相当程度の確実さをもって特定することは困難であるというほかないとする。以上のことは，本件対象期間に係る政策推進費受払簿の記載上，政策推進費の繰入れがほぼ毎月2回又は3回の頻度で行われ，次の繰入れがされるまでに残額が0円となるような運用がされている期間があるという事情によっても，左右されるものではないので，上記の文書および各記録部分に記録された情報は，行政機関情報公開法5条3号または6号所定の不開示情報に該当しないとする。

(2) 組　織

内閣官房の組織

内閣官房（組織図は**図6-1**〔128頁〕参照）の主任の大臣は内閣総理大臣であるが，その下に内閣官房の事務を統轄し，所部の職員の服務につき，これを統督する1人の内閣官房長官[6)]（内13条1項・3項），内閣官房長官の職務を助け，命を受けて内閣官房の事務をつかさどり，およびあらかじめ内閣官房長官の定めるところにより内閣官房長官不在の場合その職務を代行する3人の内閣官房副長官（内14条1項・3項），内閣官房長官および内閣官房副長官を助け，命を受けて内閣官房の事務のうち危機管理に関するものを統理する1人の内閣危機管理監（内15条1項・2項），内閣官房長官および閣官房副長官を助け，命を受けて情報通信技術の活用による国民の利便性の向上および行政運営の改善に関するものを統理する1人の内閣情報通信政策監〔政府CIO〕（内16条1項・2項），内閣官房長官および内閣官房副長官を助け，命を受けて国家安全保障局の局務を掌理する1人の国家安全保障局長（内17条4項），国家安全保障局長を助け，局務を整理する2人の国家安全保障局次長（内17条6項・7項），内閣官房長官，内閣官房副長官，内閣危機管理監および内閣情報通信政策監を助け，命を受けて内閣官房の事務を掌理する3人の内閣官房副長官補（内18条1項・2項），内閣官房長官，内閣官房副長官，内閣危機管理監および内閣情報通信政策監を助け，必要な広報に関することを処理するほか，内閣の庶務以外の事務のうち広報に関するものを掌理する1人の内閣広報官（内19条1項・2項），内閣官房長官，内閣官房副長官，内閣危機管理監および内閣情報通信政策監を助け，特定秘密の保護および内閣の重要政策に関する情報の収集調査に関する事務を掌理する1人の内閣情報官（内20条1項・2項），内閣官房長官を助け，命を受けて局務を掌理する1人の内閣人事局長（内21条3項・4項），内閣総理大臣の命を受け，内閣の重要政策のうち特定のものに係る内閣総理大臣の行う

---

6)　内閣官房長官の所掌事務の変遷については，小谷宏三「内閣法逐条解説(下)」警察学論集37巻6号147頁以下参照。

企画および立案について，内閣総理大臣を補佐する5人以内の内閣総理大臣補佐官（内22条1項・2項），内閣総理大臣および各省大臣以外の各国務大臣に附属する秘書官（内23条1項・3項），内閣事務官その他所要の職員（内24条）が置かれる。1966（昭和41）年の内閣法改正により，内閣官房長官は国務大臣をもって充てることとされている（内13条2項）。内閣官房副長官は，政務担当2名，事務担当1名とし，政務担当は衆議院議員，参議院議員各1名，事務担当は旧内務省系の事務次官経験者等から任命する慣行が続いている。内閣官房の職員の任命権は内閣に属するが（国公55条1項），内閣総理大臣に任命権を付与することも考えられるとする指摘もある。内閣官房の職員の約半数は，内閣情報調査室に勤務している。

内閣官房は恒常的事務は行わないため，内閣官房に外局，特別の機関を設置することはできない。内閣官房の定員は，中央省庁等改革による省庁再編前の2000（平成12）年度末定員が377人，2000（平成12）年4月1日時点の併任者が445人（計822人），また，省庁再編直後の2001（平成13）年度末定員が515人，2001（平成13）年4月1日時点の併任者が539人（常勤併任については当時集計しておらず不明）で計1054人であったが，2014（平成26）年度末定員が1024人，2014（平成26）年4月1日時点の併任者が1905人（うち常勤併任が910人）へと大幅に増加している。

Column **内閣人事局**

国家公務員制度改革基本法11条は，「1　内閣官房長官は，政府全体を通ずる国家公務員の人事管理について，国民に説明する責任を負うとともに，第5条第4項に掲げる事務及びこれらに関連する事務を所掌するものとすること」「2　総務省，人事院その他の国の行政機関が国家公務員の人事行政に関して担っている機能について，内閣官房が新たに担う機能を実効的に発揮する観点から必要な範囲で，内閣官房に移管するものとする」とし，この趣旨に沿って，内閣官房の事務を追加するとともに，当該事務を行わせるために内閣官房に内閣人事局を置くものとし，このために必要な法制上の措置について，この法律の施行後1年を目途として講ずるものとすると定めている。国家公務員制度改革基本法は，一部を除き，公布の日（2008年6月13日）から施行されており，そのため，2009年通常国会に，「国家公務員法等の一部を改正する法律案」が提出され，内閣法を改正して，内閣官房に内閣人事局を置き，内閣人事局に内閣人事局長を置くこと，内閣人事局長は，内閣官房長官を助け，内閣人事局の事務を掌理するものとし，内閣総理大臣が内閣官房副長官の中から指名する者をもって充てることとしていた。しかし，同年7月21日の衆議院解散に伴い，同法案は廃案となった。その後，民主党を中心とする連立政権の下で，2010（平成22）年通常国会に提出された「国家公務員法等の一部を改正する法律案」も内閣人事局の設置を定めていたが，同年6月16日に審議未了で廃案となった。2011（平成23）年通常国会に提出された「国家公務員法等の一部を改正する法律案」も内閣人事局の設置を定めていたが，同法案は，2012（平成24）年11月の衆議院解散で廃案となった。自公政権が復活し，2013（平成25）年11月に改めて「国家公務員法等の一部を改正する法律案」が国会に提出され，2014（平成26）年4月11日に成立した。

中央省庁等改革による組織改革

行政改革会議最終報告は，内閣官房は，各省庁からの派遣・出向について，派遣・出向元の固定化や各省の定例的人事への依存を排除すること等を提言している。また，中央省庁等改革基本法は，内閣官房は，基本的に内閣総理大臣により直接選任された者によって運営されるべきものとし，このため，行政組織の内外から人材を機動的に登用することができるよう，必要な措置を講ずるものとすること（省庁改革基9条1項），内閣官房の組織については，その時々の政策課題に応じ，柔軟かつ弾力的な運営が可能な仕組みとすること（同条2項），内閣総理大臣の職務を直接に補佐する体制を整備するため，内閣総理大臣補佐官および内閣総理大臣秘書官の定数のあり方を弾力的なものとするほか，内閣官房の定数管理を柔軟なものとすることができるよう必要な措置を講ずること（同条3項）を定めている。

中央省庁等改革の一環としての内閣法改正により新設されたのが，内閣官房副長官補，内閣広報官および内閣情報官の職であり，内閣総理大臣との直接の信頼関係に基づく任用が行われるべきという点に配慮して特別職とされ，内閣総理大臣の申出により内閣が任免することとされている（内18条3項・19条3項・20条3項）。内閣官房副長官補3名は，それぞれ，内政，外交，事態対処・危機管理を担当している。2015（平成27）年度における内閣官房副長官補室の「本室」の職員は，内政，外交担当の本務者が49人，併任者が202人（うち常勤併任が107人），事態対処・危機管理の本務者が70人，併任者が116人（うち常勤併任が29人）である。内閣総理大臣秘書官の定数は従前は3人以内と法定されていたが，内閣総理大臣の指導性強化の一環として定数は政令で定めることとされた。

内閣官房組織令では，内閣官房に内閣審議官，内閣参事官を置き（同令6条1項・8条1項），内閣審議官は，命を受けて，内閣官房の事務のうち重要事項にかかるものに参画し，およびその事務の一部を総括整理するとされ（同令6条2項），内閣参事官は，命を受けて内閣官房の事務の一部をつかさどることとされている（同令8条2項）。内閣官房では，所掌事務を固定化した課長職は置かれておらず，課長相当職が内閣参事官である。内閣総務官室，内閣広報室または内閣情報調査室に属しない内閣審議官は，内閣官房副長官補を助け，命を受けて，内閣官房副長官補の掌理する事務のうち重要事項にかかるものに参画し，およびその一部を総括整理することとされている（同令7条1項)。この内閣官房副長官補室が内閣法12条2項2号～5号の事務をつかさどり（内閣総務官室が同項1号，内閣情報調査室が同項6号の所掌事務を担う)，内閣官房の日常的な調整事務の中心をなす組織といえる。そのため，内閣審議官も内閣参事官も，内閣官房副長官補の下に置かれている者が多い。内閣官房組織令では，同政令に定めるもののほか，内閣官房の内部組織に関し必要な細目は，内閣総理大臣が定めるとしており（同令12条)，**図6-1**が示すように，内閣官房副長官補の下には，内閣総理大臣決定で情報通信技術（IT）総合戦略室等の通称「分室」(「別室」ともいう）が多数置かれており，その増加傾向が顕著であった（**図6-1**に図示されていないが，「分室」設置前の事実上のチームも存在する)。すなわち，2000（平成12）年には5であった分室は，2017（平成29）年8月8日現在で35と7倍に増加した。

このような内閣官房の事務の肥大化への反省から，民主党を中心とした連立政権の下でも，2012(平成24）年11月2日の閣議決定で内閣官房・内閣府の事務の整理合理化に関する基本方針が決定され，目的を達成した事務は廃止し，関係省庁間で調整が必要な事務は，最も関係が深い省庁に移管すること，新たな業務や新設機関は，一部を除いて一定期間経過後に廃止または見直しをすることとされ，翌月には，この基本方針に基づき，内閣官房・内閣府の組織の見直しが行われた。自公政権の下で，2015（平成27）年通常国会で成立した「内閣の重要政策に関する総合調整等に関する機能の強化のための国家行政組織法等の一部を改正する法律」により，内閣官房で実施していた知的財産戦略，総合海洋政策の事務，内閣官房と内閣府で実施していた地域活性化，道州制特区，宇宙開発戦略の事務を内閣府に移管・一元化することとされた。

4 内閣法制局

沿　革

わが国の法制局は，1875（明治8）年，太政官正院の法制課が改組されて設置された法制局をもって嚆矢とするが，内閣制度の下での法制局は，法制局官制という勅令により，1885（明治18）年12月23日（内閣発足の翌日）に設置されている。法制局長官は，現在の内閣官房長官に当たる内閣書記官長とともに，内閣2長官として，内閣および内閣総理大臣の幕僚の機能を担った。そして，1890（明治23）年より，各省から閣議請議される法律案，勅令案を審査するとともに，自ら起案も行うようになった。しかし，戦後，占領下でGHQと対立することの多かった法制局は，1947（昭和22）年9月16日のマッカーサー指令が，法制局を廃止し

図 6-1　内閣官房の組織

（平成30年10月30日現在。内閣官房ウェブサイトより）

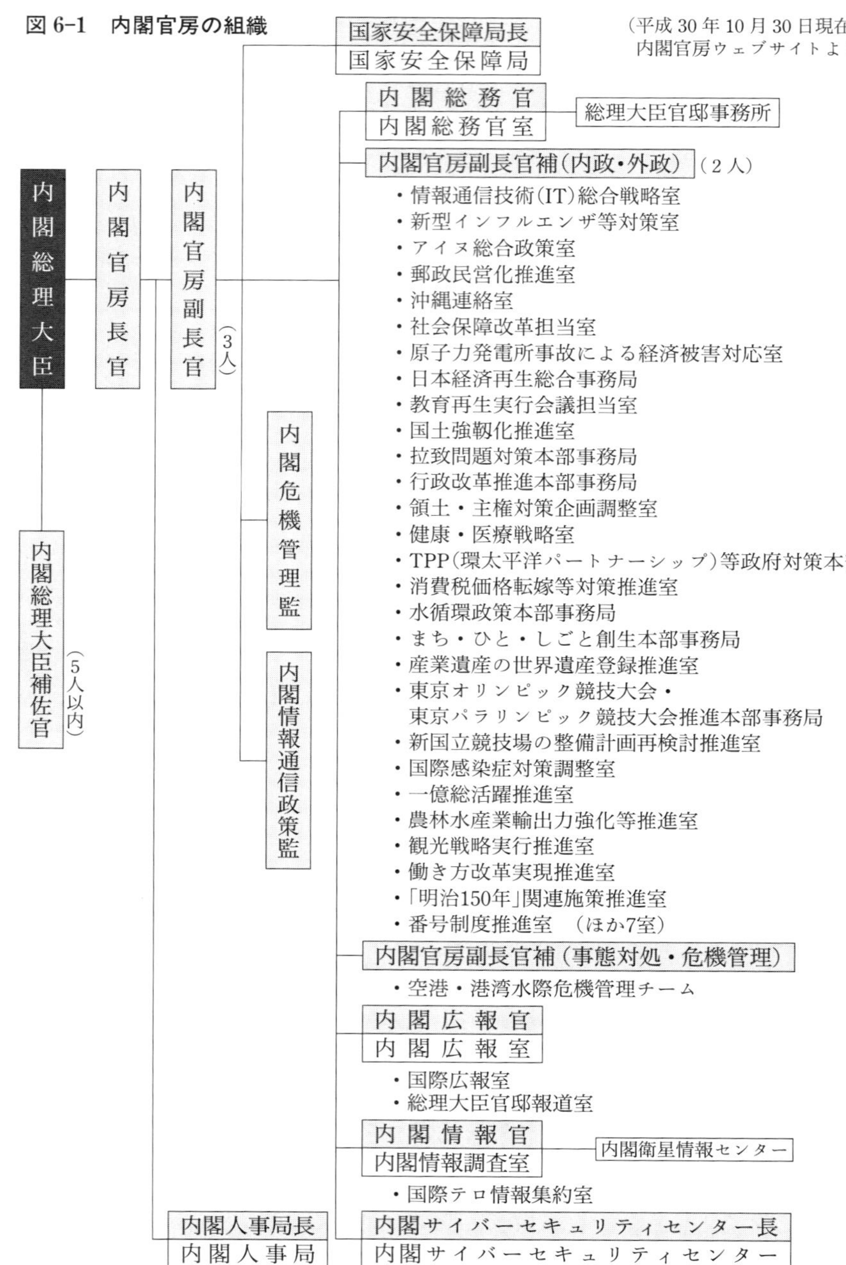

法務総裁を設置する方向を示したことにより廃止され，法制局の所掌事務は，法務総裁（その部局が法務庁）の下での法制長官，法務調査意見長官（後に，この2長官は法制意見長官に統合）に移された[7]。しかし，1952（昭和27）年4月，サンフランシスコ平和条約が発効し，占領体制が終結すると，同年7月には，法制局設置法が制定され，法制局が復活した。そして，1962（昭和37）年に，法制局は内閣法制局と改称された。これは，1948（昭和23）年の議院法制局法に基づき設置された衆議院法制局・参議院法制局との区別を明確にする趣旨である[8]。

(1) 所掌事務

内閣法制局は，閣議に付される法律案，政令案および条約案を審査し，これに意見を付し，および所要の修正を加えて，内閣に上申すること（内閣法制局設置法3条1号），法律案および政令案を立案し，内閣に上申すること（同条2号），法律問題に関し内閣ならびに内閣総理大臣および各省大臣に対し意見を述べること（同条3号），内外および国際法制ならびにその運用に関する調査研究を行うこと（同条4号），その他法制一般に関すること（同条5号）を所掌事務とする。法律にとどまらず憲法の解釈についても，内閣法制局の見解が政府の公定解釈として重みを持っている（組織図は**図6-2**参照）。

(2) 組　織

内閣法制局長官・内閣法制次長

内閣法制局の長は，内閣法制局長官であり，内閣が任命する（内閣法制局設置法2条1項）。内閣法制局長官は，内閣法制局の事務を統括し，部内の職員の任免，進退を行い，かつ，その服務につき，これを統督する（同条2項）。「統括」という用語は，行政機関の長が所掌事務全体を総合的に統べることを意味する場合に用いられることが多い。内閣法制局長官は閣僚級の職であり，閣議に出席する。内閣法制局長官の下に事務次官格の内閣法制次長が置かれ，内閣法制次長は，内閣法制局長官を助け，局務を整理する（同法5条2項）。総務主幹は官房長級の職である。

内部部局

内閣法制局の事務を分掌させるため，内閣法制局に第1部から第4部および長官総務室が置かれている（内閣法制局設置法4条1項）。内閣法制局は，1962（昭和37）年以来，4部体制になり，現在に至っている。第1

7) 法務庁の設置の経緯およびその所掌事務については，佐藤功「最近における行政機構の改革（5・完）――その経過とその諸問題」法時20巻6号39頁以下参照。

8) 内閣法制局の歴史の概観については，佐藤・行政組織法322頁以下参照。

図 6-2　内閣法制局の組織

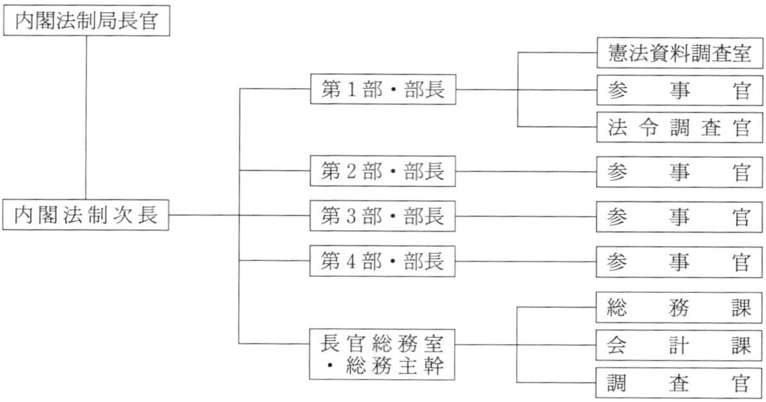

（平成31年2月1日現在。内閣法制局ウェブサイトより）

部においては，内閣法制局設置法3条3号および4号に掲げる事項ならびに同条5号に掲げる事項のうち他の部の所掌に属しないものに関する事務をつかさどる（同法施行令1条）。中心になる事務は，法律問題に関し内閣ならびに内閣総理大臣および各省大臣に対し意見を述べること（意見事務）である。憲法問題，法制全般に関する質問については，内閣法制局が回答するのが一般的である。内閣法制局の回答には，かつては法制意見として公表されるものと口頭意見回答として非公表のものがあったが，現在では，法制意見という形式で公表されるものはなくなっている。なお，国会の委員会において，内閣法制局を指名して質問があれば，内閣法制局長官が口頭で回答するし，質問主意書が提出されれば，法律問題については内閣法制局が審査して答弁書を作成する。

内閣法制局の第1部には，参事官補が若干名置かれている。第2部から第4部は，法律案，政令案および条約案を審査し，これに意見を付し，および所要の修正を加えて，内閣に上申すること（審査事務）を主たる所掌事務とするが，内閣法制局設置法3条5号に掲げる事項のうち，長官から特に命ぜられた事務もつかさどる（同法施行令2条～3条の2）。内閣法制局には各部に5・6名の課長級の参事官が置かれ，参事官は，命を受け，内閣法制局設置法3条各号に掲げる事務をつかさどる（同法5条3項）。審査事務は，1人の担当参事官が審査し，担当部長（局長級），内閣法制次長，内閣法制局長官の決裁を経て，予備審査を終えた後に，各大臣から閣議請議がなされ，内閣法制局長官名で「請議のように閣議決定の上，国会に提出されてよいと認める」という公文書を閣議に上申する[9)10)]。

Column　内閣法制局長官の国会答弁

1999（平成11）年通常国会で成立した「国会審議の活性化及び政治主導の政策決定システムの確立に関する法律」により，政府委員制度は廃止されたが，国会法69条2項は，「内閣は，国会において内閣総理大臣その他の国務大臣を補佐するため，両議院の議長の承認を得て，人事院総裁，内閣法制局長官，公正取引委員会委員長及び公害等調整委員会委員長を政府特別補佐人として議院の会議または委員会に出席させることができる」と定めており，内閣からの独立性の高い機関の長については，従前の政府委員と同様の扱いをした。そして，2009（平成21）年の政権交代まで，内閣法制局長官は，政府特別補佐人として国会で答弁を行ってきた。しかし，政治主導を標榜する民主党を中心とした連立政権は，内閣法制局長官を政府特別補佐人として申請せず，法令解釈についての答弁も官房長官等が担当し，内閣法制局からは，衆議院規則45条の3の政府参考人として出頭を求め説明を聴くにとどめた[11)]。そして，2010（平成22）年通常国会に「国会審議の活性化のための国会法等の一部を改正する法律案」が議員立法として提出され，同法案1条では，政府特別補佐人の対象から内閣法制局長官を削除することとしていた。しかし，この法案は2011（平成23）年5月17日に撤回された。さらに，野田佳彦内閣は，2012（平成24）年通常国会から，内閣法制局長官を政府特別補佐人とする方針を採り，その後，この方針が踏襲されている。

5　国家安全保障会議

意　義

1986（昭和61）年の安全保障会議設置法により，国防会議に代わって設置された安全保障会議は，2013（平成25）年の同法改正により，国家

9)　内閣法制局による審査については，山本庸幸「内閣法制局の審査」大森政輔＝鎌田薫編・立法学講義〔補遺〕（商事法務，2011年）87頁以下参照。

10)　内閣法制局をより戦略的な組織に変容させることが考えられると指摘するものとして，加藤幸嗣「内閣機能の強化」ジュリ1161号105頁参照。内閣法制局についての文献として，西川伸一・立法の中枢：知られざる官庁　新内閣法制局（五月書房，2002年），御厨貴ほか・内閣法制局の基礎研究（平成16年度～平成17年度科学研究費補助金基盤研究B研究成果報告書），大森政輔・20世紀末の霞ヶ関・永田町――法制の軌跡を巡って（日本加除出版，2005年）356頁以下，仲野武志「内閣法制局の印象と公法学の課題」北大法学論集61巻6号183頁以下参照。

11)　長谷部恭男「比較の中の内閣法制局」ジュリ1403号2頁以下，青井未帆「内閣法制局長官の答弁排除の問題性」世界800号33頁以下参照。

安全保障会議と改名された。国家安全保障会議は，わが国の安全保障に関する重要事項を審議する機関として，内閣に置かれている（安保会議1条）。

所掌事務等

国家安全保障会議は，(i)国防の基本方針，(ii)防衛計画の大綱，(iii)防衛計画の大綱に関連する産業等の調整計画の大綱，(iv)武力攻撃事態等（武力攻撃事態および武力攻撃予測事態をいう。以下同じ）または存立危機事態への対処に関する基本的な方針，(v)武力攻撃事態等または存立危機事態への対処に関する重要事項，(vi)重要影響事態への対処に関する重要事項，(vii)国際平和共同対処事態への対処に関する重要事項，(viii)国際連合平和維持活動等に対する協力に関する法律2条1項に規定する国際平和協力業務の実施等に関する重要事項，(ix)自衛隊法6章に規定する自衛隊の活動に関する重要事項，(x)国防に関する重要事項（上記(i)～(ix)に掲げるものを除く），(xi)国家安全保障に関する外交政策および防衛政策の基本方針ならびにこれらの政策に関する重要事項（上記(i)～(x)に掲げるものを除く），(xii)重大緊急事態への対処に関する重要事項，(xiii)その他国家安全保障に関する重要事項について，必要に応じ，内閣総理大臣に対し，意見を述べる（安保会議2条1項）。国家安全保障会議は，武力攻撃事態等，周辺事態および重大緊急事態に関し審議した結果，特に緊急に対処する必要があると認めるときは，迅速かつ適切な対処が必要と認められる措置について内閣総理大臣に建議することができる（同条3項）。内閣総理大臣は，前記(i)～(iv)ならびに(v)～(x)および(xii)の事項（前記(viii)(ix)については，同条2項1号・2号に掲げる部分）のうち内閣総理大臣が必要と認めるものについては，国家安全保障会議に諮らなければならない（同条2項）。

組　織

安全保障会議においては，内閣総理大臣が議長を務め（安保会議4条1項），一般的には，内閣法9条により内閣総理大臣の臨時代理としてあらかじめ指定された国務大臣，総務大臣，外務大臣，財務大臣，経済産業大臣，国土交通大臣，防衛大臣，内閣官房長官，国家公安委員会委員長をもって議員に充てることとされ（安保会議5条1項1号），インナーキャビネットとしての性格を有している[12]。

***Column*　日本版NSC設立の経緯**

1996～97年の在ペルー日本大使公邸占拠事件を教訓に，行政改革会議において，安全保障会議を改組し，アメリカの国家安全保障会議（National Security Council）に範を採った「日本版NSC」の新設が論点として浮上したが，具体的提言には至らなか

12）　国家安全保障会議の比較研究については，松田康博編・NSC国家安全保障会議――危機管理・安保政策統合メカニズムの比較研究（彩流社，2009年），千々和泰明・変わりゆく内閣安全保障機構――日本版NSC成立への道（原書房，2015年）参照。

った。しかし，第一次安倍晋三政権になってから，「日本版NSC」構想の検討が本格化し，「国家安全保障に関する官邸機能強化会議」が2007（平成19）年2月27日に公表した報告書を基礎にして，同年4月6日，「安全保障会議設置法等の一部を改正する法律案」が第166回国会に提出された（第168回国会でも成立せず，廃案)。その概要は，以下のとおりである。

(i)「安全保障会議」を「国家安全保障会議」に，「安全保障会議設置法」を「国家安全保障会議設置法」に名称変更すること。

(ii) 国家安全保障会議の審議事項を，わが国の国家安全保障に関する外交政策および防衛政策の基本方針等の国家安全保障に関する事項に拡充すること。ただし，従前の安全保障会議における必須諮問事項については維持すること。

(iii) 内閣総理大臣，外務大臣，防衛大臣，内閣官房長官の4大臣による審議の仕組みを設けること。ただし，従前の安全保障会議における必須諮問事項については，引き続き，9大臣（内閣総理大臣，総務大臣，外務大臣，財務大臣，経済産業大臣，国土交通大臣，防衛大臣，内閣官房長官，国家公安委員会委員長）により審議すること。内閣総理大臣の判断で，4大臣による審議においては4大臣以外，9大臣による審議においては9大臣以外の閣僚を参加させることを可能とすること。

(iv) 国家安全保障に関する特定の事項について，当該事項に特に関係がある閣僚が専門的に調査審議する「専門会議」制度を設けること。

(v) 関係行政機関の長に資料・情報の提供等を要求することができることとすること。

(vi) 国家安全保障問題担当内閣総理大臣補佐官が国家安全保障会議，専門会議に出席し，議長の許可を得て意見を述べることができるものとすること。

(vii) 国家安全保障会議の事務を処理する事務局を設置し，事務局長その他所要の職員を置くこと。

2010（平成22）年11月30日に公表された民主党外交安全保障調査会の「『防衛計画の大綱』見直しに関する提言」においても，国家安全保障室（仮称）の創設が盛り込まれた。第2次安倍晋三政権下で2013（平成25）年に成立した安全保障会議設置法改正法は，2007（平成19）年に国会に提出されたものと同内容である。

6 復興庁

(1) 任務と所掌事務

東日本大震災復興基本法は，別に法律で定めるところにより，内閣に復興庁を設置するものと定めた（24条1項)。これを受けて，復興庁設置法が2011（平成23）年12月9日に制定された。復興庁には，内閣府設置法，国家行政組織法の規定の適用はなく，復興庁設置法が，内閣府設置法と同様，復興庁の組織基準を示す基準法の性格と復興庁を設置する設置法の性格を併有している。復興庁の設置に伴い，東日本大震災復興基本法に基づき設置されていた東日本大震災復興対策本部は廃止され，同本部の所掌事務を復興庁が引き継いでいる。

復興庁は，東日本大震災からの復興に関する内閣の事務を内閣官房とともに助けること，主体的かつ一体的に行うべき東日本大震災からの復興に関する行政事務の円滑かつ迅速な遂行を図ることを任務とする（復興庁3条)。復興庁の特色の一つとして，内閣府と同様，内閣補助事務と分担管理事務の双方を所掌事務としていることが挙げられる。すなわち，内閣補助事務としては，行政各部の施策の統一を図るため，(i)東日本大震災からの復興のための施策に関する基本的な方針に関する企画および立案ならびに総合調整に関すること，(ii)関係地方公共団体が行う復興事業への国の支援その他関係行政機関が講ずる東日本大震災からの復興のための施策の実施の推進およびこれに関する総合調整に関すること，(iii)上記(i)(ii)に掲げるもののほか，東日本大震災からの復興に関する施策の企画および立案ならびに総合調整に関することを所掌する（復興庁4条1項)。他方，分担管理事務も所掌している（同条2項）[13)]。

(2)　組　　織

東日本大震災からの復興が，内閣総理大臣の強力な指導力の下で迅速に実現される必要があるため，復興庁は内閣に置かれている（復興庁2条)。復興庁の長は内閣総理大臣であり，内閣総理大臣は，復興庁にかかる事項について，内閣法にいう主任の大臣として分担管理事務を行う（復興庁4条)。内閣総理大臣は，復興庁の命令として復興庁令を発することができる（復興庁7条3項)。復興庁には復

13）復興庁の所掌する分担管理事務の一つとして，東日本大震災復興特別区域法4条9項に規定する復興推進計画の認定がある（復興庁4条2項5号)。東日本大震災復興特別区域法の構造と法的問題について，「地域づくり」とそこにおける土地問題等に焦点を当てて論じたものとして，安本典夫「東日本大震災復興特区法の検討課題——復興推進計画・復興整備計画区域制度を中心に」名城法学61巻4号143頁以下参照。また，礒崎初仁「東日本大震災復興特別区域法の意義と課題(上)(下)」自治総研403号1頁以下・405号26頁以下，原田大樹「震災復興の法技術としての復興特区」社会科学研究64巻1号174頁以下，太田匡彦「区域外被災住民とその意思反映可能性を通してみた復興の過程」公益財団日本都市センター編・被災自治体における住民の意思反映（公益財団日本都市センター，2014年）39頁以下，斎藤浩「復興特区の仕組みと運用(1)(2)(3・完)」立命館法学341号20頁以下・342号34頁以下・343号23頁以下も参照。

興大臣が置かれている（復興庁8条1項）。復興大臣は，内閣総理大臣を助け，復興庁の事務を統括し，職員の服務について統督する（同条2項）。復興庁の総合調整機能を発揮するため，復興大臣は，関係行政機関の長に対する勧告権を有し，関係行政機関の長は，当該勧告を十分尊重する義務を負う（同条5項）。復興庁には，内閣総理大臣を議長とし復興大臣を副議長とする閣僚級会議である復興推進会議（復興庁13条・14条），有識者会議である復興推進委員会（復興庁15条・16条）が置かれているほか，地方機関として復興局が岩手，宮城，福島の3県に設置されている（復興庁17条）。復興大臣が指定する副大臣・大臣政務官は，復興大臣の命を受け，特定の復興局の所掌事務にかかる政策の企画および立案ならびに政務に関し，復興大臣を補佐することとされている（復興庁9条5項・10条5項）。このように，復興局という地方機関を副大臣および大臣政務官という政治家が担当する点も，復興庁の組織法的特色の一つであるが，これは，県知事・県議会議長等の地方政治のキーパーソンへの応対，各省の地方支分部局の総合調整の円滑な実施の観点から，副大臣・大臣政務官レベルの者に担当させることが適切と考えられたためである。復興庁には，官房・局・部・課は置かれておらず，統括官（局長級分掌職であり3名置かれている）・審議官・参事官を置き，内閣総理大臣の判断で機動的かつ柔軟に職務を担当させることを可能にしている。

なお，復興庁は東日本大震災からの復興を目的とするものなので，別に法律で定めるところにより，2021（平成33）年3月31日までに廃止することとしている[14)]。

7 本　部

(1) 意　義

複数の省庁にまたがる問題について，本部を設置して総合調整を行うことがある。政府としての統一的な指針，計画を策定し，総合的・一元的行政を推進する

14）復興庁については，鹿渡寛「復興庁設置法について」自治体法務研究28号47頁以下，同「復興庁設置法（平成23年法律第125号）について」人と国土21：37巻6号18頁以下，同「復興庁の概要と取組について」近代消防50巻7号68頁以下，森田和孝「復興庁設置法の解説」ひろば65巻4号4頁以下参照。

上で有効と考えられる場合に本部が置かれてきた。本部は，内閣法12条4項に基づき内閣に置かれる内閣補助部局であり，内閣官房や内閣府とは別個独立の組織である。本部には，法律に基づくものと閣議決定に基づくものがある。後述するように，近年は本部による総合調整が増加している。本部自体の開催頻度は一般に多くないが，本部の事務局が内閣官房や内閣府に置かれ，事務局を通じた総合調整が日常的に行われることが，本部による総合調整を支えているものと思われる。

(2) 法律に基づく本部

種　類

2018（平成30）年8月1日現在，内閣に置かれている本部のうち法律設置のものとしては，高度情報通信ネットワーク社会推進戦略本部（高度情報通信ネットワーク社会形成基本法25条），都市再生本部（都市再生3条），構造改革特別区域推進本部（構造改革特区37条），知的財産戦略本部（知財基24条），地球温暖化対策推進本部（地球温暖化10条），地域再生本部（地域再生24条），郵政民営化推進本部（郵民営10条），中心市街地活性化本部（中心市街66条），道州制特別区域推進本部（道州特区20条），総合海洋政策本部（海洋基29条），宇宙開発戦略本部（宇宙基本法25条），国土強靭化推進本部（強くしなやかな国民生活を実現するための防災・減災等に資する国土強靭化基本法15条），健康・医療戦略推進本部（健康・医療戦略推進法20条），サイバーセキュリティ戦略本部（サイバーセキュリティ基本法24条），社会保障制度改革推進本部（持続可能な社会保障制度の確立を図るための改革の推進に関する法律7条），まち・ひと・しごと創生本部（まち・ひと・しごと創生法11条），水循環政策本部（水循環基本法22条），総合特別区域推進本部（総合特区59条），特定複合観光施設区域整備推進本部（特定複合観光施設区域の整備の推進に関する法律14条），東京オリンピック競技大会・東京パラリンピック競技大会推進本部（平成32年東京オリンピック競技大会・東京パラリンピック競技大会特別措置法2条）がある。

中央省庁等改革による再編前は，法律に基づく本部は，中央省庁等改革推進本部と高度情報通信ネットワーク社会推進戦略本部のみであったことに照らすと，法律に基づく本部の増加が最近の傾向であるといえよう。

命令制定権

法律に基づく本部に命令制定権が付与されることがある。すでに廃止されたが，中央省庁等改革推進本部には，中央省庁等改革関係法および中央省庁等改革関係法施行法の施行前において，これらの法律の施行後の内閣府，総務省，法務省，外務省，財務省，文部科学省，厚生労働省，農林水産省，経済産業省，国土交通省および環境省の組織に関する事項で内閣府令または省令で定めるべきものを，それぞれ中央省庁等改革推進本部令で定めることができるとされたのがその例である（中央省庁等改革関係法施行法1305条1項）。

時限設置の本部と根拠法の関係

法律に基づく本部が時限設置のために存在しなくなっても，当該本部の根拠となった法律は限時法でないため存続していることがある。具体例を挙げよう。行政改革会議最終報告を受けて1998（平成10）年に制定された中央省庁等改革基本法は，同法に基づく中央省庁等改革推進本部が時限設置であったのと異なり，限時法ではなく，恒久法として制定されており，内閣機能の強化，内閣総理大臣の国政運営上の指導性の明確化，国の行政機関の再編成，国の行政組織等の減量・効率化，政策の企画立案機能と実施機能の分離，政策についての協議および調整の活性化および円滑化ならびにその透明性の向上，総合的かつ一体的な行政運営，政策評価機能の強化，行政運営の透明性の向上，説明責務の履行，柔軟かつ弾力的な組織編成等の基本方針等について定めている（省庁改革基4条）。しかし，元来，この法律は，「平成9年12月3日に行われた行政改革会議の最終報告の趣旨にのっとって行われる内閣機能の強化，国の行政機関の再編成並びに国の行政組織並びに事務及び事業の減量，効率化等の改革……について，その基本的な理念及び方針その他の基本となる事項を定める」（省庁改革基1条）ものであり，限時法的性格も濃厚に有しており（省庁改革基5条参照），すでに個別に立法的対応がなされたものが多い。とはいえ，現在も，重要な組織規範であるといえよう[15)]。もっとも，その後の変化[16)]に応じて同法の改正がなされているわけではないので，現状と一致していない点もあることに留意する必要がある。例えば，公正取引委員会が現在は内閣府の外局になっているが（内閣府64条），中央省庁等改革基本法別表3において総務省の外局として位置づけられていたり，郵政事業庁の郵政公社化（省庁改革基33条）についての規定があるものの，すでに郵政民営化法が成立している。法律に基づく行政改革推進本部も2006（平成18）年6月から2011（平成23）年6月までの時限設置であったが（行革推進76条），その根拠法「簡素で効率的な政府を実現するための行政改革の推進に関する法律」は限時法では

15)　同法の限時法的性格の部分と恒久法的性格の部分について，藤田宙靖「『中央省庁等改革基本法』の帰趨」同・基礎理論(下)240頁以下参照。

16)　中央省庁等改革による新体制発足後における行政組織の改変について，三辺夏雄＝荻野徹「中央省庁等改革の経緯(3)～(5・完)」自治研究83巻4号21頁以下・5号21頁以下・6号16頁以下参照。

ない。

組 織 法律に基づく本部の組織の標準的な仕組みは，以下のとおりである。主任の大臣は内閣総理大臣であり（知財基32条等。以下，条文は知的財産戦略本部の場合を例にとる），内閣総理大臣が本部長（知財基27条1項等）となる。本部長は，本部の事務を総括し，所部の職員を指揮監督する（同条2項等）。本部には，副本部長を置き，国務大臣をもって充て（知財基28条1項等），副本部長は，本部長の職務を助ける（同条2項等）。本部員は，本部長および副本部長以外のすべての国務大臣をもって充てられる（知財基29条2項1号等）。ただし，学識経験者が本部員に加わる例もある（同2号等）。本部に独自の事務局が置かれる例もあるが（行革推進75条），通常は，本部に関する事務は，内閣官房において処理し，命を受けて内閣官房副長官補が掌理する（知財基31条等）。かかる本部は，特定の政策課題に関して，推進計画を作成し，ならびにその実施を推進し（知財基25条1号等），重要事項の企画に関する調査審議，その施策の実施の推進ならびに総合調整等を行う（同条2号等）。

(3) 閣議決定に基づく本部

閣議決定による設置

本部の中には，閣議決定に基づくものもある。基本計画の策定や総合調整という本部の活動は，立法実務で一般に採られている侵害留保説によれば，法律の根拠を要しないと解されているし，設置根拠が閣議決定であっても，行政各部はすべて閣議決定に拘束されるので，本部の機能は法律設置の場合と同様に発揮しうることが，その理由といえよう。閣議決定に基づく本部の場合，その庶務は内閣官房または内閣府が処理する（内閣官房が庶務を担当するものとして，行政改革推進本部，消費税の円滑かつ適正な転嫁等に関する対策推進本部，農林水産業・地域の活力創造本部，国際組織犯罪等・国際テロ対策推進本部，日本経済再生本部，拉致問題対策本部，多重債務者対策本部，地域活性化統合本部，鳥インフルエンザ対策本部があり，内閣府が庶務を担当するものとして，地方分権改革推進本部，障がい者制度改革推進本部がある）。

種 類

2015（平成27）年4月1日現在，閣議決定に基づく本部で内閣総理大臣または内閣官房長官を本部長とするものとしては，日本経済再生本部，消費税の円滑かつ適正な転嫁等に関する対策推進本部，農林水産業・地域の活力創造本部，障がい者制度改革推進本部，国際組織犯罪等・国際テロ対策推進本部，拉致問題対策本部がある。

閣議決定に基づく本部の中には，内閣総理大臣または内閣官房長官を本部長としないものもある。内閣府特命担当大臣（金融担当）を本部長（内閣府特命担当大臣〔国民生活担当〕，国家公安委員会委員長，総務大臣，法務大臣，財務大臣，文部科学大臣，厚生労働大臣，経済産業大臣を本部員）とする多重債務者対策本部がそれに当たる。

本部による総合調整の増加

中央省庁等改革による省庁再編前は，閣議決定に基づく本部は，行政改革推進本部，男女共同参画推進本部，銃器対策推進本部，薬物乱用対策推進本部，障害者施策推進本部，食料・農業・農村対策推進本部，人権教育のための国連10周年推進本部の7つであったから，閣議決定に基づく本部についても，増加傾向がみられる。このように，本部による総合調整の増加が，最近の行政組織法制における特色の1つといえよう。なお，「○○本部」という名称が付されていても，国際平和協力本部，原子力災害対策本部（原子力災害対策特別措置法16条），子ども・若者育成支援推進本部（子ども・若者育成支援推進法26条）のように，内閣府の特別の機関である場合もあることに留意する必要がある。

***Column*　内閣に置かれる本部と内閣府に置かれる「○○会議」，「○○本部」**

内閣府に特別の機関として置かれる「○○会議」，「○○本部」は，内閣総理大臣，内閣官房長官，関係大臣，学識経験者等を構成員とするインナーキャビネット的性格を有し，特定の分野における基本計画の作成・推進を行う点で，内閣に置かれる本部と類似する機能を果たしている。内閣に置かれていた本部が廃止され，内閣府の特別の機関となった例としては，閣議決定に基づく青少年育成推進本部が廃止され，子ども・若者育成支援推進法26条に基づき子ども・若者育成支援推進本部が設置されたケースが挙げられる。閣議決定に基づき内閣に置かれていた本部に代替するものとして，閣議決定に基づく「○○会議」が内閣府に置かれる例もあるが（「地法分権改革推進本部→地域主権戦略会議」，「政府調達苦情処理推進本部→政府調達苦情処理推進会議」），この場合の「○○会議」は，法律に基づくものではないので，内閣府の特別の機関（⇒第1編第10章*4*）ではない。海洋政策の推進体制について，海洋基本法研究会報告では，内閣府特命担当大臣（海洋政策）を置き，内閣府に総合海洋政策会議を置くことが構想されていた。しかし，海洋基本法においては，内閣に海洋政策担当大臣と総合海洋政策本部を置くこととなっており，両者の機能が類似しているため，いずれを選択するかについては，立法裁量にゆだねられている。このような内閣府に置かれる特別の機関としてのインナーキャビネット的会議を通じた総合調整の仕組みが議員立法で多用される傾向がみられる。

8　原子力防災会議

法律に基づき内閣に設置されている機関としては，原子力基本法3条の3の規定に基づく原子力防災会議もある。同会議は，(i)原子力災害対策指針に基づく施策の実施の推進その他の原子力事故が発生した場合に備えた政府の総合的な取組みを確保するための施策の実施の推進，(ii)原子力事故が発生した場合において多数の関係者による長期にわたる総合的な取組みが必要となる施策の実施の推進に関する事務をつかさどる（原基3条の4)。同会議の議長は，内閣総理大臣をもって充て（原基3条の5第2項)，副議長は，内閣官房長官，環境大臣，内閣官房長官および環境大臣以外の国務大臣のうちから内閣総理大臣が指名する者ならびに原子力規制委員会委員長をもって充てる（同条3項)。議員は，(i)議長および副議長以外のすべての国務大臣ならびに内閣危機管理監，(ii)内閣官房副長官，環境副大臣もしくは関係府省の副大臣，環境大臣政務官もしくは関係府省の大臣政務官または国務大臣以外の関係行政機関の長のうちから，内閣総理大臣が任命する者をもって充てる（同条4項)。

***Column*　閣僚会議**

国務大臣のみで構成される会議を閣僚会議と呼ぶことがあるが，閣僚会議は内閣に置かれるものに限らない。また，その設置の根拠も，法律または閣議決定に限らず，閣議口頭了解に基づくもの（物価問題に関する関係閣僚会議等)，内閣総理大臣決裁によるもの（電力需給に関する検討会合等）のほか，設置に関する規程のないものもある。

9　社会保障制度改革推進会議

持続可能な社会保障制度の確立を図るための改革の推進に関する法律18条の規定に基づき，内閣に社会保障制度改革推進会議が置かれているが，この会議の委員は，優れた識見を有する者のうちから，内閣総理大臣が任命することとされており（同法21条1項)，非常勤である（同条2項)。持続可能な社会保障制度の確立を図るための改革について，検討，調査審議を行い，その結果に基づき，内閣総理大臣に意見を述べることを所掌事務としている（同法19条)。国務大臣を中心とした本部と異なり，有識者会議としての性格を有する。

10 人 事 院

(1) 組　　織

形式的には内閣の下にあるが，職権行使について内閣から独立性を有する機関，すなわち内閣の所轄の下にある機関が人事院である（組織図は**図 6-3** 参照）。人事院は国家公務員法 3 条 1 項前段の規定に基づき設置されている。すなわち，国家公務員法は，人事院の設置法という組織法的性格と職員の権利・義務等の人事制度について定める作用法的性格を併有している。

Column **「統轄」と「所轄」**

法務省の「日本法令外国語訳データベースシステム」では，「内閣の統轄の下に」は“under the control and jurisdiction of the Cabinet”と訳されている（国家行政組織法 1 条の英訳参照）。他方，国家公務員法 3 条 1 項の「内閣の所轄の下に」は，“under the jurisdiction of the Cabinet”と訳されている。この英訳から，人事院は組織法上は内閣に置かれているが，内閣の指揮監督を受けないことが明確に読み取れる。

日本国憲法 73 条 4 号は，「法律の定める基準に従ひ，官吏に関する事務を掌理すること」を内閣の職務としており，人事院も内閣の所轄の下でこの事務を行っている（国公 3 条 1 項）。その組織および権限については国家公務員法（3 条以下）が定めている。人事院は，アメリカの人事委員会（Civil Service Commission）を参考に 1948（昭和 23）年に設置された行政委員会（⇒第 1 編第 9 章 ***2***）であり，人事院会議が人事院の意思決定機関である。

人事院はいずれも常勤の 3 人の人事官からなり（国公 4 条 1 項），人事官のうち 1 名は内閣により総裁として命じられる（同条 2 項・11 条 1 項）。人事官は，年齢 35 歳以上の者の中から両議院の同意を得て，内閣が任命するが（国公 5 条 1 項），一般の国会同意人事の場合と異なり，同意に当たり国会の議院運営委員会で所信表明と質疑が行われる慣行になっている。人事官は認証官であり，その任免は天皇が認証する（同条 2 項）。給与面でも，人事院総裁は大臣級，他の人事官は大臣政務官級の待遇を受けている。政治的中立性を確保するため，任命の日以前 5 年間において，政党の役員，政治的顧問その他これらと同様な政治的影響力を持

図 6-3　人事院の組織

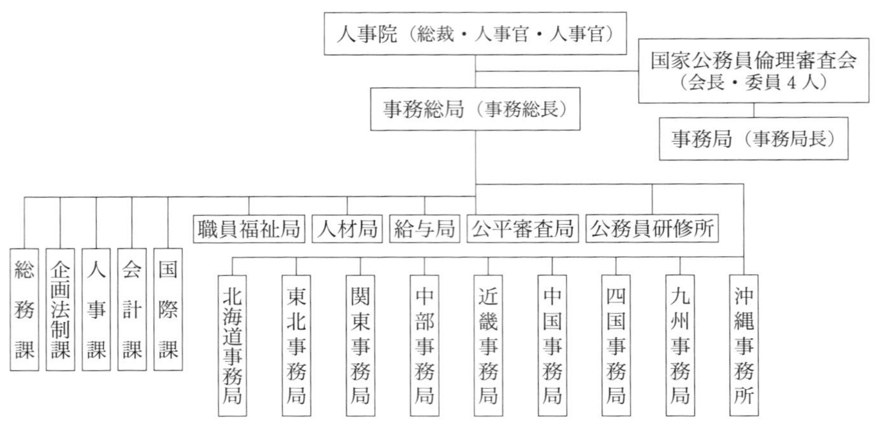

（平成31年2月1日現在。人事院ウェブサイトより）

つ政党員であった者または任命の日以前5年間において，公選による国もしくは都道府県の公職の候補者となった者は，人事院規則の定めるところにより，人事官となることはできない（同条4項）。また，人事官の任免については，その中の2人が同一の政党に属しまたは同一の大学学部を卒業した者となることとなってはならない（同条5項）。中央労働委員会が，使用者委員，労働者委員および公益委員が同数（各15人）になるように組織されているのに対し（労組19条の3第1項），人事院については，このような三者構成をとることは義務づけられていない。2018（平成30）年11月1日現在の人事官は，元高等裁判所長官，元人事院事務総長，元日本経済団体連合会専務理事からなり，元高等裁判所長官が総裁になっている。それ以前は，学界，官界，マスコミの出身者の組み合わせが多かった。人事官がきわめて重要な職として位置づけられていることは，国会同意人事とされていることや認証官とされていることにとどまらず，人事官は，任命後，最高裁判所長官の面前において，宣誓書に署名してからでなければ，その職務を行ってはならないとされていることからもうかがわれる（国公6条1項）。この宣誓の内容については，人事院規則2-0（人事官の宣誓）が定めている。また，人事官であった者は，退職後1年間は，人事院の官職以外の官職（府省の審議会等の委員も含まれる）に任命することができないとされている点も特色といえる

(国公7条3項)。なお，人事官に欠員が生じた後60日以内に人事官の任命をしなかった閣員を1年以下の懲役または50万円以下の罰金に処する罰則（国公109条3号）が置かれていることが注目される。

人事院に置かれる事務局は，事務総局と呼ばれ（国公13条1項)，一般の行政委員会と異なり，局が置かれている。事務総局の長は，事務総長と呼ばれ，事務次官と同等の待遇・給与を受けている。事務総長は，人事院総裁の職務執行の補助者となる（国公14条)。2018（平成30）年3月末現在の予算定員は630人（一般職常勤職員が625人，人事官等特別職常勤職員が5人）である。人事院には，職務に係る倫理の保持に関する事務を所掌させるため，国家公務員倫理審査会が置かれている。国家公務員倫理審査会に関しては，国家公務員法に定めるもののほか，国家公務員倫理法の定めるところによる（国公3条の2)。国家公務員倫理審査会には，独自の事務局が置かれている（国公倫理21条1項)。

⑵ 独立性の保障

1) 組織・定員・政策評価面での独立性

人事院の組織，定員については，予算の制約の範囲内においてであるが，人事院が自ら人事院規則で定めている。一般の行政委員会は，内閣府設置法または国家行政組織法による組織規制を受けているが，人事院は，内閣府設置法や国家行政組織法の規定の適用を受けず，自らその内部機構を管理するのである（国公4条4項)。また，一般の行政委員会と異なり，行政機関の職員の定員に関する法律（総定員法）による定員規制も受けない（定員1条1項)。行政機関が行う政策の評価に関する法律（政策評価法）も，人事院が行った政策評価を総務省が2次評価することは，人事院の独立性に照らし問題であることから適用されない。ただし，人事院は独自に自らの政策の評価を行っている（ただし，行政手続法，行政機関の保有する情報の公開に関する法律，行政機関の保有する個人情報の保護に関する法律，公文書等の管理に関する法律の規定は人事院にも適用される)。

2) 人事官の身分保障

内閣に置かれる内閣官房，内閣法制局，国家安全保障会議，復興庁，各種本部等と，内閣の所轄の下に置かれる人事院とは，内閣補助部局の中でも性格が異なり，後者においては，内閣からの職権行使の独立性が重要である。そのため，人事官については，強い身分保障が与えられている（国公8条・9条)。すなわち，人事官の任期は4年であり（国公7条1項本文。ただし，補欠の人事官は，前任者の残任期間在任する。同項ただし書），再任は可能で，引き続き12年まで在任することができる（同条2項）。任期満了後，後任者が任命されるまで引き続きその職務を行う旨の規定（運輸安全委員会設置法9条3項，番号41条3項等）は，人事官については置かれていない。

人事官には定年制はとられていない。その意に反して罷免されるのは，(i)破産者で復権を得ない者，禁錮以上の刑に処せられた者または国家公務員法4章に規定する罪を犯し刑に処せられた者，懲戒免職の処分を受け当該処分から2年を経過しない者，日本国憲法施行の日以後において日本国憲法またはその下に成立した政府を暴力で破壊することを主張する政党その他の団体を結成し，またはこれに加入した者のいずれかに該当するに至った場合，(ii)国会の訴追に基づき，公開の弾劾手続により罷免を可とすると決定された場合，(iii)任期が満了して再任されず，または人事官として引き続き12年間在任するに至った場合に限られる（国公8条1項）。そして，弾劾事由は，心身の故障のため職務に堪えないこと，職務上の義務に反し，その他人事官たるに適しない非行があることに限定されている（同条2項）。なお，人事官のうち，2人以上が同一の政党に属することとなった場合においては，これらの者のうち1人以外の者は，内閣が両議院の同意を経て，これを罷免するものとされている（同条3項）。人事官の弾劾の裁判は，最高裁判所において行われる（国公9条1項）。2018（平成30）年10月1日現在，人事官の弾劾例はない。

3)　幹部職員の独立性

人事院の内閣からの独立性を確保するために，人事官のみならず，事務総局の幹部職員についても，幹部職員の一元管理に関する規定（適格性審査，幹部候補者名簿，内閣総理大臣および内閣官房長官との協議に基づく任用等）の適用が除外されている（国公61条の8）。

4)　審査権限の独立性

法律により，人事院が処置する権限を与えられている部門においては，人事院の決定および処分は，人事院によってのみ審査される（国公3条3項）。もとより，法律問題につき出訴することは妨げられない（同条4項）。

5)　予算面の独立性

人事院の独立性の保障への特別の配慮は予算面にも現れている。すなわち，人事院は，毎会計年度の開始前に，次の会計年度においてその必要とする経費の要求書を国の予算に計上されるように内閣に提出しなければならないが（国公13条3項），内閣が，人事院の経費の要求書を修正する場合においては，人事院の要求書は，内閣により修正された要求書とともに，これを国会に提出しなければならない（同条4項）。いわゆる二重予算制度がとられているのである。2018（平成30）年11月1日現在，内閣が人事院の経費の要求書を修正した例はない。もっとも，国会，裁判所，会計検査院の場合には，内閣がこれらの機関の歳出見積を減額したときは，これらの機関の送付に係る歳出見積の詳細を歳入歳出予算に付記するとともに，国会が，これらの機関に係る歳出額を修正する場合における必要な財源についても明記しなければならないが（財19条），人事院については，歳出額を修正した場合における必要な財源の明記までは求められていない。

6) 規則制定権限の独立性

人事院は，その所掌事務について，法律を実施するため，または法律の委任に基づいて，人事院規則を発することができる（国公16条1項）。内閣官房令，内閣府令，省令については，「法律若しくは政令を施行するため，又は法律若しくは政令の特別の委任に基づいて」（内26条3項，内閣府7条3項，行組12条1項）制定されることとの対比からうかがえるように，政令を実施するため，または政令の委任に基づき，人事院規則を制定することは想定されていない。すなわち，人事院規則は，政令と同格であり，中央人事行政について政令の守備範囲と人事院規則の守備範囲は重ならないことを前提としていると思われる。人事院規則案は，内閣法制局の審査対象になっていないので（内閣法制局設置法3条），人事院は，内閣法制局の審査を経ずに人事院規則を制定することができる。ただし，行政手続法の規定は適用されるので，採用試験のように国民の権利と直接に関わる事項について人事院規則を制定しようとするときは，意見公募手続を行う必要がある。

7) 国会への意見提出における独立性

(3)で後述するように，人事院が，法令の制定または改廃について，内閣を経由せずに国会に対しても直接に意見を述べることができる点にも，人事院の内閣からの独立性の高さが窺われる（もっとも，人事院総裁が閣議の構成員でないため，内閣提出法案の閣議請議ができないことの代償としての面も有する）。

8) 一般の行政委員会よりも高い独立性が認められる根拠

憲法上内閣から独立した会計検査院は別として，内閣の下にある行政委員会のうち，人事院のみに上記のような高い独立性が保障されている理論的根拠は，公務員の公正中立性の確保や能力に応じた適正な人事がすべての行政の基本であり，公務員人事が「基盤行政」[17]であることに求めることができよう。

(3) 所掌事務

人事院は，戦前の身分的官僚制度を打破し，民主的で能率的な公務員法制を確立することを目的とする国家公務員法に基づき，(i)全体の奉仕者としての公務員の人事行政の公正中立性を確保すること，(ii)憲法28条により保障された労働基本権の制約に対する代償措置を講ずること，(iii)人事行政の専門機関として，社会経済的諸条件の変化に対応した人事行政を推進するために調査研究を行い，その成果に基づき施策を行うことを任務とする。人事院の所掌事務についての包括的規定である国家公務員法3条2項では，一般職の国家公務員の給与その他の勤務条件の改善および人事行政の改善に関する勧告，採用試験（採用試験の対象官職および種類ならびに採用試験により確保すべき人材に関する事項を除く）および任免（標準職務遂行能力，採用昇任等基本方針，幹部職員の任用等に係る特例および幹部候補育成課程に関する事項〔国家公務員法33条1項に規定する根本基準の実施につき必要な事項であって，行政需要の変化に対応するために行う優れた人材の養成および活用の確保に関するものを含む〕を除く），給与（指定職俸給表の適用を受ける職員の号俸の決定の方法ならびに職務の級の定数の設定および改定に関する事項を除く），研修（国民全体の奉仕者としての使命の自覚および多角的な視点等を有する職員の育成ならびに研修の方法に関する専門的知見を活用して行う職員の効果的な育成の観点から行うものに限る）の計画の樹立および実施ならびに当該研修に係る調査研究，分限，懲戒，苦情の処理，職務に係る倫理の保持その他職員に関する人事行政の公正の確保および職員の利益の保護等に関する事務をつかさどることを挙げている。なお，人事院は，毎年，国会および内閣に対し，業務の状況を報告しなければならない（国公24条1項）。

人事院は，行政組織内部において総括管理機関として人事管理を行うほか，法律および人事院規則の定めるところにより，国家公務員に対する行政処分を行う行政庁としての性格も有する。また，人事院は，法律案の内閣への提出権を認められているわけではないが，国家公務員法の目的達成上，法令の制定または改廃

17) 辻清明・公務員制の研究（東京大学出版会，1991年）2頁以下参照。

に関し意見があるときは，その意見を国会および内閣に同時に申し出なければならないとされている（国公23条）。この意見は頻繁に述べられており，意見が述べられたときには，通常，それを尊重して立法措置がとられる[18]。2007（平成19）年の通常国会で成立した「国家公務員の自己啓発等休業に関する法律」2013（平成25）年に成立した「国家公務員の配偶者同行休業に関する法律」がその例である。意見を述べるに当たっては，人事院が作成した法律案を添えることが多く，これが尊重されるのが通例であるので，実質的には，人事院が国家公務員法制において果たす役割は大きいといえる。行政機関が直接国会に意見を述べることができるとされているのは異例であるが，これは，人事院が内閣から独立した重要な行政機関であること，人事院総裁が閣議の構成員でないため内閣提出法案の閣議請議ができないことの代償が必要であることによる。

⑷ 中央人事行政機関

国家公務員は，一般職と特別職（特別職については国家公務員法2条3項に列記されている）に分かれ（国公2条1項），国家公務員法の規定は，一般職に属するすべての職に適用され（同条4項），国家公務員法の改正法律により別段の定めがなされない限り，特別職に属する職には適用されないから（同条5項），同法に基づいて設置された人事院は，一般職の職員についての中央人事行政機関としての性格を持つ（⇒第2編第1章***5***⑴⑵）。特別職については，内閣法で「国家公務員に関する制度の企画及び立案に関する事務」（内12条2項7号），「国家公務員の退職手当制度に関する事務」（同条9号），「特別職の国家公務員の給与制度に関する事務」（同条10号），「第7号から前号までに掲げるもののほか，国家公務員の人事行政に関する事務（他の行政機関の所掌に属するものを除く。）」（同条12号）を内閣官房の所掌事務としているので，内閣官房が人事院に類似する機能を果たすことになる。

⑸ 人事院廃止の動き

GHQによる占領下で独立の行政委員会として発足した人事院であるが，発足

18）立法化に至らなかった稀な例について，栗田久喜編・国家公務員法（青林書院，1997年）77頁〔藤原恒夫執筆〕参照。

後ほどなく廃止論にさらされた。1951（昭和26）年8月の政令諮問委員会答申は，人事院を廃止し，総理府人事局を設けることを提言していた。その後も，数度にわたり，人事院の廃止または権限の縮小を提言する審議会答申が出され，それに沿った国家公務員法改正案が国会に提出されたが，いずれも廃案となった。人事院廃止論は，伝統的官僚機構がアメリカ型行政委員会制度に対して抱いた反感の反映の一環とみうる面もあるが，特に人事院に対しては，1950（昭和25）年1月に行われたいわゆるS-1試験が人事院に対する反感を強めたと指摘されることがある。

近年の内閣主導の人事を志向する一連の公務員制度改革の中で，人事院の権限を縮小しようとする動きがみられたが，ついに，2011（平成23）年4月5日の国家公務員制度改革推進本部決定により，人事院勧告制度および人事院を廃止することとされた（⇒第2編第1章**8**(5)）。人事院廃止への動きの論拠として援用されたのが，国家公務員制度改革基本法2条7号（「政府全体を通ずる国家公務員の人事管理について，国民に説明する責任を負う体制を確立すること」）であり，人事院廃止を企図する側は，「国民に説明する責任を負う体制」を選挙で選ばれた国会が指名する内閣総理大臣により任命された大臣からなる内閣の統轄の下にある体制と解釈しようとしたのである。そして，同年通常国会に提出された「国家公務員法等の一部を改正する法律案」は人事院を廃止し，内閣府に置かれる人事公正委員会が不利益処分不服審査，政治的行為の制限，営利企業に関する制限，官民人事交流の基準の制定等に関する事務を所掌することとしていた。そして，国家公務員の任免，勤務条件に関する制度ならびに団体交渉および団体協約に関する事務その他の人事行政に関する事務等を担う公務員庁を設置するための公務員庁設置法案も同時に国会提出された（2012〔平成24〕年11月の衆議院解散により審議未了廃案）。

***Column*　S-1試験**

S-1試験のSは，Supervisor（管理者）の頭文字であり，1は1回目の試験という意味である。これは，国家公務員法第1次改正法の附則9条において，次官，局長，次長，課長および課長補佐その他これらに準ずる官職に在任する者は，当該官職に臨時的に任用されたものとみなし，人事院は，1948（昭和23）年7月1日から2年以内に，当該官職について必要な試験を実施しなければならないと定められたことに基づき行われたもので，1946（昭和21）年11月に来日した対日米国人事行政顧問団の団長であったブレーン・フーバー氏による伝統的官僚機構の刷新政策の反映といえる。人事院は，これに基づきS-1試験の対象となる官職を2621（本省庁の課長相当職以上の官職と地方支分部局の部長相当職以上の官職）にわたり指定し，公募による競争試験を実施した。実際には，現職者が再任される割合が約4分の3を占めたが，当時の管理職の公務員にとって，民間人と対等の立場で試験により適格性を判断されることは，驚天動地であったに相違ない。人事院からすれば，占領政策に基づき制定された法律上の義務を誠実に遂行したにすぎないが，この試験が，官僚機構全体に人事院に対する強い敵愾心を植え付ける結果となった。

S-1試験という名称から窺われるように，このような資格判定型試験は，反復して行うことが想定されていたが，実際には，これ以降，管理職について，この種の包括的な資格判定試験が行われることはなく，1回限りの試みとなったのである[19]。

(6) 2014（平成26）年国家公務員法改正

2014（平成26）年の国家公務員法改正は，労働基本権の問題は対象としなかったため，人事院の存続を前提としたうえで，人事院から級別定数，確保すべき人材，研修の総合調整に係る権限を新設される内閣人事局に移管するものになった。そして，人事行政の公正を確保し，労働基本権制約の代償措置を講ずる人事院の役割は維持された。また，幹部職員の一元管理・人材・研修関係の政令については，人事院の意見を聴いて定めることとされ，級別定数の設定・改廃については勤務条件と関わるため，人事院の意見を十分に尊重することとされた。

19) S-1試験については，川手摂・戦後日本の公務員制度史――「キャリア」システムの成立と展開（岩波書店，2005年）154頁以下参照。

第7章 内閣補助部局(2)――内閣府

Point

1) 内閣府は内閣に置かれ，内閣補助事務を行うとともに分担管理事務も行うという，二面的性格を有する。
2) 内閣府設置法は，組織の基準法としての国家行政組織法と個別具体的な各省設置法の双方に対応する性格を有する。
3) 外局の委員会の長が国務大臣をもって充てられうるのは，内閣府のみである。
4) 内閣府も内閣官房と同様，内閣に置かれるものであり，両者は，組織的には上下関係ではなく並列関係にある。しかし，内閣府は，内閣補助事務を遂行するに当たって，内閣官房を助けることとされている。
5) 内閣総理大臣は，内閣の重要政策に関して行政各部の施策の統一を図るために特に必要がある場合においては，内閣府に，特命担当大臣を置くことができる。特命担当大臣は，国務大臣をもって充てる。
6) 特命担当大臣は，内閣補助事務に関して，関係行政機関の長に対する資料提出・説明要求権，勧告権，勧告に基づいてとった措置についての報告要求権，内閣総理大臣に対する意見具申権を与えられている。
7) 内閣府本府には，内閣の重要政策に関して行政各部の施策の統一を図るために必要となる企画および立案ならびに総合調整に資するため，内閣総理大臣または内閣官房長官をその長とし，関係大臣および学識経験を有する者等の合議により処理することが適当な事務をつかさどらせるための機関（「重要政策に関する会議」）として，経済財政諮問会議，総合科学技術・イノベーション会議が置かれ，そのほか，災害対策基本法に基づく中央防災会議，男女共同参画社会基本法に基づく男女共同参画会議，国家戦略特別区域諮問会議も重要政策に関する会議として，内閣府本府に置かれている。

1 意　　義

(1) 内閣府の二面的性格

内閣および内閣総理大臣の指導性を一層強化するために2001（平成13）年1月に中央省庁等改革に伴い発足した内閣府は，内閣に置かれ（内閣府2条），内閣補助事務（内閣府3条1項）を行うとともに分担管理事務（同条2項）も行うという二面的性格を有する（省庁改革基10条1項）。国家行政組織法1条が，「内閣の統轄の下における行政機関で内閣府以外のもの」という表現を用いていることからうかがわれるように，内閣府は各省と同様に分担管理事務を行う場合には，内閣の統轄の下にある。この立場における内閣府は，各省と基本的に変わらず，外局，附属機関，地方支分部局等が置かれている。他方，内閣補助事務を行う場合には，統轄機関である内閣の一翼を担うことになる。したがって，内閣府の所掌事務のうち分担管理事務についてのみ，国家行政組織法の規定を適用するという立法政策も考えられる。この点については，行政改革会議最終報告にも，中央省庁等改革基本法にも，具体的方針は示されておらず，1999（平成11）年1月26日の中央省庁等改革推進本部決定である「中央省庁等改革に係る大綱」の中の国家行政組織法改正法案関係大綱において，「内閣府については，内閣に置かれる行政機関であり，基本的に内閣の統轄の下における行政機関を対象とした現行の国家行政組織法を適用することはしないことを原則としつつ，国家行政組織法の組織規律に関する原則の適用関係について，適切な対応を図ることとする」方針が明確にされた。

⑵　内閣府の長としての内閣総理大臣

内閣府の長としての内閣総理大臣は，各省大臣と対等の立場に立つ。そして，内閣府の事務を統括し，職員の服務について統督する権限（内閣府7条1項），法律案・政令案の閣議請議権（同条2項），内閣府令の制定権（同条3項），告示発出権（同条5項），訓令・通達発出権（同条6項），府省間の政策調整のための資料提出・説明要求権，意見陳述権（同条7項）が認められている。このうち，最後の政策調整に係る権限は，内閣府の分担管理事務について認められる。以上に掲げた内閣府の長としての内閣総理大臣の権限は，国家行政組織法が定める各省大臣の権限と対応するものである（行組10条・11条・12条1項・14条・15条）。

なお，内閣総理大臣は内閣の首長としての立場に徹し，行政事務を分担管理することとすべきではないという意見もある1)。内閣法の制定過程においても，内

1)　小高章「内閣総理大臣の権限――内閣法第6条の解釈及び運用」自治研究72巻8号90頁参照。

閣総理大臣が内閣の首長としての職務を遺憾なく行いうるためには，一般行政事務から解放されなければならず，内閣総理大臣が各省大臣と対等の資格で担当する行政事務はできる限り縮減されなければならないという意見が出されていた[2)]。

(3) 内閣府の特色

1) 内閣府設置法の性格

内閣府は内閣府設置法に基づき設置されているが，同法1条は，「この法律は，内閣府の設置並びに任務及びこれを達成するため必要となる明確な範囲の所掌事務を定めるとともに，その所掌する行政事務を能率的に遂行するため必要な組織に関する事項を定めることを目的とする」と規定している。各省設置法においては，「この法律は……必要な組織を定めることを目的とする」と規定されているのに対して，内閣府設置法では，「必要な組織に関する事項を定めることを目的とする」と規定されているのは，各省の場合，国家行政組織法の規定が組織の基準法として適用され，各省設置法は，その基準の下で具体的に「組織を定める」ものであるのに対して，内閣府には国家行政組織法は原則として適用されず（行組1条。⇒第1編第8章***1***(1)），内閣府設置法が，内閣府本府等の具体的な組織を定めるにとどまらず，内閣府本府等の組織の基準，さらに別の法律により内閣府の外局として置かれる組織に関する基準を定めるものであるからである[3)]。すなわち，副大臣（3人。内閣府13条1項），大臣政務官（3人。内閣府14条1項），大臣補佐官（6人以内。内閣府14条の2），事務次官（1人。内閣府15条1項），審議会等（内閣府37条2項），施設等機関（内閣府39条），特別の機関（内閣府40条2項），地方支分部局（内閣府43条2項），外局である委員会および庁（内閣府49条）の組織に関する基準も，内閣府設置法に定められているのである。換言すれば，内閣府設置法は，組織の基準法としての国家行政組織法と個別具体的な各省設置法の双方に対応する性格を有しているといえる。

2) 組織の独自性

大臣委員会　実際には，国家行政組織法が定める組織基準と内閣府設置法が定める組織基準の間に大差はない。しかし，外局の委員会の長が国務大

2)　佐藤功「内閣法制定の経過」ひろば8巻12号20頁参照。

3)　行政組織研究会「中央省庁等改革関連法律の理論的検討(2)」自治研究76巻10号11頁参照。

臣をもって充てられうるのは，内閣府のみである（内閣府49条2項）。これは，一般の国務大臣を長とする省の外局の長を国務大臣をもって充てることは，対等であるはずの国務大臣（各省大臣）の下位に他の国務大臣（外局の長）を充てることになり，適切でないと考えられるからである。理論的には，行政機関の長相互の関係と国務大臣相互の関係を切り離し，内閣総理大臣以外の国務大臣を長とする行政機関にその長を国務大臣をもって充てる外局を置くという選択もまったく考えられないわけではないが，この場合，国務大臣としては対等であるにもかかわらず，各省大臣が外局の長である国務大臣の上位に立つことになり，そのことが妥当かという問題が生ずることになる。内閣府の外局の委員会の長である国務大臣を主任の大臣の補佐的地位に置くことが認められていることは，内閣府の主任の大臣が内閣の首長たる地位を基盤とする内閣総理大臣であるからこそといえる[4)]。したがって，省の外局の長については，国務大臣をもって充てることは認められておらず，国家行政組織法には，大臣庁，大臣委員会に関する規定は置かれていない。

防衛庁の省昇格により，大臣庁はなくなり，防衛庁設置法改正に合わせ，内閣府設置法上も，大臣庁等という表現は用いられなくなり，大臣委員会等と表現されている（内閣府8条1項）。現在は，国家公安委員会のみが大臣委員会の例である。大臣委員会の委員長である国務大臣は主任の大臣ではなく，たとえば警察法一部改正法に署名するのは国家公安委員会委員長ではなく，内閣総理大臣になる。

法律で国務大臣をもってその長に充てることができる委員会（大臣委員会）は，その機能，規模等が省に準ずるものと認められる場合に設置されうる。大臣委員会には，特に必要がある場合においては，委員会または庁を置くことができるとされている（内閣府49条2項）。外局にさらに委員会または庁を置く可能性が認められているのは，内閣府のみである。防衛庁が省に昇格する前に，そこに置かれていた防衛施設庁はこの例であった。

局長級分掌職

内閣府においては，組織編成の弾力化の要請がいっそう強く，このことが，具体的な差異として現れている例がある。すなわち，中央省庁等改革基本法12条1項前段が，「内閣府の内部部局は，第10条第2項に規定する任務及び機能に係る事務を的確に処理できるよう組織するものとする」と定めていることを受けて，内閣府設置法5条1項後段は，内

4)　稲葉馨「『行政』の任務・機能と国家行政組織改革」公法研究62号39頁参照。

閣府の組織は，内閣の重要な課題に弾力的に対応できるものとしなければならないと定めている。このように行政課題に弾力的に対応するため，内閣府本府には，その所掌事務を遂行するため，官房および局ならびにこれらの所掌に属しない事務の能率的な遂行のためこれを所掌する職で局長に準ずるもの（局長級分掌職）を置くこととしている（内閣府17条1項）。同様に，内閣府の庁のうち官房または局を置くものにも，局長級分掌職を置くことができる（内閣府62条1項）。2015（平成27）年10月1日現在，内閣府の局長級分掌職として，政策統括官が8人置かれている。内閣府政策統括官が分掌する事務については，内閣府本府組織令3条に定められている。8人の政策統括官は，それぞれ，経済財政運営，経済社会システム，経済財政分析，科学技術・イノベーション，防災，原子力防災，沖縄政策，共生社会政策を担当している。政策統括官は特命担当大臣を補佐し，重要政策に関する会議の事務局としての職務も担う。

国家行政組織法20条1項では，各省には，特に必要がある場合においては，局長級分掌職を置くことができるとしている（任意設置）のに対して，内閣府設置法17条1項では，内閣府本府の局長級分掌職は必置とされている。これは，内閣補助事務の遂行は，分担管理事務を前提とした局課制の固定的組織ではなく，行政需要に応じて内閣総理大臣の定めるところにより職務内容を臨機応変に決定可能な柔軟性を持つ分掌職に委ねることが望ましいと考えられたからである。

内閣府特有の組織――宮内庁

内閣府には，特命担当大臣，重要政策に関する会議，宮内庁のように各省にはない特有の組織が置かれている。特命担当大臣，重要政策に関する会議については後述することとし（⇒本章*4*(2)(7)），ここでは，宮内庁について述べることとする。

中央省庁等改革前の宮内庁は，総理府の外局として位置づけられていたが，中央省庁等改革により，宮内庁は，内閣府の外局ではなく，また，その施設等機関でも特別の機関でもなく，行政改革会議最終報告の表現によれば，内閣府に置かれる「特別な機関」であり，独自の組織上の範疇として位置づけられることとなった（内閣府48条）。長官の権限，内部部局の設置，合議制機関の設置等については，宮内庁法で定められている。

***Column*　宮内庁**

宮内庁の特殊性は，内部部局の名称に現れている。すなわち，宮内庁には長官官房のほか，「侍従職」（側近に関する事務等を所掌），「東宮職」（皇太子に関する事務を所掌），「式部職」（儀式・交際・雅楽を所掌）という3つの「職」と，管理部（皇室用財産の管理等を所掌），書陵部（記録の保管・編纂，陵墓の管理等を所掌）という2つの部が置かれている（宮内庁3条1項，宮内庁組織令2条）。施設等機関として正倉院事務所・御料牧場（宮内庁組織令30条），地方支分部局として京都事務所（宮内庁17条1項）が置かれている。

3) 組織の構成原理

系統的構成　内閣府設置法５条１項前段は，内閣府の組織は，任務およびこれを達成するために必要となる明確な範囲の所掌事務を有する行政機関により系統的に構成されなければならないと定めている。これは，国家行政組織法２条１項に対応するものである（組織図は内閣府ウェブサイト参照）。

弾力性　内閣府の組織についての弾力性の要請については，すでに述べたとおりである。

一体性　内閣府は，内閣の統轄の下にその政策について，自ら評価し，企画および立案を行い，ならびに国家行政組織法１条の国の行政機関と相互の調整を図るとともに，その相互の連絡を図り，すべて，一体として，行政機能を発揮しなければならない（内閣府５条２項）。ここでは，内閣府の所掌事務のうち，分担管理事務の評価と政策の調整が念頭に置かれている。中央省庁等改革前の国家行政組織法２条２項は，国の行政機関は，内閣の統轄の下に，行政機関相互の連絡を図り，すべて，一体として，行政機能を発揮するようにしなければならないと規定していた。内閣府が創設され，これには国家行政組織法の規定が基本的には適用されないこととなったが，内閣府の分担管理事務については，内閣府は，国家行政組織法の規定が適用される国の行政機関と相互の連絡を図り，すべて，一体として，行政機能を発揮すべきことに変わりはない。そこで，内閣府設置法５条２項は，国家行政組織法２条２項とともに，このことを明記しているのである。

2 任　務

内閣府は，内閣の重要政策に関する内閣の事務を助けることを任務とする（内閣府３条１項）。内閣官房も内閣府も，いずれも総合調整機関であるが，内閣官房は，すべての事項について行政各部の施策の統一に関する企画立案・総合調整を行い，内閣補助部局の中で，最高・最終の調整機能を持ち，「戦略の場」とされるのに対して，内閣府は，内閣として特に恒常的に関与すべき重要政策に関する内閣補助事務を遂行するに当たり，より積極的・能動的な企画立案・総合調整を行うための「知恵の場」として設けられた。「内閣の重要政策に関する基本的な方針に関する企画及び立案並びに総合調整」（内12条２項２号）は，内閣府の所掌事務から除かれており（内閣府4条1項柱書かっこ書），内閣官房の専管事項である。内閣府も内閣官房と同様，内閣に置かれるものであり，両者は，組織的には上下関係ではなく並列関係にある。しかし，内閣官房と内閣府の総合調整機能が重複する場合には，内閣府は，当該内閣補助事務を遂行するに当たって，内閣官房を助ける（内閣府3条3項）。本章では，内閣府の二面的性格のうち，統轄機関たる内閣補助部局としての側面について説明し，分担管理事務を行う行政各部の側面については次章で扱うこととする。

3　所掌事務

内閣補助事務

内閣の重要政策に関する事務を助ける内閣府の所掌事務は，内閣府設置法4条の1項と2項に規定されており，それぞれ，1項事務，2項事務と言われることがある。1項事務は，法律に列挙されているもので，内閣が恒常的に関与すべき特定分野において，「行政各部の施策の統一を図るために必要となる……企画及び立案並びに総合調整に関する事務」であり，短期および中長期の経済の運営に関する事項，財政運営の基本および予算編成の基本方針の企画および立案のために必要となる事項，経済に関する重要な政策（経済全般の見地から行う財政に関する重要な政策を含む）に関する事項，科学技術の総合的かつ計画的な振興を図るための基本的政策に関する事項等，23が法定されている（内閣府4条1項）。2項事務は，高齢化の進展への対処等，内閣の重要政策に関して閣議において決定された基本的な方針に基づいて，当該重要政策に関し行政各部の施策の統一を図るために必要となる企画および立案ならびに総合調整に関する事務である（同条2項）。このように，内閣府の企画立案・総合調整は，国政上の重要政策に関する具体的事項について認められている（省庁改革基10条1項参照）。

なお，内閣府に食品安全委員会が設置されたときに，食品安全に関する事務が2項事務から1項事務になり，消費者庁が設置されたときに，消費者行政に関する事務が2項事務から1項事務になり[5)]，閣議決定の有無にかかわらない恒常的事務になっている。少子化対策に関する事務も2項事務から1項事務になっている。

5）宇賀克也「消費者庁関連3法の行政法上の意義と課題」ジュリ1382号21頁参照。

4 組　織

(1) 内閣官房長官および内閣官房副長官

内閣府の長は内閣総理大臣であるが（内閣府6条1項），内閣官房長官は，内閣法に定める職務を行うほか，内閣総理大臣を助けて内閣府の事務を整理し，内閣総理大臣の命を受けて内閣府（大臣委員会等を除く）の事務（特命担当大臣が掌理する事務を除く）を統括し，職員の服務について統督する（内閣府8条1項）。大臣委員会等の「等」は，官民人材交流センターを念頭に置いており，同センターの中立性を確保するために，内閣官房長官の指揮系統から外しているのである。内閣官房副長官は，内閣法に定める職務を行うほか，内閣官房長官の命を受け，内閣府の事務のうち特定事項に係るものに参画する（同条2項）。

(2) 特命担当大臣

1) 所掌事務

内閣総理大臣は，内閣の重要政策に関して行政各部の施策の統一を図るために特に必要がある場合においては，内閣府に，特命担当大臣を置くことができる（内閣府9条1項）。特命担当大臣は，国務大臣をもって充てる（同条2項）。特命担当大臣は，内閣総理大臣を助け，命を受けて，特定の内閣補助事務およびこれに関連する分担管理事務（これらの事務のうち大臣委員会等の所掌に関連する事務を除く）を掌理する（同条1項）。内閣補助事務のみならず，これと関連する分担管理事務も特命担当大臣が掌理する事務としたのは，それにより，全体として事務処理が円滑に行われ，効率的な行政運営が可能になると考えられたからである。

内閣補助事務と関連する分担管理事務

内閣補助事務と関連する分担管理事務が何かは明確な場合もあるが（沖縄・北方対策に関する内閣補助事務である内閣府設置法4条1項22号～24号と関連する分担管理事務である同条3項18号～26号，男女共同参画に関する内閣補助事務である内閣府設置法4条1項20号・21号と関連する分担管理事務である同条3項16号・17号等），必ずしも明確でない場合もあり，この点の判断は，内閣総理大臣に委ねられている。

特命担当大臣が置かれる分野

沖縄・北方対策（内閣府10条），金融（内閣府11条），消費者および食品安全（内閣府11条の2），少子化政策（内閣府11条の3）については，特命担当大臣が必置とされている。その他，必置とはされていないが，特命担当大臣が置かれることを想定した規定が法律に置かれている例がある。たとえば，内閣府設置法19条においては，「第9条第1項の規定により置かれた特命担当大臣で第4条第1項第1号から第3号までに掲げる事務を掌理するもの（以下「経済財政政策担当大臣」という。）は，その掌理する事務に係る前項第1号に規定する重要事項について，会議に諮問することができる」(2項)，「前項の諮問に応じて会議が行う答申は，経済財政政策担当大臣に対し行うものとし，経済財政政策担当大臣が置かれていないときは，内閣総理大臣に対し行うものとする」(3項)，「会議は，経済財政政策担当大臣が掌理する事務に係る第1項第1号に規定する重要事項に関し，経済財政政策担当大臣に意見を述べることができる」(4項）と規定され，同法21条4項においては，「経済財政政策担当大臣が置かれている場合において議長に事故があるときは，前項の規定にかかわらず，経済財政政策担当大臣が，内閣官房長官に代わって，議長の職務を代理する」と定められ，同法22条においては，経済財政諮問会議の議員として，経済財政政策担当大臣が挙げられている（1項2号)。科学技術政策担当大臣（内閣府26条2項～4項・28条4項・29条1項2号)，防災担当大臣（災害基11条2項4号・5号・6号・11条3項・12条5項1号）についても，同様の規定が置かれている。

内閣官房等が所掌する重要政策の担当大臣との関係

2015（平成27）年10月1日現在，内閣府に8名の特命担当大臣が置かれている。内閣府特命担当大臣は，複数の省庁に関係する国政の重要事項に関する担当部署が内閣府に置かれている場合にその担当部署と内閣総理大臣との間に総括的責任者として置かれる担当大臣であるが，内閣総理大臣が国務大臣に特定事項に関して行政各部の所管する事務の総合調整を事実上行わせることが少なくない。内閣府特命担当大臣の場合には，国務大臣に「内閣府特命担当大臣を命ずる」とした上で，「○○を担当させる」という発令になるのに対し，事実上の担当大臣の場合には，国務大臣に「○○をするため行政各部の所管する事務の調整を担当させる」という発令がなされる。「○○担当大臣」は，内閣官房に置かれる職ではないが，一般に，その職務遂行を内閣官房が補佐し，内閣官房に担当部署が置かれる。複数の省庁に関係する重要事項担当部署が内閣官房でも内閣府でもなく，1省内に設置されることがあり，この場合にその省の大臣と異なる大臣がその総括を命ぜられることも稀にあり，この場合も，「○○担当大臣」と呼ばれる。内閣府特命担当大臣が，内閣官房等の重要事項担当部署の担当大臣として，行政事務を分担することも珍しくない。

たとえば，2015（平成27）年11月1日現在，麻生太郎氏は，特命担当大臣として金融を担当すると同時に，特命担当大臣としてではなく，重要事項担当部署の担当大臣として，デフレ脱却を担当している。

Column　行政刷新会議と事業仕分け

2009（平成21）年8月の総選挙時，民主党のマニフェストで政治主導を実現するための組織として位置づけられていた行政刷新会議が，同年9月18日，閣議決定により内閣府に設置された。その目的は，国民的な観点から，国の予算，制度その他国の行政全般のあり方を刷新するとともに，国，地方公共団体および民間の役割のあり方の見直しを行うことである。会議は，内閣総理大臣が議長を，内閣府特命担当大臣（行政刷新）が副議長を務め，内閣総理大臣が指名する者および有識者が構成員となった。行政刷新会議にはワーキンググループが置かれ，2010（平成22）年度予算編成過程において，「事業仕分け」を行った。「事業仕分け」は，公開の場で民間有識者等も含めて事業の要否や効率的な執行方法について議論し，予算編成過程の透明化を図り，不要な事業や地方に移管すべき事業，効率化が必要な事業を洗い出すことを目的とするもので，政策シンクタンク「構想日本」が提唱し，2002（平成14）年より地方公共団体で実施例がみられるようになった[6]。2011（平成23）年3月31日現在，80の地方公共団体で事業仕分けが行われており，とりわけ，2008（平成20）年以降，急増している。

内閣府行政刷新会議ワーキンググループが行った事業仕分けに政務三役になっていない与党議員が両議院の議決を得ずに参加することが，国会法39条（「議員は，内閣総理大臣その他の国務大臣，内閣官房副長官，内閣総理大臣補佐官，副大臣，大臣政務官，大臣補佐官及び別に法律で定める場合を除いては，その任期中国又は地方公共団体の公務員と兼ねることができない。ただし，両議院一致の議決に基づき，その任期中内閣行政各部における各種の委員，顧問，参与その他これらに準ずる職に就く場合は，この限りでない」）に違反しないかが問題とされ，質問主意書（平成21年11月9日提出質問第18号，平成21年12月2日提出質問第158号）も出されたが，答弁書（内閣参質173第18号〔平成21年11月17日〕，内閣衆質173第158号〔平成21年12月11日〕）では，行政刷新会議は，内閣府設置法に基づく行政組織ではなく，その役職等は官職に当たるものではないから，政府としては，国会議員を評価者に指名し，参集を求めることは，国会法39条との関係で問題が生じるものではないと考えているとされている。2010（平成22）年2月5日に閣議決定された「政府の政策決定過程における政治主導の確立のための内閣法等の一部を改正する法律案」（平成22年閣法第13号。以下「政治主導確立法案」という）は，内閣府設置法を改正して，行政刷新会議を内閣府の「重要政策に関する会議」と位置づけるとともに，行政刷新会議に必要に応じ専門委員会を置き，委員は国会議員のうちから内閣総理大臣の任命する者および有識者とする規定を置くことにより，法律に基づき設置された行政刷新会議が専門委員会を設けて事業仕分けを行うときに国会議員が評価者を兼職することについて国会法39条に違反しないように配慮していた。し

6）内閣府行政刷新会議ワーキンググループが行う事業仕分けを経済財政諮問会議による構造改革と比較して，その特徴を分析したものとして，手塚洋輔「事業仕分けの検証――『予算編成』としての限界と『行政改革』としての可能性」御厨貴編・「政治主導」の教訓――政権交代は何をもたらしたのか（勁草書房，2012年）239頁以下参照。

かし，政治主導確立法案は，2011（平成23）年5月，国会法59条に基づき，撤回された[7]。そのため，行政刷新会議は，閣議決定に基づく組織にとどまった。そして，自公政権の復活に伴い，2012（平成24）年12月26日の閣議決定で行政刷新会議は廃止された。

2）権　　限

資料提出・説明要求権，勧告権，報告要求権，意見具申権

中央省庁等改革基本法は，「内閣府の任務のうち国政上重要な特定の事項に関する企画立案及び総合調整について，国務大臣に，これを担当させることができるものとする。この場合において，当該国務大臣に強力な調整のための権限を付与する」と規定している（省庁改革基11条1項）。これを受けて，特命担当大臣は，内閣補助事務に関して，以下のような権限を付与されている。第1に，関係行政機関の長に対する資料提出・説明要求権（内閣府12条1項），第2に，関係行政機関の長に対する勧告権（同条2項），第3に，勧告に基づいてとった措置についての報告要求権（同条3項），第4に，内閣総理大臣に対する意見具申権（同条4項）である。資料提出・説明要求権は，内閣補助事務の遂行のため必要があると認める場合に行使できる。勧告権は，内閣補助事務の遂行のため特に必要があると認める場合に行使される。内閣総理大臣に対する意見具申権は，勧告した事項に関し特に必要があると認める場合において，内閣総理大臣に対して内閣法6条の規定に基づく行政各部に対する指揮監督権を発動するように求める権限である。特命担当大臣に上記のような権限が付与されたのは，特命担当大臣が，内閣に置かれた内閣府において，行政各部を統轄する立場から，内閣総理大臣の名代的地位において，企画立案・総合調整を行う職であるからであった（しかし，2015年に制定された「内閣の重要政策に関する総合調整等に関する機能の強化のための国家行政組織法等の一部を改正する法律」では，各省大臣等にも総合調整に関して，内閣府特命担当大臣と同じ調整権限が付与されることになった）。なお，特命担当大臣には人事権はない。

指示権

行政改革会議最終報告は，特命担当大臣に付与されるべき「強力な調整権」として，提案，資料・報告の徴収，拒否，指示を挙げていた。こ

7）内閣提出法案の撤回は，1958（昭和33）年以来，久しく例がなかったが，2011（平成23）年3月には，子ども手当法案も撤回されている。政治主導確立法案の内容および撤回に至る経緯については，藤井直樹「撤回された『政治主導確立法案』をめぐって」御厨編・前掲注6）157頁以下参照。

こで挙げられている指示権は，法的拘束力を持つものが念頭に置かれている。しかしながら，内閣府設置法は，指示権までは法制化しなかった。これは，内閣総理大臣の行政各部に対する指揮監督権すら閣議決定に基づかなければならないにもかかわらず，特命担当大臣限りの判断で，指示権を行使することを認めることには，憲法上疑義があり，また，内閣総理大臣の指揮監督権行使の要件と均衡を欠くと判断されたためではないかと思われる。しかし，指示権発動の要件，手続（事前の閣議決定等による一定範囲の授権等），効果について工夫を凝らせば，その法制化は理論上可能であり，また，なんらかの解決策を見出すことこそ，中央省庁等改革基本法が政府に義務づけたものであるとする指摘がなされている[8)]。各省大臣が，総括管理機関として，国家行政組織法上対等な立場にある他の各省大臣に対して閣議決定を経て指示権を行使しうるとされている例（会計46条1項）があることに照らせば（⇒第1編第3章***2***⑷⑧），内閣補助事務を遂行する場合には各省より一段上に位置づけられる内閣府に置かれる特命担当大臣に指示権を付与することは，上記の指摘のように実体・手続両面での限定を行えば，理論上も十分検討に値するものと思われる。

Column **調整担当大臣**

諸外国には，わが国の内閣府特命担当大臣と類似した調整担当大臣が存在する国がある。インドネシアにおいては，大統領と各省の中間にⅰ政治・治安，ⅱ経済，ⅲ社会福祉の各分野を担当する3名の調整担当大臣が置かれ，個別案件ごとに関係閣僚会議を主宰して重要政策の調整を行っている。これらの調整大臣には，経験豊富なシニアの政治家が任用されることが多く，第6代大統領であったユドヨノ氏も，大統領就任前にワヒド政権，メガワティ政権で政治・治安分野の調整担当大臣を務めていた。フランスにおいても，首相府にⅰ対議会関係，ⅱ将来計画，公共政策評価，デジタル経済，ⅲ貧困対策を担当する3名の調整担当大臣がいるが，各省大臣の下に位置づけられている点は，わが国やインドネシアと異なる。

⑶ 副大臣・大臣政務官

内閣府には，副大臣・大臣政務官がそれぞれ3人置かれる（内閣府13条1項・14条1項）。内閣府は，大臣の数のほうが副大臣・大臣政務官の数よりも多い逆ピラミッド構造であり，1人の副大臣・大臣政務官が複数の大臣に仕える状態になっているが，2012（平成24）年の内閣府設置法改正により，他省の副大臣・大臣政務官の職を占める者をもって充てられる内閣府副大臣・大臣政務官を置くことができ

8) 行政組織研究会・前掲注3）28頁参照。

るとされた（内閣府13条2項・14条2項）。副大臣・大臣政務官は，内閣官房長官または特命担当大臣の命を受け，政策および企画（大臣委員会等の所掌に係るものを除く）をつかさどり（副大臣の場合。大臣政務官はそれに参画する），政務（大臣委員会等の所掌に係るものを除く）を処理するが，大臣政務官の場合，所掌事務が特定の事項に限定されている（内閣府13条3項・14条3項）。各副大臣，各大臣政務官の職務の範囲については，内閣総理大臣の定めるところによる（内閣府13条4項・14条4項）。副大臣・大臣政務官の任免は，内閣総理大臣の申出により内閣が行う（内閣府13条5項・14条5項）。副大臣は任免に当たり天皇の認証が必要な認証官である。副大臣，大臣政務官は，内閣総辞職の場合においては，内閣総理大臣その他の国務大臣がすべてその地位を失ったときに，これと同時にその地位を失う（内閣府13条6項・14条6項）なお，かつて，大臣庁に置かれる大臣政務官と同様の官職を長官政務官と呼んでいたが，防衛庁が省へ昇格して以降，大臣庁がなくなったため，長官政務官の例もない。

(4)　大臣補佐官

2014（平成26）年の内閣府設置法改正により，内閣府に，特に必要がある場合においては，大臣補佐官6人以内を置くことができることとなった（内閣府14条の2第1項）。1人の大臣補佐官が複数の内閣府特命担当大臣の補佐官となること，他省の大臣補佐官の職を占める者をもって充てられる者を内閣府の大臣補佐官と兼任させることも可能である（同条2項）。大臣補佐官は，内閣官房長官または特命担当大臣の命を受け，特定の政策に係る内閣官房長官または特命担当大臣の行う企画および立案ならびに政務（大臣委員会等の所掌に係るものを除く）に関し，内閣官房長官または特命担当大臣を補佐する（同条3項）。大臣補佐官の任免は，内閣総理大臣の申出により，内閣が行うが（同条4項），内閣総理大臣は，この申出をしようとするときは，あらかじめ，関係する内閣官房長官または特命担当大臣の意見を聴くものとされている（同条5項）。大臣補佐官は，非常勤とすることもできる（同条6項）。

(5)　事務次官

内閣府には，事務次官が1人置かれる（内閣府15条1項）。内閣府事務次官は，内閣官房長官および特命担当大臣を助け，府務を整理し，内閣府（宮内庁，大臣委員会等，金融庁および消費者庁を除く）の各部局の機関の事務を監督する（同条2項）。

⑹ 内閣府審議官

内閣府本府に，2人の内閣府審議官が置かれる（内閣府16条1項）。内閣府審議官は，命を受け，内閣府（宮内庁，公正取引委員会，大臣委員会等，個人情報保護委員会，金融庁および消費者庁を除く）の所掌事務に係る重要な政策に関する事務を統括整理する（同条2項）。

⑺ 重要政策に関する会議

意　義　内閣府本府には，内閣の重要政策に関して行政各部の施策の統一を図るために必要となる企画および立案ならびに総合調整に資するため，内閣総理大臣または内閣官房長官をその長とし，関係大臣および学識経験を有する者等の合議により処理することが適当な事務をつかさどらせるための機関（「重要政策に関する会議」）として，経済財政諮問会議，総合科学技術・イノベーション会議が置かれている（内閣府18条1項）。そのほか，国家戦略特別区域法に基づく国家戦略特別区域諮問会議，災害対策基本法に基づく中央防災会議，男女共同参画社会基本法に基づく男女共同参画会議も重要政策に関する会議として，内閣府本府に置かれている（同条2項）。

審議会等との異同　「重要政策に関する会議」は，内閣および内閣総理大臣を助ける「知恵の場」として，内閣補助事務に係る重要事項について調査審議し，意見を述べる諮問機関（内閣府19条1項・26条1項，戦略特区30条，災害基11条2項，男女参画基22条）であり，諮問機関である点では，一般の審議会等と異ならないが，審議会等は，一般に分担管理事務に係る事項を審議する点で，内閣補助事務に係る事項を審議する「重要政策に関する会議」と異なる。また，審議会等については，「行政への民意の反映等の観点から，原則として民間有識者から選ぶものとする」（平成11年4月27日中央省庁等改革推進本部決定・閣議決定「審議会等の整理合理化に関する基本的計画」別紙2〔審議会の組織に関する指針〕・3〔委員，臨時委員，特別委員及び専門委員の資格要件〕）とされているのに対し，重要政策に関する会議の場合，経済財政諮問会議，総合科学技術・イノベーション会議，国家戦略特別区域諮問会議，中央防災会議の議長または会長は内閣総理大臣であり，男女共同参画会議の議長は内閣官房長官である点，関係大臣を構成員としている点に大きな特色がある。すなわち，内閣総理大臣またはその右腕といえる内閣官房長官が自ら議長または会長として審議に参加し，関係大臣も参加し（内閣府21条1項・22条1項1号〜4号・28条1項・29条1項1号〜4号，戦略特区32条1項・33条1号〜3号，災害基12条2項・5項，男女参画基24条1項・25条1項1号），これらの者が審議結果に重要な影響を与えることが制度的に担保されているのであり，内閣の政策の遂行を補助する機関としての位置づけがされているとみることもできる。すなわち，内閣機能の強化の一環としての組織という性格を有するのである。実際，小泉純一郎内閣の下で，経済財政諮問会議は，官邸主導の政策決定における重要な役割を果たした[9]。このような観点からすると，学識経験者の委員も，当該内閣の基本政策を支持する者から選出されるべきことになり，内閣が変われば，学識経験者委員も交代するのが合理的であり，その任期制（内閣府23条1項・31条1項，戦略特区34条1項，男女参画基26条1項）は問題であるという指摘がなされている[10]。

なお，男女共同参画会議のみ内閣官房長官が議長とされているのは，宮沢喜一内閣以来内閣府発足に至るまで，ほぼ一貫して，内閣官房長官を女性問題，男女共同参画問題の担当大臣とする体制が継続し機能していたため，議長を内閣総理大臣に変更する必要はないと考えられたためである。

Column　経済財政諮問会議の原案作成機能

経済財政諮問会議については，「中央省庁等改革の推進に関する方針」V 6 (1)において，経済全般の運営の基本方針，財政運営の基本，予算編成の基本方針等経済財政政策に関する重要な事項については，同会議が作成するものとされ，原案作成機能を同会議に付与していることが注目される（全国総合開発計画〔当時〕その他の経済財政政策に関する重要な事項については，原則として，関係省が原案を作成するが，政府全体としての政策の一貫性および整合性を確保するため，原案作成段階から経済財政諮問会議が関与することとされている）。他の会議については，「中央省庁等改革の推進に関する方針」において，原案作成については特に定められていない。このことは，経済財政政策に関する重要な事項については，事務局による原案作成をそのまま，または微調整で追

9)　経済財政諮問会議が内閣総理大臣の指導性の発揮にどの程度寄与したかを議事要旨等を利用して分析したものとして，小西敦「経済財政諮問会議の誕生，成長，そして未来(上)(下)——内閣総理大臣の指導性を中心に」自治研究83巻4号56頁以下，83巻5号61頁以下およびそこに掲げられた文献参照。小西論文は，小泉純一郎内閣において，経済財政諮問会議が内閣総理大臣のリーダーシップ発揮に寄与したことを論証し，その要因として，内閣総理大臣の見識と意欲を挙げている。小西敦「2001年経済財政諮問会議の分析(上)(下)——議員等の発言状況を中心に」自治研究83巻11号9頁以下，12号63頁以下も参照。

10)　塩野・行政法Ⅲ69頁参照。

認する運用に流れることを避け，経済財政諮問会議を活用して官邸主導で政策決定することへの強いコミットメントを示したものといえよう。

なお，総合科学技術会議（現在は総合科学技術・イノベーション会議）についても，同会議自身による原案作成の運用が行われるべきことが，中央省庁等改革推進本部顧問会議で確認されている。

事務局機能を担う部門

重要政策に関する会議には独自の事務局は置かれず，内閣府の内部部局のうち，経済財政政策，総合科学技術政策，国家戦略特別区域，防災，男女共同参画に関する総合調整機能を担う部門が，それぞれの関連する会議の事務局機能を担うこととされている。

会議の結論の取扱い

重要政策に関する会議の結論は，会議の議長または会長や構成員に照らして，直ちに内閣府の結論として位置づけられると解される[11)]。

11） 行政組織研究会・前掲注 3）31 頁参照。

第3部　内閣の統轄の下にある行政機関

Outline

第２部で述べた広義の内閣および内閣から独立した会計検査院以外の行政機関は，すべて内閣の統轄の下にある。内閣府も，分担管理事務を行う場合には，省と同格であり，内閣の統轄の下にある行政機関として位置づけられる。ここでいう「統轄」は，上級行政機関が複数の下級行政機関に対して総合調整しつつ指揮監督する場合に用いられる用語である。内閣の統轄の下にある行政機関で内閣府以外のものについての基準法が国家行政組織法であり，同法は，これを「国の行政機関」と称し，「国の行政機関」を省，委員会，庁としている。第３部では，内閣の統轄の下にある内閣府，省について，それらの外局である委員会・庁，附属機関である審議会等・施設等機関・特別の機関，地方支分部局等の組織・権限等も含めて説明する。

第8章　内閣府と省

Point

1）　国家行政組織法は，内閣の統轄の下にある行政機関で内閣府以外のものの組織の基準を定めている。

2）　国家行政組織法が定める国の行政機関は，省，委員会および庁の３種類に分かれ，その設置および廃止は，別に法律に定めるところによるとしている。

3）　各省の長は各省大臣であり，内閣法にいう主任の大臣として，それぞれ行政事務を分担管理するほか，その任務に関連する特定の内閣の重要政策について，閣議決定で定める方針に基づき内閣補助事務である総合調整を行う。

4）　副大臣，大臣政務官の制度は，行政改革会議最終報告を受けて実現したものではなく，形骸化していたといわれる政務次官制度を廃止し，大臣のリーダーシップを補佐する体制の整備を通じてトップマネジメントを強化し，政治主導を実現することを意図した政党間合意を基礎に「国会審議の活性化及び政治主導の政策決定システムの確立に関する法律」で導入されたものである。

5）　省には，その所掌事務を遂行するため，内部部局（内局ともいう）として官房および局を置く。官房，局および部の設置および所掌事務の範囲は，政令で定める。

6)　各府省の組織の新設については，内閣人事局が，合理的再編成（スクラップ・アンド・ビルド）原則に則り，機構審査を行っている。

1 内 閣 府

(1) 国家行政組織法の規定の適用関係

原則的適用除外

国家行政組織法は，内閣の統轄の下にある行政機関で内閣府以外のものの組織の基準を定めている（行組1条)。ここでいう「統轄」は，上級行政機関が複数の下級行政機関に対して統合的調整を行いつつ指揮監督する場合に用いられる用語である[1]。内閣府のうち分担管理事務（任務については内閣府3条2項，所掌事務については内閣府4条3項）を担う部分については，各省と同格であり，内閣の統轄下にあるのであるから（内閣府5条2項，行組1条)，国家行政組織法の規定を適用し，内閣補助事務を行う部分についてのみ同法の規定を適用しないとする立法政策，内閣府も含めて同法の規定を適用した上で，内閣補助事務については特則を置く立法政策も考えられるが，分担管理事務を担う部分も含めて内閣府全体が同法の規定の適用対象外とされている。これは，内閣府の主たる任務は，内閣の事務を補助することであり，この側面を重視したからといえよう。また，行政改革会議最終報告において，内閣府の組織について，「内閣官房の総合戦略機能を助ける『知恵の場』にふさわしく，経済財政政策，総合科学技術政策などの横断的な企画立案に当たる専門スタッフを糾合した組織とする」とされており，弾力的な組織編成のためには，国家行政組織法の規定を適用しないほうがよいという判断がなされた側面もあるともみうる（⇒第1編第7章*1*(3)1))。

例外的適用

他面において，国家行政組織法は，内閣府をまったく対象外にしているわけでもなく，同法2条1項は，内閣府の組織とともに内閣の統轄の下にある行政機関全体の系統的構成について定め，同条2項は，内閣府との政策の調整および連絡について規定している。また，同法23条は，内閣府設置法17条1項の規定に基づき置かれる官房および局の数も含めて規制して

1)　法令用語研究会編・有斐閣 法律用語辞典〔第4版〕(2012年）841頁参照。

いる（内閣府66条も参照）。

(2) 分担管理事務

内閣府は，内閣総理大臣が政府全体の見地から管理することがふさわしい行政事務の円滑な遂行を図ることを任務とする（内閣府3条2項）。これが，分担管理事務に係る任務である。内閣府の分担管理事務に関する所掌事務は，内閣府設置法4条3項に規定されている（そのため，3項事務といわれることがある）。栄典および公式制度，迎賓施設における国賓および賓客の接遇，国民生活の安定および向上，市民活動の促進，官報および法令全書ならびに内閣所管の機密文書の印刷，政府の重要政策に関する広報，公文書等の管理に関する基本的な政策の企画および立案ならびに推進，歴史公文書等の保存および利用，地方制度に関する重要事項に係る関係行政機関の事務の連絡調整，選挙制度に関する重要事項に係る事務の連絡調整，租税制度に関する基本的事項に係る関係行政機関の事務の連絡調整，国際平和協力業務および物資協力，独占禁止法27条の2に規定する事務等，きわめて多様な事務が内閣府の分担管理事務とされている。

内閣府の分担管理事務は，(i)内閣補助事務に関連する事務（経済動向の分析，民間資金等の活用による公共施設等の整備等の促進，国民経済計算，防災に関する施策の推進等），(ii)内閣補助事務と関連しない事務（栄典制度，国民の祝日，元号その他の公式制度，政府の重要な施策に関する広報，国際平和協力業務），(iii)宮内庁に関する事務，(iv)内閣府の外局に関する事務（公正取引委員会，国家公安委員会，特定個人情報保護委員会，金融庁，消費者庁の所掌事務）に大別しうる。

内閣府設置以後，多くの事務が新たに内閣府の所掌事務とされた（情報公開・個人情報保護審査事務，個人情報保護法に係る事務，地方分権改革，道州制特別区域計画事務，構造改革特別区域計画認定事務，地域再生計画認定・交付金支給事務，中心市街地活性化計画認定事務，統計委員会に係る事務，官民人材交流センターに係る事務，再就職等監視委員会に係る事務，公益法人認定等事務，食品安全，官民競争入札等監視事務，少子化社会対策，犯罪被害者等施策，自殺対策，イノベーション推進，原子力発電施設等立地地域振興，拉致被害者等給付金支給事務等）。また，公正取引委員会，日本学術会議のように，他の省庁から内閣府に移管されたものもあり，内閣府の分担管理事務の拡大傾向が顕著である。そこで，2015（平成27）年通常国会で成立した「内閣の重要政策に関する総合調整等に関する機能の強化のための国家行政組織等の一部を改正する法律」では，犯罪被害者等施策に関する事務を国家公安委員会に，消費者問題および食品安全に関する事務を消費者庁に（ただし，消費者委員会および食品安全委員会は本府に存置），統計委員会および情報公開・個人情報保護審査会の事務ならびに官民競争入札等監理事務を総務省に，自殺対策に関する事務を厚生労働省に，食育推進に関する事務を農林水産省に，交通安全対策に関する事務を国家公安委員会および国土交通省に移管することとされた。

ところで，中央省庁等再編前は総理府が「他の行政機関の所掌に属しない行政事務」を所掌していた（旧総理府設置法3条3号・4条14号）。中央省庁等再編により総理府は内閣府に改組されたが，内閣府の分担管理事務は，内閣府の長としての内閣総理大臣が担当するのにふさわしい行政事務であるべきであるから（省庁改革基10条，内閣府3条2項参照），これらを内閣府の所掌事務とすることは適当でない。そこで，中央省庁等再編後は，内閣府ではなく，総務省がかかる事務を所掌することになった（総務省4条1項96号）。

(3) 内閣府本府

内閣府は，後述する外局を包摂する意味で使用される言葉であるが，宮内庁と外局を除いた部分を内閣府本府ということがある（内閣府3章3節，内閣府本府組織令，内閣府本府組織規則）。

2 国の行政機関

(1) 意　義

国家行政組織法は，内閣の統轄の下にある行政機関で内閣府以外のものを「国の行政機関」と定義している（行組1条）。そして，「国の行政機関」の組織は，この法律で定めるとしている（行組3条1項）。すなわち，同法は，内閣の統轄の下にある行政機関のうち，内閣府を除いた「国の行政機関」についての基準法としての性格を有する。

行政組織のために置かれる国の行政機関は，省，委員会および庁の3種類に分かれ，その設置および廃止は，別に法律に定めるところによるとしている。省，委員会，庁は，国家行政組織法3条で定められているため，「3条機関」と呼ばれることがある。そして，総務省設置法，財務省設置法，労働組合法（中央労働委員会の場合）等の個別法により，具体の「国の行政機関」が設置されている。

(2) 相互調整および政策の評価・企画・立案

政策評価

国の行政機関については，中央省庁等改革前から，相互の連絡を図り，すべて一体として行政機能を発揮するようにしなければならないと定められていたが，中央省庁等改革の一環としての国家行政組織法改正により，国の行政機関は，内閣の統轄の下に，その政策について，自ら評価し，企画および立案を行い，ならびに国の行政機関相互の調整を図ることが規定された（行組2条2項)。中央省庁等改革基本法29条1号は，「府省において，それぞれ，その政策について厳正かつ客観的な評価を行うための明確な位置付けを与えられた評価部門を確立すること」を求めており，これを受けて，府省において，政策評価を所掌する組織が設けられた。また，同条は，府省の枠を超えた政策評価機能の評価，政策評価に関する情報公開の促進，政策評価の政策への反映についての説明責任の明確化についても規定している。政策の効果を絶えず検証し，社会経済的諸条件の変化も踏まえて既存の政策を見直す必要があることは当然であり，わが国の行政において，政策評価が十分に行われてこなかったことの反省に立って，中央省庁等改革基本法が政策評価についての明文の規定を設けたことの意義は大きい。その後，2002（平成14）年に「行政機関が行う政策の評価に関する法律」[2)]が施行され，政策評価制度は大きく発展することとなった。

***Column*　政策評価と行政事業レビューの連携**

「行政事業レビューの実施等について」（平成25年4月5日閣議決定）において，各府省自らが，事業に係る予算の執行状況等について，個別の事業ごとに整理したうえで，毎会計事業年度終了後速やかに必要性，効率性および有効性等の観点から検証して当該事業の見直しを行い，その結果を予算の概算要求および執行に反映するとともに，それらの結果を公表することとされた。約5000の国の事業すべてについて，各府省共通のレビューシートが作成・公表されている。同年4月に行政改革推進会議が取りまとめた行政事業レビューの実施要領においては，政策評価との連携を行うこととされ，同年6月に閣議決定された「経済財政運営と改革の基本方針」においても，政策評価と行政事業レビューの連携強化を図り，一体的な取組みを促進することとされた。これを受けて総務省は，「政策評価の事前分析表」と「行政事業レビューシート」の事業名と事業番号を共通化し，作業プロセスにおける連携を強化し，施策と事務事業の状況を一体的に把握できるようにした。

政策調整　府省間の政策調整システムの概要については，すでに説明したが（⇒第1編第3章***2***(2))，ここで若干敷衍することとする。

国家行政組織法15条は，各省大臣，各委員会および各省の長官に，関係行政機関の長に対して意見を述べる権限を認めているが，意見を述べられた関係行政

2)　同法を中心とする政策評価の法制度については，宇賀克也・政策評価の法制度（有斐閣，2002年）1頁以下参照。政策評価の課題については，小西敦「政策評価の意義と課題」新争点177頁およびそこに掲げられた文献参照。

機関の長は，相互の調整を図るために真摯に努力しなければならず，述べられた意見に対して回答する義務を負う。もとより，述べられた意見に従う義務はない。各府省大臣は，政策調整全体を指揮監督し，必要に応じて直接に調整に携わるが，大臣間の調整が不調に終わった場合には，内閣総理大臣に対し，内閣法6条による行政各部に対する指揮監督の措置がとられるように意見具申することができる。また，関係行政機関からの申出により，または職権により，内閣官房や内閣府が総合調整を行うこともできる（省庁改革基8条2項・10条1項）。

中央省庁等改革基本法28条2号は，「内閣官房は，必要に応じ，調整の中核となる府省を指定して政策調整を行わせること等により，総合調整を行うこと」と定めているが，実際には，かかる指定が行われた例はない。国家行政組織法15条の政策調整の仕組みも，これまでのところ，ほとんど活用されていない[3)]。そのような中，2015（平成27）年通常国会で成立した「内閣の重要政策に関する総合調整等に関する機能の強化のための国家行政組織法等の一部を改正する法律」では，内閣官房・内閣府が政策の方向付けに専念し，各府省が中心となって強力かつきめ細かく政策を推進することができるようにするため，各省等に総合調整権限を付与しており，注目される。同法による改正で，内閣府の外局である国家公安委員会，金融庁，消費者庁にも総合調整権限が付与された（警5条6項，金融庁設置法4条2項，消費者庁及び消費者委員会設置法4条2項）。

3 省

(1) 省の編成

1) 編成の原理

一 体 性 省は，内閣の統轄の下に行政事務をつかさどる機関として置かれる（行組3条3項）（国の行政組織は**図8-1**参照）。国家行政組織は，内閣の統轄の下に，内閣府の組織とともに，任務およびこれを達成するため必要となる明確な範囲の所掌事務を有する行政機関の全体によって，系統的に構成されなけ

3）藤井直樹「省庁間の調整システム――橋本行革における提案と中央省庁再編後の実態について」公共政策研究6号56頁以下参照。

図 8-1　国の行政組織

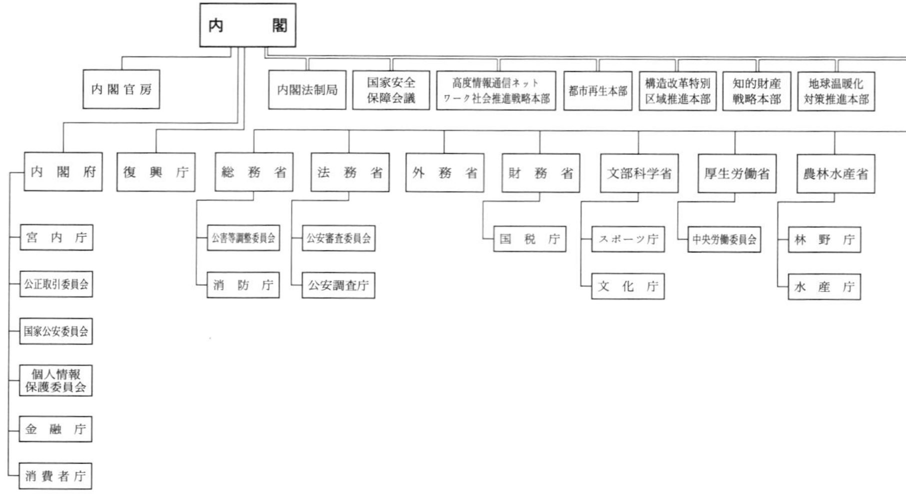

ればならず（行組2条1項），すべて一体として行政機能を発揮するようにしなければならない（同条2項）。

福岡地小倉支判昭和60・2・13判時1144号18頁（カネミ油症小倉第3陣訴訟1審判決）は，国家主体単一性の原則から，各行政機関は内閣の統轄のもとに行政機関相互の連絡を図り，すべて一体として行政機能を発揮するようにしなければならない（行組2条）のであって，この連絡調整義務は，行政事務の共管，競合の場合に限らず，あるいは個々の法令で具体的に規定されている場合に限らず，各行政機関の所掌事務が共通の行政目的のため密接に関連し，連絡調整が他の関係行政機関の所掌事務の円滑，適切な処理のため必要不可欠であると認められる場合においては，国家行政組織法上その履行が当然に要請されると述べている。換言すれば，各行政機関所属の公務員は自己本来の職務を独自に執行中であっても，その過程において自己の職務と密接に関連する他の行政機関の所掌事務の円滑，適切な処理のため必要不可欠であると認められる事実を了知したとき，または了知しうべかりしときは，他の行政機関に対し，当該事実の通報連絡，意見聴取，事前協議，覚書交換等適宜具体的場合に即応した連絡調整を図るべき義務を自己本来の職務ないしこれに準ずるものとして当然負担し，その限りにおいて，「各行政機関所属の公務員は有機的に一体として連携すべきことが予定されてい

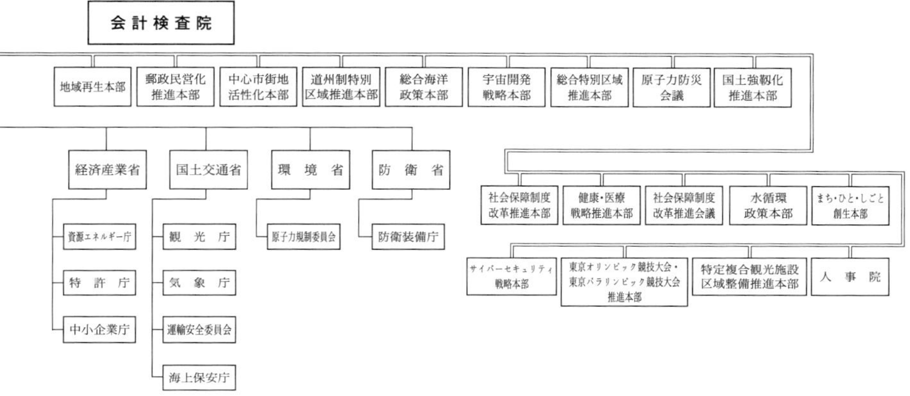

（平成30年10月1日現在）

るというべきである」とし，国家賠償法1条1項の「公務員が，その職務を行うについて」の「職務」には，自己本来の職務行為はもとより，適宜具体的場合に応じて必要とされる連絡調整義務も含まれると判示している。

Column　消費者安全法に基づく消費者事故等情報の通知義務

牛海綿状脳症（BSE）問題について，2002（平成14）年4月2日に公表された「BSE問題に関する調査検討委員会報告」において，厚生労働省と農林水産省の縦割行政の弊害が指摘された。そして，相次いだ食品偽装事件や中国産冷凍ギョーザによる食中毒事件を背景に，2008（平成20）年2月8日，内閣に消費者行政推進会議が設置され，消費者行政一元化のための組織改革について議論することとなった。また，同日，内閣官房に消費者行政一元化推進室が置かれ，岸田文雄内閣府特命担当大臣が，消費者行政推進担当大臣に追加発令された。その後，2008（平成20）年6月27日に閣議決定された「消費者行政推進基本計画」に基づき，消費者庁関連3法案が同年9月19日に閣議決定され，国会へ提出され，2009（平成21）年の通常国会において衆議院で修正後，同年5月29日に参議院本会議で全会一致で可決成立した。

消費者庁関連3法の1つである消費者安全法は，行政機関の長，都道府県知事，市町村長および国民生活センターの長は，ⅰ重大事故等が発生した旨の情報を得たとき，ⅱ重大事故等を除く消費者事故等が発生した旨の情報を得た場合であって，当該消費者事故等の態様，当該消費者事故等に係る商品等または役務の特性その他当該消費者事故等に関する状況に照らし，当該消費者事故等による被害が拡大し，または当該消費者事故等と同種もしくは類似の消費者事故等が発生するおそれがあると認めるときは，内閣総理大臣に対し，当該事故等が発生した旨および当該事故等の概要等を通知しなければならないと定めており，iの場合は「直ちに」通知する義務を課している（12条1項・2項）。かかる規定を設けることにより，縦割行政の下での事故等情報の流通の遅れがかなりの程度解消され，消費者庁の主任の大臣である内閣総理大臣への情報一元化体制が整備されることが期待される。

2）編成の基本方針

中央省庁等改革基本法の定める基本方針

中央省庁等改革基本法は，省の編成の基本方針として，「国の行政が担うべき主要な任務を基軸として，一の省ができる限り総合性及び包括性をもった行政機能を担うこと」（任務を基軸とした目的別編成原則，総合性・包括性原則），「基本的な政策目的又は価値体系の対立する行政機能は，できる限り異なる省が担うこと」（政策目的・価値体系別編成原則），「各省の行政機能及び権限は，できる限り均衡のとれたものとすること」（均衡原則）を法定している（省庁改革基4条2号）[4)]。

任務を基軸とした目的別編成原則，総合性・包括性原則

任務を基軸とした編成原則が明記されたのは，従前の省編成が，特定の利益集団を代表する縦割り構造になっていることへの反省に基づき，国民のために必要な任務を明らかにする必要があるという認識に基づく。そのため，各省設置法において，まず，当該省の任務を明らかにし，次に，その任務を達成するための所掌事務を定めるという体裁に統一された。すなわち，はじめに所掌事務ありきではなく，所掌事務は任務を達成するためにのみ認められることを明らかにし，各省割拠主義[5)]を改めることを意図したのである。総合性・包括性原則による目的別大括り編成の方針[6)]は，すでに第3次行革審答申にもみられたものであるが，高い視点と広い視野からの政策立案機能の発揮という長所を有する反面，従前は省庁間折衝であったものが内部部局間折衝となることにより，透明性が低下するおそれがある[7)]。

4）行政改革会議の省庁再編の特色について，市橋克哉「省庁再編——二つの『飛躍』とその帰結」法時70巻3号61頁，世木義之「戦後型行政システムの改革——行政改革会議『最終報告』」立法と調査205号45頁参照。また，省庁再編の具体的な内容と意義，課題については，八木俊道「国の行政機関の再編成」法教217号16頁以下参照。

5）各省割拠主義について詳しくは，今村都南雄・官庁セクショナリズム（東京大学出版会，2006年）参照。

6）目的別大括り編成の方針に対する批判的見解として，浜川清「省庁の再編成」ジュリ1133号96頁参照。

したがって，内部部局間折衝についての情報公開の拡充が重要になる。幸い，「行政機関の保有する情報の公開に関する法律」が施行され，内部部局間の審議・検討・協議に関する情報も，それが文書化されていれば，同法5条5号等に該当しない限り，開示されることになった。

政策目的・価値体系別編成原則　政策目的・価値体系別編成原則は，たとえば，開発と環境保全のように基本的な政策目的または価値体系の対立を外部化することにより，対立の調整が内部で不透明に行われることを抑止する意義を有する。組織の分節機能によるチェックアンドバランスを確保する上で，利益相反性に着目した省の再編には合理性が認められる。もっとも，このことは，各省内部における補完的なチェック機能を否定することまで含意しているとみるべきでないであろう。国土交通省と環境省が別建てになったことは当然としても，国土交通省の中に環境保全を担当する部局が不要になるわけではなく，環境保全は，すべての開発行政に内在する価値といえ，開発担当部局においても環境保全の観点からの内部的チェックが行われるべきであるからである。2009（平成21）年5月28日に参議院消費者問題に関する特別委員会が，消費者庁関連3法案の附帯決議2項において，「各府省庁における消費者担当部局の強化を行うこと」を要望していることは，この観点から首肯される。

均衡原則　国家行政組織法上は同格のはずの省のうち，特定のものが強力な権限を有して，実質的な総合調整を行うようになれば，内閣機能を強化し，内閣による総合調整を拡充しようとする中央省庁等改革の方針は画餅に帰すことになる。均衡原則は，かかる事態を防止しようとするものである。

権限規定の削除　国家行政組織法2条1項の「任務及びこれを達成するため必要となる明確な範囲の所掌事務を有する行政機関」の部分は，1999（平成11）年の改正前は，「明確な範囲の所掌事務と権限を有する行政機関」と定められていた。この権限規定[8)]が削除されたのは，これが，私人に対する行政指導等の裁量行政の根拠となっているという批判があったためである。しかし，通説によれば，行政指導には作用法上の根拠は要せず，所掌事務という組織法上の根拠があれば足りるし，行政指導の中に作用法

7)　伊藤良文「中央省庁再編計画」賃金と社会保障1219号17頁参照。

8)　行政組織法における権限概念の意義については，稲葉馨「行政組織」法教226号47頁，設置法における権限規定の経緯，その意義についての諸解釈については，同「行政組織の再編と設置法・所掌事務及び権限規定」ジュリ1161号116頁以下参照。

上の根拠を要するものがあるという立場に立つ場合も，そこにおいては組織法上の権限規定は根拠足りえないのであるから，権限規定の削除が，裁量行政の根拠を廃止するという関係にはなく，権限規定の削除が，行政指導を抑制することにはならない（⇒第Ⅰ巻第21章**3**(1)）。もっとも，従前の権限規定は，法的な意味に乏しく，不要な議論を招来していたことは否めず，その意味では，権限規定の削除は有意義であったといえる9)。

本　省　本省という言葉は，省の中から外局，顧問・参与等を除く部分を意味することが多い（総務省組織規則1章，財務省組織規則1章等）。

(2) 大　臣

各省の長は，各省大臣であり，内閣法にいう主任の大臣として，それぞれ行政事務を分担管理する（行組5条1項）。各省大臣は，当該機関の事務を統括し，職員の服務について統督し（行組10条），主任の行政事務について，法律または政令の制定，改正または廃止を必要と認めるときは，案をそなえて，内閣総理大臣に提出して閣議を求めなければならない（行組11条）。また，各省大臣は，主任の行政事務について，法律もしくは政令を施行するため，または法律もしくは政令の特別の委任に基づいて，省令を制定することができる（行組12条1項）。さらに，当該機関の所掌事務について，公示を必要とする場合においては，告示を発することができる（行組14条1項）。各省大臣に訓令・通達の発布権があること（同条2項），行政機関相互間の調整のための資料提出・説明要求権や関係行政機関の政策に関し意見陳述権があること（行組15条）は，すでに述べたとおりである。

2015年に成立した「内閣の重要政策に関する総合調整等に関する機能の強化のための国家行政組織法等の一部を改正する法律」では，各省大臣は，総合調整に関する事務の遂行のために必要があると認めるときは，関係行政機関の長に対し，必要な資料の提出および説明を求めること（行組15条の2第1項），当該事務の遂行のため特に必要があると認めるときに勧告をすること（同条2項），勧告に基づいてとった措置について報告を求めること（同条3項），勧告をした事項に関し特に必要があると認めるときに内閣総理大臣に対し内閣法6条の規定による

9)　藤田・行政組織法42～43頁，稲葉・前掲注8）ジュリ119頁参照。

措置がとられるよう意見を具申すること（同条4項）が認められている。すなわち，総合調整という内閣補助事務（総務省3条2項・3項等参照）を遂行する以上，内閣府特命担当大臣と同様の権限が付与されているのである。

(3) 副大臣・大臣政務官

1) 副 大 臣

各省に副大臣が置かれる（行組16条1項）。副大臣の定数は，国家行政組織法別表3に定められており（行組16条2項），法務省・環境省・防衛省が1人で，他の省は2人となっている。副大臣は，その省の長である大臣の命を受け，政策および企画をつかさどり，政務を処理し，ならびにあらかじめその省の長である大臣の命を受けて大臣不在の場合その職務を代行する（行組16条3項）。「政策及び企画をつかさどり」という表現には，関係部局を指揮監督し，必要な決定を行うことが含意されている。また，「政務を処理する」とは，政治と行政の調整を担当することが含意されており[10]，いわゆるライン職である。副大臣は，国会において答弁を行うとともに，必要に応じ国会等との連絡調整を行う（国務大臣，副大臣及び大臣政務官規範〔平成13年1月6日閣議決定。平成18年10月24日改正。平成18年12月26日改正〕2(1)5)。

副大臣が2人置かれた省においては，各副大臣の行う職務の範囲および職務代行の順序については，その省の長である大臣の定めるところによる（行組16条4項）。副大臣の任免は，その省の長である大臣の申出により内閣が行い，天皇がこれを認証する（同条5項）。副大臣は，内閣総辞職の場合においては，内閣総理大臣その他の国務大臣がすべてその地位を失ったときに，これと同時にその地位を失う（同条6項）。従前の政務次官と比較して，副大臣の権限は強化されている。

2) 大臣政務官

各省に大臣政務官が置かれる（行組17条1項）。大臣政務官の定数は，国家行政組織法別表3に定められており（同条2項），1～3人となっている。大臣政務官は，その省の長である大臣を助け，特定の政策および企画に参画し，政務を処理する（同条3項）。「参画」という表現からうかがわれるように，いわゆるスタッフ職である。各大臣政務官の行う職務の範囲については，その省の長である大臣の定めるところによる（同条4項）。大臣政務官の任免は，その省の長である大臣の申出により内閣が行う（同条5項）。大臣政務官は，内閣総辞職の場合においては，内閣総理大臣その他の国務大臣がすべてその地位を失ったときに，これと同時にそ

10）行政組織研究会「中央省庁等改革関連法律の理論的検討(3)」自治研究76巻11号6頁参照。

の地位を失う（同条6項）。大臣政務官は，国会等との連絡調整を行うとともに，必要に応じ国会において答弁を行う（国務大臣，副大臣及び大臣政務官規範2(1)5）[11]。

3）副大臣・大臣政務官の政治任用

副大臣，大臣政務官は，内閣総理大臣その他の国務大臣がその地位を失うと同時にその地位を失う政治任用職[12]である。副大臣，大臣政務官の制度は，行政改革会議最終報告を受けて実現したものではなく，形骸化していたといわれる政務次官制度[13]を廃止し，大臣のリーダーシップを補佐する体制の整備を通じてトップマネジメントを強化し，政治主導を実現することを意図した政党間合意を基礎に「国会審議の活性化及び政治主導の政策決定システムの確立に関する法律」で導入されたものである[14]。もっとも，これについては，行政の政治的中立性の確保という観点からの問題提起もなされている。他方，副大臣の事務次官に対する指揮権を確立し，政治主導を実現するためには，各副大臣の下にその職務の範囲と重なる領域を担当する事務次官を最低1人ずつ置くべきという意見や，国家公務員法制定当初において，各省次官（現在の事務次官）が官僚機構よりは政治に属するものとして特別職とされていたように，一般職である事務次官を特別職とすべきという意見もある[15]。

(4) 大臣補佐官

2014（平成26）年の内閣府設置法改正により，内閣府に，特に必要がある場合においては，大臣補佐官6人以内を置くことができることとされた（内閣府14条

11）副大臣・大臣政務官については，飯尾潤「副大臣・政務官制度の目的と実績」レヴァイアサン38号41頁以下参照。

12）政治任用職の意味については，西尾勝「公務員制度改革の道筋」UP36巻8号5頁参照。そこでは，資格要件なしに任命権者が適材を内外から自由に任用する自由任用のうち，被任用者が任命権者と進退を供にするものを政治任用と定義しており，本書もこの定義に従う。アメリカ，イギリス，フランス，ドイツにおける政治任用の実態については，人事院平成15年度年次報告書第1編第1部で詳しく紹介されている。

13）飯尾潤「政治的官僚と行政的政治家――現代日本の政官融合体制」日本政治学会編・現代日本政官関係の形成過程（年報政治学1995年）139頁参照。

14）政治家と行政官の関係に関する類型について，山口二郎「政治・行政のインターフェイスの諸相と統治機構」日本行政学会編『統治機構の諸相』（年報行政研究27号）8頁以下参照。また，ドイツにおける政治的官吏については，毛利透「内閣と行政各部の連結のあり方」同・統治構造115頁以下，原田久「比較のなかの政官関係論・序説」アドミニストレーション4巻2号118頁以下参照。

15）毛利・前掲注14）126頁参照。

の2第1項)。

内閣府に，6人を超えて大臣補佐官を置く必要がある場合においては，上記の大臣補佐官のほか，他省の大臣補佐官の職を占める者をもって充てられる大臣補佐官を置くことができる（同条2項)。大臣補佐官は，内閣官房長官または特命担当大臣の命を受け，特定の政策に係る内閣官房長官または特命担当大臣の行う企画および立案ならびに政務（大臣委員会等の所掌に係るものを除く）に関し，内閣官房長官又は特命担当大臣を補佐する（同条3項)。大臣補佐官の任免は，内閣総理大臣の申出により，内閣が行う（同条4項)。大臣補佐官は，非常勤とすることができ（同条6項)，国会議員との兼任も可能である。

2014（平成26）年の国家行政組織法改正により，各省にも，特に必要がある場合においては，大臣補佐官1人を置くことができることとされた（行組17条の2第1項)。各省の大臣補佐官は，その省の長である大臣の命を受け，特定の政策に係るその省の長である大臣の行う企画および立案ならびに政務に関し，その省の長である大臣を補佐する（同条2項)。各省の大臣補佐官の任免は，その省の長である大臣の申出により，内閣がこれを行う（同条3項)。各省の大臣補佐官も，非常勤とすることができる（同条4項)。内閣府・省に置かれる大臣補佐官は，大臣を補佐する直属の個人スタッフであり，ラインの指揮命令系統には位置づけられていない。

⑸　政官関係

国における政官関係の規制

中央省庁等再編に際して制定された「国務大臣，副大臣及び大臣政務官規範」（平成13年1月6日閣議決定）においては，国務大臣，副大臣および大臣政務官と一般職の公務員との関係については，政治主導を実現するため，重要な府省令・告示，本省庁課長以上の人事案件等を例外なく大臣決裁事項とするように，文書規定を整備することとされている(2⑵③)。また，国務大臣等は，国家公務員法等の趣旨を踏まえ，国民全体の奉仕者として政治的中立性が求められている職員に対し，一部の利益のために，その影響力を行使してはならず，国務大臣は，職員の任命権を一部の政治的目的のために濫用してはならないとされている（1⑽)。

現職国会議員が中央官庁に対して行った口利きに関連して逮捕された事件を契機にまとめられた「政・官の在り方」（平成14年7月16日閣僚懇談会申合せ）においては，政策の決定は，「政」が責任をもって行い，

「官」は，職務遂行上把握した国民のニーズを踏まえ，「政」に対し，政策の基礎データや情報の提供，複数の選択肢の提示等，政策の立案・決定を補佐する（1〔2〕）。「官」は，国会議員またはその秘書から，個別の行政執行（不利益処分，補助金交付決定，許認可，契約等）に関する要請，働きかけであって，政府の方針と著しく異なる等のため，施策の推進における公正中立性が確保されないおそれがあり，対応がきわめて困難なものについては，大臣等に報告するものとする。報告を受けた大臣等は，要請，働きかけを行った国会議員に対し，内容の確認を行うとともに，政・官の関係について適正を確保するなど，自らの責任で，適切に対処することとされた（2〔1〕）。また，法律案の作成等，政策立案の過程における「官」から「政」への働きかけは，大臣等の指揮監督下にあって，その示した方針に沿ってこれを行わなければならず（2〔2〕），「官」は，大臣等に報告すべき情報を秘匿したり偏った情報提供を行うことのないよう，報告責任を全うし，国家公務員法の精神に則り，国民全体の奉仕者として，「基本認識」で明らかにした「官」の役割を誠実に果たすものとするとされている（2〔3〕）。そして，「官」は，上記〔1〕により大臣等に報告するものについては，日時，経過，内容等，当該案件の処理経過を記録し，大臣等の確認を得た上で保存することとし，この場合および上記〔2〕で記録を保存する場合，記録の正確性を十分確保することとし，詳細な発言内容を保存する場合には，改めて本人の確認を求めることとされている（2〔4〕）。

Column　外務省における政官関係の規制

2002（平成14）年8月21日に公表された「外務省改革『行動計画』」においては，「政・官の在り方」については，上記閣僚懇談会における「政・官の在り方」に関する申合せを踏まえつつも，文書化を明確にし，文書管理規程を改正して，(i)採用・昇任等の人事管理，(ii)許認可・補助金交付決定等の事務事業，(iii)それ以外の政策・施策に関する意見提出のうち，大臣の事務統括権限に支障が生じうるもの，の3類型に関する国会議員からの意見提出について文書化すること，その際には省員側の応答も記録すること，作成した文書については，閣僚懇談会の申合せのラインで確認を行い，内容確認は政務本部を通じて行うこと（内容確認の際に政側と官側で意見が異なり，最終的に意見の調整がつかない場合には，両論併記して保存する）としている（Ⅰ1）。さらに，大臣を本部長とし，副大臣・大臣政務官と事務次官等からなる政務本部を設置して，副大臣は国会や政党との連絡事務等を統括し，大臣政務官は，副大臣の統括の下，政務補佐要員（従前の国会担当の官房審議官・参事官，条約局審議官，官房総務課国会班）とともに国会や政党との連絡事務に参画し，副大臣主宰で大臣政務官と官房長等の事務方との連絡協議を定例化することが定められた（Ⅰ2）。

公務員制度の総合的な改革に関する懇談会

政官関係の規制は,「公務員制度の総合的な改革に関する懇談会」においても,重要テーマの1つとして議論された。そこにおいては,大臣の方針と無関係に公務員が国会議員と接触を行い,政策誘導を行うことにより,政治主導の政策決定が阻害されているという認識に基づき,「政官の接触の集中管理」の仕組みを導入することが提言されている。すなわち,2008(平成20)年2月5日に内閣総理大臣に提出された「公務員制度の総合的な改革に関する懇談会」報告書[16]においては,内閣に大臣,副大臣,大臣政務官の政務を補佐する「政務専門官」を設け,国会議員との接触は,大臣,副大臣,大臣政務官および「政務専門官」が行い,それ以外の公務員については,行政の中立性の観点から,大臣の命令による場合に限るなどの厳格な接触ルールを確立し,政官の接触の集中管理を行うことが提言されている。

2008年通常国会に提出された国家公務員制度改革基本法案においては,各府省に,国会議員への政策の説明その他の政務に関し大臣を補佐する職として政務専門官を置き,政務専門官以外の職員が国会議員に接触することに関し,大臣の指示を必要とする等,大臣の指揮監督をより効果的なものとするための措置を講ずることが規定されていた。しかし,これに対しては,当時の野党から,国家議員が政府から情報収集することが困難になるのではないかという懸念が示され,「政官の接触の集中管理」の仕組みではなく,「政官の接触の透明化」の仕組みを導入する修正が行われた。その結果,国家公務員制度改革基本法5条3項において,「政府は,政官関係の透明化を含め,政策の立案,決定及び実施の各段階における国家公務員としての責任の所在をより明確なものとし,国民の的確な理解と批判の下にある公正で民主的な行政の推進に資するため,次に掲げる措置を講ずるものとする」とされ,同項1号において,「職員が国会議員と接触した場合における当該接触に関する記録の作成,保存その他の管理をし,及びその情報を適切に公開するために必要な措置を講ずるものとすること。この場合において,当該接触が個別の事務又は事業の決定又は執行に係るものであるときは,当該接触に関する記録の適正な管理及びその情報の公開の徹底に特に留意するものとすること」と規定されるに至った。

鳩山由紀夫内閣発足の日である2009(平成21)年9月16日,「政・官の在り方」が閣僚懇談会で申し合わされたが,基本的には,前述した2002(平成14)年7月16日閣僚懇談会申合せを踏襲している。しかし,

16) 宇賀克也 = 稲継裕昭 = 株丹達也 = 田中一昭 = 森田朗［座談会］「公務員制度改革の現状と課題」ジュリ1355号2頁以下,川田琢之「『公務員制度の総合的な改革に関する懇談会報告書』の検討」ジュリ1355号46頁以下参照。

「府省の見解を表明する記者会見は，大臣等の『政』が行い，事務次官等の定例記者会見は行わない。ただし，専門性その他の状況に応じ，大臣等が適切と判断した場合は，『官』が行うことがある」（2〔4〕）という方針が新たに定められた。

地方公共団体における取組

地方公共団体においては，議員等の公職者からの個別的な働きかけを記録し報告する制度が要綱等により定められている例がある。たとえば，我孫子市は，「公職にある者から受けた提言，要望等に対する事務取扱要領」（総務部長通知）により，公職にある者（国会議員，県議会議員および市議会議員〔他市町村の議員を含む〕）ならびにこれらの秘書（公設および私設）からの提言，要望，依頼等があった場合，その要望等を受けた職員は，報告書を必ず作成し，上司の決裁を受けることとしている（報告書を作成するときは，要望等の内容について，議員等に確認を求めるものとしている）。そして，各課において，「議員等からの要望等に係る処理表」の個別フォルダーをつくり，報告書は，情報公開条例に基づき開示することとしている（2003〔平成11〕年8月1日以後にあった要望等から適用）。

教員採用試験に係る口利きが問題になった大分県教育委員会では，2008（平成20）年8月4日から，「一定の公職にある者等からの職務の働きかけについての取扱要綱」を施行しているが，同要綱によれば，一定の公職にある者等から不当な働きかけがあった場合には撤回を促し（3条1項），撤回されない場合には，不当な働きかけの内容を記録することおよび当該記録は大分県情報公開条例に基づく公開請求の対象となり原則として公開されることを相手方に説明し（同条2項），この説明をしたときは，記録票を作成し所属長に提出することとしている（4条1項）。また，教育長は，不当な働きかけの件数およびその概要について，毎年度分をとりまとめて教育委員会ホームページ等において公表するものとされている（5条1項）。

公職者からの働きかけに限らず，住民からの要望も含めて，不当要求行為等の行為者に対する警告の公表制度を設けている地方公共団体もある。近江八幡市コンプライアンス条例（2001年3月28日条例第3号）がその例である。大阪市の「職員等の公正な職務の執行の確保に関する条例」（2006年3月31日条例第16号）においても，大阪市職員は，不当要求行為があったと認めるときは，直ちに，市規則で定めるところにより，市の機関に報告するとともに，その内容を記録しなければならないとし（22条1項），市の機関は，不当要求行為があったと認めるときは，速やかに，その旨を大阪市公正職務審査委員会に報告することを義務づけられている（同条2項）。そして，市の機関は，不当要求行為の行為者に対する書面による警告，捜査機関への告発その他不当要求行為を中止させるために必要な措置をとるものとされ（同条3項），かかる措置をとったにもかかわらず，不当要求行為の行為者が不当要求行為を中止しないときは，その旨を公表することができるとされている（23条1項）。同市の「職員の職務の執行に関する要望等の記録等に関する規則」（2006年3月31日規則第181号）においては，職員が不正要望等を受けた場合，当該要望等に応じることができない旨を回答するとともに，その旨をその属する担当等の課長に報告しなければならず（8条1項），直ちに当該要望等の内容を記録しなければならないとする（8条3項）。京都市，奈良市，豊田市，福島県鏡石町等も，不当要求行為等を対象とした条例を制定している。

なお，「神戸市政の透明化の推進及び公正な職務遂行の確保に関する条例」（2006年8年9月20日条例第13号）は，職員等以外のものが職員等に対して行う当該職員等の職務に関する要望，提言，提案，相談，意見，苦情，依頼等を口頭により受けたときは，その内容を確認し，簡潔に記録することを原則としており，不当要求行為に限定せずに要望等の文書化原則を採っている17)。

(6) 内部部局

1) 組織の構成

省には，その所掌事務を遂行するため，内部部局（内局ともいう）として官房および局を置く（行組7条1項）。官房または局には，特に必要がある場合においては，部を置くことができる（同条2項）。官房，局および部の設置および所掌事務の範囲は，政令で定める（同条4項）。官房，局および部には，課およびこれに準ずる室を置くことができるものとし，これらの設置および所掌事務の範囲は，政令で定める（同条5項）。課およびこれに準ずる室は，ルーティンの行政事務処理の基礎的単位であるが，1983（昭和58）年の国家行政組織法改正前は，その設置および所掌事務の範囲は，法律の範囲内で政令で定めることとされていた。同

17）地方公共団体における法的整合性確保全般については，宇賀克也「自治体における法的整合性確保」『法的整合性確保に向けての多面的検討』（日本都市センター，2009年）1頁以下およびそこに掲げた文献参照。また，政官関係について，成田憲彦「政と官の関係をめぐる視座」ジュリ1223号2頁以下，正木宏長「政官接触の規制に関する一考察――国家公務員制度改革基本法に寄せて」立命館法学321＝322号405頁以下参照。アメリカの政官関係について，廣瀬淳子「アメリカの政策形成過程と政官関係」外国の立法213号1頁以下，東田親司・現代行政と行政改革――改革の要点と運用の実際（芦書房，2002年）244頁以下参照。

図 8-2　官房・局の設置数の推移

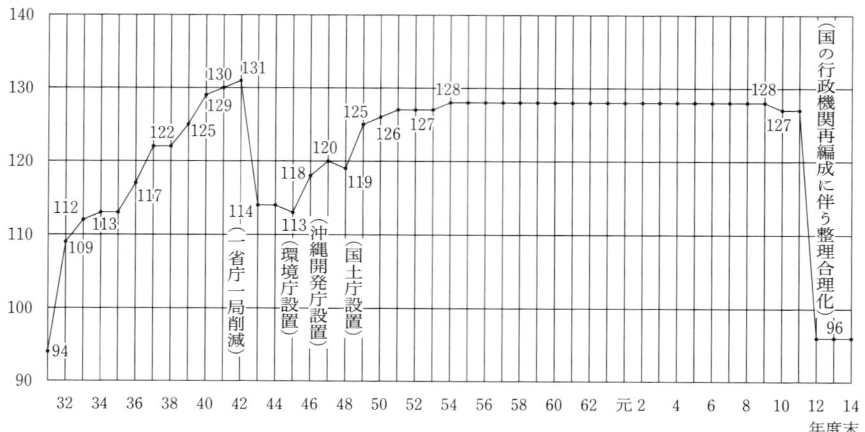

1　平成 11 年法律第 90 号による改正前の国家行政組織法第 25 条及び改正後の国家行政組織法第 23 条に係る官房・局について掲げた。

2　昭和 32 年の 15 局増は，国家行政組織法の改正（大臣庁である外局には部にかえて局をおくことができる）による自治庁 4 局，行政管理庁 3 局，経済企画庁 4 局の設置等によるものである。

（平成 14 年度末現在。総務省「我が国の行政組織管理の現状」より）

年の改正により，行政規制の弾力化のために，法律の範囲内という制限が撤廃された。

総量規制

上記のように，内部部局の構成について，国家行政組織法は，一定の規制を行っているのであるが，政令に委ねられている部分も少なくない。そこで，行政組織の膨張に歯止めをかけるために各省および内閣府本府，内閣府の大臣委員会に置かれる官房および局の数の総量規制[18)]の仕組みも導入されていることについては，すでに述べたとおりである（⇒第1編第1章 ***3*** **(2)**）。中央省庁等改革基本法は，「府省の内部部局として置かれる官房及び局の総数をできる限り 90 に近い数とする」（47 条 1 号）と定めており，1998（平成 10）年 11 月 20 日の中央省庁等改革推進本部決定である「官房及び局の数の削減について」において，96 という数に特定された。こうして，中央省庁等改革による新府省への移行時に，官房および局の総数は，128 から 96 に削減された（平成 14 年度末までの官房・局の設置数の推移については，**図** 8-2 参照）。その後，食糧庁，防衛施設庁の廃止に伴い 2 局増加したが，消費者庁の設置に伴い国民生活局が廃止

18)　詳しくは，大森彌「省庁の組織と定員」西尾ほか・講座行政学(4) 26 頁以下，今村都南雄「行政組織制度」西尾ほか・講座行政学(2) 62 頁以下参照。

され，現在は97となっている（行組23条）。2015（平成27）年度機構審査の結果，文部科学省のスポーツ・青少年局の廃止と法務省訟務局の新設が決定したが，政府全体の局数には変化がない。また，課およびこれに準ずる室については，中央省庁等改革基本法において，省庁再編時に1000程度とし，その後5年間で900に近い数字とする努力義務が課された。そのため，新府省への移行時に，課およびこれに準ずる室の数は1166から995に削減された。2015（平成27）年4月1日現在，課およびこれに準ずる室の総数は899であり，目標は達成されている。

合理的再編成

1983（昭和58）年の国家行政組織法改正は，官房・局の設置を法律事項から政令事項に変更するものであったため，組織の膨張への懸念に応えるために，かかる懸念がなくなるまでという趣旨で，官房および局の総数の制限規定が置かれたが，「当分の間」という留保を伴っていた。また，内部部局の総数の上限を定めることは，組織管理運営上の問題であるから，国家行政組織の基準法としての国家行政組織法の本則に定めるのは適切でないという配慮により，附則で規定されていた。

これに対して，中央省庁等改革で設けられた官房・局の総数制限規定は，本則に置かれ，「当分の間」という留保も付されていない。これは，官房・局の総数制限規定は，単に組織の膨張を抑制するのみならず，新たな任務や機能に応じて，内部部局を合理的に再編成することを促進する機能を有するものであり，今日においては，行政組織の合理的再編成（スクラップ・アンド・ビルド）原則（**図8-3**参照）は，組織管理上確立したものであるから，暫定的規定としてではなく，恒久的規定として本則に置くべきという考慮による[19]。各府省の組織の新設については，内閣人事局が，合理的再編成（スクラップ・アンド・ビルド）原則に則り，機構審査を行っている。さらに，行政組織の常勤職員の総定員数に上限を設ける「行政機関の職員の定員に関する法律」[20]（総定員法）が1969（昭和44）年に制定されており，その総定員数の各機関への配分は，政令に委ねられている（定員2条）。各府省による職員の定数増の要求に対しては，内閣人事局による定員審査が行われる。

19）　行政組織研究会「中央省庁等改革関連法律の理論的検討(3)」自治研究76巻11号28頁参照。

20）　同法の成立過程について，前田健太郎・市民を雇わない国家（東京大学出版会，2015年）172頁参照。

図 8-3　行政組織の管理のしくみ

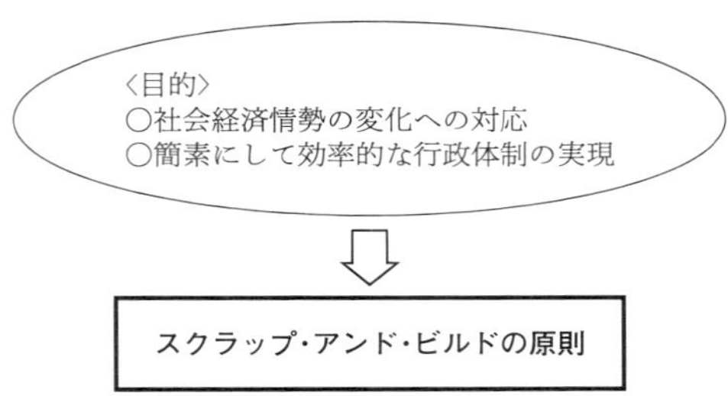

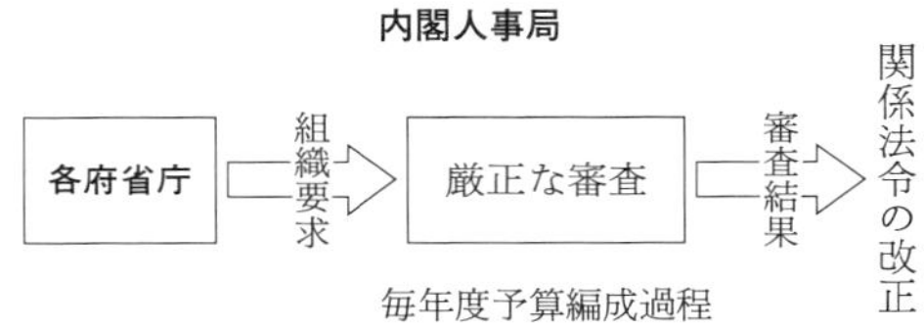

（総務省旧ウェブサイトを基に作成）

2)　総括整理職・分掌職

中央省庁等改革の結果，主として政策立案機能を担う省の内部部局の編成を機動的なものとするため，「状況に応じて所掌事務を分掌して機動的に遂行する職」（省庁改革基16条2項）である分掌職制度が導入された。すなわち，各省には，特に必要がある場合においては，官房および局の所掌に属しない事務の能率的な遂行のためこれを所掌する職で局長に準ずるもの（局長級分掌職）を置くことができるものとされ，その設置，職務および定数は，政令で定めることとされた（行組20条1項）。2015（平成27）年4月1日現在，省の局長級分掌職として，総務省政策統括官（3人），外務省国際情報統括官（1人），文部科学省国際統括官（1人），厚生労働省政策統括官（2人），国土交通省政策統括官（2人），国土交通省国際統括官（1人），環境省放射性物質汚染対処技術統括官（1人）が置かれている。各省には，特に必要がある場合においては，局長級分掌職の職務の全部または一部を助ける職で課長に準ずるものを置くことができ，その設置，職務および定数は，政令で定めることとされている（行組20条3項）。局長級分掌職の場合，その補佐組織として，課または室を設置することはできないので，課長に準ずる者に補佐させることができることとしたのである。局長級分掌職については，上記の総数制限規定は適用されず，その総数を抑制すべき旨の別の規定が存在するわけでもない。これは，局長級分掌職は，「特に必要がある場合」に限定して設置が認められること，局長級分掌職の下に課・室等の組織が置かれるわけではないことに照らし，組織膨張の懸念は小さいという判断によるものと思われる。

Column　審議官，参事官

官房，局，部，委員会事務局に置かれる総括整理職（行組21条4項）で中二階（部長級）のものが審議官，課長級のものが参事官とよばれることが多い。また，課の所掌に属しない事務の能率的な遂行のために置くことができる課長級分掌職（同項）も参事官と呼ばれることが多いが，財務省主計局の主計官，総務省行政管理局の管理官，総務省行政評価局の政策評価官も課長級分掌職である。審議官の中には，各省に置かれ，省名を付した次官級の「省名審議官」と呼ばれるものもある（所掌事務の一部を総括整理する職。行組18条4項）。総務審議官，外務審議官がその例である。審議官という名称ではないが，財務官（財務省），技監（国土交通省）も，次官級の総括整理職である。

(7) 総括管理機関としての省の機能

1) 総務省

行政改革会議最終報告は，総務省創設を内閣および内閣総理大臣の補佐・支援体制の強化の一環として位置づけていた。すなわち，行政の組織および運営の管理，人事管理，行政評価・監視，地方自治制度の管理運営，統計行政等は，本来，内閣の所掌事務として位置づけうるものであり，総務省が，法的には，内閣の統轄の下にある行政機関であるが，総括管理機関として，内閣および内閣総理大臣の補佐機能を持つこととされているのである。そのため，行政改革会議により，「内閣府・総務省体制」[21]が創出されたという表現がされることもある。中央省庁等改革基本法別表第2備考には，「総務省は，内閣及び内閣総理大臣を補佐し，支援する体制を強化する役割を担うものとして設置するものとする」と規定され，同法17条1号には，総務省は，中央人事行政機関としての内閣総理大臣を補佐する機能を担うという表現がみられる（⇒第2編第1章*7*(1)）。しかし，「内閣府・総務省体制」構想は，法制化の過程で埋没したという指摘もある[22]。

2) 財務省

予算管理は，内閣の総合調整機能の重要な部分であり，内閣補助部局において

21) 今村都南雄「中央政府の行政改革」日本行政学会編・行政と改革（ぎょうせい，1999年）30頁以下参照。

22) 今村都南雄「省庁再編構想の屈折――『内閣府・総務省体制』を中心に」新報107巻1＝2号1頁以下参照。

行われるべきという議論はかねてよりあり，内閣府に置かれている経済財政諮問会議が，予算編成の基本方針についても調査審議することとされた（内閣府19条1項1号）。他方，わが国では，伝統的に大蔵省（現在は財務省）主計局が総括管理機関として予算管理について中心的役割を果たしていることは，すでに述べたとおりである（⇒第1編第3章*2*(**4**)）。予算を作成して国会に提出することは，内閣の職務として日本国憲法73条5号に明示されており，財務省による予算管理は，内閣の補助・補佐的性格が強い[23)]。

23)　稲葉馨「『行政』の任務・機能と国家行政組織改革」公法研究62号36頁参照。なお，予算編成過程における経済財政諮問会議と財務省の関係について，小西敦「政策立案過程の基礎——国と自治体を対照させながら(4)」自治実務セミナー46巻10号32頁参照。

第9章 外　　局

Point

1）委員会および庁は，内閣府・省の外局として置かれる。外局とは，内部部局（内局）に対する概念であり，内閣府の長としての内閣総理大臣または各省大臣の統括の下に置かれながら，内部部局とは異なる一定の独立性を有する組織である。

2）第2次大戦後，アメリカは，占領政策の中で，行政民主化のために，行政委員会制度の導入を国，地方公共団体双方において積極的に推進した。しかし，占領終了後，多くの行政委員会が諮問機関としての審議会等に改組されたり，廃止されたりした。

3）行政委員会の設置根拠は，行政民主化，政治的中立性の確保，専門技術的判断の必要，準司法的手続の必要，各界代表による利害調整等，単一ではない。

4）内閣府の外局として置かれる委員会は内閣総理大臣の所轄の下に置かれ，省の外局として置かれる委員会は各省大臣の所轄の下に置かれ，職権行使の独立性が保障されている。

5）各委員会，各庁の長官は，別に法律の定めるところにより，政令および省令以外の規則その他の特別の命令を自ら発することができる。また，その機関の所掌事務について公示を必要とする場合においては，告示を発することができる。

6）内閣への法律案・政令案提出権は内閣総理大臣，各省大臣に与えられており，委員会，庁の長官には内閣への法律案・政令案提出権はない。また，財務大臣に直接予算要求書を送付できないという限界がある。

1 意　　義

委員会および庁は，内閣府・省の外局として置かれる（内閣府49条1項，行組3条3項）。外局とは，内部部局（内局）に対する概念であり，内閣府の長としての内閣総理大臣または各省大臣の統括の下に置かれながら，内部部局とは異なる一定の独立性を有する組織である。すなわち，内閣府・各省の行政事務の中には，主任の大臣とは別の者を責任者とし，内部部局とは独立性を持った事務処理を行わせることに合理性が認められる場合があり，かかる場合に外局が設置されるのである。

2　委員会

(1)　沿　　革

戦後における簇生　大日本帝国憲法の下においても，収用審査会，海員審査会のように，準司法的権限を行使し，公平性，独立性を特に重視する必要があるものについて，合議制の行政官庁が設けられていた。しかし，国家行政組織の通則法としての性格を有していた各省官制には合議制機関についての定めがなかったことからうかがえるように，あくまで例外的な存在であった。ところが，第2次大戦後，アメリカは，対日占領政策の中で，行政民主化のために，同国の独立規制委員会（independent reguratory commission）に範をとった行政委員会制度の導入を国，地方公共団体双方において積極的に推進した。

Column　アメリカの独立規制委員会

アメリカの連邦最初の独立規制委員会は，1887年の州際通商法により設立された州際通商委員会（ICC）である。20世紀になると，1914年に連邦取引委員会（FTC），1934年に証券取引委員会（SEC），連邦通信委員会（FCC）〔1927年設置の連邦電波委員会を改組したもの〕等，独立規制委員会が続々と設立されるようになる。独立規制委員会は，準立法的権限と準司法的権限を有したため，政府の第4権として合憲性が議論されることとなった1)。

さらに，GHQの明示の指示なしに，日本側のイニシアティブで行政委員会が設立される例もあった（中央労働委員会，船員労働委員会，統計委員会）。この行政委員会は，審議会のような諮問機関ではなく，自ら国，地方公共団体の意思決定を行い，自己の名でそれを外部に表示する権限を有する行政庁としての性格を持っていた。農地委員会は，1938（昭和13）年に農地調整法に基づき設立されていたが，1945（昭和20）年の農地調整法改正（第1次農地改革），1946（昭和21）年の農地調整法改正，自作農創設特別措置法制定（第2次農地改革）により，農地買収を行う

1)　アメリカにおける独立規制委員会については，駒村圭吾・権力分立の諸相（南窓社，1999年）が詳しい。木南敦「合衆国憲法の執行権の理解とニューディール」アメリカ法1997-1号41頁以下も参照。

行政委員会として自作農創設という占領政策の遂行に重要な機能を果たした[2)]。さらに，1946（昭和21）年には労働委員会，持株会社整理委員会，公職適否審査委員会，1947（昭和22）年には統計委員会[3)]，1948（昭和23）年には公安委員会，証券取引委員会等，行政委員会が続々と設立されていった[4)]。このような背景の下，1948（昭和23）年に制定された国家行政組織法は，委員会を行政機関の1類型として明示的に位置づけたのである。

占領終了に伴う衰退　占領終了後，1951（昭和26）年，内閣総理大臣の私的諮問機関である政令諮問委員会が吉田茂内閣総理大臣に提出した「行政制度の改革に関する答申」においては，行政委員会制度は，アメリカと異なり，日本社会の実際に合致したものとは必ずしもいえないとし，組織が肥大化し，能動的に行政目的を追求する事務については責任の明確性を欠き，能率的な事務処理の目的を達成しがたいから，原則として廃止し，公正中立的な立場で慎重な判断を要する受動的な事務を主とするものについては，整理簡素化して存置するという方針が提言された。これを受けて，多くの行政委員会が諮問機関としての審議会等に改組されたり，廃止されたりした（ただし，行政委員会を激減させた1952〔昭和27〕年の第13回国会において，公安審査委員会，捕獲審検再審査委員会という2つの委員会が新設されていることも看過すべきではない）[5)]。これについては，行政委員会制度により権限を喪失した官僚勢力の復権の動きが一因とする見方も存在する。もっとも，中には，当該委員会の行政事務自体が終了したため，廃止されたものもある[6)]。

現　状　現在，内閣府に置かれる委員会は，公正取引委員会，国家公安委員会と個人情報保護委員会の3のみである（内閣府64条）。ただし，2019（平成31）年7月1日に内閣府の外局としてカジノ管理委員会が設置される予定

2）農地委員会については，東京大学社会科学研究所編・行政委員会（日本評論社，1951年）21頁以下に詳しい。

3）統計委員会は，1946（昭和21）年12月18日に勅令である統計委員会官制により設置され，翌年，法律に根拠を持つ委員会となっている。

4）占領初期における行政委員会の簇生について，伊藤正次・日本型行政委員会制度の形成——組織と制度の行政史（東京大学出版会，2003年）39頁以下参照。

5）詳しくは，伊藤・前掲注4）197頁以下参照。

6）戦前から今日に至るまでのわが国における行政委員会制度の展開過程について，塩野宏「行政委員会制度について——日本における定着度」日本学士院紀要59巻1号3頁以下参照。

である。また，国家行政組織法上の委員会は，同法別表第1に示されているように，公害等調整委員会（総務省の外局），公安審査委員会（法務省の外局），中央労働委員会（厚生労働省の外局），運輸安全委員会（国土交通省の外局），原子力規制委員会（環境省の外局）の5に減少している。

船員労働委員会の廃止

旧船員労働委員会は，旧船員中央労働委員会（全国に1つ）と旧船員地方労働委員会（北海道，東北，関東，北陸信越，中部，近畿，神戸，中国，四国，九州，沖縄の11）からなっていた。さらに，中央労働委員会と旧船員中央労働委員会については，「21世紀にふさわしい準司法手続の確立をめざして（経済活動を支える民事・刑事の基本法制に関する小委員会とりまとめ）」（平成19年3月20日自由民主党政務調査会司法制度調査会）において，組織の整理・統合を検討すべきとされ，両委員会の統合ならびにこれに伴う地方組織のあり方については，厚生労働省と国土交通省とで協議し，2007（平成19）年中に結論を得ることとされた。その結果，船員労働委員会を廃止して，船員中央労働委員会の集団的紛争調整機能は中央労働委員会に，船員地方労働委員会の集団的紛争調整機能はその所在地の都道府県労働委員会に移す方針が決定され，2008（平成20）年通常国会に，その実現のための法案（国土交通省設置法等の一部を改正する法律案）が提出され可決された。他方，国際海事機関（IMO）において，海難に関する懲戒と原因調査の分離を義務づける条約（2008〔平成20〕年5月採択，2010〔平成22〕年1月発効）に対応する必要から，同法により，従前国土交通省の外局であった海難審判庁の原因究明機能を担う部分の組織と国家行政組織法8条に基づき同省に置かれていた航空・鉄道事故調査委員会を統合して，陸海空の専門家による行政委員会である運輸安全委員会[7)]が創設された。

なお，地方公共団体においては，執行機関の1類型として委員会が置かれているが，委員会の設置は法律事項とされている（自治138条の4第1項）。

***Column*　日本版 FCC**

2009（平成21）年の総選挙時における民主党のマニフェストには，通信・放送行政を総務省から切り離し，独立性の高い行政委員会として，通信・放送委員会（日本版FCC）を設置することが盛り込まれていた。原口一博総務大臣（当時）は，この問題について検討するため，2009（平成21）年12月，「今後のICT分野における国民の権利保障等の在り方を考えるフォーラム」を設け，学識経験者の意見を聴きながら検討を行った。アメリカによる占領終了後の1952（昭和27）年に行政委員会であった電

7)　運輸安全委員会については，宇賀克也「運輸安全委員会の現状と課題」ジュリ1399号10頁以下参照。

波監理委員会が廃止された後，1997（平成9）年の行政改革会議中間報告Ⅲ2において，通信放送委員会の設置が提言されたが，最終報告ではこの提言は盛り込まれなかった。上記フォーラムの報告書（平成22年12月）においても，両論が併記されており，日本版FCC設立への合意は形成されなかった。

(2) 設置の根拠

GHQが行政委員会制度の導入を推進したのは，主として，行政民主化を目的としたからであったが，現存する行政委員会の設置根拠は，必ずしも一様ではない。国家公安委員会は，警察権力が政治的に濫用されないように，中立性を確保することが設置根拠といえる（内閣府設置法・国家行政組織法の規定の適用を受けないが，人事院も，公務員行政の政治的中立性を確保するため，委員会形式をとっている）。公害等調整委員会は，専門技術的判断を必要とすること，準司法的手続を必要とすることが設置根拠とされることが多い。公正取引委員会は，政治的中立性の確保，専門技術的判断の必要性，準司法的手続の必要性が設置根拠とされることが多かったが，同委員会が行う準司法手続である審判制度は2015（平成27）年3月31日で廃止された。公安審査委員会は，破壊活動防止法に基づく破壊的団体の規制のように，結社の自由の規制を行うので，政治的中立性の確保や準司法的手続の必要性が設置根拠といえよう。中央労働委員会は，使用者代表，労働者代表，公益代表の委員による利害調整に適した組織形態であることが設置根拠とされている。個人情報保護委員会，原子力規制委員会，運輸安全委員会は，政治的中立性，専門技術的判断の必要性が設置根拠とされることが多い。以上のように，行政委員会の設置根拠は，必ずしも単一ではない[8)]。

設置根拠論とされる専門技術性，準司法的手続の必要性については，補充的根拠とはいえても，それのみでは行政委員会を設ける十分な根拠とはいえず，一般的には，政治的中立性の確保が重要な根拠になると思われる。

(3) 職権行使の独立性

いずれの根拠による場合であっても，職権行使の独立性が確保されなければ，

8) 国の組織を分節して形成する多様な根拠について，山本隆司「行政の主体」磯部力＝小早川光郎＝芝池義一・行政法の新構想Ⅰ（有斐閣，2011年）96頁以下参照。

委員会形式を採用した意味が失われかねない。そこで，内閣府の外局として置かれる委員会は内閣総理大臣の所轄の下に置かれ（独禁27条2項，警4条1項，個人情報59条），国家行政組織法上の委員会は，各省大臣の所轄の下に置かれ（労組19条の2第1項等），職権行使の独立性が保障されている（公害等調整委員会設置法5条，運輸安全委員会設置法6条等）。

***Column*　原子力規制委員会**

原子力災害対策特別措置法20条2項は，「原子力災害対策本部長は，当該原子力災害対策本部の緊急事態応急対策実施区域及び原子力災害事後対策実施区域における緊急事態応急対策等を的確かつ迅速に実施するため特に必要があると認めるときは，その必要な限度において，関係指定行政機関の長及び関係指定地方行政機関の長並びに前条の規定により権限を委任された当該指定行政機関の職員及び当該指定地方行政機関の職員，地方公共団体の長その他の執行機関，指定公共機関及び指定地方公共機関並びに原子力事業者に対し，必要な指示をすることができる」と定めているが，同条3項は，「前項に規定する原子力災害対策本部長の指示は，原子力規制委員会がその所掌に属する事務に関して専ら技術的及び専門的な知見に基づいて原子力施設の安全の確保のために行うべき判断の内容に係る事項については，対象としない」と規定している。緊急事態応急対策等についても，原子力規制委員会の技術的・専門的知見を尊重すべき事項については，原子力災害対策本部長の指示の対象から除外しているのである[9)]。

委員会の独立性については，憲法上の疑問が提起されることもある[10)]。すなわち，日本国憲法は，行政権を内閣に属せしめているが，内閣は国会に対して連

9）　原子力規制委員会の独立性については，様々な議論がある。新藤宗幸・原子力規制委員会（岩波書店，2017年）84頁以下，天野健作・原子力規制委員会の孤独（エネルギーフォーラム，2015年）18頁以下等参照。

10）　人事院の合憲性をめぐる議論について，高見勝利・芦部憲法学を読む（有斐閣，2004年）201頁以下参照。代表的な違憲論として，青木一男・公正取引委員会違憲論その他の法律論集（第一法規出版，1976年）37頁以下参照。行政委員会の合憲性について最近の論文として，曽我部真裕「公正取引委員会の合憲性」石川古稀・経済社会と法の役割（商事法務，2013年）5頁以下参照。ドイツにおいては，行政組織の民主的正統化について，議論が活発になされている。これについて詳細に論ずるものとして，毛利透「民主主義と行政組織のヒエラルヒー」同・統治構造の憲法論（岩波書店，2014年）313頁以下，太田匡彦「ドイツ連邦憲法裁判所における民主政的正統化（demokratische Legitimation）思考の展開――BVerfGE93,37まで」樋口古稀・憲法論集（創文社，2004年）317頁以下，高橋雅人「ドイツにおける行政の民主的正当化論の一断面――人間の尊厳と多元的行政組織」早稲田法学会誌59巻1号295頁以下，田代滉貴「ドイツ公法学における『民主的正統化論』の展開とその構造」行政法研究14号25頁以下参照。

帯責任を負うことにより，行政の民主的統制を実現しようとしている。内閣から独立した行政委員会を認めることは，国会が内閣を通じて行政全般に民主的統制を及ぼす構造に背馳するのではないかという問題である。行政委員会の合憲性について判示したものとして，福井地判昭和27・9・6行集3巻9号1823頁がある。職員を免職する場合には，国家公務員法89条により，「処分の事由を記載した説明書」を被処分者に交付しなければならないが，人事院規則8–7（当時）で定める非常勤職員であるという理由で，説明書の交付なしに免職された者が，国家公務員法16条は違憲であるから，人事院規則8–7（当時）の規定を適用してなされた免職処分は違法であり，取り消されるべき等と主張した事案である。違憲の主張の主たる根拠は，憲法65条が行政権は内閣に属するとし，憲法66条3項が内閣は国会に対し連帯責任を負う旨を定めたのは，国民が国会を通じて内閣に対し民主的統制を行うことを可能ならしめるためであり，内閣の指揮監督に服しない人事院は，憲法65条に違反し，したがって，人事院規則も違憲であるということにある。同判決は，(i)三権分立の原則に対しては，憲法自体がすでに数個の例外を設けていること，(ii)憲法41条が国会は国の唯一の立法機関である旨規定し，憲法76条がすべて司法権は裁判所に属する旨規定するのに対し，憲法65条が単に行政権は内閣に属すると規定して，立法権や司法権の場合のように限定的な定め方をしていないことを指摘し，行政権については憲法自身の規定によらなくても法律の定めるところにより内閣以外の機関にこれを行わせることを憲法が認容しているものと解せられるとする。しかし，同判決は，内閣から独立の行政機関の存在が合憲になるのは例外的であり，ある行政を内閣以外の国家機関に委ねることが憲法の根本原則に反せず，かつ国家目的から考えて必要な場合にのみ許されるとする。そして，国家公務員法が人事院を設置し，これに国家公務員に対する行政を委ねたのは，国家公務員が全体の奉仕者であって一部の奉仕者でなく，議院内閣制による内閣は当然政党の影響を受けるため，独立の国家機関である人事院により公務員行政の公正中立性を確保するためであり，このことは憲法の根本原則である民主主義に適合し，国家目的から考えて必要であるので，人事院は憲法65条に違反しないと判示している（憲法66条3項・73条4号違反の主張も退けている）[11]。

政府は，内閣が行政委員会の人事，財務，会計等についてある程度の監督権を有するので，その限りにおいて，国会に対して連帯責任を負うことになり，違憲ではないという立場をとっている。これに対しては，人事・予算を内閣がコントロールする点では，最高裁判所も同じであり，また，任命後については，委員の身分保障の規定からすると，内閣の責任はきわめて消極的であり，積極的意味で責任を全うするのなら，委員の任期を1年というようなきわめて短期とすることが必要であること，予算を通じて時の政権の意向に従わせるということであれば，職権行使の独立性を侵犯することを指摘する批判がある。この問題については，当該行政作用を創出する国会自身が，内閣に指揮監督責任を負わせることになじまないと判断した場合，これを内閣の指揮監督下に置かないとする立法裁量を一定の範囲で有すると解すべきと思われる。たとえば，政治的中立性が不可欠な行政事務について，国会が内閣の指揮監督を否定する仕組みを立法によって創出した場合には，内閣の国会に対する責任とは，かかる立法の趣旨を尊重して，政治的中立性を侵害しないように配慮することであると言い換えることができよう。

行政委員会制度の定着に伴い，行政委員会違憲論も下火になっていったが，1977（昭和52）年の独禁法改正前，公正取引委員会の権限強化（課徴金制度創設等）の動きへの反発を背景に公正取引委員会違憲論が唱えられたことがある。しかし，行政組織の抜本的な見直しを行った行政改革会議の最終報告（1997〔平成9〕年12月3日）においては，「行政委員会については，従来，事務の性質上，その処理に当たって，公正中立性や専門技術性等を必要とされるため，内閣から独立した地位にある機関に行わせる必要がある場合に設置されてきたが，今後とも，このような趣旨から，行政委員会を活用することとする」とされており，合憲であることを所与として，その活用が謳われていることが注目される。2013（平成25）年の通常国会で成立した「行政手続における特定の個人を識別するための番号の利用等に関する法律」（番号法）は，内閣府の外局として，特定個人情報保護委員会を設けていた（2015〔平成27〕年の通常国会で個人情報の保護に関する法律および番号法が改正されており，特定個人情報保護委員会は個人情報保護委員会に改組された）。2013（平成25）年の通常国会に内閣が提出した「原子力の安全の確保に関する組織及び制度を改革するための環境省設置法等の一部を改正する法律案」の対案と

11)　辻清明・公務員制の研究（東京大学出版会，1991年）5頁以下も，公務員が全体の奉仕者であるとする憲法15条に人事院の合憲性の根拠を求めている。

して，自由民主党の塩崎恭久議員ほか3名からは環境省の外局として原子力規制委員会を設置する原子力規制委員会設置法案が提出されている。両法案は撤回され，衆議院環境委員長提案の原子力規制委員会設置法案が成立し，環境省の外局として原子力規制委員会が設置された。このように最近は，行政委員会が合憲であることを所与として，職権行使の独立性が重要な行政分野で行政委員会の組織形態が重視される傾向にある。

独立性の観点から委員会制度の採用が望ましいという指摘がなされている領域の例としては，放送行政もある（放送の自由の確保のため）[12]。実際，行政改革会議の中間報告においては，通信放送委員会を設置することが提言されていた。しかし，この提言に対しては反対も強く，最終報告においては，通信放送委員会設置構想は断念されている。

***Column*　台湾憲法裁判所による行政委員会に係る違憲解釈**

わが国では，行政委員会の合憲性について，議論はあるものの違憲判決は出されていないが，台湾では，2006（平成18）年7月21日，台湾で最初の行政委員会である全国通信委員会の設置法について違憲とする憲法解釈613号が出されている。

全国通信委員会は，2005（平成17）年の全国通信委員会設置法に基づき，2006年に発足した。憲法解釈613号は，行政院は憲法53条により最高の行政機関とされているから，全国通信委員会の行政についても責任を負い，そのためには，同委員会の人事権を有しなければならないが，立法院は抑制と均衡の観点から，この人事権に一定の制約を加えることができるとする。しかし，全国通信委員会設置法により規定された委員の選任方法は，立法院における議員数に比例して政党が推薦する者から選任されることとされており，行政院の人事権を実質的に奪うものであり，権力分立の原則に反し，さらに，政党推薦によることは，全国通信委員会の政治的中立性を阻害し，通信の自由を保障するという同委員会設置の憲法上の意義を没却するものであると述べている。

これを受けて，全国通信委員会設置法が改正され，委員は行政院長が立法院の同意を得て任命することとなり，改正法は，2008（平成20）年1月9日に公布された。

12）塩野宏「放送事業と行政介入」同・放送法制の課題（有斐閣，1989年）83頁，鈴木秀美「放送法制」同・放送の自由（信山社，2000年）313頁，メディア総合研究所編・放送を市民の手に（花伝社，1998年）47頁以下，曽我部真裕「検討課題として残された独立規制機関」放送メディア研究10号168頁参照。

⑷　大臣委員会

意　義　内閣府の委員会の中には，その長が国務大臣をもって充てることとされる大臣委員会（現在，国家公安委員会が唯一の例）がある。なお，行政改革会議最終報告においては，国家公安委員会委員長は，他の国務大臣の兼務とされている（II4⑶⑩イ）。大臣委員会の場合，委員長は，内閣の構成員でもあるから，本府からの独立性は，より大きいといえよう。すでに廃止されているが，かつて，総理府外局に大臣委員会として金融再生委員会が置かれたことがある。金融再生委員会は大臣委員会であるため，国家行政組織法旧3条3項ただし書の規定に基づき委員会または庁を置くことが可能であり，実際，金融監督庁が置かれていた（旧金融再生委員会設置法16条）[13]。現在，大臣委員会に置かれる委員会または庁は存在しないが，かかる委員会または庁の長官は，外局の委員会または庁の長官とほぼ同一の権限を有することが定められている（内閣府49条2項・3項，58条）。

政治的中立性の確保　行政委員会にとり独立性が重要であることに照らすと，大臣委員会を設けることには，疑問も提起されうる。とりわけ，政治的中立性の確保が重要な委員会については，そのことが妥当する。しかし，内閣府に置かれている国家公安委員会の場合，政治的中立性が重視されて設けられた委員会であるが[14]，委員長は国務大臣をもって充てられている（警6条1項）。第19回国会における警察法改正案についての政府による説明では，国家公安委員会の委員長を国務大臣をもって充てることとしたのは，政府の治安に対する国家的な考え方が国家公安委員会の中正な判断によって濾過された上，警察運営の上に具現され，政府の治安責任と警察の政治的中立性との調和を図るためとされている。大臣委員会であることによる政治的中立性への危惧に対処するため，国家公安委員会は，委員長および5人の委員をもって組織することとし（警4条2項）[15]，国家公安委員会の議事は，出席委員の過半数でこれを決し，可否同数の

13）　その意義については，宇賀克也「金融再生委員会の設置」ジュリ1151号60頁参照。

14）　警察制度研究会編・警察法解説〔全訂版〕（東京法令出版，2004年）9頁，51頁，64頁，佐藤英彦「警察の政治的中立性と公安委員会」安藤忠夫＝國松孝次＝佐藤英彦編・警察の進路――21世紀の警察を考える（東京法令出版，2008年）640頁以下参照。

ときは，委員長の決するところによるとしている（警11条2項)。すなわち，委員長には表決権は付与せず，可否同数のときの裁定権のみ与えているのである。しかも，委員が奇数の5人とされているため，通常は，可否同数という事態が生じないように配慮されている。他方，旧金融再生委員会の場合，その議事は，「出席者」の過半数で決し，可否同数のときは委員長が裁定することとしていた。すなわち，委員長に表決権と裁定権の双方が付与されていたのである。このような方式は，委員長が国務大臣をもって充てられない委員会で一般に採られるものであるが，金融再生委員会の場合，大臣委員会であるにもかかわらず，委員長に表決権まで付与する点に特色があった16)。

「管理」の意義　国家公安委員会は警察庁を管理し（警5条2項柱書)，都道府県公安委員会は都道府県警察を管理する（警38条3項)。ここでいう「管理する」とは，大綱方針を示すことにより監督するという意味で，公安委員会規則，公安委員会決定による場合のほか，定例会議を通じた議論によっても，管理が行われている17)。

(5) 機能と権限

委員会は，大臣委員会を除き，主として政策の実施に関する機能を担うものとされている（省庁改革基16条4項1号)。

各委員会は，別に法律の定めるところにより，政令および省令以外の規則その他の特別の命令を自ら発することができる（行組13条1項)。また，その機関の所掌事務について公示を必要とする場合においては，告示を発することができる（行組14条1項)。このように，委員会の場合，合議制機関としての委員会自身が規則や告示の制定主体とされている。行政作用法上，委員会自身に行政庁として

15) 合議制機関の委員長は委員に含まれる場合とそうでない場合があるが，国家公安委員会の委員長は委員でないことにつき，宇賀・前掲注13) 62頁参照。

16) 宇賀・前掲注13) 60頁参照。

17) 国家公安委員会議事録の分析を通じて，国家公安委員会による「管理」の実態について検討したものとして，荻野徹「国家公安委員会による警察庁の『管理』について」公共政策研究9号120頁以下参照。公安委員会による「管理」について，北村滋「警察法における『管理』の概念に関する覚書」「警察行政の新たなる展開」編集委員会編・警察行政の新たなる展開(上)（東京法令出版，2001年）92頁以下，佐藤英彦「警察の政治的中立性と公安委員会」安藤忠夫＝國松孝次＝佐藤英彦編・警察の進路——21世紀の警察を考える（東京法令出版，2008年）645頁以下参照。

の性格が付与されることになり，委員長が行政庁になるわけではない。

委員会の被告適格

委員会が行政庁であるという点は一般には必ずしも理解されていない。そのため，2004（平成16）年の行政事件訴訟法改正前，行政主体ではなく行政庁が抗告訴訟の被告適格を有するのが原則であった時代に，徳島県教育委員会が同県の情報公開条例に基づいて行った非開示決定の取消訴訟の原告が，当初，教育委員会ではなく，その委員長を被告として訴えたことがある。この事案において，徳島地判平成4・1・27判例集不登載は，被告を教育委員会に変更することを認めている。

なお，現行の行政事件訴訟法の下においては，教育委員会が行った処分に対する抗告訴訟の被告は，当該教育委員会が所属する地方公共団体となる（行訴11条1項）。

⑹　組　　織

1)　委 員 長

委員会の長は，委員長である（内閣府50条，行組6条)。各委員会の委員長は，その機関の事務を統括し，職員の服務について，これを統督する（内閣府58条1項，行組10条)。

2)　委　　員

任命方法

行政委員会の独立性を確保するためには，委員の身分保障が必要となる（独禁29条以下等)。委員の資格要件，任免方法，任期については，通常の公務員と異なる取扱いがなされている。

特色の第1として，各省の外局として置かれているものの，委員の任命権は内閣総理大臣とされている例が多いことが挙げられる（公害等調整委員会設置法7条1項，公安審査委員会設置法5条1項，労組19条の3第2項，原規委7条1項)。これは，各省大臣からの独立性を確保する意義を有すると思われる[18)]。ただし，2008（平成20）年の法改正で廃止された船員労働委員会の場合，任命権者は国土交通大臣とされていた（労組旧19条の13第3項)。中央労働委員会の委員の任命権者はかつては労働大臣であったが，1988（昭和63）年に旧国営企業労働委員会と統合された際に，旧国営企業労働委員会の委員の任命権者が内閣総理大臣であったこと，他の行政委員会においても委員の任命権者は内閣総理大臣であることが通例であることを理由として，内閣総理大臣に変更された。旧国

18)　省の外局として置かれる委員会の職権行使の独立は，第一義的には当該省の大臣に対するものであることを指摘するものとして，毛利・前掲注10）313頁参照。

営企業労働委員会の委員の任命権者が内閣総理大臣とされていたのは，国有林野，郵政，印刷，造幣という旧労働省以外の省に関わる業務に関する労使紛争を所管するからであったが，統合後の中央労働委員会も，旧労働省以外の省に関わる国営企業職員（当時）に関する労使紛争を所管するため，内閣総理大臣任命とすることが適当という考えによるところが大きかったようである。なお，運輸安全委員会の委員の任免権は，国土交通大臣が有する（運輸安全委員会設置法8条1項・10条）。

特色の第2として，内閣総理大臣または各省大臣の任命に当たっての裁量に制約が課されていることが挙げられる。すなわち，公正取引委員会，国家公安委員会，個人情報保護委員会，公害等調整委員会，公安審査委員会，運輸安全委員会の場合には，国会同意人事とすることにより（独禁29条2項，警7条1項，個人情報63条3項，公害等調整委員会設置法7条1項，公安審査委員会設置法5条1項，運輸安全委員会設置法8条1項），政治的中立性の確保に配慮している。また，中央労働委員会の場合には，三者構成の特殊な委員会であり，労働者委員は労働組合の推薦に基づいて，使用者委員は使用者団体の推薦に基づいて任命しなければならず，公益委員の任命については，労働者委員，使用者委員および国会の同意を要する（労組19条の3第2項）。国会同意人事の委員は特別職となる（国公2条3項9号）。

労働組合法が労働委員会という行政委員会を設け，これを三者構成にしたのは，労使双方の事情に精通した者と公益を代表する者を参加させることにより，客観的に妥当な判断がなされることを期待したからである。すなわち，労使紛争を処理するに当たり，異なるバックグラウンドの委員がそれぞれの識見に基づく意見を出し合い，労使双方の利益と公益の適切な調和を図り，また，労使の委員が紛争当事者間を取り持つことにより自主的解決を円滑に行うことを期したものといえる。そして，労働者一般・使用者一般の利益の擁護という労働者委員・使用者委員の機能も，究極的には，中央労働委員会による労使紛争解決制度の公正な運営という公益の実現に資するものとして位置づけられるべきものと一般に解されている（東京地判平成18・11・8判例集不登載，東京高判平成19・12・5判例集不登載。最決平成20・12・10判例集不登載は上告棄却，上告不受理）。したがって，労働者委員，使用者委員の推薦制については，推薦団体や被推薦者に任命を求める申請権を付与する趣旨ではないとするのが裁判例の立場である（地方労働委員会〔現都道府県労働委員会〕についてであるが，大阪高判昭和58・10・27高民集36巻3号185頁，長野地判平成9・12・25判例自治175号58頁，東京地判平成10・1・29判時1631号146頁，名古屋地判平成11・5・12判タ1029号189頁，東京高判平成13・3・28判例集不登載参照）。また，裁判例は，同法が，労働組合の系統別選任という制約を任命権者に課しているわけではないとする（東京高判平成11・6・30労判777号86頁，前掲東京地判平成18・11・8，前掲東京高判平成19・12・5）。したがって，労働者委員・使用者委員は，推薦した特定の労働組合・使用者団体ではなく，それぞれ労働者全体・使用者全体を代表する者として，労働者一般・使用者一般の利益のために職務を行うことが要請されていることになる（東京地判平成9・5・15労判717号149頁参照。また，地方労働委員会についてであるが，千葉地判平成8・12・25判例自治166号64頁，東京高判平成11・4・28判例集不登載，福岡地判平成15・7・18労判859号5頁，神戸地判平成16・3・31判例集不登載，神戸地判平成17・3・18判例集不登載，京都地判平成18・6・20判例集不登載，神戸地判平成19・3・13判例集不登載も参照）[19]。

Column　委員の中立公正性の確保

原子力規制委員会設置法11条4項では，「原子力規制委員会は，委員長及び委員の職務の中立公正に関し国民の疑惑又は不信を招くような行為を防止するため，委員長又は委員の研究に係る原子力事業者等からの寄附に関する情報の公開，委員長又は委員の地位にある間における原子力事業者等からの寄附の制限その他の委員長及び委員が遵守すべき内部規範を定め，これを公表しなければならない。これを変更したときも，同様とする」と定めている。これは，原子力の専門家が研究に関して寄附を受けて，中立公正性を欠くことになるのではないかという批判に配慮したものである。

勤務形態

委員は常勤の場合もあれば，非常勤の場合もある。公害等調整委員会は，委員長および6人の委員からなるが，うち3人は非常勤である（公害等調整委員会設置法6条1項・2項）。公安審査委員会は，委員長および6人の委員からなるが（公安審査委員会設置法4条），全員非常勤である（同法5条5項）。中央労働委員会は，労働者委員，使用者委員，公益委員各15名からなるが（労組19条の3第1項），公益委員のうち2人以内は常勤とすることができる（同条6項）。運輸安全委員会は，委員長および委員12人をもって組織するが（運輸安全委員会設置法7条1項），委員のうち5人は非常勤とされている（同条2項）。

委員の法曹資格

委員会の委員については法曹資格が要件とされているわけではないが，準司法的手続で審理する場合，全部または一部の委員を法曹資格者をもって充てることを求める意見が少なくない。実際上も，準司法的手続で審理する委員会の場合，一部の委員について法曹資格を有する者を任用する運用がなされるのが一般的である。

19)　地方公共団体の委員の任命方法も多様である。これについては，宇賀・地方自治法313頁以下参照。

3) 専門委員

委員には，一般に学識経験者が任命されるとはいえ，当該委員会の所掌事務すべてについての専門分野を少数の委員でカバーすることは困難なことがあり，また，事務量の面からいっても，限られた人数の委員では過剰負担になることがある。そこで，専門委員の設置が認められている場合がある。個人情報保護委員会（個人情報69条），国家公安委員会（警12条の4，暴力団38条），公害等調整委員会（公害等調査委員会設置法18条），運輸安全委員会（運輸安全委員会設置法14条）がその例である。

4) 事務局・事務総局

組　織

委員会には，法律の定めるところにより，事務局を置くことができる。事務局には，その所掌事務を遂行するため，官房および部を置くことができる。官房および部の設置および所掌事務の範囲は，政令で定める。官房および部には，課およびこれに準ずる室を置くことができ，これらの設置および所掌事務の範囲は，政令で定める（内閣府52条1項〜4項，行組7条7項・3項〜5項）。委員会には，特に必要がある場合においては，法律の定めるところにより，事務総局を置くことができる（内閣府52条5項，行組7条8項）。事務総局には，省と同様に内部部局として局が置かれる。しかし，このことが国家行政組織法に規定されているわけではない。国家行政組織法が国の行政機関の組織の基準法としての性格を有することに鑑みると，事務局と事務総局の相違を明らかにするため，事務総局の内部部局の基準を示すことが検討されるべきではないかとも思われる（同様のことは，内閣府設置法についてもいえる）。国家行政組織法上は，かつて総理府，その後総務省の外局となった公正取引委員会が，事務総局を有する委員会の例であったが（1996〔平成8〕年改正による），2003（平成15）年の公正取引委員会の内閣府への移管[20]により，国家行政組織法上は，事務総局を有する委員会はなくなった。内閣府の外局として置かれる公正取引委員会には，現在も事務総局が置かれている（独禁35条1項）。

委員会という言葉は，事務局ないし事務総局を含む意味で用いられることがあり，この場合の委員会は，組織法的行政機関概念によっている。しかし，事務局

20)　この移管については，三辺夏雄＝荻野徹「中央省庁等改革の経緯(3)」自治研究83巻4号25頁以下参照。

ないし事務総局を含まない合議制機関のみを指すこともある。この場合には，作用法的行政機関概念によりとらえられており，事務局ないし事務総局は，その補助機関として位置づけられる。

事務局の任意設置

国家行政組織法上は，委員会には事務局設置が義務づけられているわけではないので（行組7条7項），事務局を置かない選択肢もありうる。実際には，公害等調整委員会（公害等調整委員会設置法19条1項），公安審査委員会（公安審査委員会設置法14条1項），中央労働委員会（労組19条の11第1項），運輸安全委員会（運輸安全委員会設置法17条），原子力規制委員会（原規委27条1項）のすべてに事務局が設置されている。なお，中央労働委員会の事務局には地方事務所を置くこととされている（労組19条の11第2項）。

事務局が任意設置とされていること，事務局の設置は法律の定めるところによることは，内閣府に置かれる委員会の場合も同様であるが（内閣府52条1項），公正取引委員会の場合には，事務総局が設置されていることは，先に述べたとおりである。ただし，国家公安委員会の場合には，事務局は設置されておらず，その庶務は，警察庁において処理することとされている（警13条）。行政改革会議最終報告においては，警察庁は，実質は国家公安委員会の内部部局として位置づけられている（Ⅲ7⑥）。警察刷新会議の「警察刷新に関する緊急提言」（2000〔平成12〕年7月13日）において，「警察庁及び警察本部内に公安委員会事務担当室（課）を設置してスタッフを増強するとともに，執務室を整備するなど真に効果的な補佐体制を確立すべきである」とされたことを受けて，2001（平成13）年4月より，警察庁長官官房に国家公安委員会会務官が置かれ（警察庁組織令7条），国家公安委員会の庶務に関することや，監察の指示等についての国家公安委員会の補佐・補助等の事務をつかさどることとされている（同令13条）。

職員の法曹資格

公害等調整委員会の場合，事務局に置かれる職員のうちに弁護士となる資格を有する者を加えなければならないとされている（公害等調整委員会設置法19条2項）。公正取引委員会の場合も，事務総局の職員中には，任命の際現に弁護士である者または弁護士の資格を有する者を加えなければならないとされている（独禁35条7項）。このように委員については法曹資格者を加えることが義務づけられていないが，事務局または事務総局の職員の中に法曹資格者を加えることが法定されている場合もある。公正取引委員会事務総局の場合には，職員中に検察官を加えることも義務づけられている（独禁35条7項）。しかし，検察官である職員のつかさどる職務は，独禁法の規定に違反する事件に関するものに限ることとされている（同条8項）。職務の範囲についてのこのような限定は，公正取引委員会の独立性への配慮による（東京地判昭和35・7・27行集11巻7号2075頁）。

職員の任命

事務局職員の任命については，委員長（または会長）が行うのが原則であるが（国公55条1項），中央労働委員会の事務局職員については，会長の同意を得て厚生労働大臣が任命することとされている（労組19条の11第1項）。法律上は会長の同意を要するとされているのは任命のみなので，罷免については同意は不要とされている（昭和24年10月4日労発391号）。公安審査委員会の場合，通常時の事務局職員数が少ないため，一時的に事務量が増加する場合には，検察官・検察事務官等が当該事務の専従担当となり応援する体制がとられる。

(7) 委員会の議決方法

委員会は合議制機関であるので，その議決方法について，法律に定めが置かれている。たとえば，公害等調整委員会の場合，「委員会は，委員長及び3人以上の委員の出席がなければ，会議を開き，議決をすることができない」（公害等調整委員会設置法12条2項），「委員会の議事は，出席者の過半数でこれを決し，可否同数のときは，委員長の決するところによる」（同条3項）と規定している（公安審査委員会設置法11条1項・2項，運輸安全委員会設置法11条2項・3項，原規委10条3項，個人情報68条3項も同内容。公正取引委員会については独禁34条1項・2項，国家公安委員会については警11条1項・2項，中央労働委員会については労組21条等参照）。そのため，持回りの方法による議決が許されるのかが問題になる（ドイツにおいては，委員の全員が書面による決議を行うことに同意した場合には，書面による決議が明文で認められているが〔行政手続法90条1項後段〕，わが国の行政手続法には，かかる明文の規定はない）。

地方公共団体の委員会については，会議に関する規則違反の問題が訴訟で争われたことがあり，裁判例は，持回りの方法による議決を違法としたもの（都道府県公安委員会に関する浦和地判昭和49・12・11行集25巻12号1546頁）と適法としたもの（教育委員会の前身である職員委員会に関する仙台高判昭和28・6・29行集4巻6号1593頁，都道府県公安委員会に関する京都地判昭和48・2・15刑月5巻2号136頁，大阪地判昭和51・4・20訟月22巻6号1567頁）に分かれている。テレビ会議による場合にも，法定の議決方法として認められるかという新たな論点も浮上している[21]。

21） 荻野徹「合議体の議事手続について」警察学論集55巻6号197頁以下参照。

⑻　外局としての委員会の限界

内閣への法律案・政令案提出権は内閣総理大臣，各省大臣に与えられており，委員会には内閣への法律案・政令案提出権はなく（内閣府7条2項，行組11条），また，財務大臣に直接予算要求書を送付できない（財20条2項）という限界がある。したがって，委員会に係る法律案・政令案の内閣提出や財務大臣への予算要求書の送付は，内閣総理大臣，各省大臣を通じて行わなければならない。また，各省の外局として置かれる委員会の委員長は国務大臣ではないので閣議に参加できず，全会一致の閣議決定に係る拒否権発動を背景に交渉力を発揮しえないという指摘もある。

なお，大臣委員会の場合，行政改革会議最終報告において「準省」と位置づけられていることから（Ⅲ3⑵①ア a），準省の長たる国務大臣に主任の大臣と同様，内閣府設置法7条2項の定める法律案・政令案の閣議請議権，財政法20条2項の定める予算要求書の財務大臣への提出権を付与すべきかが論点となる[22)]。

3　庁

⑴　設置の根拠

庁の主たる設置根拠は，事務量が膨大であり，しかも，全体としてある程度独立性を認めるべきものであって，内部部局で処理させると他の部局との均衡を失する等の困難があることである[23)]。また，企画立案機能と実施機能を分離する観点から，主として実施機能を担う組織として，庁が設けられることがある。たとえば，租税行政についての企画立案機能は財務省の内部部局である主税局が担うが，租税の賦課徴収という実施機能は外局としての国税庁に委ねることとしている。

中央省庁等改革基本法は，外局として置かれる庁は，内閣府の外局として置かれる庁であって，法律で国務大臣をもってその長に充てることとされるもの（大

22)　北村滋＝竹内直人＝荻野徹編・改革の時代と警察制度改正（立花書房，2003年）53頁（北村滋執筆）参照。
23)　田中・行政法中63頁参照。

臣庁。防衛庁の省昇格により現在実例なし），また，特段の必要があり，主として政策の企画立案に関する機能を担うため，内閣府または新たな省の外局として置かれる庁（政策庁）を除き，主として政策の実施に関する機能を担うものとしている（省庁改革基16条4項1号・2号）。すなわち，実施庁が，庁の原則的な組織形態として位置づけられている。中央省庁等改革基本法別表第3が，当時の政策庁および実施庁のリストを示している。なお，現在内閣府に外局として置かれている庁は，金融庁，消費者庁のみである。

(2) 政策庁と実施庁

国家行政組織法は，その所掌事務が主として政策の実施に係るものである庁として別表第2に掲げるもの（公安調査庁，国税庁，特許庁，気象庁，海上保安庁）を実施庁と称している（行組7条5項）。中央省庁等改革基本法において政策庁として位置づけられたのは，消防庁（総務省の外局），資源エネルギー庁・中小企業庁（経済産業省の外局），食糧庁（農林水産省の外局。その後，廃止），林野庁・水産庁（農林水産省の外局），文化庁（文部科学省の外局）である。この区別は，中央省庁等改革基本法4条4号が，国の行政機関における企画立案機能と実施機能の分離という組織編成原理を定めていることを受けたものである。この原理は，分離を通じてそれぞれの機能を高度化し，組織上の分担体制を明らかにし，責任の所在を明確化するとともに，主として企画立案機能を担う本省の負担軽減を図ることを企図している。実施庁は，実施機能の受け皿の1つと位置づけられる（省庁改革基16条6項）。もっとも，企画立案機能と実施機能は截然と区別できるものではないので，企画立案機能を担う組織と実施機能を担う組織の間で緊密な連携の確保を図ることが必要である（省庁改革基4条4号後段）。たとえば，実施機能を担う組織における実践に基づく知見が，企画立案過程にフィードバックされることが重要である[24)]。また，政策庁も政策の実施に関する事務を行うことがあり，その場合には，政府は，実施庁に準じて，その運営の効率化を図ることとしている（省庁改革基16条7項）。

なお，2008（平成20）年の通常国会で成立した「国土交通省設置法等の一部を

24）実施庁については，金井利之「アウトソーシングの仕組み」ジュリ1161号125頁以下参照。

改正する法律」によって，海難審判庁は廃止され，観光庁が新設された。観光庁は政策庁として位置づけられている。2009（平成21）年に設置された消費者庁（内閣府の外局）も政策庁である。2015（平成27）年に設置されたスポーツ庁（文部科学省の外局），防衛装備庁（防衛省の外局），2019（平成31）年に設置された出入国在留管理庁も政策庁である。他方，2012（平成24）年通常国会に内閣が提出した「原子力の安全の確保に関する組織及び制度を改革するための環境省設置法等の一部を改正する法律案」で環境省の外局として設置することとされていた原子力規制庁は実施庁として位置づけることが予定されていたが，同法案は撤回された[25)]。

(3) 組　　織

1) 長　　官

庁の長は，長官である（行組6条）。各庁の長官は，その機関の事務を統括し，職員の服務について，これを統督する（行組10条）。また，別に法律の定めるところにより，政令および省令以外の規則その他の特別の命令を自ら発することができる（行組13条1項）。また，その機関の所掌事務について公示を必要とする場合においては，告示を発することができる（行組14条1項）。長官は，その機関の任務を遂行するため政策について行政機関相互の調整を図る必要があると認めるときは，その必要性を明らかにした上で，関係行政機関の長に対し，必要な資料の提出および説明を求め，ならびに当該関係行政機関の政策に関し意見を述べることができる（行組15条）。内閣府の外局としての庁の長官の権限も同様である（内閣府58条1項・4項・6項・8項）。なお，内閣府の外局の庁の長官は，その機関の所掌事務について，内閣総理大臣に対し案をそなえて内閣府令を発することを求めることができるが（内閣府58条2項），外局の長以外の長官（かつて内閣府に外局として防衛庁が置かれていたときの防衛施設庁長官がその例であった）は，その機関の所掌事務について，法律の定めるところにより，内閣総理大臣に対し案をそなえて内閣府令を発することを求めることができることとされている（同条3項）。すなわち，後者の場合には，別に法律の根拠が必要とされているのである。

---

25)　原子力規制委員会には原子力規制庁が置かれ，その長は長官と呼ばれるが，原子力規制庁は外局としての庁ではなく，原子力規制委員会の事務局である（原子力規制委員会設置法27条1項・2項・4項）。

2) 次　長

庁には，特に必要がある場合においては，長官を助け，庁務を整理する職として次長を置くことができ，その設置および定数は政令で定める（内閣府 61 条 1 項，行組 18 条 3 項）。

3) 総括整理職

庁には，特に必要がある場合においては，その所掌事務の一部を総括整理する職を置くことができ，その設置，職務および定数は政令で定める（内閣府 61 条 2 項，行組 18 条 4 項）。

4) 内部部局

庁には，その所掌事務を遂行するため，官房および部を置くことができる（行組 7 条 3 項）。官房および部の設置および所掌事務の範囲は，政令でこれを定める（同条 4 項）。庁，官房および部（実施庁ならびにこれに置かれる官房および部を除く）には，課およびこれに準ずる室を置くことができ，これらの設置および所掌事務の範囲は，政令でこれを定める（同条 5 項）。実施庁ならびにこれに置かれる官房および部には，政令で定める数の範囲内において，課およびこれに準ずる室を置くことができ，これらの設置および所掌事務の範囲は，省令でこれを定める（同条 6 項）。職の設置についても，課長級総括整理職および分掌職のように，政策庁では政令事項であるものが，実施庁では省令事項とされている例がある（行組 20 条 3 項・4 項・21 条 4 項・5 項）。このように，実施庁の場合，政策庁に比して，若干，組織編成に柔軟性が認められるが，その差違は僅少である。また，実施庁の組織規制の弾力化は，政令で定める上限数の範囲内で省令で定めることを認めるものであって，省令制定権限を有する大臣が決定権を持つことになる。実施庁の自律的判断による組織規制の弾力化の方針を徹底するのであれば，実施庁の長官に決定権を付与することも考えられる。

各庁には，特に必要がある場合においては，部長級分掌職を置くことができる（行組 20 条 2 項）。そして，部長級分掌職を補佐するために，課長に準ずるものを置くことが認められている（同条 4 項）。

内閣府の場合には，法律で特命担当大臣をもってその所掌事務の全部を掌理させるものと定められている庁のうち別に法律で定めるものには，当該法律の定める数の範囲内において，官房および局を置くことができ（内閣府 53 条 2 項），この官房または局には，特に必要がある場合においては，部を置くことができる（同条 3 項）。内閣府の庁の官房，局および部の設置および所掌事務の範囲は，政令で定める（同条 4 項）。また，これらの官房，局および部には，課およびこれに準ずる室を置くことができ，その設置および所掌事務の範囲は政令で定める（同条 5 項）。

金融庁は，内閣府設置法 53 条 2 項の庁に該当し（金融庁設置法 24 条 1 項），総合政策，企画市場，監督の3局を擁する（金融庁組織令2条）。消費者庁も，法律で特命担当大臣をもってその所掌事務の全部を掌理させるものと定められている庁に当たるが（内閣府11条の2），消費者庁及び消費者委員会設置法には，消費者庁に局を置くことを認める規定は置かれていない。これは，消費者庁が定員202人（金融庁は発足当初の定員が851人）の比較的コンパクトな組織として出発することが斟酌されたからである。消費者庁には，当面は部も置かず，司令塔部門と執行部門のそれぞれに総括整理職（内閣府61条2項）としての審議官を置いている（消費者庁組織令2条）。これは，消費者庁発足当初には，予見困難な新たな業務が発生する可能性があるため，臨機応変に職務分担を変更することができ，緊急に対応すべき事案に関するタスクフォースの責任者となることもできる審議官体制をとることとしたものである。

(4)　外局としての庁の限界

庁の長官には法律案・政令案の提出権はなく（行組11条。内閣府7条2項も参照），また，財務大臣に直接予算要求書を送付することはできない（財20条2項参照）という限界があることは，委員会の場合と同様である。

第10章 附属機関

Point

1) 内部部局とは異なる機関が，府，省，委員会，庁に付置されることがある。この附属機関には，審議会等，施設等機関，特別の機関の3類型がある。
2) 国家行政組織法3条の国の行政機関には，法律の定める所掌事務の範囲内で，法律または政令の定めるところにより，重要事項に関する調査審議，不服審査その他学識経験を有する者等の合議により処理することが適当な事務をつかさどらせるための合議制の機関を置くことができる（行組8条）。
3) 審議会等の長所としては，行政の外部の者を委員とすることにより行政の民主化を実現すること，専門的知識の外部からの導入を可能とすること，利害関係者が一堂に会して議論し利害調整を図ることができること，内部部局の職員と比較して審議会等の委員は第三者的性格が強いため，公正中立性の確保がより容易なこと等が挙げられる。
4) 最高裁は，行政処分が諮問を経ないでなされた場合はもちろん，これを経た場合においても，当該諮問機関の審理，決定（答申）の過程に重大な法規違反があることなどにより，その決定（答申）自体に法が諮問機関に対する諮問を経ることを要求した趣旨に反すると認められるような瑕疵があるときは，これを経てなされた処分も違法として取消しをまぬがれないと判示している。
5) 施設等機関は，試験研究，サービスの提供等を行うため，独立行政法人化の候補になることが多く，実際，多数の施設等機関が独立行政法人化された。
6) 特別の機関は，所掌事務または組織構成が特殊であるため，府，省，委員会，庁の内部部局，審議会等，施設等機関，および地方支分部局のいずれにも含まれない行政機関の総称である。審議会等，施設等機関と異なり，法律で設置しなければならない。

1 附属機関の類型

内部部局とは異なる機関が，府，省，委員会，庁に付置されることがある。この附属機関には，審議会等（内閣府37条・54条，行組8条），施設等機関（内閣府

39条・55条，行組8条の2)，特別の機関（内閣府40条〜42条・56条，行組8条の3）の3類型がある。

2 審議会等

(1) 意　義

国家行政組織法3条の国の行政機関には，法律の定める所掌事務の範囲内で，法律または政令の定めるところにより，重要事項に関する調査審議，不服審査その他学識経験を有する者等の合議により処理することが適当な事務をつかさどらせるための合議制の機関を置くことができる（行組8条）。国家行政組織法8条が定めているため，8条機関と称されることがある。審議会等のうち参与機関（⇒第1編第2章*2*(4)3)）としての性格を有するもの（電波法上の審査請求について諮問を受けた電波監理審議会等）については，法律（地方公共団体の場合は条例）の根拠が必要とする意見もある。

審議会等は，諮問を受けて審議し答申するのみならず，諮問なしに審議し建議する機能も認められることが少なくない（社会資本整備審議会について都市計画法76条2項，中央社会保険医療協議会について社会保険医療協議会法2条1項，地方社会保険医療協議会について社会保険医療協議会法2条2項，水産政策審議会について水産基本法36条2項，消費者委員会について消費者庁及び消費者委員会設置法6条2項1号参照。原子力委員会設置法2条の「企画」も建議機能の存在を所与とする)。2007（平成19）年の統計法全部改正[1]で設置された統計委員会は，統計行政の司令塔機能の中核をなす組織であるが，総務大臣から毎年度なされる施行状況の報告があったときに，統計法の施行に関し，内閣総理大臣，総務大臣または関係行政機関の長に対し意見を述べることができるとされるにとどまっていた（平成30年法律第34号による改正前の同法55条2項・3項)。平成30年法律第34号による改正により，統計委員会は，統計および統計制度の発達および改善に関する基本的事項全般についての建議機能を付与された（同法45条2号)。

1)　宇賀克也「新統計法の全面施行と基本計画」ジュリ1381号28頁以下およびそこで掲げた文献参照。

審議会等の長所としては，行政の外部の者を委員とすることにより行政の民主化を実現すること，専門的知識の外部からの導入を可能とすること，利害関係者（消費者代表，使用者代表，労働者代表等）が一堂に会して議論し利害調整を図ることができること，内部部局の職員と比較して審議会等の委員は第三者的性格が強いため，公正中立性の確保がより容易なこと等が挙げられる[2)]。

審議会等の設置根拠

審議会等の設置根拠が 1983（昭和 58）年の国家行政組織法改正で法律または政令とされたことはすでに述べたが（⇒第 1 編第 1 章 *3*(2)），(i)自ら国家意思を決定表示する機能を有するもの，(ii)国会議員を委員に充てるもの（国会 39 条ただし書参照），(iii)委員の任命について国会同意等の特別の定めがあるもの，(iv)設置省庁以外の大臣からも諮問を受けるもの（中央環境審議会。環境基 41 条 2 項 2 号），(v)外局に置かれる審議会等で当該外局の所掌事務の範囲を超える事項を審議するもの（文化審議会。文部科学省設置法 21 条 1 項），(vi)国と地方（地方支分部局または地方公共団体）で対をなしている同名の審議会等が設けられており，両者の審議会等について法律の一覧性を確保するために同一の法律で設置規定または所掌事務規定が置かれているもの（最低賃金審議会。最賃 20 条），(vii)その他特段の必要があるものについては，法律設置とする方針が「国家行政組織法の施行に伴う関係法律の整理等に関する法律」で採られた。なお，1983（昭和 58）年の国家行政組織法改正時には，府省設置法以外の法律により設置される審議会等については，当面従前どおり法律設置とされたが，中央省庁等改革の一環としての審議会等の整理合理化に当たっては，政令設置原則を厳格に貫き，上記の(i)から(vii)以外のものは，すべて政令設置とされた。政令設置の審議会等が法律設置の審議会等に比して重要度が低いというわけでも必ずしもない。1996（平成 8）年に橋本龍太郎内閣総理大臣自ら会長を務めた行政改革会議が 1997（平成 9）年に出した最終報告は，1998（平成 10）年の中央省庁等改革基本法の制定につながり，きわめて大きな影響力を持ったが，行政改革会議は法律ではなく政令に基づき設置されていた。

(2) 審議会等の類型

審議会等には，特定の政策課題について調査審議し，政策提言を行う政策提言型審議会（社会保障審議会等），行政処分に対する不服審査を行う不服審査型審議

2） 勢一智子「審議会行政における専門性と『民意』」公法研究 79 号 172 頁以下。

会（情報公開・個人情報保護審査会，関税等不服審査会，社会保険審査会，電波監理審議会等），行政立法や行政処分に際して，主務大臣の諮問を受けて審議議決したり（電波監理審議会，運輸審議会等），紛争処理のためのあっせん，調停，仲裁を行う事案処理型審議会（中央建設工事紛争審査会等）がある[3)]。以上の3分類は相互排他的なものではなく，電波監理審議会が不服審査型審議会，事案処理型審議会の双方の機能を有するように，複数の機能を持つものもある。なお，中央省庁等改革を推進するための「審議会等の整理合理化に関する基本的計画」（平成11年4月27日閣議決定）は，審議会を，行政の企画・立法過程における法案作成や法案作成につながる事項等の基本的な政策を審議事項に含む「基本的政策型審議会」と，行政の執行過程における計画や基準の作成，不服審査，行政処分等に係る事項について，法律または政令により，審議会等が決定もしくは同意機関とされている場合または審議会等への必要的付議が定められている場合において，当該事項のみを審議事項とする「法施行型審議会」に分類している。

Column　「法施行型審議会」から「基本的政策型審議会」への改組

2007（平成19）年における統計法の全部改正により設置された統計委員会は，統計行政における司令塔機能を有するものとされたが，当初は，「法施行型審議会」として位置づけられた。これは，中央省庁等改革基本法30条2号が，政策の企画立案または政策の実施の基準の作成に関する事項の審議を行う審議会等については，原則として廃止するものとし，設置を必要とする場合にあっては必要最小限のものに限り，かつ，総合的なものとすると定めていることを強く意識したためと考えられる。しかし，2017（平成29）年5月に公表された統計改革推進会議最終とりまとめにおいて，統計委員会の調整機能を抜本的に強化するとともに，各府省の統計部門を統計委員会の下で系列化することにより，分散型統計機構の弊害や問題の克服と各府省の統計機構の一体性の確保を進めるとされたことを受け，平成30年法律第34号による統計法改正により，統計委員会の機能強化が図られ，同審議会は，「基本的政策型審議会」として位置づけられることになった。

その他の審議会等の例

審議会等には以上に挙げたほか，総務省に置かれる国地方係争処理委員会，政策評価・独立行政法人評価委員会，法務省に置かれる法制審議会，司法試験委員会，検察官適格審査会，財務省に置かれる財政制度等審議会，文部科学省に置かれる国立大学法人評価委員会，中央教育審議会，教科用図書検定調査審議会，厚生労働省に置かれる医道審議会，労

3)　審議会等の分類については，1964（昭和39）年9月29日に出された（第1次）臨時行政調査会答申（「行政改革に関する意見」）2第2編Ⅰ1⑵の分類も参考になる。自治研究40巻11号87頁参照。

働保険審査会，経済産業省に置かれる産業構造審議会，輸出入取引審議会，国土交通省に置かれる国土審議会，環境省に置かれる中央環境審議会，公害健康被害補償不服審査会，臨時水俣病認定審査会等がある。内閣府本府には，民間資金等活用事業推進委員会，食品安全委員会，中央障害者施策推進協議会，地方制度調査会，選挙制度審議会，衆議院議員選挙区画定審議会，国会等移転審議会，公益認定等委員会，沖縄振興審議会，税制調査会，公文書管理委員会等のような重要な審議会等が置かれている。

以上の例からもうかがえるように，審議会等であっても委員会という名称が付されることは稀でない。現在，内閣府の金融庁に置かれている証券取引等監視委員会は，当初，証券不祥事を契機として，大蔵省（当時）から独立した証券取引委員会（日本版SEC）を復活させる議論もあった中で[4]，結果として，大蔵省の中に3条機関ではなく，8条機関としての委員会を設けるというかたちで1992（平成4）年に設置されたものである[5]。このことが示すように，3条機関としての委員会（「3条委員会」といわれることがある）を設置すべきか，8条機関としての審議会等を設置すべきかが立法過程において論点となることが稀でない。いわゆる「3－8（サンパチ）論争」である。与党は，大臣に決定権限を留保し，民間有識者による会議の結論に法的拘束力を持たせないため，審議会等とすることを主張し，野党は，大臣の権限を縮小するため行政委員会とすることを主張する傾向がある[6]。

Column 審査会を常置しない例

都道府県は，条例で定めるところにより，都道府県公害審査会を置くことができるが（公害紛争13条），審査会を置かない都道府県においては，都道府県知事は，毎年，公害審査委員候補者9人以上15人以内を委嘱し，公害審査委員候補者名簿を作成しておかなければならない（同法18条1項）。そして，都道府県公害審査会を置かない都道府県にあっては，候補者名簿に記載されている者のうちから，事件ごとに，都道府県知事があっせん委員，調停委員，仲裁委員を指名する（同法28条2項，31条2項，

4) 高野修一「行革審『証券・金融の不公正取引の基本的是正策に関する答申』について」ジュリ989号46頁，龍田節「証券取引の規制機関」ジュリ989号36頁，森田章「監視機関のあり方——SEC，SIBを参考にして」ジュリ989号40頁参照。

5) 河本一郎「証券取引等監視委員会の設置および自主規制機関の機能強化」商事法務1294号8頁，同「証券取引等監視委員会」法教145号6頁，斎藤誠「証券取引等監視委員会の展望」ジュリ1082号149頁，同「証券取引等監視委員会・管見」筑波法政18号（その1）303頁，武内良樹「証券取引等監視委員会の設置とその概要」金法1324号7頁，西原政雄「証券取引等の公正を確保するための証券取引法等の一部を改正する法律について」ジュリ1007号140頁参照。

6) 東田親司・現代行政と行政改革——改革の要点と運用の実際（芦書房，2002年）59頁参照。

39条2項)。2018（平成30）年11月19日現在，37都道府県は都道府県公害審査会を常置しているが，岩手県，山梨県，長野県，和歌山県，鳥取県，島根県，徳島県，香川県，愛媛県および長崎県の10県は，都道府県公害審査会を常置していない。

また，行政不服審査法は，地方公共団体に，執行機関の附属機関として，同法の規定によりその権限に属させられた事項を処理するための機関（一般に「行政不服審査会」と称せられている）を置くこととしているが（同法81条1項），地方公共団体は，当該地方公共団体における不服申立ての状況等に鑑み常置機関を置くことが不適当または困難であるときは，条例で定めるところにより，事件ごとに，執行機関の附属機関として，この法律の規定によりその権限に属させられた事項を処理するための機関を置くことができる（同条2項）。山形県天童市，徳島県小松島市等は，同法に基づく審査会を常設の機関とせず，審査請求があるごとにアドホックに設置することとしている。

(3)　審議会等の整理合理化

中央省庁等改革前

審議会等は戦前から存在したが[7]，戦後急速に増加し，1949（昭和24）年には法律に基づく審議会等が247も存在していた。占領終了後，政令諮問委員会答申を受けて，審議会等の整理が行われ，1951（昭和26）年には164に減少している。しかし，その後，行政事務の増大，専門化に伴い審議会等は増加し，1965（昭和40）年には277に達した。この頃から，審議会等の整理が行政改革の一環として重視されるようになり，1966（昭和41）年と1978（昭和53）年に「審議会等の整理等に関する法律」により整理統合が行われた。また，1968（昭和43）年の1省庁1局削減[8]以降，行政機構の新設に当たり行政需要の減退した部門を縮減する合理的再編成の方針が確立し，審議会等の新設についても行政管理局による審査を通じて抑制された。1983（昭和58）年の国家行政組織法改正は，審議会等の設置を法律事項から法律または政令事項に変更したが，その1つの理由は，不要になった審議会等の整理を迅速に行えるようにすることであった。しかし，その後も，存在意義の低下した審議会等が速やかに整理されてきたわけでは必ずしもないし，「隠れ蓑」批判，「縦割り行政」批判がなされることもある。

中央省庁等改革基本法による整理合理化

中央省庁等改革基本法は，行政のスリム化，政治主導の強化等の観点から，活動の実績が乏しい審議会等および設置の必要性が著しく低下している審議会等は基本的に廃止すること，政策の企画立案または政策の

7)　その例については，八木俊道「我が国行政における合議制行政機関の可能性と限界」季刊行政管理研究91号5頁参照。
8)　行政管理庁史編集委員会編・行政管理庁史（行政管理庁，1984年）202頁以下参照。

実施の基準の作成に関する事項の審議を行う審議会等については原則として廃止するものとし，設置を必要とする場合にあっては必要最小限のものに限り，かつ，総合的なものとすること，その他の政策提言型審議会等については，特段の必要性がある場合に限り，審議事項を具体的に限定した上で，可能な限り時限を付して設置することができるものとすること，その他不服審査等を行う審議会等については，その必要性を検討し，必要最小限のものに限ることという方針を示している（省庁改革基30条1号～3号）。中央省庁等改革基本法50条2項は，「政策形成に民意を反映し，並びにその過程の公正性及び透明性を確保するため，重要な政策の立案に当たり，その趣旨，内容その他必要な事項を公表し，専門家，利害関係人その他広く国民の意見を求め，これを考慮してその決定を行う仕組みの活用および整備を図る」ものとしており，従前政策提言型審議会等が果たしていた機能をパブリック・コメント制度により代替することを意図しているとみることができる。しかし，おそらく，パブリック・コメント制度により政策提言型審議会等が果たしてきた機能が全面的に代替されることにはならず，両者が相互補完的に活用されることになるのではないかと思われる。

中央省庁等改革推進本部決定による整理合理化

中央省庁等改革基本法30条1号～3号を受けて，中央省庁等改革推進本部決定「中央省庁等改革の推進に関する方針」（平成11年4月27日）が定められ，「審議会等の整理合理化に関する基本的計画」（以下「審議会等整理合理化計画」という）において，(i)活動不活発な審議会等は基本的に廃止すること，(ii)法令上時限の付されている審議会等または事実上時限のある審議会等は，時限の到来または任務の終了をもって廃止すること，(iii)政策審議・基準作成機能は原則として廃止すること，ただし，行政の執行過程における計画・基準の作成について，法律または政令により審議会等が決定もしくは同意機関とされている場合または審議会等への必要的付議が定められている場合については，その必要性を見直した上で必要最小限の機能に限って存置すること，基本的な政策について審議するものを数を限定して存置すること，(iv)行政処分関与・不服審査等の機能に関しては，法律または政令により審議会等が決定もしくは同意機関とされている場合または審議会等への必要的付議が定められている場合については，その必要性を見直した上で必要最小限の機能に限って存置すること，(v)存置されることとなった機能については，これらの機能を持つそれぞれの審議会等を審議分野の共通性に着目してできる限り統合することが決定された。そして，当時211存在した審議会等は90に整理された（他方，同時に独立法人評価委員会等，17の審議会等が新設された）[9]。2015（平成27）年3月31日現在，審議会等は，126存在する。審議会等整理合理化計画別紙1（審議会等の設置に関する指針）においては，

(vi)国民や有識者の意見を聴くに当たっては，可能な限り，意見提出手続の活用，公聴会や聴聞の活用，関係団体の意見の聴取等によることとし，いたずらに審議会等を設置することを避けることとすること，(vii)基本的な政策の審議を行う審議会等は，原則として新設しないこととするが，特段の必要性がある場合においても，設置に当たって審議事項を限定し可能な限り時限を付すこと，また，基本的な政策に係る必要的付議の規定は原則として置かないこと，(viii)不服審査，行政処分への関与，法令に基づく計画・基準の作成等については，法令の改正等により新たに審議会等の審議事項とすべきものが発生した場合も，審議分野の共通性等に着目して可能な限り既存の審議会等において審議すること，また，審議事項は，法律または政令により審議会等が決定もしくは同意機関とされるものまたは審議会等への必要的付議が定められているものに限ること等が定められている。

(4)　行政委員会との差異

行政庁としての性格

審議会等と行政委員会の本質的差異は，行政委員会と異なり，審議会等は諮問機関であり，自らの名で外部に対して国家意思を表示することができない点にある。しかし，これは原則であって，例外も存在する。不服審査型審議会，事案処理型審議会の中には，いわゆる裁決機関，すなわち，その決定が，直ちに国家意思として外部に表示され，法的拘束力を持つ行政庁としての性格を有するものがある。社会保険審査会は裁決機関であり，行政庁として位置づけられている（健保189条1項・2項，社会保険審査官及び社会保険審査会法43条等）。公認会計士・監査審査会も，公認会計士法13条1項（「公認会計士試験は，公認会計士・監査審査会が，これを行う」）・13条の2第1項（「公認会計士・監査審査会は，不正の手段によつて公認会計士試験を受け，又は受けようとした者に対しては，合格の決定を取り消し，又はその試験を受けることを禁止することができる」）により，行政庁としての性格も付与されている。また，土地鑑定委員会は，地価の公示を自らの名で行う（地価公示2条1項）。審議会等であっても，行政庁としての性格を有するものの場合，行政委員会との差異は不明確になる。逆に，行政委員会についても，実質的に諮問機関化する例がみられるとの指摘もある。

9)　中央省庁等改革における審議会等の整理について，岡本全勝「中央省庁改革における審議会の整理(上)(下)」自治研究77巻2号46頁以下・7号64頁以下参照。

人事権　審議会等と行政委員会の差異としては，事務局職員の人事権も挙げられる。すなわち，事務局職員の任命権について，行政委員会の場合には委員長が有するのが原則であるのに対して，審議会等の場合には，府省の長である大臣が有するのが原則である（国公55条1項）。しかし，中央労働委員会のように，行政委員会であっても，事務局職員の任命を大臣が行うこととしている例があることは，先に述べたとおりである（⇒第1編第9章*2*(6)(4)）。

命令・告示制定権，政策調整権　行政委員会と異なり，審議会等には，規則制定権，告示制定権は付与されていない。関係行政機関の長に対する資料提出・説明要求権，当該関係行政機関の政策に関する意見陳述権は一般的には認められていないが，例外は存在する。関係行政機関の長に対する資料提出・説明要求権が認められている例として，統計委員会（統計50条），公文書管理委員会（公文書管理30条）がある。また，関係行政機関の政策に関する意見陳述権まで認められている例として，消費者委員会がある（消費者庁8条・6条2項1号）。

固有の事務局　審議会等と行政委員会の傾向的差異としては，固有の事務局の有無がある。行政委員会には，一般に固有の事務局が置かれていることは先に述べた（⇒第1編第9章*2*(6)(4)）。他方，審議会等の庶務については，所管府省内の部局において行うことを原則とし，特段の必要性のある場合を除き，独自の事務局を設置しないこととされている（審議会等整理合理化計画別紙2〔審議会等の組織に関する指針〕6）。しかし，これは，あくまで原則であり，審議会等であっても，固有の事務局が置かれるものがある（情報審7条，公益法人42条，食安基37条）。また，委員会も固有の事務局の設置が義務づけられているわけではなく，国家公安委員会のように固有の事務局を有しないものがあることも前述したとおりである（⇒第1編第9章*2*(6)(4)）。

Column　消費者委員会

2008（平成20）年の第170回臨時国会に提出された消費者庁設置法案においては，消費者庁の諮問機関として消費者政策委員会（内閣府設置法54条の定める審議会等）を置き，消費者政策委員会に独自の事務局を設置することとしていた。しかし，衆議院での修正で，消費者政策委員会は消費者委員会と改名され，消費者庁ではなく，内閣府設置法37条1項の規定に基づき内閣府本府に置かれる審議会等とされた。そのため，法律の名称も，「消費者庁及び消費者委員会設置法」となった。消費者政策委員会は消費者庁の審議会等であったため，委員および事務局職員の任命権は消費者庁長官に属していたが，消費者委員会は内閣府本府に置かれるため，委員および事務局職員の任命権は内閣府の長たる内閣総理大臣に属する（国公55条1項）。また，消費者委員会の事務局は消費者庁内ではなく，消費者庁の外に置かれることになった。そのため，消費者委員会は消費者政策委員会と比較して消費者庁からの独立性を高め，消費者庁に対する監視機能は強化されたといえよう。

(5) 審議会等の答申

審議会等の答申は，法的拘束力を有しないのが原則である。この趣旨が明示されている例として，検察庁法23条3項（「法務大臣は，検察官適格審査会から検察官がその職務を執るに適しない旨の議決の通知のあつた場合において，その議決を相当と認めるときは，検事総長，次長検事及び検事長については，当該検察官の罷免の勧告を行い，検事及び副検事については，これを罷免しなければならない」）がある。しかし，かかる諮問機関を設け，審議を求めた以上，その意見を尊重するのは，当然といえる。

最判昭和50・5・29民集29巻5号662頁・百選Ⅰ118事件〔群馬中央バス事件〕は，「一般に，行政庁が行政処分をするにあたって，諮問機関に諮問し，その決定を尊重して処分をしなければならない旨を法が定めているのは，処分行政庁が，諮問機関の決定（答申）を慎重に検討し，これに十分な考慮を払い，特段の合理的な理由のないかぎりこれに反する処分をしないように要求することにより，当該行政処分の客観的な適正妥当と公正を担保することを法が所期しているためであると考えられるから，かかる場合における諮問機関に対する諮問の経由は，極めて重大な意義を有するもの」と述べている。これは事案処理型審議会についての判示であるが，不服審査型審議会についても同様のことがいえよう。政策提言型審議会については，必ずしも同一に考えられない面もあるが，「諮問機関の決定（答申）を慎重に検討し，これに十分な考慮」を払うべきことは当然であり，答申と異なる政策決定を行う場合には，その合理的な理由を国民に対して説明する責務が生ずると考えるべきであろう。2014（平成26）年通常国会で全部改正された行政不服審査法は，行政不服審査会等または他の法律等に基づく審議会等の答申書と異なる内容の裁決を行う場合に審査庁に理由説明を義務づけていることが注目される（50条1項4号）。

行政改革会議の答申を受けて，審議会等の答申の尊重規定が削除されたが，このことも，答申の尊重義務を否定するものではない。なお，現在でも答申の尊重規定が置かれている例はある（収用25条の2第1項）[10]。また，本来政治的中立性の観点から委員会方式をとることに合理性がある場合に審議会等の組織形態が選択されている場合，当該審議会等の答申は，特に尊重の要請が大きい。放送行政における電波監理審議会の答申（電波99条の11第1項）がその例である。不服審査型審議会の答申の場合，当該審議会等が実際に事実審理を行っていることの意味は大きい。とりわけ，当該事実審理が準司法的手続（行政審判手続）によっている場合には，答申の持つ意味は，きわめて大きくなる。電波法または同法に基づく命令の規定による総務大臣の処分に対して審査請求がなされた場合，総務大臣が却下した場合を除き電波監理審議会に諮問がなされるが（電波85条），同審議会は，準司法的手続（行政審判手続）によって審理していること，電波監理審議会の認定した事実については実質的証拠法則が働くことに照らし，総務大臣は電波監理審議会の議決に拘束されると解されている[11)]。なお，答申の拘束力についての最高裁判例として，最判昭和31・11・27民集10巻11号1468頁・百選II〔第4版〕128事件，最判昭和46・1・22民集25巻1号45頁・百選I 113事件，前掲最判昭和50・5・29等がある。

⑹ 職権行使の独立性

審議会等は合議制機関であり，合議制機関の本質は，構成員の自由な議論を通じて合意点を見出すことにあり，明文の規定がなくても，職権行使の独立性が認められる。審議会等の職権行使の独立性を担保するため，審議会等は，法令に定められていない場合には，自ら，下部機関の設置，定足数，議決方法，議事の公開，その他会議の運営に関し必要な事項を規則の制定等により定めることとされている（審議会等整理合理化計画別紙3〔審議会等の運営に関する指針〕3⑴）。もっとも，これらの事項については，基本的には政令で定める方針が採られている。

⑺ 審議会等の公開

アメリカには，連邦諮問委員会法[12)]という法律があり，審議会等の原則公開が義務づけられている。また，フランスでは，デクレにより審議会等の公開が定められている。わが国は，日米構造問題協議において，アメリカから審議会等の

10） 宇賀・行政情報化207頁参照。
11） 塩野・行政法III85頁参照。
12） 宇賀克也・アメリカ行政法〔第2版〕（弘文堂，2000年）46頁以下参照。

原則公開を定める法律の制定を求められたが，法律は制定せず，1995（平成7）年9月29日に，「審議会等の透明化，見直し等について」が閣議決定されている。また，中央省庁等改革基本法において，「会議又は議事録は，公開することを原則とし，運営の透明性を確保すること」（省庁改革基30条5号）とされている。水産政策審議会は，漁港漁場整備基本方針または漁港漁場整備長期計画に関する審議は公開して行うこととされている（漁港漁場整備法14条1項）。閣議決定においては，(ア)審議会等の委員の氏名等については，あらかじめまたは事後速やかに公表すること，(イ)会議または議事録を速やかに公開することを原則とし，議事内容の透明性を確保すること，特段の理由により会議および議事録を非公開とする場合には，その理由を明示するとともに，議事要旨を公開すること，ただし，行政処分，不服審査，試験等に関する事務を行う審議会等で会議，議事録または議事要旨を公開することにより当事者または第三者の権利，利益や公共の利益を害するおそれがある場合は会議，議事録または議事要旨の全部または一部を非公開とすることができること，(ウ)議事録および議事要旨の公開に当たっては，所管府省において一般の閲覧，複写が可能な一括窓口を設けるとともに，一般のアクセスが可能なデータベースやコンピュータ・ネットワークへの掲載に努めることとされている（審議会等整理合理化計画別紙3〔審議会等の運営に関する指針〕3(4)）。

なお，非公開とされた議事録等であっても，「行政機関の保有する情報の公開に関する法律」による開示請求の対象になることはいうまでもない[13]。

(8) 委　員

1) 委員の選任

一般的要件　中央省庁等改革基本法は，「審議会等の委員の構成及びその資格要件については，当該審議会等の設立の趣旨及び目的に照らし，適正に定めること」（省庁改革基30条4号）と規定している。委員の任命に当たっては，当該審議会等の設置の趣旨・目的に照らし，委員により代表される意見，学識，経験等が公正かつ均衡のとれた構成になるよう留意し，審議事項に利害関係を有する委員を任命するときは，原則として，一方の利害を代表する委員の定数が総委員の定数の半ばを超えないものとすることとされている（審議会等整理合理化計画別紙3〔審議会等の運営に関す

13）　会議録・会議資料の情報開示請求に関する判例について詳しくは，宇賀克也・ケースブック情報公開法（有斐閣，2002年）88頁以下参照。

る指針〕1)。委員等（委員のほか，臨時委員，特別委員，専門委員を含む）については，行政への民意の反映，外部の学識経験の意思決定過程への導入等の観点から，原則として民間有識者から選ぶものとされている（審議会等の整理合理化計画別紙2〔審議会等の組織に関する指針〕3)。なお，都道府県，市町村に置かれる土地区画整理審議会の場合には，委員は選挙により選任される（区画整理58条1項)。

Column 内閣総理大臣による任命

審議会等の委員等の任命権は，法律に別段の定めのある場合を除いては，当該審議会等の置かれた府省の長が有するのが原則である（国公55条1項)。しかし，中央省庁等改革による省庁再編前においては，総理府以外の省に設置された審議会等であっても，政策的な理由から委員等を内閣総理大臣が任命するものが少なくなかった。中央省庁等改革では，所管府省の大臣が審議会等の委員等を任命することが原則とされたが，個別法の定めるところにより，省に置かれる審議会等であっても，その委員等を内閣総理大臣が任命することを例外的に認める方針がとられた。具体的には，①内閣総理大臣が諮問を行う場合（統計委員会の委員，臨時委員，専門委員，幹事について，統計法47条・49条の2第2項)，②他大臣を拘束する場合（公害等調整委員会の委員長および委員について，公害等調整委員会設置法7条1項。総務省に置かれる情報公開・個人情報保護審査会も，他大臣を拘束するインカメラ審理の権限を有するため，その委員は内閣総理大臣が任命する〔情報審4条1項〕)，③立法府または司法府に関わる権能を有する場合（中央選挙管理会は審議会等ではなく総務省の特別の機関であるが，その委員について公職選挙法5条の2第2項で内閣総理大臣が任命することとされたのは，この③の理由による)，④その他（独立行政法人評価制度委員会の委員，臨時委員，専門委員が内閣総理大臣による任命とされた〔独行法12条の4〕のは，この審議会が，内閣の首長である内閣総理大臣の指揮監督権を背景に，目標管理の制度設計を行い，主務大臣への勧告と勧告事項に関する内閣総理大臣への意見具申の権限を有するからである）の場合に例外が認められている。

その他の要件

① 議員等　1954（昭和29）年1月22日の第4次行政審議会答申，1967（昭和42）年10月11日の閣議決定，1969（昭和44）年7月11日の閣議決定は，国会議員が審議会等の委員になることを原則として認めない方針を採っている。審議会等整理合理化計画別紙2（審議会等の組織に関する指針）3においても，国会議員は，当該審議会等の不可欠の構成要素である場合を除き委員等としないものとされている。国会議員についても例外的に委員となる余地が認められており，実際に，国会議員が審議会等委員になる例は存在する。国土審議会（国土交通省設置法8条1項1号・2号)，国土開発幹線自動車道建設会議（国土開発幹線自動車道建設法13条2項1号・2号)，検察官適格審査会（検察23条4項）がその例で，内閣府に置かれる地方制度調査会（地方制度調査会設置法6条1項）もその例である。なお，内閣府に置かれる選挙制度審議会の場合，国会議員

のうちから特別委員を任命することとされている（選挙制度審議会設置法5条1項）。地方議会の代表者等も，原則として委員としないこととされている（審議会等整理合理化計画別紙2〔審議会等の組織に関する指針〕3）。

② 行政機関職員等　府省出身者の委員への任命は厳に抑制するものとされ，特に審議会等の所管府省出身者は，当該審議会等の不可欠の構成要素である場合または属人的な専門的知識経験から必要な場合を除き，委員に選任しないことが閣議決定されている（審議会等整理合理化計画別紙3〔審議会等の運営に関する指針〕2(1)①。1967（昭和42）年10月11日の閣議決定，1969（昭和44）年7月11日の閣議決定も参照）。国務大臣，地方公共団体の代表者等も，当該審議会等の不可欠の構成要素である場合を除き委員等としないものとされている（審議会等整理合理化計画別紙2〔審議会等の組織に関する指針〕3）。

③ 特定の職に就いている者の任命　審議会等の委員の中には，特定の職に就いている者の任命が法定されている場合がある。検察官・公証人特別任用等審査会の場合，最高裁判所事務総長を必ず任命することとされているのがその例である（検察官・公証人特別任用等審査会令2条1項1号）。なお，検察官適格審査会の場合，裁判官も委員になることとされている（検察23条4項）。

④ 特定の社会集団の代表者　審議会等の中には，委員として，特定の社会集団の代表者を指定している例がある。たとえば，中央社会保険医療協議会，地方社会保険医療協議会の委員は，健康保険等の保険者および被保険者・事業主・船舶所有者を代表する者7人，医師・歯科医師・薬剤師を代表する者7人，公益を代表する者6人の計20人の委員をもって組織する（社会保険医療協議会法3条1項）。また，地方財政審議会は，委員5人のうち，全国の都道府県知事および都道府県議会議長の各連合組織が共同推薦した者（1人），全国の市長および市議会議長の各連合組織が共同推薦した者（1人），全国の町村長および町村議会議長の各連合組織が共同推薦した者（1人）を含まなければならない（総務省12条2項）。

また，明文の規定がない場合であっても，実際には，経済団体，労働組合，消費者団体等に属する者を，委員として選出することは多い。かかる場合には，当該社会集団を代表する委員は，当該社会集団の専門知識・経験等を審議過程にインプットする役割を期待されているといえよう。もっとも，このことは，当該委員が，当該社会集団の利益を代弁することまで期待されていることを意味せず，個人の見識に基づく発言が期待されているといえよう。

⑤ 女　性　審議会等整理合理化計画別紙3（審議会等の運営に関する指針）2(3)においては，委員に占める女性の比率を府省編成時からお

よそ10年以内に30パーセントに高めるよう努めることとされている。

⑥ 高齢者　高齢者については原則として委員に選任しないことが閣議決定されている（審議会等整理合理化計画別紙3〔審議会等の運営に関する指針〕2(1)②）。ただし，年齢による個人差はきわめて大きいので，柔軟な運用が望ましい。

⑦ 委員の兼任制限　1963（昭和38）年9月20日の閣議口頭了解において，委員の兼任は，最高4までとすることとしている。審議会等整理合理化計画別紙3（審議会等の運営に関する指針）2(1)③においては，委員がその職責を十分果たしうるよう，1の者が就任することができる審議会等の委員の総数は原則として3とし，特段の事情がある場合でも4を上限とするとされている。

2) 任　期

1963（昭和38）年9月20日の閣議口頭了解において，委員の長期留任は特別の事情がない限り行わないこととし，原則として，任期3年の場合は3期まで，任期4，5年の場合は2期までとすることとされていた。審議会等整理合理化計画別紙3（審議会等の運営に関する指針）2(2)においては，委員の任期については原則として2年以内とし，再任は妨げないが，1の審議会等の委員に10年を超える期間継続して任命しないこととされている。

3) 定　数

1967（昭和42）年10月11日の閣議決定（「審議会等の設置及び運営について」）は，委員数は，原則として20人以内とすることとしていた。しかし，産業構造審議会，大学設置審議会のように定数が100名を超えるものもあった。審議会等整理合理化計画別紙2（審議会等の組織に関する指針）1においても，委員数については，原則として20名以内とし，これを上回る必要がある場合であっても，30名を超えないものとすることとされた。

4) 身　分

審議会等の委員で国会同意人事の場合は特別職となるが（国公2条3項9号），それ以外の委員の場合は一般職となり（同条2項），国家公務員法の規定の適用を受ける。国会同意人事の例として，地方財政審議会（総務省12条1項），中央社会保険医療協議会の公益委員（社会保険医療協議会法3条6項），運輸審議会委員（国土交通省設置法18条1項）がある。情報公開・個人情報保護審査会（情報審4条1項），原子力委員会（原委5条1項）もその例である。なお，地方公共団体の審議会等の委員は非常勤の場合には特別職であり（地公3条3項2号），地方公務員法の規定は適用されない（同4条2項）。そのため，同法34条の守秘義務規定も適用されない。

したがって，地方公共団体の審議会等の委員に守秘義務を課し，違反に対して刑事罰を科すためには，条例に規定を設ける必要がある（東京都情報公開条例22条5項・39条参照）。

Column ラクイラ地震

2009（平成21）年にイタリア中部ラクイラで発生した地震により，300人以上が死亡した。地震直前に政府が開催した検討会が「群発地震を大地震の予兆とする根拠はない」と安全宣言を出したことが被害を拡大させたとして，検討会に参加した7名の科学者らが過失致死傷罪で起訴された。1審のラクイラ地裁では，2012（平成24）年10月，政府と科学者の癒着が厳しく糾弾され，7人の被告人に禁錮6年（求刑禁錮4年）の有罪判決が言い渡された。この判決は，審議会等の委員である科学者が危険を予知せず安全宣言を出した場合に過失致死傷罪の刑事責任に問われるのかという大きな問題を提起した。この判決を契機に2013（平成25）年10月には，OECD Global Science Forumで科学者の責任の問題が議論された。控訴審のラクイラ高裁は，2014年11月，6人については1審判決を破棄し無罪判決を言い渡し，当時，防災庁の幹部であった1人については執行猶予付きの禁錮2年に減刑した。2015（平成27）年11月の上告審判決も，原判決を支持している[14)]。

5） 勤務形態

委員は非常勤であることが原則であるが，審議会等の性格，機能，所掌事務の経常性，事務量等からみて，ほぼ常時活動を要請されるものであり，かつ，委員としての勤務態様上特段の必要がある場合には，常勤とすることができるとされている（審議会等整理合理化計画別紙2〔審議会等の組織に関する指針〕2）。実際，総務省の情報公開・個人情報保護審査会の場合，委員15人のうち，5人以内を常勤とすることができるとされており（情報審3条），内閣府の公益認定等委員会の場合は7人の委員のうち4人以内を常勤とすることができるとされている（公益法人34条）。なお，運輸審議会は委員6人をもって組織されるが，委員のうち2人は常勤，4人は非常勤とされている（国土交通省設置法16条）。再就職等監視委員会は委員長および委員4人をもって組織されているが（国公106条の7第1項），委員長は常勤，委員は非常勤である（同条2項）。地方公共団体においては，附属機関を組織する委員その他の構成員は非常勤とすることとされている（自治202条の3第2項）。

6） 会長等

審議会等の会長等は，合議体の自立性を重視し，委員の互選により定めること

14） ラクイラ地震の経緯と科学者の法的責任について，有本建男＝佐藤靖＝松尾敬子・科学的助言――21世紀の科学技術と政策形成（東京大学出版会，2016年）126頁以下参照。

が原則とされている（審議会等整理合理化計画別紙2〔審議会等の組織に関する指針〕4）。しかし，委員の任命が国会同意人事になっている場合，会長と委員を別個に規定し，会長は両議院の同意を得て内閣総理大臣が任命することとする例は稀でない（公認会計士・監査審査会，再就職等監視委員会，社会保険審査会，証券取引等監視委員会，中央更生保護審査会等）。これは，かかる審議会等の場合，会務を総理し審査会等を代表する会長の選任については審議会等の委員の互選に委ねず，国民の民主的統制を及ぼすためである。2008（平成20）年に国会に提出された行政不服審査法案において会長の任命を国会同意人事にしていたのは，同法案においては，内閣府の情報公開・個人情報保護審査会を行政不服審査会に統合することとしていたため，行政不服審査会が多様な事件を取り扱うことから，会長について国会の民主的統制を及ぼすべきと考えられたからである（同法案は2009〔平成21〕年7月の衆議院解散により審議未了廃案）。これに対し，2014（平成26）年に成立した行政不服審査法では情報公開・個人情報保護審査会は行政不服審査会に統合されないこととされたため，会長も委員の互選に委ねることとされた（行審70条1項）。

7）臨時委員・特別委員・専門委員

審議会等には，通常の委員のほか，必要に応じて臨時委員，特別委員，専門委員が置かれることがある。

臨時委員

臨時委員とは，特別の事項を調査審議するために，通常の委員のほか，必要に応じて置かれる職員であり（政策評価・独立行政法人評価委員会令1条2項，法制審議会令3条1項，地方制度調査会設置法3条2項，社会保障審議会令1条2項，中央教育審議会令1条2項，総合資源エネルギー調査会令2条2項，産業構造審議会令2条2項，金融審議会令1条2項），特別の事項に関する審議に関しては当該審議会等の意思決定に当たって議決権を有するものとされている（政策評価・独立行政法人評価委員会令7条2項，法制審議会令7条2項，社会保障審議会令8条2項，中央教育審議会令8条2項，総合資源エネルギー調査会令8条2項，産業構造審議会令9条2項，金融審議会令8条2項参照）。臨時委員は当該特別の事項の調査審議が終了したときは解任されるものとされ，その旨明定するものとされている（審議会等整理合理化計画別紙2〔審議会等の組織に関する指針〕1(1)）。

特別委員

特別委員とは，特別の事項を調査審議するために，通常の委員のほか，必要に応じて置かれる職員である点，当該特別の事項の調査審議が終了したときは解任されるものとされ，その旨明定するものとされている点では臨時委員と同じであるが（地方財政審議会令2条，国土交通省設置法10条，林政審議会令3条，大学設置・学校法人審議会令1条2項，水産政策審議会令3条3項），審議会等の意思決定に当たって議決権を有しない点（地方財政審議会令5条2項，林政審議会令6条2項，大学設置・学校法人審議会令9条2項）が臨時委員と異なる（審議会等整理合理化計画別紙2〔審議会等の組織に関する指針〕1(2)）。ただし，特別委員であっても，委員と同様に議決権が付与されている場合もある（国土審議会令5条2項）。

専門委員　専門委員は，専門の事項を調査するために置かれる補助的職員であり（社会保険医療協議会法3条3項，政策評価・独立行政法人評価委員会令1条3項，国土審議会令1条，社会保障審議会令1条3項，中央教育審議会令1条3項，総合資源エネルギー調査会令2条3項，産業構造審議会令2条3項，大学設置・学校法人審議会令1条3項，金融審議会令1条3項），当該審議会等の意思決定に当たっては議決権を有しないものとされている。専門委員は当該専門の事項の調査審議が終了したときは解任されるものとされ，その旨明定するものとされている（審議会等整理合理化計画別紙2〔審議会等の組織に関する指針〕1(3)）。

臨時委員，特別委員，専門委員が特定の調査審議事項が終了したときに解任されることとしているのは，臨時委員等が恒久化し，委員数に上限を設定した意義が没却されることのないようにするためである。

(9)　下部機関

意　義　専門的かつ詳細な調査または討議を行った上で総合的な審議等を行う方法によることが適当な場合には，必要に応じて審議会等に下部機関（分科会，部会等）を設置して弾力的，機動的な運営を図ることとされている。

分科会　分科会は，審議事項のまとまりが大きく，独立性が高い場合において法令により直接設置するものとし，法令により数，名称およびその所掌事項を定めるものとされている（審議会等整理合理化計画別紙2〔審議会等の組織に関する指針〕5(1)①）。社会資本整備審議会の公共用地分科会，産業分科会，住宅宅地分科会，都市計画・歴史的風土分科会，河川分科会，道路分科会，建築分科会がその例である（社会資本整備審議会令6条1項）。分科会は，委員，臨時委員，特別委員または専門委員によって構成し，分科会の結論は，委員および議事に関係のある臨時委員により決定するものとされている（同令9条3項）。水産政策審議会に置かれる資源管理分科会，漁港漁場整備分科会（水産政策審議会令5条1項）の場合，分科会は委員および特別委員により構成される（同条2項）。

部　会　部会は，審議事項のまとまりが大きくない場合または独立性が高くない場合に設置するものとされ，総会の決議により数，名称およびその所掌事項を定めるものとされている（審議会等整理合理化計画別紙2〔審議会等の組織に関する指針〕5(1)②）。部会は，委員，臨時委員，特別委員または専門委員によって構成し，部会の結論は，委員および議事に関係のある臨時委員により決定するものとされている（社会資本整備審議会令9条3項）。

下部機関が審議した事項の，審議会等としての意思決定

分科会，部会において審議が行われた事項に係る審議会等としての意思決定は，原則として総会における総合的な審議を経た上で総会の議決により行うものとされている。ただし，審議事項によっては，分科会，部会の委員構成等にも配慮した上で，諮問権者の同意を得て，あらかじめ総会の定めにより，分科会，部会の結論をもって審議会等の意思決定とすることができるものとされている。たとえば，産業構造審議会，社会資本整備審議会，水産政策審議会は，その定めるところにより，分科会の議決をもって審議会の議決とすることができる（産業構造審議会令6条6項，社会資本整備審議会令6条6項，水産政策審議会令5条6項）。しかし，不服審査等の審議事項や決定または同意機関とされる審議会等の審議事項については，法令により直接設置されず，その所掌事項が定められていない下部機関の結論をもって審議会等の意思決定とすることは認めない方針が採られている（審議会等整理合理化計画別紙2〔審議会等の組織に関する指針〕5(2)）。これは，かかる場合の審議会等の答申は，国民の権利義務に具体的に影響を与えたり，審議会等が行政過程における最終的な意思決定機関となるからである。もっとも，下部機関が法令により直接設置され，かつ所掌事項が定められている場合には，下部機関の結論をもって審議会等の結論とすることが可能である。関税等不服審査会令5条1項により設置され，同条2項で所掌事務が定められた関税・知的財産分科会について，関税等不服審査会議事運営細則6条3項により，その議決を審査会の議決とすると定めているのがその例である。公文書管理委員会に置かれる特定歴史公文書等不服審査分科会（公文書管理委員会令5条1項）の議決をもって公文書管理委員会の議決とすることができるとされているのも（同条7項），同様の例である。

分科会・部会の長

分科会・部会の長は，審議会等の委員をもって充てるのが原則である（社会保障審議会令5条3項・6条3項，国土審議会令2条4項，水産政策審議会令5条3項）。例外的に臨時委員が分科会・部会の長になることが認められている場合もあるが（法制審議会令6条3項），この場合には，分科会・部会の結論をもって審議会等の意思決定とすることはしない方針が採られている。

⑽　諮問手続の瑕疵[15]

問題の所在　審議会等への諮問手続は行政手続の一環をなす（⇒第Ⅰ巻第23章***2***）。行政処分に事前の諮問手続が設けられている場合には，諮問手続の瑕疵が行政処分の瑕疵となるか，なる場合に無効の瑕疵となるのか，取り消しうべき瑕疵にとどまるのかという問題が存在する。不服申立手続において諮問手続が採られている場合においても，諮問手続の瑕疵が，原処分主義（行訴10条2項。⇒第Ⅱ巻第8章***6***⑴）のもとで裁決固有の瑕疵となるのか，裁決主義（⇒第Ⅱ巻第8章***6***⑵）のもとで裁決の取消事由または無効事由となるのかという問題が存在する。

諮問がない場合　諮問が義務づけられている場合に諮問を行わずになされた決定・裁決は違法となると解される（東京地決昭和40・4・22行集16巻4号708頁）。

審理，決定の過程の瑕疵の一般論　最判昭和50・5・29民集29巻5号662頁・百選Ⅰ118事件〔群馬中央バス事件〕は，「行政処分が諮問を経ないでなされた場合はもちろん，これを経た場合においても，当該諮問機関の審理，決定（答申）の過程に重大な法規違反があることなどにより，その決定（答申）自体に法が右諮問機関に対する諮問を経ることを要求した趣旨に反すると認められるような瑕疵があるときは，これを経てなされた処分も違法として取消をまぬがれない」と判示している。

議決方法の瑕疵　審議会等の定足数については，法定されている場合と審議会等自身が定める場合とがある。いずれの場合であっても，定足数を満たしていない場合には，当該答申に基づく行政処分は無効とすべきと思われる。定足数の関係で代理出席が認められるか否かが問題になることがある。委員が学識経験者としての個人的特性に基づいて任命されている場合には，代理出席は認められないといえよう。官公庁の職員が委員となっている場合には，その部下が代理出席する慣行が見られるが，松山地判昭和53・4・25行集29巻4号588頁〔伊方原発訴訟1審判決〕が，「設置法及び原子炉安全専門審査会運営規程

15）　諮問から答申に至る手続的瑕疵について詳しくは，金子正史「審議会行政論」行政法大系⑺140頁以下参照。

……には，いずれも審査委員の代理を認める趣旨の規定はないこと，原子炉の安全性という高度に専門的な事項の審査には，審査委員の学識経験が重要な要素をなしているものであって（このことは，審査委員の任命資格の根拠が関係行政機関の職員である場合でも，安全審査に政策的要素を加味すべきでないことから考えれば，別異に解すべき理由はない。），行政庁内の地位の上下関係をもって代替することができるとすることの合理性はないことに鑑みると，右代理出席は法の許容するものとはみられない」と判示していることに留意する必要がある。

審議会等の議事は出席者の過半数で決し，可否同数のときは，会長の決するところによると法定されているのが通常である（電波99条の10第2項）。もっとも，実際上は，全員が合意できる内容の答申案を作成し，全会一致でこれを了承するかたちをとるのが一般的である。全会一致でない場合，意見の一致をみない部分については，少数意見が付記されることもある。また，両論並記のかたちをとることもある。閣議決定においても，審議を尽くした上でなお委員の間において意見の分かれる事項については，全委員の一致した結論をあえて得る必要はなく，たとえば複数の意見を並記するなど，審議の結果として委員の多様な意見が反映された答申とすることとしている（審議会等整理合理化計画別紙3〔審議会等の運営に関する指針〕3(2)③）。

持回り決議の効力が争われた事案において，松江地判昭和34・11・29行集10巻11号2264頁は決議を無効としたが，控訴審の広島高松江支判昭和38・12・25行集14巻12号2242頁，上告審の最判昭和46・1・22民集25巻1号45頁・百選Ⅰ113事件は無効とはいえないとしている。大阪地判昭和33・4・28行集9巻4号582頁も，諮問機関である農業会議において持回り決議が行われたことは無効とするほどの瑕疵には当たらないとする。しかし，合議制機関の本質が，委員間の自由な討議にあることに照らせば，この要素を欠く持回り決議による決定は，単なる行政処分の取り消しうべき瑕疵にとどまらないと解することも十分可能と思われる。

答申を経ないでされた行政庁の決定　行政庁がある決定をするに当たって，審議会等に諮問する義務がある場合に，諮問をしたが，審議会等の内部における意見対立等のために合理的期間内に答申がされない状態が生じたときに，行政庁が答申を受けることなしに決定をすることが認められるかという問題がある。都道府県または市町村に置かれる審議会等の中には，かかる場合を想定して，立法的解決を図っている例がある。すなわち，土地区画整理審議会については，都道府県または市町村は，同審議会の意見を聞いて処分または決定をすべき場合において，同審議会が同一議題について再度招集されても，正当な理由がなく会議を開かず，または意見を提出しないときは，その意見を聞かずに処分または決定をすることができるものとし，同審議会の同意を得て処分または決定をすべき場合において，同審議会が同一議題について再度招集されても，正当な理由がなく会議を開かないときは，その同意を得ないで処分または決定をすることができるものとされている（区画整理64条)。しかし，一般には，このような規定が置かれていないため，解釈論の問題となる。この点が争われたのが，医療費値上げに関する職権告示についての前掲東京地決昭和40・4・22の事案である。同決定は，「厚生大臣が中医協に諮問することなく，あるいは諮問をしてもその答申を得ないことを正当とするような特段の事情もないのに答申を得ずに右決定をすることは違法といわざるを得ない」とし，本件告示が中医協の答申を得ないでされたことを正当とするような特段の事情は認められず告示は違法であると判示している。他方，地方公共団体の審議会等の例であるが，特別報酬等審議会条例で，町長が議員の報酬額に関する条例案を議会に提出しようとするときは，町長は報酬審議会の意見を聞くこととされているにもかかわらず，同審議会の答申を得ないで議員報酬額改正条例案が議会に提出された事案において，釧路地判昭和55・11・4判時1011号47頁は，「答申期限の明示がない場合においても，報酬審議会は無限定に審議期間を長びかせ，答申を遅らせることはできないものと解すべきであるから，諮問を受けながら徒らに時を過し，相当と認められる時期までに答申を行なわず，又は相当と認められる時期までに答申を行なう見込のない場合，即ち，報酬審議会が正常な活動を行なわないため，その答申を待っていては却って同審議会を設置した趣旨を逸脱すると認められる場合には，町長が同審議会の答申を待たずに議員報酬額等に関する条例案を町議会に提出することもやむを得ないものであって，これをもって直ちに審議会条例に違反したものと断ずることはできないものというべきである」と判示している。

⑾　行政運営上の会合――懇談会等

懇談会等行政運営上の会合は，審議会等と類似の機能を果たしているが，形式的には，法律または政令に基づく設置ではなく，国家行政組織法上の「国の行政機関」ではない。懇談会，検討会，研究会等，その名称は多様である。行政運営上の参考に供するために，大臣や副大臣の決裁を経て，大臣等が行政機関職員以外の民間有識者の参集を求める会合であって，同一名称の下に，同一の者に複数回にわたり継続して参集を求めることを予定しているものをいう。私的諮問機関と呼ばれることもある。その構成員は，国家公務員法上の非常勤職員として任命されているのではなく，特定の政策課題について意見を述べる委任契約を国と結んだものと解される[16]。

中曽根康弘内閣総理大臣の時代，国政の重要問題について，「閣僚の靖国神社参拝問題に関する懇談会」のような懇談会の報告に基づき決定することの是非が大きな議論を呼んだ[17]。第2次安倍晋三内閣において、2013（平成25）年2月より7回にわたり集団的自衛権について議論した「安全保障の法的基盤の再構築に関する懇談会」（安保法制懇）も行政運営上の会合である。1983（昭和58）年の国家行政組織法改正により審議会等の設置を政令で行うことも可能にした1つの理由として，法律設置に限定すると，立法のコストがかかるため，重要な諮問機関が私的諮問機関として設置されがちであるといわれることもあった。しかし，この改正後も，重要な政策課題が，懇談会等行政運営上の会合の報告に基づいて決定される傾向は続いている。同様の傾向は，地方公共団体においてもみられる。

きわめて重要な機能を担う諮問機関が懇談会等行政運営上の会合として位置づけられている例として，地震防災対策強化地域判定会がある。大規模地震対策特別措置法9条では，気象庁長官は大規模地震を予知した場合，内閣総理大臣に報告し，内閣総理大臣は閣議にかけて警戒宣言を発することとしている。気象庁長官は，地震予知情報を内閣総理大臣に報告するか否かを判断するに当たって，気象庁長官の諮問機関である地震防災対策強化地域判定会に諮問することになっているが，この諮問機関は，気象庁長官通達である地震防災対策強化地域判定会要綱（昭和54年8月7日気象庁長官通達）に基づく私的諮問機関である。エイズ問題で社会的注目を浴びた厚生省（当時）のエイズ研究班も私的諮問機関であった。

懇談会等行政運営上の会合の開催に関する指針

閣議決定で「懇談会等行政運営上の会合の開催に関する指針」（審議会等整理合理化計画別紙4）が設けられている。それによれば，懇談会等は，省令，訓令等を根拠としては開催しないこと，懇談会等に関するいかな

16） 塩野・行政法Ⅲ88頁参照。
17） 佐藤・経済行政法296頁以下参照。

る文書においても，当該懇談会等を「設置する」等の恒常的な組織であるとの誤解を招く表現を用いないものとすること，審議会・協議会・審査会・調査会・委員会の名称を用いないこと，懇談会等の定員および議決方法に関する議事手続を定めないこと，聴取した意見については，答申・意見書等合議体としての結論と受け取られるような呼称を付さないこととされている。

情報公開に関する連絡会議申合せ

2005（平成17）年8月3日の情報公開に関する連絡会議申合せ（「懇談会等行政運営上の会合に関する発言者の氏名について」）は，「懇談会等行政運営上の会合の議事録等における発言者の氏名については，特段の理由がない限り，当該発言者が公務員であるか否かを問わず公開するものであることに留意する」としている。2011（平成23）年の第177回通常国会に提出された「行政機関の保有する情報の公開に関する法律」の改正案では，5条1号ただし書ニは，行政運営上の会合における構成員の意見表明または説明に係る情報のうち，当該個人の氏名および当該意見表明または説明は原則として開示することとし，当該個人の権利利益を保護するため当該氏名を公にしないことが必要であると認められる場合に限り，当該個人の氏名のみは不開示にすることとしている。

3 施設等機関

試験研究，検査検定，文教研修等，企画立案より実施的側面が中心である事務を行う機関が府省やその外局に付置されている。施設等機関の例として，試験研究機関（内閣府の経済社会総合研究所，財務省の財務政策総合研究所，関税中央分析所等），検査検定機関（厚生労働省に置かれる検疫所，農林水産省に置かれる植物防疫所，動物検疫所等），文教研修施設（総務省に置かれる自治大学校，外務省に置かれる外務省研修所，防衛省に置かれる防衛大学校等），医療厚生施設（厚生労働省に置かれる国立ハンセン病療養所等），矯正収容施設（法務省に置かれる刑事施設，少年院等），作業施設（内閣府の迎賓館，気象庁に置かれる気象衛星センター等）がある。このほか，内閣府の宮内庁に置かれる施設等機関として，正倉院事務所，御料牧場がある。政令設置のものが多いが，検疫所，国立ハンセン病療養所，刑事施設のように，公権力を行使したり，国家権力により人を収容する施設は，法律設置とする方針が採られている。

施設等機関は，試験研究，サービスの提供等を行うため，独立行政法人化の候補になることが多く，実際，多数の施設等機関が独立行政法人化された。国立大学法人化前の国立大学も，施設等機関として位置づけられていた。2014（平成26）年3月24日現在，内閣府本府に置かれるものも含めて60種類存在する。

4 特別の機関

特別の機関は，所掌事務または組織構成が特殊であるため，府，省，委員会，庁の内部部局，審議会等，施設等機関，および後述する地方支分部局のいずれにも含まれない行政機関の総称である。審議会等，施設等機関と異なり，法律で設置しなければならない（内閣府40条2項，行組8条の3)。

内閣府本府には，北方対策本部および金融危機対応会議が，特別の機関として置かれている（内閣府40条1項)。その他，別に法律の定めるところにより内閣府本府に置かれる特別の機関（同条2項参照）の中には，基本法に基づくものがある。少子化社会対策会議（少子化社会対策基本法)，高齢社会対策会議（高齢社会対策基本法）は，いずれも基本法に基づき設置されている。基本法以外の法律に基づいて内閣府本府に置かれた特別の機関として，国際平和協力本部（国連平和維持4条1項)，日本学術会議（日本学術会議法1条1項)，官民人材交流センター（国公18条の7第1項）（以上，内閣府40条3項)，原子力立地会議（原発立地11条1項）がある。

これらの特別の機関のうち，金融危機対応会議を例としてみると，議長は内閣総理大臣であり（内閣府42条3項)，他の構成員は，内閣官房長官，金融担当特命担当大臣，金融庁長官，財務大臣，日本銀行総裁であり（同条4項)，インナーキャビネットとしての性格が濃厚である。また，日本学術会議は，科学が文化国家の基礎であるという確信に立って，科学者の総意のもとに，わが国の平和的復興，人類社会の福祉に貢献し，世界の学界と提携して学術の進歩に寄与することを使命として設立されたものであり（日本学術会議法前文)，「学者の国会」と呼ばれることもある。学問の自由を尊重する必要があるので，内閣総理大臣の所轄の下に置くこととし（同法1条2項)，職権行使の独立性を保障されている。そして，科学に関する重要事項を審議し，その実現を図ること，科学に関する研究の連絡を図り，その能率を向上させることを職務とする（同法3条)。政府は，一定事項について日本学術会議に諮問することができ（同法4条)，また，日本学術会議は，諮問がなくても，科学の振興および技術の発達に関する方策等について，政府に勧告することができる（同法5条)。日本学術会議は210人の会員で組織され（同法7条1項)，会員は，日本学術会議の推薦に基づいて内閣総理大臣が任命する（同条2項)。

国家公安委員会の管理の下にある警察庁も特別の機関（内閣府56条）である。法務省に置かれる検察庁，文部科学省に置かれる日本学士院，文化庁に置かれる日本芸術院，国税庁に置かれる国税不服審判所，総務省に置かれる中央選挙管理会，外務省に置かれる在外公館，国土交通省に置かれる国土地理院，防衛省に置かれる自衛隊も特別の機関の例である。日本学士院は，学術上の功績顕著な科学者を優遇するためのものであり，日本芸術院は，芸術上の功績顕著な者を優遇するためのものである。国土地理院は，土地の測量，地図の調整の事業の実施等の事務をつかさどる。

2008（平成20）年通常国会で成立した「国土交通省設置法等の一部を改正する法律」は，海難審判庁を廃止し，同庁の有する懲戒機能については，特別の機関として設置する海難審判所に担わせ，対審による審判を維持することとした。

なお，特別の機関の中には，臨時に設置されるもの（非常災害対策本部，緊急災害対策本部，原子力災害対策本部等）もある。

Column　東日本大震災に対応するために設置された会議等の議事録等の未作成問題

東日本大震災に対応するために設置された緊急災害対策本部，原子力災害対策本部等の会議等の議事内容の記録の未作成が大きな社会問題になり，2012（平成24）年2月3日，岡田克也副総理より，公文書管理委員会に対し，原因分析および改善策の検討が要請された。緊急災害対策本部，原子力災害対策本部では，議事録も議事概要も作成されていなかった。同年4月25日，公文書管理委員会は，原因分析および改善策を取りまとめ，歴史的緊急事態に対応する緊急災害対策本部，原子力災害対策本部等の意思決定型の会議等については，開催日時・場所，出席者，議題，発言者および発言内容を記録した議事録または議事概要，決定または了解を記録した文書，配布資料等を作成・保存すべきとされ，事前にマニュアル等を整備し，議事内容の記録の作成，事後作成の場合の期限（原則3ヵ月以内），責任体制，訓練等を行うことを明確化し，事後作成のための資料の保存状況や文書の作成状況を適時点検すべきとされている。これを受けて，同年6月29日，「行政文書の管理に関するガイドライン」が一部改正された。公文書等は，「国及び独立行政法人等の諸活動や歴史的事実の記録である公文書等が，健全な民主主義の根幹を支える国民共有の知的資源として，主権者である国民が主体的に利用し得るもの」であり，「現在及び将来の国民に説明する責務が全うされるようにする」（公文書管理1条）ために，「当該行政機関における経緯も含めた意思決定に至る過程並びに当該行政機関の事務及び事業の実績を合理的に跡付け，又は検証することができるよう……文書を作成しなければならない」（同4条柱書）[18]。1000年に1度ともいわれる地震・津波災害および未曾有の原子力発電所事故に対し，政府がいかに対応したかの記録を経緯も含めて記録し保存することは，現在のみならず後世の国民に対する責務であり，可及的速やかに，できる限り詳細な議事内容の記録が作成されることが期待される。

Column　検察審査会

検察審査会は，GHQと協議してアメリカの大陪審制度等を参考にして導入されたものである[19]。検察審査会は，政令で定める地方裁判所および地方裁判所支部の所

18）衆議院における修正で，意思決定過程を検証しうる文書作成義務が明確化された経緯については，宇賀克也・逐条解説 公文書等の管理に関する法律〔第3版〕（第一法規，2015年）28頁参照。

在地に置くこととされ（検審1条），実際に裁判所の庁舎内に置かれている。検察審査会は，当該検察審査会の管轄区域内の衆議院議員の選挙権を有する者の中から，くじで選定した11人の検察審査員をもって組織する（検審4条）。地方裁判所または地方裁判所支部に勤務する裁判官は，着任に当たり，検察審査員および補充員に対し，検察審査員および補充員の権限，義務その他必要な事項を説明し，宣誓をさせなければならない（検審16条1項）。検察審査会の事務をつかさどる検察審査会事務官の員数は最高裁判所が定める（検審20条1項）。最高裁判所は裁判所事務官の中から検察審査会事務官を命じ，検察審査会事務官の勤務する検察審査会は，最高裁判所の定めるところにより各地方裁判所が定めることとされ（同条2項），検察審査会の事務局の人事権を有するのは裁判所となっている。また，検察審査会に要する経費は，これを裁判所の経費の一部として国の予算に計上しなければならないこととされている（検審46条）。

第19回国会参議院法務委員会における江里口清雄説明員の答弁では，検察審査会は1つの行政機関であり，純然たる司法の裁判事務とは別個とされ，第176回国会参議院予算委員会における仙石由人法務大臣の答弁では，検察審査会は，「独立した行政機関」であり，国家行政組織法の中に位置づけられないとしているが，上記にかんがみ，検察審査会は，司法機関の一部と解すべきであろう。実際，検察審査会は，行政機関の機構・定員審査の対象にはなっておらず，行政手続法，行政機関の保有する情報の公開に関する法律，行政機関の保有する個人情報の保護に関する法律，統計法，国家公務員倫理法の「行政機関」として運用された例はない。さらに，人事院は，検察審査員を裁判所の非常勤職員で特別職の国家公務員と位置づけている。内閣人事局ウェブサイト掲載の「わが国の統治機構」図においては，検察審査会は，地方裁判所の組織として位置づけられており，行政管理研究センター編・行政機構図（平成30年版）214頁でも，検察審査会は，裁判所の組織として位置づけられている。

19) 越田崇夫「検察審査会制度の概要と課題」レファレンス62巻2号102頁参照。

第11章 地方支分部局

Point

1） 内閣府，国の行政機関には，その所掌事務を地方において分掌させるため，地方支分部局を置くことができる。一般に国の（地方）出先機関と称されるものである。国家公務員の約３分の２は，地方勤務であり，地方支分部局が国の行政事務に占める割合は大きい。

2） 地方支分部局の無制約な設置を認めると，地方公共団体の負担を増大させたり，地方公共団体の総合行政を阻害したりする懸念があるため，法律により設置することとされている。

1 意　　義

内閣府，国の行政機関には，その所掌事務を地方において分掌させる必要がある場合，地方支分部局を置くことができる（内閣府43条2項，行組9条）。一般に国の（地方）出先機関と称されるものである。地方支分部局は，一定の地域を管轄区域とする。国家公務員の約3分の2は，地方勤務であり，地方支分部局が国の行政事務に占める割合は大きい。

たとえば，財務省本省の地方支分部局として財務局，税関，税関支所，税関出張所が置かれ，財務省外局の国税庁の地方支分部局として国税局および税務署が置かれ，経済産業省の地方支分部局として経済産業局が置かれている。

Column　公正取引委員会事務総局の地方事務所

公正取引委員会の事務総局の地方機関として，地方事務所が置かれている（独禁35条の2第1項）。これは，内閣府設置法57条の規定に基づく公正取引委員会の地方支分部局ではなく，事務総局の機関として設置されている。そのため，地方支分部局ではなく，地方機関という文言が法律で使用されている。

中央省庁等改革により厚生省と労働省が統合されて厚生労働省ができたが，それぞれの地方支分部局は統合されず，同省には，地方厚生局と都道府県労働局という異なる系統の地方支分部局が存在する。北海道開発庁は国土交通省に統合されたが，地方支分部局については統合されず，地方整備局と別に北海道開発局が置かれている。また，地方支分部局を有しない省庁が他省の地方支分部局の長に権限を委任することにより，地方における執行体制を確立する方策が採られることがあることは前述したとおりである（⇒第1編第3章*1*(1)2)）。

Column　北海道開発局

国土交通省の地方支分部局である北海道開発局は，都府県では農林水産省の地方支分部局が所管する農業，漁港整備等の公共事業も総合的に計画・実施する点に特色を有する（国土交通省設置法33条2項）。農林水産省所管の公共事業については，北海道開発局は，農林水産大臣のみの指揮監督を受ける（同条3項）。1951（昭和26）年に北海道開発庁の地方支分部局として設置された北海道開発局が，当時の建設省・運輸省・農林省の直轄事業の実施機関として設置された経緯を踏まえ，2001（平成13）年の中央省庁再編の際に北海道開発庁が廃止され，国土交通省の内部部局として北海道局が設置された後も，北海道開発局に農林水産省の直轄事業も担わせることとしたのである。なお，旧北海道開発庁設置は，1947（昭和22）年に社会党の田中敏文氏が北海道知事となったため，北海道において公共事業を通じた政府の影響力が低下することを防ごうとする政治的意図があったと指摘されている。

沖縄総合事務局

内閣府本府には，地方支分部局として，沖縄総合事務局が置かれている（内閣府43条1項）。その特色は，他の都道府県においては，各別の地方支分部局または地方機関が所掌している事務を，沖縄県においては，沖縄総合事務局が総合的に分掌している点にある。すなわち，公正取引委員会の事務総局の地方事務所，財務局，地方農政局，経済産業局，地方整備局，地方運輸局において所掌することとされている事務は，沖縄県においては，沖縄総合事務局が分掌することとされているのである（内閣府44条1項1号）。したがって，沖縄総合事務局は，その分掌する事務について，それぞれの所轄の行政庁の指揮監督を受ける。すなわち，公正取引委員会の事務総局の地方事務所において所掌することとされている事務については公正取引委員会，財務局において所掌することとされている事務については財務大臣（証券取引等監視委員会の所掌するもの以外の金融庁所掌事務については金融庁長官，証券取引等監視委員会の所掌する事務については証券取引等監視委員会），地方農政局において所掌することとされている事務については農林水産大臣，経済産業局において所掌することとされている事務については経済産業大臣，地方整備局および地方運輸局において所掌することとされている事務については国土交通大臣の指揮監督を受ける（内閣府44条2項）。

地方支分部局は，国の事務を地方において分掌するための組織であり，国の事務と地方公共団体の事務の配分が適切に行われているという前提に立つ限り，その存在が，直接に地方自治の侵害になるとはいえない。しかしながら，地方支分部局の無制約な設置を認めると，地方公共団体の負担を増大させたり，地方公共団体の総合行政を阻害したりする懸念があるため，内閣府設置法57条，国家行政組織法9条で，法律により設置することとしている。

Column　国の地方行政機関設置に係る国会承認

地方自治法156条4項は，国の地方行政機関は，国会の承認を得なければこれを設けてはならず，国の地方行政機関の設置および運営に要する経費は，国において負担しなければならないと定め，同条5項において，例外的に国会承認を不要とする機関を列記している。ここでいう「国の地方行政機関」は地方支分部局よりも広い概念であるが，内閣府設置法43条，国家行政組織法9条で法律設置とされている地方支分部局についても，地方自治法156条4項の規定に基づく国会承認が必要となる。なぜならば，第2次臨時行政調査会の「行政改革に関する第3次答申」（1982〔昭和57〕年）を受けて，地方支分部局についても規制の弾力化が行われるようになり，ブロック単位に設置された機関等の個別の名称，位置，管轄区域については法律事項から政令事項とされるようになったため，法律の成立のみでは個別の地方支分部局の設置が承認されたとはいえなくなり，すべての地方支分部局について，法案の可決とは別に国会承認が必要とされることになったのである[1)]。

2　組　　織

組織規制　ブロック機関，府県単位機関の場合，個別名称，位置，管轄区域，内部組織は，政令で定めるのが原則である。ブロック機関とは，北海道，東北，関東，近畿，九州等の地域単位に設置されるもので，管区機関といわれることもある。国税局，行政評価局，地方整備局，地方農政局がその例である。ブロック機関に部を置かないときは，内部組織は省令で定める（内閣府の場合は府令）。ただし，次長を置くときは，その旨を政令で定めなければならない。また，実施庁の府県単位機関の場合は，個別名称，位置，管轄区域は，政令で定める数の範囲で省令で定め，内部組織は省令で定める（内閣府の場合は府令）。府県単位未満機関の場合，個別名称，位置，管轄区域，内部組織は，省令で定める（内閣府の場合は府令）。

地方支分部局改革の動向　①　臨時行政機構改革審議会報告書　　地方支分部局は，大正時代から昭和初頭にかけて基本的組織が確立したが，第2次大戦直後に急増し

1）　国の地方行政機関設置に係る国会承認について詳しくは，打田武彦「地方自治法第156条第6項関係解説——国の地方行政機関の設置に関する国会承認について」地方自治601号85頁以下，小西敦「地方機関国会承認規定（地方自治法156条4項及び5項）はどのような機能を果したか(1)～(3・完)」自治研究91巻12号76頁以下・92巻1号69頁以下・3号39頁以下参照。

た。これは，知事公選制の導入に伴い，国の事務を地方で直接に実施するために，各省が地方支分部局の必要性を感じたからであった。そのため，すでに1948（昭和23）年の臨時行政機構改革審議会報告書において，都道府県または知事への権限移譲，出先機関の権限の明確化，出先機関相互の連絡の緊密化，配置職員の少数精鋭化，広域的地方機関の検討，第一線官吏の民主化の徹底が提言されている[2)]。昭和20年代には，このほかにも，地方支分部局の改革を唱える重要な答申がいくつか出されたが，これらの答申は，引揚げ，復員関係部局の廃止を除けば，ほとんど実現しなかった。

② 第1次臨時行政調査会答申　1964（昭和39）年に出された第1次臨時行政調査会答申は，国の事務を地方公共団体に大幅に移譲することを前提とし，その上で，本省は企画立案機能を担い，地方支分部局は実施機能を担うという役割分担をすべきとする。そして，地方支分部局は，実施機能のうち，地域総合行政と関係のない事務，府県の区域を超え，かつ府県間の協働処理に適合しない事務，府県の能力を超え特別高度の技術を要する事務，地域的事務のうちその事務の性質上地方公共団体に移譲するのに適しない事務等を処理することとすべきとする[3)]。さらに，地方支分部局の組織の一元化・合理化[4)]等も提言されている[5)]。地方支分部局に関する第1次臨調の提言は，比較的よく遵守されたと評価されており，その後，共通管理業務の外部委託等，事務の合理化が進展し，地方支分部局の増加傾向にも歯止めがかけられた。そして，1969（昭和44）年，1970（昭和45）年の閣議決定に基づき，当時の大蔵省，農林省，法務省等の地方支分部局の整理統合が実現した。また，都道府県単位以下の区域を管轄区域とする地方支分部局の廃止等が，その後進展していった。

③ 第17次地方制度調査会答申　1979（昭和54）年に出された第17次地方制度調査会答申（「新しい社会経済情勢に即応した今後の地方行財政制度のあり方についての答申」）は，国のブロック単位地方出先機関が所掌している事務，事業については，1都道府県に係るものは，原則として地方公共団体に移譲するとともに，地方出先機関において判断し決定する権限がない事務については本省に引き上げることとし，地方行政の合理化の見地から逐次ブロック単位出先機関の整理縮小，簡素合理化を

---

2) 佐藤・経済行政法192頁参照。
3) この点について，久世公尭「臨時行政調査会の答申の意義」自治研究40巻11号12頁参照。
4) 「臨時行政調査会の答申」自治研究40巻11号83頁以下参照。
5) 1960年代末から1970年代末にかけての地方支分部局の整理合理化については，佐藤・経済行政法193頁以下参照。

図ること，都道府県単位以下の区域を管轄区域とする国の地方出先機関については，現業または現場的実施事務を所管するものを除き，原則として廃止することを提言している。この答申は，ブロック単位出先機関の整理に踏み込んだ点で注目されるが，翌1980（昭和55）年閣議決定では，北九州財務局，新潟海運局の廃止，地方貯金局・入国管理事務所の統合等を決定したものの，抜本的な改革には至らなかった。

④　第2次臨時行政調査会最終答申　　1983（昭和58）年の第2次臨時行政調査会最終答申は，地方支分部局の組織の廃止，縮小，配置の広域化，系統の統合，定員の一層の縮減等，抜本的な改革を行うように提言した[6)]。しかし，この当時は，機関委任事務制度が残っていたため，国の事務にしたまま地方支分部局を廃止すると，都道府県知事や市町村長が国の機関として利用される可能性があるため，国から地方への権限委譲を伴わずに地方支分部局を廃止縮小することに対しては，慎重な意見もあった。第2次臨調答申を受けて，1984（昭和59）年の閣議決定で，名古屋防衛施設局の大阪防衛施設局への統合，長野営林局と名古屋営林局の統合のほか，支所・出張所の整理統合，定員削減等が決定された。

⑤　地方分権推進計画　　地方分権推進委員会第2次勧告は，「地方分権の観点に立って，国からの権限委譲や国による地方公共団体への関与の抜本的な見直しが行われることに伴い，関係する国の地方出先機関について，その果たす役割も変化するものと思われることから，今後，所要の見直しを行うものとする」とし，1998（平成10）年5月29日に閣議決定された地方分権推進計画は，「地方分権の推進に伴う権限委譲，機関委任事務制度の廃止，国の関与の縮減・廃止，国庫補助負担金の廃止，交付手続の簡素化などにより事務量が減少すると見込まれる国の地方出先機関については，積極的に組織，業務の縮減・合理化を図る」こととされた。もっとも，地方分権推進計画に基づく地方支分部局改革は，この問題の抜本的解決にはつながらなかった。

⑥　中央省庁等改革基本法　　中央省庁等改革基本法は，地方支分部局について，統合化等による整理合理化を行うこととしている。これを受けて，地方建設局と港湾労働局が統合され，（国土交通省の）地方整備局となった。また，都道府県労働基準局，都道府県女性少年室，都道府県の職業安定・雇用保険主管課を統合して，都道府県労働局が設置された。また，同法は，企画立案機能と実施機能を分離するという方針の一環として，地方支分部局が関係する許認可，補助金交付等の処分に係る手続について，可能な限り，処分権限を本省から地方支分部局の長に委

6)　第2次臨調最終答申の地方支分部局の整理合理化の提言を批判的に検討するものとして，佐藤・経済行政法197頁以下参照。

任し，これらの手続が地方支分部局において完結するようにすることを要請している（省庁改革基45条)。さらに，公共事業について，本省が地方支分部局を過度に統制する仕組みを改め，本省は，企画立案および調整に重点を置き，地方支分部局に，その管轄区域内において実施される公共事業に関する国の事務を主体的かつ一体的に処理させることとしている（省庁改革基46条3号)。これは，中央省庁等改革により国土交通省という巨大な公共事業官庁が誕生することへの懸念に対応するという意味も有する。

これを受けて，地方整備局等に委任することが適当でないと考えられた若干の権限，すなわち，(i)ブロックを超えた利害調整が必要になるもの（一級河川の指定・港湾計画の策定等)，(ii)全国に適用される統一的な基準・指針の作成に係るもの（河川整備基本方針の策定，耐火性能基準の設定等)，(iii)公団等で全国で1しかない機関の監督等に係るもの，(iv)直轄管理区間の確定のように地方整備局の行う事務・権限の範囲自体を定めるもの（一級河川の都道府県管理区間の指定等)，(v)特別会計の管理等予算管理に直結しているもの，(vi)強制権限を付与する行為または裁定行為で，かつ，当事者の一方が地方整備局等になる可能性があるもの（道路兼用工作物の管理についての裁定等)，(vii)審査請求に係る事務など法案作成者が行う有権解釈が必要なもの，(viii)大災害等，緊急時への対応で，内閣官房等他省庁と連携をとりながら全国統一的に処理すべきものを本省に留保したが，他の権限は地方整備局に委任された。これに伴い，地方整備局の組織体制が整備され，本省から地方整備局に100人を超える定員が移管された。

予算配分については，(i)事業効果がブロックを超える効果を有するもの，(ii)予算を短期的に集中する必要がある事業，(iii)判断に慎重さを要する比較的規模の大きい事業（ただし，これは当分の間のみ）は本省箇所付け事業とされたが，その他は，地方整備局に一括配分されることとなった。具体的には，「地方整備局等が行う公共事業等予算に係る支出負担行為の実施計画の作製手続等に関する訓令」（平成13年3月23日国土交通省訓令第111号）により，地方整備局長は，地方整備局ごとに国土交通大臣から通知される配分額の範囲内で，支出負担行為実施計画の一部となるべき地方整備局等事業実施計画および箇所別調書を作製し，国土交通大臣に送付し（同訓令3条1項)，国土交通大臣は，これらに基づき支出負担行為実施計画を作製するが，送付された地方整備局等事業実施計画および箇所別調書の内容については，計数の処理に係る整合性の確保等の技術的な事項に係るものを除き，変更を加えないものとされている（同訓令4条)。

⑦ 地方分権改革推進委員会の中間的なとりまとめ　2007（平成19)

年5月，経済財政諮問会議が，8府省15系統の国の地方支分部局の見直しを提言し，翌月の「骨太の方針2007」において，政府から地方分権改革推進委員会にこの問題の検討が要請された。これを受けて，同年11月16日に地方分権改革推進委員会が公表した「中間的な取りまとめ」においては，地方支分部局の抜本的な見直しに向けて，地方公共団体との事務事業の重複を排除するとともに，「国は国が本来果たすべき役割を重点的に担い，住民に身近な行政はできる限り地方自治体にゆだねることを基本とする」との国と地方公共団体の役割分担の一般原則に基づき，事務事業の地方公共団体への移譲等を検討していくこととしている[7]。

なお，この「中間的な取りまとめ」においては，地方6団体に対し，各論に立ち入った具体的な見直しの検討と提案を行うことを期待するとしていたが，これを受けて全国知事会は，2008（平成20）年2月8日，地方分権推進特別委員会を開催し，7府省の地方支分部局の約8割に相当する2770機関の廃止・統合を政府に要請することを決定している。

⑧　地方分権改革推進委員会第1次勧告　　2008（平成20）年5月28日の地方分権改革推進委員会第1次勧告においては，二重行政の解消に向け，国と地方との役割分担の類型に沿って，個別の事務・権限を地方移譲，本府省移管等に仕分けし，国の地方支分部局の廃止・縮小を検討することとされた。注目されるのは，事務・権限の仕分けの考え方が示されたことである。すなわち，地方支分部局の事務・権限を(i)重複型（事務・権限が法令上一の主体に専属させられておらず，国と地方公共団体がそれぞれ処理することが許容されているもの），(ii)分担型（法令上，事業規模の大きさや事務・権限の対象範囲等によって国と地方公共団体がすでに一定の役割分担をしているもの），(iii)関与型（地方公共団体への関与等），(iv)国専担型（現在は主に国のみでその事務を担っているもの）に分類し，それぞれについて，改革の考え方を示したのである。

⑨　地方分権改革推進委員会「国の出先機関の見直しに関する中間報告」　2008（平成20）年8月1日に地方分権改革推進委員会が公表した「国の出先機関の見直しに関する中間報告」は，第1次勧告で示された

7）　地方支分部局については，阿利莫二「出先機関の理論と行政課題――中央の出先機関について」日本行政学会・年報行政研究16・出先機関の実態と課題1頁以下，安達勇「府県の出先機関」日本行政学会・前掲（年報行政研究16）93頁以下，稲葉清毅「国の地方支分部局をめぐる論議と改善合理化の実態」日本行政学会・前掲（年報行政研究16）213頁以下，秋月謙吾「出先機関と地方政府――国家・地域ネットワークの形成と展開」法学論叢146巻5＝6号163頁以下，久世公堯「国の地方出先機関と地方自治(1)～(3・完)」法時35巻8号4頁・9号58頁・10号64頁，市川喜崇・日本の中央-地方関係（法律文化社，2012年）3章参照。

地方支分部局の事務・権限の仕分けの考え方を具体化し，組織の見直しの方向を明示している。

⑩　地方分権改革推進委員会第2次勧告　2008（平成20）年12月8日に出された地方分権改革推進委員会第2次勧告の大きな柱の1つが，地方支分部局の見直しであった。そこにおいては，経済産業局，地方運輸局，地方環境事務所，地方農政局，地方整備局，北海道開発局を統合し，府省の枠を超えた総合的な地方支分部局として，地方振興局（仮称），地方工務局（仮称）を設置すること，地方厚生局と都道府県労働局を統合し，ブロック単位の総合地方支分部局とすること，総合的な地方支分部局と地方公共団体との協議機関を設置し，域内の直轄公共事業の整備計画，次年度の事業計画，予算・決算の案等を付議すること，個別事業の積算や明細の情報を開示すること，人員の地方への移行に伴う措置等が提言されている。

⑪　地域主権戦略大綱　民主党を中心とした連立政権になってから，地方支分部局改革は，より踏み込んだ方針が出されるようになった。2010（平成22）年6月22日に閣議決定された地域主権戦略大綱においては，国の地方支分部局の抜本的な改革に当たっては，「原則廃止」の姿勢の下，ゼロベースで見直すという基本方針が示されている。そして，地方支分部局の事務・権限については，国の事務・権限とすることが適当と認められる例外的な場合を除き，地方公共団体に移譲することとされ，例外的な場合について，具体例が示されているが，例外をできる限り厳格に限定しようとする姿勢が看取される。すなわち，(i)複数の都道府県に関係する事務・権限の地方移譲に際し，域外権限の付与，地方公共団体間連携の自発的形成や広域連合等の広域実施体制等の整備が行われるとしてもなお，著しい支障が生じるもの，(ii)地方移譲に際し，必要に応じて事務処理等の基準を定め，国の指示等を認めてもなお，各地方公共団体の対応の相違等により著しい支障が生じるもの，(iii)地方移譲に際し，必要に応じて事務処理等の基準を定め，国の指示等を認めてもなお，緊急時の対応等に著しい支障を生じ，国民の生命・財産に重大な被害が生じるもの，(iv)事務・権限の的確な執行体制（人材，予算，知見の集積等）の整備が不可欠である一方で，見込まれる事務量等が微少であることにより，地方移譲に伴い行政効率が著しく非効率とならざるをえないもの等，真にやむをえない場合に限り，地方移管の例外として認めることとしている。地域主権戦略大綱は，このように，原則地方移管という立場をとる一方で，移管の手順については，柔軟な取組みを想定している点にも特色がある。すなわち，全国一律・一斉に取り扱うのではなく，地方の発意による選択的実施を可能とする仕組みを検討・構築することとし，その際，都道府県や市町村の単位を前提とするもののみなら

ず，広域性を有する事務・権限の地方移譲を推進し，その実効性を確保する観点から，地方公共団体間連携の自発的形成や広域連合等の広域実施体制の整備を通じて，事務・権限の移譲が可能となるような仕組みも併せて検討・構築することとされている。

⑫　アクション・プラン～出先機関の原則廃止に向けて　2010（平成22）年12月28日に閣議決定された「アクション・プラン～出先機関の原則廃止に向けて」においては，地方移管された事務・権限の広域的実施体制について，より踏み込んだ記述がされている。すなわち，地方支分部局単位で事務・権限を移譲することを基本とし，全国一律・一斉の実施にこだわらず，広域で意思統一が図られた地域からの発意に基づき移譲する仕組みとすることとしている。そして，広域連合制度を活用するための諸課題について検討を行った上で，新たな広域行政制度を整備することとしている。さらに，2012（平成24）年の通常国会に法案を提出し，準備期間を経て2014（平成26）年度中に事務・権限の移譲が行われることを目指すとしている。

⑬　「国の出先機関の事務・権限のブロック単位での移譲に係る特例制度（基本構成案）」　2012（平成24）年4月27日に地域主権戦略会議で了承された「国の出先機関の事務・権限のブロック単位での移譲に係る特例制度（基本構成案）」は，⑫のアクション・プランで検討課題とされていた論点についての具体的解決を示す内容になっている。すなわち，国の出先機関の事務・権限のブロック単位での移譲の受け皿となる広域的実施体制は，特定広域連合ならびに北海道および沖縄県（以下「特定広域連合等」という）とされている。

ここでは移管対象地方支分部局単位ですべての事務等を移譲することを基本とし，経済産業局，地方整備局および地方環境事務所の移譲を受けようとする具体的意思を有する関西，九州領域および経済産業局の移譲を受けようとする具体的意思を有する四国の意向を踏まえ，経済産業局，地方整備局および地方環境事務所を当面の移譲対象候補とすることとされている。移譲事務は，原則として法定受託事務とし，国と地方公共団体の対等・協力の関係を前提とした上で，国による関与を必要に応じて柔軟に設け，移譲事務等に係る法律の所管大臣の並行権限を必要に応じて柔軟に活用し，また，移譲対象地方支分部局が有する広域的な事業者や事業活動に対する区域外権限行使を維持・継続することとされている。特定広域連合等は，あらかじめ，関係地方公共団体の意見を聴いた上，毎年度事業計画を策定し，移譲事務等に係る法律の所管大臣の同意を得なければならないこととされている。国民の生命，身体，財産の保護のため緊急に事務等の的確な処理を確保する必要があると認めるときは，移譲事務等に係る法律の所管大臣が，移譲事務等の処理に関し，特定広域連合の長に対し必要な指示を行うことができるよう，個別法令において所要の手当を講ずることとされ，災害対策基本法に基づく緊急災害対策本部が設置された場合等には，移譲対象地方支分部局を所管していた大臣は，特定広域連合等の長に対し，防災に関する事務または業務に協力するよう指示することができ，緊急災害対策本部の設置等に至らない場合等においても，移譲対象地方支分部局を所管していた大臣は，特定広域連合等の長に対し，同様の協力を要請することができるとされている。

国は，地方支分部局の事務等の特定広域連合等への移譲に関する基本方針を閣議決定により定めることとされ，内閣に全閣僚で構成する事務等移譲特別区域推進本部を置き，当該本部は基本方針の案の作成，基本方針に基づく施策の実施の推進に関する事務等をつかさどることとされている。特定広域連合等は，基本方針に即して，あらかじめ，関係地方公共団体の意見を聴いた上，特定広域連合等の議会の議決を経て，移譲を受ける事務等の実施に関する計画を作成し，内閣総理大臣の認定を申請することができ，内閣総理大臣は，当該計画が基本方針に適合すると認めるときは，当該計画の認定をするものとされているが，この場合において，内閣総理大臣は，あらかじめ，関係地方公共団体の長の同意を得なければならないとされている。内閣総理大臣の認定を受けたときは，事務等の移譲のための措置が適用され，移譲対象地方支分部局の事務等を特定広域連合等の長が行うこととされている。

国の地方支分部局の事務・権限の地方移管に当たり，大きな問題になるのが，人員の移管等であるが，この点については，基本的には，移譲事務等に従来国で要していた要員数がそのまま地方で必要となる要員数となることとし，事務等の移譲の日において，移譲先の職員となり，移管の前後において，職員の就く官職の職務と責任は同等とすることとされている。給与，休暇，服務等については，移管先の条例等によることとし，退職手当については，国，地方の勤務年数を通算の上，最終退職官署において支給し，共済については，国家公務員共済組合の組合員から地方公務員共済組合の組合員になることとされている。

Column　特定広域連合

特定広域連合とは，地方自治法284条1項に規定する広域連合であって，これを組織する都道府県の区域を合わせた区域が移管対象地方支分部局の管轄区域（当該管轄区域に含まれないとすることについて相当の合理性が認められる区域を除く）を包括するものをいう。特定広域連合には長を置くが，構成団体の長との兼職を妨げないこととされている。また，特定広域連合を組織する地方公共団体の長を構成員とする会議を置くことができ，会議を設置したときは，特定広域連合の長は，施策に関する重要事項を決定し，または変更しようとする場合においては，あらかじめ会議の意見を聴くものとし，特定広域連合の長は，会議の意見を尊重しなければならないこととされている。特定広域連合の長の下，日常の業務執行を管理する専任の移譲事務等管理者（仮称）を移譲対象地方支分部局ごとに置くこととされている。特定広域連合は，地方自治法252条の36第1項に規定する包括外部監査契約の締結を義務づけられ，移譲事務等の実施状況を自ら検証し評価しなければならない。特定広域連合が解散する場合および特定広域連合を組織する都道府県が脱退する場合の手続等は，別に法律で定められる予定であった。しかし，その後の政権交代により，特定広域連合に関する法案は国会に提出されないまま今日に至っている。

第4部　内閣から独立した機関

Outline

日本国憲法90条は，会計検査院について規定を置いており，その組織および権限は法律で定めることとしている。会計検査院が内閣から独立した地位を有することは日本国憲法上明示されているわけではないが，内閣から独立した地位にないのであれば，最高行政機関としての内閣と別に憲法上規定を設ける必要はないから，日本国憲法は，会計検査院が内閣から独立した地位にあることを前提としていると一般に理解されている。そして，日本国憲法90条2項を受けて制定された会計検査院法1条は，「会計検査院は，内閣に対し独立の地位を有する」と明記している。会計検査院が行政機関か否かについては議論があるが，通説は，行政機関として位置づけている。第4部では，会計検査院の組織，権限等について説明する。

第12章　会計検査院

Point

1）　日本国憲法下においては，会計検査院は，内閣から独立した行政機関であるとするのが一般的解釈であり，実務上も，そのように取り扱われている。

2）　会計検査院の独立を財政面で保障するため，会計検査院には，両議院および最高裁判所と同様の予算の自主性が認められている。

3）　会計検査院の意思決定機関は，3人の委員からなる検査官会議である。委員には，罷免事由の限定等の点においても，強い身分保障が与えられている。

4）　会計検査院には，事務執行機関として事務総局が置かれている。

5）　検査の観点は，(i)正確性，(ii)合規性，(iii)経済性・効率性，(iv)有効性の4つである。

6）　会計検査院が憲法上付与されている権限が決算検査権である。会計検査院は，検査の結果により，国の収入支出の決算を確認する。

7）　会計検査院は，会計事務職員の懲戒処分の要求，会計経理に関する意見表示・処置要求，会計経理に関する法令の制定改廃，国の現金・物品および有価証券の出納ならびに簿記に関する規程の制定改廃に当たっての意見表示，出納職員・物品管理職員・予算執行職員の弁償責任の検定，利害関係人からの審査の要求に対する判定等の権限を有する。

8）会計検査院は，国会の両院や最高裁判所と同様，規則制定権を有する。会計検査院規則で定めうる事項は，きわめて広範である。

1　国の機関における位置づけ

大日本帝国憲法下の会計検査院

会計検査院は，すでに1880（明治13）年に太政官直属の機関として設立されていた。大日本帝国憲法72条においては，「国家ノ歳出歳入ノ決算ハ会計検査院之ヲ検査確定シ政府ハ其ノ検査報告ト倶ニ之ヲ帝国議会ニ提出スヘシ」（1項），「会計検査院ノ組織及職権ハ法律ヲ以テ之ヲ定ム」（2項）という規定が設けられ，これを受けて，旧会計検査院法が制定されたのである。大日本帝国憲法下の会計検査院は，1850年のプロイセン憲法104条の会計検査院制度に範をとったものであり，天皇に直属し，国務大臣からの独立が保障されていた。行政組織の編成について天皇が官制大権を有し，勅令により定められていた時代において，会計検査院の組織と権限について法律で定めることとしたことは，会計検査院の行政権からの独立に配慮したからである[1)]。

Column　会計検査院の前身

わが国における近代的な会計検査機関は，太政官の下にある会計官の一部局として1869（明治2）年5月に設置された監督司をもって嚆矢とする。監督司の所属は，会計官→大蔵省→民部省→大蔵省と変遷し，1871（明治4）年7月に監督司は廃止されたが，翌月，大蔵省に検査寮が監督司の後継機関として設けられた。検査寮は，1877（明治10）年1月に検査局と改名された。しかし，監督司，検査寮，検査局は，いずれも財務行政機関（会計官，大蔵省，民部省）の一部局として位置づけられ，組織面での独立性はきわめて不十分であった。参議兼大蔵卿であった大隈重信の建議に基づき，1880（明治13）年3月の太政官達（第18号）で，検査局を廃止し，太政官直属の財政監督機関として，会計検査院が設置されることになった[2)]。

1）　伊藤博文／宮沢俊義校註・憲法義解（岩波書店，1940年）120頁は，「会計検査院は政府の会計を監査する為に独立の資格を有せざるべからず。故に其の組織及職権は裁判官と同く法律を以て之を定め，行政命令の区域の外に在る者とす」とする。

2）　重松博之＝山浦久司責任編集／会計検査制度研究会編・会計検査制度――会計検査院の役割と仕組み（中央経済社，2015年）21頁以下参照。

日本国憲法下の会計検査院　日本国憲法下においては，会計検査院は，内閣から独立した行政機関であるとするのが一般的解釈であり，実務上も，そのように取り扱われ，「行政機関の保有する情報の公開に関する法律」，「行政機関の保有する個人情報の保護に関する法律」，「公文書等の管理に関する法律」の対象機関となっている。会計検査院が内閣から独立した機関であるならば，その職員が一般職とされ，人事院による監督を受けることは問題であるから，会計検査院事務総局の職員を特別職とすべきという考えもあり，実際，その検討が行われたこともある。もっとも，人事院は内閣附属機関とはいえ，職権行使の独立性が保障された組織であり，会計検査院事務総局の職員が一般職とされ，人事院の監督を受けることが，会計検査院の内閣からの独立性に支障を与えることを懸念する必要はないように思われる。

会計検査院の位置付けについては，イギリスのように国会の附属機関として位置づけることを示唆する見解[3)]，国会による財政情報の管理・統制を会計検査院による情報の提供・分析により補完する必要性の認識に基づき，会計検査院の国会補助機関としての位置付けを主張する見解[4)]，憲法改正により会計検査院を国会附属機関として位置づけることが望ましいとしつつ，現行憲法下においても，実質的に「議会機関」性を強化することが可能とする見解等がある[5)]。

かつて，民主党が，アメリカの会計検査院（以下，「GAO」[6)]という）をモデルに国会に直属する行政監視院構想を唱えたこともある。他方，会計検査院を国会の附属機関とすることに対しては懐疑的な見方も存在する[7)]。また，会計検査院は，立法，行政，司法のいずれかの権力に属するのではなく，むしろ権力分立機構が機能するように，独立性を有しながら，国民の「受託機関」として活動することを要請されている機関と解すべきとする説もある[8)]。さらに，三権分立の原理は

3)　吉田善明「議会による財政統制」公法研究36号59頁参照。

4)　木村琢麿「財政統制の現代的変容(下)——国会と会計検査院の機能を中心とした研究序説」自治研究79巻3号51頁参照。

5)　手島孝・行政国家の法理（学陽書房，1976年）42頁参照。

6)　GAOは，General Accounting Officeの略称であったが，2004（平成16）年にGovernment Accountability Officeに名称が変更している。GAOの歴史については，渡瀬義男「米国会計検査院（GAO）の80年」レファレンス平成17年6月号33頁以下が詳しい。

7)　現行憲法上，会計検査院を国会の附属機関とする立法に懐疑的な見解として，碓井光明「複数年予算・複数年度予算の許容性」自治研究79巻3号19頁参照。

国民の自由権侵害の危険を低減するためのものであるから，国民の自由権を侵害するおそれのない会計検査院を三権分立制の下で理解することは可能でも必要でもないとする見解もある[9)]。また1997（平成9）年の国会法改正により各議院または各議院の委員会もしくは参議院の調査会は会計検査院に特定事項に係る検査・報告を要請できるようになったが（国会105条・54条の4第1項），会計検査院には回答義務はないこと（会検30条の3。回答義務を認める説もある），会計検査院の検査報告は内閣を経由して国会に提出されること（憲90条1項），検査官は両院の同意を得て内閣が任命すること（会検4条1項）等に照らし，ドイツと同様に[10)]，内閣と国会の中間にあって，いずれの機関にも情報提供機能を果たす機関として位置づけるべきとする見解も存在する[11)]。

なお，現行日本国憲法の下で，会計検査院が検査報告を内閣を経由せずに直接に国会に提出することが可能であるとする見解もある[12)]。ただし，この見解も，会計検査院が，内閣や国会に検査報告を提出する前に検査報告を公表することまでは認めていない[13)]。

統治機構上の位置付け　会計検査院の統治機構における位置付けを考える場合，会計検査院法制定時の議論を想起する必要があろう。すなわち，GHQから会計検査院を国会の附属機関とすることが示唆され，国会においても，同様の質疑がされたが，政府は，会計検査院が国会の機関となった場合，政治の影響を

8）　石森久広「会計検査院の任務と課題――日本国憲法下の財政コントロール」同・会計検査院の研究――ドイツ・ボン基本法下の財政コントロール（有信堂，1996年）235頁参照。会計検査院が三権分立の例外であり，日本国憲法は四権分立主義をとるといえるとするものとして，杉村章三郎・財政法〔新版〕（有斐閣，1982年）140頁参照。

9）　甲斐素直「国民主権原理と会計検査院の憲法上の地位(上)」自治研究61巻11号88～89頁参照。

10）　石森久広「会計検査院による財政コントロール機能と会計検査院の憲法上の地位」同・前掲注8）書26頁，同「ドイツの会計検査制度」亀井孝文編著・ドイツ・フランスの公会計・検査制度（中央経済社，2012年）168頁参照。イギリスの会計検査院の国家組織における位置付けが，ドイツのそれに近いことについて，上田健介「会計検査院の組織と作用」榊原秀訓編・行政サービス提供主体の多様化と行政法（日本評論社，2012年）102頁参照。

11）　村上武則「行政の監視と評価」公法研究62号108頁参照。

12）　村上武則・給付行政の理論（有信堂，2002年）412頁，同「我が国の会計検査院の法的諸問題」広島法学10巻3号215頁以下参照。

13）　村上武則「会計検査院と公共性」広島法学14巻4号267頁参照。

受けて独立性を損なうことを懸念し，国会からの独立性も念頭において，国会機関化に消極的な立場をとったのである。このような懸念は，議会機関として位置づけられているアメリカのGAOが，1993年に，共和党から，「議会の番犬ではなく，民主党のペット犬」と批判された例があり，また，連邦議会の多数党の同意がないとGAOによる行政監視は困難と指摘[14]されていることに鑑みると，わが国でも，杞憂とはいえないように思われる。さらに，わが国のような議院内閣制の下で，会計検査院を国会の附属機関とした場合，内閣は与党を通じて会計検査院に影響を与えることができ，会計検査院の内閣からの独立性も危うくしないかも問題になる。したがって，とりわけ，議院内閣制の下で会計検査院を国会機関化することには，慎重な検討が必要と思われる。

Column　会計検査院と政府の関係

法令上，政府という文言は，立法，行政，司法を含めて国の統治権を行使する機関を総括する意味で用いる場合（国公38条5号），法人としての国を意味する場合（法人に対する政府の財政援助の制限に関する法律），会計検査院も含めて行政機関全体を意味する場合（行政情報公開1条）もあるが，内閣およびその下にある行政機関を意味し，会計検査院を含まない意味で用いられることもある。国会法がその例であり，同法69条2項にいう「政府特別補佐人」には，人事院総裁は含まれているものの，会計検査院長および検査官は含まれておらず，これとは別に，同法72条1項の規定により，委員会は，議長を経由して会計検査院長および検査官の出席説明を求めることができるとされている。

2　財政上の独立

会計検査院の独立を財政面で保障するため，会計検査院には，両議院と最高裁判所と同様の予算の自主性が認められている（財17条〜19条）。すなわち，内閣総理大臣および各省大臣は，歳入歳出の見積書類を財務大臣に送付し（財17条2項），財務大臣が見積を検討して必要な調整を行い，概算を作成し，閣議の決定を経なければならない（財18条1項）のに対し，会計検査院長は，歳入歳出の見積書類を直接内閣に提出することができる（財17条1項）。そして，内閣が歳出

14）　廣瀬淳子「アメリカにおける行政評価と行政監視の現状と課題――GAOとCIAを巡る最近の状況から」レファレンス664号55頁参照。

の概算を決定するに当たっては，会計検査院長は意見を述べる機会を保障されている（財18条2項）。二重予算制度がとられており，内閣が，会計検査院の歳出見積を減額した場合には，会計検査院の送付に係る歳出見積の詳細を付記するとともに，国会が会計検査院に係る歳出額を是正する場合における必要な財源も明記しなければならない（財19条）。もっとも，これまで，会計監査院の歳出見積額を内閣が減額した例はない。

***Column*　リマ宣言**

世界の各国・地域の最高会計検査機関（Supreme Audit Institution）で組織される最高会計検査機関国際組織（International Organization of Supreme Audit Institutions）が，1977（昭和52）年に第9回最高会計検査機関国際会議で採択した「会計検査の一般的方向に関するリマ宣言」前文では，公金の適正かつ合理的な使用という目的を達成するために，各国が最高会計検査機関を持ち，かつ，その独立を法によって保障することが不可欠であることが宣言された。2007（平成19）年の第19回最高会計検査機関国際会議で採択された「会計検査院の独立性に関するメキシコ宣言」においても，リマ宣言の考えが踏襲されている[15]。

3　組　　織

(1)　検査官会議

内閣から独立した地位にある会計検査院は，3人の委員からなる検査官会議が意思決定機関であり，行政委員会の一種である。大日本帝国憲法下の会計検査院が院長1名，部長3名，検査官14名からなる検査官（旧会検2条1項）の総会議または部会議の多数合議制（旧会検9条）の結果，迅速な決定が困難になりがちであったことの反省を踏まえ，少数合議制が採用された。重要事項の決定は，検査官会議の議決により行われる（会検11条）。検査官会議の議長は院長をもって充てるが（会検10条），院長は，検査官のうちから互選した者について，内閣が任命する（会検3条）。院長を検査官による互選としたことにも，会計検査院の内閣からの独立性の確保への配慮がうかがわれる。検査官会議は，検査官の要求ま

15)　重松博之＝山浦久司責任編集，会計検査制度研究会編・会計検査制度——会計検査院の役割と仕組み（中央経済社，2015年）35頁参照。

たは事務総長の申出により，院長が開催する（会検施行規則1条）。

⑵ 検 査 官

検査官は国会の同意を得て内閣が任命する認証官であり（会検4条1項），任期が7年とされている。委員会の委員について一般に定められている人格識見要件は定められていない。通常の行政委員会の委員の任期と比較して，任期が長く，ここにも内閣から独立した会計検査院の委員の身分保障を格別に手厚くしようとする意図を看取しうる（ただし，任期を全うする前に定年の65歳〔会検5条3項〕で退任することもある）。検査官は1回に限り再任が認められている（会検5条1項）。再任は，必ずしも前任期間と継続している必要はなく，退職後の再任も可能である。検査官が定年退職等により任期中に欠けたときは，後任の検査官は，前任者の残任期間中在任する（同条2項）。この場合には，再任されるのが通例である。新任の者が7年の任期を全うした場合には，再任は行わない慣例になっている。検査官の任命については国会同意人事になっている。かつては，国会同意における衆議院の優越規定が置かれていたが，1999（平成11）年に削除されている[16]。

委員には，罷免事由の限定等の点においても，強い身分保障が与えられている。すなわち，検査官は，他の検査官の合議により，心身の故障のため職務の執行ができないと決定され，または職務上の義務に反する事実があると決定された場合においても，両議院の議決がなければ退官させられない（会検6条）。この決定をしようとするときは，他の検査官は，その事実を記載した調書に，これを証明する書類を添えて検査官の合議に付さなければならない（会検施行規則5条1項）。この決定を検査官会議の合議に付すことができるのは他の検査官のみであり，この点にも検査官の独立の保障を看取しうる（ただし，検査官は，刑事裁判により禁錮以上の刑に処せられたときは，その官を失う。会検7条）。さらに，検査官については，国民審査制度も存在しない。こうした点において，検査官の身分保障は，最高裁判所裁判官を上回るという指摘もある[17]。3人の検査官は，院長を含めて対等であるのが原則であるが，会計検査院を代表すること，職員の栄典授与に関すること，検査官会議の議決または検査官の合議を経た事項につき，その名をもって文

16） その経緯について詳しくは，西川伸一・この国の政治を変える会計検査院の潜在力（五月書房，2003年）162頁以下参照。

17） 甲斐素直「会計検査院の地位と権限」地方財務344号59頁参照。

書を発すること，顧問を委嘱することは，院長の職権に属する（会検施行規則7条）。もっとも，個別法で会計検査院長に権限を付与する規定を置いている場合に会計検査院長単独の権限行使を認めるか，検査官会議で決するところにより会計検査院長が権限を行使すると解すべきかという問題がある。たとえば，財政法20条2項，行政機関情報公開法9条1項によれば，会計検査院長に権限が付与されている。国家公務員法55条1項も同じであるが，これについては，会計検査院法14条1項で検査官の合議で決することとされている。財政法20条2項，行政機関情報公開法9条1項，行政機関個人情報保護法14条1項，公文書管理法10条1項（行政文書管理規則の制定）等については，検査官の合議で決する旨の明文の規定はない。しかし，検査官は院長を含めて対等であり，院長が職権で行うことができるのは，儀礼的または軽微な事案に限るとするのが会計検査院法の趣旨であると考えられ，会計検査院法施行規則7条もそのような前提に立っていると思われる。したがって，財政法20条2項，行政機関情報公開法9条1項，行政機関個人情報保護法14条1項，公文書管理法10条1項等についても，検査官の合議で決すると解すべきと思われる。

検査官は特別職であり，その給与については，「特別職の職員の給与に関する法律」で定められている。特別職の公務員については，国家公務員法上の兼職制限規定は適用されないが，検査官の重責にかんがみ職務に専念する必要があること，兼職により公正性・中立性に疑念が生ずることの回避を理由として，検査官は，他の官を兼ね，または国会議員もしくは地方公共団体の職員もしくは議会の議員となることはできないとされている（会検9条）。

⑶　事務総局

自律的組織編成

会計検査院には，事務執行機関として事務総局が置かれている。事務総局は，事務総長官房と5つの局からなり（会検12条2項），2018（平成30）年1月現在で定員1244人の職員を擁する（**図12-1**参照）。国会，裁判所や会計検査院自身の会計検査は，第1局が行っている。官房および各局の事務の分掌および分課は，会計検査院規則の定めるところによる（同条3項）。会計検査院が自律的に組織編成する余地が広範に認められており，会計検査院の独立への配慮がうかがわれる。もっとも，会計検査院法12条2項が，会計検査院事務総局の局数を法定していることが妥当かは議論の余地がある。他方

図 12-1　会計検査院の組織

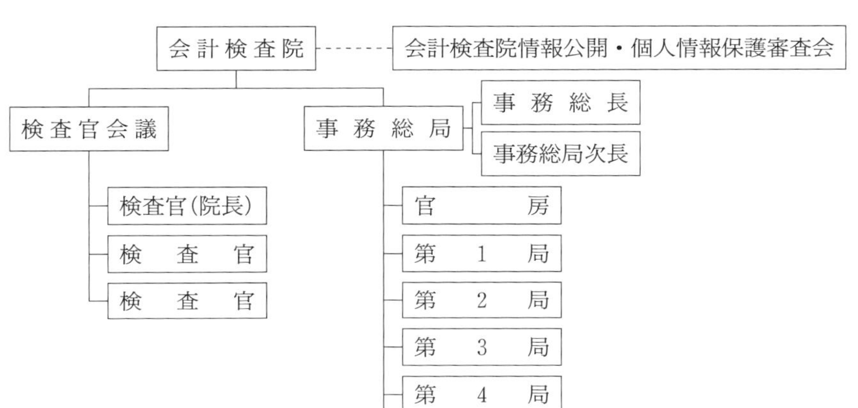

（平成 31 年 2 月 1 日現在。会計検査院ウェブサイトより）

において，一般に事務局の官房および局の組織は政令で定められており（財務省組織令 2 条），人事院についても，政令と同じ効力を有する人事院規則で定められる（国公 13 条 2 項）のに対して，会計検査院事務総局の官房および局について，法律で定められていることは，会計検査院事務総局が検査官会議に従属せず，検査官会議と並列に位置づけられる組織であるという認識の反映とみることもできるし，局数の法定は，法律改正によらなければ，局数を削減されない保障とみることもできる。また，局数は法定されているものの局名は法定されていないので，自由に局の所掌事務を定めることができるというメリットもある。

定員についても，会計検査院法 38 条に基づく会計検査院事務総局定員規則により定められており，「行政機関の職員の定員に関する法律」は適用されない。また，会計検査院は，会計検査院規則の定めるところにより，事務総局の支局を置くことができる（会検 19 条）。前述したように（⇒第 1 編第 11 章 ***1***），内閣の統轄の下にある行政機関の場合，地方支分部局の設置は法律事項とされており（内閣府 43 条 2 項，行組 9 条），会計検査院が自らの判断で支局の設置を認められていることは，会計検査院が国会に対しても強い独立性を有することを意味している。もっとも，これまでのところ，支局は設置されていない。

検査官会議と事務総局の関係（二重組織）

事務総局は，検査官会議の指揮監督の下に，庶務ならびに検査および審査の事務をつかさどる（会検12条1項）。事務総局の職員の任免，進退は，検査官会議の合議で決するところにより，院長がこれを行う（会検14条1項）。ただし，院長は，この人事権を，検査官会議の合議で決するところにより，事務総長に委任することができる（同条2項）。人事院の事務総長が人事院総裁の職務執行の補助者であるのに対して，会計検査院事務総長は，検査官会議の指揮監督を受けるのであって，検査院長や個々の検査官の指揮監督を受けるのではない。

人事院の場合，「人事院に事務総局及び法律顧問を置く」（国公13条1項），公正取引委員会の場合，「公正取引委員会の事務を処理させるため，公正取引委員会に事務総局を置く」（独禁35条1項）と規定されているのに対して，会計検査院法では，「会計検査院は，……検査官会議と事務総局を以てこれを組織する」（2条）と異なる規定の仕方をしている。このことから，会計検査院事務総局は，単に合議体に従属して事務を執行する付設的事務局とは，その性格をまったく異にしているという見方が生ずることになる[18)]。そして，会計検査院は，決定機関と執行機関の分離を図っており，執行機関の自立性を尊重するため，検査官会議の事務総局に対する指揮監督は，個々の具体的事項ではなく，検査方針や検査上の重点のような一般的事項や特に重大な個別事項に限られるべきとする説もある[19)]。人事官については，政治的中立性に配慮した任命要件が詳細に定められているのに対し，検査官については，国会同意人事であることを除き，政治的中立性に配慮した任命要件は定められていないため，万一，政治的に偏った検査官の任命が行われた場合，執行機関の自立性を尊重した組織構成は，会計検査の政治的中立性を担保するという実際上の意義を持ちうるという見方も成立しえないわけではないと思われる。

事務総局の職員

事務総局には，事務次官相当の事務総長1人，事務総局次長1人，秘書官，事務官，技官その他所要の職員が置かれている（会検13条）。事務総長は，事務総局の局務を統理し，公文に署名する（会検15条1項）。

18）　小峰保栄・財政監督の諸展開――日本及び諸外国における独立会計検査の歴史（大村書店，1974年）214頁参照。杉村・前掲注8）142頁においては，会計検査院の場合は事務総局が実質的に検査の本体を担任しているので，その組織上の地位が重視され，検査官会議とともに会計検査院を構成するものとされていると述べられている。他方，森田寛二「『機関』の概念，そして会計検査院法2条の問題性」会計検査研究17号（http://www.jbaudit.go.jp/effort/study/mag/17-4.html）は，会計検査院事務総局は，会計検査院の下に置くべきであるとして，会計検査院法2条に疑問を提起する。

19）　大澤實・公会計基本法逐条注釈(上)（全国会計職員協会，1959年）316頁参照。

事務総長は，検査官会議に出席しなければならない（会検施行規則2条2項）。次長は，事務総長を補佐し，その欠けたとき，または事故があるときは，その職務を行う（会検15条2項）。秘書官は検査官の命を受けて，機密に関する事務に従事する（会検17条1項）。事務総局の職員は，秘書官を除き一般職である。事務総局の幹部職員についても，内閣からの独立性を確保する必要があるため，幹部職員の一元管理に関する規定（適格性審査，幹部候補者名簿，内閣総理大臣および内閣官房長官との協議に基づく任用等）の適用が除外されている（国公61条の8）。

4 権　　限

(1) 会計検査

会計検査とは，広義では，国のみならず公共団体の会計の適正さを検査することを意味するが，狭義では，国の会計の適正さを検査することを意味する。通常は，第三者機関による検査が含意されており，国の場合は会計検査院が内閣から独立した機関として会計検査を行う（会検1条)。

会計検査院が憲法上付与されている権限が決算検査権であり，最重要の権限といえる（憲90条1項，会検20条1項)。日本国憲法90条1項は，「国の収入支出の決算は，すべて毎年会計検査院がこれを検査し，内閣は，次の年度に，その検査報告とともに，これを国会に提出しなければならない」と規定している。大日本帝国憲法72条1項にはなかった「すべて」という文言が置かれたことは，きわめて重要である。すなわち，大日本帝国憲法下の会計検査院法（明治22年法律15号）23条では，「政府ノ機密費ニ関ル計算ハ会計検査院ニ於テ検査ヲ行フ限ニ在ラス」と規定され，機密費については会計検査院による検査の対象外とされていた。日本国憲法の下では，かかる例外は認められない。日本国憲法90条1項の「毎年」という文言も，大日本帝国憲法72条1項には存在しなかった。そのため，大日本帝国憲法下では，一会計年度が数年に及び毎年決算が行われない例があった。臨時軍事費特別会計がその例である。日本国憲法下では，かかる例外は認められない。

Column　特定秘密と会計検査

特定秘密の保護に関する法律案10条1項は，秘密指定をした行政機関の長が，

「我が国の安全保障に著しい支障を及ぼすおそれ」があると認めれば，特定秘密を含む文書の提供を拒否できるように読めた。このことは，国の収入支出の決算は，すべて毎年会計検査院が検査すると定める憲法90条1項に違反するとして，会計検査院は法案の修正を求めたが，内閣官房は修正に応じない代わりに，特定秘密の保護に関する法律施行後も，従前通り，会計検査に応ずるよう各府省に通知を出すことを約束した。2015（平成27）年12月25日，内閣情報調査室次長名で「会計検査院に対する特定秘密の提供について」と題する通知が出され，会計検査院が実施する会計検査は，特定秘密の保護に関する法律10条1項1号の「公益上特に必要があると認められるこれらに準ずる業務」に該当するので，会計検査院への特定秘密の提供は，同項の規定に基づき行われるものであること，これまでも，各行政機関においては，秘密事項について会計検査院から検査上の必要があるとして提供を求められた際には，これに応じて提供を行う取扱いをしていると承知しているが，同法の施行により，この取扱いに何らの変更を加えるものではないことが，特定秘密の指定権限を有する20の行政機関の担当局長等に対して示された。

会計検査院は，検査の結果により，国の収入支出の決算を確認する（会検21条)。確認とは，検査の結果，結論を得て，検査を終了することを表明する行為であり，違法不当事項を発見した場合にこれを指摘することを含意している。ただし，違法不当な支出が行われ決算が不適格であるとしても，決算を取り消したり無効にしたりする効果が生ずるわけではない。

会計検査院の権限の中心は会計検査であることはいうまでもない。会計検査院は，常時会計検査を行い，会計経理を監督し，その適正を期し，かつ是正を図る権限を有するから（会検20条2項)，決算の検査に限らず，会計経理の進行過程のいかなる段階においても検査が可能である。かかる権限の実効性を確保するため，会計検査院の検査を受けるものは，会計検査院の定める計算証明の規程により，常時に，計算書および証拠書類を会計検査院に提出しなければならない（会検24条)。また，会計検査院は，書面検査にとどまらず，常時または臨時に職員を派遣して，実地の検査をすることができる（会検25条)。そして，会計検査院は，検査上の必要により検査を受けるものに帳簿，書類もしくは報告の提出を求め，または関係者に質問しもしくは出頭を求めることができる（会検26条)。国の会計事務を処理する職員が計算書および証拠書類の提出を怠る等計算証明の規程を守らない場合または会計検査院法26条が定める書類報告提出要求，質問または出頭要求を受けこれに応じない場合には，会計検査院は，本属長官その他監督の責任に当たる者に対し懲戒処分を要求することができる（会検31条)。また，会計検査院は，検査上の必要により，検査を受ける機関以外の官庁，公共団体その他の者に対し，資料の提出，鑑定等を依頼することができる（会検28条)。この場合には，協力を拒否されても，懲戒処分の要求はできない。

会計検査の観点は，(i)正確性（決算の表示が予算執行の状況を正確に表現しているか)，(ii)合規性（会計経理が予算や法律，政令等に従い，適正に処理されているか)，(iii)経済性・効率性（より少ない費用で実施できないか，同じ費用でより大きな成果が得られないか)，(iv)有効性（事業が所期の目的を達成し効果を挙げているか)，(v)その他会計検査上必要な観点の5つである（会検20条3項)。(v)のその他会計検査上必要な観点としては，公正性が考えられる。経済性，効率性，有効性の基準は，1997（平成9）年の改正により会計検査院法に明記された。もっとも，現行会計検査院法は，当初より，違法性のみならず不当性についても検査できることとされており（会検29条3号・34条)，不当性の検査は，経済性，効率性，有効性の観点からの検査を含むと解されていたし[20]，実際，会計検査院は，すでに1965（昭和40）年より，3E検査，すなわち，経済性（economy)，効率性（efficiency)，有効性（effectiveness）の観点からの審査を行っており，有効性の観点からの検査を拡大する傾向にある。3E検査は，VFM（Value for Money）検査とも呼ばれる[21]。

行政改革会議最終報告も，「国の収入・支出の検査，会計経理の適正化という観点を主体として遂行されてきた同院の機能は，今後，国の施策や事務・事業の効率性，合理性といった観点からの評価も重視していく必要がある。このために，同院の機能の充実強化を図るべきである」と指摘している。しかし，アメリカのGAOが行っているようなプログラム評価は，今後の課題として残されている[22]。検査で違法・不当支出が発生するおそれが大きい予算執行体制を認識した場合，これまで違法・不当支出が生じていなくても，事前にリスクを回避するために是正を要求するリスク管理型検査[23]，検査対象機関を取り締まるというより，検

20)　村上・前掲注12）広島法学10巻3号232頁以下参照。

21)　会計検査の各観点と観点別にみた指摘事例については，平野善昭・会計検査からみた行政の課題――会計検査のしくみと各行政分野に対する会計検査の動向（全国会計職員協会，2016年）46頁以下参照。

22)　アメリカのGAOがいかにプログラム評価を発展させてきたかを解説し，わが国においてプログラム評価を発展させる意義を解説したものとして，金本良嗣「会計検査院によるプログラム評価――アメリカGAOから何を学ぶか」会計検査研究2号6頁以下参照。

査対象機関の事務事業を改善するための付加価値型検査[24]という視点も重要であろう。このような観点からの検査が中心になれば，会計検査院と検査対象機関との関係は，対立関係から協調関係へと変化していくと思われるという指摘もなされている[25]。

Column　検査報告と予算案

財政法40条1項は，「内閣は，会計検査院の検査を経た歳入歳出決算を，翌年度開会の常会において国会に提出するのを常例とする」と規定している。そのため，従前は，毎年1月下旬に検査報告が国会に提出される慣例であった。しかし，国会が決算審査を早期に行い，その結果を予算案に反映すべきという観点から，2003（平成15）年，参議院が決算の早期提出を政府に要請した。これに応えて，同年度決算から，検査報告の提出時期が前倒しされるようになり，11月上旬に会計検査院から内閣に検査報告が送付されるようになっている。

会計検査の対象

会計検査の対象には，必要的検査対象と選択的（任意的）検査対象がある。必要的検査対象とは，必ず検査しなければならないものであり，国の毎月の収入支出，国の所有する現金および物品ならびに国有財産の受払，国の債権の得喪または国債その他の債務の増減，日本銀行が国のために取り扱う現金，貴金属および有価証券の受払，国が2分の1以上出資している法人の会計，法律により特に会計検査院の検査に付するもの（日本放送協会がその例。放送79条）と定められた会計である（会検22条）。

選択的検査対象とは，必要と認めるとき，または国会・内閣の請求に応じて検査するものであり，(i)国の所有または保管する有価証券または国の保管する現金および物品，(ii)国以外のものが国のために取り扱う現金，物品または有価証券の受払，(iii)国が直接または間接に補助金，奨励金，助成金等を交付しまたは貸付金，損失補償等の財政援助を与えているものの会計，(iv)国が資本金の一部を出資しているものの会計（NTT持株会社がその例），(v)国が資本金を出資したものがさらに出資しているものの会計（NTT東日本株式会社，東京電力株式会社がその例），(vi)国が借入金の元金または利子の支払を保証しているものの会計，(vii)国もしくは国が資本金の2分の1以上を出資している法人（以下，「国等」という）の工事その他の役務の請負人もしくは事務もしくは業務の受託者または国等に対する物品の納入者のその契約に関する会計が，それに当たる（会

23）　金子晃・会計監査をめぐる国際的動向――監査の公正性，独立性および誠実性の促進のために（同文舘出版，2009年）636頁参照。
24）　金子・前掲注23）637頁参照。
25）　村上・前掲注11）110頁参照。

検23条1項)。選択的検査を実施する場合，会計検査院は，事前に関係者に通知しなければならない（同条2項)。

会計検査院法23条1項3号の「貸付金，損失補償等の財政援助を与えているものの会計」については，資金の使途が制約されたひもつき融資の場合を除き，直接に交付を受けるものに検査対象が限定され，間接的に交付を受けるものは含まれないと解されている。政府系金融機関の融資先についての会計検査については，いわゆる肩越し検査（政府系金融機関の検査権限に依存し，当該金融機関の職員の立会いのもとに行われる会計検査）によっているが，十分な実効性を確保することが困難なため，政府系金融機関の融資先も，会計検査の対象に加えることが積年の課題である（肩越し検査については，いわゆる「翁通達」〔「会計検査院の検査機能の充実について」内閣閣第113号昭和56年7月23日〕，「藤森通達」〔「会計検査院のいわゆる肩越し検査に対する協力について」内閣閣第26号昭和56年7月23日〕により，肩越し検査への協力が求められている）[26)]。ひ孫出資法人，下請会社，再委託会社，日本からODAを受けた外国政府も，会計検査院の検査権限が及ばない。

Column　ひ孫出資法人に対する会計検査

会計検査院に，例外的にひ孫出資法人に対して会計検査を行う権限を認めた例がある。すなわち，昭和59年法律第71号による改正前の会計検査院法23条5号では，「国又は公社が資本金を出資したものが更に出資しているものの会計」について任意に検査をすることができるとしていたので，公社の孫出資法人に検査権限が及んでいたが，3公社が民営化されたことにより，従前の公社の孫出資法人が，国のひ孫出資法人となった際に，3公社の民営化の法律の附則（日本専売公社を民営化する昭和59年法律第71号附則3条，日本電信電話公社を民営化する昭和59年法律第87号附則3条，日本国有鉄道を民営化する昭和61年法律第93号附則2条）において，旧公社に係る会計検査院の検査については，なお従前の例によるとされたことによる。これは，公社から特殊会社という組織変更に伴い，従前，会計検査院の検査権限が及んでいた法人に，検査権限が及ばなくなることは適当ではないという考慮によるものと考えられる。この考えによれば，国の機関が独立行政法人に移行（財務省の特別の機関であった印刷局の独立行政法人化等）したことにより，国の孫出資法人がひ孫出資法人になった場合にも，会計検査院の検査については，なお従前の例によるとすべきことになる。実際，国の機関を独立行政法人に移行させる構想が議論されていた当時，この問題が検討された。しかし，国の機関の独立行政法人化に伴い，従前の国の孫出資法人がひ孫出資法人になる実例がなかったため，例外的にひ孫出資法人に会計検査院の検査権限

26)　有川博・会計検査制度概説（全国会計職員協会，2007年）21～23頁参照。肩越し検査の問題について，菊地守「会計検査院法の改正論議」立法と調査125号1頁以下，村上・前掲注12）広島法学10巻3号223頁以下参照。

を及ぼす規定は設けられなかった。なお，孫出資法人の検査において，その説明責任の一環としてひ孫出資法人の業務の実施状況を含めて検査するとともに，ひ孫出資法人に対しては，必要に応じて協力を得られる範囲で調査を行うこともある[27]。

なお，国会からの検査要請事項に関する報告は，2007（平成19）年の国会法改正で導入されてから，しばらくは活用されなかったが，2004（平成16）年度以降，毎年，報告が行われており，2018（平成30）年10月末までに，合計57件の報告が行われている。

(2) 国会出席権

会計検査院は，国会に出席して説明をすることが必要であると認めるときは，検査官をして出席せしめ，または書面で説明することができる（会検30条）。これに対応して，国会法72条1項は，委員長が，議長を経由して，会計検査院長および検査官の出席説明を求めることができる旨，規定している。

(3) 会計事務職員の責任追及

会計検査院は，検査の結果国の会計事務を処理する職員が故意または重大な過失により著しく国に損害を与えたと認めるときは，本属長官その他監督の責任に当たる者に対し懲戒処分を要求することができる（会検31条1項）。会計事務を処理する職員以外の職員に対する懲戒処分の要求も認めるかが議論されている。

Column **会計検査院の懲戒要求**

会計検査院は，2009（平成21）年12月24日，予算執行責任者であった那覇防衛施設局（現・沖縄防衛局）の元局長2名の懲戒処分要求書を防衛省担当者に手渡した。那覇防衛局は2003（平成15）年3月に民間会社と業務委託契約を締結し約8億4000万円を支払うこととしたが，その後追加業務を行わせたため，その対価の支払を求められ，国は約21億8000万円を和解金として支払わなければならなかった。2名の元局長は，部下が契約変更をしないまま追加業務を発注していることを認識しながら黙認していたため，会計検査院は，2007（平成19）年度決算報告でこの問題を不当事項として指摘した。しかし，2人に対しては「注意」がされるにとどめられたため，会計検査院は，2人には重大な過失があったとして戒告処分とするよう防衛大臣に対して懲戒要求を行った。この懲戒要求は1952（昭和27）年以来57年ぶりで7件目である。しかし，防衛大臣は，2010（平成22）年6月3日付けで，両名に対して懲戒処

27） 平野善昭・会計検査からみた行政の課題――会計検査のしくみと各行政分野に対する会計検査の動向（全国会計職員協会，2016年）44頁参照。

分を行わない旨を会計検査院に通知した。

⑷ 出納職員または物品管理職員の弁償責任の有無の検定

会計検査院は，出納職員が現金を亡失したときは，善良な管理者の注意を怠ったため国に損害を与えた事実があるかどうかを審理し，その弁償責任の有無を検定する（会検32条1項。会計41条1項も参照）。また，会計検査院は，物品管理職員が物品管理法の規定に違反して物品の管理行為をしたことまたは同法の規定に従った管理行為をしなかったことにより物品を亡失し，または損傷し，その他国に損害を与えたときは，故意または重大な過失により国に損害を与えた事実があるかどうかを審理し，その弁償責任の有無を検定する（会検32条2項）。会計検査院が弁償責任があると検定したときは，本属長官その他出納職員または物品管理職員を監督する責任のある者は，検定に従って弁償を命じなければならない（同条3項）。旧会計検査院法20条にも同様の規定が置かれており，現行法はこの制度を踏襲したのである。なお，予算執行職員等の責任に関する法律で，予算執行職員の弁償責任についても，会計検査院の検定制度が設けられている（予算執行職員4条）[28]。

⑸ 意見表明・改善措置要求権

会計検査院は検査の進行に伴い，会計経理に関し法令に違反し，または不当であると認める事項がある場合には，直ちに，本属長官または関係者に対し当該会計経理について意見を表示しまたは適宜の処置を要求しおよびその後の経理について是正改善の処置をさせることができる（会検34条）。また，会計検査院は，違法・不当な会計処理に限らず，一般的に，検査の結果，法令，制度または行政に関し改善を必要とする事項があると認めるときは，主務官庁その他の責任者に意見を表示し，または改善の処置を要求することができる（会検36条）。2005（平成17）年11月の会計検査院法改正により，会計検査院が同法34条または36条の規定により意見を表示し，または処置を要求した事項その他特に必要と認める

28） 会計職員の責任については，中西又三「会計職員の責任」行政法大系⑽317頁以下，木村琢麿「予算・会計改革に向けた法的論点の整理」会計検査研究29号64頁以下参照。

事項については，毎年度の検査報告の作成を待たず，随時，直接国会および内閣に報告することができるようになった（会検30条の2）。2005（平成17）年度から2017（平成29）年度までの13年度において，合計99件の随時報告がなされている。しかし，会計検査院法36条の規定に基づき，会計検査院が法令の改善に関し意見を表示し，または改善の措置を要求することができるのは，主務官庁その他の責任者に対してであり，人事院と異なり，国会に対して直接に法律の改廃に関する意見を述べることは認められていない。会計検査院は内閣に属さず，内閣に法案提出を請議することはできないし，直接に法案を国会に提出する権限も有しない。したがって，人事院と同様，所掌事務に関する法律制定に関して，国会に直接意見を述べる権限を付与すべきであろう。

会計検査院は，国の会計経理に関する法令を制定し，または改廃するとき，国の現金，物品および有価証券の出納ならびに簿記に関する規程を制定し，または改廃するときには，あらかじめその通知を受け，これに対し意見を表示することができる（会検37条1項）。しかし，法令の制定または改廃について通知を受け意見を表示する機会を保障されているのは，会計経理に関する法令に限定されている。会計検査院の組織，人事に関する法令の制定または改廃については，法的には会計検査院の意見聴取の規定はない。また，会計検査院が実務上，行政機関と位置づけられているため，様々な行政通則法が会計検査院にも適用されるかが問題になるが，会計検査院の内閣から独立した地位と抵触しないように慎重な配慮が必要であり，そのためには，かかる場合にも，会計検査院に通知してその意見を聴取する機会を設けるべきである。現在は，かかる場合にも，運用上は，会計検査院が意見を述べる機会を与えられてはいるが，（法令協議で会計検査院の主張が容れられた例として，衛星リモートセンシング記録の適正な取扱いの確保に関する法律18条3項参照），会計検査院長は閣議の構成員ではないため，閣議における拒否権を背景にした法令協議を行うことができないという問題がある。会計検査院の内閣から独立した地位に基づく意見が真摯に検討されるよう，一般行政法令であっても，会計検査院を対象機関とする場合には，会計検査院に通知して，その意見を聴取する必要があることを法定すべきと考えられる。

***Column*　行政通則法の会計検査院への適用**

行政通則法のすべてが会計検査院に適用されているわけではなく，会計検査院を対象にすることが適当でない場合には対象としてない。会計検査院を対象機関にしている法律としては，行政機関の休日に関する法律（1条2項），行政機関の保有する情報の公開に関する法律（2条1項6号），行政手続等における情報通信の技術の利用に関する法律（2条2号イ），行政機関の保有する個人情報の保護に関する法律（2条1項6号），行政手続法（2条5号イ），公文書等の管理に関する法律（2条1項6号），特定秘密の保護に関する法律（2条6号）等がある。行政手続法については，制定当初，会計検査院は行政機関に含まれていなかったが，2005（平成17）年の改正の際に行政機関に含められた。逆に，会計検査院を対象機関としていない法律としては，行政機関が行う政策の評価に関する法律（2条1項），公益通報者保護法（2条4項），競争の導入による公共サービスの改革に関する法律（2条1項）等がある。会計検査院が行政通則法の適用対象となっている場合においても，会計検査院の独立性を侵害しないように配慮されている。たとえば，行政機関の保有する情報の公開に関する法律19条1項柱書は，「開示決定等又は開示請求に係る不作為について審査請求があったときは，当該審査請求に対する裁決をすべき行政機関の長は，次の各号のいずれかに該当する場合を除き，情報公開・個人情報保護審査会（審査請求に対する裁決をすべき行政機関の長が会計検査院の長である場合にあっては，別に法律で定める審査会）に諮問しなければならない」と定めている。これは，会計検査院の長が，内閣の統轄の下にある総務省に置かれた情報公開・個人情報保護審査会に諮問し，答申を受けること，情報公開・個人情報保護審査会による行政文書の提示の求めに従う義務を負うこと（情報公開・個人情報保護審査会設置法9条1項・2項）が，会計検査院の内閣から独立した地位を侵害するおそれがあるからである。また，行政機関の保有する個人情報の保護に関する法律が，個人情報ファイルを保有しようとするときの総務大臣への事前通知義務を会計検査院の長に課さず（同法10条1項），会計検査院を総務大臣による資料の提出および説明要求（同法50条），意見の陳述（同法51条），資料の提出の要求および実地調査（同法51条の5），指導および助言（同法51条の6），勧告（同法51条の7）の権限の対象外としているのも同様の配慮による。

⑹　審査判定権

会計検査院は，国の会計事務を処理する職員の会計経理の取扱いに関し，利害関係人から審査の要求があったときは，これを審査し，その結果是正を要するものがあると認めるときは，その判定を主務官庁その他の責任者に通知しなければならない（会検35条1項）。主務官庁または責任者は，この通知を受けたときは，その通知された判定に基づいて適当な措置をとらなければならない（同条2項）。この制度は，アメリカのGAOのクレイム・セツルメントの制度に範をとって導入されたものである。しかし，この制度は，利害関係人の範囲が限定的に解されているため，注目を浴びるものではなかった。学説の中には，地方公共団体における住民訴訟に対応する訴訟を国においても納税者訴訟として創設し，その際，会計検査院に住民訴訟における監査委員の機能を委ね，納税者一般を利害関係人として会計検査院への検査請求を認めるべきとする主張もなされている[29)]。

(7) 規則制定権

会計検査院は，国会の両院や最高裁判所と同様，規則制定権を有する（会検38条）。内閣が定める政令により，会計検査院について定めることを認めることは，会計検査院を内閣から独立したものとする趣旨に反するので，会計検査院の自主立法を認めているのである。会計検査院規則で定めうる事項は，きわめて広範である。会計検査院は内閣から独立した機関であるので，会計検査院規則の制定または改廃に当たり，内閣法制局の審査を受ける必要はない。

具体例　具体的には，検査官会議，院長，事務総局の基本的事項については会計検査院法施行規則，事務総局分掌および分課については会計検査院事務総局分掌及び分課規則，事務総局定員については会計検査院事務総局定員規則，懲戒処分の要求および検定については会計検査院懲戒処分要求及び検定規則，審査については会計検査院審査規則，計算証明については計算証明規則，情報公開・個人情報保護審査会については，会計検査院情報公開・個人情報保護審査会規則が定められている。このように，会計検査院規則は，自己の内部組織にとどまらず，検査対象機関一般を拘束する計算証明に関する規則や国民一般と関わる審査規則，情報公開・個人情報保護審査会規則も対象としている。

5 国民との接点

会計検査院と国民との接点は，従前は，利害関係人からの審査の要求の制度のみであった。会計検査院が「行政機関の保有する情報の公開に関する法律」，「行政機関の保有する個人情報の保護に関する法律」の対象機関となり，会計検査院

29) 北野弘久＝兼子仁・市民のための行政争訟（勁草書房，1981年）149頁以下参照。国民訴訟について，村上武則「『国民訴訟』創設への道」阪大法学53巻3＝4号627頁以下，松井茂記「法治国家における裁判的権利保護──『国民訴訟』の可能性について」高田敏先生古稀記念・法治国家の展開と現代的構成（法律文化社，2007年）351頁以下参照。

長に対する開示請求等を行い，開示等決定に対して不服申立てを行うことも可能となったため（不服申立てがなされた場合の諮問機関として会計検査院情報公開・個人情報保護審査会が置かれている），国民との接点が拡充した。会計検査について，会計検査院は検査報告を内閣に提出し，国会において検査報告が審議されるので，国民との直接の接点はなお少ないが，主権者である国民に検査結果の説明責任を負っていることを重視すべきといえよう[30)]。検査報告の国民への公表の意義を強調する見解もある[31)]。なお，ドイツでは，会計検査活動に伴う私人の権利利益侵害に対する救済の問題が議論されているが，わが国では，この問題は，学界で若干の議論があるにとどまる[32)]。

Column　国民監査請求・国民訴訟制度

地方公共団体における住民監査請求制度・住民訴訟制度と同様の国民監査請求・国民訴訟制度を創設する法案が国会に提出されたことがある。すなわち，当時の「みんなの党」，「新党改革」が共同で，2012（平成24）年3月9日，第180回国会において「違法な国庫金の支出等に関する監査及び訴訟に関する法律案」を参議院に提出したが，同年9月8日，廃案になっている。「新党改革」の荒井広幸議員が，2013（平成25）年2月，「国民監査請求制度の創設に関する質問主意書」において，この制度等に対する政府の見解を質したが，政府は，「『国民監査請求制度』の創設」については，「憲法が，予算についての国会議決及び決算の国会に対する提出を定め，国の財政に関して国会による統制を徹底させる立場をとっていること，また，会計検査院は憲法上の独立機関であり，検査活動に関する自律性が確保されるべきことなどから，慎重な検討を要するものと考えている」と回答している。すなわち，憲法は国会を財政統制機関としており，国民訴訟制度により裁判所による財政統制を図ることが憲法の趣旨に適合するか，会計検査院の独立性に配慮して，各議院または各議院の委員会もしくは参議院の調査会から国会法105条（同法54条の4第1項において準用する場合を含む）の規定による要請があったときすら，会計検査院は，当該要請に係る特定の事項について検査を実施してその検査の結果を報告することができる（会検30条の3）として，報告を義務づけていないにもかかわらず，国民1人からの請求で検査を義務づけられることの問題を指摘したものと考えられる。

30）オーストラリアの会計検査が説明責任を重視する方向に変遷してきた経緯について，金子晃「『オーストラリア会計検査院100年の歴史』を読む(1)〜(9)」会計と監査53巻9号6頁以下・11号22頁以下・12号24頁以下・13号21頁以下，54巻3号32頁以下・4号32頁以下・9号30頁以下・10号34頁以下・11号40頁以下参照。

31）村上武則「会計検査院と国民」北野還暦・納税者の権利（勁草書房，1991年）61頁参照。

32）石森久広「財政コントロールに対する裁判上の権利保護」同・前掲注8）書185頁以下参照。

Outline

国，地方公共団体という行政主体のほかに，国・地方公共団体とは独立の法人格を付与されながら，行政事務を行う法人が存在する。また，行政主体としての位置づけはされていなくても，直接法律に基づいて，または法律に基づく指定により，私人が行政事務を委任されて実施する場合があり，委任行政と呼ばれている。第５部では，独立行政法人，国立大学法人，大学共同利用機関法人，特殊法人，認可法人，指定法人，公共組合，地方独立行政法人，地方３公社，港務局，委任行政について概説し，法的論点を検討する。

第13章　国の特別行政主体と委任行政

Point

1）独立行政法人とは，国民生活および社会経済の安定等の公共上の見地から確実に実施されることが必要な事務および事業であって，国が自ら主体となって直接に実施する必要のないもののうち，民間の主体に委ねた場合には必ずしも実施されないおそれがあるものまたは一の主体に独占して行わせることが必要であるものを効率的かつ効果的に行わせることを目的として，独立行政法人通則法および個別法の定めるところにより設立された法人をいう。

2）独立行政法人には，中期目標管理法人，国立研究開発法人，行政執行法人の区別がある。行政執行法人は，その役員および職員に国家公務員の身分が与えられた公務員型の独立行政法人である。

3）国立大学法人とは，国立大学を設置することを目的として，国立大学法人法の定めるところにより設立される法人である。

4）国立大学法人は，教員も事務職員もともに非公務員として制度設計されており，公務員型は存在しない。

5）特殊法人の学問上の概念は統一されているわけではないが，実務上は，一般に「法律により直接に設立される法人又は特別の法律により特別の設立行為をもって設立すべきものとされる法人」から広義の独立行政法人を除いたものをいう。

6）認可法人とは，私人が任意に設立する法人であるが，その行う業務の公共性等のゆえに，特別の法律により設立に当たって主務大臣の認可が必要とされているものをいう。さらに，設立の数が限定されていることを認可法人の要件とする場合もある。

7）　公共組合とは，行政事務を行うことを存立目的として設立された公の社団法人である。

8）　行政機関が行政主体以外の私人に対して権限の委任を行うことが認められている場合があり，これを「委任行政」という。

9）　指定法人とは，特別の法律に基づき特定の業務を行うものとして行政庁により指定された法人を意味する。

1　独立行政法人

(1)　意　　義

独立行政法人とは，国民生活および社会経済の安定等の公共上の見地から確実に実施されることが必要な事務および事業であって，国が自ら主体となって直接に実施する必要のないもののうち，民間の主体に委ねた場合には必ずしも実施されないおそれがあるものまたは一の主体に独占して行わせることが必要であるものを効率的かつ効果的に行わせることを目的として，独立行政法人通則法および個別法の定めるところにより設立された法人をいう（独行法2条1項）。適切な情報開示を行うため，その会計は原則として企業会計原則によるが（独行法37条），独立行政法人の公共性，非営利性，独立採算を前提としないこと等の特性に配慮し，企業会計原則に修正を加えた独立行政法人会計基準が作成されている。国または地方公共団体から独立した法人として設立され，国または地方公共団体の特別の監督の下に，その存立目的である行政事務を行う法人を特別行政主体ということがあり[1)]，独立行政法人は，特別行政主体の代表として位置づけられている。理論的には，独立行政法人を国の機関として位置づけることは十分に可能であるが，現行のわが国の国家行政組織法は，後述するように（⇒本章*3*(1)4)），国とは独立の法人格を付与された法人を国家行政組織に含めていないので，本書では，特別行政主体としての位置づけを行うこととする。特別行政主体と位置づけうるものについては，行政手続法2条5号イの行政機関に含めて，同法4章の行政

1）　塩野・行政法Ⅲ89頁以下参照。

指導の規定，6章の意見公募手続等の規定を適用するか，あるいは，行政機関には含めず，同法4章・6章の規定を準用することも前向きに検討すべきと思われる。

独立行政法人は，行政改革会議最終報告を受けて制定された中央省庁等改革基本法36条の定める方針に従い，2001（平成13）年4月より設けられたものである。企画立案機能と実施機能を分離し，実施機能を担う国の機関を法人化して国の行政組織の外に出して国の行政機関の減量化を図り，一方において，自発的な運営の余地を拡大し，役員数の上限を個別法で明記することにより，役員数を抑制し，企業会計原則のもとで効率化を図るとともに[2)]，透明性を高めたものであり，特殊法人への批判（⇒本章*3*(1)2)）を受けて，改良された政府周辺法人として構想されたものである。独立行政法人発足当初の独立行政法人（先行独法）は，主として国の機関がアウトソーシングされたものであったが，特殊法人等改革基本法に基づき，特殊法人・認可法人の移行の受け皿（移行独法）としても利用されることとなった。

Column　国民生活センターの機能の国への移管

実施機能のアウトソーシングによる国のスリム化の流れとは反対に，独立行政法人国民生活センターの機能を国に移管する方針が打ち出された。2010（平成22）年12月7日，「独立行政法人の事務・事業の見直しの基本方針」が閣議決定され，「消費者庁の機能を強化する中で，独立行政法人制度の抜本的見直しと並行して，消費生活センター及び消費者団体の状況等も見つつ，必要な機能を消費者庁に一元化して法人を廃止することを含め，法人の在り方を検討する」とされたのが，かかる動きの発端である。これを受けて，「国民生活センターの在り方の見直しに係るタスクフォース」が設けられ，2011（平成23）年8月26日の「取りまとめ」において，国民生活センターの各機能を2013（平成25）年度に消費者庁に移管・一元化することを目指すとされた。同日，内閣府特命担当大臣（消費者及び食品安全担当）は，タスクフォースの結論を踏まえ，「独立行政法人の事務・事業の見直しの基本方針」に沿って，さらに検討を進めること，先行的に取り組める事項についての一元化を試行すること，第三者を含めた検証の機会を設ける旨を表明した。この検証の場においては，一元化以外の選択肢も検討の対象に含まれることが含意されていた。

大臣の指示を受けて，「国民生活センターの在り方の見直しに関する検証会議」が

2)　行政機関に対する諸規制を緩和するために別法人としてアウトソーシングすることは，ひとつの方法ではあるが，唯一絶対の方法ではなく，わが国の実施庁もそうであるが，諸外国においても，法人化を伴わない規制緩和が試みられている。詳しくは，宇賀克也「特殊法人と独立行政法人――日米比較」公法研究62号104頁参照。

設けられ，2011（平成 23）年 12 月 6 日に「中間取りまとめ」が公表された。そこでは，国民生活センターの機能を国へ移行することが現実的であるとする一方，「政府から独立した法人」へ移行するという考え方についても，選択肢の一つとして留意すべきとし，別途検討の場を設けて引き続き議論し，2012（平成 24）年夏までに，消費者行政に係る体制の在り方について結論を得るよう努めるべきとしている。この「中間取りまとめ」を受けて 2011（平成 23）年 12 月 27 日の政務決定は，国民生活センターの各機能について，その全てを維持し，基本的に一体性を確保しつつ，より一層充実させていくため，独立行政法人改革による新たな法人制度ではなく，国へ移行することが妥当とし，国への移行の具体的なあり方については，別途検討の場を設けて検討し，2012（平成 24）年夏までに結論を得て，2013（平成 25）年度を目途に国へ移行するため，所要の法整備等を行うこととされた。この段階で，「政府から独立した法人」へ移行するという選択肢は明確に否定された。

2012（平成 24）年 1 月 19 日の「行政刷新会議独立行政法人改革に関する分科会報告」も，この方針と軌を一にしており，翌日の閣議決定（「独立行政法人の制度及び組織の見直しの基本方針」）により，政府全体の意思として，国民生活センターの機能の国への移管が明確にされた。同年 2 月 10 日には，「国民生活センターの国への移行を踏まえた消費者行政の体制の在り方に関する検討会」の開催が決定され，国民生活センターの機能を国に移管することに伴い、消費者行政体制のあり方をいかに再編するかについて議論が行われ，同年 8 月 22 日の報告書においては，国民生活センターの機能の国への移管により新設する組織は，「特別の機関」とし，ADR を含めた国民生活センターの業務運営や人事面での独立性を確保することとしている。しかし，その後政権交代があり，国民生活センターは独立行政法人のまま今日まで存続している。

行政改革会議最終報告においては，新しい中央省庁にあっては，実施機能については，可能な限り外局，独立行政法人等の組織に分離することとされたが，実施機能の受け皿としての実施庁と独立行政法人のいずれを選択するかという問題がある。この点については，公権力の行使に当たる事務事業，災害等の重大な危機管理に直結するような事務事業等，国が直接実施すべきものについては実施庁で，その他のものは独立行政法人で行うという切分けがなされた。そのため，独立行政法人の出発時には，公権力の行使を行わない試験研究機関（独立法人酒類総合研究所等），研修機関（独立行政法人航空大学校等）等が法人化の対象となった[3]。

3) このような機能が独立行政法人化の対象としてふさわしいかについては議論がある。山本隆司「独立行政法人制度」ジュリ 1161 号 131 頁参照。

Column　アウトソーシングと逆の例

独立行政法人制度は，国の行政機関をアウトソーシングして，国の行政機関のスリム化を図ることを目的の一つとしていたが，逆に，独立行政法人が国の行政機関に統合された例もある。2003（平成15）年に独立行政法人として設置された原子力安全基盤機構がその例である。2011（平成23）年11月に，同機構が，原子力安全検査の内容の案について，電力事業者に作成させていたことが発覚し，検査の形骸化が批判された。こうしたことを受けて，原子力規制委員会設置法制定附則6条4項において，政府は，原子力安全基盤機構が行う業務を原子力規制委員会に行わせるため，可能な限り速やかに原子力安全基盤機構を廃止するものとされ，原子力安全基盤機構の職員である者が原子力規制庁の相当の職員となることを含め，このために必要となる法制上の措置を速やかに講ずるものとされた。そして，原子力規制庁への統合が2014（平成26）年3月1日に実現した。

独立行政法人は，イギリスのエージェンシーをモデルにしたが，エージェンシーは国の行政組織であり独立の法人格を持つものではないので，むしろ実施庁に近いといえる。

Column　エージェンシー

エージェンシーとは，イギリスで新公共管理（New Public Management）の一環として，車検局を皮切りに導入されたものであり，行政事務を企画と実施に分離し，国の行政機関の一部をエージェンシーに改組し，実施業務をエージェンシーに委ね，エージェンシーについては人事・財務両面で自律性を強化する一方，業績目標を事前に定め，その達成状況を評価する成果志向の組織である。その長は原則として公募し，所管大臣により任命される（任期は3〜5年）。所管大臣は，業務目標，財務管理基準，人事管理基準・給与基準等を定めた「基本文書（Framework Document）」を作成・公表し，予算総額も所管大臣が決定する。エージェンシーは，「基本文書」および予算総額の範囲内で自律性を認められ，所管大臣は日常の業務執行に干渉しないが，成果を上げない長は解職されるおそれがある。今日では，イギリスの国家公務員の大半は，エージェンシーで勤務している。

(2)　類　　型

独立行政法人制度導入当初は，職員の身分について公務員型と非公務員型の区別があるのみで，その他の点については画一的制度であったが，多様な業務を実施する法人を一律に規制すると適切なガバナンスが機能しないという反省の下に，2014（平成26）年の独立行政法人通則法改正により，中期目標管理法人，国立研究開発法人，行政執行法人の区別が設けられた。行政執行法人は，公共上の事務等のうち，その特性に照らし，国の行政事務と密接に関連して行われる国の指示その他の国の相当な関与の下に確実に執行することが求められるものを国が事業年度ごとに定める業務運営に関する目標を達成するための計画に基づき行うことにより，その公共上の事務等を正確かつ確実に執行することを目的とする独立行政法人として，個別法で定めるものをいう（独行法2条4項）。その役員および職員は国家公務員である（独行法51条）。これに対して，行政執行法人以外の独立行政法人は，役員・職員が公務員の身分を有さない，いわゆる非公務員型の独立行政法人である。国の機関の一部を切り出して設立した独立行政法人である先行独法は，主として国の機関がアウトソーシングされたものであり，そのほとんどは公務員型であったが，特殊法人から移行した移行独法は非公務員型が主流であった。政策評価・独立行政法人評価委員会が2004（平成16）・2005（平成17）年度末に中期目標期間が終了する56法人を42法人に整理・統合し，この42法人中，38法人を非公務員型にすることを勧告した。これらにより，公務員型から非公務員型の独立行政法人への組織変更が大きく進み，2015（平成27）年4月1日現在は，公務員型の行政執行法人は，国立公文書館，統計センター，造幣局，国立印刷局，農林水産消費安全技術センター，製品評価技術基盤機構，駐留軍等労働者労務管理機構の7のみになっている。

なお，独立行政法人の数は，2001（平成13）年4月1日の制度発足時には57法人であったが，2018（平成30）年4月1日現在では87法人になっている。

***Column*　特定国立研究開発法人**

政府は，2014（平成26）年の通常国会に独立行政法人通則法改正案とともに「特定国立研究開発法人（仮称）」を設置する法案も提出する予定であった。特定国立研究開発法人とは，国家戦略に基づき世界最高水準の研究成果を目指す法人であり，目標策定，評価，業務運営に主務大臣（内閣総理大臣および総務大臣）および総合科学技術・イノベーション会議の強い関与を認める一方，優秀な研究者を高待遇で採用できるようにすることを目的とする法人である。総合科学技術会議（当時）は，同年3月12日に，理化学研究所および産業技術総合研究所を選定していた。しかし，法案提出前に理化学研究所で起きたSTAP細胞問題のために，この法案の提出が遅れていたが，2016（平成28）年に成立した。

(3) 国の関与

独立行政法人通則法においては，行政執行法人を除いて，内閣府設置法7条1

項や国家行政組織法10条が定めるような府省大臣の包括的事務統括権も特殊法人の設置法に通常見られる主務大臣の一般的監督権（条文での規定例として，たとえば，日本中央競馬会法31条1項〔競馬会は，農林水産大臣が監督する〕，2項〔農林水産大臣は，この法律を施行するため必要があると認めるときは，競馬会に対して業務に関し監督上必要な命令をすることができる〕）も認めず，自律性の高い業務運営を確保するため，国の関与を限定的に列記している。国の関与の主たるものは，以下の通りである。

1）　新設等の審査

独立行政法人は，新設，目的の変更その他制度の改正ならびに廃止に関し，総務省の審査を受ける（総務省4条1項8号，総務省組織令5条7号）。

2）　設立委員

主務大臣は，設立委員を命じて，独立行政法人の設立に関する事務を処理させる（独行法15条1項）。

3）　出　　資

独立行政法人が行う業務は，国民生活および社会経済の安定等の公共上の見地から確実に実施されることが必要であるため，政府は，その業務を確実に実施させるために必要があると認めるときは，個別法で定めるところにより，各独立行政法人に出資することができる（独行法8条2項）。

4）　人 事 権

法人の長および監事は，主務大臣が任命する（独行法20条1項・2項）。主務大臣は，その任命に係る役員の解任権を持つ（独行法23条1項・2項）。業績悪化を理由として解任することもできる（同条3項）。主務大臣は，会計監査人の選任権も持つ（独行法40条）。2014（平成26）年通常国会で改正された独立行政法人通則法においては，法人の長または監事の任命権は主務大臣に残しているものの，(i)必要に応じ，公募の活用に努めなければならず，公募によらない場合であっても，透明性を確保しつつ，候補者の推薦の求めその他の適任と認める者を任命するために必要な措置を講ずるよう努めなければならないとしたことが注目される。

***Column*　独立行政法人役員の公募**

民主党を中心とする連立政権は，「独立行政法人等の役員人事に関する当面の対応方針について」（2009〔平成21〕年9月29日閣議決定）により，①現在，公務員OBが役員に就任しているポストについて後任者を任命しようとする場合，②新たに公務員

OB を役員に任命しようとする場合には，公募により後任者の選任を行うこととした。独立行政法人の常勤の役員のうち公務員 OB の数は，2008（平成 20）年 10 月 1 日現在で 169 名であったが，2011（平成 23）年 10 月 1 日現在では 43 名と大幅に減少している。他方，独立行政法人の常勤の役員のうち公務員の現役出向者の数は，2008（平成 20）年 10 月 1 日現在で 85 名であったが，2011（平成 23）年 10 月 1 日現在では 135 名に大きく増加している。このことから，従前は，公務員退職後に独立行政法人の常勤役員になっていたケースにおいて，現役出向の方式がかなり用いられるようになったことがうかがわれる。

2014（平成 26）年の独立行政法人通則法改正で，主務大臣は，法人の長または監事を任命しようとするときは，必要に応じ，公募の活用に努めなければならず，公募によらない場合であっても，透明性を確保しつつ，候補者の推薦の求めその他の適任と認める者を任命するために必要な措置を講ずるよう努めなければならないこととされた（20 条 3 項）。「独立行政法人の役員人事に係る任命手続について」（2014〔平成 26〕年 12 月 17 日事務連絡）は，「独立行政法人等の役員人事に関する当面の対応方針について」（2009〔平成 21〕年 9 月 29 日閣議決定）に基づく公募を，引き続きこれまでどおり実施することとしている。

5)　業務方法書の認可

独立行政法人は，業務開始の際，業務方法書を作成し，主務大臣の認可を受けなければならない。これを変更しようとするときも同様である（独行法 28 条 1 項）。業務方法書に業務の適正，役員のコンプライアンス確保のための内部統制システム等についての記載が義務づけられている（同条 2 項）。

6)　目標の設定と認可

従前は，主務大臣が定める中期目標が明確でなく，事後に中期目標の達成の成否を検証することが困難であるという問題があった。そこで，2014（平成 26）年の独立行政法人通則法改正により，総務大臣が策定する指針に基づき，主務大臣が目標を具体的，明確に設定することとされた（独行法 28 条の 2 第 1 項・3 項）。研究開発業務については，総合科学技術・イノベーション会議が作成する指針案の内容を，総務大臣の指針に適切に反映しなければならない（独行法 28 条の 2 第 2 項，28 条の 3）。主務大臣は，目標設定・変更に当たり，中期目標管理法人の場合には独立行政法人評価制度委員会（独行法 29 条 3 項），国立研究開発法人の場合には独立行政法人評価制度委員会および研究開発に関する審議会（独行法 35 条の 4 第 3 項・4 項）の意見を聴取しなければならない。

中期目標管理法人の場合，主務大臣は，3 年以上 5 年以下の期間において中期目標管理法人が達成すべき業務運営に関する目標を定め，これを当該独立行政法人に指示し公表しなければならない（独行法29条1項）。そして，独立行政法人が中期目標を達成するために作成した計画を認可する。中期計画の変更についても主務大臣が認可する（独行法30条1項）。

国立研究開発法人の場合，主務大臣は，5年以上7年以下の期間において国立研究開発法人が達成すべき業務運営に関する目標を定め，これを当該国立研究開発法人に指示するとともに，公表しなければならない（独行法35条の4第1項）。そして，独立行政法人が中長期目標を達成するために作成した計画を認可する。計画を変更しようとするときも同じである（独行法35条の5第1項）。

行政執行法人の場合，主務大臣は，行政執行法人が達成すべき業務運営に関する事業年度ごとの目標を定め，これを当該行政執行法人に指示するとともに，公表しなければならない（独行法35条の9第1項）。そして，行政執行法人が年度目標を達成するために作成した計画を認可する。これを変更しようとするときも，同様とする（独行法35条の10第1項）。

7）　年度計画に基づく評価

従前は，主務大臣が中期目標を提示し，各府省の独立行政法人評価委員会，総務省の政策評価・独立行政法人評価委員会という第三者機関が業績評価を行う仕組みであった。これは，評価の客観性，中立性を重視したためであるが，主務大臣が目標を提示するのみで，業績評価に関与しないのでは，主務大臣が政策責任を果たすことができないことが問題とされ，2014（平成26）年の独立行政法人通則法改正により，主務大臣の下での政策のPDCAサイクルを強化し，目標・評価の一貫性・実効性を向上させるため，評価主体を主務大臣に変更した。ただし，主務大臣による業績評価等の客観性を担保するため，第三者機関は，中期目標案，中期目標期間の業績評価結果を点検することとされた（併せて，総務省の行政評価・監視の対象法人に独立行政法人を追加した）。

中期目標管理法人は，毎事業年度の開始前に，認可を受けた中期計画に基づく年度計画を定め，これを主務大臣に届け出なければならず（独行法31条1項），各事業年度における業務の実績について，主務大臣の評価を受けなければならない（独行法32条1項）。主務大臣は，評価の結果に基づき，必要があると認めるときは，当該中期目標管理法人に対し，業務運営の改善その他の勧告をすることができる（同条6項）。

Column 独立行政法人の評価機能の一元化

2006（平成18）年に独立行政法人緑資源機構の官製談合事件が発覚した。これが契機となり，緑資源機構は廃止されることになったが，農林水産省の独立行政法人評価委員会林野分科会が，同機構設立以来，談合事件発覚まで，毎年度，最高の評価であるA評価を行っていたため，各府省に設けられた独立行政法人評価委員会の評価は「お手盛り」ではないかという批判が高まった。これを受けて，2008（平成20）年の通常国会に提出された独立行政法人通則法改正案においては，各府省の独立行政法人評価委員会を廃止し，総務省に新たに独立行政法人評価委員会を置いて評価機能を一元化することとしていた。そして，総務省独立行政法人評価委員会は，その調査結果または評価結果に照らして必要があると認めるときは，主務大臣に対して，法人の長または監事の解任を勧告することができ，独立行政法人の業務運営の改善またはその主要な事務および事業の改廃に関し特に必要があると認めるときは，内閣総理大臣に対し，主務大臣に勧告した事項について内閣法6条の規定に基づく指揮監督の措置がとられるよう意見具申をすることができるとされていた。同法案には，監事機能の強化，再就職規制の導入等の内容も含まれていた。しかし，同法案は，2009（平成21）年7月，衆議院解散により廃案となった。

その後，2014（平成26）年通常国会で改正された独立行政法人通則法においては，各府省の独立行政法人評価委員会を廃止し，総務省に新たに独立行政法人評価制度委員会を置くこととされた。そして，総務省の独立行政法人評価制度委員会に，中期目標管理法人，国立研究開発法人については，(i)主務大臣による目標案，中期（中長期）目標期間の評価結果，中期（中長期）目標期間終了時の見直し内容をチェックし，意見を述べ（独行法29条3項・32条5項・35条3項・35条の4第3項・35条の6第8項・35条の7第4項），(ii)中期（中長期）目標期間終了時の見直しに際し，法人の主要な事務・事業の改廃について，主務大臣に勧告し（独行法35条4項・35条の7第5項），(iii)勧告事項について，特に必要があるときは，内閣総理大臣の指揮監督が行われるよう意見具申（独行法35条の2・35条の8）をすることができる。また，行政執行法人については，中期的な期間（3～5年）における業務運営の効率化の評価結果を点検し，意見（独行法35条の11第7項）を述べる。

8) 中（長）期目標の期間の終了時の検討

中期目標管理法人について，主務大臣は，中期目標の期間の終了時に見込まれる中期目標の期間における業務の実績に関する評価を行ったときは，中期目標の期間の終了時までに，当該中期目標管理法人の業務の継続または組織の存続の必要性その他その業務および組織の全般にわたる検討を行い，その結果に基づき，業務の廃止もしくは移管または組織の廃止その他の所要の措置を講ずる（独行法35条1項）。主務大臣は，検討の結果および講ずる措置の内容を独立行政法人評価制度委員会に通知するとともに，公表しなければならない（同条2項）。独立行政法人評価制度委員会は，通知された事項について，必要があると認めるときは，主務大臣に意見を述べなければならない（同条3項）。独立行政法人評価制度委員会は，中期目標管理法人の主要な事務および事業の改廃に関し，主務大臣に勧告をすることができる（同条4項）。独立行政法人評価制度委員会は，この勧告をしたときは，当該勧告の内容を内閣総理大臣に報告するとともに，公表しなければならない（同条5項）。独立行政法人評価制度委員会は，この勧告をしたときは，主務大臣に対し，その勧告に基づいて講じた措置および講じようとする措置について報告を求めることができる（同条6項）。

国立研究開発法人について，主務大臣は，中長期目標の期間の終了時に見込まれる中長期目標の期間における業務の実績に関する評価を行ったときは，中長期目標の期間の終了時までに，当該国立研究開発法人の業務の継続または組織の存続の必要性その他その業務および組織の全般にわたる検討を行い，その結果に基づき，業務の廃止もしくは移管または組織の廃止その他の所要の措置を講ずる（独行法35条の7第1項）。主務大臣は，この検討を行うに当たっては，研究開発の事務および事業に関する事項について，研究開発に関する審議会の意見を聴かなければならない（同条2項）。主務大臣は，検討の結果および講ずる措置の内容を独立行政法人評価制度委員会に通知するとともに，公表しなければならない（同条3項）。独立行政法人評価制度委員会は，通知された事項について，必要があると認めるときは，主務大臣に意見を述べなければならない（同条4項）。この場合において，独立行政法人評価制度委員会は，国立研究開発法人の主要な事務および事業の改廃に関し，主務大臣に勧告をすることができる（同条5項）。独立行政法人評価制度委員会は，この勧告をしたときは，当該勧告の内容を内閣総理大臣に報告するとともに，公表しなければならない（同条6項）。独立行政法人評価制度委員会は，この勧告をしたときは，主務大臣に対し，その勧告に基づいて講じた措置および講じようとする措置について報告を求めることができる（同条7項）。

9）財源措置

政府は，予算の範囲内において，独立行政法人に対し，その業務の財源に充てるために必要な金額の全部または一部に相当する金額を交付することができる（省庁改革基38条4号，独行法46条1項）。

10) 勤務時間等

行政執行法人は，その職員の勤務時間，休憩，休日および休暇について規程を定め，これを主務大臣に届け出なければならない。これを変更したときも同様である（独行法58条1項）。

11) 報告および検査

主務大臣は，独立行政法人通則法を施行するため必要があると認めるときは，独立行政法人に対し報告を命じ，またはその職員に検査をさせることができる（独行法64条1項）。

12) 違法行為の是正

独立行政法人の業務運営における自主性への配慮から（独行法3条3項），従前は，主務大臣が独立行政法人またはその役員もしくは職員の行為の是正のため必要な措置を講ずることを求めることができるのは，当該行為が法令に違反し，または違反するおそれがあると認めるときに限られていた（平成26年改正前の独行法65条1項）。いかなる措置を講ずるかは主務大臣により具体的に指示されるわけではなく，独立行政法人は，速やかに当該行為の是正その他の必要と認める措置を講ずるとともに，当該措置の内容を主務大臣に報告する義務を負うにとどまった（同条2項）。

Column　違法是正の指示の例

実際に主務大臣が独立行政法人に違法是正の指示を行った例がある。これは，駐留軍等労働者労務管理機構が事務所を東京都港区から横浜市に移転したが，登記簿上は東京都大田区に移転したこととなっていたことについて，大田区の事務所は理事長が常勤している事務所の条件を備えておらず，「主たる事務所を東京都に置く」という独立行政法人駐留軍等労働者労務管理機構法5条の規定に違反するとして，2008（平成20）年9月に防衛大臣が駐留軍等労働者労務管理機構に対して，違法の是正を求めたものである。

しかし，主務大臣によるガバナンスが十分でなく，不適切または非効率な事業の中止・改善等への関与に限界があり，監事の権限が明確でなく，内部から自律的に効率性を向上させる仕組みが不十分であるという反省に立って，中期目標達成法人・国立研究開発法人については主務大臣に独立行政法人の役員および職員に対する違法行為等に対する是正・業務改善命令権を付与し，行政執行法人については監督命令権を付与した。

Column　JAXAの特例

国立研究開発法人宇宙航空研究開発機構（以下「JAXA」という）の前身である宇宙開発事業団（NASDA）については，その設置法で主務大臣である文部科学大臣，総務大臣，国土交通大臣に一般的指揮監督権が付与されており，それに基づき宇宙条約等により課された国際的義務を履行することが可能であった。しかし，JAXAは独立行政法人の中の国立研究開発法人であり，一般の国立研究開発法人については，主務大臣は一般的指揮監督権を有しない（独立行政法人のうち行政執行法人のみ，主務大臣の一般的指揮監督権に服する）。そこで，国立研究開発法人宇宙航空研究開発機構法（以下「JAXA法」という）24条において，主務大臣は，(i)宇宙の開発および利用に関する条約その他の国際約束をわが国が誠実に履行するため必要があると認めるとき，(ii)関係行政機関の要請を受けて，わが国の国際協力の推進もしくは国際的な平和および安全の維持のため特に必要があると認めるときまたは緊急の必要があると認めるときには，JAXAに対し，必要な措置をとることを求めることができ，JAXAは，主務大臣からかかる求めがあったときは，その求めに応じなければならないとされている。

また，監事の調査権限を明確化し，不正行為等の大臣への報告義務を課し，役員に職務忠実義務と任務懈怠に対する損害賠償責任制度を導入し，非公務員型の独立行政法人の役員および職員に対する再就職あっせん等の規制（独立行政法人と密接な関係にある法人への再就職のあっせんの原則禁止，法令等への違反行為の見返りに行う自己の求職活動の禁止，独立行政法人のOBからの法令等への違反行為について働きかけを受けた場合の届出義務）を導入した（なお，行政執行法人の国家公務員については，国に勤務する国家公務員と同じ再就職規制に服している）。

Column　運用面での見直し

「独立行政法人改革等に関する基本的な方針」（2013〔平成25〕年12月24日閣議決定）においては，(i)法人への運営費交付金が国民から徴収された税金を財源としていることを踏まえ，法人に対し運営費交付金を適切かつ効率的に使用する責務を課す一方，制度の運用に当たり，独立行政法人の多種多様な事務・事業の特性や業務運営における自主性に十分配慮することを明確化すること，(ii)法人の増収意欲を増加させるため，自己収入の増加が見込まれる場合には，運営費交付金の要求時に，自己収入の増加見込額を充てて行う新規業務の経費を見込んで要求できるものとし，これにより，当該経費に充てる額を運営費交付金の算定において控除対象外とすること，(iii)毎年度の剰余金の処理に当たり，法人の業務と運営費交付金の対応関係を明らかにした上で，運営費交付金で賄う経費の節減により生じた利益の一定割合（原則として5割）を経営努力として認めること，(iv)各法人において業績給等の実施状況を公表させ，その導入を促進すること，(v)法人の長の報酬については，法人の事務・

事業の特性を踏まえ当該人物が長に就任することにより法人の事務・事業がより一層効果的かつ効率的に実施されると見込まれ，かつ，当該人物の能力・経歴・実績等にふさわしい水準の報酬を設定する必要がある場合には，事務次官の給与より高い水準の報酬を設定することも可能とすること，(vi)各法人は，主務大臣や契約監視委員会によるチェックの下，一般競争入札等を原則としつつも，事務・事業の特性を踏まえ，随意契約によることができる事由を会計規程等において明確化し，公正性・透明性を確保しつつ合理的に調達を実施すること，(vii)各法人において，職務段階，年齢，家族構成等について一定の仮定を置いて算出したモデル給与，業績給導入実績の推移や業績給導入による給与実態等を公表すること等が決定された。

(4) 透明性の確保

国の関与を限定する場合，透明性を高めることにより，外部からのチェックの可能性を保障することが重要となる。すべての独立行政法人は，「独立行政法人等の保有する情報の公開に関する法律」（以下「独立行政法人等情報公開法」という）の規定の適用を受け，当該法人が組織として共用する文書に対して何人も開示請求を行うことができ（独行情報公開3条），また，当該法人の組織，財務等に関する重要な文書については，同法に基づく公表が義務づけられているほか（独行情報公開22条1項），独立行政法人通則法も，業務方法書，事業報告書，財務諸表，主務大臣による評価結果，役職員の給与等の支給基準の公表に関する規定を置いている（独行法28条3項・38条3項・4項・32条4項・35条の6第7項・35条の11第6項・50条の2第2項・50条の10第2項・50条の11・57条2項）。

(5) 公共性を理由とする諸法律での特別の扱い

独立行政法人の事務に関する訴訟であって国の利害に関係があるものについては，法務大臣権限法が適用される。また，独立行政法人の中には，非課税法人とされているものがある。このように，独立行政法人の公共性に照らし，諸法律で国・地方公共団体と同様の扱いをしている例がある[4)]。

4) 行政組織研究会・中央省庁等改革関連法律の理論的検討（4・完）」自治研究76巻12号25頁参照。

(6) 人事管理

従前の特殊法人の1つの問題として，理事長ではなく理事会が広範な権限を有し，かつ，複数の主務大臣が理事の任免権を分有している場合，理事会の意思決定が円滑にいかないことがあった。そこで，独立行政法人は，法人の長に権限を集中し，法人の理事の任免権，内部組織の管理権を法人の長に与えている。独立行政法人においては，実績に基づいた人事管理が重視されており，役員に対する報酬および退職手当は，その役員の業績が考慮されなければならない（独行法50条の2第1項・50条の11・52条1項）。また，職員の給与は，中期目標管理法人，国立研究開発法人の場合，職員の勤務成績が考慮されなければならず（独行法50条の10第1項・50条の11），行政執行法人の場合，その職務の内容と責任に応ずるものであり，かつ，職員が発揮した能率が考慮されなければならない（独行法57条1項）[5]。

Column　2012（平成24）年の独立行政法人通則法改正案

民主党を中心とする連立政権は，2009（平成21）年12月25日に「独立行政法人の抜本的な見直しについて」，2010（平成22）年12月7日に「独立行政法人の事務・事業の見直しの基本方針」，2012（平成24）年1月20日に「独立行政法人の制度及び組織の見直しの基本方針」を閣議決定し，これらを踏まえて，2012（平成24）年5月に，独立行政法人通則法の大幅な改正案を国会に提出した。その最大の特徴は，従前の独立行政法人通則法が多様な業務を行う独立行政法人に画一的規制を行うことに問題があるとの認識の下に，「独立行政法人」制度を廃止し，「行政法人」制度を創設し，「行政法人」を「中期目標行政法人」と「行政執行法人」に分類する点にある。「中期目標行政法人」は，主務大臣が設定した中期目標を達成することが求められる法人であり，法人の自主性・自律性がかなりの程度尊重される。他方，「行政執行法人」は，国の相当な関与の下に確実に執行する必要がある事務事業を行うことを目的とする法人であり，単年度ごとの目標管理が行われ，業務執行における法人の裁量は小さい。「行政法人」全体に共通するルールについては，①主務大臣の監督権限の強化，監事への調査権限の付与，役員の義務と責任の明確化による業務運営の適正化，②役員の原則公募の法定化，③府省の独立行政法人評価委員会を廃止し，主務大臣が評価する仕組みへの変更等に特徴がある。しかし，同法案は，2012（平成

5）　独立行政法人制度について詳しくは，福家俊朗＝浜川清＝晴山一穂編・独立行政法人——その概要と問題点（日本評論社，1999年），独立行政法人制度研究会・独立行政法人制度の解説〔改訂版〕（第一法規，2004年），岡本義朗・独立行政法人の制度設計と理論（中央大学出版部，2008年）参照。岡本氏の前掲書は，独立行政法人の会計制度について，特に詳しい。

24）年 11 月の衆議院解散により廃案となった。

⑺　広義の独立行政法人

アメリカには政府関係法人統制法という通則法がある。わが国では特殊法人の通則法を制定すべきという意見はあったものの，なかなか実現しなかった。独立行政法人通則法の制定により，行政主体としての性格を持つ法人の透明性が向上したことは評価しうる。他面において，法人の多様性に照らし，独立行政法人通則法の規定の適用がそぐわない場合もありうるのであり，硬直的適用が弊害をもたらすおそれもある。もっとも，独立行政法人は，独立行政法人通則法と個別法（独立行政法人国民生活センター法，国立公文書館法等）の定めるところにより設立されるから，個別法により通則法の特例を設けることも考えられるが，通則法が制度の共通化を図ることを眼目としている以上，通則法の特例を個別法で設けることが適切かという問題がある。そこで，独立行政法人と類似する法人であっても，独立行政法人通則法の規定を適用しない例がみられる。国立大学法人法に基づく国立大学法人，大学共同利用機関法人や総合法律支援法に基づく日本司法支援センターがその例である。日本司法支援センターが独立行政法人通則法の規定の適用を受けなかったのは，所掌する事務が行政事務に限らず司法事務にも及ぶこと，それゆえ最高裁も関与する仕組みとなっていることによる。

独立行政法人とこれらの法人を含めて，広義の独立行政法人ということがある。広義の独立行政法人は，その新設，目的の変更その他制度の改正ならびに廃止に関し，総務省の審査を受け（総務省 4 条 1 項 8 号，総務省組織令 5 条 7 号），行政評価等に関連して業務の実施状況に関し，総務省の調査の対象となる（総務省 4 条 1 項 13 号イ）[6)]。

Column　**法テラス**

日本司法支援センター（以下「法テラス」という）が，狭義の独立行政法人とは異なる広義の独立行政法人と位置づけられたのは，行政と司法の接点に位置する組織としての特性への配慮が必要であるからである。そのため，法務大臣および最高裁判

6)　明治時代の公法人論から最近の独立行政法人論に至るまでのわが国の行政法学における法人論を概観したものとして，塩野宏「行政法学における法人論の変遷」日本学士院紀要 56 巻 2 号 49 頁以下参照。

所は，それぞれ法テラスの設立委員を命ずるが，最高裁判所の命ずる設立委員は，裁判官でなければならない（法律支援21条1項・2項）。法務大臣が理事長または監事となるべき者を指名しようとするときは，事前に最高裁判所の意見を聴取しなければならず（法律支援20条2項），上記の指名をしたときは，遅滞なく，その旨を最高裁判所に通知する義務を負う（同条3項）。法務大臣が理事長または監事を解任しようとするときも，事前に最高裁判所の意見を聴取する義務があり（法律支援26条4項），解任をしたときは，遅滞なく，その旨を最高裁判所に通知する義務を負う（同条5項）。

法テラスに，その業務の運営に関し特に弁護士および隣接法律専門職の職務の特性に配慮して判断すべき事項について審議させるため，審査委員会が置かれているが（法律支援29条1項），審査委員会の委員は，最高裁判所の推薦する裁判官1人，検事総長の推薦する検察官1人，日本弁護士連合会の会長の推薦する弁護士2人，優れた識見を有する者5人（以上のいずれについても，法テラスの役職員以外の者に限られる）につき理事長が任命する（同条2項）。理事長が裁判官，検察官または弁護士である委員を解任しようとするときは，あらかじめ，それぞれ最高裁判所，検事総長または日本弁護士連合会の会長の意見を聴取する義務があり（同条6項），裁判官，検察官または弁護士である委員を解任したときは，遅滞なく，その旨を最高裁判所，検事総長または日本弁護士連合会の会長に通知しなければならない（同条7項）。

法テラスの評価委員会には，最高裁判所の推薦する裁判官が少なくとも1人以上含められるようにしなければならず（法律支援19条3項），法テラスの業務方法書を認可しようとするときは，法務大臣は，事前に最高裁判所および評価委員会の意見を聴かなければならない（法律支援34条3項）。法務大臣は，認可をしたときは，遅滞なく，その旨を最高裁判所に通知しなければならない（同条4項）。中期目標の策定・変更，中期計画の認可についても，同様の手続が定められている（法律支援40条3項・4項，41条3項・4項）。中期目標期間の終了時の検討を行うに当たっても，法務大臣は，事前に最高裁判所および評価委員会の意見を聴取しなければならない（法律支援42条3項）[7]。

Column　国立公文書館の組織形態

国立公文書館は，1971（昭和46）年に総理府の施設等機関として設立されたが，2001（平成13）年4月に独立行政法人に移行した。しかし，独立行政法人となったことにより，歴史的価値のある資料の移管を国の機関に働きかける上において，立場が弱まったのではないかとの指摘は少なくない。内閣府独立行政法人評価委員会も，2004（平成16）年8月19日に公表した意見において，国立公文書館を改めて国の機関とし，その拡充強化を図ることが不可欠と述べていた。「公文書管理の在り方等に関する有識者会議」は，2008（平成20）年7月1日の中間報告において，国立公文書館を国の行政機関に戻す案と行政機関のみならず立法機関，司法機関からの資料の

7)　法テラスの組織的特性については，寺井一弘・法テラスの誕生と未来（日本評論社，2011年）139頁以下参照。そこでは，狭義の独立行政法人と異なり，法テラスについては，業務の効率化・スリム化を重視すべきでないことが強調されている。

円滑な移管が可能となるような権限を有する「特別の法人」に改組する案を両論併記した。同年11月4日に公表された最終報告においては，国立公文書館，立法機関，司法機関の3者による移管ルールの協議や情報交換，検討を行う上でも，行政の枠に拘束されない組織とすべきという意見等も考慮し，独立行政法人の権限と体制を拡充した「特別の法人」とする案が採用されている。これは，日本司法支援センターを参考にしたものであった。しかし，結局，「公文書等の管理に関する法律」（以下「公文書管理法」という）の制定に伴う国立公文書館の組織形態の変更は行われず，同館は独立行政法人にとどまった。参議院内閣委員会は，公文書管理法案に対する附帯決議において，「行政機関のみならず三権の歴史公文書等の総合的かつ一体的な管理を推進するため，国立公文書館の組織の在り方について，独立行政法人組織であることの適否を含めて，検討を行う」ことを求めている。

2 国立大学法人

(1) 意　義

国立大学は，従前は，文部科学省の施設等機関と位置づけられ，国の機関であった。しかし，2003（平成15）年に成立した国立大学法人法により，2004（平成16）年4月より各大学単位で法人化され，各国立大学法人が各国立大学を設置することとなった。すなわち，国立大学法人とは，国立大学を設置することを目的として，国立大学法人法の定めるところにより設立される法人である（国大法人2条1項)。なお，文部科学省の施設等機関であった大学共同利用機関も法人化された。国立大学の法人化の議論は，大学紛争時等においても行われてきたが[8)]，行政改革会議において国立大学の独立行政法人化が議論され，行政の減量化，公務員数の削減という行政改革のベクトルと国立大学の教育研究体制の改善という大学改革のベクトルの合成として，国立大学法人法の制定に至ったとみることができる[9)]。

8） 大崎仁・国立大学法人の形成（東信堂，2011年）19頁以下参照。

9） 国立大学の法人化に関する行政改革のベクトルを分析し，法人化の是非，あるべき法人化について論じたものとして，藤田宙靖「国立大学と独立行政法人制度」同・基礎理論(下) 258頁以下参照。また，国立大学法人法の概要については，合田哲雄＝神山弘「国立大学法人法について」ジュリ1254号130頁以下参照。国立大学法人法制定に至る経緯については，大崎・前掲注8）24頁以下が詳しい。

⑵　独立行政法人との異同

行政改革会議においては国立大学の独立行政法人化が議論されたが，日本国憲法23条で保障された学問の自由[10)]を確保するため，大学の自治，教育研究の特性に配慮し（国大法人3条），独立行政法人とは異なる法人類型として設立されることになった。業務の公共性・透明性・自主性原則，財務会計制度，役員の報酬，役員の兼職禁止，職員の給与（国大法人35条，独行法3条・36条～46条・47条～50条・50条の2・50条の3・50条の10），国から運営費交付金が支給される点，独立行政法人等情報公開法，独立行政法人等の保有する個人情報の保護に関する法律（以下「独立行政法人等個人情報保護法」という），公文書等の管理に関する法律（以下「公文書管理法」という）の対象法人とされている点等で，独立行政法人と類似しているが，国立大学法人は，教員も事務職員もともに非公務員として制度設計されており[11)]，公務員型は存在しない。

また，国立大学法人法では，学長が法人の長とされている（国大法人10条1項）。学長は，国立大学法人を代表し，その業務を総理する（国大法人11条1項）。学長は学長と理事からなる役員会の議を経て，重要事項を決定することとされていること（同条2項），経営に関する重要事項について審議する経営協議会（学長，学長が指名する理事および職員，学外有識者からなる。国大法人20条2項）とは別に，教育研究に関する重要事項について審議する教育研究評議会（学長，学長が指名する理事，教育研究上の重要な組織の長のうち教育研究評議会が定める者，その他教育研究評議会が定めるところにより学長が指名する職員からなる。国大法人21条2項）が置かれていること，委員総数の2分の1以上が学外委員でなければならないという制限は経営協議会についてのみ及び（国大法人20条3項），教育研究評議会には及ばないこと，学外有識者委員の任命に当たっては，基本的に教育研究機関の代表者

10）　国立大学法人法と大学の自治に関して，常本照樹「大学の自治と学問の現代的課題」公法研究68号11頁以下参照。

11）　国立大学教職員の非公務員化の経緯と法的問題については，晴山一穂「国立大学教職員の非公務員化をめぐる法的問題点」室井古稀・公共性の法構造（勁草書房，2004年）23頁以下参照。また，主として法的・制度的観点から，国立大学教職員の非公務員化の意義と課題について論じたものとして，盛誠吾「国立大学法人化と教職員の地位――非公務員型の意義と課題(上)(下)」一橋法学1巻2号356頁以下・3号65頁以下参照。

からなる教育研究評議会の意見を聴くこととされていること（同条2項3号），文部科学大臣は学長の任命権を有するが，学長の任命に関しては学長選考会議（経営協議会の学外委員と教育研究評議会の代表者各同数からなる）の選考による国立大学法人の申出に基づくとされていること（国大法人12条1項・2項），文部科学大臣が行う学長の解任も，国立大学法人の学長選考会議の申出により行うものとされていること（国大法人17条4項），文部科学大臣が中期目標を定めるが，中期目標の策定に当たっては，国立大学法人の意見を聴取し当該意見に配慮すべきとされていること（国大法人30条1項・3項），中期目標の期間が独立行政法人の場合より長期の6年間とされていること（同条1項），年度評価では教育研究の専門的な観点からの評価は実施されないこと（ただし，総務省の政策評価・独立行政法人評価委員会が，国立大学法人の中期目標期間終了時に，必要に応じ，業務改廃等を勧告することは，独立行政法人の場合と同じである）等にも，国立大学の研究教育の特性への配慮を具体的に看取することができる。

各事業年度における業務の実績等に関する評価は文部科学省に置かれた国立大学法人評価委員会により行われるが（国大法人9条），中期目標の期間の終了時に見込まれる中期目標の期間における業務の実績または中期目標の期間における業務の実績に関する評価は，基本的に大学等の教育研究に関するピア・レビュー機関である独立行政法人大学改革支援・学位授与機構による教育研究状況の評価結果を尊重しなければならない（国大法人31条の2・31条の3）。

⑶ 役員・職員

国立大学法人の役員および職員は，みなし公務員とされている（国大法人19条）。みなし公務員とは，公務員ではないが，刑法その他の罰則の適用については公務員として扱われる者である。したがって，その職務を暴行または脅迫により妨害すれば公務執行妨害罪の規定（刑95条）が適用され，職員がその職務に関し金品等を収受し，またはその要求もしくは約束をしたときは収賄罪の規定（刑197条1項）が適用される。そして，国立大学法人の成立の際現に存する職員団体であって，その構成員の過半数が各国立大学法人に引き継がれるものは，国立大学法人成立の際に労働組合法の規定の適用を受ける労働組合になっている（国大法人附則8条1項）。役員・職員は，国立大学との雇用契約により勤務することになる。

⑷　国立大学法人と学生の関係

国立大学の学生の在学関係は，かつては特別権力関係として説明されてきたが，特別権力関係論が否定された後も，判例は，学生の進級拒否や退学命令を行政処分と解してきた（最判平成8・3・8民集50巻3号469頁・百選Ⅰ81事件）。しかし，法人化前の国立大学と学生の関係については議論がある。法人化後は，在学契約関係とする見方が有力である[12]。裁判例（東京高判平成19・3・29判時1979号70頁）も，在学契約関係（有償双務契約としての性質を有する無名契約）と解している。なお，判例（最判昭和49・7・19民集28巻5号790頁・百選Ⅰ〔第4版〕19事件）の採用する部分社会論（⇒第Ⅰ巻第3章*2*⑵6)）は，大学の設置形態を問わないものであるから，国立大学法人の学生の在学関係にも適用されよう。

⑸　国立大学法人の不法行為責任

国立大学法人が，国家賠償法1条1項の「公共団体」に当たるか，その活動に同項の「公権力の行使」に当たるものがあるかについて，下級審の裁判例は分かれている。東京地判平成21・3・24判時2041号64頁は，国立大学法人は国家賠償法1条1項の「公共団体」に当たり，大学院研究科委員会における研究科長の発言は同項の「公権力の行使」に当たると判示している。名古屋高判平成22・11・4判例集不登載も，国立大学法人は国家賠償法1条1項の「公共団体」に当たるとし，教職員による教育上の行為は同項の「公権力の行使」に当たると判示している。他方，その原審の岐阜地判平成21・12・16判例集不登載は，国立大学法人は国家賠償法1条1項の「公共団体」に当たらないとし，教員については民法709条，国立大学法人については民法715条および在学契約上の債務不履行による責任を認めている[13]。

⑹　国立大学法人に対する文書提出命令

最決平成25・12・19民集67巻9号1938頁・百選Ⅰ 3事件は，国立大学法人は，国立大学を設置することを目的として設立される法人であるところ（国大法

12）　塩野・行政法Ⅲ100頁参照。
13）この問題について，徳本広孝「『大学の法律関係』の研究」行政法研究3号47頁以下参照。

人2条1項)，その業務運営，役員の任命等および財政面において国が一定の関与をし（同条5項・同法7条・12条1項・8項等)，その役員および職員は罰則の適用につき法令により公務に従事する職員とみなされる（国大法人19条）ほか，その保有する情報については，独立行政法人等情報公開法が適用され（同法2条1項，別表第1)，行政機関情報公開法の適用を受ける国の行政機関の場合とほぼ同様に開示すべきものとされていることを考慮すれば，国立大学法人は，民事訴訟法220条4号ニの「国又は地方公共団体」に準ずるものと解されるとする。したがって，国立大学法人が所持し，その役員または職員が組織的に用いる文書についての文書提出命令の申立てには，民事訴訟法220条4号ニかっこ書部分が類推適用されると解するのが相当であるとする。また，国立大学法人の役員および職員の地位等に関する国立大学法人法の規定に照らすと，民事訴訟法220条4号ロにいう「公務員」には上記役員および職員も含まれると解するのが相当であると判示している。

(7) 国立大学法人と学校教育法

地方公共団体や学校法人が設立する大学を含めて，大学の基本的組織については学校教育法が定めている。すなわち，大学の目的（学教83条)，学部（学教85条)，学長・副学長・学部長・教授・准教授，講師，助教，助手等の役職（学教92条)，教授会（学教93条)，研究施設（学教96条)，大学院（学教97条・99条～101条）について，学校教育法が規定している。国立大学法人法は，学校教育法を所与として，国立大学法人固有の定めを置いたものとして位置づけられる。

(8) 国立大学法人と私立大学の相違

組織面での私立大学と国立大学の相違は，私立大学の場合，理事長が学長と別に置かれ（私学35条2項)，理事長が学校法人を代表し，その業務を総理し（私学37条1項)，学長は校務をつかさどり所属職員を統督し（学教92条3項)，理事となるが（私学38条1項1号)，理事会が理事の職務の執行を監督する（私学36条2項）仕組みになっているのに対して，国立大学の学長は，国立大学法人を代表し，その業務を総理することとされており（国大法人11条1項)，学長が私立大学における理事長の役割も果たす点にある。このように，国立大学における学長の地位は，私立大学に比較して強化されているといえよう。かかる仕組みは大学の自治の観点から評価される。もっとも，学長との関係で，個々の教員の学問の自由が尊重されるべきことを指摘する必要性は，より高まったといえよう[14)]。

国立大学法人の主たる事務所の所在地は，国立大学法人法（別表第1）で定められており，特定の都道府県で主として活動することが法律で義務づけられている。私立大学の約8割は三大都市圏に集中しているのに対し，国立大学法人の学生の約6割はその他の地域に所在しており，国立大学法人が地域での教育の均等化に貢献している。また，国立大学は私立大学と比較して授業料が低廉であり，その意味でも教育の機会均等に貢献しているといえる。

(9) ガバナンス改革

2014（平成26）年2月，中央教育審議会大学分科会における審議取りまとめを受けて，大学のガバナンス改革のための一連の法改正がなされた。第1は，学校教育法の改正である。2014（平成26）年の同法改正により，副学長の職務は「学長を助け，命を受けて校務をつかさどる」こととされ（学教92条4項），学長の指示を受けた範囲の校務について，副学長が自己の権限で処理することが可能となった。また，従前，教授会は，重要な事項を審議すると規定されていたが，改正により，教育研究に関する事項について審議し，決定権者である学長等に対して意見を述べる関係にあることが規定された（学教93条2項・3項）。

第2は，学校教育法改正と同時に行われた国立大学法人法改正である。学長選考は，学長選考会議が定める基準により行うこととされ（国大法人12条7項），国立大学法人は，学長の選考の結果その他の文部科学省令で定める事項を公表することが義務となった（同条8項）。文部科学省令では，学長選考会議が当該者を選考した理由，学長選考会議における学長の選考の過程を公表することとしている（国大法人施行規則1条の5第1項）。また，国立大学法人，大学共同利用機関法

14）国立大学法人をめぐる法律問題を多角的に分析したものとして，塩野宏「国立大学法人について」日本学士院紀要60巻2号67頁以下が有益である。なお，ドイツにおける大学に対する国家関与の論点については，徳本広孝「大学に対する国家関与の法律問題」学問・試験と行政法学（弘文堂，2011年）2頁以下参照。ドイツにおける近年の大学改革について，栗島智明「ドイツにおける近年の大学改革と学問の自由」法学政治学研究103号233頁以下参照。また，フランスの国立大学の近年の改革について，長谷浩之「フランスの国立大学の法的地位と近年の改革(1)〜(4・完)」自治研究88巻8号102頁以下・88巻9号105頁以下・88巻10号81頁以下・88巻11号127頁以下参照。

人の経営協議会の学外委員の割合が「2分の1以上」から「過半数」に変更され（国大法人20条3項・27条3項），副学長を教育研究評議会の評議員とすることとされた（国大法人21条3項）。

第3は，2014（平成26）年の独立行政法人通則法の一部改正法と同時に成立した「独立行政法人通則法の一部を改正する法律の施行に伴う関係法律の整備に関する法律」により，独立行政法人制度改革と平仄を合わせて行われた国立大学法人法改正である。すなわち，(i)独立行政法人の監査機能強化を踏まえ，国立大学法人等の監査機能も強化され（国大法人11条4項～8項・11条の2・25条4項～8項・25条の2），(ii)内部ガバナンス強化のための独立行政法人通則法改正規定を準用し（国大法人35条，独行法21条の4・25条の2第1項・2項），(iii)役職員の再就職規制のための独立行政法人通則法改正規定を準用し（国大法人35条，独行法50条の4～50条の9），(iv)独立行政法人通則法改正で監事の任期が延長されることを踏まえ，国立大学法人法でも監事の任期が延長され（国大法人15条3項），(v)独立行政法人通則法改正により評価制度の改革がなされることを踏まえた国立大学法人等の評価制度の改正がなされた。(v)は具体的には，国立大学法人評価委員会による評価制度は維持するものの，評価の客観性・公正性を確保するため，総務省独立行政法人制度評価委員会によるチェックを行うこととし（国大法人31条の4第4項），評価結果を業務運営の改善に適切に反映させるとともに反映状況を公表することを義務づけ（国大法人35条），中期目標期間の4年目終了時に達成状況評価（暫定評価）を実施し（国大法人31条の2第1項2号），主務大臣による違法行為等の是正要求制度を導入した（国大法人34条の9）。

Column　国立大学経営力戦略

文部科学省は，2015（平成27）年6月16日に，国立大学経営力戦略を公表した。そこでは，第3期中期目標期間における各国立大学の機能強化の方向性に応じた取組みをきめ細かく支援するため，3つの重点支援の枠組みを新設し，取組みの評価に基づくメリハリある配分を実施するものとされている。3つの重点支援の枠組みとは，(i)主として，地域に貢献する取組みとともに，専門分野の特性に配慮しつつ，強み・特色のある分野で世界・全国的な教育研究を推進する取組みを中核とする国立大学，(ii)主として，専門分野の特性に配慮しつつ，強み・特色のある分野で，地域というより世界・全国的な教育研究を推進する取組みを中核とする国立大学，(iii)主として，卓越した成果を創出している海外大学と伍して，全学的に卓越した教育研究，社会実装を推進する取組みを中核とする国立大学である。各国立大学自らが，このうちから1つの枠組みを選択し，取組構想を提案することとされている。

⑽　国立大学法人等の財政基盤の強化

2016（平成28）年の国立大学法人法の改正（平成28年法律第38号）では，国立大学法人および大学共同利用機関法人（以下「国立大学法人等」という）全般について，その財政基盤を強化するため，資産の有効活用を図るための措置も講じられた。すなわち，その対価を教育研究水準の一層の向上に充てるため，国立大学法人等は，教育研究活動に支障のない限り，文部科学大臣の認可を受けて，その所有する土地等を第三者に貸し付けることができることになった（国大法人34条の2）。また，文部科学大臣の認定を受けた国立大学法人等については，公的資金に当たらない寄附金等の自己収入の運用対象範囲を，より収益性の高い金融商品に拡大した（社債，投資信託等。ただし，株式を除く。国大法人34条の3）。

⑾　指定国立大学法人

平成28年法律第38号により，指定国立大学法人制度が導入され，2017（平成29）年4月1日から施行されている。この制度は，わが国の大学における教育研究水準の著しい向上とイノベーション創出を図るため，文部科学大臣が指定する国立大学法人について，世界最高水準の教育研究活動が展開されるよう，高い次元の目標設定に基づき大学運営を行うことを目的とする。

そのため，文部科学大臣は，国立大学法人のうち，当該国立大学法人に係る教育研究上の実績，管理運営体制および財政基盤を総合的に勘案して，世界最高水準の教育研究活動の展開が相当程度見込まれるものを，その申請により，国立大学法人評価委員会の意見を聴いて，指定国立大学法人として指定することができる（国大法人34条の4第1項・2項）。

指定国立大学法人に係る中期目標に関しては特例が定められており，文部科学大臣は，指定国立大学法人の中期目標を定め，またはこれを変更するに当たっては，世界最高水準の教育研究活動を行う外国の大学の業務運営の状況を踏まえなければならない（国大法人34条の6）。そのため，国立大学法人評価委員会の委員に大学の運営に関して高い識見を有する外国人を任命することができることとされた（国大法人9条3項）。

また，研究成果の活用促進のために，当該指定国立大学法人における研究の成果を活用する事業であって，事業者の依頼に応じてその事業活動に関し必要な助言その他の援助を行う事業，研究の成果を活用して，事業者およびその従業員その他の者に対して研修または講習を行う事業（研究の成果を活用して研修または講習に必要な教材を開発し，当該教材を提供する事業を含む）を実施する者に対し，文部科学大臣の認可を受けて，出資を行うことができることとされた（国大法人34条の5第1項・2項，国大法人令24条）。さらに，役職員の報酬・給与等の基準の設定において，国際的に卓越した人材を確保する必要性が考慮できるようにされた（国大法人34条の8）。寄附金等の自己収入の運用対象範囲の拡大について，一般の国立大学法人が受けなければならない文部科学大臣の認定も不要とされている（国大法人34条の7）。

3　特殊法人・認可法人・公共組合

(1)　特殊法人

1)　意　　義

特殊法人の学問上の概念は統一されているわけではないが，実務上は，一般に，法律により直接に設立される法人または特別の法律により特別の設立行為をもって設立すべきものとされる法人から広義の独立行政法人を除いたものをいう。これは，その新設，目的の変更その他当該法律の定める制度の改正および廃止に関する総務省の審査の対象を画するための概念である（総務省4条1項9号）。もっとも，実定法上，これと異なる意味で特殊法人という言葉が使用されている例もある（障害雇用43条6項，多極分散型国土形成促進法3条等）。

特殊法人は，法律により直接に設立され，または特別の法律により特別の設立行為をもって設立され，新設等について総務省の審査を受ける点で，独立行政法人や国立大学法人と共通しているが，独立行政法人通則法や国立大学法人法のような通則法は存在しない。そのため，従前より特殊法人には，事業団，公庫等，多様な名称が付されており，名称が不統一であるのみならず，事業内容，組織構造，国との関係（出資の有無・比率，人事統制等）も多様である。「法律により直接に設立される法人」として，かつて，「公社」と呼ばれるものがあったが（日本国有鉄道，日本電信電話公社，日本専売公社，日本郵政公社等），いずれも民営化され，公社は存在しなくなった。

「特別の法律により特別の設立行為をもって設立すべきものとされる法人」とは，特別の法律に基づき，政府が設立委員を任命して設立させるものである。特殊法人の中で株式会社形態を採るものを特殊会社という（JR北海道，JR四国，JR九州，NTT各社，日本たばこ産業株式会社，関西国際空港株式会社等がその例である）。政府が全株式を売却して特殊会社を完全民営化し，設置法が廃止され，特殊会社でなくなる例もある（日本航空株式会社，国際電信電話株式会社，JR東日本，JR東海，JR西日本の完全民営化がその例）[15]。特殊法人のうち行政主体性が認められるものを政府関係特殊法人ということがある。

***Column*　郵政民営化法の改正**

郵政民営化法を見直す法案が，民主党を中心とした連立政権の下で国会に提出され，2012（平成24）年4月27日に成立した。小泉政権下で成立した郵政民営化法は，持株会社の日本郵政が保有するゆうちょ銀行，かんぽ生命の株式について2017（平成29）年9月末までに全部売却することを義務づけていたが，改正により売却期限は設定しないことになった。株式の全部売却も努力義務にとどめられたが，2015（平成27）年11月4日，日本郵政，ゆうちょ銀行，かんぽ生命は，東京証券取引所に上場した。

2）特殊法人の整理合理化

特殊法人の数は，1946（昭和21）年度末には6に過ぎなかったが，行政機能の拡大と業務運営の弾力化の要請等を背景として，高度経済成長期に急増した[16]。1955（昭和30）年には33であったが，1965（昭和40）年には104に増加していた。特殊法人は，国とは独立の法人格を付与することにより，予算制度，公務員制度の制約を外して自主的，弾力的業務運営を可能にするはずのものであったが，実際には，監督官庁の強い統制を受け，自主性を喪失し，透明性にも欠ける等，様々な批判がなされることになった。そして，その濫設が問題視され，行政管理庁による特殊法人の新設審査が次第に強力に行われるようになり，1967（昭和42）年の特殊法人整理合理化方針の作成を契機として，特殊法人の急増傾向に歯

15）特殊法人については，塩野・諸問題55頁以下，舟田正之「特殊法人論」情報通信と法制度（有斐閣，1999年）209頁以下参照。

16）戦時中の営団と戦後復興期の公団についての精緻な研究として，魚住弘久・公企業の成立と展開――戦時期・戦後復興期の営団・公団・公社（岩波書店，2009年）参照。

止めがかかり，第2次臨調の行政改革の頃から，特殊法人数は漸減する傾向がみられるようになった。第3次行革審は，特殊法人の民営化，廃止，統廃合の検討を提言したが，ほとんど成果を上げることはできなかった。中央省庁等改革基本法においては，中央省庁等改革の趣旨を踏まえた特殊法人の整理合理化を進めることとされ（省庁改革基42条），これを受けて2001（平成13）年に特殊法人等改革基本法[17]が制定された（2006〔平成18〕年3月31日に廃止）。

政府は，同法に基づき特殊法人等改革推進本部を設置し，同本部がまとめた同法5条に基づく特殊法人等整理合理化計画（閣議決定）に従い，事業の廃止，縮小，組織の統廃合，民営化，独立行政法人への組織変更を行い，これにより特殊法人は激減した。2015（平成27）年4月1日現在で，33法人になっている。そのうち，特殊会社が27を占める。特殊会社以外で特殊法人として残されたのは，(i)日本放送協会のように政府から高度の自主性が認められた法人，(ii)日本中央競馬会等の公営競技法人等である。

***Column*　特別な学校法人**

放送大学学園法に基づく放送大学学園，沖縄科学技術大学院大学学園法に基づく沖縄科学技術大学院大学学園は，特別な学校法人として，国立大学法人でもなく，一般の学校法人とも異なる独特の組織として位置づけられる。「特別の法律により特別の設立行為をもって設立すべきものとされる法人」（総務省4条15号）であるので，総務省は，特殊法人に分類している。両学園は，独立行政法人等情報公開法，独立行政法人等個人情報保護法，公文書管理法の対象法人になっている（独行情報公開別表第1，独行個人情報保護別表，公文書管理別表第1）。

さらに，「小さくて効率的な政府」を実現し，財政の健全化を図るために，2005（平成17）年12月24日に閣議決定された「行政改革の重要方針」においては，そこで定められた改革の着実な実施のために，基本的な改革の方針，推進方策等を盛り込んだ「行政改革推進法案（仮称）」を策定し，2006（平成18）年通常国会に提出することとされた。これを受けて制定された「簡素で効率的な政府を実現するための行政改革の推進に関する法律」（行政改革推進法）[18]により政府系金融機関の改革が行われ，公営企業金融公庫は，2008（平成20）年10月1日

17）　前田珠美「特殊法人等改革基本法」ジュリ1209号41頁以下参照。
18）　栗原淳「簡素で効率的な政府を実現するための行政改革の推進に関する法律」ジュリ1318号28頁以下参照。

に地方公共団体が共同で設立する地方公営企業等金融機構に移行した。国民生活金融公庫，中小企業金融公庫，農林漁業金融公庫は2008（平成20）年10月1日に日本政策金融公庫に統合され，沖縄振興開発金融公庫も2012（平成24）年以降に解散し，同様に日本政策金融公庫に統合される予定である。国際協力銀行は2008（平成20）年10月1日に，国際金融部門は日本政策金融公庫に，海外経済協力部門は独立行政法人国際協力機構に統合されている。

***Column*　経済危機による日本政策投資銀行の完全民営化の遅れ**

日本政策投資銀行は，当初，行政改革推進法により，特殊会社移行後，おおむね5年後から7年後を目途として完全民営化することとされていた。しかし，2008（平成20）年9月15日にアメリカの証券会社兼投資銀行のリーマン・ブラザーズの事実上の破綻が明らかとなったリーマン・ショックに端を発した国際的な金融・経済危機の影響による国内経済の危機への対応として，2009（平成21）年7月の法改正で，日本政策投資銀行の財務基盤を強化するため，2012（平成24）年3月末まで，政府が同行に出資することが認められ（株式会社日本政策投資銀行法附則2条の2），この出資可能期間が終了した同年4月1日から起算しておおむね5年後から7年後を目途として完全民営化することとされた（同附則2条）。また，政府は，2011（平成23）年3月末を目途として，政府による株式の保有を含めた同行の組織の在り方を見直すこととされ（同法平成21年法67号改正法附則2条1項），それまでの間は，政府保有株式の処分は行わないこととされた（同条2項）。2011（平成23）年施行の「東日本大震災に対処するための特別の財政援助及び助成に関する法律」36条により，2015（平成27）年4月1日から5年ないし7年を目途に完全民営化するものとされたが，2015（平成27）年の改正で，期限を明記せずにできる限り早期に完全民営化することとされた。

現在でも，特殊法人の新設・目的変更については，総務省行政管理局の審査（総務省4条1項9号，総務省組織令5条8号）に服する。しかし，今後は，独立行政法人の新設はあっても，特殊法人の新設が行われる事態は容易には想定できない。

3)　特殊法人の種類

現在，特殊法人として残っているのは，日本放送協会，日本私立学校・共済事業団，日本中央競馬会等，わずかになっている。2010（平成22）年1月に発足した日本年金機構については，年金制度に対する国民の不信感が増大する中，独立行政法人のような自律性・裁量性を重視する仕組みよりは，国が責任をもって適切な監督を行う必要があるとの判断から独立行政法人とは位置づけられず，特殊法人に分類されることになった。

Column NHKの受信料

放送法64条1項本文は,「協会の放送を受信することのできる受信設備を設置した者は,協会とその放送の受信についての契約をしなければならない」と定めている。NHKの受信料の支払を拒否した者に対してNHKが支払を求めて提起した訴訟において,NHKやその受信料の法的性格が争われてきた。さいたま地判平成28・8・26判時2309号48頁のように,NHKは,「公共の福祉のために,あまねく日本全国において受信できるように豊かで,かつ,良い放送番組による国内基幹放送」を行うことを目的とし(同法15条),放送法16条により設立された特殊法人であって,内閣総理大臣が任命した委員により構成される経営委員会が,受信料について定める受信契約の条項(受信規約)について議決権を有しており(同法29条1項1号ヌ),受信規約は総務大臣の認可を受ける必要があること(同法64条3項)からすれば,受信料の徴収権を有するNHKは,国家機関に準じた性格を有し,放送法64条1項の規定により課される放送受信契約締結義務および受信料の負担については,憲法84条(租税法律主義)および財政法3条の趣旨が及ぶ国権に基づく課徴金等ないしこれに準ずるものと解するのが相当であると判示したものもある。しかし,最大判平成29・12・6民集71巻10号1817頁は,放送法は,同法施行前において社団法人日本放送協会のみが行っていた放送事業について,公共放送事業者と民間放送事業者とが,各々その長所を発揮するとともに,互いに他を啓蒙し,各々その欠点を補い,放送により国民が十分福祉を享受することができるように図るべく,二本立て体制を採ることとしたものであり,同法は,二本立て体制の一方を担う公共放送事業者としてNHKを設立することとし,NHKを,「民主的かつ多元的な基盤に基づきつつ自律的に運営される事業体」として性格づけ,これに公共の福祉のための放送を行わせることとしたとする。明言はされていないが,NHKを実質的に国の一部とする見解を否定したものと解され,特殊法人のすべてを行政主体とする立場をとらなかったことは妥当であると思われる。

NHKの受信料について,通説は,NHKを維持するための特殊な費用分担金と解している[19)]。本判決は,放送法が,NHKにつき,営利を目的として業務を行うこと,および他人の営業に関する広告の放送をすることを禁止し(20条4項・83条1項),事業運営の財源を受信設備設置者から支払われる受信料によって賄うこととしているのは,NHKが公共的性格を有することをその財源の面から特徴づけるものと述べている。すなわち,NHKの財源についての仕組みは,特定の個人,団体または国家機

19) 塩野宏・放送法制の課題(有斐閣,1989年)268頁,同・行政法概念509頁,鈴木秀美=山田健太編著・放送制度概論(商事法務,2017年)170頁参照。なお,1964年9月に公表された臨時放送関係法制調査会答申書においては,NHKの受信料について,「NHKの業務を行うための費用の一種の国民的な負担であつて,法律により国がNHKにその徴収権を認めたものである。国がその一般的な支出に当てるために徴収する租税ではなく,国が徴収するいわゆる目的税でもない。国家機関ではない独特の法人として設けられたNHKに徴収権が認められたところの,その維持運営のための『受信料』という名の特殊な負担金と解すべきである」と述べられている。

関等から財政面での支配や影響がNHKに及ぶことのないようにし，現実にNHKの放送を受信するか否かを問わず，受信設備を設置することによりNHKの放送を受信することのできる環境にある者に広く公平に負担を求めることによって，NHKが上記の者ら全体により支えられる事業体であるべきことを示すものにほかならないとする。NHKの存立の意義およびNHKの事業運営の財源を受信料によって賄うこととしている趣旨が，国民の知る権利を実質的に充足し健全な民主主義の発達に寄与することを究極的な目的とし，そのために必要かつ合理的な仕組みを形作ろうとするものであることに加え，放送法の制定・施行に際しては，同法施行前において実質的に聴取契約の締結を強制するものであった受信設備設置の許可制度が廃止されるものとされていたことをも踏まえると，放送法64条1項は，NHKの財政的基盤を確保するための法的に実効性のある手段として設けられたものと解されるのであり，法的強制力を持たない規定として定められたとみるのは困難であるとし，同項は，契約締結強制を定めたものと判示した。

4)　国家行政組織法の規定の適用関係

特殊法人に関しては，制定当初の国家行政組織法22条において，GHQの勧告に基づき，「公団は，国家行政組織の一部をなすものとし，その設置及び廃止は，別に法律でこれを定める。公団として置かれるものは，別表にこれを掲げる」と規定されていた。GHQがこのような勧告を行った背景には，アメリカにおいては，農産物生産公社が農務省の一部として位置づけられたり，TVA（テネシー川流域開発公社）のように独立行政機関として位置づけられるものも，連邦政府の行政組織を構成するという考えが有力なことがあるのではないかと思われる[20)]。そして，アメリカの狭義の政府関係法人の約半数において，職員には連邦公務員に関する法令の規定が適用されている[21)]。わが国においても，公団職員には，国家公務員法制定当初，特別職の国家公務員としての位置づけが与えられていた。しかし，当初，別表に列記された12の公団は，1951（昭和26）年までの間にいずれも廃止され，そのため，旧22条は廃止された。その後，特殊法人について，これを国家行政組織法の規定の適用対象とすることはせずに，今日に至っている。

20)　宇賀克也「アメリカの政府関係法人――わが国の特殊法人，独立行政法人との比較」金子古稀・公法学の法と政策(下)（有斐閣，2000年）209頁以下，中川丈久「米国法における政府組織の外延とその隣接領域――Government Corporationの日本法への示唆」同482頁参照。

21)　宇賀・前掲注20）209頁以下参照。

5）情報に係る通則法の規定の適用関係

独立行政法人等情報公開法，独立行政法人等個人情報保護法，公文書管理法は，情報に係る通則法であり，国とは独立の法人格を有していても，実質的に国と同視しうるものについては，国と同様の義務を負うべきという観点から対象法人が画されている。特殊会社は，一般的には対象法人とされていないが，新関西国際空港株式会社，株式会社日本政策金融公庫，株式会社国際協力銀行は独立行政法人等情報公開法，公文書管理法の対象法人，株式会社日本政策金融公庫，株式会社国際協力銀行は独立行政法人等個人情報保護法の対象法人になっている。

6）職員の勤務関係

特殊法人である旧日本国有鉄道（以下「国鉄」という）の職員に対する懲戒について，最判昭和49・2・28民集28巻1号66頁・百選Ⅰ〔初版〕1事件は，国鉄が高度の公共性を有する公法上の法人であるということから，直ちに国鉄に関するすべての法律関係が公法的規律に服する公法上の関係であるとなしえないことは明らかであるのみならず，国鉄の経営する鉄道事業等が経済的活動を内容とし，その活動は公権力の行使たる性格を有せず，しかも，国鉄が国家行政機関から完全に分離した独立法人であって，国家機関による種々の規制もなお監督的，後見的なものと認められることにかんがみると，一般的には国鉄またはその機関が行政庁たる性格を有し，その行為が行政処分ないしそれに準ずる性格を有するものと解することはできず，かえって，その行為は，原則的には私法上の行為たる性格を有するものと考えるのが相当であるとし，国鉄による職員の懲戒は，行政処分たる性格を有するものとは認められず，私法上の行為であるとする。また，最判昭和52・12・13民集31巻7号974頁は，特殊法人である旧日本電信電話公社と職員との関係は，基本的には一般私企業における使用者と従業員との関係とその本質を異にするものではなく，私法上のものであると解されると判示している。

⑵　認可法人

1）意　義

認可法人とは，私人が任意に設立する法人であるが，その行う業務の公共性等のゆえに，特別の法律により設立され，かつ，その設立に関して主務大臣の認可が必要とされているものをいう（行手4条2項2号）。さらに，設立の数が限定されていることを認可法人の要件とする場合もある。日本銀行，預金保険機構，日本赤十字社等がその例である。日本銀行は1882（明治15）年に日本銀行条例で設置され，当初は株式会社形態を採っていたが，1942（昭和17）年に日本銀行法で改組されている[22)]。

2)　認可法人の整理合理化

1960年代後半から，従前であれば特殊法人として設立の提案がなされたものを認可法人の形態で設立する傾向がみられるようになった。すなわち，認可法人は，形式的には，特別の法律に基づき民間の組織が設立を申請して，主務大臣が認可することにより設立されるものであるが，実質的には，官主導で設立されたものが少なくなく，特殊法人の新設抑制方針の下で，特殊法人に対する新設審査を回避するために，「隠れ特殊法人」として設立されたものが稀でないと指摘されている。そのため，第2次臨調において，認可法人も併せて「特殊法人等」として，その改革が議論されるようになった。

認可法人は特殊法人と異なり，新設等についての総務省の審査は行われないが，国の出資比率が2分の1以上であり，かつ，国の補助が行われている法人については，総務省が行う行政評価等の関連調査の対象に加えられることになった（総務省4条1項13号ハ）。特殊法人等整理合理化計画に基づき，認可法人の多くは独立行政法人（平和祈念事業特別基金，空港周辺整備機構，自動車事故対策機構等）や民間法人（企業年金連合会，日本商工会議所，日本行政書士会連合会等）等に改組された。

⑶　特別の法律により設立される民間法人

民間法人化された特殊法人・認可法人

1983（昭和58）年3月14日に出された第2次臨調第5次答申において，特殊法人等の自立化方針が打ち出されたのを受けて，民間法人化された特殊法人の類型が設けられた。これは，特殊法人の設立形式は維持したまま，事業の制度的独占を廃止したうえで，(i)国またはこれに準ずるものの出資を制度上，実態上廃止し，(ii)役員の選任を自主的に行い，(iii)経

22)　日本銀行の組織形態の変遷については，塩野宏監修・日本銀行金融研究所「公法的観点からみた中央銀行についての研究会」編・日本銀行の法的性格――新日銀法を踏まえて（弘文堂，2001年）96頁以下，櫻井敬子「日本銀行の法的性格」金子古稀・前掲注20）350頁以下参照。また，認可法人一般について，行政法制研究会「特殊法人・認可法人」判時1405号21頁以下参照。

常的事業運営経費に対する国またはこれに準ずるものの補助金等を制度上，実態上廃止し，(iv)その他政府の関与を最小限のものとするための制度改正を行い，(v)他面において各法人の設置法において総務省設置法による審査の規定の適用を除外したものである。農林中央金庫法に基づく農林中央金庫，高圧ガス保安法に基づく高圧ガス保安協会，消防法に基づく日本消防検定協会，消防団員等公務災害補償等責任共済等に関する法律に基づく消防団員等公務災害補償等共済基金，中小企業投資育成株式会社法に基づく東京中小企業投資育成株式会社，名古屋中小企業投資育成株式会社，大阪中小企業投資育成株式会社，日本電気計器検定所法に基づく日本電気計器検定所等がその例である。民間法人化された認可法人は，認可法人の形態は維持したまま，上記の(i)〜(iv)の要件を満たしたものである。

特別の法律により設立される民間法人

民間法人化された特殊法人・認可法人は，現在では，特別の法律により設立される民間法人と呼ばれるようになった。そして，特別の法律により設立される民間法人は，民間の一定の事務事業について公共上の見地からこれを確実に実施する法人を少なくとも1つ確保することを目的として，特別の法律により設立数を限って設立され，国の機関が役員の人事権を有さず，かつ，国またはこれに準ずるものの出資がない民間法人（地方公共団体が設立主体となるものを除く）と定義されている。2015（平成27）年4月1日現在，38法人存在する。このうち民間法人化された特殊法人が10法人，民間法人化された認可法人が27法人存在し，その他の法人が1法人（日本水先人会連合会）存在する。これらの法人については，「特別の法律により設立される民間法人の運営に関する指導監督基準」（平成14年4月）が閣議決定されている。

***Column*　日本水先人会連合会**

特別の法律により設立される民間法人は，一般に旧特殊法人，旧認可法人であるが，唯一の例外が，日本水先人会連合会である。その前身は，1964（昭和39）年5月1日に社団法人として発足した日本パイロット協会である。2006（平成18）年5月17日，水先制度を抜本的に改革する改正水先法が公布され，翌年4月1日から施行されたが，この改正法により，全国の水先人会が法人化され，法人となった水先人会により，日本水先人会連合会が設立された（水先法55条1項）。

(4) 特殊法人・認可法人等の透明性の確保

独立行政法人，国立大学法人，大学共同利用機関法人がすべて，独立行政法人等情報公開法，独立行政法人等個人情報保護法，公文書管理法の対象法人となっているのに対して，特殊法人・認可法人については，一部のみが対象法人となっている（独立行政法人等情報公開法別表第1，独立行政法人等個人情報保護法別表，公文書管理法別表)。これらの法律の対象法人は，実質的に政府の一部を構成する法人といえるかという観点から判断されており，この判断は，設置法等の趣旨を踏まえて行われたが，一般的判断基準として，政府が出資することができるとされているか，または法人の長を政府が任命することとされているものは，実質的に政府の一部を構成する法人とする趣旨が推定されるものとして整理され，これらの法律の規定が適用されることとなった。その結果，日本放送協会，特別の法律により設立される民間法人（⇒(3)）は両法の規定の適用対象外とされ，株式会社形態を採る特殊会社も原則として適用対象外とされた。なお，独立行政法人等情報公開法の適用対象外とされた特殊法人・認可法人についても，透明性の確保は重要であり，行政改革推進本部特殊法人情報公開検討委員会報告に基づき，日本放送協会は，独自に情報公開規程を設けて，情報開示の求めに対応している。また，特別の法律により設立される民間法人については，「特別の法律により設立される民間法人の運営に関する指導監督基準」により，ディスクロージャーが求められている。

(5)　公共組合

1)　意　　義

公共組合とは，行政事務を行うことを存立目的として設立された公の社団法人である。土地区画整理組合，土地改良区，市街地再開発組合，健康保険組合，国民健康保険組合，農業共済組合，地方公務員共済組合，水害予防組合等がその例である。行政事務であっても，直接の受益者が限定されていることから，国・地方公共団体とは独立の法人を設立させ，利害関係者に一定の費用負担を求め，他方において自主的な管理を行わせるものである。

2)　沿　　革

戦前は多数の公共組合が存在したが，農業，林業，水産業に関する組合は，戦後，任意団体である協同組合に改組され，公共組合としての性格を失っている。また，医師会，薬剤師会のような専門職団体も戦前は公共組合とされていたが，戦後は，一般の公益法人たるにとどまっている。他方において，戦後は，社会保険事業を行う公共組合が新たに設立されている。

3) 公共組合の特色

公共組合の特色としては，(i)加入強制（区画整理25条1項，国健保13条1項，農業保険21条1項・2項），(ii)設立・解散についての国または地方公共団体の関与（区画整理14条1項・45条2項，健保12条1項・14条・26条2項），(iii)国または地方公共団体による監督（区画整理125条，健保29条），(iv)公権力の付与（換地処分について区画整理103条，土地改良54条，資格の得喪の確認について健保39条，退去命令について水防21条1項，経費等の賦課・滞納処分について区画整理40条1項・4項・40条の2第2項・41条，農業保険118条1項）が一般に挙げられる。以上のうち，(iii)は公共組合に限られず広く認められるものであり，公共組合の特色とは必ずしもいえないが，(i)，(ii)（設立強制が認められる場合），(iv)は，一般の法人にはみられないものであり，公共組合の行う事務が行政事務であると解する根拠として重視されている[23)]。

他面において，(i)の加入強制（弁護8条，司書8条），(iv)の公権力の付与（登録・登録の取消し・登録の拒否について弁護8条・11条・15条1項，司書8条・15条1項・10条1項，懲戒について弁護56条1項・2項）の特色を有するいわゆる士業団体（弁護士会，司法書士会，弁理士会，行政書士会等）については，公共性の高い専門職業の適正を担保する要請と当該職業の自律性確保の要請の調和を図るために認められた特色であり，当該団体が行うすべての事務を行政事務とする趣旨ではないので，これらの法人は公共組合とは位置づけられていない[24)]。

公共組合の場合，その構成員に対するアカウンタビリティを確保することが重要であり，既存の法制度が，この観点からみて十分かについて検討する必要がある。

23)　塩野・行政法Ⅲ112頁参照。
24)　公共組合については，安本典夫「公共組合」行政法大系(7)287頁以下，同「公共組合の国家に対する地位について」立命館法学150～154合併号461頁以下，矢野勝久「公共組合」行政法講座(4)239頁以下，松戸浩「公共組合と公権力の行使(1)（2・完）」法学雑誌60巻3＝4号298頁以下・61巻1＝2号128頁以下参照。

4「委任行政」と指定法人

(1) 委任行政

1) 意　義

行政機関が行政主体以外の私人に対して権限の委任を行うことが認められている場合があり，これを「委任行政」という[25]。従来から「委任行政」の例として挙げられてきたのが，給与の支払義務者が源泉徴収する事務である。その他，日本弁護士連合会，日本司法書士会連合会，日本行政書士会連合会が行う登録（拒否）（弁護8条・15条1項，司書8条・10条1項，行書6条・6条の2第2項），弁護士会が行う懲戒（弁護56条1項・2項），行政代行型指定機関が行う検査検定等が，「委任行政」の例として挙げられてきた。母体保護法は，公益社団法人である都道府県医師会に人工妊娠中絶を行うことができる医師の指定という公権力の行使の権限を付与しているが（母体保護14条1項），これも「委任行政」といえる。もっとも，従前，「委任行政」として説明されてきたものの中には多様なものが含まれており，源泉徴収事務のように，代理による説明になじむものも含まれている。「委任行政」について行政法上の委任が行われる場合に対象を限定するのであれば，源泉徴収事務は対象から除外されるべきことになり，他方，伝統的な用語法に従い，源泉徴収事務を「委任行政」の対象に含める場合，その名称にもかかわらず，行政法上の委任以外のものも対象に含まれることを認めることになろう。

2) 特　色

委任の可否　私人への公権力の行使の委任がそもそも許されるのか，許されるとしても，いかなる場合に許されるのかについては議論がある。民主主義国家にあっては，公権力の源泉は主権者たる国民に求められ，国や地方公共団体が公権力を行使しうるのは，国民・住民の代表である国会・議会の定めた法律・条例に根拠があるからということになるが（⇒第I巻第19章*1*），その法律・条例で国・地方公共団体が有する公権力を私人へ委任することは，日本国憲法により明示的には禁じられていない。2004（平成16）年8月の規制改革・民間開放

25）　委任行政については，北島・行政上の主体31頁以下参照。

推進会議中間とりまとめのように，受任者の職員に守秘義務を課したり（火薬45条の14第1項等），みなし公務員とする（火薬45条の14第2項，核規制61条の23の13）等の手当てをすれば，公権力の行使を民間に委任するか否かは立法政策の問題にすぎず，特に限界はないとする立場もある。他方において，私人の権利義務を一方的に制約する法効果を持つ公権力を行使する組織には民主的統制が及んでいるべきであるとしたり，委任される公権力の内容による限界が存在するとみる見解もある[26)]。国または地方公共団体と異なり民主的統制が及んでいない組織に公権力を行使させるためには，それを必要とする十分な合理的根拠が求められ，また，事務処理に当たっての公正性・客観性の確保，事務処理に対する国・地方公共団体の実効的な監督体制の確保が不可欠といえよう（第101回国会参議院大蔵委員会会議録27号5頁の大出峻郎内閣法制局第三部長（当時）答弁も参照)。

委任の根拠 「委任行政」においては権限が移動することになるので，法律に基づく権限の委任の場合には法律の根拠が必要であることは，行政機関の間における権限の委任と同様である（⇒第1編第3章***1***(1)1))。委任の仕方としては法律により直接に行われる場合（弁護8条・56条1項・2項，司書8条・47条・48条，行書6条・14条・14条の2）と法律に基づく指定による場合（自治244条の2第3項）がある。

委任の効果 委任の結果，権限は受任者に移り，受任者は自己の名において権限を行使する。そのため，指定機関が原処分をするという前提で，主務大臣に審査請求がなされ（火薬54条の2，核規制70条1項），指定機関がした処分については当該指定機関を被告として取消訴訟を提起する（行訴11条2項)。「委任行政」において，受任者が行った行為の効果が委任した国または地方公共団体に帰属するのか，受任者自身に帰属するのかについては「委任行政」とされるものが多様であるため，一概にはいえない。

---

26) ドイツにおいて，高権的作用を私法形式の法人に委ねることが憲法上，制限されているかについては，米丸・私人56頁，角松生史「『民間化』の法律学――西ドイツPrivatisierung論を素材として」国家102巻11＝12号98頁参照。また，「官から民へ」の私化（Privatisierung）に伴う国家の保障責任についてドイツ法と比較しつつ考察する興味深い文献として，板垣・保障行政参照。ドイツにおけるPrivatisierungについては，岡田雅夫「行政課題のPrivatisierung論について」岡山大学創立30周年記念論文集・法学と政治学の現代的展開（有斐閣，1982年）113頁以下も参照。

3)　委託との差異

国や地方公共団体が行政事務（清掃，機器の保守点検等）を契約により私人に委託することが多いが，これは請負契約等の民事的手法によるもので権限自体を移動させるものではない。民間資金等の活用による公共施設等の整備等の促進に関する法律（PFI法）は，公共施設等の建設・維持管理・運営について委託方式で民間事業者に行わせることにより，効果的・効率的に社会資本を整備し，国民に対する低廉かつ良好なサービスの提供を確保しようとするものである。競争の導入による公共サービスの改革に関する法律（いわゆる「市場化テスト法」）も，官民競争入札の結果，民間事業者が落札した場合には，当該民間事業者は契約により当該公共サービスを行うことを定める[27]。同法は，行政処分として行われる業務であっても，法律の特例が適用される「特定公共サービス」と位置づけることにより，官民競争入札等の対象とすることを可能にしている。

***Column*　民間委託と情報公開**

行政事務を民間委託することにより，透明性が低下するおそれがある。受託業者が委託業務に関して作成または取得した文書は，委託元の行政機関が取得していない限り，行政機関情報公開法に基づく開示請求の対象になる行政文書ではないからである。同様のことは，独立行政法人等による民間委託についてもいえる。諸外国の情報公開法の中には，南アフリカ共和国の情報アクセス促進法4条のように，受託者の保有文書は，委託機関が保有するものとみなすこととしているものがある。わが国でも，このような立法政策をとることが望ましいと思われるが，ここでは，現行法の下での運用上の工夫の例として，2010（平成22）年1月に発足した日本年金機構の例を挙げることとする。日本年金機構は保険料の納付督促，事業所に対する厚生年金加入の勧奨等を民間委託する予定であったので，それに伴う透明性の低下を避けるため，「日本年金機構の当面の業務運営に関する基本計画」（平成20年7月29日閣議決定）Ⅲ3(3)において，受託業者が委託業務の遂行上，組織的に用いるものとして作成または取得した文書等を速やかに提出させることができる条項を契約に設ける等，委託業務に関する情報を的確に保有することで，委託先の委託業務についても独立行政法人等情報公開法の趣旨に沿った公開の実現に努めることとされた。行政機関や他の独立行政法人等においても，民間委託に当たり，かかる運用を行うことが期待される。

27)　私人による行政については，米丸・私人が詳しい。

(2) 指定法人

1) 意　義

指定法人とは，特別の法律に基づき特定の業務を行うものとして主務大臣等の行政庁により指定された法人を意味する。身近な指定法人としては，自動車の運転に必要な技能および知識に関する指導等を行う指定講習機関（道交108条の4），建築確認を行う指定確認検査機関[28]，サッカーくじの対象となるＪリーグの試合の開催等を行うスポーツ振興投票対象試合開催機構（スポーツ振興投票の実施等に関する法律23条）等がある。指定の対象は法人でない場合もありうるが，法人に限定されていることが多く，その場合には指定法人と呼ばれるのである（総合特別区域法26条1項～3項・5項）。

2) 類　型

指定法人のすべてが委任行政を行うわけではないが，指定法人の中には，委任行政を行うものが少なくない。指定法人には，(i)行政事務を民間に行わせる行政事務代行型（核規制61条の23の2の指定保障措置検査等実施機関，火薬31条の3第1項の指定試験機関，浄化槽43条4項の指定試験機関，建基77条の18第1項の指定確認検査機関等），(ii)行政事務の円滑な遂行のための広報，啓発，調査研究等を行う行政事務補助型（道交108条の32第1項の全国交通安全活動推進センター等），(iii)公益性の高い民間活動を助成する民間活動助成型（放送167条1項の放送番組センター等）の3類型がある。行政手続法4条3項は，行政事務代行型指定機関であって，指定を受けた者（その者が法人である場合にあっては，その役員）または職員その他の者が当該事務に従事することに関し公務に従事する職員とみなされるときに適用される。行政事務代行型指定機関の指定の法的性質については，一般に委任と解されており，これは委任行政の主体といえる。行政手続法4条3項が，「行政庁が法律の規定に基づく試験，検査，検定，登録その他の行政上の事務について当該法律に基づきその全部又は一部を行わせる者を指定」と規定しているように，行

28）　指定確認検査機関については，金子正史「指定確認検査機関に関する法的問題の諸相」同・まちづくり行政訴訟（第一法規，2008年）259頁以下参照，米丸恒治「建築基準法改正と指定機関制度の変容」政策科学7巻3号253頁以下，大橋洋一「建築規制の実効性確保」同・対話型行政法学の創造（弘文堂，1999年）216頁以下，板垣・住宅市場67頁以下参照。

政事務代行型指定機関も，指定を受ける者が法人に限定されるとは限らないが，通常は，法人要件が課されている。

3)　行政代行型指定法人をめぐる動き

第2次臨調第5次答申において，許認可事務の改革の問題が取り上げられ，検査検定業務については，極力，民間の指定検査機関の検査または事業者等の自主検査に委ねるものとし，行政機関は当該検査に係る制度・基準の決定，指定検査機関等に対する指導監督に重点を置くことが提言された。このことが，指定検査機関等の増加の一因になったが，検査検定業務以外にも指定法人方式が用いられることがある。その注目すべき例として，空港の設置管理がある。すなわち，中部国際空港の設置及び管理に関する法律4条1項は，国土交通大臣が，中部国際空港の設置および管理を行う者を指定することができるとしており，中部国際空港株式会社が指定されている。他方において，指定される法人については，かつては公益法人に限定されるのが一般的であったが，規制改革の一環として，公益法人要件が撤廃される傾向にあり，1999（平成11）年に成立した「基準認証制度の整理及び合理化に関する法律」においては，計量法の指定検査機関等，旧通商産業省関連の指定機関の一部について公益法人要件が廃止された。2001（平成13）年には，電気通信機器の基準認証制度の改革の一環として，指定検査機関の公益法人要件を廃止する法律が成立したが，そこでは，従前，公正中立性を確保するために必要と考えられてきた公益法人要件に代わり，ISO/IEC ガイド 64等の国際基準で公正中立性を確保する方針が採用された[29)]。1998（平成10）年の建築基準法改正で導入された指定確認検査機関も，公益法人要件を課していない。最近は，指定を受ける者は，一般社団法人または一般財団法人であればよいとしたり，さらには株式会社等の参入も認める場合もある。

***Column*　自主規制団体の指定**

業界関係団体が自主規制[30)]を行っている場合において，自主規制との整合性をとりつつ，地方公共団体と業界が協調して規制を行うため，業界関係団体を指定し，指定団体の自主規制基準に従う（努力）義務を条例で定める例がある。愛知県青少年保護育成条例6条3項は，図書類取扱業者で構成する団体で知事の指定を受けたも

29)　電気通信機器の基準認証制度の改革について，宇賀克也「電気通信機器の基準認証制度の改革」NBL 696号17頁以下参照。

30)　多様な自主規制の精緻な法学的分析として，原田大樹・自主規制の公法学的研究（有斐閣，2007年）参照。

のが，青少年に閲覧等をさせることが不適当と認めた図書類でその旨が表示されたものを青少年に販売する行為等を禁止している。神奈川県青少年保護育成条例は，知事が指定した有害図書類の販売等を禁止する一方（10条1項・4項），図書類の制作または販売を行う者の組織する団体であって，青少年に閲覧等をさせることが不適当な図書類に当たるかの審査を行い，その結果に基づく表示を定めているもののうち，規則で定める基準に該当するものを知事が指定することができるとし（13条1項），指定団体が青少年に閲覧等をさせることが不適当であると認めた図書類（有害図書類を除く）の販売等を行わない努力義務を何人にも課し（同条3項），知事は，図書類の販売等を行う者が努力義務を怠っていると認めるときは，販売等の行為の停止等の措置を勧告することができるとしている（同条4項）。

4） 透明性の確保

指定法人の中でも，行政事務代行型の場合，行政事務を代行するのであるから，透明性の要請は大きい。従前，国または地方公共団体の機関が行っていた事務が指定法人により行われることによって，透明性が低下することがあってはならない[31)]。独立行政法人等情報公開法の基礎になる要綱を作成した特殊法人情報公開検討委員会では，この問題が検討され，同委員会は，理論的には，指定法人等が，その行う行政事務について，自ら国民に説明責務を負うものとして整理することは可能であると述べている。しかし，なお検討すべき課題が少なくないことから，政府に調査検討を要望している。2000（平成12）年12月1日の閣議決定（行政改革大綱）においても，指定法人の情報公開のあり方について検討を行うこととされ，独立行政法人等情報公開法案の附帯決議においても，指定法人等の情報公開について検討することが政府に求められている。この問題は，指定法人の大部分を占めていた公益法人について抜本的改革が進行中であったこと，規制改革の流れの中で政府認証の一環としての行政事務代行型指定機関による認証を民間認定機関による第三者認証[32)]や製造業者による自己認証により代替する動きが進行していたこと等のため，その動きを見守る必要もあり，先送りにされてきた。しかし，公益法人改革は，法制面では終了したこと，この改革により公益法

31） 公的組織が私的主体に権限・事務を委ねることにより憲法原理の拘束を免れることが認められてはならないことについて，山本隆司「行政の主体」磯部力＝小早川光郎＝芝池義一編・行政法の新構想Ⅰ（有斐閣，2011年）103頁参照。

32） 第三者認証については，米丸恒治「第三者認証機関論——第三者機関の公共性とその担保」室井古稀・前掲注11）97頁以下，原田大樹「多元的システムにおける正統性概念」同・公共制度設計の基礎理論（弘文堂，2014年）53頁以下参照。

人の透明性は高まるが，行政事務代行指定機関は公益法人に限定されていないから，公益法人の透明性が高まったことのみで問題は解決しないこと，認証制度の改革により第三者認証や自己認証が増加したことは事実であるが，行政事務代行型指定機関による認証も認証制度の中で重要な地位を占めていることは変わらないこと等に照らすと，立法的対応を真剣に検討すべき時期にきていると思われる[33)]。

ちなみに，地方公共団体においては，藤沢市のように指定管理者のうち当該公の施設を利用する権利に関する処分権限を有するものを情報公開条例の実施機関としている例（藤沢市情報公開条例4条2項），尼崎市のように指定管理者一般を情報公開条例の実施機関としている例（尼崎市情報公開条例2条1号），草加市のように開示請求の対象になる公文書の定義に，指定管理者の役員・職員等が当該業務の執行上作成または取得した組織共用文書として当該指定管理者が保有するものを含める例（草加市情報公開条例2条4号ィ），相模原市のように指定管理者が公の施設の管理を行うに当たり取り扱う文書であって，実施機関が保有していないものについて開示請求があったときは，実施機関は指定管理者に対して当該文書の提出を求め，この求めに応じて指定管理者が提出した文書は，開示請求の対象となる公文書とみなすこととしている例（相模原市情報公開条例30条の2第3項・4項。同条例は，出資法人等についても，同様の仕組みを採用している。30条3項・5項）等があり，国においても参考になろう。

5）　行政救済法上の問題

指定法人は，指定申請の拒否，指定の取消しその他の主務大臣等による監督処分に対して，行政不服審査法や行政事件訴訟法に基づき争うことができると解される。指定法人の行った処分に対しては，処分の相手方その他不服申立ての利益を有する者は主務大臣等に審査請求ができるが，この裁決に指定法人が不服であるときに指定法人が主務大臣等に対して抗告訴訟を提起しうるかについては議論がある[34)]。

指定法人の公権力の行使に起因する損害の賠償責任を負うのは，指定を行った国または地方公共団体か，指定を受けた法人かという問題がある。指定により事

33）　指定法人等の情報公開については，宇賀克也「指定法人等の情報公開」同・情報公開法の理論と実務（有斐閣，2005年）157頁以下参照。

34）　否定説として，藤田・行政組織法160頁参照。

務自体が指定法人のものになると解せば，損害賠償責任を負う主体は当該法人と解することになろうし，事務自体は国または地方公共団体のものであることに変わりはなく，権限のみが当該法人に移譲されると解すれば，事務の帰属主体である国または地方公共団体が損害賠償責任を負うべきと解することになろう。指定確認検査機関を被告とする取消訴訟を横浜市を被告とする国家賠償請求訴訟に変更することの許可が申し立てられた事案において，最決平成17・6・24判時1904号69頁・百選Ⅰ7事件・地方自治百選67事件は，指定確認検査機関による確認に関する事務は，建築主事による確認に関する事務の場合と同様に，地方公共団体の事務であり，その事務の帰属する行政主体は，当該確認に関する建築物について確認する権限を有する建築主事が置かれた地方公共団体であると解するのが相当であるとし，この申立てを認めている。また，横浜地判平成17・11・30判例自治277号31頁は，指定確認検査機関の行為を理由として横浜市に対する国家賠償請求がなされた事案において，上記最高裁決定を引用して，横浜市が国家賠償請求の被告になることを是認している。このような解釈の是非については議論がある[35)]。

実際，裁判例も必ずしも統一されているわけではない。東京高判平成21・3・25判例集不登載は，当該指定確認検査機関を指定したのは国土交通大臣であって東京都知事ではないから，東京都知事は，当該指定確認検査機関に対して包括的監督権限も指定の取消権限も有していない上，何らかの予算上の権限を有していることも認めるに足りないことを指摘し，さらに，当該指定確認検査機関からその行った建築確認処分に係る報告書および建築計画概要書が東京都に提出されるが，当該提出資料によってはおよそ当該建築物が建築関連法令等に適合しているか，ひいては当該指定確認検査機関の職務執行がいかにされているかという点について審査・検討を加えるに足りる情報を得られるわけではないのであるから，東京都は，当該指定確認検査機関を具体的・実質的に指揮・監督する立場にはないものというべきであるし，東京都が建築確認検査事務を委任しているとみる余地もないとする。そして，当該指定確認検査機関の行う建築確認検査事務に係る行為が，国家賠償法1条の適用に関して東京都の公権力の行使であるとする主

35)　金子正史「指定確認検査機関のした建築確認の法的問題(上)(下)——横浜地判平成17・11・30判決を契機として」同・まちづくり行政訴訟（第一法規，2008年）384頁以下参照。

張は，まったく法的根拠を有せず，むしろ，本件確認処分についての公権力行使の主体といいうるのは，当該指定確認検査機関であると解するのが相当であると判示している[36]。横浜地判平成24・1・31判時2146号91頁も，指定確認検査機関が行った建築確認に起因する損害賠償責任については，当該機関が負うとする（ただし，特定行政庁の監督権限の行使の懈怠に起因する損害賠償責任は地方公共団体が負うとする）[37]。

Column　耐震偽装事件を受けた指定確認検査機関制度の改正

耐震偽装事件を受けて，2006（平成18）年，「建築物の安全性の確保を図るための建築基準法等の一部を改正する法律」により，建築物の安全性を強化するための種々の方策が講じられたが，ここでは，指定確認検査機関と特定行政庁の関係に係るもののみを挙げることとする。

指定確認検査機関のミスが原因で違法に建築確認が与えられた場合であっても，前掲最決平成17・6・24によれば，建築主事を置いている市町村は，指定確認検査機関の指定権限がないにもかかわらず損害賠償責任を負いうることに対し，建築主事を置いている市町村から強い不満が表明された。これを受けて，国土交通大臣または都道府県知事は，指定をしようとするときは，あらかじめ，業務区域を所轄する特定行政庁（都道府県知事にあっては，当該都道府県知事を除く）の意見を聴かなければならないこととされた（建基77条の18第3項）。特定行政庁とは，建築主事を置く市町村の区域については当該市町村の長をいい，その他の市町村の区域については都道府県知事をいうから（同2条35号本文），市町村が建築主事を置き建築確認事務を行っている場合には，指定確認検査機関の指定に当たり，当該市町村の長が意見を述べることができるようになった。

また，従前は，指定権者である国土交通大臣または都道府県知事には立入検査，業務停止命令等の監督権限が付与されていたが，特定行政庁は報告の聴取や指示の権限を有するにとどまり，監督権限が不十分であるにもかかわらず，建築主事を置

36）　指定法人については，すでに掲げたもののほか，塩野宏「指定法人に関する一考察」同・法治主義449頁以下，露木康浩「委託制度と指定機関制度に関する一考察(上)(下)」警察学論集42巻2号38頁以下・43巻1号97頁以下，米丸恒治「指定法人等の実態とその問題——総務庁行政監察結果をふまえて」月刊用地367号62頁以下，浜東一彦「指定法人等の指導監督に関する行政監察結果報告書」月刊用地367号6頁以下が参考になる。

37）　指定確認検査機関と建築主が締結した確認検査業務委託契約に係る善管注意義務違反として，指定確認検査機関の契約責任を認めたものとして，東京地判平成21・5・27判時2047号128頁，大阪高判平成26・4・22判例集不登載がある（東京地判平成27・6・19判タ1422号317頁も同様の構成をとるが，注意義務違反を否定している）。指定確認検査機関について，民法709条の規定に基づく責任を認め，地方公共団体の国家賠償責任を否定したものとして，東京地判平成25・3・22判例集不登載がある。

く市町村が損害賠償責任を負わされる可能性があることに対しても，かかる市町村の不満は大きかったし，地域の事情に詳しく，迅速に監督を行いうる特定行政庁の監督権限を強化する必要性が認識された。そこで，特定行政庁にも指定確認検査機関に対する立入権限を付与し（同77条の31第2項），特定行政庁は，立入検査の結果，指定確認検査機関に違反事実があると認めるときは，その旨を指定権者に報告しなければならず，この場合，指定権者は，必要に応じ，業務停止命令等の措置を講ずるものとされた（同条3項・4項）。

このように，特定行政庁の権限は強化されたものの，指定確認検査機関を指定することにより権限の委任が行われるわけではなく，指定確認検査機関は，営利目的で当該事務を自己の計算において行うという基本的仕組みには変更はない。以上のような法的仕組みに照らすと，指定確認検査機関は，建築主事の置かれた地方公共団体の建築確認権限を指定により委任されるのではなく，建築主事の置かれた地方公共団体の建築確認事務は当該地方公共団体と指定確認検査機関の双方に帰属し，建築主事が行った建築確認については当該建築主事が置かれた地方公共団体が，指定確認検査機関が行った建築確認については当該指定確認検査機関が，国家賠償法1条1項の「公共団体」となると解すべきと思われる[38]。したがって，指定確認検査機関の建築確認事務の違法性に起因する損害賠償責任は当該指定確認検査機関が負い，当該建築確認について監督権限を有する特定行政庁の所属する地方公共団体は，監督権限の懈怠を理由とする損害賠償責任を負いうると整理するのが適切と思われる。もし指定確認検査機関自身を国家賠償法1条1項の「公共団体」ではなく「公務員」と解したとすると，求償が行われるのは，指定確認検査機関に故意または重過失がある場合に限られてしまうが[39]，

38）　塩野・行政法Ⅲ167頁も，指定確認検査機関を行政事件訴訟法21条1項の公共団体に含めて解釈する途もあったとする。金子正史・まちづくり行政訴訟（第一法規，2008年）369頁以下は，取消訴訟の訴訟資料をそのまま利用して損害賠償等の請求の審理を追行することが訴訟経済上好ましいという同項の立法者意思に照らし，当該建築確認に係る建築主事の置かれた地方公共団体への訴えの変更を認めたことの問題点を詳細に指摘する。

39）　下山憲治「経済行政における国家補償の法理――規制緩和・市場化との関連を中心として」佐藤英善先生古稀記念・経済行政法の理論（日本評論社，2010年）322頁は，公的任務遂行者の多元化が認められる現在では，国家賠償法1条2項の求償規定を目的論的に解釈し，当該民間主体が実質的に自立性をもって当該業務を遂行すると認められる場合には，その職員等が同項の公務員に当たらないと解することも可能とする。

自己の計算において営利目的で業務を行う指定確認検査機関について，かかる保護を与える理由は乏しい。また，指定確認検査機関の職員を同項の「公務員」と解した場合に，指定確認検査機関自身が，同項の「公共団体」ではなく，民法715条1項の使用者として当該職員を使用していると解すると，最判平成19・1・25民集61巻1号1頁・百選Ⅱ232事件によれば，指定確認検査機関は，同項の使用者としても損害賠償責任を負わないことになり，モラルハザードが生ずるおそれがあると思われる。もっとも，指定確認検査機関が行う建築確認は，もっぱら当該確認に係る権限を有する建築主事が置かれた地方公共団体の事務であり，当該地方公共団体が事務の帰属主体として国家賠償責任を負うと解した上で，指定確認検査機関はその職員の給与負担者として「公共団体」に当たると解し，国家賠償法3条1項の規定に基づき損害賠償責任を負わせる解釈もありうる[40]。この解釈の下では，指定確認検査機関による建築確認に起因する国家賠償責任を地方公共団体が負った場合に，指定確認検査機関に求償（国賠3条2項）が適切に行われる限り，指定確認検査機関に生ずるモラルハザードの問題は回避することができると思われる[41]。

また，指定確認検査機関による建築確認に起因する第三者による損害賠償責任を地方公共団体が自己の事務として負うとする解釈にも，メリットを認めることができた。それは，建築主事と指定確認検査機関が建築確認機関として並存し，建築確認申請者がいずれかを選択できる制度の下で，地方公共団体が被害者に第1次的責任を負うことは，処分権者による差異に起因する不利益を国民に負わせず，国家賠償法に保険的役割を担わせることを可能とすることであった[42]。

しかし，2006（平成18）年の建築基準法改正により，指定確認検査機関の指定の基準として，損害賠償資力を確保するために一定の評価額以上の財産を有する

40）　小幡純子「国家賠償法の適用範囲について㈦——民間委託等官民協働による行政活動をめぐって」曹時64巻3号505頁参照（仲野武志・平成17年度重判解〔ジュリ1313号〕43頁は，行政事件訴訟法21条1項は，指定法人を念頭に置いたものではなく，前掲最決平成17・6・24の下で指定確認検査機関に対して費用負担者として国家賠償請求訴訟を提起しうるかは，別途検討されるべき問題とする）。

41）　指定確認検査機関に対して国家賠償法3条1項の費用負担者として責任を負わせる解釈の長短については，原田大樹・行政法学と主要参照領域（東京大学出版会，2015年）307頁以下参照。

42）　小幡純子「国家賠償法の適用範囲について㈤——民間委託等官民協働による行政活動をめぐって」曹時64巻2号259頁，板垣・住宅市場84頁参照。

ことが追加され（同法77条の20第3号），「建築基準法に基づく指定建築基準適合判定資格者検定機関等に関する省令」17条1項は，当該額について，その者が確認検査の業務を実施するに当たり第三者に損害を加えた場合において，その損害の賠償に関し，その者が負うべき国家賠償法による責任その他の民事上の責任（建築主事が置かれた市町村または都道府県が当該損害の賠償の責めに任ずる場合における求償に応ずる責任を含む）の履行を確保するために必要な額としている。そして，この財産の評価額については，(i)その事業年度の前事業年度における貸借対照表に計上された資産の総額から当該貸借対照表に計上された負債の総額を控除した額，(ii)その者が確認検査の業務を実施するに当たり第三者に損害を加えた場合において，その損害の賠償に関し当該その者が負うべき民事上の責任の履行に必要な金額を担保するための保険契約を締結している場合にあっては，その契約の内容を証する書類に記載された保険金額の合計とされている（同条2項）。したがって，損害賠償責任保険への加入が義務づけられているわけではないが，損害賠償責任保険により，損害賠償資力の全部または一部をカバーすることが可能である。このように，公権力の行使を行う私人の第三者に対する損害賠償資力を確保する法的仕組み[43)]が確保されている場合には，当該私人の損害賠償資力の不足の懸念が解消されるため，私人の救済を確保する観点からは，国または地方公共団体の国家賠償責任を認める必要は存在しなくなる。したがって，指定確認検査機関による建築確認を地方公共団体の事務として，当該建築確認に起因する第三者に対する損害賠償責任を地方公共団体に負わせる解釈は，指定確認検査機関の第三者に対する損害賠償資力の確保が義務づけられたことにより，その意義を減少させたとみることもできる[44)]。もっとも，同改正法令の施行前に指定を受けた指定確認検査機関については，第三者への損害賠償責任資力が法的に担保されているわけではないが，指定の有効期間は5年であり（建基77条の23第1項，同法施

43)　損害保険等により損害賠償費用の支払資力を確保する仕組みについて，黒川哲志「統計的思考と行政法――抽象化された個人利益の保護と公益実現」行政法研究4号55頁以下，板垣勝彦「保障国家における私法理論――契約・不法行為・団体理論への新たな視角」行政法研究4号113頁以下参照。山本・判例探究615頁以下は，公共団体は私的組織が独立に公権力の行使を行うことを認める条件として，それだけの注意義務と損害賠償責任を引き受けられる組織体制を備えることを要求すべきとする（同書622頁も参照）。阿部泰隆・対行政の企業法務戦略（中央経済社，2007年）188頁，小幡・前掲注42）262頁も参照。

44)　板垣・住宅市場85頁参照。

行令136条の2の15)，更新申請の許可要件として上記の資力要件が課されているので（建基77条の23第2項)，すでにすべての指定確認検査機関が，資力要件を充足していると考えられる[45]。

45)　このような制度が整備されていない場合，制度の整備の懈怠という立法不作為を理由とする国家賠償請求をすることも考えられるが，解釈論として，国または地方公共団体の保証債務を認めることが可能かについても検討の余地がある。山本・判例探究616頁は，これを肯定する。同「私人の行為による国家賠償を巡る諸問題」藤山雅行＝村田斉志編・行政争訟〔改訂版〕（青林書院，2012年）627頁は，この保証責任は，事務の帰属する国や公共団体ではなく，私人に行政活動を委ね，資力を含む私人の体制を監督する権限や責任を有する国や公共団体が負うとする。

第14章　地方公共団体の特別行政主体と委任行政

Point

1）地方独立行政法人は，独立行政法人の地方版であり，地方独立行政法人法に基づき，各地方公共団体の判断で設立する法人である。

2）地方公共団体は，地方独立行政法人を設立しようとするときは，その議会の議決を経て定款を定め，総務大臣または都道府県知事の認可を受けなければならない。

3）独立行政法人法と異なり，地方独立行政法人が行える業務の範囲は法定されており，試験研究，大学の設置管理，公営企業担当事業の経営，社会福祉事業，一定の公共的な施設の設置・管理，窓口業務等である。

4）地方独立行政法人には，業務の停滞が住民の生活，地域社会または地域経済の安定に直接かつ著しい支障を及ぼすため，または業務運営の中立性・公平性を特に確保する必要があるため，地方公務員の身分を付与する特定地方独立行政法人と，特定地方独立行政法人以外の地方独立行政法人（一般地方独立行政法人）の区別がある。

5）地方３公社とは，土地開発公社，地方道路公社，地方住宅供給公社である。地方３公社を設置することができるのは地方公共団体のみであり，出資も地方公共団体以外の者は行うことはできない。

6）指定管理者とは，公の施設の設置の目的を効果的に達成するため必要があると認めるときにおいて，条例の定めるところにより，地方公共団体の指定を受けて公の施設の管理を行う法人その他の団体である。

1　地方独立行政法人

(1)　意　　義

実質的に地方公共団体の一部をなすとみられる法人として地方独立行政法人がある。地方独立行政法人は，独立行政法人の地方版であり，住民生活の安定等の公共上の見地からその地域において確実に実施される必要のある事務事業のうち，地方公共団体自身が直接実施する必要はないものの，民間の主体に委ねては確実な実施が確保できないおそれのあるものを効率的・効果的に行わせるため，地方独立行政法人法に基づき，各地方公共団体の判断で設立する法人である（地独行法2条1項）。公立大学法人・公営企業型地方独立行政法人，申請等関係事務処理法人に関しては，地方独立行政法人法自身において特例が設けられている（地独行法68条～87条の22）。出資できるのは，地方公共団体に限定されている[1]。

(2)　設立方法等

地方公共団体は，地方独立行政法人を設立しようとするときは，その議会の議決を経て定款を定め，総務大臣または都道府県知事の認可を受けなければならない（地独行法7条）。都道府県，政令指定都市（都道府県，政令指定都市が加入する一部事務組合および広域連合ならびに複数団体による共同設立の際に都道府県，政令指定都市が1団体でも参加する場合を含む）が設立する場合には総務大臣（公立大学法人の場合は総務大臣と文部科学大臣）の認可，その他の市町村・特別区（その他の市町村・特別区が加入する一部事務組合および広域連合ならびに複数の市町村・特別区による共同設立の場合〔都道府県，政令指定都市が1団体でも参加する場合を除く〕を含む）が設立する場合には都道府県知事の認可を得て設立する（定款の記載事項は，(i)法人の目的・名称，(ii)法人を設立する団体の名称，(iii)法人の事務所の所在地，(iv)一般地方独立行政法人〔非公務員型〕または特定地方独立行政法人〔公務員型〕の別，(v)役員の定数・任期等役員に関する事項，(vi)業務の範囲・その執行に関する事項，(vii)公共的な施設の設置・管理をする場合には施設の名称・所在地，(viii)資本金・出資・資産に関する事項，(ix)公告の方法，(x)解散に伴う残余財産の帰属に関する事項である〔地独行法8条1項〕）。定款は議会の議決を経て作成し，総務大臣または都道府県知事の認可を受けなければならない（地独行法7条）。中期目標の作成等の重要事項についても議会の議決が

1）　地方独立行政法人については，地方自治制度研究会編・逐条解説地方独立行政法人法（ぎょうせい，2006年），宇賀克也編著・2017年地方自治法改正――実務への影響と対応のポイント（第一法規，2017年）48頁以下〔大橋真由美執筆〕，吉川浩民＝森源二「地方独立行政法人制度について(1)」地方自治670号14頁以下，吉川浩民「地方独立行政法人制度について(2)(3)」地方自治671号19頁以下・672号14頁以下，吉川浩民＝森源二「地方独立行政法人制度について(4)(5)」地方自治673号32頁以下・674号33頁以下，的井宏樹「地方独立行政法人制度について(6)」地方自治675号31頁以下，田中敦仁「地方独立行政法人制度について(7)」地方自治676号65頁以下，吉川浩民「地方独立行政法人制度について(8)(9)」地方自治677号14頁以下・678号24頁以下，中原健一「地方独立行政法人制度について(10)」地方自治683号32頁以下が詳しい。

要件とされており，長と議会の二元代表制の下で議会の関与を重視している点に，独立行政法人法と比較した地方独立行政法人法の特色がある。

なお，大阪市が，大阪府立病院と大阪市立病院の統合を目指した際，地方独立行政法人法には合併に関する規定がないことが問題になった。従前の制度では，地方独立行政法人を合併するためには，いったん当該法人を解散し，その職員・財産等を他の法人（または新設する法人）に承継させる手続をとる必要があった。そこで，2013（平成25）年の同法改正で合併に関する規定が設けられた。

(3) 目標による業務管理と業績評価等

設立団体の長は，議会の議決を経て3年以上5年以下（公立大学法人の場合は6年）の中期目標を作成して，地方独立行政法人に指示し，これを公表しなければならない（地独行法25条1項・3項）。地方独立行政法人は，中期目標に基づき中期計画を作成し，設立団体の長の認可を受けた後遅滞なく公表しなければならない（地独行法26条1項・4項）。地方独立行政法人は，毎事業年度の開始前に，中期計画に基づき年度計画を作成し，設立団体の長に届け出るとともに公表しなければならない（地独行法27条1項）。

地方独立行政法人は，各事業年度および中期目標期間の業務実績について，設立団体の長の評価を受けなければならず（地独行法28条1項），設立団体の長は，評価結果を公表しなければならない（地独行法28条5項）。地方独立行政法人は，評価の結果を中期計画および年度計画ならびに業務運営の改善に適切に反映させるとともに，毎年度，当該評価の結果の反映状況を公表しなければならない（地独行法29条）。

設立団体の長は，各事業年度に係る業務の実績等の評価結果を議会に報告しなければならない（地独行法28条5項）。設立団体の長は，中期目標期間終了時に見込まれる中期目標期間における業務の実績に関する評価を行ったときは，中期目標の期間の終了時までに，当該地方独立行政法人の業務の継続または組織の存続の必要性その他その業務および組織の全般にわたる検討を行い，その結果に基づき，業務の廃止もしくは移管または組織の廃止その他の所要の措置を講ずることになる（地独行法30条1項）。設立団体の長は，評価の結果に基づき必要があると認めるときは，当該地方独立行政法人に対し，業務運営の改善その他の必要な措置を講ずることを命ずることができる（地独行法28条6項）。

⑷ 対象業務

独立行政法人通則法と異なり，地方独立行政法人法は，地方独立行政法人が行える業務の範囲を法定している。試験研究，大学の設置管理または大学および高等専門学校の設置管理，公営企業担当事業の経営（水道事業〔簡易水道事業を除く〕，工業用水道事業，軌道事業，自動車運送事業，鉄道事業，電気事業，ガス事業，病院事業），社会福祉事業，申請等関係事務，一定の公共的な施設の設置・管理等である（地独行法21条）。一定の公共的な施設としては，(i)介護老人保健施設，(ii)総務省令で定める規模以上の会議場施設，展示施設または見本市施設，(iii)博物館，美術館，植物園，動物園または水族館が政令で地方独立行政法人の対象業務とされている（地独行法施行令6条）。公立の大学，病院，試験研究機関等を地方公共団体から組織的に分離して法人化し，効率的な業務運営を行わせることを主たる目的とする。東京都立大学等が，地方独立行政法人としての首都大学東京となったのがその例である。地方独立行政法人は，上記の対象業務のうち，各法人の定款で定めるものを行う（地独行法21条）。

⑸ 類　　型

地方独立行政法人には，業務の停滞が住民の生活，地域社会または地域経済の安定に直接かつ著しい支障を及ぼすため，または業務運営の中立性・公平性を特に確保する必要があるため，役員・職員に地方公務員の身分を付与する必要があるものとして地方公共団体が定款で定める特定地方独立行政法人（地独行法2条2項）と，特定地方独立行政法人以外の地方独立行政法人（一般地方独立行政法人。地独行法55条）の区別がある。特定地方独立行政法人を認めるための要件は，独立行政法人通則法が定める特定独立行政法人の要件に比べて限定されている。2018（平成30）年4月1日現在，142の地方独立行政法人が設立されているが，大学が75，公営企業が55（いずれも病院ないしそれに準ずるもの），試験研究機関が11（技術センターないし工業研究所が多い）社会福祉が1である。公立大学92校のうち，約82パーセントがすでに公立大学法人となっていることになる。

なお，特定地方独立行政法人を一般地方独立行政法人に移行する場合，従前は，特定地方独立行政法人を解散し，一般地方独立行政法人を設立するという煩瑣な手続をとる必要があった。そのため，地方公共団体から改善要望が出されたことを踏まえ，法人としての同一性を維持したまま定款変更を行うことを可能とする制度改正がなされた。

⑹　財務会計

地方独立行政法人の会計は，原則として企業会計原則による（地独行法 33 条）。地方独立行政法人の業務運営に必要な経費の全部または一部に相当する金額を，地方独立行政法人の設立団体は，使途制限のない運営費交付金として交付することができる（地独行法 42 条）。地方独立行政法人は，償還が 1 年以内の短期借入金をすることは，中期計画で定める限度額内で可能であり，やむを得ない事由があるものとして設立団体の長の認可を受けた場合は，当該限度額を超えて短期借入金をすることができる（地独行法 41 条 1 項）。償還が 1 年を超える長期借入金は，設立団体からのみ可能であり，債券発行は一切認められない（同条 4 項）。地方独立行政法人が，その業務に関して料金を徴収するときは，あらかじめ，料金の上限を定め，設立団体の長の認可を受けなければならない（地独行法 23 条前段）。地方独立行政法人は，条例で定める重要な財産を譲渡し，または担保に供しようとするときも，設立団体の長の認可を受けなければならない（地独行法 44 条前段）。設立団体の長は，重要な財産を譲渡し，または担保に供することを認可しようとするときは，あらかじめ，地方独立行政法人評価委員会の意見を聴くとともに，議会の議決を経なければならない（同条 2 項）。

地方独立行政法人については，従前，減資を行うことが制度上できなかったため，不要な財産が生じても，出資財産の設立団体への返納ができなかった。国においては，2010（平成 22）年の法改正により，独立行政法人の保有する不要財産の国庫への返納手続および出資に係る財産の国庫返納に伴う減資に関する規定が設けられた（独行法 46 条の 2）。地方独立行政法人についても，2013（平成 25）年の法改正により，同様の規定が設けられるに至った（地独行法 42 条の 2）。

⑺　税　　制

従前は，地方独立行政法人に対する非課税措置は，移行型（成立の前日に設立団体が行っていた業務に相当する業務のみを行うもの）および準移行型（病院事業を行う地方独立行政法人のうち設立団体以外の地方公共団体から病院の譲渡を受けたものであって，成立の前日に当該地方公共団体が行っていた業務に相当する業務のみを行うもの）に対象が限定されていた。しかし，(i)地方独立行政法人は，地域において確実に実施する必要があるが，民間に任せると確実な実施が見込めないものを行うのであり，地方公共団体が自ら実施することも考えられるが，業務の効率性や弾力的な運営の観点から別法人を設立したものであり，業務内容に照らし，課税については地方公共団体と同じ扱いをすべきこと，(ii)地方独立行政法人の合併が可能になったことに伴い，移行型と非移行型の合併や合併に合わせた業務の追加が予想されること，(iii)設立時には移行型であっても，その後に新たな業務を追加する必要が生じた場合には課税対象となるため，必要な業務の追加に支障が生ずること，(iv)非移行型の中にも，国の独立行政法人が行っていた業務（非課税）を引き継ぐもののように，実態上，移行型と同視しうるものがあるのに課税されることは合理性を欠くことにかんがみ，2014（平成26）年度の地方税法改正により，すべての地方独立行政法人に非課税措置が拡充された。

(8)　不正防止の仕組み

2014（平成26）年の独立行政法人通則法改正により，独立行政法人の不正防止のためのガバナンスの仕組みが整備された。それと平仄を合わせて，2017（平成29）年に地方独立行政法人法が改正された。具体的には，業務方法書への内部統制体制の記載の義務付け（地独行法22条2項），監事の調査権限の明確化（地独行法35条の2第2項），役員の不正行為を設立団体の長に報告することの監事への義務付け（地独行法13条の2），役員の不正行為を監事に報告することの会計監査人への義務付け（地独行法35条の2），役員の忠実義務（地独行法15条の2），地方独立行政法人に著しい損害を及ぼすおそれのある事実があることを役員（監事を除く）が発見したときの監事への報告義務（地独行法15条の3），役員等の任務懈怠に関する損害賠償責任（地独行法19条の2），一般地方独立行政法人の役職員の再就職規制（地独行法56条の2～56条の4），不適正な業務運営に対する設立団体の長による是正措置（地独行法122条1項）等について定められた。

(9)　公立大学法人に関する特例

公立大学の法人化は，予算・人事等の規制を緩和することにより，自主的自立的に教育研究を活性化し，産学連携を推進することを可能とすること，非公務員型とすることにより外国人の幹部登用を可能とすること等を目的として行われる。

国立大学の法人化については，独立行政法人とは別に国立大学法人という組織類型が設けられたのに対して，公立大学の法人化は地方独立行政法人として行われることになる（地独行法 21 条 2 号）。公立大学法人については，教育研究の特性への配慮（地独行法 69 条），大学または大学および高等専門学校の設置および管理ならびにこれに附帯する業務以外の業務の禁止（地独行法 70 条），役員・職員の身分の非公務員型への限定（特定地方独立行政法人を認めていない。地独行法 2 条 2 項・68 条 1 項），理事長の任命の特例等（地独行法 71 条），経営審議機関・教育研究審議機関（地独行法 77 条），中期目標期間の特例（地独行法 78 条），評価についての特例（地独行法 79 条），設立認可等について総務大臣と文部科学大臣の共管とする特例（地独行法 80 条）等の規定が置かれている。

公立大学法人においては，原則として，理事長が学長となるが，例外的に学長を理事長と別に任命選考機関（大学ごとに設置）の選考に基づいて任命することが認められている点に特色があり，その場合，学長は副理事長となる（地独行法 71 条 7 項）。国立大学法人に存在する役員会に当たるものは，公立大学法人には存在しない。

各国立大学法人は 1 つの国立大学を設置するのに対し，地方独立行政法人法にあっては，1 つの公立大学法人が複数の大学を設置したり，複数の地方公共団体が共同で 1 つの公立大学法人を設立することも可能である。後者については，1 市 3 町が宮崎公立大学組合を設立し，これが公立大学法人宮崎公立大学を設立した例，2 市 1 町が函館圏公立大学広域連合を設立し，これが公立大学法人はこだて未来大学を設立した例がある[2)]。

⑽　公営企業型地方独立行政法人に関する特例

公営企業型地方独立行政法人とは，地方公共団体の内部組織により行われてきた地方公営事業をより効率的に行うことを目的として設立される地方独立行政法人である。公営企業型地方独立行政法人に係る中期計画においては，料金に関する事項について定めなければならず（地独行法 83 条 2 項），設立団体の長が当該中期計画の認可をしようとするときは，あらかじめ，議会の議決を経なければなら

2)　公立大学法人の制度の問題については，人見剛「地方独立行政法人と公立大学法人化――東京都の大学『改革』を中心に」労働法律旬報 1582 号 4 頁以下参照。

ない（同条3項）。また，公営企業型地方独立行政法人が，毎事業年度，損益計算において利益が生じ前事業年度から繰り越した損失を塡補しても残余の額があるとき，その全部または一部を翌事業年度に係る認可中期計画の剰余金の使途に充てる場合には，設立団体の長の承認を要しない（地独行法84条）。

公営企業型地方独立行政法人の事業の経費のうち，ⅰ）その性質上当該公営企業型地方独立行政法人の事業の経営に伴う収入をもって充てることが適当でない経費，ⅱ）当該公営企業型地方独立行政法人の性質上能率的な経営を行ってもなおその事業の経営に伴う収入のみをもって充てることが客観的に困難であると認められる経費，については設立団体が負担するが，上記のものを除き，公営企業型地方独立行政法人の事業の経費は，原則として当該公営企業型地方独立行政法人の事業の経営に伴う収入をもって充てなければならない（地独行法85条）。また，公営企業型地方独立行政法人は，設立団体に対し，当該公営企業型地方独立行政法人の設立前に設立団体が当該業務に相当する業務に関して起こした地方債のうち，当該公営企業型地方独立行政法人の成立の日までに償還されていないものに相当する額の債務を負担する（地独行法86条1項）。

⑾　申請等関係事務処理法人の特例

市区町村における窓口業務の民間委託は，2016（平成28）年4月1日現在，15.8パーセントで実施されているにとどまっている。2014（平成26）年10月1日に総務省自治行政局行政経営支援室が行った調査によると，窓口業務の民間委託の推進を阻害または躊躇させる要因として，「制度上市区町村職員が行うこととされている事務であるため（もしくは，市区町村職員が行うこととされている事務との切り分けが困難であるため）」という回答が34パーセントにのぼった。すなわち，窓口業務のフローは，①受付→②入力→③審査・決定→④入力・住民票の写しの出力→⑤審査・決定→⑥交付（引渡し）となるが，このうち，①②④⑥は民間委託が可能であるものの，③⑤は，公権力の行使に当たり，民間委託ができないと解されているため，一連の事務を一括して委託することができず，効果的な委託が困難であるという問題が浮彫りになった。また，2016（平成28）年4月1日現在，窓口事務の民間委託の状況をみると，政令指定都市が80.0パーセント，特別区が78.3パーセント，中核市が62.8パーセント，政令指定都市・中核市以外の市が24.6パーセント，町村が3.8パーセントとなっており，小規模の地方公共団体ほど民間委託が少ないことが窺える。そして，総務省自治行政局行政経営支援室が行った前述の調査によると，窓口業務の民間委託の推進を阻害または躊躇させる要因として，「窓口業務の件数が少なく，委託することの効率化が見込めないため」という回答が，町村では48パーセントにのぼった。このことから，町村等の小規模な地方公共団体においては，窓口業務の事務量が少なく，単独での委託先の確保が困難であることも明らかになった。そこで，外部資源活用の新たな選択肢として，地方独立行政法人に窓口関連業務を行わせることができるようにするための地方独立行政法人法改正が，2017（平成29）年に行われた。すなわち，地方独立行政法人の業務に，市区町村の長その他の執行機関に対する申請，届出その他の行為（以下「申請等」という）の受理，申請等に対する処分その他の申請等の処理に関する事務であって定型的なもの，およびこれらと一体的に処理することが効率的かつ効果的である事務であって定型的なもののうち，別表に掲げるもの（以下「申請等関係事務」という）を当該市区町村または当該市区町村の長その他の執行機関の名において処理することが追加されたのである（地独行法21条5号）。これにより，地方独立行政法人は，独立した企業会計の下，目標・評価による業績管理の導入，目標設定・評価の指標の設定や業務コストの可視化により，業務運営の効率化を図り，夜間・休日の窓口対応や繁閑期に応じた人員配置等を行い，住民サービスを向上させることが期待されている。

申請等関係事務処理法人は，設立団体の申請等関係事務のうち定款で定めるもの（以下「設立団体申請等関係事務」という）を当該設立団体または当該設立団体の長その他の執行機関の名において処理することができる（地独行法87条の3第1項）。申請等関係事務処理法人が当該設立団体または当該設立団体の長その他の執行機関の名において処理した設立団体申請等関係事務は，当該設立団体の長その他の執行機関が処理したものとしての効力を有する（地独行法87条の4）。申請等関係事務処理法人（設立団体申請等関係事務処理業務を行うものに限る）は，設立団体以外の市町村の求めに応じて，当該市区町村との協議により規約を定めた場合には，当該規約を定めた市区町村（以下「関係市区町村」という）の申請等関係事務（定款で定めるものに限る）のうち当該規約で定めるものを当該関係市区町村または当該関係市区町村の長その他の執行機関の名において処理することができる（地独行法87条の12第1項）。これにより，市区町村は，自ら地方独立行政法人を設立しなくても，連携中枢都市等が設立した申請等関係事務処理法人と規約を締結することにより，窓口関連業務を行わせることが可能になる。さらに，申請等関係事務処理法人による窓口関連業務について，設立団体の長その他の執行機関がきめ細かく関与するため，情報および資料の提供または指導および助言（地独行法 122 条の 2），報告徴収または立入検査（地独行法 122 条の 3），監督命令（地独行法 122 条の 4），停止命令（地独行法 122 条の 5），直接執行（地独行法 122 条の 6）についても定められている。

2　地方3公社

地方3公社とは，「公有地の拡大の推進に関する法律」に基づく土地開発公社，地方道路公社法に基づく地方道路公社，地方住宅供給公社法に基づく地方住宅供給公社をいう。地方3公社を設置することができるのは地方公共団体のみであり，出資も地方公共団体以外の者は行うことはできない（公有地拡大 13 条 1 項，地方道路公社法 4 条 1 項，地方住宅供給公社法 4 条 1 項）。また，地方3公社の理事長は，地方公共団体の長により任命される。国の政府関係特殊法人に対応するもので，特別法人と呼ばれることもある[3)]。

Column　青森県住宅供給公社巨額横領事件

青森県住宅供給公社の元経理主幹が，約 14 億 6000 万円を横領し，大きな社会問題になった。同公社が当時の理事長ら歴代の管理職にあった者等に対して，預金管理等の善管注意義務違反があったとして損害賠償請求をしたが，青森地判平成 18・2・28 判時 1963 号 110 頁は，理事長・監事・副理事長・常務理事は委任契約に基づき，総務部長・総務部課長は雇用契約に基づき，職務遂行上の善管注意義務を同公社に対して負うと判示した。この事件では，地方自治法 199 条 7 項，同法施行令 140 条の 7 第 1 項の規定に基づいて実施された青森県の監査委員による監査で横領を発見できなかった過失を同公社の過失ととらえていることが注目される。すなわち，同公社は，青森県により設立され，その出資割合も過半数を超える 55 パーセントとなっていること，同公社は財務諸表を青森県知事に提出することとされていること等，同公社と青森県は緊密な関係を有しており，その出納等の適正な事務が行われることが青森県の適正な行政の確保の上からも重要であるという見地から，青森県の監査委員による監査が法令に従って実施されていることにかんがみ，上記監査委員の監査の落度を同公社の過失ととらえるのが相当であるとしている。地方3公社が地方公共団体の分身ともいえる存在であることを示したものといえる（武蔵野市と

3)　地方3公社については，赤井伸郎・行政組織とガバナンスの経済学——官民分担と統治システムを考える（有斐閣，2006 年）161 頁以下が詳しい。

同市の土地開発公社との緊密な関係から，同公社が買収した土地に係る売買契約書について，同市と同公社が共同管理しているとした東京地判平成12・4・27判時1743号46頁，東京高判平成13・7・11判例集不登載も参照)。ちなみに，2005（平成17）年6月の地方住宅供給公社法の改正により，公社の自主解散規定が整備されたことを受けて（36条2項の追加），青森県住宅供給公社は，2008（平成20）年度末に解散している。地方住宅供給公社の中には，他にも債務超過状態のものがあり，神戸市住宅供給公社は，2012（平成24）年5月22日，全国で初めて民事再生法の規定の適用を申請した。

3　地方共同法人

(1)　設立の経緯

地方公共団体の組合は，複数の地方公共団体が共同して設立する特別地方公共団体としての法人であるが，地方公共団体が共同出資して設立される法人であるものの，特別地方公共団体ではなく，地方共同法人と呼ばれる法人がある。特殊法人等整理合理化計画（2001〔平成13〕年12月19日閣議決定）において，(i)地方公共団体の共通の利益となる事業等，その性格上地方公共団体が主体的に担うべき事業であって，国の政策実施機関に実施させるまでの必要性が認められないものの実施主体の選択肢の一つとして，当該特殊法人等を地方公共団体が主体となって運営する「地方共同法人」（仮称）とすることが考えられるとされ，(ii)その法人格は，民商法または特別の法律に基づく法人とし，(iii)国またはこれに準ずるものの出資は，制度上および実態上受けず，資本金が必要な場合には，関係地方公共団体が共同出資すること，(iv)法人の役員は，自主的に選任されるものとすること，(v)法人内部に，必要に応じ，関係地方公共団体の代表者が参画する合議制の意思決定機関ないし審議機関を設けることが，特殊法人等の改革のために講ずべき措置の一つとして挙げられ，地方公共団体等の共同の利益となる事業を運営する特殊法人のうち，民営化になじまないものが，地方共同法人に移行することになった。地方共同法人への移行に当たり，出資は地方公共団体のみに限定され，国の関与は廃止または縮小されて経営の自立化や自主性が高められている。日本下水道事業団，地方公務員災害補償基金，地方競馬全国協会，地方公共団体金融機構が特殊法人から地方共同法人に移行した。2014（平成26）年4月1日には，地方公共団体情報システム機構[4)]が住民基本台帳法に基づく指定情報処理機関で

図 14-1　地方公共団体情報システム機構の組織

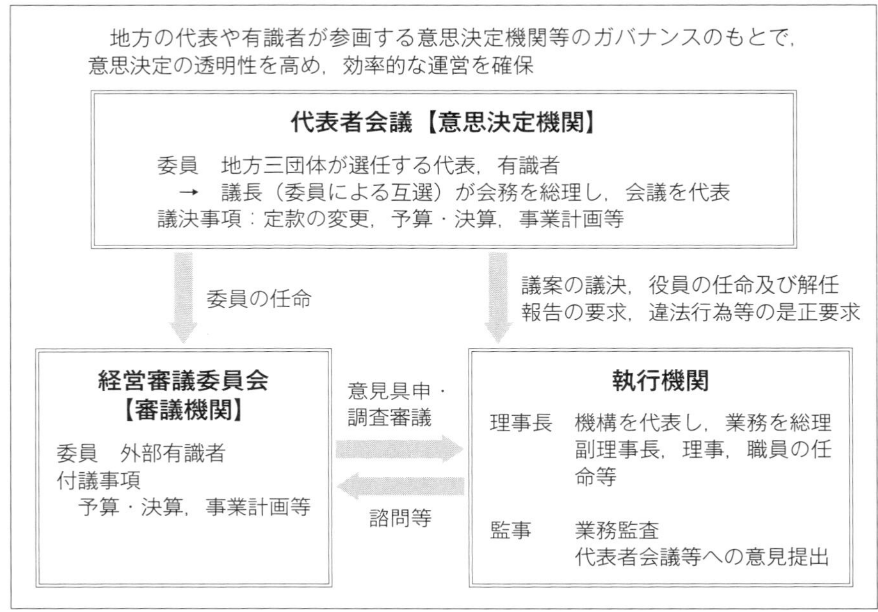

（総務省ウェブサイトより）

あった財団法人地方自治情報センターを拡充改組した地方共同法人として設立された。

(2)　地方公共団体情報システム機構

2013（平成25）年5月に公布された地方公共団体情報システム機構法に基づき，2014（平成26）年4月1日に地方共同法人として，地方公共団体情報システム機構（以下「J-LIS」という）が設置された。住民基本台帳法の規定に基づく住民基本台帳ネットワークに係る事務を行っていた地方自治情報センターは，同日に解散し，その権利・義務はすべてJ-LISに継承された。また，自治体衛星通信機構が行っていた公的個人認証サービスに係る業務も，J-LISに継承されている。

4)　詳しくは，宇賀克也・番号法の逐条解説〔第2版〕（有斐閣，2016年）28頁以下参照。

J-LISは，地方3団体（全国知事会，全国市長会，全国町村会）等が選任する設立委員が，総務大臣の認可を得て設立している（地方公共団体情報システム機構法制定附則2条・3条1項）。J-LISは，住民基本台帳法，電子署名等に係る地方公共団体情報システム機構の認証業務に関する法律（公的個人認証法），行政手続における特定の個人を識別するための番号の利用等に関する法律（以下「番号〔マイナンバー〕法」という）に基づく事務を処理するほか，地方公共団体からの委託を受けた事務等を行う（地方公共団体情報システム機構法22条）。

マイナンバーカードの利活用の拡大が見込まれていたことや，情報提供ネットワークシステムを利用した情報連携の開始が迫っていた状況を踏まえて，個人番号制度の一層の円滑な運用を図るとともに，番号〔マイナンバー〕法の規定により，J-LISが処理する事務の適正な実施を確保するため，J-LISのガバナンス[5]の強化および総務大臣のJ-LISに対する監督権限を強化するため，2017（平成29）年に，地方公共団体情報システム機構法および番号〔マイナンバー〕法が改正されている。

Column　J-LISの定款変更

この法改正に先立ち，J-LISのガバナンスの強化のために，重要な定款変更が行われている（2016年9月16日総務大臣認可）。その内容は，(i)地方公共団体によるガバナンスをより強化するため，地方公共団体の長である代表者会議の委員がやむをえず出席できない場合の代理人の資格者から「当該全国的連合組織の職員」を削除し，他の出席委員または地方三団体が指定する首長に限定すること，(ii)第三者による情報システム監査を明文化すること，(iii)行政機関情報公開法の趣旨にのっとり，情報公開に関する規程を明文化すること，(iv)個人情報の保護に関する法律，番号〔マイナンバー〕法の規定に基づき，個人情報保護に関する規程を整備することを明記することである。

J-LISのガバナンスの強化のための地方公共団体情報システム機構法の改正は，①J-LISの代表者会議による理事長に対する是正命令の対象範囲の拡大および役員の解任事由の拡大，②業務方法書への内部統制体制の明記，③機構処理事務特定個人情報等保護委員会の設置を主眼とする。①については，地方公共団体情報システム機構法以外の法令違反の場合にも是正命令を出せるようにし（同法9

5）J-LISのガバナンスについて論ずるものとして，板倉陽一郎「地方公共団体情報システム機構のガバナンスの問題点――法人法制及び情報法制の観点から」自治研究93巻1号64頁以下参照。

条3項)，職務上の義務違反全般を役員の解任事由とする改正が行われた（同法16条2項4号)。②については，業務方法書に，役員（監事を除く）の職務の執行が地方公共団体情報システム機構法，他の法令または定款に適合することを確保するための体制その他J-LISの業務の適正を確保するための体制の整備に関する事項その他総務省令で定める事項を記載することをJ-LISに義務づけている（同法23条2項)。③については，J-LISに，学識経験を有する者のうちから，理事長が任命する委員からなる機構処理事務特定個人情報等保護委員会を置き，同委員会は，理事長の諮問に応じ，番号〔マイナンバー〕法38条の3第1項に規定する機構処理事務において取り扱う特定個人情報その他の総務省令で定める情報（以下「機構処理事務特定個人情報等」という）の保護に関する事項を調査審議し，およびこれに関し必要と認める意見を理事長に述べることができることとされた（地方公共団体情報システム機構法27条)。

2017（平成29）年における番号〔マイナンバー〕法改正は，④機構処理事務管理規程の策定・認可・変更命令，⑤機構処理事務特定個人情報等の安全確保措置，⑥総務大臣のJ-LISに対する監督権限等の規定の新設を主眼とする。④⑥は，総務大臣のJ-LISに対する監督権限を強化するための改正である。

④については，機構処理事務の実施に関し総務省令で定める事項について機構処理事務管理規程を定め，総務大臣の認可を受けること，これを変更しようとするときも，同様とすること，総務大臣は，認可をした機構処理事務管理規程が機構処理事務の適正かつ確実な実施上不適当となったと認めるときは，J-LISに対し，これを変更すべきことを命ずることができることが定められた（同法38条の2)。⑤については，機構処理事務特定個人情報等の電子計算機処理等を行うに当たって，機構処理事務特定個人情報等の漏えい，滅失または毀損の防止その他の機構処理事務特定個人情報等の適切な管理のために必要な措置を講ずる義務をJ-LISに課して，J-LISから機構処理事務特定個人情報等の電子計算機処理等の委託（2以上の段階にわたる委託を含む）を受けた者が受託した業務を行う場合についても同様の義務が課された（同法38条の3)。⑥については，機構処理事務に関する事項で総務省令で定めるものを記載した帳簿を備え，保存する義務（同法38条の4)，毎年少なくとも1回，機構処理事務の実施の状況について，総務省令で定めるところにより，報告書を作成し，これを公表する義務（同法38条の5）を定めるとともに，機構処理事務の適正な実施を確保するため必要があると認める

ときに，J-LISに対する監督を命ずる権限（同法38条の6），機構処理事務の適正な実施を確保するため必要があると認めるときに，J-LISに対し，機構処理事務の実施の状況に関し，必要な報告もしくは資料の提出を求め，または総務省の職員に，J-LISの事務所に立ち入らせ，機構処理事務の実施の状況に関し質問させ，もしくは帳簿書類その他の物件を検査させる権限（同法38条の7）を総務大臣に付与している。さらに，同法38条の4の規定に違反して帳簿を備えず，帳簿に記載せず，もしくは帳簿に虚偽の記載をし，または帳簿を保存しなかった者や，38条の7第1項の規定による報告もしくは資料の提出をせず，もしくは虚偽の報告をし，もしくは虚偽の資料を提出し，または当該職員の質問に対して答弁をせず，もしくは虚偽の答弁をし，もしくは検査を拒み，妨げ，もしくは忌避した者に対する罰則も定められた（同法55条の2）。

⑶　日本下水道事業団

1972（昭和47）年11月に設立された下水道事業センターが1975（昭和50）年8月に日本下水道事業団に改組され，2003（平成15）年10月に地方共同法人化された。地方共同法人に移行するに当たり，政府出資が廃止され，出資者が地方公共団体に限定され（日本下水道事業団法4条1項），国の関与の廃止・縮減および経営の自立化のため，理事長を自主的に選任することとされ，評議員会の地位を強化し，重要事項の議決機関とされた（同法23条）。

⑷　地方公務員災害補償基金

地方公務員災害補償基金は，地方公務員等の公務上の災害または通勤による災害を受けた職員の社会復帰の促進，被災職員およびその遺族の援護，公務上の災害の防止に関する活動に対する援助その他の職員およびその遺族の福祉に必要な事業を行うため（地公災3条），1967（昭和42）年12月に特殊法人として設立された。その後，2003（平成15）年10月に地方共同法人に移行した。

⑸　地方競馬全国協会

地方競馬の公正かつ円滑な実施の推進を図るとともに，馬の改良増殖その他畜産の振興に資することを目的として，1962（昭和37）年8月に特殊法人として設立されたが，2008（平成20）年1月に施行された「競馬法及び日本中央競馬会法の一部を改正する法律」に基づき，地方競馬主催者が主体となって運営する法人とするため，地方共同法人化され，地方競馬を行う都道府県・市区町村の長，学識経験者を構成員とする運営委員会を意思決定機関として設置し（競馬法23条の17），地方公共団体のガバナンスを強化している。

⑹　地方公共団体金融機構

地方公共団体金融機構は，地方債資金の共同調達機関として，すべての都道府県・市区町村が出資している。地方3団体が推薦する発起人が総務大臣の認可を得て，2008（平成20）年8月1日に設立され，同年10月1日に旧公営企業金融公庫の資産・債務を承継して業務を開始した。2009（平成21）年6月1日の改組により，現在の名称に変更されている。

⑺　地方税共同機構

一般社団法人地方税電子化協議会により運営されていた地方税ポータルシステム（eLTAX）を安全かつ安定的に運営するため，地方税共同機構が設立され，総務大臣の監督権限（地税796～798条），役職員の秘密保持義務とその違反に対する罰則（同788条,800条），みなし公務員規定（同781条）が法定された。同機構は，2019（平成31）年10月からは，共通電子納税システムも提供する予定である。

⑻　地方共同法人のガバナンス

地方共同法人については通則法が存在しないため，各地方共同法人のガバナンスの仕組みは，細部では異なる点はあるものの，**図14-1**で示したように，①地方3団体が選任する代表（地方競馬全国協会では，地方競馬を行う都道府県，市区町村の長）と有識者からなる代表者会議（日本下水道事業団では評議員会，地方公務員災害補償基金では代表者委員会，地方競馬全国協会では運営委員会）が意思決定機関となり，定款の変更，予算・決算，事業計画等を議決し，執行機関の役員の任命・解任，執行機関に対する報告の要求，違法行為等の是正要求の権限を有すること，②執行機関である理事長が，当該法人を代表し，業務を総理し，副理事長，理事，職員の任命等を行い、監事が業務監査を行い，代表者会議等の意思決定機関に意見を提出すること，③審議機関としての経営審議委員会（日本下水道事業団，地方競馬全国協会では評議員会，地方公務員災害補償基金では運営審議会）は，理事長から諮問を受けて，予算・決算，事業計画等について意見を具申すること，を標準的な組織の仕組みとしている。ただし，かかる標準的な仕組みと異なるものもあり，日本下水道事業団では，評議員会が，同事業団に出資した地方公共団体の長，地方3団体が推薦する首長および学識経験者から構成される意思決定機関であると同時に，J-LISの経営審議委員会に当たるような審議機関としての機能も果たしており，理事長から諮問を受けて重要事項を審議する（日本下水道事業団法23条）。また，同事業団の役員の選任および解任には，国土交通大臣の認可を必要としている（同法18条1項）。評議員の任命は，国土交通大臣の認可を受けて，理事長が行う（同法22条3項）。地方公務員災害補償基金，地方競馬全国協会では，理事長および監事の任命・解任について，それぞれ総務大臣，農林水産大臣の認可を必要としている（地公災10条1項，10条の2第1項，競馬法23条の26第1項，23条の28第2項）。審議機関の委員の任命については，標準的な仕組みといえるものはなく，意思決定機関が任命するもの（地方公共団体情報システム機構法24条3項，地方公共団体金融機構法32条3項），理事長が主務大臣の認可を得て行うもの（地公災11条3項，競馬法23条の35第2項）に分かれているし，審議機関の委員についても，外部の有識者のみで構成するもの（地方公共団体情報システム機構法24条3項，競馬法23条の35第2項，地方公共団体金融機構法32条3項）と，都道府県知事，市長，町村長，都道府県教育委員会の教育長および委員，都道府県公安委員会の委員，地方公営企業の管理者ならびに学識経験を有する者から任命することとし，外部有識者に限定していない例がある（地公災11条3項）。

地方共同法人は，地方公共団体が共同で設立する法人であるので，地方公共団体が設立する他の類型の法人（地方公共団体の組合，地方独立行政法人，地方3公社）と同様，公的組織としてのガバナンスとアカウンタビリティの仕組みが必要となる。とりわけ，情報公開制度の充実が重要であろう。

4 指定管理者

(1) 意　　義

指定管理者とは，公の施設の設置の目的を効果的に達成するため必要があると認めるときにおいて，条例の定めるところにより，地方公共団体の指定を受けて公の施設の管理を行う法人その他の団体である（自治244条の2第3項）。規制改革の一環として，2003（平成15）年の地方自治法改正で，この制度が設けられた。それ以前は，公の施設の管理は委託契約により行うことが認められていたが，委託先は，公共団体，公共的団体，地方公共団体が出資している法人で一定の要件を満たすものに限られ，使用許可権の行使は委託できないものとされていた。指定管理者の場合，施設管理のみならず運営業務も行うことができ，施設の使用許可処分もすることができる。これにより，民間事業者の活力を活用した住民サービスの向上，施設管理における費用対効果の向上，管理主体の選定手続の透明化等が目指されている。指定管理者は，個人は認められないが，法人その他の団体であればよく，NPO法人や株式会社等も参入可能である。地方自治法改正法（平成15年法律第81号）附則2条により，2006（平成18）年9月1日までに，すべての公の施設について，地方公共団体の直営方式を採るか，指定管理者に行わせるかの選択が行われた。

Column　**複数の地方公共団体の共同による指定管理**

近隣の同種施設について，地方公共団体の枠を超えて，同一の指定管理者を公募で確保する取組みがされた例がある。広島県緑化センターおよび広島県立広島緑化植物公園ならびに広島市森林公園（昆虫館以外の森林公園の施設）について，広島県と広島市は，集客増に向けて連携した取組みを促進し，共同管理による施設運営の効率化を図る観点から，2017（平成29）年度以降，一体的な管理を実施するため，同一の指定管理者を募集した。そのため，広島県と広島市は，指定管理者公募に当たり，応募要領や審査書様式を統一し，評価委員会を同一委員で構成し，同日に選定等の調整を行った。

(2)　指定の手続と監督等

指定管理者制度を導入するためには，まず，条例の制定・改正により，指定の手続（申請，選定，事業計画書の提出等），業務の範囲（施設・設備の維持管理，使用許可等），管理の基準（開館時間，休館日，使用制限の要件等）を規定する。次に，公募等により事業計画書を提出させ，指定管理者候補を選定し，対象施設・指定管理者名・指定期間等について議会の議決を経て，指定管理者を指定する。2015（平成27）年4月1日現在，公募により指定管理者を選定しているのは，都道府県の63.4パーセント，政令指定都市の67.8パーセント，市（政令指定都市を除く）区町村の41.9パーセントにとどまっている[6]。その後，管理方法等の詳細について協定を締結し，指定管理者による管理が開始される。指定管理者は，毎年度終了後，事業報告書を提出しなければならない。地方公共団体の長は，これにより，適正な管理が行われているかを審査することができる。地方公共団体の長は，指定管理者に対して必要な指示を行うことができ，指定管理者が指示に従わない場合その他指定の継続が不適当と認められる場合には，指定を取り消し，または管理業務の全部または一部の停止を命ずることができる。指定管理者が行った処分に対する不服申立ては，地方公共団体の長に対する審査請求になる。

2015（平成27）年4月1日現在，指定管理者制度が導入されている施設の数は7万6788にのぼる。基盤施設（駐車場，大規模公園，水道施設，下水道終末処理場等）が2万5914（33.5パーセント），レクリエーション・スポーツ（競技場，野球場，体育館，宿泊休養施設等）が1万5178（19.6パーセント），文教施設（公民館，図書館，博物館，自然の家等）が1万5910（20.6パーセント），社会福祉施設（病院，特別養護老人ホーム，介護支援センター等）が1万3685（17.7パーセント），産業振興施設（産業情報提供施設，展示場施設，見本市施設等）が6655（8.6パーセント）になっている。民間企業等（株式会社，NPO法人，企業体，医療法人，学校法人等）が指定管理者になっているものが2万9004施設で，指定管理者制度が導入された施設全体の約4割を占めている。

プロ野球やJリーグの本拠地となる野球場またはサッカー場は，指定管理者制度を採用していることが少なくないが（QVCマリンフィールド，茨城県立カシマサッカースタジアム等），県立宮城球場のように楽天野球団が都市公園法5条2項の許可を受けて管理している例もある。都市公園法5条2項の許可を受けた場合，指定管理者となるよりも料金の設定が自由に行えるので，楽天野球団の管理の自由度が高まり，同球団が安定的な経営を行うことが可能となる。

Column 図書館への指定管理者制度の導入

図書館への指定管理者制度の導入で注目されたのが，佐賀県武雄市である。同市の図書館の運営について，TSUTAYAを展開するカルチュア・コンビニエンス・クラブ株式会社（CCC）が指定管理者に指定され，2013（平成25）年4月1日より，運営を開始した。図書館，書店，カフェが一体的に融合し，年中無休，開館時間の延長等の住民サービスの向上も図られている。その結果，武雄市図書館は，2013年度

6） 公募によらない場合を認める類型について，市橋克哉「公の施設の指定管理者」三橋良士明＝榊原秀訓編著・行政民間化の公共分析（日本評論社，2006年）163頁以下参照。

グッドデザイン賞「金賞」を受賞し，同年度の来館者は，前年度の3.6倍に増加し，目的外使用による使用料収入が年間で約612万円にのぼった。もっとも，CCC傘下の企業から大量の書籍を購入し，その中には実用性に疑問のあるものが少なくなかったこと等が判明し，この指定管理者選任を問題視した住民による住民訴訟も提起されている。

他方，図書館について部分的に指定管理者制度を導入して，注目を集めているのが岩手県である。同県では，県の職員が，図書館の運営方針の策定，図書館資料の選定を行い，指定管理者が，カウンター業務（貸出返却等），レファレンス・サービス，広報，図書館資料の整理・保存等を行っているが，開館日数の大幅増加，開館時間の延長，カウンターの増設等の結果，入館者数の大幅な増加が実現した。

指定管理者方式と施設譲渡方式

地方公共団体が公の施設の直営に代えて，民間事業者の管理に委ねる場合，指定管理者方式のほかに，施設譲渡方式がある。最判平成23・6・14集民237号21頁・地方自治百選65事件は，施設譲渡方式の場合には，契約によるので，受託事業者に選定しない旨の通知は，契約の相手方となる事業者を選考するための手法として法令の定めに基づかずに行った事業者の募集に応募した者に対し，その者を相手方として契約を締結しないこととした事実を告知するものにすぎず，処分性を欠くと判示している。

5 港務局

港湾法は，同法制定当時のロンドン港やニューヨーク／ニュージャージー港のPort Authorityをモデルとした港務局について定めており，これを営利を目的としない公法上の法人としている（港湾5条）。この制度が港湾法で採用されたのは，GHQの指示に基づく。地方公共団体は，議会の議決を経た上，国土交通大臣または都道府県知事と協議し同意を得て，単独でまたは共同して港務局を設立することができる（港湾4条1項・3項・4項）。港務局の組織面での特色は，原則として7名以内の委員からなる委員会が設置され（港湾14条・16条1項），委員会が港務局の施策を決定し，事務の運営を指導統制する点にある（港湾15条）。委員，監事および職員は，みなし公務員とされている（港湾26条）。港務局は，港湾における港湾管理施設の建設，維持，管理等を行う（港湾12条1項）。港湾法は，港湾管理者として港務局（2章）を地方公共団体（3章）より先に規定しており，GHQは，原則的な港湾管理者として港務局を想定していた。しかし，実際には，1953（昭和28）年に設立された新居浜港務局が現存する唯一の例である（小倉港，洞海港においても港務局制度が採用されていたが，1964〔昭和39〕年に両港が統合されて北九州港湾管理組合が設立され，両港務局は解散された）。このように，わが国で港務局制度が普及しなかった理由としては，①港務局制度は独立採算性を原則としているが（港湾29条），整備段階の港湾では，管理費用を施設使用料等の収入で賄うことは困難なこと，②港湾工事の費用については主務大臣の関与の下で債券の発行が認められるが（港湾30条1項・2項），実際には認められてこなかったこと，③港務局の職員には地方公務員に係る共済制度が適用されないため，地方公共団体との人事交流を円滑に行いがたいこと，④固定資産税等が課税されるため，地方公共団体と比較して税制面で不利なことが指摘されている[7]。

しかし，港務局は，地方公共団体から独立した法人として，地方公共団体の行政区域に拘束されず，広域的な港湾経営を可能にする長所を有しており，問題点を是正した上で，港務局制度を活用することも検討に値する。

***Column*　新港務局構想**

アジア諸港の台頭によるわが国の港湾の国際競争力の低下への危機感が背景となり，2008（平成20）年3月21日，東京都，横浜市，川崎市が東京港，横浜港，川崎港の京浜3港について，港務局による管理も視野に入れて広域連携を強化することで基本合意した。2010（平成22）年2月10日に公表された「京浜港共同ビジョン」では，港務局については，制約の多い現行法の改正等が必要としている。

また，大阪府市統合本部は，現行の港務局制度は一定の改善を図れば，物流に特化した専門組織として背後の地方公共団体から独立して，一体の港湾として管理運営を行い，機動的・柔軟なサービス提供を可能にするとし，大阪湾の4港湾管理者を一元化するのに最適な組織形態としている。そして，①物流に特化した組織形態とするための海岸法等の改正，②固定資産税等を非課税とすること等の地方税法の改正が必要としている。

6　地方公共団体の周辺法人の透明性の確保

地方公共団体の周辺法人（地方独立行政法人，地方3公社等）は，地方公共団体とは法人格が独立しているため，透明性が不十分になりがちであり，その透明性の拡大を求める声が大きくなっている。

地方独立行政法人は，典型的には，地方公共団体の機関を地方公共団体の外に出すかたちで設立される。したがって，地方公共団体の機関として情報公開条例の適用を受けていた機関が，地方独立行政法人化されることにより，情報公開条

7）　菊地身智雄「港湾法について」港湾89号37頁参照。港務局の制度について詳しくは，多賀谷一照・詳解逐条解説港湾法〔3訂版〕（第一法規，2018年）85頁以下参照。

例の対象外とされてしまえば，透明性が低下することになり，問題である。地方3公社についても，情報公開の要請は大きい。たとえば，土地開発公社は，地価が右肩上がりの時代に，公共事業用地を先行取得してきたが，バブル崩壊により地価が低落し，莫大な含み損を抱え，地方公共団体の財政への影響も懸念されている。その財務状況の公開の必要性は大きい。したがって，地方独立行政法人，地方3公社は，情報公開条例の実施機関に加えられるべきである。この両者については，情報公開条例の実施機関とすることに問題はなく，実例も存在する（地方独立行政法人につき東京都情報公開条例2条1項，地方3公社につき大阪市情報公開条例2条1項参照）。港務局は新居浜市にしか実例がないが，これも行政主体であり，情報公開条例の実施機関にすることに問題はない。

指定管理者については情報公開条例の実施機関とするか，実施機関とはしない場合でも，指定管理者が行政事務を代行する業務に関する文書を開示請求の対象となる公文書に含める対応（草加市情報公開条例2条4号ィ，相模原市情報公開条例30条の2第3項・4項参照）が望ましく，単に実施機関が指定管理者の情報公開を指導する規定を置いたり，指定管理者の情報公開の努力義務規定を置くのみでは十分とはいえないと思われる。

国または地方公共団体が経営する企業（第1セクター）と民間企業（第2セクター）の双方の長所を取り入れることを目的として国または地方公共団体と民間企業が共同出資して設立された第3セクターについては，公費が投入されているにもかかわらず，透明性が不十分であることが指摘されている。とりわけ，地方公共団体が多額の出資をしている株式会社について情報公開の要請は大きい。情報公開条例においては，出資比率が大きいもの等，一定の第3セクターについて，実施機関が情報公開を指導する努力義務規定を置いたり（東京都情報公開条例37条2項参照），第3セクターに自ら情報公開に努力する義務を課したりすることにより（同条1項参照），情報公開の要請に応えようとする地方公共団体が多い。

第15章　国・地方公共団体と特別行政主体の関係

Point

国・地方公共団体と特別行政主体の間の訴訟を法律上の争訟と解することができるかについては，学説は分かれており，判例も固まっているとはいえない。

1　問題の所在

国・地方公共団体と特別行政主体の間の紛争を訴訟で解決しうるかは，国・地方公共団体と特別行政主体の関係を行政機関間の関係とみるか独立の法主体の関係とみるかにより左右される。すなわち，両者間を行政機関間の関係ととらえれば，その紛争は法律上の争訟ではなく，機関訴訟を認める法律の特別の規定がない限り，訴訟による解決はできないことになる。他方，両者の関係を独立の法主体の関係とみれば，法律上の争訟の要件を満たす限り，訴訟が可能になる。そのため，この問題が訴訟で論点となったり，学界で議論されてきた。

2　判　　例

最判昭和53・12・8民集32巻9号1617頁・百選Ⅰ2事件〔成田新幹線訴訟〕は，当時の日本鉄道建設公団という特殊法人に対して運輸大臣（当時）が行った工事実施計画認可の取消訴訟において，「本件認可は，いわば上級行政機関としての運輸大臣が下級行政機関としての日本鉄道建設公団に対しその作成した本件工事実施計画の整備計画との整合性等を審査してなす監督手段としての承認の性質を有するもので，行政機関相互の行為と同視すべきものであり，行政行為として外部に対する効力を有するものではな」いと判示し，処分性を否定している。また，広島高判平成28・1・20判例集不登載（最決平成29・9・13判例集不登載は上告棄却，上告不受理）は，県知事，市長が地方独立行政法人に対して行う命令は，行政機関間で行われる行為と同様に，行政行為として外部に効力を有するものではなく，また，これらによって直接国民の権利義務を形成し，またはその範囲を確定する効果を伴うものではないとして，処分性を否定している。さらに，最判平成

26・9・25民集68巻7号781頁は，処分行政庁を補助して処分に関わる事務を行った組織は，それが行政組織法上の行政機関ではなく，法令に基づき処分行政庁の監督の下で所定の事務を行う特殊法人等またはその下部組織であっても，法令に基づき当該特殊法人等が委任または委託を受けた当該処分に関わる事務につき処分行政庁を補助してこれを行う機関であるといえる場合において，当該処分に関し事案の処理そのものに実質的に関与したと評価することができるときは，行政事件訴訟法12条3項にいう「事案の処理に当たった下級行政機関」に該当するものと解するのが相当であると判示している。そして，日本年金機構は，日本年金機構法に基づき，役員の任命またはその認可や解任等（13条，16条），業務運営の計画に係る認可や業務改善命令（35条，49条）などによる厚生労働大臣の監督の下で，年金に関する広範な事務を行う特殊法人であるところ（1条，3条，27条等），政府が管掌する国民年金事業等に関し，国民年金法等に基づいて年金の給付を受ける権利の裁定に係る事務の委託を受けていること，厚生労働大臣が年金の給付を受ける権利の裁定を行うに当たっては，上記の裁定に係る事務の委託を受けた機構の下部組織である事務センターが日本年金機構法等の定めに従って裁定請求の審査を行い，日本年金機構の本部を経由して同大臣にその結果が報告されるものであること等に照らせば，事務センターは，法令に基づき日本年金機構が委託を受けた上記の裁定に係る処分に関わる事務につき同大臣を補助してこれを行う機関であるということができるとする。同判決は，結論として，日本年金機構の下部組織である事務センターは，日本年金機構法等の定めに従って厚生労働大臣による年金の給付を受ける権利の裁定に係る処分に関わる事務を行った場合において，当該処分に関し事案の処理そのものに実質的に関与したと評価することができるのであれば，行政事件訴訟法12条3項にいう「事案の処理に当たった下級行政機関」に該当するものと解されると判示した。

他方において，最判平成6・2・8民集48巻2号123頁・百選Ⅰ〔第4版〕49事件は，当時の国民金融公庫という特殊法人からの借入金の担保に供した恩給裁定が取り消されたため，国が国民金融公庫に不当利得返還請求をした事案において，一方において国民金融公庫は政府がその全額を出資する法人であり，大蔵大臣（当時）の認可，監督，計画，指示の下に，一般の金融機関から資金の融通を受けることが困難な国民大衆に対して必要な事業資金等を供給することを目的とするものであって，政府の行政目的の一端を担うものであるから，国民金融公庫が国に対し経済的な利益を主張する場合にも，一般の私人とは立場を異にする面があることは否定できないとする。そして，国民金融公庫が国から独立した法人として自立的に経済活動を営むものである以上，公法人であるというだけで，国に対し，自らの経済的利益を前提とする主張をすることが許されなくなるものではないと判示し，法律上の争訟であることを前提としている。また，総務大臣所管の特殊法人であるNHKに対する国際放送実施命令および国際放送実施要請につき，国も内部関係論を主張せず，大阪地判平成21・3・31判時2054号19頁は，その処分性を肯定している。

3 学　説

同じ論点は，特殊法人に限らず，独立行政法人，国立大学法人と国との関係，地方独立行政法人，地方3公社と地方公共団体の関係等についても存在する。学説上は，成田新幹線訴訟最高裁判決と同様に，これを行政機関間の関係と解するものもある一方，独立の法人格を付与されている以上，両者間の訴訟は，行政機関間の関係と同視すべきではなく，法律上の争訟と解すべきという説も少なくない。後者の立場からすれば，行政手続法4条2項・3項が，独立行政法人・国立大学法人・特殊法人・認可法人・指定機関等に対する監督処分について，原則として行政手続法2章・3章の規定の適用除外としているのは，国・地方公共団体と国民との関係とは異なるからであり，行政機関間の関係と同視しうるということまで意味するわけではなく，その手続的規律は，今後の立法的課題として残されているということになろう。

第 2 編

公務員法

Outline

戦前の官吏制度から戦後の公務員制への変革の意義，公務員の概念，公務員法の体系，中央人事行政機関，公務員の勤務関係，公務員の権利義務について，国家公務員法，地方公務員法を中心に説明する。

第1章 公務員法総論

Point

1） 日本国憲法は，公務員を選定し，およびこれを罷免することは，国民固有の権利であり，公務員は全体の奉仕者であって一部の奉仕者ではないとしている。

2） 日本国憲法の保障する基本的人権の規定は，原則として公務員にも適用され，例外的に公共の福祉のための制約が認められるにすぎない。このことを前提として，公務員の権利義務について，法律またはその委任に基づく人事院規則・条例等で詳細に規定されており，公務員に対する不利益な処分に対しては出訴が認められ，特別権力関係論が妥当する余地はなくなった。

3） 一般職の公務員の権利義務を規律するのが国家公務員法，地方公務員法である。

4） 国・地方公共団体の企業経営等の非権力的な行政事務を現業といい，それに従事する職員を現業職員という。現業職員も一般職職員であるが，現業と非現業を区別することの最大の意義は，労働基本権の取扱いについて異なる点にある。

5） 人事院は，行政的機能，準立法的機能，準司法的機能を併有する。国の人事院に該当する行政委員会が，地方公共団体における人事委員会・公平委員会であり，条例で設置される。

6） 2014（平成26）年の国家公務員法改正により，縦割り行政の弊害を是正し，内閣主導で府省横断的に幹部職員を活用するために幹部職員人事の一元管理の仕組みが導入され，この事務を担うとともに，中央人事行政機関としての内閣総理大臣の事務を補佐する内閣人事局が設置された。

1 公務員法の意義

従前は，公務員は行政の人的手段であり，行政組織を構成する要素であるから，行政組織内の人的管理に関する法である公務員法は，私人に対する行政作用を規律する法とは異なり，組織法原理に服するものとされ，公務員法は，行政組織法の一環として位置づけられた。しかし，公務員も勤労者であることから，公務員法を国・地方公共団体等の行政主体と公務員との勤務関係に関する権利義務についての公務員労働法としてとらえる見方も有力になっている。たしかに，公務員法には，公務員労働法として考察されるべき側面もあり，それについては労働法学においても研究対象とされるべきものと考えるが，同時に，公務員法は，主権者であり抽象的な意味において公務員の選定罷免権（憲15条1項）を有する国民ないし住民に対し，公務の民主的かつ能率的な運営を保障することをも目的としており（国公1条1項，地公1条），行政法的視点からの考察も欠かせない。実際，下級行政機関の訓令への服従義務と公務員の職務命令への服従義務との関係や中央人事行政機関である人事院，人事委員会，公平委員会の組織・機能のように，行政組織法理論も視野に入れて考察することが不可欠な問題は少なくない。したがって，公務員法は行政組織法の一部をなすとはいえないにしても，行政法の一部をなすということはでき，行政法学においても，公務員法を研究教育の対象とする意義はなお存在するものと考えられる[1)]。

2　戦前の公務員法制

(1)　身分制的官僚制

戦前のわが国はドイツの公務員法制[2)]に範をとり，国に勤務する者は，官吏と雇員・傭人に分かれていた。官吏は公法上の勤務関係に立ち，民間にはみられない種々の特権を付与されていた（恩給，懲戒の手続的・実体的制限，叙勲等）。官吏のこのような特権と強大な権限が官尊民卑の風潮の背景にあったのである。官吏の中には，高等官と判任官の区別があり，高等官は，さらに親任官，勅任官，奏

1)　公務員法の位置づけについては，藤田宙靖「公務員法の位置付け――行政組織法理の体系化へ向けての一考察」同・基礎理論(下)32頁以下参照。

2)　ドイツの公務員法制については，塩野・諸問題204頁以下，山本隆司「ドイツにおける公務員の任用・勤務形態の多様化に関する比較法調査」自治研究80巻5号20頁以下が詳しい。また，フランスにおける官吏概念について，下井・公務員制度228頁以下参照。

任官に分類された。親任官は国務大臣や陸海軍大将等である。高等官のうち，文官については，親任官以外のものになるためには，高等文官試験に合格しなければならず，判任官になるためには，普通文官試験に合格しなければならないのが原則であった。これに対し，事務職員である雇員と単純労務者である傭人は，私法上の契約により勤務するものとされた。地方公共団体においても事情は同様であり，官吏に対応するのが公吏であった。

(2)　天皇の官吏

大日本帝国憲法（10条）は，天皇に官吏の俸給を定め，官吏を任免する権利（任免大権）を与えていた。そして，1887（明治20）年に定められた官吏服務紀律という勅令において，天皇および天皇の政府に対する忠誠義務と法令遵守義務が定められていた（同1条）。官吏は，天皇に対して無定量に忠勤に励むべきとされ（したがって，超過勤務という観念も存在しなかった），また，官吏服務紀律においては，職務の内外，公私を問わず，品位を保つこと等の規律がなされていた（同3条）。官吏に対する規律が私生活にまで及んでいたことを端的に示すのが，1892（明治）25年に制定された海軍軍人結婚条例であり，これにより海軍の軍人は，結婚についても上官の許可を義務づけられたのである。天皇（の政府）と官吏の関係は特別権力関係（⇒第Ⅰ巻第3章***2***(2)6)）とされ，法治主義は妥当せず，天皇（の政府）は法律の根拠なしに官吏の権利を制限したり義務を課すことができ，両者間の紛争についての司法的救済も否定されていた。一方において，大日本帝国憲法19条は，「日本臣民ハ法律命令ノ定ムル所ノ資格ニ応シ均ク文武官ニ任セラレ及其ノ他ノ公務ニ就クコトヲ得」と定め，法令の定める資格を満たした者には平等に官吏になることを認め，世襲制は否定された。また，官吏服務紀律では法令遵守義務が課されていた。しかし，上記のような特色全体にかんがみると，戦前の官吏法制は，近代的公務員制度[3)]とはいいがたいものであった。

3)　近代的公務員制度の意味について，藤田・行政組織法263頁以下参照。

3　日本国憲法の施行に伴う公務員法制改革

(1)　国民全体の奉仕者への転換

日本国憲法は，公務員を選定し，およびこれを罷免することは，国民固有の権利であり（憲15条1項），公務員は全体の奉仕者であって一部の奉仕者ではないとしている（同条2項）。これを受けて1947（昭和22）年に官吏服務紀律が改正され，官吏は「国民全体ノ奉仕者」とされたのである[4)]。公僕（public servant）と呼ばれることもある。日本国憲法の下で，公務員が国民全体の奉仕者になったことを受けて，国家公務員法は，「職員が……民主的な方法で，選択され，且つ，指導さるべきことを定め，以て国民に対し，公務の民主的……な運営を保障することを目的とする」（1条1項）と定め，地方公務員法は，「地方公共団体の行政の民主的……な運営……を保障」（1条）すると定めている。もっとも，すべての公務員を国民が直接選挙で選出したり国民によるリコール制を設けることが憲法上要求されているわけではない。国の場合には，議院内閣制の下で国民が直接選出した議員からなる国会に対して責任を負う内閣を構成する国務大臣が，主任の大臣として行政各部の人事権を持つことにより，間接的に国民が行政各部の公務員を選定するのが原則である。地方公共団体の場合には，首長制の下で首長と議員を住民が直接に選出し，首長がその補助部局および他の執行機関の委員の人事権を有することを原則とすることにより，首長以外の行政機関全体の公務員について住民が間接的に選定する仕組みが採られている。これらは違憲とは解されない。公務員は全体の奉仕者であることから，そのことへの信用を失墜させるような行為を規制する必要がある。国家公務員倫理法がその例である。公務員が全体の奉仕者であることから，そのコロラリーとして，公正な競争試験の確保，恣意的人事を防ぐための公務員の身分保障，不利益処分に対する公正な救済の確保，公正中立性を担保するための服務規制が導かれる。

---

4)　占領期における公務員制度改革については，岡田彰・公務員制度の改革（日本図書センター，1996年），同・現代日本官僚制の成立（法政大学出版局，1994年）19頁以下，T.J. ランペル「占領下における官僚制の『改革』」坂本義一＝R.E. ウォード編・日本占領の研究（東京大学出版会，1987年）281頁以下参照。

⑵　特別権力関係論の否定

日本国憲法の保障する基本的人権の規定は，原則として公務員にも適用され，例外的に公共の福祉のための制約が認められるにすぎない。このことを前提として，公務員の権利義務について，法律またはその委任に基づく人事院規則・条例等で詳細に規定されており[5)]，公務員に対する不利益な処分に対しては出訴が認められ，特別権力関係論が妥当する余地はなくなった。国家公務員法が，「職員は，職員としては，法律，命令，規則又は指令による職務を担当する以外の義務を負わない」（国公105条）と規定するのは，無定量勤務義務を負った戦前の官吏法制を否定する意味がある。

このように，公務員も労働者としての側面を持つことが認められるようになると，雇用法制における官民の接近現象が進行することになる。公務員給与の民間準拠[6)]や公務員の特権の廃止（恩給廃止，定年制導入等）がその例である。国家公務員共済制度と厚生年金制度の統合も，その一環といえよう。国家公務員法は制定当初，公務員の労働者としての保護は，主として労働法制に委ねる方針を採っていた。しかし，同法により公務員の労働基本権の制限が行われることを受けて，1948（昭和23）年の同法改正（衆議院での修正）により，同法1条1項かっこ書で，同法の定める根本基準が「職員の福祉及び利益を保護するための適切な措置を含む」ことが明記された。これは，労働基本権制約の代償として，国家公務員法において，職員の利益保護を図ることを明確にしようとする趣旨によるものとみることができる。

⑶　身分制的官僚制の否定

戦後の公務員法制においては，官吏と雇員・傭人の区別は否定されることになった。もっとも，国家公務員の場合，合格した国家公務員試験の種別により，上級幹部候補として昇任していくキャリア[7)]とそうでないノンキャリアが運用上区

---

5)　勤務条件法定主義・条例主義については，浜川清「勤務条件法定主義・条例主義」争点〔初版〕148頁以下参照。

6)　稲継裕昭・公務員給与序説――給与体系の歴史的変遷（有斐閣，2005年）121頁以下，西村美香・日本の公務員給与政策（東京大学出版会，1999年）20頁以下参照。

7)　キャリア官僚については，川手摂・戦後日本の公務員制度史（岩波書店，2005年）が詳しい。

別されてきた。2007（平成19）年の国家公務員法改正は，職員の採用後の任用，給与その他の人事管理は，職員の採用年次および合格した採用試験の種類にとらわれてはならず，原則として人事評価に基づいて適切に行われなければならないと定めており（国公27条の2），今後の運用にもよるが，キャリアとノンキャリアの区別が多少なりとも相対化していく可能性もある（2008〔平成20〕年2月5日に内閣総理大臣に提出された「公務員制度の総合的な改革に関する懇談会」報告書においては，キャリア制度を廃止するため，現行のⅠ種，Ⅱ種，Ⅲ種の区別を廃止して，総合職，一般職，専門職の試験を新設することが提言された。この提言内容は，国家公務員制度改革基本法6条1項1号に定められ，2012〔平成24〕年から，この新たな試験制度が開始されている）。国家公務員制度改革基本法6条3項は，政府に，幹部候補育成課程を整備することを義務づけているが，この場合において，幹部候補育成課程における育成の対象となる者（以下「課程対象者」という）であること，または課程対象者であったことによって，管理職員への任用が保証されるものとしてはならず，職員の採用後の任用は，人事評価に基づいて適切に行われなければならないとし，課程対象者が新たなキャリア公務員とならないように配慮している。

***Column*　新たな国家公務員試験制度**

国家公務員制度改革基本法は，採用試験について，多様かつ優秀な人材を登用するため，現行の採用試験の種類および内容を抜本的に見直し，採用試験に(i)総合職試験（政策の企画立案にかかる高い能力を有するかどうかを重視して行う試験），(ii)一般職試験（的確な事務処理にかかる能力を有するかどうかを重視して行う試験），(iii)専門職試験（特定の行政分野にかかる専門的な知識を有するかどうかを重視して行う試験）を設け（6条1項1号），それに併せ，①院卒者試験（大学院の課程を修了した者またはこれと同程度の学識および能力を有する者を対象とした採用試験），②中途採用試験（係長以上の職への採用を目的とした採用試験）の採用区分を設けること（同項2号）を政府に義務づけた。これを受けて，人事院は，2008（平成20）年6月9日から「採用試験の在り方を考える専門家会合」で検討を進め，2009（平成21）年3月19日に出された報告を踏まえ，2010（平成22）年6月11日から30日にかけて，各試験の種類，試験区分，受験資格，試験種目等についてパブリックコメント手続をとった。その結果を踏まえ，同年8月10日の人事院勧告時の報告の参考資料において，新たな採用試験の全体像が公表された。2011（平成23）年2月11日から3月12日にかけて，人事院規則8-18（採用試験）および関連規則・公示等の改正案の意見公募手続が実施され，その結果を踏まえ，同年4月14日に全部改正された人事院規則8-18が公布された（合わせて公示の改正も行われた）。同日，「新たな採用試験の具体的な内容」が人事院のウェブサイトに公表され，受験者に対する周知や所要の準備を経て，2012（平成24）年度から，新たな採用試験が実施されることになった。

採用試験制度改正の基本的理念は，能力・実績に基づく人事管理への転換の契機とするとともに，専門職大学院の設置等の新たな人材供給源に対応し，多様な人材確保に資する試験体系を構築することである。かかる理念に基づき，以下のような改革が行われた。(i)キャリア・システムと関連する採用試験体系を抜本的に見直すことにより，能力・実績に基づく人事管理への転換を図るために，Ⅰ種試験，Ⅱ種試験，Ⅲ種試験が廃止され，総合職試験および一般職試験に再編された。(ii)新たな人材供給源に対応した試験体系とするため，総合職試験に院卒者試験が設けられ，院卒者試験に新司法試験合格者を対象とした法務区分（秋試験）が設けられた。(iii)多様な人材の確保に資する試験体系を構築するため，総合職試験に企画立案にかかる基礎的な能力の検証を重視した「教養区分」（秋試験）が設けられ，一般職試験に「社会人試験（係員級）」を設け，専門職試験に国税専門官採用試験等の既存の各種試験に加え，新たに法務省専門職員（人間科学）採用試験のような新たな専門的職種を対象とした採用試験を設け，また，経験者採用試験（民間企業等における有為な勤務経験を有する者を係長級以上の職へ採用することを目的として行う中途採用試験）の制度が新設された。(iv)能力実証方法の改善を図るため，知識よりも論理的思考力・応用能力の検証に重点を置いた「基礎能力試験」を設け，人物試験をより的確に行うためすべての試験で「性格試験」を実施し，院卒者試験に政策の企画立案能力およびプレゼンテーション能力を検証する「政策課題討議試験」を導入している。

運用は別として，人事管理について法制上は高度に画一化が図られた点に戦後の日本の公務員法制の特色がある。もっとも，教育公務員については教育公務員特例法，大学の教員等については「大学の教員等の任期に関する法律」，外務公務員については外務公務員法等が行政事務の分野に応じた特例を設け，検察官については「検察官の俸給等に関する法律」で特例が設けられた。また，労働基本権に関して，「行政執行法人の労働関係に関する法律」が行政執行法人に勤務する一般職に属する国家公務員を，「地方公営企業等の労働関係に関する法律」が地方公営企業または特定地方独立行政法人に勤務する一般職に属する地方公務員（地方公務員法57条が定める単純労務者にも準用。地公等労附則5項）を念頭に置いた特例を設ける等，一般職の中でも特性に応じた規律がされている例もみられる。しかし，全体的にみれば，なお，相当高度に画一化が行われ，行政主体と公務員双方の多様なニーズに柔軟に対応することが困難になっているという認識が徐々に高まってきた。そのため，多様化，柔軟化を推進するのが，最近の公務員法制の特色のひとつといえる[8)]。この傾向は，地方公務員法制において，より顕著に

8)　下井・公務員制度285頁以下参照。

みられる[9]。もっとも，かかる動きは，公務員法制のみにみられるわけではなく，官民双方において，終身雇用を前提とした雇用慣行の変容を背景として高まってきたという側面が大きい。

(4) 科学的人事行政

戦後のわが国の公務員法制の特色のひとつとして，アメリカの影響の下，効率性・公正性を重視する科学的人事行政が導入されたことが挙げられる。国家公務員法は，「職員がその職務の遂行に当り，最大の能率を発揮し得るように」，「公務の……能率的な運営を保障することを目的とする」（国公1条1項）と規定し，地方公務員法も，「地方公共団体の行政の……能率的な運営……を保障」（地公1条）することを目的とすることを明らかにしている。もっとも，その象徴ともいえる職階制は，国家公務員法に基づき法律が制定されたものの（国家公務員の職階制に関する法律），実施されないまま2007（平成19）年の国家公務員法改正により職階制は廃止され，2008（平成20）年12月31日に国家公務員の職階制に関する法律も廃止された。地方公務員についても，地方公務員法が定めていた職階制（旧23条）を廃止する同法改正が2014（平成26）年に実現した。なお，政治主導が強調される傾向にある最近においては，その実現のためのひとつの手段として政治任用の拡大が唱えられることも稀でない。

4 公務員の概念

本編では主として，国家公務員法，地方公務員法を扱う。もっとも，公務員という用語は，実定法制上，必ずしも一義的に使用されているわけではない。以下においてはまず，憲法および諸法律における公務員概念について概観することとする[10]。

---

9) 塩野・行政法概念468頁以下，江口哲郎「地方公務員法及び地方公共団体の一般職の任期付職員の採用に関する法律の一部を改正する法律について」地方公務員月報492号48頁以下参照。

10) 公務員の概念・種類について詳しくは，中西又三「公務員の観念，種類，範囲」行政法大系(9)37頁以下参照。

⑴　憲法の公務員概念

日本国憲法は，公務員という用語を若干の条文で使用している（15条～17条・99条）。そこにおいては，行政府のみならず，立法府，司法府も含めて，国または公共団体の公務に携わる者の総称として，公務員という用語が使われている。なお，日本国憲法においては，公務員という用語と別に官吏という用語が使用されている箇所がある（7条5号・73条4号）。その意味については，学説が分かれているが[11]，戦前の官吏概念を意味するものでないことには異論がない。なお，日本国憲法93条2項は，「吏員」という言葉を用いているが，これは，地方公共団体の長，議会の議員も含めた広義の地方公務員全体を指している。

⑵　刑法の公務員概念

刑法においては，公務員の国外犯（刑4条），公務執行妨害罪（刑95条），公文書偽造等（刑155条），虚偽公文書作成等（刑156条），公正証書原本不実記載等（刑157条），公印偽造および不正使用等（刑165条），公務員職権濫用（刑193条），収賄，受託収賄および事前収賄（刑197条），第三者供賄（刑197条の2），加重収賄および事後収賄（刑197条の3），あっせん収賄（刑197条の4）等の条文に公務員の用語が使用されている。刑法は，同法の公務員について，「国又は地方公共団体の職員その他法令により公務に従事する議員，委員その他の職員をいう」と定義している（刑7条1項）。この定義規定について，最判昭和35・3・1刑集14巻3号209頁・公務員百選3事件は，公務に従事する職員で，その公務に従事することが法令の根拠に基づくものを意味し，単純な機械的，肉体的労務に従事するものは含まないと解している。刑法の公務員概念は，議員，裁判官，国務大臣，自衛官等も含み，この点で，⑷で述べる国家公務員法，地方公務員法の公務員概念より広いが，他方において，前掲最判昭和35・3・1を前提とすると，単純労務者を含まない点において，国家公務員法，地方公務員法の公務員概念より狭い。

***Column*　みなし公務員**

刑法7条1項の公務員ではないが，公益性の高い事務・事業を行う者について，

11）　野中ほか・憲法Ⅱ208頁以下参照。

刑法その他の罰則の適用については公務に従事する職員とみなす旨の規定が置かれることがある（独立行政法人自動車技術総合機構法 11 条，法律支援 28 条，国大法人 19 条，年金機構 20 条，日銀 30 条，道交 51 条の 12 第 7 項・99 条の 2 第 3 項・108 条の 7 第 2 項・108 条の 31 第 6 項，公共サービス改革 25 条 2 項，建基 77 条の 25 第 2 項等）。これが「みなし公務員」規定である。「みなし公務員」は収賄罪，公務員職権濫用罪の主体となり，公務執行妨害罪，職務強要罪の客体となる。「みなし公務員」については，併せて秘密保持義務規定が置かれることが多い（自動車検査独立行政法人法 10 条，法律支援 27 条，国大法人 18 条，年金機構 25 条，日銀 29 条，道交 51 条の 12 第 6 項・108 条の 7 第 1 項・108 条の 31 第 5 項，公共サービス改革 25 条 1 項，建基 77 条の 25 第 1 項）。

(3)　国家賠償法の公務員概念

国家賠償法は 1 条および 3 条 1 項において，公務員という用語を使用している。同法 1 条 1 項の公務員の意義について，名古屋高判昭和 56・10・28 判時 1038 号 302 頁・公務員百選 4 事件は，国家賠償法 1 条所定の公務員とは，国家公務員法等により公務員としての身分を与えられた者に限らず，およそ公務を委託されてこれに従事する一切の者を指すと解するのが相当であると判示し，当時の道路交通法 104 条 4 項の規定に基づき公安委員会により指定された医師が国家賠償法 1 条所定の公務員に当たるとしている。このように，同法 1 条 1 項の公権力を行使する者であれば，国家公務員法・地方公務員法上の公務員であるか否かに関わりなく，国家賠償法 1 条の公務員と解されるのが原則である[12)]。

(4)　国家公務員法・地方公務員法の公務員概念

1)　公務員概念と公務員該当性

一般職の公務員の権利義務を規律するのが国家公務員法，地方公務員法である。国家公務員法は国家公務員についての定義規定を置いていないが，同法は，もっぱら日本国憲法 73 条 4 号にいう官吏に関する事務を掌理する基準を定めるものであるので（国公 1 条 2 項），国会や裁判所に勤務する公務員は対象外であり，日本国憲法上の公務員概念より狭い。地方公務員法は，地方公務員を地方公共団体および特定地方独立行政法人のすべての公務員をいうと定義するのみである（地公 3 条 1 項かっこ書）。国家公務員法，地方公務員法自体において，公務員概念を

12）　宇賀・国家補償法 34 頁以下参照。

より明確に定義すべきという指摘は少なくない。人事院は，ある職が国家公務員の職に属するかを決定する権限を有する（国公2条4項)。人事院は，(i)国の事務に従事していること，(ii)国の任命権者により任命されていること，(iii)原則として国が給与を支給していることのいずれの要件も満たすことが，国家公務員であるために必要という立場を採っている[13]。もっとも，ある職が国家公務員の職に当たるかは法解釈の問題と考えられており，最終的には裁判所が判断することになる。この問題が訴訟で争われたのが，司法修習生の国家公務員該当性についてである。すなわち，国家公務員等退職手当法（当時）の規定の適用を受けるためには国家公務員法にいう国家公務員であることが必要条件になるが，東京地判昭和37・6・1行集13巻6号1201頁・公務員百選1事件は，司法修習生は国の公務に従事する者ではないから国家公務員ではないとし，東京高判昭和37・10・30行集13巻10号1886頁，最判昭和42・4・28民集21巻3号759頁も，この判断を是認している。

2)　国家公務員法・地方公務員法の規定が適用される者

一般職の公務員

国家公務員法は，国に雇用され勤務する一般職の者の権利義務について規律するのが原則であるが，これには次のような例外がある。

行政執行法人，特定地方独立行政法人の職員

行政執行法人の職員は一般職の国家公務員とされ（独行法51条，国公2条2項・3項17号)，国家公務員法の規定の適用を受ける。また，特定地方独立行政法人の職員は一般職の地方公務員とされ（地独行法47条，地公3条2項・3項6号)，地方公務員法の規定の適用を受ける。なお，行政執行法人，特定地方独立行政法人の役員はそれぞれ，特別職の国家公務員，地方公務員であり，国家公務員法，地方公務員法の規定の適用を受けない。戦後しばらくは公団職員が公務員とされていた例もある。このように，国・地方公共団体と独立の法人格を付与することと，当該法人の職員が公務員でないこととは論理的に直結するわけではない[14]。

---

13)　森園ほか・逐条国家公務員法65頁以下参照。

14)　宇賀克也「アメリカの政府関係法人――わが国の特殊法人，独立行政法人との比較」金子古稀・公法学の法と政策(下)（有斐閣，2000年）213頁，下井・公務員制度229頁参照。

地方警務官 都道府県警察に勤務する警察職員であって警視正以上の身分の者（地方警務官）は一般職の国家公務員とされ（警56条1項），国家公務員法の規定の適用を受ける。地方警務官制度は，警察の中央統制の手段といえ，東京都の警視庁を例にとると，警視正・警視長・警視監・警視総監は国家公務員であり，国家公安委員会が東京都公安委員会の同意を得て任免する。警視庁の長である警視総監については，さらに内閣総理大臣の承認が必要とされている（警49条1項）。このように都道府県警察には，国家公務員と，地方公務員法の規定の適用を受ける地方公務員（巡査・巡査部長・警部補・警部・警視）が併存しているのである。

都道府県公安委員会は，地方警務官についても，国家公安委員会に対し，その懲戒または罷免に必要な勧告をすることができる（警49条2項・50条2項・51条4項・55条4項）。なお，特定の地方警務官については，国家公務員法の再就職規制の特例が定められている（警56条の2）。

（旧）地方事務官 かつては，特定の国家事務に従事するために都道府県に置かれる国家公務員である地方事務官が存在したが，1983（昭和58）年の第2次臨調の最終答申を受けて陸運関係の地方事務官制度が廃止され，さらに，1999（平成11）年の地方分権一括法により，社会保険関係の地方事務官は厚生事務官（当時）に，職業安定関係の地方事務官は労働事務官（当時）に，すなわち，通常の国家公務員に移行した。社会保険関係事務については都道府県の保険所管課・国民年金所管課が廃止され，新たに社会保険庁（当時）の地方支分部局として都道府県単位に設置される地方社会保険事務局に置かれる社会保険事務所が処理することとし，職業安定関係事務については都道府県の職業安定所管課が廃止され，新たに労働省（当時）の地方支分部局として都道府県労働局を設置することとし，地方事務官制度は全廃された[15)]。

県費負担教職員 地方公共団体においても，職員の勤務先の機関が任免権を持たない例がある。市町村立学校教職員は市町村の公務員であり，地方公務員法の規定が適用される。市町村立学校職員の給与は市町村立学校職員給与負担法により都道府県が負担し（県費負担教職員と呼ばれる），任免権も都道府県教育委員会が有する（教育行政37条1項）。都道府県教育委員会は，市町村教育委員会の内申をまって任免その他の進退を行う（教育行政38条1項）。最判昭和61・3・13民集40巻2号258頁・百選Ⅰ〔第3版〕44事件・地方自治百選125事件は，原則的には内申なしに処分をするこ

15） 宇賀・地方自治法161頁以下参照。

とはできないが，市町村教育委員会が内申を懈怠している場合には，内申なしの処分も可能としている。

3）国家公務員法・地方公務員法の規定が適用されない者

民生委員・児童委員

民生委員は，民生委員法3条により，市区町村に置かれる非常勤特別職の公務員であり，その市区町村の区域内において，その職務を行う（民委13条）。市区町村長は，民生委員に対し，援助を必要とする者に関する必要な資料の作成を依頼し，その他民生委員の職務に関して必要な指導をすることができる（民委17条2項）。しかし，民生委員は，都道府県知事の推薦によって，厚生労働大臣がこれを委嘱する（民委5条1項）。民生委員の解嘱も，厚生労働大臣が，都道府県知事の具申に基づいて行う（民委11条1項）。また，民生委員は，その職務に関して，都道府県知事の指揮監督を受け（民委17条1項），都道府県知事は，民生委員の指導訓練を実施しなければならない（民委18条）。児童委員は，市区町村の区域に置かれるが（児福16条1項），民生委員は，児童委員に充てられたものとされ（同法2項），児童委員は，その職務に関し，都道府県知事の指揮監督を受ける（児福17条4項）。このように，民生委員・児童委員は，市区町村の公務員であるが，任免権は厚生労働大臣にあり，都道府県知事の指揮監督を受ける点に特色がある。

派遣労働者

国，地方公共団体には派遣労働者も勤務している。国家公務員・地方公務員であるためには，国・地方公共団体と雇用関係にあることが必要であるが，派遣労働者は，労働者派遣事業の事業主との雇用関係の下にあり，国・地方公共団体に雇用されているわけではないので（労派遣2条1号），国家公務員・地方公務員ではなく，国家公務員法・地方公務員法の規定は適用されない。

行政機関個人情報保護法は「行政機関の職員若しくは職員であった者」等に罰則規定を設けているが（行政個人情報53条以下），派遣労働者は，「行政機関の職員」に含まれないし，「受託業務に従事している者若しくは従事していた者」にも当たらない[16]。同様のことは，個人情報保護条例についてもいえ，実施機関の職員，受託者，指定管理者の職員を念頭に置いた守秘義務規定と罰則規定のみでは，派遣労働者を規制したことにはならない。そのため，地方公共団体の中には，派遣労働者の守秘義務と罰則に関する規定を整備したところがある（渋谷区個人情報保護条例11条の3・31条以下，新宿区個人情報保護条例15条3項・43条以下）。

Column　外務省在外公館専門調査員と在外教育施設派遣教員

外務省在外公館専門調査員は，労働者派遣事業の適正な運営の確保及び派遣労働

16）宇賀・個人情報逐条解説436頁参照。

者の保護等に関する法律に基づき，わが国の在外公館に2年の任期をもって派遣され，在外公館の一員として，在外公館長の指揮監督の下に，派遣国・地域の政治経済等に関する調査研究および在外公館業務の補助を行う。これに対し，在外教育施設派遣教員の場合，各都道府県から派遣される教員は，教育公務員特例法22条3項の規定に基づく長期研修出張として取り扱われ，地方公務員法の規定の適用を受けている。そして，国は，当該教員に在外教育施設に従事することを委嘱する形式を採っている。

公 証 人　公証人は当事者等の嘱託により法律行為その他私権に関する事実について公正証書を作成したりする権限を持つ。法務局または地方法務局に所属し（公証10条1項），法務大臣が任免権を有し（公証11条・15条1項），法務大臣の監督を受ける（公証74条1項）。そのため，実質的意味の公務員と呼ばれることが少なくない。しかし，国家公務員法の規定の適用を受ける公務員ではない。国から俸給が支払われるわけではなく，依頼人から受け取る手数料を収入源とする独立採算制の職業である。

Column **駐留軍等労働者**

駐留軍等労働者は，わが国における在日米軍基地等で勤務している者をいう。在日米軍基地等で勤務する者について，当初は，手配師を通じて日雇契約で雇用されていたが，1946（昭和21）年から日本政府が雇用して，GHQに提供することになり，常勤職員化が進んでいった。そのため，臨時人事委員会は，駐留軍等労働者を国家公務員に認定した。しかし，1952（昭和27）年から，国家公務員に含めないことになった。現在でも，駐留軍等労働者は，わが国が雇用し，その給与も国から支払われるものの，国家公務員でなく，国籍も問われず，防衛省の従業員として位置づけられている。

5 公務員の類型

(1) 一般職と特別職

公務員は一般職と特別職に分類される（国公2条1項，地公3条1項）。特別職の公務員は法律に具体的に列記されている（国公2条3項，地公3条3項）。ここでいう職は，内閣府設置法（61条～63条等），国家行政組織法（18条3項・20条・21条等）の職の概念と実質的に同義である。国家公務員法では，一般職に属するすべての職を官職といい，官職を占める者を職員と称している（国公2条4項）。

1）特別職

国家公務員法は，特別職として，内閣総理大臣，国務大臣，人事官および検査官，内閣法制局長官，内閣官房副長官，内閣危機管理監，内閣情報通信政策監，国家安全保障局長，内閣官房副長官補，内閣広報官，内閣情報官，内閣総理大臣補佐官，副大臣，大臣政務官，大臣補佐官，内閣総理大臣秘書官および国務大臣秘書官ならびに特別職たる機関の長の秘書官のうち人事院規則で指定するもの，就任について選挙によることを必要とし，あるいは国会の両院または一院の議決または同意を必要とする職員，宮内庁長官，侍従長，東宮大夫，式部官長および侍従次長ならびに法律または人事院規則で指定する宮内庁のその他の職員，特命全権大使，特命全権公使，特派大使，政府代表，全権委員，政府代表または全権委員の代理ならびに特派大使，政府代表または全権委員の顧問および随員，日本ユネスコ国内委員会の委員，日本学士院会員，日本学術会議会員，裁判官その他の裁判所職員，国会職員，国会議員の秘書，防衛省職員（原則），行政執行法人の役員を挙げている（国公2条3項）。国会議員は，「就任について選挙によることを必要」（同9号）とするため，特別職に含まれる。特別職の国家公務員は約29万8000人にのぼるが，その大半は防衛省職員（約26万8000人）であり，次に多いのが裁判官・裁判所職員（約2万6000人），次いで多いのが国会職員（約4000人）である（2018〔平成30〕年度末定員）。

地方公務員法は，就任について公選または地方公共団体の議会の選挙，議決もしくは同意によることを必要とする職，地方公営企業の管理者および企業団の企業長の職，法令または条例，地方公共団体の規則もしくは地方公共団体の機関の定める規程により設けられた委員および委員会（審議会その他これに準ずるものを含む）の構成員の職で臨時または非常勤のもの，都道府県労働委員会の委員の職で常勤のもの，臨時または非常勤の顧問，参与，調査員，嘱託員およびこれらの者に準ずる者，特定地方独立行政法人の役員等を特別職としている（地公3条3項）。地方議会議員は，「就任について公選……によることを必要とする職」（同1号）であるので，特別職に含まれる（特別職としての任用が違法であり，一般職に当たるとされたものとして，福岡高判平成25・12・12判時2222号123頁参照）。

特別職の例をみると，選挙で選ばれる者，政治任用による者，立法府や司法府の公務員である者（したがって，内閣の所轄の下にある人事院の権限を及ぼさせることが適当でないと考えられた）等の範疇を見出すことはできるものの，何をもって特別職とするかについての統一的基準が不明確なことが，しばしば指摘されている。たとえば，日本学士院は学術上の功績顕著な科学者を優遇するためのものであり，日本芸術院は芸術上の功績顕著なものを優遇するためのものであるが，前者のみが特別職とされている（国公2条3項12号）。しかし，このことの合理的説明は困難なように思われる[17]。1947（昭和22）年制定時の国家公務員法においては，各省次官等は政治的に任命される特別職とされていたが，翌年の同法第1次改正により，各省次官等の幹部公務員も一般職とされた。比較法的にみると，わが国では，特別職が限定的であり，一般職の範囲が広いと指摘されている。

地方公共団体においては，平成29年法律第29号による改正前，非常勤職員を地方公務員法17条の一般職非常勤職員もしくは同法22条（現在は22条の3）の臨時的任用職員として採用する場合も同法3条3項3号の特別職として採用する場合もあり，これらの境界が必ずしも明確ではなかったため，ある職員が一般職か特別職かが争われることが稀でなかった。下級審の裁判例においては，任命権者の意思を重視するもの（釧路地判平成3・11・22判タ797号200頁）と客観的な職務の内容・性質，勤務態様や勤務条件等を重視するもの（大阪高判平成25・3・27判例集不登載，福岡高判平成25・12・12判時2222号123頁），職務の内容，勤務態様等，任命権者の意思を総合考慮する折衷的なもの（大分地中津支判平成25・3・15判時2222号126頁）に分かれていた。最判平成27・11・17判例自治403号33頁は，中津市の非常勤職員であった者が，同市に対し退職手当の支払を求めた事案において，同人の在任中の勤務日数および勤務時間が常勤職員と同一であることや，同人が校長によって監督される立場にあったこと等を考慮しても，任命権者が同人を地方公務員法3条3項3号所定の特別職の職員として任用した以上，特別職の職員であり，市職員の退職手当に関する条例は一般職の職員のみに適用されるから，同人は中津市に対し本件条例に基づく退職手当の支払を請求することはできないと判示した。すなわち，任命権者の意思を重視する立場をとった。

特別職について規律する法律

国家公務員法，地方公務員法の規定が適用されるのは一般職のみであり（国公2条4項・5項，地公4条），特別職については，「特別職の職員の給与に関する法律」という部分的な通則法はあるものの，基本的には，個別法の定めるところによる[18]（特別職の職員について定める法律として，

17）　藤田・行政組織法271頁参照。一般職と特別職の区別の基準について，山内一夫・新行政法論考（成文堂，1979年）214頁以下参照。

日本学術会議法，国会法，国会職員法，裁判所法，裁判官の報酬等に関する法律，裁判官分限法，裁判官弾劾法，裁判所職員臨時措置法，自衛隊法，防衛省の職員の給与に関する法律，宮内庁法等がある）。行政執行法人の役員の任免，給与，分限等については，独立行政法人通則法が規定している。官吏服務紀律は，国家公務員法の施行に伴い事実上失効したといえるが，特別職公務員であって従前の官吏に当たる者に1947（昭和22）年改正後の官吏服務紀律の規定が適用されるとする見解もある。

2）一 般 職

国家公務員法，地方公務員法は，一般職を「特別職に属する職以外（……）の一切の職」と控除方式で定義している（国公2条2項，地公3条2項）。審議会等の非常勤の委員も，国家公務員法は一般職として位置づけているため，国家公務員法の規定の適用を受け，守秘義務（国公100条）を負い，義務違反には罰則が科されることになる（国公109条12号）。人事院は，ある職が一般職に属するか特別職に属するかを決定する権限を有する（国公2条4項）。この決定は，最終のものであるが（国公3条3項），司法審査が否定されるわけではない（同条4項）。

地方自治法においては，2006（平成18）年改正前は，長の補助機関である一般職職員を吏員と称し，事務吏員と技術吏員に区分していたが（旧173条），同年改正で，吏員という言葉は職員に置き換えられ，事務系と技術系を区別する条文は廃止された。地方自治法174条の専門委員は，地方公務員法上は特別職に位置づけられている（地公3条3項2号・3号）。現行法上，地方公務員の意味で吏員という言葉がなお使用されている例として，行政手続法3条1項6号がある。

2018（平成30）年度末予算定員では，一般職国家公務員は，約28万5000人であり，そのうち人事院勧告の対象になる非現業国家公務員が約27万5000人，行政執行法人の職員が約7000人，検察官が約3000人である。2017（平成29）年4月1日現在，一般職地方公務員は，約274万3000人にのぼる。

***Column*　一般職・特別職以外の勤務者**

政府は，一般職または特別職以外の勤務者を置いて，その勤務に対して給与を支払ってはならないのが原則である（国公2条6項）。しかし，政府またはその機関と外国人の間に，個人的基礎においてなされる勤務の契約を締結することは妨げられな

18）特別職公務員の任用・服務等については，大野卓「幹部公務員の給与の在り方について――『幹部公務員の給与に関する有識者懇談会』報告書」季刊行政管理研究108号60頁以下の表参照。

い（同条7項）。この契約は民法上の雇用契約であり，労働基準法の規定が適用されるという裁判例がある（東京地判平成11・5・25労判776号69頁）。なお，行政改革会議においては，特定独立行政法人（現在は行政執行法人）の役員・職員について，一般職とも特別職とも異なる独立行政法人職とするという案も議論されたが，最終的には採用されなかった。

⑵ 常勤と非常勤

意　義　国家公務員法は，常勤・非常勤を問わず，特別職以外の一切の職を一般職に含めている。国家公務員法附則13条は，一般職に属する職員に関し，その職務と責任の特殊性に基づいて，国家公務員法の特例を要する場合においては，別に法律または人事院規則（人事院の所掌する事項以外の事項については政令）をもって規定することができるとしている。そして，一般職の職員の勤務時間，休暇等に関する法律23条の委任を受けて人事院規則15-15（非常勤職員の勤務時間及び休暇）は，「非常勤職員の勤務時間は，相当の期間任用される職員を就けるべき官職以外の官職である非常勤官職に任用される非常勤職員については1日につき7時間45分を超えず，かつ，常勤職員の1週間当たりの勤務時間を超えない範囲内において，その他の非常勤職員については当該勤務時間の4分の3を超えない範囲内において，各省各庁の長……の任意に定めるところによる」（2条）としている。人事院規則でこのような基準が設けられたのは，実質的に常勤職員と変わらない勤務をしている職員を非常勤職員として扱い，常勤職員と異なる給与制度で処遇するのは不公平であるからであり，また，「行政機関の職員の定員に関する法律」（総定員法）の観点からも，常勤職員と非常勤職員の区別が明確でなければならないので，勤務時間の差を最小限度で4分の1とし，両者の区別が困難にならないように配慮したためである。2017（平成29）年7月1日現在，国の非常勤職員は，委員，顧問，参与等の職員が約2万1300人，その他の職員が約12万6500人（このうち事務補助職員が約2万8300人）存在する。

地方公共団体の非常勤職員には，平成29年法律第29号による改正前の地方公務員法3条3項3号に規定する特別職非常勤職員，地方公務員法17条の規定に基づき任用される一般職非常勤職員，同改正前の地方公務員法22条2項または5項の規定に基づき任用される一般職の臨時的任用職員のほか，地方公共団体の一般職の任期付職員の採用に関する法律に基づく任期付短時間勤務職員のように他の法律に基づくものがあった[19]。地方公共団体の任期付職員には，(i)同法3条の規定に基づく専門的な知識経験または優れた識見を有する職，(ii)同法4条の規定に基づく時限的な職，(iii)同法5条の規定に基づく短時間勤務の職の3類型がある。(i)は，医療，IT等，高度の専門性を有する職等，(ii)は，生活保護のケースワーカー等の一時的な業務量の増加や公立保育所の民営化までの間の保育業務等の一定の期間内で終了することが見込まれる職等，(iii)は，サービス時間の延長や土日の窓口サービスの開始等に対応する職等のために用いられている。

***Column*　臨時・非常勤職員の数**

2016（平成28）年4月1日現在で，地方公共団体の臨時・非常勤職員数は全体で約64万3000人である。都道府県に約13万8000人，政令指定都市に約5万8000人，市（政令指定都市を除く）町村等（特別地方公共団体を含む）に約43万人勤務している。地方公務員法3条3項3号の特別職非常勤職員が約21万6000人，同法17条の一般職非常勤職員が約16万7000人，同法22条2項・5項の臨時的任用職員が約26万人にのぼる。正規職員の約23パーセントに当たる職員が，臨時・非常勤職員として勤務している。

地方自治法も地方公務員法も常勤職員，非常勤職員の定義規定を置いていないが，人事院規則15-15を一応の基準とする解釈が有力である。

地方公務員法は，非常勤の委員等を特別職としているので，これらには同法の規定は適用されない。

2017年改正の経緯と内容　行政需要が増大・多様化する中で，厳しい財政状況の下，常勤職員を増加させることが困難なこともあり，臨時・非常勤職員が増加していき，2005（平成17）年には約45万6000人，2008（平成20）年には約49万8000人，2012（平成24）年には約59万9000人，2016（平成28）年には約64万3000人に達した。そのような状況下で，任用上の課題として，①本来，専門性が高い者を任用する特別職（臨時または非常勤の顧問，参与，調査員，嘱託員等）に，一般事務職員が任用される運用が多く，特別職には，秘密保持義務，政治的行為の制限等の地方公務員法の規定が適用されないため，上記のような運用には懸念があるとともに，地方公務員の育児休業等に関する法律が適用されず，人事委員会への措置要求や審査請求等も認められないこと，②臨時的任用は，本来，

19）地方公務員の多様な短時間勤務の実態については，総務省の「地方公務員の短時間勤務の在り方に関する研究会報告書」（2009〔平成21〕年1月23日）が有益である。

緊急の場合等に，選考等による能力の実証を行わずに職員を任用する例外的制度であるにもかかわらず，このような趣旨に合致しない運用がみられるとともに，地方公務員の育児休業等に関する法律が適用されないこと，③採用方法等が明確に定められていないため，一般職非常勤職員としての任用があまり進まないこと，④労働者性の高い非常勤職員に期末手当等の各種手当の支給ができないが，国家公務員の場合には非常勤職員に対しても期末手当等の手当の支給が可能であることとの不均衡があり，また，民間では，同一労働同一賃金に向けた検討が行われていることに鑑みると，常勤と非常勤でこの点について差異を設けることは正当化が困難なこと，が認識されるようになった。

そこで，平成29年法律第29号により，地方公務員法および地方自治法が一部改正され，(i)特別職非常勤職員の任用の厳格化，(ii)臨時的任用職員の任用の厳格化，(iii)一般職非常勤職員の任用等に関する制度の明確化を目的とする地方公務員法の改正，(iv)会計年度任用職員に対する期末手当の支給を可能にする地方自治法の改正が行われた（自治203条の2第4項）。(i)については，「臨時又は非常勤の顧問，参与，調査員及びこれらに準ずる者の職」が「専門的な知識経験又は識見を有する者が就く職であつて，当該知識経験又は識見に基づき，助言，調査，診断その他総務省令で定める事務を行うものに限る」こと（地公3条3項3号），(ii)については，人事院規則8-12（職員の任免）39条1項が「常勤官職に欠員を生じた場合」と明記していることを踏まえ，「常時勤務を要する職に欠員を生じた場合において，緊急のとき，臨時の職に関するとき，又は採用候補者名簿……がないとき」に臨時的任用が可能なこと（地公22条の3第1項）を法律に明記している。(iii)については，一般職非常勤職員である「会計年度任用職員」に関する規程を設け，その採用方法や任期等を明確にしている（地公22条の2）。これらの改正は，2020（平成32）年4月1日に施行される。

Column　フルタイムの非常勤職員

常勤職員とは，常時勤務を要する職に就いている職員であり，常時勤務を要する職とは，①相当の期間任用される職員を就けるべき業務に従事する職であること（従事する業務の性質に関する要件），②フルタイム勤務とすべき標準的な業務の量がある職であること（勤務時間に関する要件）の双方の要件を満たす職である。地方公務員の場合，任期の定めのない職員，任期付職員，再任用職員，臨時的任用職員がこれに当たる。非常勤職員は，常時勤務を要する職以外の職に就いている職員であり，いずれか一方の要件を満たしても，他方の要件を満たさない場合には非常勤職員になる。

会計年度任用職員には，①②双方の要件を満たさないパートタイムの職員と，②の要件を満たすが①の要件を満たさないフルタイムの職員がある。①の要件を満たすが②の要件を満たさない地方公共団体の非常勤職員が短時間勤務職員（地公28条の5第1項）であり，任期付短時間職員，再任用短時間職員がある。

常勤職員の定数　内閣の機関（内閣官房，内閣法制局），内閣府，各省の常勤職員（自衛官，国営企業職員等は除く）の定数の総数については，総定員法が上限を定め（定員1条1項），内閣の機関，内閣府，各省の職員の定員は，それぞれ行政機関職員定員令という政令で定められている（定員2条参照）。このように常勤職員の定数の上限が定められているため，これらの行政機関は，非常勤職員に依存せざるをえない状態にある。

地方公務員については，総定員法に相当する法律はなく，常勤職員の定数は，各地方公共団体が条例で定める（自治172条3項）。

地方公共団体においては，法令上の根拠が必ずしも明確でないままに多くの非常勤職員が任用されているという指摘がある[20]。

(3)　現業と非現業

国家公務員の場合　国・地方公共団体の企業経営等の非権力的な行政事務を現業といい，それに従事する職員を現業職員という。国では，かつては，郵政，印刷，造幣，アルコール専売も現業であり，国有林野とともに5現業と呼ばれた時代があった。国有林野のみが国の現業として残っていたが，2013（平成25）年4月1日より，国有林野事業特別会計は廃止され，国有林野事業は一般会計において実施されることになり，国営企業ではなくなった。そして，国有林野事業職員の労務・給与の特例も廃止されることになった。

現業職員も一般職職員であったが，現業と非現業を区別することの最大の意義は，労働基本権の取扱いについて異なる点にあった。すなわち，国の現業職員は，旧「特定独立行政法人等の労働関係に関する法律」（旧独行等労）の規定の適用を受けていた（同法は1948〔昭和23〕年に成立したときは公共企業体労働関係法といったが，その後，公共企業体等労働関係法，国営企業労働関係法，「国営企業及び特定独立法人の労働関係に関する法律」を経て，同法の法律名になった。同法は，国有林野事業の国営企業

20）　晴山一穂「公務員の種類と公務員法制」争点〔第3版〕171頁参照。

形態の廃止に伴い，2012〔平成24〕年の法改正で「特定独立行政法人の労働関係に関する法律」と改名された。なお，現業職員の労使紛争を取り扱う委員会は，公共企業体等労働委員会，国営企業労働委員会，中央労働委員会と変遷した。2014〔平成26〕年の独立行政法人通則法改正に伴い，「特定独立行政法人の労働関係に関する法律」の名称は，「行政執行法人の労働関係に関する法律」に変わった。467頁の ***Column*** 参照)。国家公務員法においては，一般職職員の団体協約締結権を否定しているが（国公108条の5第2項），現業職員の場合には，労働協約締結権が原則として肯定されていた（旧独行等労8条。ただし，協定の内容が予算実施上不可能な場合には国会に付議し承認を求めなければならなかった。旧独行等労16条）。また，現業職員の職務と責任の特殊性に基づき，給与等に関し，国家公務員法の特例が認められていた（国有林野事業を行う国の経営する企業に勤務する職員の給与等に関する特例法）。さらに，現業の行政機関については，特に法律の定めるところにより，内部部局および内部部局の職についての国家行政組織法の規定にかかわらず，別段の定めをすることが認められていた（行組旧22条）。そして，現業職員については，中央労働委員会によるあっせん，調停および仲裁の手続が定められていた（旧独行等労6章）。

地方公務員の場合 地方公務員については，現在も現業と非現業の区別が存在する。地方公務員の経営する事業のうち，水道，鉄道，電気，ガス等の一定の事業については，「地方公営企業等の労働関係に関する法律」の規定が適用される。なお，地方公務員法は，職員のうち，単純な労務に雇用される者その他その職務と責任の特殊性に基づいて，この法律に対する特例を必要とする者については，別に法律で定めることとしており（地公57条），「地方公営企業等の労働関係に関する法律」において，単純労務職員は，労働関係その他の身分取扱いについては，地方公営企業職員と同様の取扱いがされると定められている（地公等労附則5項）。

6 公務員法の体系

(1) 国家公務員法と地方公務員法

公務員法制の基準法 日本国憲法73条4号は，内閣は，法律の定める基準に従い，官吏に関する事務を掌理すると定めている。これは，大日本帝国憲法下での勅令（官吏服務紀律）による官吏法制を否定し，国民代表からなる国会が制定する法律により，公務員に関する事項を定める方針へ転換することを宣言する意味を持つ。これを受けて1947（昭和22）年に制定されたのが国家公務員法である。仮に，日本国憲法73条4号が「法律の定める基準に従ひ」と明記していなくても，公務員を全体の奉仕者とする日本国憲法の公務員観（憲15条2項）に照らせば，公務員制度の基準については，国民代表からなる国会が定めるべきことは当然といえよう。また，地方公務員については，地方公務員法が定められている。国家公務員法・地方公務員法は，一般職の国家公務員・地方公務員に関する規律の大綱を定める基準法である[21]。

基準法的性格の強調　国家公務員法・地方公務員法の特色として，基準法的性格を強調していることが挙げられる。すなわち，国家公務員法は，「この法律は，国家公務員たる職員について適用すべき各般の根本基準……を確立……することを目的とする」（1条1項）とし，「この法律の規定が，従前の法律又はこれに基く法令と矛盾し又はてい触する場合には，この法律の規定が，優先する」（同条5項）と定め，地方公務員法も，「この法律は，……人事行政に関する根本基準を確立する」（1条）ものであり，「地方公務員……に関する従前の法令又は条例，地方公共団体の規則若しくは地方公共団体の機関の定める規程の規定がこの法律の規定に抵触する場合には，この法律の規定が，優先する」（2条）とし，「条例は，この法律の精神に反するものであつてはならない」（5条1項ただし書）と定めている。もっとも，これらの規定は，後法の前法に対する優先，法律の優位の原則を確認するにとどまる。

より特徴的なのは，国家公務員法が「この法律の特例を要する場合においては，別に法律又は人事院規則（人事院の所掌する事項以外の事項については，政令）を以て，これを規定することができる。但し，その特例は，この法律第1条の精神に反するものであつてはならない」（附則13条）と規定し，地方公務員法が「この法律に対する特例を必要とするものについては，別に法律で定める。但し，その特例は，第1条の精神に反するものであつてはならない」（57条）と定めていることである。国家公務員法附則13条が人事院規則や政令が同法1条の精神に反するものであってはならないと定めているのは，法律の優位の原則の確認と

21）　地方公務員法の根本基準性について，塩野・法治主義482頁以下参照。

いえるが，別の法律で定める特例が，国家公務員法１条や地方公務員法１条の精神に反するものであってはならないとする部分は，後法優先の原則に反するものであり，これらの法律制定時の立法者が，非民主的官吏法制の復活を阻止し，民主的公務員制度を確立しようとする意思を明確にした政治的意味を有するにとどまるといえよう。

占領期間中の公務員関係の法律は，国家公務員法・地方公務員法の基準法としての位置づけを尊重する規定を設けていた。すなわち，1949（昭和24）年制定時の教育公務員特例法23条2項も，「この法律中の規定が，国家公務員法の規定に矛盾し，又はてい触すると認められるに至つた場合は，国家公務員法の規定が優先する」と規定していた。また，1950（昭和25）年制定の「一般職の職員の給与に関する法律」1条2項は，「この法律の規定は，国家公務員法のいかなる条項をも廃止し，……又はこれに代わるものではない。この法律の規定が国家公務員法の規定に矛盾する場合においては，その規定は，当然その効力を失う」と定めているが，これも国家公務員法の基準法的性格を強調したものといえる。しかし，特別法の一般法への優先，後法の前法への優先の原則を，かかる解釈規定により否定しうるとみることには疑問がある。

(2)　人事院規則・条例等

国家公務員法は詳細な定めを人事院規則に委任することが多い。もっとも，退職管理の場合のように政令への委任例もある（国公106条の3第1項・2項4号・4項等）。地方公務員法は地方自治の観点から詳細を条例に委任することが多い（地公5条1項）。そして，人事委員会を置く地方公共団体にあっては，地方公務員に関する条例を制定し，または改廃しようとするときは，当該地方公共団体の議会において，人事委員会の意見を聞かなければならないとされている（同条2項）。もっとも，地方公務員法においても，人事委員会に委任している例もある（地公17条2項・22条2項等）。国・地方公共団体双方において，政治的中立性確保のために設けられた行政委員会の関与を重視している点に公務員法制の特色がある。

人事院規則への委任の具体例　国家公務員法が人事院規則に委任している事項は，受験の資格要件（44条），臨時的任用（60条），職員の休職，復職，退職および免職（61条），能率の根本基準（71条2項），分限，懲戒および保障（74条2項），服務の根本基準（96条2項），政治的行為の制限（102条1項），私企業からの隔離（103条2項〜4項・7項），勤務条件（106条），職員団体の登録（108条の3第5項・6項・10項）等，多岐にわたる。また，地方公務員法が条例に委任している事項は，人事委員会または公平委員会の設置（5条1項），人事委員会の権限の追加（8条1項12号），給与，勤務時間その他の勤務条件（24条5項），定年（28条の2第2項），降任，免職，休職，降給および懲戒の手続および効果（28条3項・29条4項），職員団体の登録（53条1項）等である。

(3)　附属法令

国家公務員法の附属法令

国家公務員法は，条文数が100を超える相当に詳細な法律であるが，それでも国家公務員に関するすべての法律事項につき自己完結的に定めているわけではなく，詳細については，命令に委任をしたり，別に法律で定めることとしていることが多い。国家公務員法の附属法令としては，人事院規則，国家公務員倫理法，「人事官弾劾の訴追に関する法律」，「職員団体等に対する法人格の付与に関する法律」，「一般職の職員の給与に関する法律」，「一般職の職員の勤務時間，休暇等に関する法律」，「国家公務員の留学費用の償還に関する法律」，「国家公務員の育児休業等に関する法律」，「国家公務員の自己啓発休業に関する法律」，国家公務員宿舎法，国家公務員災害補償法，国家公務員退職手当法，「国家公務員等の旅費に関する法律」，恩給法，国家公務員共済組合法等がある。

地方公務員法の附属法令

地方自治法は，地方公務員に関する若干の規定を置くが，地方公務員法を地方公務員についての一般法として位置づけている（自治172条4項）。地方公務員法についての附属法令として，地方公務員の育児休業等に関する法律，地方公務員災害補償法，地方公務員等共済組合法，職員団体等に対する法人格の付与に関する法律，各種の条例，人事委員会規則等がある。

(4)　特例法令

国家公務員法の特例法令

国家公務員法が適用される一般職の職員であっても，特別の類型の職員については，別の法律で特別の定めが置かれることがある。国家公務員法の特例法令として，「一般職の任期付職員の採用及び給与の特例に関する法律」，「一般職の任期付研究員の採用，給与及び勤務時間の特例に関する法律」，外務公務員法，「在外公館の名称及び位置並びに在外公館に勤務する外務公務員の給与に関する法律」，検察庁法，「検察官の俸給等に関する法律」，「公務員等の懲戒免除等に関する法律」，「行政執行法人の労働関係に関する法律」等がある。行政執行法人の職員の給与については，独立行政法人通則法も特例法として位置づけうる。

地方公務員法の特例法令

地方公務員法の特例法令として，「地方公共団体の一般職の任期付職員の採用に関する法律」，「地方公共団体の一般職の任期付研究員の採用等に関する法律」，教育公務員特例法，「地方教育行政の組織及び運営に関する法律」，地方公営企業法，「地方公営企業等の労働関係に関する法律」，地方独立行政法人法等がある。

7 人事行政機関

(1) 意　義

二元的人事管理

人事管理行政の特色は，一般職の個々の公務員の任免や日常的な服務監督は，国にあっては府省やその外局の長等が行い（国公55条1項・84条），地方公共団体にあっては知事・市町村長等の執行機関等が行うこととする一方（地公6条1項），政治的中立性の確保，科学的人事管理のために職権行使の独立性を保障された行政委員会を設置する二元的システムが採られている点にある。すなわち，中央人事行政機関が定めた基準に基づき，各省大臣等の任命権者が実際の人事管理を行う分担管理の仕組みが採られているのである。人事行政のための独立の行政委員会として国に設置されているのが人事院（国公3条）であり，地方公共団体に設置されているのが人事委員会または公平委員会（地公7条）である。人事院は，公務員の労働基本権に対する制限の代償として，生存権擁護のための措置を講ずる機能を果たしており（国公22条・23条・28条等。最大判昭和48・4・25刑集27巻4号547頁・公務員百選81事件〔全農林警職法事件〕），人事委員会も，給料表に関する勧告を行う（地公26条）。

なお，この二元的人事管理システムには，若干の例外がある。すなわち，懲戒処分は任命権者が行うという原則の例外として，人事院は，国家公務員法に規定された調査を経て職員を懲戒手続に付することができるとされているのである（国公84条2項）。この人事院の懲戒権が及ばないのが，行政執行法人（行執労37条1項1号）である。

二元的中央人事行政機関

上記の二元的人事管理システムに対応して，1965（昭和40）年の国家公務員法改正により，内閣総理大臣も人事院と並んで中央人事行政機関として位置づけられた。この改正の契機となったのは，ILO87号条約（結社の自由及び団結権の保護に関する条約）を同年に批准したことである（批准方針の閣議決定は，すでに1959〔昭和34〕年2月に行われていた)。これに伴う国家公務員法改正で，職員団体制度の整備，国家公務員である消防庁職員への団結権の付与等とともに，内閣の人事管理責任を明確にする趣旨から総理府人事局が設置されたのである。1985（昭和60）年4月には，総理府人事局は総務庁人事局に改組され，2001（平成13）年1月の中央省庁再編で，総務庁人事局は総務省人事・恩給局に改組された。

二元的な中央人事行政機関のシステムについては，かねてより問題が指摘されてきたが（最近の指摘として，2007〔平成19〕年4月24日の行政改革推進本部専門調査会座長「専門調査会における議論の整理」参照)，中央省庁等改革基本法は，政府は，中央人事行政機関としての人事院および内閣総理大臣の機能分担のあり方について，所要の見直しを行うものとするとしている。そして，人事院について，人事行政の公正の確保および職員の利益の保護のためにふさわしい機能に集中するとともに，その実効的な遂行が確保されることの重要性に配慮することとしている。他方，内閣総理大臣については，各行政機関が行う国家公務員等の人事管理に関する事務の統一保持上必要な機能を担うものとし，総合的かつ計画的な人事管理，国家公務員全体について整合性のとれた人事行政等を推進するため必要な総合調整機能の充実を図るものとするとしている（省庁改革基49条1項)。

2007（平成19）年10月19日に公表された行政改革推進本部専門調査会の「公務員の労働基本権のあり方について（報告)」においては，使用者として人事行政における十分な権限と責任を持つ機関を確立するとともに，国民に対してその責任者を明確にすべきこと，その上で，使用者機関が主体的・戦略的に，行政全体の組織パフォーマンスを高める勤務条件を，労使交渉により職員の意見を聴きつつ構築していくべきことが提言された。そして，2008（平成20）年2月5日に公表された「公務員制度の総合的な改革に関する懇談会」報告書においては，国家公務員の人事管理について，政府を代表して国民に対し説明責任を負う機関として，国務大臣を長とする内閣人事庁（仮称）を設け，内閣人事庁は，総合職の採用・配属，幹部候補育成課程の運用管理，本省管理職以上の人事の調整，指定職の適格性審査などの一元管理等を行うこと，上記の事務を実効的に実施するため，総務省人事・恩給局，人事院の中央人事行政に関する部門等の関連する機能を内閣人事庁に統合することが提言されている。

これを受けて，国家公務員制度改革基本法11条2号は，「総務省，人事院その他の国の行政機関が国家公務員の人事行政に関して担っている機能について，内閣官房が新たに担う機能を実効的に発揮する観点から必要な範囲で，内閣官房に移管するものとすること」と定めた。そして，2014（平成26）年通常国会で成立した「国家公務員法等の一部を改正する法律」により，総務省人事・恩給局の人事行政の機能（各府省人事管理方針等の総合調整，人事評価・服務・退職管理等），総務省行政管理局の機構・定員審査に関する機能，人事院の有していた採用すべき人材の確保に関する事務，研修の総合調整，級別定数の設定・改定に関する事務は，内閣人事局に移管されることとなった。

Column 級別定数

2009（平成21）年通常国会に提出された「国家公務員法等の一部を改正する法律案」の作成過程において，大きな争点になったのが，級別定数の設定および改定の権限の人事院から内閣人事局への移管問題であった。級別定数とは，国家行政組織に関する法令の趣旨に従い，ならびに職務の複雑，困難および責任の度に基づく分類の基準に適合するように，予算の範囲内で設定された職務の級の定数である（給与法8条）。級別定数は，各ポストにいかなる役割，責任が期待されるかという職務評価に即して決定されるべき人事管理事項であるから内閣人事局に移管されるべきであるとする考え方と，級別定数が昇格の上限枠としての側面を有し，勤務条件と関連するので，労働基本権制限の代償機能を有する人事院が定めるべきであり，使用者である内閣総理大臣がこれを定めることは，公務員人事管理の中立性・公正性を損ね，憲法に抵触するおそれもあるとする主張が対立することとなった。結局，2009（平成21）年の政府提出法案においては，級別定数の設定および改定の権限は内閣総理大臣が有することとするが，あらかじめ人事院（会計検査院の職員の職務の級別級数の設定・改定にあっては会計検査院および人事院）の意見を聴くこととした。2014（平成26）年に成立した「国家公務員法等の一部を改正する法律」では，機動的な人事・組織管理等の観点から，機構・定員審査に関する事務を総務省行政管理局から内閣人事局に移管するのに併せて，級別定数の設定・改定に関する事務を，人事院から内閣人事局に移管することとされた。しかし，級別定数が勤務条件の側面も持つことに照らし，職員の適正な勤務条件を確保する観点から，級別定数の設定・改定に関する人事院の意見を十分に尊重することとされた。

内閣総理大臣は，標準職務遂行能力および採用昇任等基本方針に関する事務ならびに職員の人事評価，能率，研修，厚生，服務，退職管理等に関する事務であって，人事院の所掌に属するもの以外のもの（国公18条の2第1項），各行政機関がその職員について行う人事管理に関する方針，計画等に関し，その統一保持上必要な総合調整に関する事務（同条2項）をつかさどることとされている。中央人事行政機関たる内閣総理大臣の所掌する事務について，内閣総理大臣を補佐することは内閣官房の所掌事務である（内12条2項7号〜14号）。そして，内閣人事局が，内閣総理大臣の人事行政の事務担当部局となっている（内21条2項）。また，中央人事管理機関としては位置づけられていないが，府省横断的に公務員制度と関わる行政組織が存在する。内閣総務官室は職員の厚生および教養訓練に関すること（内閣官房組織令2条1項6号）を，財務省は旅費制度，公務員宿舎制度を所管している。

(2) 人事院

人事院の機能　国家公務員法は，当初，アメリカの人事委員会（Civil Service Commission）をモデルに臨時人事委員会を設けていたが（1947〔昭和22〕年設置），1948（昭和23）年12月の国家公務員法第1次改正で人事院に改組された。人事院については，すでに内閣補助部局の箇所で主として組織法的観点から説明しているので（⇒第1編第6章***10***），ここでは，機能の側面について敷衍することとする。人事院は，アメリカの影響下で設置された行政委員会であり，アメリカの行政委員会と同様，行政的機能，準立法的機能，準司法的機能を併有する。

行政的機能　人事院の行政的機能としては，人事行政に関する調査（国公17条），人事行政改善の勧告（国公22条），国会・内閣に対する法令制定改廃に関する意見の申出（国公23条），国会・内閣に対する業務報告（国公24条），俸給表に関する報告・勧告（国公28条2項），採用試験の実施（国公42条），営利企業の役員等の兼職または営利企業を営むことの承認（国公103条2項），職員団体の登録取消し（国公108条の3第6項）等がある。職員団体の登録取消しにかかる聴聞の期日における審理は，当該職員団体から請求があったときは，公開で行われなければならない（国公108条の3第7項）。人事院が行う俸給表に関する報告・勧告は，国家公務員の労働基本権制限の代償措置として非常に重要な意味を有している。しかし，行政改革の動きの中で，人事院勧告完全実施の慣行が1982（昭和57）年に崩れることになった（同年は実施見送り。翌年，翌々年は不完全実施）。これに対しては，人事院勧告の意義のみならず人事院の存在意義が失われかねないという危惧が表明された[22]。東京高判平成7・2・28判タ877号195頁（全農林57年人勧凍結反対闘争事件）は，①政府は，人事院勧告を尊重するという基本的姿勢を堅持し，将来も，この方針を変更する考えはなかったこと，②国の財政事情が未曽有の危機的状況にあったこと，③やむをえないきわめて異例の措置として同年度に限って人事院勧告の不実施を決定したこと，に鑑み，1982（昭和57）年度に限って行われた人事院勧告不実施をもって，直ちに労働基本権の制約に対する代償措置が画餅に等しいとみられる事態が生じたということはできないと判示した。その上告審の最判平成12・3・17判時1710号168頁は，国家公務員の労働基本権の制約に対する代償措置が，その本来の機能を果たしていなかったということができないことは，原判決の説示するとおりであるとして，上告を棄却している。

Column **人事院勧告の遡及適用**

人事院勧告は，毎年8月に行われることが多い。同年4月1日に遡って給与を上げる勧告の実施は問題ないが，同年4月1日に遡って給与を引き下げる勧告の実施については，不利益遡及であり，違憲でないかが問題になる。東京高判平成17・9・29判時1920号146頁は，遡及して引き下げる分を12月の期末手当から差し引いて調整することは違憲ではないとしている（⇒第Ⅰ巻第2章***1***(2)）。

人事院は，以上のほかにも，任免，給与，勤務時間，休暇，研修，災害補償，職員団体制度等の各種制度の企画立案と実施を国家公務員法，一般職の職員の給与に関する法律，一般職の職員の勤務時間，休暇等に関する法律に基づき行っているが，これらも行政的機能にかかるものといえる。

準立法的機能 人事院の有する準立法的機能は，一般的には政令と同格に位置づけうる人事院規則の形式で行使されるが，人事院指令が法規としての定めを内容とすることもありうる（国公16条）。人事院規則の施行細目は，人事院指令ならびに細則および通達が定めている（同条3項，人規3-0〔事務総長の権限〕）。1965（昭和40）年改正前の国家公務員法16条前段は，「人事院は，この法律の執行に関し必要な事項について，人事院規則を制定し，人事院指令を発し，及び手続を定める」と規定されていたが，同年の改正で，「人事院は，その所掌事務について，法律を実施するため，又は法律の委任に基づいて，人事院規則を

22） 田中舘照橘「公務員法総説」行政法大系(9) 24頁参照。

制定し，人事院指令を発し，及び手続を定める」と改正されている。

国家公務員法が，国家公務員の権利義務について広範に法律で定める立法政策を採用したため（勤務条件法定主義は，その典型例である），法律の委任に基づく人事院規則の対象も広範になっている。「職員の任免」（人規 8-12），「採用試験」（人規 8-18），「職員の身分保障」（人規 11-4），「職員の定年」（人規 11-8），「職員の懲戒」（人規 12-0），「不利益処分についての審査請求」（人規 13-1），「勤務条件に関する行政措置の要求」（人規 13-2），「政治的行為」（人規 14-7），「営利企業の役員等との兼業」（人規 14-8），「職員の勤務時間，休日及び休暇」（人規 15-14），「職員団体の登録」（人規 17-1），「倫理法又は同法に基づく命令に違反した場合の懲戒処分の基準」（人規 22-1）等が，その主要例である。

単に対象が広範に及ぶのみならず，政治的行為に関する人事院規則のように，法律でほとんど白紙委任に近いような委任がなされることもあり，一般的にいって，委任の程度が大きいことも特色といえる（⇒第Ⅰ巻第 17 章 ***2*** **(3)1)**）。裁判所も人事院に広範な立法裁量を付与する委任の方法を是認している（国家公務員法 102 条 1 項の委任を受けた人事院規則 14-7〔政治的行為〕について，最判昭和 33・5・1 刑集 12 巻 7 号 1272 頁・百選Ⅰ〔初版〕46 事件・公務員百選 67 事件）。最大判昭和 49・11・6 刑集 28 巻 9 号 393 頁・百選Ⅰ〔第 4 版〕22 事件・公務員百選 68 事件（猿払事件）において，大隅健一郎裁判官らは，反対意見において，「人事院が内閣から相当程度の独立性を有し，政治的中立性を保障された国家機関で，このような立場において公務員関係全般にわたり法律の公正な実施運用にあたる職責を有するものであることに照らすときは，右の程度の抽象的基準のもとで広範かつ概括的な立法の委任をしても，その濫用の危険は少なく，むしろ現実に即した適正妥当な規則の制定とその弾力的運用を期待することができると考えられる」と述べ，人事院の独立性から広範な委任を是認する立場を表明している（東京高判昭和 30・9・20 高刑集 8 巻 8 号 1024 頁も参照）。

意見公募手続の適用の有無

人事院は職権行使につき内閣から独立しており，人事院規則案について内閣補助部局である内閣法制局の審査を受けないが，人事院規則の制定改廃に当たっては，行政手続法 6 章の意見公募手続等の規定は原則として適用になり（行手 2 条 8 号・38 条以下），意見公募手続等の瑕疵は人事院規則の瑕疵になる。なお，公務員の給与，勤務時間その他の勤務条件について定める命令等（行手 3 条 2 項 5 号）は，公務員にのみ適用され，労使双方の意見を聴いた上で第三者機関である人事院により規則が制定されるので，意見公募手続等の手続をとることは必ずしも適切でないと考えられたため，同法6章の規定の適用除外となっている。また，公務員の礼式，服制，研修，教育訓練，表彰および報償ならびに公務員の間における競争試験について定める命令等（行手4条4項3号），一定の内容の命令等は，行政組織内部の規律を定めるものであるため，意見公募手続等の規定は適用除外とされている。しかし，たとえば，人事院規則で定める採用試験は，以上の例外に該当せず，直接に国民の権利義務と関わるものであるので，意見公募手続等の規定の適用を受ける[23)]。

準司法的機能

公務員に対する不利益処分にかかる審査請求の審査（国公90条以下），株式所有の関係等に関する人事院の通知に対する審査請求の審査（国公103条5項〜7項）は，人事院の所掌事務とされている。これが準司法的機能とされるのは，対審構造の下，公開の審理が行われ，司法手続に準じた攻撃防御が行われる審理構造になっているからである。しかし，人事院が行った裁決を不服として訴訟が提起される場合，審級省略がなされるわけでもなく，新証拠の提出制限や実質的証拠法則が法定されているわけでもない。

公平委員会

職員に対する不利益処分にかかる審査請求を審理するために事件ごとに人事院に設けられるのが公平委員会である（人規13-1〔不利益処分についての不服申立て〕19条1項本文）。公平委員会は，3名または5名の公平委員をもって組織し（人規13-1第19条2項），公平委員は，人事官および事務総局の職員のうちから人事院が指名する。ただし，必要があると認めるときは，学識経験のあるその他の者を公平委員に指名することができる（人規13-1第21条1項）。公平委員会は，事案を審理し調書を作成し，判定に関する公平委員会の意見を付して人事院に提出する（人規13-1第20条）。判定は人事院が行う。この判定は，最終のものであって，人事院規則の定めるところにより，人事院によってのみ審査される（国公92条3項）。

⑶　人事委員会・公平委員会

地方公共団体において，国の人事院に対応し，人事行政の公正・中立性の確保，労働基本権制約の代償措置のために条例で設けられる行政委員会が，人事委員会・公平委員会である。人事委員会・公平委員会は，地方自治法上，執行機関と

23)　宇賀・行政情報化77頁参照。

して位置づけられており（自治180条の5第1項3号），単なる諮問機関ではない。人事委員会・公平委員会は3人の委員をもって組織し（地公9条の2第1項），委員は，議会の同意を得て地方公共団体の長が選任する（同条2項）。

都道府県および政令指定都市は，人事委員会を設置するものとされている（地公7条1項）。人口15万以上の市（政令指定都市を除く）および特別区は，条例で人事委員会または公平委員会のいずれかを設置するものとされている（同条2項）。

Column　任意設置の人事委員会

人事委員会または公平委員会のいずれも設置しうる市の中で，2009（平成21）年9月1日現在，人事委員会を設置してるのは，熊本市と和歌山市のみであった。

熊本市においては，1991（平成3）年に設置された「熊本市21世紀のあるべき職員像検討委員会」の最終報告において，人事委員会を設置し，より高度で適正な人事行政の確立を図るべきことが提言され，これを受けて，1994（平成6）年に，人事委員会の設置条例が制定された。同市は1991年にすでに人口が約64万人に達しており，人事委員会の設置は，政令指定都市への移行をにらんで行われた面もある。熊本市は，2012（平成24）年4月1日に政令指定都市になったので，現在では，人事委員会と公平委員会を選択しうる市の中で人事委員会を設置しているのは，和歌山市のみとなった。

和歌山市においては，行政の複雑化・多様化に伴い専門的な人事行政を確立する必要性が高まったこと，1998（平成10）年に，市職員の採用をめぐる贈収賄事件で当時の市長や秘書課長が逮捕されたことを契機に職員採用の公平性の確保，透明性の向上を求める声が高まったことを背景として，1999（平成11）年に，人事委員会の設置条例が制定された。なお，特別区は，一部事務組合として特別区人事・厚生事務組合を設け，特別区人事委員会が，23区職員の採用，給与勧告等を行っている。

人口15万未満の市，町村および地方公共団体の組合は，公平委員会を設置するものとされている（同条3項）。ただし，公平委員会は，人口の少ない地方公共団体に設置されるものであるので，各地方公共団体単位で設置するだけの行政需要が存在しないこともありうるし，また，委員となる学識経験者を確保することが困難な地方公共団体もありうる。そこで，公平委員会を置く地方公共団体は，議会の議決を経て定める規約により，公平委員会を置く他の地方公共団体と共同して公平委員会を置き，または他の地方公共団体の人事委員会に委託して公平委員会の事務を処理させることができることとされている（同条4項）。このように，共同設置や委託が認められているため，人事委員会と公平委員会の総数は，普通地方公共団体の総数より少なく，2008（平成20）年4月1日現在，合計で1186存在する（人事委員会67，公平委員会1119〔うち単独設置994，共同設置115，一部事務組合 10〕)。

人事委員会・公平委員会ともに，行政機能（人事委員会の場合には，人事行政の公正性を確保するため必要な勧告および競争試験等を行うこと，ならびに労使問題の第三者機関として職員団体の登録等の事務を行うこと。公平委員会の場合には，職員団体の登録等の事務を行うこと，および条例で定めるところにより競争試験等を行うこと)，準立法的機能（人事委員会の場合には，人事行政の専門機関として専門的，技術的事項について規則等を制定すること。公平委員会の場合には，職員団体の登録に関する事務について規則を制定すること)，準司法的機能（職員に対する不利益処分等を審査すること）を有する点は，人事院と共通しているが，人事委員会と比較して公平委員会の権限は制限されている。人事行政に関する意見提出権，勧告権は人事委員会のみに認められている（地公 8 条 1 項 9 号〜12 号の人事委員会の権限が地公 8 条 2 項の公平委員会の権限に対応し，地公 8 条 1 項 1 号〜8 号の人事委員会の権限に対応する権限は，公平委員会には付与されていない)。

人事院の所掌事務は国家公務員法上限定列挙になっていないのに対し（国公 3 条 2 項)，人事委員会，公平委員会の所掌事務は地方公務員法上限定列挙されていること（地公 8 条 1 項・2 項)，人事院の人事官は全員が常勤であるのに対し，人事委員会の委員は常勤または非常勤，公平委員会の委員は非常勤とされていること（地公 9 条の 2 第 11 項)，人事院に認められている自主組織権（国公 4 条 4 項)，二重予算制度（国公 13 条 4 項）は人事委員会，公平委員会には認められておらず，地方公共団体の他の委員会と同じ位置づけになっていること等に照らし，人事委員会，公平委員会（とりわけ後者）が人事院ほどの機能を発揮しうるかについては，疑問が提起されることもある。最大判昭和 51・5・21 刑集 30 巻 5 号 1178 頁（岩手県教組事件）も，「詳細に両者を比較検討すると，人事委員会又は公平委員会，特に後者は，その構成及び職務権限上，公務員の勤務条件に関する利益の保護のための機構として，必ずしも常に人事院の場合ほど効果的な機能を実際に発揮しうるものと認められるかどうかにつき問題がないではない」と述べている。もっとも，同判決は，「なお中立的な第三者的立場から公務員の勤務条件に関する利益を保障するための機構としての基本的構造をもち，かつ，必要な職務権限を与えられている（地公法 26 条〔給料表に関する報告及び勧告〕，47 条〔措置要求の審査等〕，50 条〔不服申立て審査等〕）点においては，人事院制度と本質的に異なるところはな（い)」と判示している。

なお，地方公務員法には，同法5条1項に規定する事項（職員に適用される基準の実施等）にかかる条例の制定改廃をしようとするときに，地方公共団体の議会に対し人事委員会の意見聴取を義務づける規定（同条2項）がある。国家公務員法では，特定の行政分野にかかる採用試験等の対象官職や種類，採用試験により確保すべき人材に関する事項に関する政令，幹部職員人事の一元管理における適格性審査および幹部候補者名簿に関する政令を定めるに当たっては，事前に人事院の意見を聴くこととされている（国公45条の2第4項・61条の2第6項）。

8　国家公務員法改正の経緯

(1)　新公務員制度調査会答申までの動き

日本国憲法の精神を踏まえて，1947（昭和22）年に国家公務員法が制定されたが，米ソ冷戦という国際情勢を背景に，1948（昭和23）年12月に国家公務員の労働基本権を制限する重要な国家公務員法改正が行われた。その後も，1951（昭和26）年の政令諮問委員会答申，1955（昭和30）年の旧公務員制度調査会答申，1964（昭和39）年の第1次臨時行政調査会答申，1965（昭和40）年，1969（昭和44）年，1970（昭和45）年，1972（昭和47）年の公務員制度審議会答申，1981（昭和56）年，1982（昭和57）年の第2次臨時行政調査会答申，1985（昭和60）年，1986（昭和61）年，1990（平成2）年，1991（平成3）年，1993（平成5）年の臨時行政改革推進審議会答申等，多くの答申が出されてきた。答申内容が実現したものもあるが，実現されなかったものも少なくない。

近年の動きとしては，1993（平成5）年の第3次行革審最終答申を受けて，1997（平成9）年4月に新公務員制度調査会が設けられた。その前年の1996（平成8）年に設置された行政改革会議は，同年9月に中間報告で，同会議が認識する課題と検討方向を示し，詳細な審議は，新公務員制度調査会にゆだねた。行政改革会議最終報告は，1997（平成9）年12月3日に出され，そこにおいても公務員制度改革の基本方針が示され，1998（平成10）年制定の中央省庁等改革基本法48条に国家公務員制度の改革について，49条に中央人事行政機関の機能の分担の見直しの基本方針等に関する規定が設けられている。1999（平成11）年3月16日には，新公務員制度調査会から「公務員制度改革の基本方向に関する答申」[24)]

が出されている。この答申は，国家公務員制度を抜本的に改革するというよりも，運用による改善を中心とした内容になっている。

⑵ 「行政改革大綱」以降の動き

2000（平成12）年12月1日に「行政改革大綱」が閣議決定され，国家公務員制度，地方公務員制度の抜本的改革の方針がとられ，新公務員制度調査会の答申が示した漸進的改革の方針が軌道修正されることになる。2001（平成13）年1月に内閣官房行政改革推進事務局公務員制度等改革推進室が設置され，ここが中心になって，改革案作成作業を行い，同年3月に「公務員制度改革の大枠」，同年6月に「公務員制度改革の基本設計」が公表され，同年12月25日に「公務員制度改革大綱」が閣議決定されている[25]。

しかし，公務員制度改革大綱で示された営利企業への再就職規制の承認機関を人事院から各府省の大臣に変更する部分については，「お手盛り」批判が強く，また，閣議決定に至る手続が不透明であったことにも批判が多かった。そのため，2004（平成16）年6月に「与党申し入れ」としてまとめられた「今後の公務員制度改革の取組について」においては，各府省の大臣ではなく，内閣の承認制を取るように申し入れがなされた。そして，同年12月24日に「今後の行政改革の方針」が閣議決定され，当面，能力・実績主義の評価の試行や適切な退職管理等に重点的に取り組むこととされた。さらに，2005（平成17）年12月の「行政改革の重要方針」の閣議決定，2006（平成18）年6月2日制定の「簡素で効率的な政府を実現するための行政改革の推進に関する法律」においても，能力・実績主義の人事管理の徹底，退職管理の適正化等を中心として，できるだけ早期に公務員制度改革の具体化を図ることとされた。これを受けて，2007（平成19）年4月24日に「公務員制度改革について」が閣議決定され，同年の通常国会への国家公務員法改正案の提出に至った。

24） これについては，ジュリ1158号の特集，高橋滋「公務員制度」ジュリ1161号136頁以下参照。また，地方公務員制度については，同年4月に，地方公務員制度調査研究会が報告書を提出している。これについては，塩野・法治主義475頁以下参照。

25） これについては，ジュリ1226号の特集，西谷敏＝晴山一穂編・公務員制度改革（大月書店，2002年），宇賀ほか・対話272頁以下，川田琢之「『公務員制度改革大綱』の閣議決定」日本労働法学会誌99号137頁以下，松田浩樹「公務員制度改革」法教262号2頁以下，日本労働研究雑誌509号の特集参照。

(3) 2007（平成19）年国家公務員法改正とそれ以降の動き

2007（平成19）年7月6日に人事評価制度の導入等により能力および実績に基づく人事管理の徹底を図ることと新たな退職管理の導入を二本柱とする国家公務員法改正[26]が実現した。さらに，公務員の労働基本権のあり方その他の公務員にかかる制度に関する専門事項を調査するため，2006（平成18）年7月27日から審議を行ってきた行政改革推進本部専門調査会により，2007（平成19）年10月19日，「公務員の労働基本権のあり方について（報告）」がまとめられている。そして，同年改正の国家公務員法による退職管理の要になる官民人材交流センターについては，内閣官房長官の下に置かれた「官民人材交流センターの制度設計に関する懇談会」で，2007（平成19）年7月18日以来，詳細な検討が行われ，同年12月14日に報告が出されている。

さらに，公務員制度改革をパッケージとして進めるために，国家公務員の採用，官民交流，定年，人事管理に関する責任体制等について，2007（平成19）年7月24日以来，検討してきた内閣総理大臣の懇談会である「公務員制度の総合的な改革に関する懇談会」の報告書が2008（平成20）年2月5日に内閣総理大臣に提出されており，政府は，これを踏まえて，同年の通常国会に，採用から退職までの国家公務員の人事管理制度全般の総合的な改革を推進するための基本方針を盛り込んだ国家公務員制度改革基本法案を4月4日に提出し，同国会で修正の上，同年6月6日に可決成立した[27]（国家公務員制度改革基本法に退職管理に関する規定が含まれていないのは，この問題については，すでに法的措置が講じられていると考えられ

26）　ジュリ1355号の特集，晴山一穂「国家公務員法改正法の意味と問題点」国公労調査時報536号16頁以下，中井亨「国家公務員法等の一部を改正する法律について（平成19年法律第108号）」季刊行政管理研究119号51頁以下，荒井達夫「国家公務員法改正の論点――官民癒着とキャリアシステム」立法と調査272号37頁以下，政木広行「能力及び実績に基づく人事管理の徹底と退職管理の適正化――国家公務員法等の一部を改正する法律案」立法と調査271号9頁以下，ローフォーラム「公務員の再就職規制を見直し――国家公務員法の改正」法セ634号123頁以下参照。

27）　国家公務員制度改革基本法全般について論じたものとして，西尾隆「国家公務員制度改革基本法」ジュリ1363号44頁以下，渡邉泰之「国家公務員制度改革を総合的に推進（国家公務員制度改革基本法）」時法1823号6頁以下参照。また，国家公務員制度改革基本法制定を機縁に，内閣人事局の設置と内閣による人事管理機能の強化について詳細に論じたものとして，上田健介「内閣と公務員の人事権：国家公務員制度改革基本法の成立を契機として」近畿大学法科大学院紀要5号135頁以下参照。

たからである)。

政府は，同年7月11日，国家公務員制度改革推進本部を設置し，同年9月5日から顧問会議での審議が開始され，同年11月4日に報告がなされている。さらに，同年10月22日から労使関係制度検討委員会での検討も開始された。同年12月31日には官民人材交流センターが設置され，翌2009（平成21）年2月3日には，国家公務員制度改革の「工程表」が，国家公務員制度改革推進本部で決定された。そして，この国家公務員制度改革基本法の内容を具体化するため，麻生太郎内閣の下で，「国家公務員法等の一部を改正する法律案」が，同年3月31日，通常国会に提出された。同法案は幹部職員の一元管理のほか，中央人事行政機関の機能の見直しを図り，任用に関する事務をすべて人事院から内閣人事局に移管しようとするものであった。これに対し，人事院は，同年3月，内閣総理大臣に意見書を提出し，人事院が担ってきた任用の基準設定および採用試験・研修の企画立案ならびに給与のうち指定職俸給表の適用を受ける職員の号俸決定および級別定数の設定・改定に関する機能を，使用者たる内閣総理大臣に移管することは，公務員人事管理の中立・公正性，労働基本権制約の代償機能を損なうおそれがあると指摘した[28]が，同年7月21日の衆議院解散に伴い同法案は廃案となった。

また，同年4月1日には，2007（平成19）年の国家公務員法改正で導入された人事評価が施行され，同年4月13日に，各府省の再就職のあっせんを翌2010（平成22）年からは禁止する政令が制定されている。

***Column*　人事評価**

人事評価は，能力評価と業績評価からなる。能力評価は，コンピテンシー（行動特性）を評価するもので，評価期間（10月～9月）において職員が職務遂行に当たり発揮した能力を評価するものである。業績評価は目標管理の観点から行われるもので，評価期間（10月～3月，4月～9月）において職員が職務遂行に当たり挙げた業績を原則として5段階で評価するものである。昇任，昇格，昇給には，能力評価および業績評価が活用され，勤勉手当には基準日以前における直近の業績評価が活用される。また，能力評価または業績評価の全体評価が最下位となった場合には，免職，降任，降給，降号という措置の契機になる。

なお，2007（平成19）年通常国会には，能力・実績主義の導入と退職管理を内

28)　人事院の意見については，平成20年度年次報告書（人事院）44頁以下参照。

容とする地方公務員法改正案も提出され，継続審査されていたが，2009（平成21）年７月21日の衆議院解散に伴い廃案となった。しかし，2012（平成24）年５月11日に総務省が公表した「地方公務員制度改革について（素案）」においては，能力および実績に基づく人事管理，退職管理の適正化について，廃案となった上記法案と同様の措置を講ずることとされている。そして，2014（平成26）年の地方公務員法改正により，上記２点を内容とする改革が実現した。

Column　岸和田市の人事考課制度

岸和田市が開発した人事考課制度は，2003（平成15）年度から管理・監督職を対象に，2004（平成16）年度から一般職員も対象に加えて試行され，2006（平成18）年度から本格的に実施されている。この制度は，昇任・昇格や人事異動の判断材料とすることも目的としているものの，人材育成目的を重視している点に特色がある（岸和田市職員人事考課実施要綱参照）。能力考課と実績考課が行われるが，考課結果を対象職員に開示し，人材育成の視点から考査結果の説明，指導，助言を行うこととしている。また，課長等の管理職を対象に，課員の中から課内の合意により選任された３名以上の考課者が課長等を考課するマネジメント・サポート制度が実施されている点も注目される。

⑷　2010（平成22）年国家公務員法改正案

2009（平成21）年の自民・公明の連立政権から民主党中心の連立政権への政権交代に伴い，公務員制度改革のあり方に一部変化がみられた。鳩山由紀夫内閣総理大臣（当時）は，2009（平成21）年９月29日，各府省の再就職のあっせんを禁止し，官民人材交流センターのあっせんも原則禁止する旨の発言をしている。鳩山内閣の下で，2010（平成22）年２月19日，国家公務員法改正案が閣議決定され，国会に提出された。この法案の骨子は，内閣の人事管理機能の強化を図るため，内閣人事局を設置し，幹部職員人事の一元管理に関する規定等を創設すること，国家公務員の退職管理の一層の適正化を図るため，官民人材交流センターおよび再就職等監視委員会を廃止し，再就職等規制違反行為の監視等を行う新たな組織として，民間人材登用・再就職適正化センターを設置することであった（2009〔平成21〕年法案にあった人事院，総務省等からの機能移管等は含まれていなかった）。同法案には，事務次官級，局長級，部長級の官職は同一の職制上の段階に属するものとみなして，これらの間の異動を転任として可能とする内容も含まれていたが（後述する平成23年法案も同じ），これに対しては，恣意的な人事が行われる懸念が示されていた。また，人事院，総務省等からの機能移管をしないことは，国家公務員制度改革基本法に反するのではないかとの批判もあった。同法案は，同年5月13日，衆議院で可決されたが，同年6月6日に審議未了廃案となった。その後，同月22日に，菅直人内閣の下で，「退職管理基本方針」が閣議決定されている。

(5) 2011（平成23）年の国家公務員制度改革関連4法案

国家公務員制度改革基本法12条は，「政府は，協約締結権を付与する職員の範囲の拡大に伴う便益及び費用を含む全体像を国民に提示し，その理解のもとに，国民に開かれた自律的労使関係制度を措置するものとする」と定めている。労使関係制度検討会の報告である「自律的労使関係制度の措置に向けて」が2009（平成21）年12月15日に出され，翌年11月26日から検討を行っていた「国家公務員の労働基本権（争議権）に関する懇談会」の報告も同年12月に公表された。これを受けて，「自律的労使関係制度に関する改革素案」が同月24日に公表され，同日から翌月14日までパブリックコメント手続がとられた。そして，2011（平成23）年4月5日に国家公務員制度改革推進本部が，「国家公務員制度改革基本法等に基づく改革の『全体像』について」を決定し，同年6月3日に，国家公務員制度改革関連4法案（「国家公務員法等の一部を改正する法律案」，「国家公務員の労働関係に関する法律案」，「公務員庁設置法案」，「国家公務員法等の一部を改正する法律等の施行に伴う関係法律の整備等に関する法律案」）が菅内閣の下で国会に提出された[29]。

2011（平成23）年の「国家公務員法等の一部を改正する法律案」は，内閣による人事管理機能を強化するため，幹部人事の一元管理等の措置を講じ，退職管理の一層の適正化を実現するため，再就職等規制違反行為に対する監視機能を強化する等の措置を講じ，自律的労使関係制度の措置等が講じられるのに伴い，人事院および人事院勧告制度を廃止し，人事行政の公正を確保するための人事公正委員会の設置等の措置を講ずることを内容とするものである。「国家公務員の労働関係に関する法律案」は，自律的労使関係制度を構築するために，国家公務員の

29）国家公務員制度改革関連4法案について，ジュリ1435号，法時84巻2号の特集を参照。

労働基本権を拡大し，団体交渉の対象事項，当事者および手続，団体協約の効力，不当労働行為事件の審査，あっせん，調停および仲裁等について定めるものである。「公務員庁設置法案」は，国家公務員の任免，勤務条件等に関する制度ならびに団体交渉および団体協約に関する事務等の国家公務員の人事行政に関する事務等を行う公務員庁を設置することを内容とする。「国家公務員法等の一部を改正する法律等の施行に伴う関係法律の整備等に関する法律案」は，上記3法案の施行に伴う関係法律の規定の整備等を行うものである。

国家公務員制度改革関連4法案の国会提出後，2011（平成23）年4月19日に江利川毅人事院総裁（当時）は，同法案により人事院が廃止されることになるのを受けて，(i)人事院が担ってきた人事行政の公正を引き続き確保するため，法令として措置すべき事項および(ii)労働基本権制約の代償機能を担ってきた人事院の経験を踏まえ，適切かつ実効性のある労使関係制度とするために必要な措置について内閣総理大臣に意見書を提出している。また，同年9月30日の人事院勧告には別紙として「国家公務員制度改革に関する報告」が付されており，国家公務員制度改革関連4法案に関して論点を整理し提示するとともに，国家公務員制度改革基本法が定める課題のうち，人事院が取り組むべき課題等についての取組状況が報告されている[30]。2012（平成24）年8月8日の人事院勧告においても国家公務員制度改革についての意見が述べられている。そこでは，国家公務員制度改革に当たり，公務員を国民全体の奉仕者と位置づけている憲法の基本理念の下で国家公務員法において定められている成績主義等の基本原則を踏まえ，現行制度の問題点を明確にし，それに的確に対応した実効性のある改革案を検討し，あわせて国民にもたらす利害得失も検証することが重要とし，今後，国会等の場において十分な議論が尽くされることが必要と述べられている。国家公務員制度改革関連4法案の論点としては，協約締結権の付与と人事行政の公正の確保が取り上げられている。協約締結権の付与については，(i)公務員は，民間企業の労働者のように利潤の分配を求める立場になく，倒産の懸念がない公務の労使交渉においては，市場の抑制力という給与決定上の制約が存しないため，民間の労使交渉のような自主的決着を期することは難しいこと，(ii)国会が給与を最終決定する

30）米英独仏との比較を踏まえて，わが国の公務員制度改革について論じたものとして，村松岐夫編・公務員制度改革——米・英・独・仏の動向を踏まえて（学陽書房，2008年）参照。

下では，使用者である大臣等も給与決定について最終決定権を持つ交渉当事者とはなれず，市場の抑制力という制約が存しないことからも，自主的な決着に至らず仲裁への移行が常態化する懸念があること，(iii)職員団体に加入している者の割合が全体で約4割と半数以下になっている現状を踏まえれば，労働組合の交渉当事者としての代表性をいかにして確保するかが新たな労使関係制度を措置する上で，議論しておくべき重要な前提であることが指摘されている。人事行政の公正の確保については，(iv)採用試験の出題や合否判定等について，組織的に一定の独立性を有する第三者機関が行い，研修講師の選任，カリキュラム作成等について中央研修機関に自立性を付与すべきこと，(v)幹部職員の適格性審査に第三者機関が適切かつ実効的に関与し，幹部職員間の転任には適性の検証を行い異動の合理性・納得性を高めるための措置を講ずべきこと，が指摘されている。

(6) 2014（平成26）年国家公務員法等改正

2012（平成24）年12月26日に自公政権が復活し，2013（平成25）年2月22日から，公務員制度改革担当大臣の下で，有識者から意見を聴取する「今後の公務員制度改革の在り方に関する意見交換会」を開催し，同年5月24日に議論の中間整理が公表された。これを踏まえて，同年6月28日に国家公務員制度改革推進本部が「今後の公務員制度改革について」を決定した。そこでは，今後の国家公務員制度改革は，第1次安倍内閣において始めた国家公務員制度改革の延長線上に位置づけられるべきとし，①幹部人事の一元管理，②幹部候補育成課程，③内閣人事局の設置等，④国家戦略スタッフ，政務スタッフ，⑤その他の法制上の措置の取扱いに関して，機動的な運用が可能な制度設計を行うこととされた。そして，ようやく2014（平成26）年通常国会で国家公務員法等の一部を改正する法律が成立した。中央省庁等改革基本法で課された国家公務員制度改革の課題が一応の解決をみたといえる。同年の改正では，大臣補佐官の新設（内閣府14条の2，行組17条の2），外局（実施庁を除く）の幹部職にかかる任命権の各大臣への付与（国公55条1項），幹部職員の降任の弾力化に関する特例（国公78条の2）等も行われているが，ポイントは，以下の2つである。

第1のポイントが，縦割り行政の弊害を是正し，内閣主導で府省横断的に幹部職員を活用するための幹部職員人事の一元管理等である。具体的には，幹部職（本府省の事務次官級，局長級，部長級）に属する官職にかかる標準職務遂行能力を有することを確認するための適格性審査（国公 61 条の 2 第 1 項）を内閣官房長官（内閣総理大臣の権限が内閣官房長官に委任されている。同条5項）が行い，適格性審査の結果，確認を受けた者について，内閣官房長官が幹部候補者名簿を作成する（同条2項・5項）。幹部職員の任免権は，従前と同様，府省の大臣が有するが，幹部職にかかる任命は，幹部候補者名簿に記載されている者について行うことになる（国公 61 条の 3 第 1 項・2 項）。そして，幹部職にかかる任免を行うに当たっては，事前に内閣総理大臣および内閣官房長官に協議し，当該協議に基づいて行う（国公 61 条の 4 第 1 項）。内閣総理大臣または内閣官房長官は，幹部職員について適切な人事管理を確保するために必要があると認めるときは，任命権者に対し，幹部職員の昇任，転任，降任，退職および免職（以下「昇任等」という）について協議を求めることができ，この場合において，協議が調ったときは，任命権者は，当該協議に基づいて昇任等を行うものとされた（同条4項）。従前から，2000（平成 12）年 12 月 19 日の「事務次官，局長その他の幹部職員の任免に際し内閣の承認を得ることについて」が閣議決定され，局長級以上の職員の任免については内閣の承認を得ることとされていたが，2014（平成 26）年の幹部職員人事の一元化にあっては，対象が審議官以上とされ大幅に拡大したことに加え，事後承認ではなく，内閣官房長官が適格性審査を経て幹部候補者名簿を作成し，また，各省大臣が任用候補者を選定した後に内閣総理大臣，内閣官房長官と各省大臣が任免協議を行い，それを経て各省大臣による任命に至ることになったため，任命の事前の過程に内閣総理大臣，内閣官房長官が関与することになった点が，大きな変化といえる。

上記の幹部職員人事の一元管理は，内閣主導による政治任用を認めるものではなく，成績主義（merit system）を前提として，能力・実績に基づく任用を徹底しようとするものである。したがって，人事の公正を確保するための人事院の関与が認められている。すなわち，適格性審査の基準・手続や幹部候補者名簿の作成等における公正を確保するため，これらにかかる政令を定めるに当たっては，人事院の意見を聴くことが義務づけられている（国公 61 条の 2 第 6 項）。また，外部人材を幹部職員として任用するに当たっては，国家公務員法に基づく人事評価資料のような当該者の能力・実績に関する情報が限定されているため，人事の公正を確保するため，「人事行政に関し高度の知見又は豊富な経験を有し，客観的かつ中立公正な判断をすることができる者」の意見を聴くものとされ（幹部職員の

図 幹部職員の任用に係るプロセス（イメージ）

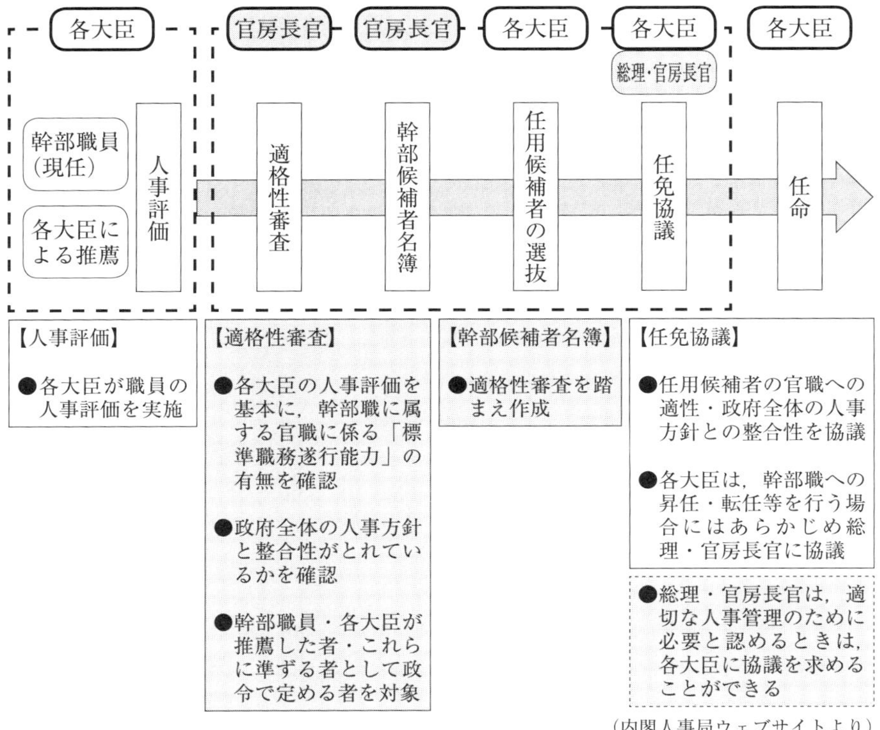

（内閣人事局ウェブサイトより）

任用等に関する政令3条3項），人事院の人事官から意見聴取が行われている（2016〔平成28〕年4月1日現在で4件の意見聴取が行われている）。なお，法律の規定に基づき内閣に置かれる機関（内閣法制局および内閣府を除く），人事院，検察庁および会計検査院の官職については，幹部職員の任用等に関する特例（国公61条の2～61条の5）規定は適用されない（同法61条の8第1項）。

幹部職員人事の一元管理と併せて，幹部候補育成課程も新設された（国公61条の9）。「幹部候補育成課程の運用の基準」（平成26年8月29日内閣官房告示第1号）によれば，各大臣等が実施規程を定め，各府省等に設けられた幹部候補育成課程を運用する。対象者の選定の基準は，採用後3年以上勤務し，かつ，勤務している期間が10年を下回らない範囲内で各大臣が実施規程に定める年数を超えていない者の中から，本人の希望および人事評価に基づき対象者を随時選定し，選定から15年程度，各種研修や多様な勤務経験の機会を付与して，幹部候補として育成するものである。

第2のポイントは，幹部職員人事の一元管理の事務を担うとともに，政府としての人材戦略を推進するための内閣人事局の設置である。内閣人事局は，中央人事行政機関としての内閣総理大臣の事務（国公18条の2）を補佐し，(i)幹部職員人事の一元管理等のほか，(ii)旧総務省人事・恩給局から移管された各府省人事管理方針等の総合調整，人事評価・服務・退職管理等の事務，(iii)人事院から移管された級別定数，確保すべき人材，研修の総合調整の事務を担う。さらに，(iv)総務省行政管理局から移管された機構・定員審査の事務，(v)旧総務省人事・恩給局から移管された退職手当，特別職給与等の事務，(vi)総人件費の基本方針に関する事務等も担う[31)]。

31）　中央省庁等改革以降の公務員制度改革を概観するものとして，寺田麻佑「公務員制度改革と行政組織の編成」社会科学ジャーナル84号38頁以下がある。

第2章 公務員の勤務関係

Point

1) ある者を特定の官職に就ける行為を任用という。国家公務員法・地方公務員法は，任用の方法として，採用，昇任，降任，転任の４類型を定めている。

2) 国家公務員法においては，すべて職員の任用は，同法および人事院規則の定めるところにより，その者の受験成績，人事評価またはその他の能力の実証に基づいて行うこととされている。地方公務員法も，職員の任用は，同法の定めるところにより，受験成績，勤務成績その他の能力の実証に基づいて行わなければならないとしている。

3) 最高裁は，住民の権利義務を直接形成し，その範囲を確定するなどの公権力を行使し，もしくは普通地方公共団体の重要な施策に関する決定を行い，または，これらに参画することを職務とする地方公務員を公権力行使等地方公務員と定義する。公権力行使等地方公務員には，原則として日本国籍を有する者のみが就任することが想定されており，外国人が就任することは想定されていないとする。その根拠を最高裁は，国民主権の原理に求めている。

4) 一般職職員が欠格事由に該当するに至った場合には，当然に職員の身分を失うのが原則であり，これが失職である。

5) 職員の意に反して職員の身分を行政処分により奪い退職させるのが免職である。免職の中には，行政運営上，当該職員を官職に就けておくことが適切でないために行われ，本人に対する非難，制裁の性格を有しない分限免職と，本人の非行に対する非難，制裁の性格を有する懲戒免職がある。

6) 本人の自発的意思により離職するのが辞職であり，依願免職ともいわれる。辞職の申出があっても，自動的に辞職の効果が発生するのではなく，任命権者による承認が必要である。

---

1 公務員の勤務関係の法的性格

特別権力関係論の衰退　大日本帝国憲法下においては，官吏の勤務関係は特別権力関係と解されていたが，日本国憲法の下では特別権力関係論はほぼ否定されたといいうることは，すでに述べたとおりである（⇒第2編第

1章**3**(2))。後に詳しくみるとおり，公務員は法律，条例または人事院規則の定める場合を除いて不利益処分を受けない身分保障を受け（国公75条，地公27条），公務員に対して不利益処分をする場合についても，その実体的要件，手続，効果が法定され（国公78条〜81条・82条〜85条，地公28条・29条等），不利益処分に対する審査請求，訴訟の道も開かれており（国公89条〜92条の2，地公49条〜51条の2），現行の実定法制を特別権力関係論で説明することには無理がある。最高裁は，戦後もしばらくは，公務員の勤務関係を特別権力関係として説明していたが（最判昭和32・5・10民集11巻5号699頁，最大判昭和40・7・14民集19巻5号1198頁・公務員百選75事件），今日では，特別権力関係論から訣別したものとみられる[1)]。

労働契約説の登場

学説においては，特別権力関係論を批判し，これに代わるものとして，労働契約説が登場した[2)]。すなわち，公務員も日本国憲法にいう勤労者であり，民間の労働者と基本的に異ならないとするのである。下級審裁判例の中にも，国家公務員の勤務関係もその本質においては私的労働契約関係と異ならないとするものがある（金沢地決昭和45・5・15判時593号25頁）。

最高裁も，日本国憲法28条の労働基本権の保障が公務員にも及ぶことは肯定している（最大判昭和48・4・25刑集27巻4号547頁・公務員百選81事件〔全農林警職法事件〕）。また，公務員にも日本国憲法21条の表現の自由の保障が原則として及ぶことも肯定されている（最大判昭和49・11・6刑集28巻9号393頁・百選Ⅰ〔第4版〕22事件・公務員百選68事件〔猿払事件〕）。しかし，実際には，国家公務員・地方公務員ともに勤務条件法定主義・条例主義が採られ，契約により勤務条件を決定しうる余地がわずかであるため，労働契約説を採る意義に乏しいという批判がある。また，不利益処分等，任命権者の公務員に対する作用の多くが行政処分として構成されている以上，公務員の勤務関係を労働契約として説明することには無理が伴うという指摘もある。実際，公務員については，労働契約法の規定の適用が除外されている（労契22条1項）。

公法上の勤務関係説

現在では，公務員の勤務関係について，広範に法律・条例による規律が及んでいる実態を踏まえて，この関係については，各法律・条例の解釈として議論すれば足りるという理解が有力といえよう。

---

1)　公務員の勤務関係に関する判例の分析については，塩野・諸問題181頁以下参照。

2)　室井力・特別権力関係論（勁草書房，1968年）38頁以下参照。

最高裁は，国家公務員の勤務関係を「基本的には，公法的規律に服する公法上の関係である」（最判昭和49・7・19民集28巻5号897頁・百選Ⅰ8事件・公務員百選5事件）とし，地方公共団体の勤務関係について，名古屋高判昭和55・5・1労民集31巻3号571頁は，公法関係であるとし，上告審の最判昭和56・6・4労判367号57頁は，この判断を是認している。しかし，最高裁は，公法上の勤務関係説に立ちながらも，民間の雇用関係において適用されてきた法理を公務員の勤務関係にも適用する場合があることに留意する必要がある。すなわち，最判昭和50・2・25民集29巻2号143頁・百選Ⅰ31事件・公務員百選45事件は，民間の労働災害事件で適用されてきた安全配慮義務の法理を信義則上の義務として，国と公務員の間にも適用したのである3)。

他方，民間の労使関係に適用される解雇権濫用の法理を公務員関係で類推適用することについて，一般に裁判例は消極的である。東京高判平成19・11・28判時2002号149頁は，長期にわたり任用を反復した後に再度の任用がなされなかった場合，公法上の任用関係である非常勤職員の任用については解雇権濫用の法理の類推適用はなく，任期終了と同時に当然に公務員としての地位を失うとして地位確認および賃金支払の請求は認めなかった。ただし，採用担当者において長期の服務従事の継続を期待するような言動を示していたこと，再任用が形式的でしかなく実質的に当然のように継続していたこと等，再度任用されることに期待を抱かせる特別の事情があったとして期待権侵害に基づく慰謝料（報酬1年分相当）が認容されている。

2　勤務関係の変動の単位

(1)　大日本帝国憲法下の任官補職

戦前の官吏は，官吏の一般的な種類を示す「官」（事務官，技官，教官，書記官等）に任ぜられ（任官），次いで具体的な職に付けられた（補職）。たとえば，大蔵事務官に任ぜられた者を大蔵省主計局長に補する，文部教官に任ぜられた者を東京帝国大学教授に補するというように，任官と補職が別個に観念されたのである。

3)　公務員の勤務関係の性質については，村井龍彦「公務員の勤務関係の性質」争点〔新版〕126頁以下参照。

(2) 職階制の導入と廃止

1) 意　義

職階制の導入　日本国憲法の下で，アメリカの科学的人事行政の理念が導入され，国家公務員法・地方公務員法も，この理念に基づく職階制(position classification plan）を導入した（国公旧29条，地公旧23条)。職階とは，1人の職員に配分される職務と責任を意味する（官）職を職務の種類（職種）および複雑さと責任の程度（等級）に応じて分類整理する計画を意味する（旧職階制2条1項)。すべての（官）職を職種と等級により分類し，これを組み合わせた職級（旧職階制3条4号）を基礎にして人事を行うことが予定されたのである。すなわち，初めに職級の体系があり，当該職級の職務を遂行する能力を持った者を当該職級に任用し，当該職級の職務の複雑さと責任に応じた給与を支給することになる（国公旧29条3項，地公旧23条5項）[4)]。

任官補職概念の原則否定　職階制の理念を根底に据えた国家公務員法・地方公務員法においては，戦前のように官と職を分ける任官補職の観念はなくなり，国家公務員・地方公務員を任用するとは，特定の（官）職に就けることを意味するようになった。しかし，一般職の公務員でも検察官については，任官補職の区別がある（検察15条・16条)。また，裁判官については，特別職であり国家公務員法の規定の適用を受けないが，任官補職の観念が残っている（裁40条・47条)。

国家公務員法は，職務に従事しないが「職員の身分」を保有する場合があることを認めており（国公80条4項・83条2項)，休職・停職の場合，官職を保有したまま職務に従事しない扱いになっている。補職と区別された任官という観念は一般的にはなくなったものの，官職の保有と当該官職の職務の遂行を分離する制度は存続しているのである。

***Column*　待　命**

かつて武官等について，官吏の地位を保持しながら一時的に職務を分担しない待命という分限制度があったが，現在でも，在外公館に勤務する大使および公使は，当該在外公館に勤務することを免ぜられたときは，新たに在外公館に勤務することを命じられるまで，1年以内において待命となり（待命大使，待命公使)，1年を経過すると職を免ぜられることとされている（外公12条1項・2項)。

4)　職階制については，三宅太郎「職階制」行政法講座(5) 254頁以下，金井利之「戦後日本の公務員制度における階級制――制度に埋め込まれた（反）調整原理」公共政策研究6号64頁以下参照。

2) 国家公務員と職階制

職階制実施の準備

職階制においては，同一の内容の雇用条件を有する同一の職級に属する（官）職については，同一の資格要件を必要とするとともに，当該（官）職に就いている者に対しては，同一の幅の俸給が支給されるように，（官）職の分類整理がなされなければならない。国家公務員の職階制は法律で定めるものとされ，実際，1950（昭和25）年に国家公務員の職階制に関する法律が制定された。しかし，この法律は，職階制の根本原則等の基本的事項について定めるにとどまり，職種，職級の決定は，人事院に委任していた。これを受けて，人事院により，職階制実施のための準備が行われた。そして，100を超える職種，500を超える職級が公示された。

職階制実施の先送りと暫定措置

国においては，職階制の実施に必要な官職の格付け（国公旧31条1項，旧職階制8条）の困難さ，職階制が終身雇用の前提の下でジェネラリストとして幹部を養成するわが国の慣行になじまないこと等の理由により，実施が先送りされ，暫定措置として，「一般職の職員の給与に関する法律」が定める職務分類が用いられてきた（国公旧29条5項）。一般職の職員の給与に関する法律は，職種を行政職，専門行政職，税務職，公安職，海事職，教育職，研究職，医療職，福祉職，専門スタッフ職，指定職の11種に分類し，職種ごとにひとつまたは複数の俸給表を設け，別表で詳細を定めている（給与法6条1項，人規9-8〔初任給，昇格，昇給等の基準〕）。そして，各俸給表において，等級が設けられている。職種と等級による分類という点では職階制と基本的に変わらないようにもみえるが，俸給表の職種の分類は，きわめておおまかなものであり，人事院が必要な調査研究を行い職階制に適合した給与準則を立案し，それに基づく法律が制定されるまでの暫定的なものとして位置づけられていた（国公旧63条2項）。また，俸給表における等級については，職務の複雑，困難および責任の度に基づき級に分類するものとされているが（給与法6条3項），一般に年功序列で運用されてきており，実際の職務内容に対応する級よりも上位の級の給与を支給する「わたり」が行われる等，年齢に応じた生活保障の観念が強く，これは職階制の理念とは乖離したものであった（もっとも，人事院は，2006〔平成18〕年度から年功的な給与上昇を抑制し，職務・職責に応じた俸給構造に転換し，また，勤務実績を給与に反映する給与構造改革を段階的に実施していくこととしており，地方公共団体においても同様の給与構造改革が進行しつつある）。

公務員の呼称についても，1950（昭和25）年の国家行政組織法改正の際の附則2項で，「各行政機関の職員の官に関する従来の種類及び所掌事項については，なお，その例による」とされ，○省事務官，△省技官等の呼称が，職階制の実施まで暫定的に使用されることになった。また，平成19年法律第108号による改正前の国家行政組織法24条は，「この法律の規定に基く職には，職階制による職級の名称の外，それぞれ当該組織上の名称を附するものとする」と規定されており，同法に基づく職名（○省△局長等）を使用することとされたのである。

国家公務員の職階制の廃止　2007（平成19）年の国家公務員法改正により職階制は廃止され，国家公務員の職階制に関する法律も廃止された。国においては，職階制は実施されることのないまま廃止されることになった。

3）　地方公務員と職階制

地方公務員法においても，人事委員会を置く地方公共団体には職階制が義務づけられ（地公旧23条1項），条例で職階制に関する計画を定めることとされていたが（同条2項），これも実施されないままの状態が継続していた。2007（平成19）年の通常国会に提出された地方公務員法改正案は，職階制の廃止も内容としていたが，2009（平成21）年7月21日の衆議院解散に伴い廃案となった。しかし，2014（平成26）年の地方公務員法改正により，地方公共団体においても，職階制は廃止されることになった。

(3)　標準職務遂行能力

国においては，従前から国家公務員の勤務評定制度が存在したが，基準が不明確で十分には機能しなかった。2007（平成19）年に改正された国家公務員法は，能力主義，実績主義に基づく人事評価を行い，人事評価を基礎にして人事異動を行う方針を採用した。この背景には，能力や実績が十分に反映されず，年功序列的な給与処遇になっていることへの若手および中堅のキャリア公務員の不満があったと思われる5)。能力主義を実現するためには，各職に必要となる標準的能力が明らかである必要がある。そこで，職制上の段階の標準的な官職の職務を遂行する上で発揮することが求められる能力（標準職務遂行能力）を内閣総理大臣が定めることとされた（国公34条1項5号）。標準的な官職は，係員，係長，課長補佐，課長その他の官職とし，職制上の段階および職務の種類に応じ，政令で定めるこ

5）　年功序列の人事管理については，出世競争の敗者を長期間明らかにせず，多数の者の勤労意欲を長期間維持する効率的なシステムとする見方もある。稲継・官僚人事参照。

ととされている（同条2項）。そして，標準職務遂行能力と適性を昇任または転任の判断基準とすることになる。内閣総理大臣は，さらに，職員の採用，昇任，降任および転任に関する制度を適切かつ効果的に運用するための基本方針（採用昇任等基本方針）の案を作成し，閣議決定を求めなければならないとしている（国公54条1項）。これを受けて，2009（平成21）年3月3日に「採用昇任等基本方針」が閣議決定されている。

2014（平成26）年の国家公務員法改正により，「採用昇任等基本方針」に定めるべき事項に，管理職（本府省の課長・室長級）への任用に関する基準その他の指針を追加することとされ，同年6月24日に閣議決定された「採用昇任等基本方針」には「管理職への任用に関する指針」が設けられた。その要点は，採用年次等にとらわれず，人事評価に基づき，能力・適性を有する者を選定すること，本府省課室長相当職以上に占める女性の割合を2015（平成27）年度末までに政府全体で5パーセント程度とするという第3次男女共同参画基本計画（平成22年12月17日閣議決定）に定める目標の達成に向けて女性職員の登用を図ることである。「採用昇任等基本方針」（平成26年6月24日閣議決定）には，「幹部職への任用に関する指針」が設けられた。その要点は，(i)内閣の重要政策に対応した戦略的な人材配置を実現し，縦割り行政の弊害を排除して各府省一体の行政運営を確保するという幹部職員人事の一元管理の趣旨を徹底すること，(ii)各府省において，政策課題への取組方針とその実現のための人事配置との関係を明確にし，適材適所の任用を実施すること，(iii)府省間人事交流を推進すること，(iv)指定職相当に占める女性の割合を3パーセント程度とするという第3次男女共同参画基本計画（平成22年12月17日閣議決定）に定める目標の達成に向けて女性職員を積極的に登用すること，(v)行政のスリム化，自主的な事業改善，働き方改革等の取組みの成果を適切に評価することである。

3　任用の基本原則

意　義　ある者を特定の官職に就ける行為を任用という。国家公務員法・地方公務員法は，任用の方法として，採用，昇任，降任，転任の4類型を定めている（国公35条，地公17条1項）。

平等原則　任用に当たっては，平等取扱原則に従わなければならない（国公27条，地公13条）。

能力主義，実績主義　(a)　猟官主義と成績主義　イギリスにおいては，1854年のノースコート・トレヴェリアン報告において，情実任免制を廃止し，試験制度を実施すべきことが主張され，1870年の枢密院令により，試験制度が導入された。アメリカでは，19世紀初頭以後，政権が交代すると，ほとんど全ての公務員が解雇され，選挙で勝利した長が公務員を自由任用し論功行賞人事を行う慣行が，連邦・州の双方で一般化していった。これが，猟官主義（spoils system）と呼ばれるものである。政党政治の発展の中で産まれた猟官主義は，絶対主義国家にみられた官僚制の出現を防ぎ，民主主義を擁護するというプラスの面も有するが，公務員の地位を不安定にし，行政の継続性を破壊し，長期的視点に立った公務員の能力開発，専門性の向上を困難にし，優秀な人材を公務員として採用することにも支障を及ぼすおそれがあり，また，政治による官僚機構の私物化により汚職が横行する等，行政の公正中立性が損なわれるおそれがある。そのため，アメリカでは，情実を排して成績や資格に基づいた公務員制度を実現するよう求める運動が強まり，1883年にペンドルトン法により連邦で成績主義（merit system）が採用されると，猟官主義は急速に衰退し，州においても成績主義が公務員人事の基本とされるようになった（もっとも，幹部公務員については，なお猟官主義の伝統がかなりの程度残存している）。成績主義は，専門化・多様化した行政ニーズに対応し，公正中立で質の高い能率的な行政を行うために，公開競争試験により有能な公務員を確保し，政治的介入から公務員を保護するものである。わが国にも，戦後，アメリカの成績主義の考え方が導入された。もっとも，選挙で選ばれた長による指揮監督が官僚機構に対して十分に及ばない場合，専門知識を有する公務員機構が実質的な政策決定を独占するメリトクラシーと呼ばれる現象が生ずることになり，このことがもたらす民主主義への危険にも留意する必要がある。

(b)　能力の実証　国家公務員法においては，職員の任用は，同法の定めるところにより，その者の受験成績，人事評価またはその他の能力の実証に基づいて行うこととされている（国公33条1項）。人事に関する不正行為は禁止され（国公39条～41条），違反に対しては3年以下の懲役または100万円以下の罰金の刑罰が科される（国公110条1項8号～10号）。地方公務員法も，職員の任用は，同法の定めるところにより，受験成績，勤務成績その他の能力の実証に基づいて行わなければならないとしている（地公15条）。

国においては，数次の試行を経て，2009（平成21）年から，能力評価，業績評価による新たな人事管理制度が導入された。これに併せて，人事評価を任免・給与等に活用するための人事院規則等が制定された。昇任，昇格（昇任を伴わない場合），昇給には能力評価および業績評価を，勤勉手当には直近の業績評価を活用し，免職・降任・降格・降号は，能力評価または業績評価が最下位となった場合を処分の契機として活用することとしている。2014（平成26）年の地方公務員法改正により，地方公務員にも，能力主義，実績主義の人事管理制度が導入されることになった。

Column **女性の採用・登用の拡大**

2010（平成22）年12月17日に閣議決定された第3次男女共同参画基本計画においては，2020（平成32）年までに社会のあらゆる分野において指導的地位に女性が占める割合が少なくとも30パーセント程度とする目標の達成に向けて，国は率先して，人事院の策定する女性国家公務員の採用・登用拡大に関する指針を踏まえて，積極的に取り組むこととしている。人事院は，2011（平成23）年1月14日に，「女性国家公務員の採用・登用の拡大等に関する指針」を改定し，府省全体のほか部局等の適切な区分について目標を設定すること，登用阻害要因を見直しキャリアパスの多様化等についても検討を行うこと，職員への職務経験付与後も必要な支援を行うこと，両立支援制度の活用等の勤務環境を整備すること等の指針を示している。2014（平成26）年10月17日には，「国家公務員の女性活躍とワークライフバランス推進のための取組方針」が定められている。同日，「女性の職業生活における活躍の推進に関する法律」案が閣議決定されて国会に提出されたが，同年11月21日の衆議院解散により廃案になった。しかし，2015（平成27）年2月20日に改めて，同名の法律案が閣議決定されて国会に提出され，同年の通常国会で成立した。2015（平成27）年12月には，第4次男女共同参画基本計画が閣議決定されている。

4 勤務関係の成立

(1) 採用の法的性格

人事院規則8-12〔職員の任免〕4条1号では，採用は，国家公務員法34条1項1号に規定する採用をいうと定義している。国家公務員法34条1項1号においては，採用を，職員以外の者を官職に任命すること（臨時的任用を除く）と定義している（地方公務員についても，臨時的任用は採用に含まれない〔地公15条の2第1項1号〕)。要するに，それまで公務員でなかった者を新たに公務員にすることを採用という。

大日本帝国憲法の下においては，官吏の採用を公法上の契約とする説と同意に基づく行政行為とする説が存在した。日本国憲法の下においては，公法上の契約説，同意に基づく行政行為説に加えて，労働契約説も存在する。勤務条件法定主義・条例主義が採られている現状では，勤務関係の諸問題は，関係する法律・条例の解釈により決することになるので，いずれの説を採るかにより差異が生ずることは基本的にはないと考えられるし，いずれの説も，本人の同意を欠く採用が無効であるとする点で共通しているが，行政不服審査法が行政処分のみを対象とし，行政事件訴訟法が行政処分について抗告訴訟という特別の訴訟形式を定めているため，行政救済法上は，採用の法的性格を論ずる実益がある。すなわち，採用が拒否された場合，当事者訴訟ないし民事訴訟で争うべきか，拒否決定の取消訴訟，採用の義務付け訴訟を提起すべきかという点については，この問題を論ずる意義が認められるのである（これに対し，同意を欠く採用はいずれの説によっても無効であるから，採用決定が行政処分であるとしても，直接に公務員の地位不存在確認訴訟を提起しうるので，契約説との差異は生じない)。

採用については行政処分であることを窺わせる明文の規定が存在するわけではないが，勤務関係を消滅させる免職は行政処分として構成されている（国公90条・92条の2，地公49条の2・51条の2)。このことは，公務員の勤務関係の早期確定を図る趣旨と考えられるため，採用についても行政処分とみるべきとする説が有力といえよう。

⑵　採用の時期

民間においては，採用内定通知の発送により翌年度の4月1日を効力発生日とする始期付労働契約が成立したものと解されており（最判昭和54・7・20民集33巻5号582頁)，みなし公務員制が採られている公社（旧日本電信電話公社）についても同様に解されているが（最判昭和55・5・30民集34巻3号464頁)，ある者を公務員として採用した効果が発生するのは，辞令書が交付された時点またはこれに準ずる時点と一般に解されている（名古屋市水道局事件における名古屋地判昭和54・

3・26労民集30巻2号478頁，名古屋高判昭和55・5・1労民集31巻3号571頁。最判昭和56・6・4労判367号57頁は上告棄却）。

実務上は，採用前に内定を行うが，最判昭和57・5・27民集36巻5号777頁・公務員百選6事件〔東京都建設局事件〕は，地方公務員の採用内定取消しの取消訴訟において，採用内定は，採用の準備としてなされる事実上の行為にすぎず，確定的意思表示でも始期付ないし条件付採用行為でもないので，採用内定取消しは採用内定を受けた者の法律上の地位ないし権利関係に影響を及ぼすものではないとし，その処分性を否定した（同事件の1審の東京地判昭和49・10・30行集25巻10号1359頁は内定を効力発生の始期を4月1日とする採用行為と解する）。ただし，採用内定を信頼して，他の就職の機会を喪失した場合，国家賠償責任の問題が生ずる可能性は否定されないと思われる。

(3)　条件付採用

一般職職員の採用は，当該（官）職において6月を下らない期間勤務し，その間その職務を良好な成績で遂行したときに正式なものとなる（国公59条1項，地公22条前段）。地方公務員については，平成29年法律第29号による改正前は，非常勤職員は条件付採用制度の対象外とされていたが，同改正により対象となることになった。この期間については，個別法で特例が定められている例がある（教育公務員特例法12条1項では1年とされている）。地方公務員の場合，人事委員会（人事委員会を置かない地方公共団体にあっては任命権者）は，人事委員会規則（人事委員会を置かない地方公共団体にあっては地方公共団体の規則）で定めるところにより，条件付採用の期間を1年に至るまで延長することができる（地公22条後段）。なお，国家公務員である期間業務職員は，任期が1会計年度を超えないので，1月を超える任期を定めた期間業務職員の条件付採用期間は1月間とされ（人規8-12〔職員の任免〕48条2項），地方公務員である会計年度任用職員も，任期が1会計年度を超えない範囲内とされているので，条件付採用期間は1月とする特例が定められている（地公22条の2第7項）。国家公務員，地方公務員のいずれにおいても，定年退職者の再任用の場合，条件付採用制度は適用されない（人規8-12〔職員の任免〕32条1項2号，地公28条の4第5項,・28条の5第2項）。特別職に属する職，行政執行法人以外の独立行政法人に属する職等については，条件付任用期間制度は適用されない（人規8-12〔職員の任免〕32条1項）。

国家公務員法81条1項は，条件付採用期間中の職員は，分限に関する身分保障を受けず，行政不服審査法の規定の適用を受けないこととしており，(i)官制もしくは定員の改廃または予算の減少により廃職または過員を生じた場合（国公78条4号），(ii)特別評価の全体評語が下位の段階である場合または勤務の状況を示す事実に基づき勤務実績がよくないと認められる場合において，その官職に引き続き任用しておくことが適当でないと認められるとき，(iii)心身に故障がある場合において，その官職に引き続き任用しておくことが適当でないと認められるとき，(iv)前記(ii)(iii)に掲げる場合のほか，客観的事実に基づいてその官職に引き続き任用しておくことが適当でないと認められる場合には，いつでも降任させ，または免職することができる（人規11-4〔職員の身分保障〕10条）。

地方公務員法29条の2第1項1号は，条件付採用期間中の職員について，意に反する不利益処分にかかる同法27条2項，28条1項から3項まで，不利益処分に関する説明書の交付にかかる同法49条1項および2項ならびに行政不服審査法の規定を適用しないこととしている。

条件付採用期間の趣旨について最判昭和49・12・17判時768号103頁・公務員百選8事件は，職員の採用に当たり行われる競争試験または選考が，職務遂行能力を完全に実証するとはいいがたいため，採用された職員の中に不適格者があるときは，その排除を容易にし，もって，成績主義の原則を貫徹しようとするものと解している（条件付採用期間中の公立中学校教員に対する解職処分を適法としたものとして，最判昭和53・6・23判タ366号169頁，東京地判平成26・12・8判時2259号25頁参照）。前掲東京地判平成26・12・8は，教育公務員特例法が1年間の条件付採用期間を設けた理由は，同法23条の1年間の初任者研修期間と平仄を合わせるためであるから，教員としての適格性を判断するためには，初任者研修による初任者への教育効果を踏まえる必要があり，十分な初任者研修が行われていないにもかかわらず，教員としての適格性を欠くと判断することは相当ではないとし，条件付採用期間満了後の免職処分を違法として取り消した。

(4)　採用の基本原則

1)　公正な競争試験

一般職の公務員については，欠格事由（国公38条，地公16条）に該当する者を除き，すべての者に平等に受験の機会が与えられなければならない（国公46条，地公18条の2)。そして，国および人事委員会を置く地方公共団体にあっては，成績主義の原則に基づき，公正な競争試験により，受験成績等の能力の実証に基づいて採用を行うことが原則とされている（国公33条1項・36条本文，人規8-12〔職員の任免〕2条・8条，地公15条・17条の2第1項)。

Column　不正合格を理由とする採用取消し

不正合格を理由として採用が取り消されたため，採用取消処分の取消訴訟と国家賠償請求訴訟が提起された事案において，大分地判平成27・2・23判時2352号36頁は，「違法な採用」とは，能力が実証されず情実に基づく不公正な人事が行われた場合を意味するとした。そして，原告は不正に加点されたが，原告が加点を働きかけたとは認められず，情実に基づくものとは評価できないとして，採用取消処分を取り消し，採用取消処分に起因する損害を認め，国家賠償請求の一部を認容した。その控訴審の福岡高判平成28・9・5判時2352号25頁は，控訴を棄却している。他方，同様に不正合格を理由として採用処分が取り消された事案において，大分地判平成28・1・14判時2352号13頁は，採用取消処分は適法としたが，採用処分の違法を理由とする国家賠償請求を一部認容した。その控訴審の福岡高判平成29・6・5判時2352号3頁は，控訴を棄却している（最決平成30・6・28判例集不登載は上告棄却・上告不受理)。

2) 選考による採用

国家公務員法と地方公務員法における位置づけの差異

国および人事委員会を置く地方公共団体にあっては，例外的に選考により職員を採用することもできる（国公36条ただし書，人規8-12〔職員の任免〕18条1項，地公17条の2第1項ただし書)。人事委員会を置かない地方公共団体にあっては，職員の採用および昇任は，競争試験または選考によるものとするとされているにとどまる（同条2項)。そのため，人事委員会を置かない地方公共団体にあっては，国家公務員と比較して地方公務員のほうが，選考を広く行いうるように読める。

国家公務員である非常勤職員（国家公務員法81条の5第1項に規定する短時間勤務の職員を除く）の採用は，面接，経歴評定（期間業務職員を採用する場合は面接および経歴評定）その他の適宜の方法による能力の実証を経て行うことができる（人規8-12〔職員の任免〕46条1項)。地方公務員である会計年度任用職員の採用は，競争試験または選考による（地公22条の2第1項)。

裁 判 例

地方公共団体における選考のあり方が訴訟で争われた例として，仙台地判昭和62・9・30判時1287号47頁（却下)，仙台地判昭和62・11・24行集38巻11号1631頁（棄却）がある。これらの事案においては，旧自治省の指導のもと，地方公共団体が旧国鉄職員のみを対象とした試験を行い合格者を選考により採用したことが，試験公開原則（地公18条の2）に違反するとして住民訴訟が提起されたのである。

法定例　選考による採用が法定されている例として，公立大学の学長，部局長および教員，大学以外の公立学校の校長および教員，専門的教育職員（指導主事，社会教育主事）がある（教公特3条・11条・15条）。特別の技術を要する外交領事事務に従事させる外交職員についても，試験によらず選考によることができるとされている（外公10条）。特別職の職員の中にも，試験による採用を原則とし，例外的に選考を認める例がある（自衛35条）。選考の中には，一般的に要求されている資格要件を緩和して，または形式的には資格要件を課さずに行われるものもある（一般職について検察18条2項，特別職について裁45条，実質的意味の公務員である公証人について公証13条の2）。

⑸　欠格事由

国家公務員法・地方公務員法は，(i)成年被後見人または被保佐人，(ii)禁錮以上の刑に処せられ，その執行を終わるまでまたは執行を受けることがなくなるまでの者，(iii)（地方公務員の場合は当該地方公共団体において）懲戒免職の処分を受け，当該処分の日から2年を経過しないとき，(iv)人事院の人事官または事務総長の職にあって国家公務員法109条から112条までに規定する罪を犯し刑に処せられた者，人事委員会または公平委員会の委員の職にあって地方公務員法5章に規定する罪を犯し刑に処せられた者，(v)日本国憲法施行の日以後において，日本国憲法またはその下に成立した政府を暴力で破壊することを主張する政党その他の団体を結成し，またはこれに加入した者のいずれかに該当する者は，（国の場合は人事院規則の定める場合を除くほか）官職に就く能力を有しないと定めている（国公38条，地公16条）。

⑹　外国人の公務就任能力

法制度および実務　日本国憲法は国民に公務員を選定する権利を認めており，このことは，日本国籍を有する者が公務員に就任する能力を有することを前提としたものと一般に解されている。問題は，外国人の公務就任能力である。一般職の職員については，日本国憲法にも，国家公務員法・地方公務員法にも，外国人が公務に就くことを禁ずる明文の規定はない。そのため，この点については，学説・裁判例も必ずしも一致せず，行政実務上の運用も地方公共団体により差異がみられた。この問題に実務上大きな影響を与えたのが，1953（昭和28）年3月に出された内閣法制局の見解であり，公務員に関する「当然の法理」として，公権力の行使または国家意思の形成への参画に携わる公務員は日本国籍を有しなければならないとするものである[6]。実務上も，人事院規則8-18〔採用試験〕では，国家公務員試験につき，日本国籍を有しない者には原則として受験資格を認めず（9条1項3号），地方公共団体においても，人事委員会規則や試験要綱等で，日本国籍を有する者に受験資格を限定することを原則としている例が多い。しかし，川崎市が外国人が受験しうる職種を大幅に拡大する等，地方公共団体において国籍要件を緩和する動きがみられるようになった。

判　例

(a)　東京都管理職受験拒否事件高裁判決　　そのような中で，注目すべき判決が出された。それが東京高判平成9・11・26高民集50巻3号459頁である。この事案は，日本国籍がないことを理由として管理職試験の受験を認められなかった外国人が東京都を被告として損害賠償を請求したものである。東京高裁は，国民主権の原理に反しない限度において，わが国に在住する外国人が公務員に就任することは憲法上禁止されていないとし，わが国に在住する外国人，特に特別永住者の地方公務員就任については，国家公務員への就任の場合と比較して，就任しうる職務の範囲は広いとする。そして，公権力を行使することなく，公の意思の形成に参画する蓋然性も少ない管理職を含め，すべての管理職について，国民主権の原理によって外国人を任用することは一切禁じられていると解することは相当でないとする。したがって，職務の内容，権限と統治作用との関わり方および程度によって，外国人を任用することが許されない管理職と許される管理職とを分別して考える必要があり，後者の管理職については，わが国に在住する外国人を任用することは国民主権の原理に反するものではなく，日本国憲法22条1項の職業選択の自由，14条1項の平等原則の保障が及ぶと判示したのである。

(b)　同事件最高裁判決　　この事件は上告され，最大判平成17・1・26民集59巻1号128頁・地方自治百選80事件により，最高裁の考え方が示されることになった。最高裁は，住民の権利義務を直接形成し，その範囲を確定するなどの公権力を行使し，もしくは普通地方公共団体の重要な施策に関する決定を行い，

6）　前田正道編・法制意見百選（ぎょうせい，1986年）367頁以下参照。

または，これらに参画することを職務とする地方公務員を公権力行使等地方公務員と定義し，原則として日本国籍を有する者のみが公権力行使等地方公務員に就任することが想定されており，外国人が公権力行使等地方公務員に就任することは想定されていないとする。その根拠を最高裁は，国民主権の原理に求めている。すなわち，日本国憲法1条や15条1項に照らし，国および普通地方公共団体による統治のあり方については，日本国の統治者としての国民が最終的な責任を負うべきものであることを根拠としているのである。本件は地方公務員に関する事案であったが，国民主権の原理は，国・地方公共団体双方に妥当するので，国家公務員についても，公権力行使等公務員については原則として日本国籍を必要とするというのが最高裁の立場といえる。もっとも，最高裁は，「原則として」と述べており，公権力行使等公務員であっても，日本国籍を要しない例外が認められる余地を否定するものではないと思われる。

この判決のいう「公権力」がいかなる概念なのかは，必ずしも定かではない。公権力は多義的概念であり，行政事件訴訟法，行政不服審査法で用いられている公権力は，国家賠償法における公権力概念より狭いが，前者の狭義の公権力概念を念頭においても，国民主権の原理により日本国籍を必要とする合理的理由が認められないものが少なからず含まれると思われる。たとえば，公の施設の使用許可は行政処分であり，行政事件訴訟法，行政不服審査法でいう「公権力」であるが，スポーツのための体育館の使用許可のように，裁量の余地の考えられないような行政処分を日本国籍を持たない者が行うことが国民主権の原理と抵触するとは考えがたい[7]。現在では，かかる公の施設の管理を指定管理者（構成員が外国人であることもありうる）に行わせることができ，指定管理者が施設の利用許可をすることも認められていることに照らせば，なおさらである。

最高裁判決を前提とした対応

最高裁判決の是非はともかく，最高裁判決の法理を前提としたうえで，外国人の公務就任の範囲を可能な限り広げるためには，公権力行使等を行う公務員とそうでない公務員の職種の分類に当たり，後者の範囲が広がるように配慮すること，同じ職種の間でも，公権力行使等を行う公務員とそうでない公務員を截然と区別し，後者から前者への昇任に当たっては，管理職試験を課すこと等が考えられる。しかし，このことは，戦

7）　詳しくは，宇賀克也「東京都管理職選考受験資格確認等請求事件――判決の法的論点」自治体法務研究創刊号74頁以下参照。

前の官吏・雇員のような身分制的公務員性を復活させることにつながらないか，公務員の階層の下位の職員も含めた組織的意思決定が広くみられるわが国の行政慣行と調和するか等の課題をもたらす側面もある[8)]。

特別行政主体

第1編第5部で説明した特別行政主体について，前掲最大判平成17・1・26の射程が及ぶかという問題がある。特別行政主体のうち，行政執行法人，特定地方独立行政法人のように，公務員型のものについては，射程内にあると思われる。これに対して，非公務員型の場合には，国立大学法人，公立大学法人の制度が，外国人を管理職に登用しうることをメリットのひとつとして導入が決定された経緯からも窺われるとおり，国籍要件を不要とするのが立法者意思といえる。特別行政主体であっても，非公務員型の場合には，国民主権の原理による国籍要件の例外が認められることが前提とされている。逆にいうと，国籍要件を厳守する必要がある業務は，法人化になじまなかったり，法人化するにしても非公務員型にすることになじまないということになろう。

(7)　勤務関係成立の特別の形態

1)　臨時的任用

国家公務員法は，人事院規則の定めるところにより，緊急の場合，臨時の官職に関する場合または採用候補者名簿がない場合には，人事院の承認を得て，6月を超えない任期で，臨時的任用を行うことを認めている。この制度は，正規の任用の例外として利用することが想定されている。そのため，人事院規則の定めるところにより人事院の承認を得て6月の期間で更新することができるが，再度更新することはできない（国公60条1項。地公22条の3第1項・4項も同様の規定を置く）。臨時的任用は，任用に際して，いかなる優先権をも与えるものではない（国公60条4項，地公22条の3第5項)。しかし，現実には，臨時的任用で採用した職員について更新を行い，合計1年（6月と6月）経過した時点で1日空白期間を設け，その後，同様に1年間，臨時的任用を行うというかたちで臨時的任用を実質的に常勤化する運用がみられる。臨時的任用の本来の趣旨にはそぐわないが，職員の雇用の安定を重視した運用が稀でないのである。制度の趣旨を潜脱する運用は望ましくない。

8)　外国人の公務就任能力については，岡崎勝彦「外国人の法的地位に関する一考察――国公立大学教員任用問題に即して」名法75号179頁以下，同「地方公務員任用と国籍条項――公務員に関する『基本原則』(『当然の法理』) の崩壊」島大法学45巻4号1頁以下，浜川清「外国人の公務就任権」争点〔新版〕142頁以下，榊原秀訓「外国人の公務就任能力」争点〔第3版〕176頁以下等参照。

2) 任期付任用

法令に根拠がある類型　法令により任期が定められている場合として，「一般職の任期付職員の採用及び給与の特例に関する法律」（以下「任期付職員法」という）（2000〔平成12〕年制定），「一般職の任期付研究員の採用，給与及び勤務時間の特例に関する法律」（1997〔平成9〕年制定），「地方公共団体の一般職の任期付職員の採用に関する法律」（2002〔平成14〕年制定），「地方公共団体の一般職の任期付研究員の採用等に関する法律」（2000〔平成12〕年制定），「大学の教員等の任期に関する法律」（1997〔平成9〕年制定），「国と民間企業との間の人事交流に関する法律」（以下「官民人事交流法」という）（1999〔平成11〕年制定）のような特例法による場合のほか，国家公務員法・地方公務員法が定める定年退職者の再任用制度がある（国公81条の4・81条の5，地公28条の4～28条の6）。

任期付職員法の任期付職員は，5年以内の任期で採用するものであり，国際協定の締結業務に従事させるため渉外事務に詳しい弁護士を採用したり，金融機関の検査業務に携わらせるため公認会計士を採用する場合のように，高度に専門的な知識経験等を有する者を採用する場合には，7段階の特別の俸給表が適用される。2000（平成12）年11月に同法が施行されてから，2017（平成29）年末までに，累計5168人の任期付採用が行われている。

官民人事交流法は，民間企業の従業員がいったん退職して，または交流元企業との雇用を継続したまま，選考により任期（3年以内。5年まで延長可）を定めて常時勤務を要する官職に就く職員として採用される交流採用の制度も設けている。交流元企業の事務事業に携わることは禁止される。また，交流職員を交流元企業に対する許認可等を行う官職につけてはならない。給与は国が支給する。同法が施行された2000（平成12）年3月21日から2017（平成29）年末までに，交流採用は1829人にのぼる。交流基準については，公務の公正性を確保しつつ，官民人事交流の円滑化を図る観点から逐次見直しが行われている。2005（平成17）年1月には許認可権限等を有する国の機関との人事交流ができる職の範囲を拡大し，2006（平成18）年9月には雇用継続型交流採用を創設する法改正に伴う整備が行われた。2009（平成21）年1月には同一の民間企業との継続的な人事交流を連続3回までとする交流の範囲を「同じ国の部局等」との交流に改定し，2010（平成22）年8月には審議官級職員にかかる交流制限の緩和等が行われている。

2014（平成26）年の官民人事交流法の改正により，交流対象法人が拡大され，人事院規則21-0(国と民間企業との間の人事交流）の改正で，監査法人，弁護士法人，医療法人，学校法人，社会福祉法人，日本赤十字社，消費生活協同組合，特定非営利活動法人，一般社団法人（公益社団法人も含む）および一般財団法人（公益財団法人も含む）も交流対象法人として追加された。2018（平成30）年の改正で，信用協同組合および信用協同組合連合会も交流対象法人として追加された。また，従前は，各府省職員を人事院に異動させたうえで交流派遣を行ってきたが，人事院への異動をせず各府省から直接派遣することとされた。さらに，国会および内閣への年次報告における報告内容も拡充された。

Column　官民交流の実態

2018（平成30）年中に交流派遣職員であった者は81人，交流採用職員であった者は500人であった。交流期間については2年とするものが多く，交流派遣の78%，交流採用の約85%を占めている。交流派遣職員の派遣時の年齢は，30歳代が15人，40歳代が17人，20歳代が5人であり，交流採用職員の採用時の年齢は，30歳代が128人，20歳代が43人，40歳代が60人，50歳代が12人であった。交流採用の場合，243名のうち退職型は5名にすぎず，238名は雇用継続型であった。2014（平成26）年の官民人事交流法の改正で新たに交流が可能になった法人については，2017（平成29）年度において，監査法人への交流派遣が1人，学校法人，社会福祉法人，日本赤十字社および一般社団法人からの交流採用が5人行われた。

法令に根拠がない場合　人事院規則では，法令により任期が定められている場合以外に，任期を定めた採用がありうることを前提としているが，はたして，国家公務員法・地方公務員法は，法令に明示の根拠規定が設けられていない場合においても，任期付任用を認める趣旨なのかが問われることになる。この問題については，最判昭和38・4・2民集17巻3号435頁・百選Ⅰ91事件・公務員百選7事件が判示している。同判決は，地方公務員法が条件付採用制度を採っていること，分限免職および懲戒免職の事由を明定し職員の身分を保障していること，臨時的任用に関する規定を設け，その要件，期間等を限定していることに照らし，職員の任用を無期限のものとするのが同法の建前であるとする。しかし，この法の建前は，職員の身分を保障し，職員をして安んじて自己の職務に専念させる趣旨に出たものであるから，職員の期限付任用も，それを必要とする特段の事由が存在し，かつ，それが上記の趣旨に反しない場合には，特に法律にこれを認める明文の規定がなくても認められる旨判示している。人事院規則も，この最高裁判決を前提としている。

***Column*　日々雇用**

非常勤職員であって，任期を1日とし1日ごとに雇用される日々雇用職員の制度も，実質的に長期にわたり雇用する前提で用いられることがある。国においては，日々雇い入れられる職員が引き続き勤務していることを任命権者が知りながら別段の措置をしないときは，従前の任用は，同一の条件をもって更新されることとされていた（2010〔平成22〕年8月10日人事院規則8-12-8による改正前の人事院規則8-12〔職員の任免〕52条2項）。前述した臨時的任用や日々雇用の常勤的運用がなされた場合，職員に雇用継続への期待が生じ，雇用が打ち切られた場合に紛争が発生しやすい（最判昭和62・6・18労判504号16頁，最判平成3・12・3労判609号16頁，最判平成6・7・14判時1519号118頁）。最判平成6・7・14は，任期を1日と定め，任用予定期間内は任命権者が別段の措置をしない限り任用を日々更新し，任用予定期間が経過したときは任期満了により当然に退職する職員として任用された職員について，(i)その任用当時，配属された部局の事務量が，常勤職員のみによって処理することができる範囲を超えていたこと，(ii)直ちに常勤職員の定員を増加することは実際上困難であったこと，(iii)特別の習熟，知識，技術または経験を必要としない代替的事務に従事させたこと，(iv)日々雇用職員であることを明示して任用したこと，に照らして，当該職員を日々雇用職員として任用したことは，職員の任用を原則として無期限とした国家公務員法の趣旨に反するものとまでは解しがたいとする。日々雇用職員については，その常勤化を防止する運用についての閣議決定「定員外職員の常勤化の防止」が1961（昭和36）年2月28日になされていた。国においては，2010（平成22）年8月10日人事院規則8-12-8による改正（2010〔平成22〕年10月1日施行）で日々雇用の非常勤職員制度は廃止されることになった。

日々雇用職員制度に代わって導入されたのが，期間業務職員制度である。期間業務職員を採用する場合は，当該採用の日から同日の属する会計年度の末日までの期間の範囲内で任期を定める（人規8-12〔職員の任免〕46条の2第1項）。任命権者は，特別の事情により期間業務職員をその任期終了後も引き続き期間業務職員の職務に従事させる必要が生じた場合には，1会計年度の範囲内において，その任期を更新することができる（同条2項）。任命権者は，期間業務職員の採用または任期の更新に当たっては，業務の遂行に必要かつ十分な任期を定めるものとし，必要以上に短い任期を定めることにより，採用または任期の更新を反復して行うことのないよう配慮しなければならない（同条3項）。

3)　中途採用

民間の人材を国が採用する場合，任期付職員法，官民人事交流法によるほか，人事院規則1-24（公務の活性化のために民間の人材を採用する場合の特例）による場合があり，これは中途採用であって任期付採用ではない。この中途採用のシステムは，経験者採用システムと呼ばれ，民間の有為な人材を活用するために2006（平成18）年度に導入され，2011（平成23）年度まで実施され，実績を上げてきた。2012（平成24）年度からは，経験者採用システムは，新たな採用試験の中の「経験者採用試験」に移行することとなった。

4）再任用

国家公務員の再任用の基準は，従前の勤務実績等に基づく選考である。再任用の拒否が違法であるとして国家賠償請求が認められた例として，熊本地判平成25・3・13判例集不登載，福岡高判平成25・9・27判時2207号39頁がある。任期は1年を超えない範囲内で任命権者が定めた期間であり，更新は可能であるが，任期の末日は，65歳に達する年度の3月31日以前とされている。フルタイム勤務は週38時間45分，短時間勤務は週15時間30分から31時間の範囲内で各省各庁の長が定めることとされている。定年前の職員と同様の休暇をとることができ，服務，分限，災害補償等についても，定年前の職員と同じ取扱いを受ける。俸給については昇給はなく，手当については，地域手当，超過勤務手当，単身赴任手当，特別給等に限り支給される（特別給については，年間支給割合は2.15月とされている）。

地方公務員法においては，定年制の導入に際して，定年制の画一的導入が公務の能率的な運営を阻害するおそれもあることから，定年退職者を一定の限度内で常勤の一般職職員として採用する特例を定める再任用規定が，1981（昭和56）年改正で設けられた。その後，公的年金の定額部分（老齢基礎年金相当部分）の支給開始年齢の段階的引上げにあわせて，雇用と年金の接続のための再任用制度の活用が課題になり，1999（平成11）年に再任用規定が改正され，2001（平成13）年4月1日から施行された。2017（平成29）年3月31日現在，再任用に関する条例のある普通地方公共団体が1782（条例制定率は99.7パーセント），再任用実施団体が1382，同年4月1日現在，再任用職員のうち常時勤務職員が4万9848人，短時間勤務職員が5万9682人となっている。

5　勤務関係の異動

(1)　異動の類型

公務員の勤務関係の異動の主要なものには，大別すると，昇任，転任および降任がある（国公35条，地公17条1項）。昇任と降任は，それぞれ上位，下位の（官）職への垂直的異動である（国公34条1項2号・3号）。これに対して，転任は，同等の（官）職への水平的異動である。人事院規則では，転任をさらに（狭義の）転任と配置換に分けている。前者は任命権者が異なる官職への水平的異動であり，後者は同一の任命権者間での水平的異動である（人規8-12〔職員の任免〕4条4号・5号）。国家公務員の昇任は，すべて条件付きであり，6月を下らない期間を勤務し，その間その職務を良好な成績で遂行したときに正式のものとなる（国公59条1項）。これに対し，地方公務員の場合，職員の採用は条件付きであるが，昇任は条件付きではない（地公22条1項）。

勤務関係を広くとらえれば，併任，派遣，休職，休業も異動に含まれる。

(2)　異動の基準

1)　国家公務員

国家公務員の場合，職員の昇任，転任は，任命権者が，職員の人事評価に基づき，任命しようとする官職の属する職制上の段階の標準的な官職にかかる標準職務遂行能力および当該任命しようとする官職についての適性を有すると認められる者の中から行うものとされている（国公58条1項）。他方，職員を降任させる場合には，当該職員の人事評価に基づき，任命しようとする官職の属する職制上の段階の標準的な官職にかかる標準職務遂行能力および当該任命しようとする官職についての適性を有すると認められる官職に任命するものとされている（同条2項）。国際機関または民間企業に派遣されていたこと等の事情により人事評価が行われていない職員の昇任，降任および転任については，任命権者が人事評価以外の能力の実証に基づき，任命しようとする官職の属する職制上の段階の標準的な官職にかかる標準職務遂行能力および当該官職についての適性を判断して行うことができる（同条3項）。

2)　地方公務員

地方公務員の場合，任命権者が職員を人事委員会規則で定める職（人事委員会を置かない地方公共団体においては，任命権者が定める職）に昇任させる場合には，当該職について昇任のための競争試験または選考が行われなければならない（地公21条の4第1項）。実際には，従前，地方公共団体における昇任は，競争試験[9)]によらず，勤務実績に基づく場合が多かった。

(3)　転任・配置換

転任・配置換は水平的異動であるため，その処分性が問題になることがある。東京地判昭和49・5・27判時752号93頁・公務員百選9事件は，処分性を肯定している。本人の意に反した転任・配置換は，本人に不利益と考えられることが少なくなく，実際，救済が求められることが稀でない。行政不服審査法は，処分性を有する行政作用のみを対象としているので，転任・配置換を行政処分としてとらえないと，人事院の不利益処分審査を受けることができないことになるが，人事院も，転任・配置換を行政処分として扱っている。

一般に転任・配置換は任命権者の裁量によるが，学問の自由を保護する観点から，公立大学の学長，教員および部局長は，学長および教員にあっては評議会，部局長にあっては学長の審査の結果によるのでなければ，その意に反して転任されることはない（教公特4条1項）。評議会および学長は，審査を行うに当たっては，その者に対し，審査の事由を記載した説明書を交付しなければならない（同条2項）。評議会および学長は，審査を受ける者が説明書を受領した後14日以内に請求した場合には，その者に対し，口頭または書面で陳述する機会を与えなければならない（同条3項）。

(4)　併　　任

採用，昇任，降任，転任または配置換の方法により現に官職に任用されている職員を，その官職を保有させたまま，他の官職にも任用することを併任という（人規8-12〔職員の任免〕4条6号）。併任ができる場合は，法令の規定により併任が認められている場合，現に任命されている官職と勤務時間が重ならない他の官

---

9)　地方公共団体における昇任試験の実例について，稲継・官僚人事139頁以下参照。

職に併任する場合，併任の期間が3月を超えない場合，その他，併任によって当該職員の職務遂行に著しい支障がないと認められる場合である（人規8-12第35条）。任命権者を異にする官職に併任するについては，当該職員が現に任命されている官職の任命権者の同意を得なければならない（人規8-12第6条3項）。

⑸　派　　遣

1）意　　義

派遣とは，一般に公務員の身分を保有させたまま他の団体等の職務に従事させることを意味する。しかし，当該職務に従事する際に公務員を退職することを要請し，その従事期間が満了した場合に派遣元の行政主体が公務員として改めて採用する義務を課されているもの（退職派遣）もある。

2）国家公務員の派遣

派遣先が地方公共団体である派遣，国際機関・外国政府の機関等への派遣，法科大学院への派遣，民間企業への派遣がある。国の指定行政機関の職員が災害対策基本法に基づいて地方公共団体に派遣された場合（災害基29条〜31条），当該職員は派遣先の地方公共団体の職員の身分を併有することになる（同法施行令17条1項）。国際機関・外国政府の機関等への派遣，法科大学院への派遣の場合にも，派遣される職員は，派遣期間中も派遣元の国の職員としての身分を保有する（国際派遣国公3条，国際派遣防衛職員3条，法科大学院派遣4条3項・11条5項）。

1999（平成11）年に制定された官民人事交流法が定める交流派遣は，公務員に民間企業の実務を経験させることを通じて，効率的かつ機動的な業務遂行の手法を体得させ，かつ，民間企業の実情に関する理解を深めさせることにより，行政の課題に柔軟かつ的確に対応するために必要な知識および能力を有する人材の育成を図り，もって公務の能率的な運営に資することを目的としている（人事交流1条）。交流派遣職員は，派遣期間中（3年以内。5年まで延長可），民間企業と労働契約を締結して当該企業に勤務するが，国家公務員の身分は保有しており（人事交流2条3項），したがって，国家公務員法の服務規定や国家公務員倫理法の規定の適用も原則として受けることに留意する必要がある。派遣前に在職した府省の機関に対する許認可申請等の業務に従事すること，公務員としての地位等にかかる影響力を利用した行為を行うこと，復帰後2年間派遣先企業と密接な関係にある官職に就くことは禁止されている（人事交流12条1項・2項・13条3項）。給与は民間企業が支給する（同法11条）。官民人事交流法が施行された2000（平成12）年3月21日から2017（平成29）年末までに交流派遣された職員は589人にのぼる。

3) 地方公務員の派遣

地方公共団体においては，派遣先が他の地方公共団体である派遣（自治252条の17，災害基30条・31条），地方公務員災害補償基金への派遣（地公災13条1項），外国の地方公共団体の機関への派遣（外国の地方公共団体の機関等に派遣される一般職の地方公務員の処遇等に関する法律），公益的法人等への派遣（地公派遣）がある。日本の他の地方公共団体への派遣は，地方公共団体間の協力援助のために行われ（自治252条の17第1項），派遣職員は派遣を受けた地方公共団体の職員の身分を併有することになる（同条2項）。2008（平成20）年1月21日に東京都職員2名が財政難に苦しむ夕張市を支援するために派遣されたのがその例である。災害対策基本法に基づく派遣の場合も同じである（同法施行令17条1項）。外国の地方公共団体の機関へ派遣される場合においても，派遣元の地方公共団体の職員としての身分を保有する（外国の地方公共団体の機関等に派遣される一般職の地方公務員の処遇等に関する法律3条）。

ここでは，2000（平成12）年制定の「公益的法人等への一般職の地方公務員の派遣等に関する法律」（同法の制定時の名称は，「公益法人等への一般職の地方公務員の派遣等に関する法律」であったが，2008（平成20）年12月1日に，現在の名称に改名された。以下，「公益的法人等派遣法」という）[10]について敷衍することとする。かつて，職務専念義務を免除することや，職務命令等によって地方公務員を外郭団体等に派遣する運用が広くみられた。しかし，最判昭和58・7・15民集37巻6号849頁・公務員百選51事件は，町職員として任命したうえで森林組合に派遣を命じ，もっぱら森林組合の職員として森林組合の事務に従事させながら，その給与については町が負担したことは違法であると判示した。これにより，職務専念義務免

10) 同法について，内田憲治「第三セクター等への自治体職員派遣で新たな制度を創設：公益法人等地方公務員派遣法案」立法と調査217号30頁以下，加松正利「公益法人・第三セクター等への地方公務員派遣のためのルール整備（公益法人等への一般職の地方公務員の派遣等に関する法律）」時法1665号14頁以下参照。同法の課題について，久保貴裕「地方公務員の公社・民間法人派遣への法的コントロール」阿部泰隆＝根岸哲監修・法政策研究会編・法政策学の試み(3)（信山社，2000年）129頁以下参照。

除なしに職務命令により，地方公務員を公益的法人等の職務に従事させることが違法であることが実務上確定した。次いで，長期にわたり職務専念義務を免除して，地元の商工会議所で勤務させ，その給与を地方公共団体（茅ヶ崎市）が負担することは違法ではないかが問題とされた住民訴訟において，最判平成10・4・24判時1640号115頁・百選Ⅰ〔第6版〕4事件・地方自治百選〔第3版〕69事件は，「職務専念義務の免除が服務の根本基準を定める地方公務員法30条や職務に専念すべき義務を定める同法35条の趣旨に違反したり，勤務しないことについての承認が給与の根本基準を定める同法24条1項の趣旨に違反する場合には，これらは違法になると解すべきである」と判示し，支出の適法性を肯定した原審の東京高判平成6・8・24判例自治134号22頁を破棄差戻しにした。そして，差戻控訴審で東京高判平成11・3・31判時1677号35頁は，給与支給は違法であり，市が給与を支給する協定は無効であると判示した。これが契機となり，公益的法人等派遣法が制定された（その後，最判平成16・1・15民集58巻1号156頁・地方自治百選63事件〔倉敷チボリ公園事件〕は，前掲最判平成10・4・24と同一の基準で，第三セクターの株式会社に派遣した職員への給与支出を違法と判示した）。

同法は，2つの類型の派遣について定めている。第1は，(i)一般社団法人または一般財団法人，(ii)一般地方独立行政法人（特定地方独立行政法人以外の地方独立行政法人），(iii)特別の法律により設立された法人（(ii)に掲げるものおよび営利を目的とするものを除く）で政令で定めるもの，(iv)地方自治法263条の3第1項に規定する連合組織で同項の規定による届出をしたもの，のうち，その業務の全部または一部が当該地方公共団体の事務または事業と密接な関連を有するものであり，かつ，当該地方公共団体がその施策の推進を図るため人的援助を行うことが必要であるとして条例で定めるものとの間の取決めに基づき，当該公益的法人等の業務にその役職員としてもっぱら従事させるため，条例で定めるところにより，職員を派遣するものである（地公派遣2条1項）。この派遣職員は，当該地方公共団体の職員としての身分を保有したまま派遣されるが，その職員派遣期間中，給与を支給しないのが原則である（地公派遣6条1項）。ただし，例外的に，条例で定めるところにより，給与を支給することが認められている（同条2項）。

第2は，特定法人への派遣である。特定法人とは，当該地方公共団体が出資している株式会社のうち，その業務の全部または一部が地域の振興，住民の生活の向上その他公益の増進に寄与するとともに当該地方公共団体の事務または事業と密接な関連を有するものであり，かつ，当該地方公共団体がその施策の推進を図るため人的援助を行うことが必要であるとして条例で定めるものをいう。任命権者と特定法人との間で締結された取決めに定められた内容に従い，当該特定法人の業務に従事するよう求める任命権者の要請に応じて職員が退職し，引き続き当該特定法人の役職員として在職した後，当該取決めで定める当該特定法人において業務に従事すべき期間が満了した場合には，原則として，その者が退職した時に就いていた職またはこれに相当する職にかかる任命権者は，その者を職員として採用するものとされている（地公派遣10条1項)。すなわち，この場合には，派遣される者が，いったん地方公共団体を退職するとともに，派遣期間満了時に，改めて当該職員を採用する義務を地方公共団体に課しているのである。

市がその職員を派遣していた公益的法人等および退職派遣者を在職させていた特定法人に対して派遣職員または退職派遣者（以下「派遣職員等」という）の給与相当額を含む補助金または委託料（以下「補助金等」という）を支出したことについて，最判平成24・4・20民集66巻6号2583頁・百選Ⅰ5事件は，かかる支出は公益的法人等派遣法の定めに違反する手続的瑕疵があり無効であるが，①同法は，補助金等の派遣職員等の給与への充当を明示的には禁止していないこと，②同法案の国会審議において自治政務次官も明確には否定的な見解を述べていないこと，③同法制定後，総務省の担当者も，派遣職員等の給与に充てる補助金の支出の適否については，同法の適用関係とは別途に判断される旨の説明を地方公共団体の職員にしていたこと，④本件補助金等の支出当時，他の多くの政令指定都市においても，派遣先団体等に支出された補助金等が派遣職員等の給与に充てられていたこと，⑤法人等に派遣された職員の給与に充てる補助金の支出の適法性に関して，同法の施行前に支出がされた事例にかかる裁判例は，これを適法とするものと違法とするものに分かれていたこと，⑥同法施行後に，同法と上記の補助金の支出の関係について直接判断した裁判例は，本件補助金等の支出当時，存在しなかったこと，の諸事情に照らし，市長に過失はないと判示した。

Column　東日本大震災にかかる人的支援

東日本大震災で被災した地方公共団体を人的に支援するため，全国の地方公共団体から多数の職員が派遣されている。2017（平成29）年10月1日現在で，全国の地方公共団体から東日本大震災で被災した地方公共団体に派遣されている職員数は1775人であり，うち1774人は，地方自治法上の派遣制度に基づくものである。

4）課　題

上記のように，公務員の派遣制度は，時代の要請に応じて整備されてきたが，地方公務員の国際機関への派遣，国と地方公共団体間の人事交流等，法制度の整備が必要と思われる分野が残っている[11]。

Column　PFI法における派遣

2015（平成27）年通常国会で成立した「民間資金等の活用による公共施設等の整備等の促進に関する法律」改正法は，公共施設等運営事業（⇒第3編第1章 *1*（2）1））の円滑かつ効率的な実施を図るため，専門的知識を有する国家公務員または地方公務員を公共施設等運営事業者に退職派遣することを定めた。退職派遣期間終了後は公務員に復帰することを前提として，退職手当については退職派遣期間をすべて通算する制度が導入された（民活公共施設78条・79条）。

(6) 休　職

1）意　義

休職は（官）職を保有したまま職員を職務に従事させない処分（停職，派遣，休業等を除く）であり，復職は休職していた職員が職務に復帰することである。国家公務員法は，職員の休職は任命権者が法律または人事院規則に従い行うことを明記し（国公61条），地方公務員法は，同法または条例で定める事由による場合でなければ，職員がその意に反して休職されることはないとしている（地公27条2項）。そして，両法は，本人の意に反する休職をなしうる事由について定めている（国公79条，地公28条2項）。いずれも，(i)心身の故障のため，長期の休養を要する場合，(ii)刑事事件に関し起訴された場合を挙げている。これは制裁としてなされるものではなく，分限処分の一種である。2017（平成29）年7月1日現在，一般職の国家公務員の休職者は1623人である。このうち，病気休職者が1254人で，全体の約77パーセントにのぼる。

2）依願休職

本人の申出に基づく休職（依願休職）については，法律上は規定がなく，これが許されるかが争われたのが最判昭和35・7・26民集14巻10号1846頁・公務員百選22事件の事案である。これは，逮捕され拘禁中に休職願を提出し，その

11）渡辺賢「職員の交流・派遣」争点〔第3版〕173頁参照。

後起訴猶予になったが懲戒免職処分を受けた職員が，依願休職は許されず無効として依願休職処分後懲戒免職時までの給与を請求した訴訟に関するものであるが，最高裁は，明文の規定がないからといって，依願休職処分が当然に無効になるものではないと判示しているし，人事院規則 11-4〔職員の身分保障〕が定める学術調査，共同調査・委託調査等を目的とする休職（3条）は，本人の同意の下になされるものもあろう。もっとも，本人の申出に基づく休業制度が整備されるにつれ，依願休職を認める実益は減少することになる。

⑺　休　　業

一定の個人的な目的のために任命権者の承認を得て，公務員の身分を保持したまま職務に従事しないことを認める休業については，「国家公務員の育児休業等に関する法律」，「地方公務員の育児休業等に関する法律」が 1991（平成 3）年に，「国家公務員の自己啓発等休業に関する法律」が 2007（平成 19）年に，「国家公務員の配偶者同行休業に関する法律」が 2013（平成 25）年に制定されている。

6　勤務関係の消滅

⑴　離　　職

公務員の勤務関係の消滅を総称する用語として，国家公務員法，人事院規則は，離職という文言を使用している（国公 77 条，人規 8-12〔職員の任免〕4 条 7 号）。国家公務員の離職に関する規定は，国家公務員法と人事院規則で定めることとしている。地方公務員法は離職という文言を使用していないが，職員が職員としての身分を失う法制度は，国家公務員法と基本的に異ならない。国家公務員法 77 条の離職に関する規定は，行政執行法人に勤務する一般職に属する国家公務員には適用されない（行執労 37 条 1 項 1 号）。

⑵　失　　職

1）　意　　義

一般職職員が欠格事由に該当するに至った場合には，当然に職員の身分を失うのが原則であり，これが失職である（国公 76 条，人規 8-12〔職員の任免〕4 条 8 号，地公28条4項)。失職の場合には，免職処分と異なり行政処分を介在させずに離職の効果が生ずるので，失職の通知には処分性はなく，職員が司法救済を求める場合には，通知の取消訴訟ではなく，職員たる地位の確認を求める当事者訴訟によることになる。

失職の場合に行政処分を介在させずに離職の効果を発生させることとしているのは，要件該当性が明確であるので，事前手続なしに離職の効果を発生させても職員の手続的権利を害するとはいえず，また，行政処分と構成して短期の出訴期間に服せしめなくても，要件該当性が明確である以上，公務員の勤務関係の早期安定の要請に反することにはならないと考えられたためと思われる。この前提が成立するためには，失職の要件が明確でなければならないが，「日本国憲法施行の日以後において，日本国憲法又はその下に成立した政府を暴力で破壊することを主張する政党その他の団体を結成し，又はこれに加入した者」(国公38条5号，地公16条5号）の要件については必ずしも明確とはいえない。同号については，破壊活動防止法により「暴力主義的破壊活動を行った団体」として公安審査委員会による処分を受けた団体とする等，要件の明確化が望ましい[12)]。

地方公務員法28条4項の自動失職制が憲法13条・14条1項・31条に違反しないかが争われた事案において，最判平成元・1・17判時1303号139頁は，(i)公務員の地位の特殊性や職務の公共性，(ii)禁錮以上の刑に処せられたことに対する社会通念，(iii)失職の効果は禁錮以上の刑に処せられたことにより発生するものであって任命権者による行政処分により発生するものではないから，行政処分における公正な手続の要請は考慮する余地がないのみならず，禁錮以上の刑に処せられる場合には厳格な刑事訴訟手続のもとで被告人に防御の機会が与えられていることに照らし，合憲と判断している。最判平成12・12・19判時1737号141頁も，地方公務員法28条4項の自動失職制は，公務に対する住民の信頼を確保する目的によるもので，憲法13条・14条1項に違反しないとする。

なお，郵政事務官として1973（昭和48）年4月28日の採用前に公務執行妨害罪で逮捕・起訴されていた者が，採用後，同年12月7日に地裁で2年間の執行猶予付きの有罪判決を受け，これが控訴されず同月21日に確定したが，当時，上司も同僚も，当該職員が有罪判決を受けたことに気づかず，当該職員は，その

12)　藤田・行政組織法283頁参照。

後も，郵便局で郵便集配業務に従事してきたところ，2000（平成12）年9月5日，関東郵政局に，1970（昭和45）年ころ当該職員が公務執行妨害罪で逮捕されたことがあるとの匿名電話があったため，同郵政局は地方検察庁に照会し，本件有罪判決の謄本を入手して，本件有罪判決の事実を知り，同年11月13日，当該職員に対し，国家公務員法76条，38条2号に該当し1973（昭和48）年12月22日に失職した旨の人事異動通知書を交付した事件がある。そこで，当該職員は，日本郵政公社（その後，郵便事業会社が地位を承継）の職員としての地位確認請求および給与の支払請求の訴訟を提起した。最判平成19・12・13判時1995号157頁は，当該職員が失職事由の発生後も長年にわたり当該郵便局において郵便集配業務に従事してきたのは，当該職員が禁錮以上の刑に処せられたという失職事由の発生を明らかにせず，そのため当該郵便局長においてその事実を知ることがなかったからであり，失職事由発生の事実を隠し通して事実上勤務を継続し，給与の支給を受け続けていたものにすぎず，仮に，当該職員において定年まで勤務することができるとの期待を抱いたとしても，そのような期待が法的保護に値するものとはいえないとする。そして，当該職員が該当した国家公務員法38条2号の欠格事由を定める規定が，この事由を看過してされた任用を法律上当然に無効とするような公益的な要請に基づく強行規定であることなどにもかんがみると，雇用主である郵便事業会社において当該職員の失職を主張することが信義則に反し権利の濫用となるものということはできないとする。ただし，泉徳治裁判官は，反対意見を述べている。すなわち，(i)当該職員に対する刑の言渡しは，2年間の執行猶予期間の経過により，1975（昭和50）年12月22日には効力を失い，当該職員は欠格条項に該当しなくなったところ，当該郵便局長は，その後も当該職員の任用を継続し，同年12月22日から当該職員に失職の人事異動通知書が交付された2000（平成12）年11月13日までには約25年が経過していたが，約25年という期間は，民法が社会の法律関係の安定を図る目的で定める所有権の取得時効20年間，債権または所有権以外の財産権の消滅時効20年間，損害賠償請求権の除斥期間20年を上回るものであり，当該職員の公務に対する国民の信頼を回復するのに十分な期間といえ，当該職員を公務の執行から排除すべき必要性は消滅していること，(ii)当該職員は，本件有罪判決を当局に申告しなかったことで責められる点があったとしても，刑の言渡しの失効後も四半世紀にわたり郵政事務官として無事勤務を続けたことにより，60歳の定年まで勤務することができるものと期待したとしても，無理からぬものがあること，(iii)一般に転職の困難な50歳に達した段階で，退職手当の支給もなく，当該職員から郵政事務官の身分を奪うことは，当該職員の期待を裏切り，職業の保持，生計の維持，法律生活の安定の面で過大な不利益を課すものであること，(iv)当該職員の業務が現業の郵便集配業務であること，を指摘し，信義則，権利濫用禁止の法理（⇒第Ⅰ巻第4章***1・2***）に照らし，当該郵便局長は，失職の人事異動通知書を交付した時点においては，当該職員の任用を継続した行為が無効であって当該職員が郵政事務官の地位を失っているものと取り扱うことは，もはや許されないものと解するのが相当であると述べている。

2）退職手当

国家公務員が失職した場合には，成年被後見人または被保佐人となったことを理由とする場合を除き，退職手当の全部または一部が支給されない（退職手当12条1項2号）。地方公務員が失職した場合の退職手当の支払いについては条例で定められているが，この問題をめぐる判決として，高松地判平成9・1・20判タ983号190頁，高松高判平成10・3・27判タ983号187頁，前掲最判平成12・12・19がある。これは，交通事故で業務上過失傷害罪で起訴され，禁錮4か月，執行猶予2年の有罪判決が確定し，香川県職員退職手当条例が禁錮以上の刑に処せられたため失職した職員には退職手当を支給しないこととしているので退職手当を得られなかった者が，香川県職員退職手当条例の当該規定が憲法13条・14条・25条・29条1項に違反することを主張して，退職手当の支給を請求した事案である。1審・控訴審・上告審のいずれにおいても，合憲判決が出ている。

⑶　免　職

1）意　義

職員の意に反して職員の身分を行政処分により奪い退職させるのが免職である（人規8-12〔職員の任免〕4条10号）。罷免（憲15条1項・16条）または解職（自治163条）ともいう。戦前は，免官という言葉が使われた。国家公務員である一般職職員を免職することができるのは，国家公務員法または人事院規則が定める事由による場合に限られる（国公75条1項・77条）。地方公務員である一般職職員を免職することができるのは，地方公務員法が定める事由による場合に限られる（地公27条2項）。

免職の中には，行政運営上，当該職員を官職に就けておくことが適切でないために行われ，本人に対する非難，制裁の性格を有しない分限免職（国公78条，地公28条1項）と，本人の非行に対する非難，制裁の性格を有する懲戒免職（国公82条，地公29条1項）がある。辞職の申出に基づく依願免職は，人事院規則上，免職の類型とは別の辞職として位置づけられている。

Column **公職追放とレッド・パージ（red purge）**

1946（昭和21）年1月4日，連合国最高司令官であるマッカーサーは，日本を戦争に駆り立てた人物を官公職から追放すべき旨を内容とする「望ましからぬ人物の公職よりの罷免排除に関する覚書」を日本政府に発し，これを受けて同年2月，公職追放令が制定され，その翌年に，「公職に関する就職禁止，退官，退職等に関する勅令」が制定された。これにより，戦争犯罪人，職業軍人，国家主義団体有力者，大政翼賛会関係者等，20万を超える者が官公職から追放された。1952（昭和27）年4月21日に「公職に関する就職禁止，退職等に関する勅令等の廃止に関する法律」（昭和27年法律第94号）が制定され，同法が，同月28日の平和条約発効と同時に施行されたことにより，公職追放令は廃止された。

他方，占領中，共産党員とその支持者を公職および企業から排除するレッド・パージ[13)]が，占領政策の一環として行われ，日本政府も，1945（昭和25）年9月5日に，「共産主義者等の公職からの排除に関する件」を閣議決定している。官民併せて1万2000を超える者がレッド・パージの対象になった。その大半（約1万1000人）は民間企業における解職であったが，官公庁における免職も約1200人存在した。レッド・パージについては，公職追放と異なり，追放解除という措置がとられなかったため，解雇・免職の無効を主張する訴訟が提起されている。最大決昭和27・4・2民集6巻4号387頁は，報道機関による解雇について，連合国最高司令官の指示に従ったもので，当該解雇は法律上の効力を有するとし，最大決昭和35・4・18民集14巻6号905頁も製薬会社による解雇について，最判昭和37・2・15民集16巻2号294頁も私鉄会社による解雇について，最判昭和50・3・28訟月21巻5号1083頁は，旧電気通信省による免職について，同様に判示している。神戸地判平成23・5・26判時2131号94頁は，レッド・パージにより免職・解雇された公務員・民間企業職員が提起した国家賠償請求訴訟において，レッド・パージによる免職・解雇は連合国最高司令官の指示に基づき法律上の効力を有しているので，国家賠償法上の違法行為には該当せず，また，レッド・パージにより生じた損失を補償する立法を行うか否かは，立法府の政策的判断に委ねられており，かかる立法を行わないことが国家賠償法上違法とはいえないと判示した。その控訴審の大阪高判平成24・10・24判例集不登載は控訴を棄却し，上告審の最決平成25・4・25判例集不登載は，上告を

13）レッド・パージについては，三宅明正・レッド・パージとは何か――日本占領の影（大月書店，1994年），平田哲男・レッド・パージの史的究明（新日本出版社，2002年），明神勲・戦後史の汚点 レッド・パージ――GHQの指示という「神話」を検証する（大月書店，2013年）参照。

棄却し上告不受理とした。

2)　分限免職

分限免職は，本人の勤務実績がよくない場合，心身の故障のため職務の遂行に支障があり，またはこれに堪えない場合，その他その（官）職に必要な適格性を欠く場合，官制（職制）もしくは定員（定数）の改廃または予算の減少により廃職または過員を生じた場合に行われる。

Column　行政組織の改廃を理由とする分限免職処分

1987（昭和62）年に行われた国鉄分割・民営化に際しては，国労組合員ら約7600人がJR各社に採用されなかったが，国鉄清算事業団等による採用がなされ，分限免職処分は行われなかった。しかし，社会保険庁の廃止に伴い525人に分限免職処分が行われた。行政組織の改廃を理由とする分限免職処分は1964（昭和39）年に憲法調査会事務局と姫路城保存工事事務所の廃止に伴い各3人に対して行われて以来であり，終戦直後を除けば，戦後最大規模の分限免職処分である。

最判昭和35・7・21民集14巻10号1811頁は，地方公務員法28条が定める「勤務実績が良くない場合」（1号），「その職に必要な適格性を欠く場合」（3号）に該当するかの判断につき，任命権者にある程度の裁量が認められるが，純然たる自由裁量ではなく，免職事由とされる事実が客観的標準に合致するか否かの判断を誤って免職処分をした場合には，当該処分は裁量権の行使を誤り違法であると判示している。また，最判昭和48・9・14民集27巻8号925頁・百選Ⅰ〔第5版〕77事件・公務員百選20事件は，分限制度の目的と関係のない目的や動機に基づき分限処分をすること，処分事由の有無の判断につき恣意にわたることは許されず，要考慮事項を考慮せず，もしくは他事考慮をして判断するとか，または，その判断が合理性を持つ判断として許容される限度を超えたときは，裁量権の行使を誤り違法となると判示している。同判決は，分限処分の中でも降任処分の場合には，現に就いている特定の職の適格性のみが問題になり，また，当該職員は公務員としての身分を失うわけではなく，下位の職にとどまるのに対し，免職処分の場合には，異動が可能な他の職も含めてすべての職についての適格性が欠けると判断し公務員の身分を奪うことになるから，特に厳密，慎重な判断が要求されると述べている。この判決が示唆するように，分限処分が必要な場合であっても，降任処分は可能であるが免職処分は違法となる場合がありうる。一般職国家公務員の分限免職の基準については,「職員が分限事由に該当する可能性のある場合の対応措置について」(平成18年10月13日人事院人材局長通知) が定めている。

2017 (平成29) 年度における一般職の国家公務員に対する分限免職処分は10件であった。

Column **検察官の特例**

検事長, 検事または副検事が検察庁の廃止その他の理由により剰員となったときは, 法務大臣は, その検事長, 検事または副検事に俸給の半額を支給して欠位を待たせることができるという特殊な制度がある (検察24条)。また, 検察官の身分保障については, 検察官適格審査会による事前審査制度が特別に設けられており (検察23条), その身分保障は, きわめて手厚いといえる。

3) 懲戒免職

一般職国家公務員に対する懲戒免職は, 国家公務員法もしくは国家公務員倫理法またはこれらの法律に基づく命令に違反した場合, 職務上の義務に違反し, または職務を怠った場合, 国民全体の奉仕者たるにふさわしくない非行のあった場合に行うことができる (国公82条1項)。一般職地方公務員に対する懲戒免職は, 地方公務員法もしくは同法57条に規定する特例を定めた法律またはこれに基づく条例, 地方公共団体の規則もしくは地方公共団体の機関が定める規程に違反した場合, 職務上の義務に違反し, または職務を怠った場合, 全体の奉仕者たるにふさわしくない非行のあった場合に行うことができる (地公29条1項)。

最判昭和32・5・10民集11巻5号699頁は, 懲戒権者が懲戒処分を発動するか否か, 懲戒処分のうちいずれの処分を選択すべきかを決定することは, その処分が全く事実上の根拠に基づかないと認められる場合や, 社会通念上著しく妥当を欠き懲戒権者に付与された裁量権の範囲を逸脱すると認められる場合に限り, 処分が違法になるとしている。そして, 最判昭和52・12・20民集31巻7号1101頁・百選Ⅰ80事件・公務員百選36事件〔神戸税関事件〕は, 裁判所は, 懲戒権者と同一の立場に立って判断代置をすべきではなく, 懲戒権者の裁量権の行使が社会観念上著しく妥当を欠き, 裁量権を濫用したと認められる場合に限り違法となると判示している (⇒第Ⅰ巻第19章***3***(**2**))。このように, 最高裁は, 懲戒処分の効果裁量を広く認めているのであるが, この基準の下でも, 懲戒処分を違法とした例がある (最判昭和59・12・18判例自治11号48頁・公務員百選37事件)。

2017（平成29）年度における一般職の国家公務員に対する懲戒免職処分は12件であった。

4) 分限免職と懲戒免職の法効果の差異

分限免職は制裁として行われるものではないので，退職手当が全額支給されるが，懲戒免職は制裁として行われるので，退職手当を全部または一部支給しない処分がなされうる（退職手当12条1項1号）。また，懲戒免職処分を受けてから2年間は，（地方公務員の場合は当該地方公共団体において）公務員となることができない（国公38条3号，地公16条3号）。

***Column*　懲戒処分歴を考慮した分限処分**

社会保険庁が廃止され，年金業務が日本年金機構に引き継がれたが（2010〔平成22〕年1月），「日本年金機構の当面の業務運営に関する基本計画」（平成20年7月29日閣議決定）では，国民の公的年金業務に対する信頼回復の観点から，懲戒処分を受けた者は機構の正規職員および有期雇用職員には採用されないこととされた。そのため，これらの者については，辞職願の提出は期待し難く，分限免職処分をせざるをえないことが想定された。これに対しては，分限免職に当たり，懲戒処分歴を考慮することは，二重の処分に当たるのではないか，戒告のような軽度の懲戒処分を受けた者も一律に分限免職の対象とするのは厳しすぎるのではないかという意見がある一方，懲戒処分と分限処分は異なるから，分限処分に当たり過去の懲戒処分歴を考慮することは二重の処分に当たらないという意見もある。長妻昭厚生労働大臣（当時）は，上記閣議決定の方針を踏襲した上で，軽微な懲戒処分歴を有するにとどまる者については，厚生労働省の非常勤職員への採用等により分限免職処分を回避する努力を行ったが，懲戒処分歴が考慮され分限免職処分が行われた者もいた。社会保険庁の廃止に伴う分限免職処分を行うに当たって過去の懲戒処分歴を考慮することが許されるかが，訴訟で争われた例がある（大阪地判平成27・3・25訟月62巻1号67頁）。

大阪市では，懲戒処分を受けてから10年以内に懲戒免職処分に至らない程度の非違行為（管理監督責任を除く）を行った職員に対しては必要な調査を行い，分限免職処分が相当であると思料したときは，大阪市職員分限審査事務嘱託に付議する方針を，2010（平成22）年7月より採用している。

処分の選択　分限免職と懲戒免職では法効果に差異があるため，双方の要件を満たす場合にいずれを選択するかが重要な問題になることがある。すなわち，懲戒免職の要件も満たしている職員を分限免職にして退職手当を支払った場合，懲戒免職にしなかったことが違法となれば，地方公共団体の懲戒権者の場合は住民訴訟で責任を問われうることになる。その例が，最判昭和60・9・12判時1171号62頁・地方自治百選〔第3版〕70事件である。同判決は，収賄事件で起訴された職員を懲戒免職にせずに分限免職にしたことにつき，刑事訴訟が継続中で事件の全貌が明らかになっていない状態の下で，不適格な職員を早期に公務から排除して公務の適正な運用を回復するという要請に応える必要があることも考慮して，分限免職処分として退職手当を支出したことを違法としなかった。なお，分限処分から懲戒処分への違法行為の転換（⇒第Ⅰ巻第19章*7*）を認めなかった裁判例として，仙台高判昭和36・2・25行集12巻2号344頁・公務員百選19事件がある。

退職手当の返納と一時差止め

国家公務員の退職手当については，すでに1953（昭和28）年に，国家公務員等退職手当法において在職中に起訴され判決確定前に退職した場合には支給しないことができ，その場合，禁錮以上の刑に処せられないことが確定したときに支給することとされていた（平成20年改正前12条1項）。その後，1985（昭和60）年の同法の改正で，退職後，退職手当の支払前に在職期間中の行為について起訴された場合には支給しないことができ，禁錮以上の刑に処せられないことが確定したときに支払うこととし（平成20年改正前12条3項），退職手当の支給後，在職期間中の行為にかかる刑事事件に関し，禁錮以上の刑に処せられたときは，退職手当を返納させることができることとされた（平成20年改正前12条の3第1項）。また，1997（平成9）年の同法改正により，退職手当がまだ支払われていない場合，在職期間中の行為にかかる刑事事件に関して，その者が逮捕されたとき，またはその者から聴取した事項もしくは調査により判明した事項に基づき，その者に犯罪があると思料するに至ったときであって，犯罪の法定刑の上限が禁錮以上の刑に当たるものであるときは，退職手当の支給を差し止めることができることとされた（平成20年改正前12条の2第1項）。

しかし，従前は，懲戒免職事由に当たる不祥事を起こしても退職手当支給後にその事実が発覚した場合や，禁錮以上の刑に処する有罪判決を受けても本人の死亡等により刑が確定しない場合には，退職手当の返納を命ずることができない等の問題があった。そこで，2007（平成19）年11月に総務大臣が主宰する「国家公務員退職手当の支給の在り方等に関する検討会」が開催され，対応策について検討が行われ，2008（平成20）年6月に報告書が取りまとめられた。これを受けて，「国家公務員退職手当法等の一部を改正する法律案」が取りまとめられ，同年12月2日に国会に提出され，同年12月19日に政府原案どおり成立した。改正の概要は，(i)退職手当支払後に，在職期間中に懲戒免職を受けるべき行為があったと認められた場合，退職をした者に退職手当の返納を命ずることができることとすること（退職手当15条1項3号），(ii)退職後，退職手当支払前に在職期間中の懲戒免職を受けるべき行為があったと認められた場合，退職手当の支給を制限することができることとすること（退職手当14条1項3号），(iii)在職期間中に懲戒免職を受けるべき行為があったと認められた場合で，すでに当該職員が死亡しているときには，支払前であれば遺族等に対する退職手当の支給を制限し（退職手当14条2項・1項3号），支払後であれば遺族等に返納を命ずることができることとすること（同15条1項3号・16条1項），(iv)退職手当の支給制限に際しては，非違の性質等を考慮して退職手当の一部を支給することが可能な制度を創設し，返納についても，一部を返納させることが可能な制度を創設すること，(v)適正手続の観点から，懲戒免職処分を受けるべき行為があったと認めたことによる支給制限，返納命令を行う際には，退職手当・恩給審査会（現・退職手当審査会）等に諮問すること（退職手当19条1項），(vi)上記の支給制限，返納命令制度の拡充に伴い，これらの処分があった場合に，共済年金の一部を支給制限できるようにするための国家公務員共済組合法，地方公務員等共済組合法の改正等を行ったことである[14)]。

Column　国家賠償法1条2項の規定に基づく求償額からの退職金返納額の控除

大分県教育委員会事務局職員が，教員採用試験において，受験者の得点を操作して，口利きのあった受験生を不正に合格させたことが発覚し，不正に関与した在職中の職員は懲戒免職処分を受け退職手当は支給されず，すでに退職していた職員に対しては退職手当全額の返納命令が出され，それが履行された。大分県は，不正がなければ合格していたはずの受験生に対して損害賠償金を支払い，不正に関与した職員に対して，国家賠償法1条2項の規定に基づき求償をしたが，その際，退職手当返納額および損害賠償金の財源とする趣旨で受けた寄付金額を控除して求償したところ，この控除部分の求償をしないことは，違法に財産の管理を怠る行為に当たるとして地方自治法242条の2第1項第3号の規定に基づく請求および不正に関与した職員に対する求償の義務付けを求める同項4号の規定に基づく請求を行う住民訴訟が提起された。最判平成29・9・15判時2366号3頁は，本件不正は，教員採用試験の事務に携わった同県教育委員会の職員らが，現職の教員を含む者から依頼を受けて受験者の得点を操作するなどして行われたものであったところ，その態様は幹部職員が組織的に関与し，一部は賄賂の授受を伴うなど悪質なものであり，その結果も本来合格していたはずの多数の受験者が不合格となるなど極めて重大であったので，本件退職手当返納命令や退職手当の不支給は正当なものであったということができ，同県が本件不正に関与した者に対して求償すべき金額から本件返納額を当然に控除することはできないとする。また，教員の選考に試験の総合点以外の要素を加味すべきであるとの考え方に対して県教委が確固とした方針を示してこなか

14)　津村晃「国家公務員退職手当の支給制限・返納制度改革――返納事由の拡大，遺族への処分制度の創設等」時法1835号6頁以下参照。

ったことや，本件返納命令に基づく返納の実現が必ずしも確実ではなかったこと等の原審が指摘する事情があったとしても，このような抽象的な事情のみから直ちに，過失相殺または信義則により，県による求償権の行使が制限されるということはできず，上記の事情があることをもって上記求償権のうち本件返納額に相当する部分を行使しないことが違法な怠る事実に当たるとはいえないとした原審の判断には，判決に影響を及ぼすことが明らかな法令の違反があるとする。そして，県の教員採用試験において不正が行われるに至った経緯や，本件不正に対する県教委の責任の有無および程度，本件不正に関わった職員の職責，関与の態様，本件不正発覚後の状況等に照らし，県による求償権の行使が制限されるべきであるといえるか否か等について，さらに審理を尽くさせるため，上記部分につき本件を原審に差し戻している。

5) 処分の手続

一般的手続

一般職の国家公務員に対する懲戒処分は，職員に文書を交付して行わなければならないが（国公 89 条），これを受けるべき者の所在を知ることができない場合においては，その内容を官報に掲載することをもってこれに替えることができ，掲載された日から 2 週間を経過したときに文書の交付があったものとみなされる（人規 12-0〔職員の懲戒〕5 条 1 項・2 項）。地方公務員に対する懲戒処分の事前手続も同様である（地公 49 条）。ただし，所在不明の場合の懲戒処分の通知方法について明文の規定はない。最判平成 11・7・15 判時 1692 号 140 頁・百選Ⅰ 58 事件は，自らの意思により出奔して無断欠勤を続けた県職員と同居していた家族に対して人事発令通知書を交付するとともに，その内容を県公報に掲載する方法により懲戒免職処分がされたことを通知した場合，当該職員は，この方法により懲戒免職処分がされることを十分に了知しえたものというのが相当であるから，出奔から約 2 か月後に上記の方法によりされた懲戒免職処分は効力を生じたというべきであると判示している。

教育公務員特例法の特例

教育公務員特例法においては，学長，部局長，教員の免職に当たっては，審査の事由を記載した説明書を受領した者が請求した場合には，その者に対し，口頭または書面で陳述する機会を付与することが義務づけられている（教公特 5 条 2 項・4 条 3 項）。

(4) 当然退職

1) 意　義

失職の場合および懲戒免職の場合を除いて，職員が離職することを退職という（人規8-12〔職員の任免〕4条9号）。退職の中には，一定の事由の発生により当然にその効果が生ずるものがある。一般職職員が定年に達した場合（国公81条の2，地公28条の2），公務員が公職の候補者となったために当然に公務員としての身分を失う場合（公選90条），臨時的任用の期間が満了した場合（人規8-12第52条1項1号），法令により任期が定められている場合その他任期を定めて採用された場合においてその任期が満了した場合（同項2号・3号）がその例である。

2) 定年制

導　入　戦前からの伝統で戦後もしばらくは，わが国の国家公務員・地方公務員には定年制度が存在せず（国立大学教官，検察官のように個別法で定年制が採られているものも例外的に存在した），そのことが勧奨退職（これに応ずると退職手当の割増しが認められる）の慣行を形成する一因となっていたが，1981（昭和56）年の国家公務員法・地方公務員法の改正で定年制度が導入された（国公81条の2第1項，地公28条の2第1項）。

年　齢　国家公務員については60歳を定年とすることが原則とされたが，病院等に勤務する医師等は65歳，庁舎の監視等の業務に従事する職員で人事院規則で定めるものは63歳とする等の例外が認められている（国公81条の2第2項）。地方公務員の場合には国の職員につき定められている定年を基準として条例で定年を定めることとされている（地公28条の2第2項）。

特例等　両法は，定年による退職の特例（国公81条の3，地公28条の3），定年退職者等の再任用（国公81条の4，地公28条の4），定年退職者等の選考による採用（国公81条の5，地公28条の5・28条の6），定年に関する事務の調整等（国公81条の6）についての規定を設けている。

早期退職慣行　キャリアと呼ばれる国家公務員の場合，同期から事務次官が出るまでに他の者は退職する運用が一般に採られ，そのため，定年前に勧奨退職する慣行が継続されてきた。2002（平成14）年12月17日には，「早期退職慣行の是正について」が閣僚懇談会申合せとして取りまとめられている。

高齢者の雇用の安定　1994（平成6）年3月，「公務部門における高齢者雇用について」が閣議決定された。これは，雇用と年金との連携および行財政改革の要請に十分配慮しつつ，公務員の60歳代前半の雇用に積極的に取り組むことを基本方針として定めるものであり，その検討のために「公務部門における高齢者雇用問題検討委員会」が設置された。1998（平成10）年6月に同委員会が公表した最終報告は，現行の定年年齢は維持した上で，65歳（満額の共済年金開始年齢が段階的に引き上げられている間は，当該支給開始年齢）を上限とする再任用制度を2001（平成13）年度から導入し，フルタイムおよび短時間勤務という2種類の勤務形態を設けること等を内容としていた。人事院も，1998（平成10）年5月に，再任用制度の概要について，国会および内閣に意見の申出を行った。1999（平成11）年3月16日の公務員制度調査会答申は，今後の高齢化の一層の進展等に対応し，公務部門において，65歳定年に向かうべきであるとする答申を行っている（ただし，厳しい雇用情勢や民間企業の定年制の動向を踏まえた定年引上げ消極論も併記している）。これらを受けて，1999（平成11）年7月，新たな再任用制度を導入するための国家公務員法等の改正が実現した。この新再任用制度は，2001（平成13）年4月から導入された。2008（平成20）年2月5日の「公務員制度の総合的な改革に関する懇談会」の報告書においては，(i)60歳定年まで勤められることを原則として，能力・実績に応じて処遇される環境を構築すること，(ii)60歳以降については，民間における高齢者雇用の取組状況や国家公務員の早期退職慣行の状況を踏まえれば，現状において，国家公務員について一律に年金受給開始年齢まで定年延長をすることは困難であり，当面は，再雇用制度の拡充により雇用機会を確保すること，(iii)再雇用制度の一層の活用が図られるよう，再雇用職員にかかる予算・定員について弾力的な扱いを行うなどの措置を検討すること，(iv)60歳定年まで勤務できる環境の実現や，将来的な定年延長を検討する際には，人件費の増加を避けつつ，職員が自主的に選択を行う仕組みとして，一定年齢で年功昇給を止める新しい給与システムや役職定年制度・職種別定年制度のような仕組みの導入を検討することが提言されている。

2008（平成20）年に成立した国家公務員制度改革基本法は，雇用と年金の接続の重要性に留意して，(i)定年まで勤務できる環境を整備するともに，再任用制度の活用の拡大を図るための措置を講ずること，(ii)定年を段階的に65歳に引き上げることについて検討すること，(iii)上記(i)(ii)の検討に際し，高年齢である職員の給与の抑制を可能とする制度その他のこれらに対応した給与制度の在り方ならびに職制上の段階に応じそれに属する職に就くことができる年齢を定める制度および職種に応じ定年を定める制度の導入について検討することを政府に義務づけている（10条3号）。

民間においては，高年齢者等の雇用の安定等に関する法律において，65歳未満の定年の定めをしている事業者は，その雇用する高年齢者の65歳までの安定した雇用を確保するため，(i)当該定年の引上げ，(ii)継続雇用制度（現に雇用している高年齢者が希望するときは，当該高年齢者をその定年後も引き続いて雇用する制度）の導入，(iii)当該定年の定めの廃止のいずれかの措置を講じなければならないとしている。国においても，公的年金の支給開始年齢が，2013（平成25）年度以降，段階的に60歳から65歳へと引き上げられることに伴い，現行の定年制度を維持した場合，定年退職後に無収入期間が生ずることになる。雇用と年金の連携を図り無収入期間が発生しないようにし，職員が定年後の生活に不安を抱くことなく職務に精励することができるようにし，また，職員が長年にわたり蓄積した経験や培った能力を有効活用するために，2013（平成25）年度から段階的に（3年に1歳ずつ）定年を65歳まで引き上げることが検討されてきた。そして，2011（平成23）年9月30日に，人事院は，国会および内閣に対して，60歳を超える職員の給与の抑制，役職定年制，短時間勤務制等の組織活力確保措置を講じながら，2013（平成25）年度から3年に1歳ずつ定年を引き上げ，最終的には65歳定年制に移行すべきとの意見の申出を行った。しかし，2012（平成24）年3月，政府は，この問題に原則として再任用の義務付けにより対処することとし，年金の支給開始年齢の65歳への段階的な引上げ期間中の一定の時期に，人事院が申し出た意見を踏まえつつ，改めて検討を行う基本方針を決定した。2013（平成25）年3月26日に閣議決定された「国家公務員の雇用と年金の接続について」においては，2013（平成25）年度以降に定年退職する職員は，再任用を希望した場合，年金支給開始年齢に達するまでの間，原則として再任用することとし，再任用制度の活用状況を検証するとともに，年金の支給開始年齢の段階的な引上げの時期ごとに，公務の運営状況や民間企業における高齢者雇用確保措置の実施状況を勘案し，人事院の意見の申出を踏まえつつ，段階的な定年の引上げも含め雇用と年金の接続の在り方について改めて検討を行うこととされた。なお，2014（平成26）年4月に成立した「国家公務員法等の一部を改正する法律」は，自由民主党，公明党，民主党の議員修正により，附則に，「政府は，平成28年度までに，公務の運営状況，国家公務員の再任用制度の活用の状況，民間企業における高年齢者の安定した雇用を確保するための措置の実施の状況その他の事情を勘案し，人事院が国会及び内閣に平成23年9月30日に申し出た意見を踏まえつつ，国家公務員の定年の段階的な引上げ，国家公務員の再任用制度の活用の拡大その他の雇用と年金の接続のための措置を講ずることについて検討するものとする」旨の規定が置かれた。

地方公務員の雇用と年金の接続については，上記の「国家公務員の雇用と年金の接続について」で，各地方公共団体において，当該閣議決定の趣旨を踏まえ，能力・実績に基づく人事管理を推進しつつ，地方の実情に応じて必要な措置を講ずるよう要請された。これを受けて同月29日の総務副大臣通知「地方公務員の雇用と年金の接続について」において，定年退職する職員が再任用を希望する場合，当該職員の任命権者は，年金支給開始年齢に達するまで，当該職員をフルタイムで再任用すること，職員の年齢別構成の適正化を図る観点からフルタイムの再任用が困難であると認められる場合，または当該職員の個別的事情（短時間勤務を希望等）を踏まえて必要があると認められる場合には，短時間での再任用が可能なこと，現行の再任用制度に関して未だ条例を制定していない団体においては，速やかに制定を図られたいこと等が要請された。

「経済財政運営と改革の基本的方針2017」（2017〔平成29〕年6月9日閣議決定）において，「公務員の定年の引上げについて，具体的な検討を進める」とされたことを受けて，政府は，同月28日より，内閣官房副長官補を座長とする「公務員の定年の引上げに関する検討会」を開催し，2018（平成30）年2月16日に，論点整理を公表した。そこでは，①平均寿命の伸長，少子高齢化の進展，②複雑高度化する行政課題への的確な対応の必要性を踏まえ，公務員の定年を段階的に65歳に引き上げる方向で検討すること，その際，民間企業における高齢者雇用の状況，組織活力の維持の必要性，総人件費の増加の抑制の要請等を踏まえ，国民の理解を得ることが必要なことが指摘された。そして，(i)一定の準備期間を置いた上で，新規採用や職員の年齢構成への影響を勘案し，段階的に引き上げること，(ii)高齢期における活躍の機会の創出にも資するよう，専門能力を涵養し，複線型キャリアパスを確立すること，(iii)能力および実績に基づいた人事管理を徹底すること，(iv)本府省・地方機関の管理職以上の職員を対象に役職定年制を導入すること，(v)真に必要な規模の新規採用を継続すること，(vi)民間給与水準との均衡の確保および総人件費の増加の抑制の必要性を踏まえ，60歳以上の職員の給与水準を一定程度引き下げること，(vii)人手を掛けない業務体制への転換（業務改革）や働き方改革による生産性向上に取り組むこと，(viii) 60歳以上定年年齢前までの職員を短時間勤務で再任用する仕組みを導入すること，(ix)官民人材交流センターの一層の活用等を通じて，自主的な選択としての早期退職を支援すること，というとりまとめが示され，人事院における検討を踏まえた上で，具体的な制度設計を行い，結論を得ていくこととされた。同日に開かれた「公務員の定年の引上げに関する関係閣僚会議」で，国家公務員の定年を原則60歳から65歳に引き上げる方針を決定し，60歳以上の職員の給与水準等について人事院に検討を求め，その回答を踏まえて制度の詳細を詰め，早ければ2019（平成31）年の通常国会に関連法改正案を提出し，2021（平成33）年度から段階的に実施する予定である。

3)　任期満了

任期付職員の任期が満了した場合にも，当然退職になる。ただし，任期付きとすることが許されるか，再任申請権が認められるか，任期が更新を前提としており任期満了による失職通知は免職処分と解しうるかが問題となることがある（京都地判平成16・3・31労判911号69頁，大阪高判平成17・12・28判タ1223号145頁）。

(5)　辞　　職

1)　意　　義

本人の意思により離職するのが辞職である（人規8-12〔職員の任免〕4条11号）。民間において労働者が退職の意思表示を行う場合と異なり，公務員の場合には，辞職の申出があっても，自動的に辞職の効果が発生するのではなく，任命権者による承認が必要とされている。そして，人事院規則8-12第51条は，任命権者は，職員から書面をもって辞職の申出があったときは，特に支障のない限り，これを承認するものとしている。この承認は行政処分であり，依願免職処分といわれる。離職の効果の発生を任命権者の承認にかかわらしめたのは，突然の辞職により，公務に停滞をきたすことを防止することが最大の理由と思われるが，懲戒免職処分を免れるために辞職を申し出たような場合，直ちに辞職させずに辞表を預かって懲戒手続を進め，懲戒免職を可能とすることも，この仕組みの利点といえる。

2) 退職願の撤回

辞職すべく退職願を提出した後，翻意して退職願を撤回することができるかという問題がある。最判昭和34・6・26民集13巻6号846頁・百選Ⅰ128事件・公務員百選12事件は，退職願に基づき依願免職の辞令が交付された後には撤回はできず，免職辞令交付前においても，無制限に撤回が認められれば，信義に反する撤回により，退職願の提出を前提として進められた爾後の手続がすべて徒労に帰し，個人の恣意により行政秩序が犠牲に供される結果となるので，退職願の撤回が信義に反すると認められる特段の事情がある場合には，免職辞令交付前においても，撤回は認められないと判示している。この事案においては，教育長が，満55歳以上の教職員は全員退職させることとなったという通知を出したため，退職する以外に選択肢はないと誤解して退職願を出してしまい，後に辞職の勧告にすぎないとわかったので退職願の撤回を求めたものであったため，最高裁は，撤回が信義に反すると認めるべき特段の事情はないとしている。

退職願の撤回の可否が訴訟で争われることは必ずしも稀でないが，その理由は，退職願の提出が本人の完全に自発的な意思に基づくわけではなく，強い勧奨（いわゆる「肩たたき」）に基づくことが少なくないからである。このように本人の自発的意思に基づくとはいいがたい退職願の撤回については，判例もこれを認める傾向にある（最判昭和37・7・13民集16巻8号1523頁，最判昭和38・11・26民集17巻11号1429頁・百選〔新版〕25事件等）。なお，勧奨が過度にわたる場合には不法行為になりうる（慰謝料請求が認められた事例として，最判昭和55・7・10判タ434号172頁・公務員百選14事件〔下関商業高校事件〕参照）。

第3章　公務員の権利

Point

1）　公務員は，法定の事由によらなければ，その意に反して降任，休職，免職をされない身分保障を与えられている。

2）　給与については，給与法定主義・条例主義が採られている。

3）　一般職職員は団結権は認められているが，国家公務員のうち警察職員，海上保安庁職員，刑事施設職員については，団結権は認められておらず，非現業の地方公務員のうち警察職員および消防職員には団結権は認められていない。

4）　国の職員および地方公共団体の非現業職員は，職員の給与，勤務時間その他の勤務条件（管理運営事項以外）およびこれに附帯して，社交的または厚生的活動を含む適法な活動にかかる事項に関し団体交渉をできるが，団体協約締結権は認められていない。

5）　行政執行法人の職員の労働関係については「行政執行法人の労働関係に関する法律」が適用され，団結権，管理運営事項を除く団体交渉権（協約締結権を含む）が認められている。地方公営企業，特定地方独立行政法人の職員および単純労務職員の労働関係については「地方公営企業等の労働関係に関する法律」が適用され，管理運営事項を除く団体交渉権（協約締結権を含む）が認められる。

6）　公務員は争議権を有しない。争議行為を共謀し，そそのかし，もしくはあおり，またはこれらを企てる行為も禁じられているが，国の職員，地方公共団体の非現業職員の場合には，この違反に対して罰則の規定が適用される。

7）　最高裁は，当初，国家公務員が全体の奉仕者であり，公共の利益のために勤務し，職務の遂行に当たっては全力を挙げて専念しなければならないことから，争議行為全面禁止を合憲とする立場を採った。その後，最高裁は，争議行為に対して刑事罰を科することが違憲となることがありうるという立場を採るようになった。しかし，最高裁は，全農林警職法事件において，再度判例を変更し，争議行為全面禁止合憲論の立場に復帰した。

8）　国家公務員法，地方公務員法は，公務員の政治的行為を厳しく制限している。

9）　公務員の労働基本権制約の代償措置のひとつとして，勤務条件に関する行政措置要求権が認められている。

10）不利益処分に対しては，第三者的な人事行政機関である人事院，人事委員会または公平委員会に対してのみ行政不服審査法に基づく審査請求をすることができるのが原則である。

1 意　義

戦前の官吏は，天皇に無定量の忠勤に励むものとされ，天皇と官吏の関係は特別権力関係であり，官吏の天皇に対する権利の概念が成立する余地は存在しなかった。しかし，日本国憲法の下においては，公務員も勤労者として，雇用主である国・地方公共団体等に対して勤労者としての権利を有するのは当然と考えられ，国家公務員法，地方公務員法等により，かかる権利が法定されている。他面において，公務員の権利は，単に公務員個人の保護のために認められているにとどまらず，国民ないし住民に対し，公務の民主的かつ能率的な運営を保障することも目的とする。たとえば，公務員の俸給を受ける権利は，公務員本人やその家族の生活を保障する意味を持つと同時に，公務員が安んじて公務に専念し，収賄等により公務の公正さを害することのないようにする公益的側面も有する。このように，公務員の権利について考察するに当たっては，労働法的考察とともに，公務の特殊性にも配慮しなければならない。本章で説明する事項が，前章で説明した公務員の勤務関係についての叙述と重複する面があるのは，上記のように，公務員の権利は，公務員の勤務関係の性質と切り離して論ずることができないからである。

2 身分保障

⑴ 分　限

公務員は，法定の事由によらなければ，その意に反して降任，休職，免職をされない身分保障を与えられている（国公74条・75条，地公27条）。これは，成績主義の公務員制度を維持するためには，任命権者による恣意的な人事を禁ずる必要があるからである。公務員の側からみれば，法定の事由以外で降任，休職，免職をされず，職務を遂行する権利を付与されているといえる。これは，労働基本権の制約に対する代償としての意義も併有するとみることもできる。公務員の身分の不利益な変動であって制裁として行われる懲戒以外のものを総称して分限という。降任の事由は，免職（⇒第２編第２章**6**(3)）の事由と共通である（国公78条，地公28条)。降任が行われることはきわめて稀であり，一般職国家公務員の場合，2017（平成29）年度は皆無であった。最判昭和48・9・14民集27巻8号925頁・百選Ⅰ〔第5版〕77事件・公務員百選20事件は，「ひとしく適格性の有無の判断であつても，分限処分が降任である場合と免職である場合とでは，前者がその職員が現に就いている特定の職についての適格性であるのに対し，後者の場合は，現に就いている職に限らず，転職の可能な他の職をも含めてこれらすべての職についての適格性である点において適格性の内容要素に相違があるのみならず，その結果においても，降任の場合は単に下位の職に降るにとどまるのに対し，免職の場合には公務員としての地位を失うという重大な結果になる点において大きな差異があることを考えれば，免職の場合における適格性の有無の判断については，特に厳密，慎重であることが要求されるのに対し，降任の場合における適格性の有無については，公務の能率の維持およびその適正な運営の確保の目的に照らして裁量的判断を加える余地を比較的広く認めても差支えないものと解される」と述べている。

なお，分限処分として降給という制度もあるが，国家公務員の場合，人事院規則で定める事由に該当するときに行われることとされており（国公75条2項)，同項の委任に基づく人規11-10（職員の降給）が制定されている。地方公共団体の場合，降給は条例で定める事由に該当するときに行われることとされている（地公27条2項)。

***Column*　国家公務員の給与の改定及び臨時特例に関する法律**

2011（平成23）年6月3日，政府は，わが国の厳しい財政状況および東日本大震災に対処する必要性にかんがみ，「国家公務員の給与の臨時特例に関する法律案」を国会に提出した。この法案では，俸給月額については，本省課室長相当職員以上は10パーセント，本省課室長補佐・係長相当職員は8パーセント，係員は5パーセント減額し，俸給の特別調整額（管理職手当)，期末手当および勤勉手当については一律10パーセント減額する等，大幅な給与減額措置を講じようとするものであった。同法案に基づく給与減額と人事院勧告に基づく給与改定（減額）との関係が議論され，同年10月28日の閣議では，上記法案の早期成立を期し，人事院勧告を実施するための法案は提出しないことが決定された。同日，江利川毅人事院総裁（当時）は，人事院勧告と上記法案は，趣旨・目的を全く異にするものであり，後者が前者を内包する関係にはないので，国家公務員の労働基本権制約の代償措置である人事院勧告は完全実施するとともに，上記法案については別の問題として検討されるべきと考える旨の談話を発表している。

その後，民主党・自由民主党・公明党の合意に基づく「国家公務員の給与の改定及び臨時特例に関する法律案」が議員立法として国会に提出され，2012（平成24）年2月29日に成立し，原則として同年3月1日（国家公務員の給与の臨時特例にかかる部分については同年4月1日）から施行された。同法は，2011（平成23）年9月30日付の人事院勧告に基づく給与改定を行うとともに，上記の政府提出法案の考え方を踏まえ，2014（平成26）年度末までの臨時措置として給与減額措置を講ずるものである。同法に基づく給与減額措置は，人事院規則11-10（職員の降給）3条が降給事由として定める降格（4条），降号（5条）のいずれの事由にも該当しないもので，異例の措置といえる。なお，同法附則12条において，地方公務員の給与については，同法および地方公務員法の趣旨を踏まえ，地方公共団体において自主的かつ適切に対応されるものとすると定められている。

人事院勧告凍結に抗議して行われた争議行為を理由とする懲戒処分の取消訴訟において，最判平成12・3・17判時1710号168頁の河合伸一，福田博の両裁判官は，懲戒処分は適法とする法廷意見の結論に賛成しながら，補足意見において，「適切な代償措置の存在は公務員の労働基本権の制約が違憲とされないための重要な条件なのであり，国家公務員についての人事院勧告制度は，そのような代償措置の中でも最も重要なものというべきである。したがって，人事院勧告がされたにもかかわらず，政府当局によって全面的にその実施が凍結されるということは，極めて異例な事態といわざるを得ない」と述べていた。したがって，「国家公務員の給与の改定及び臨時特例に関する法律」により，人事院勧告に基づかずに大幅に国家公務員の給与を削減したことは，人事院勧告制度を形骸化するものではないかが争点になったが，東京地判平成26・10・30判時2255号37頁は，請求を棄却した。その控訴審の東京高判平成28・12・5労判1169号74頁は控訴を棄却し，上告審の最決平成29・10・20判例集不登載は上告棄却，上告不受理とした。

国家公務員法74条・75条，地方公務員法27条に列記されていない転任，配置換等については，法定の事由への限定という制約はない。しかし，裁量権の逸脱濫用にわたるときは，違法となることは当然である。

臨時的職員，条件付採用期間中の職員については，以上の身分保障規定は適用されない（国公81条1項，地公29条の2第1項。自衛隊員については自衛50条）。そして，これらの職員の分限について，国家公務員の場合，人事院規則で特例が定められている（国公81条2項，人規11-4〔職員の身分保障〕9条・10条）。地方公務員法では，これらの職員の分限について，条例で必要な事項を定めることができるとしている（地公29条の2第2項）。また，教育公務員のように，一般の公務員と比較して，特に厚い身分保障が認められているものがある（教公特4条〜6条・9条)。

なお，国家公務員法・地方公務員法では，定年も分限の一種として位置づけている。

(2) 懲　戒

懲戒処分についても懲戒事由が法定され，その種類は，戒告，減給，停職，免職と定められている（国公82条1項，地公29条1項)。戒告とは，職員の義務違反に対してその責任を確認し，将来を戒める処分である。2017（平成29）年度には，一般職国家公務員についてみると，戒告を受けた者は71人にのぼった。人事院規則では，減給は，1年以下の期間，俸給の月額の5分の1以下に相当する額を給与から減ずることとされている（人規12-0〔職員の懲戒〕3条)。減給もかなり行われており，一般職国家公務員の場合，同年には187人が減給処分を受けている。停職の期間について，国家公務員法では，1年を超えない範囲内において人事院規則で定めることとしており（83条1項)，人事院規則では，1日以上1年以下とされている（人規12-0第2条)。停職期間中は無給になる。一般職国家公務員の場合，停職処分は同年に58人が受けている。同年に懲戒免職処分を受けた者は12人である。

懲戒処分については，懲戒事由が存在する場合においても，懲戒処分をするか否か，する場合にいかなる懲戒処分を選択するかに関して，任命権者に裁量が認められており，任命権者により不統一が生ずるおそれがあるので，人事院が「懲戒処分の指針について」（平成12年3月31日職職-68）を作成している。また，懲戒処分の公表についても，人事院が「懲戒処分の公表指針」を公表している。それによると，公表対象は，職務遂行上の行為またはこれに関連する行為にかかる処分および職務に関連しない行為にかかる懲戒処分のうち免職または停職である懲戒処分とされている。そして，公表内容は，事案の概要，処分量定および処分年月日ならびに所属，役職段階等の被処分者の属性に関する情報を個人が識別されない内容のものとすることを基本として公表するものとされている。

なお，懲戒に付せられるべき事件が，刑事裁判所に係属する間においても，人事院または人事院の承認を経て任命権者は，同一事件について，適宜に，懲戒手続を進めることができる。国家公務員法による懲戒処分は，当該職員が，同一または関連の事件に関し，重ねて刑事上の訴追を受けることを妨げない（国公85条）。

(3) 処分の事前手続

懲戒処分に際して，一般職公務員の身分保障を担保する事前の手続的保障としては，処分理由と不服申立ての教示を記載した説明書を処分と同時に交付することが求められているにとどまる（国公89条1項・3項，地公49条1項・4項）。処分事由説明書の交付義務は，本人の意に反する降休，降任，休職，免職，懲戒処分に限られず，その他「いちじるしく不利益な処分」（国公89条1項）ないし「不利益な処分」（地公49条1項）についても生ずる。「いちじるしく不利益な処分」ないし「不利益な処分」には，意に反する転任処分，年次休暇取消処分等も含みうる。

処分の名あて人となる職員は，「いちじるしく不利益な処分」ないし「不利益な処分」を受けたと思料するときには，説明書の交付を請求することができる（国公89条2項，地公49条2項）。もっとも，処分事由を記載した説明書を交付するのみでは処分の事前手続として十分とはいえない。しかし，行政手続法は，公務員または公務員であった者に対してその職務または身分に関してされる処分および行政指導については同法2章〜4章の規定を適用しないこととしているので（3条1項9号），公務員の懲戒処分に際しては同法による事前の意見聴取は義務づけられない。ただし，憲法の適正手続の要請に照らして，国家公務員法・地方公務員法が定める手続で十分かは問題である。身分保障の手続的担保は，主として事後の準司法的手続と司法審査に求められているが，事後の準司法的手続については，後述する（⇒本章***8***）。

3 休　　業

> 職員は，育児，修学等の目的のために，公務員としての身分を保有したまま，一定期間，全面的にまたは部分的に休業する権利を有し，その申請権を有する（国公育児3条2項，地方公務員の育児休業等に関する法律2条2項，国家公務員の自己啓発等休業に関する法律1条，国家公務員の配偶者同行休業に関する法律3条1項，地公26条の5。⇒第2編第2章***5***(7)）。

4 研　　修

一般の職員の場合　人事院は，職員の勤務能率の発揮および増進のために，研修計画を樹立し，その実施に努める義務を負う（国公73条1項1号）。また，地方公共団体は，研修の目標，研修に関する計画の指針となるべき事項その他研修に関する基本的な方針を定めるものとされ（地公39条3項），職員には，その勤務能率の発揮および増進のために研修を受ける機会が与えられなければならないとされている（同条1項）。もっとも，このことから，職員に具体的な研修申請権が付与されているとまではいえないと思われる。しかし，勤務条件の措置要求の対象にはなると考えられる[1)]。

教育公務員の特例　教育公務員は，その職責を遂行するために，絶えず研究と修養に努めなければならず（教公特21条1項），任命権者は，教育公務員の研修について，それに要する施設，研修を奨励するための方途その他研修に関する計画を樹立し，その実施に努めなければならないとされている（同条2項）。教育公務員には，研修を受ける機会が与えられなければならず（教公特22条1項），その職務の特殊性に照らして，教員は，授業に支障のない限り，本属長の承認を受けて，勤務場所を離れて研修を行うことができるとされている（同条2項）。勤務場所を離れた研修については，具体的な研修申請権を付与するものと考えられる。最判平成5・11・2判タ870号94頁は，承認に当たり，授業への支障のみならず，授業以外の校務の円滑な執行への支障，研修の特別の必要性等を考慮することを認めている。また，教育公務員は，任命権者の定めるところにより，現職のままで，長期にわたる研修を受けることができる（同条3項）。

外務職員の研修　外務大臣は，外務職員に，外務省研修所または外国を含むその他の場所で研修を受ける機会を与えなければならない（外公15条，外公施行令1条の3）。

---

1)　公務員研修について，山梨学院大学行政研究センター編・公務員行政研修のあり方（第一法規，1991年），田中孝男・自治体職員研修の法構造（公人の友社，2012年）が有益である。

5　財産的権利

(1)　種　類

公務員の財産的権利のうち，国家公務員法・地方公務員法に規定されているのは，給与（国公 62 条以下，地公 24 条以下），公務災害補償（国公 93 条以下，地公 45 条），退職年金（国公 107 条以下，地公 43 条 2 項以下）を受ける権利である。地方公務員法においては，退職年金制度は共済制度の一環として位置づけられている（地公 43 条 1 項・2 項）。国家公務員・地方公務員の財産的権利の基本原則について，国家公務員法・地方公務員法に規定が置かれ，具体的事項については，国家公務員の場合は別に法律で定めることとし（国公 63 条・93 条 2 項・107 条 4 項），地方公務員の場合は別に法律または条例で定めることとしている（地公 24 条 5 項・45 条 4 項・43 条 6 項）。そして，具体的な事項については，国家公務員の場合，一般職の職員の給与に関する法律，国家公務員災害補償法，国家公務員共済組合法，恩給法が定め，地方公務員の場合，地方公共団体の給与条例，地方公務員災害補償法，地方公務員等共済組合法で定められている。その他，保険給付等の短期給付（国公共済 50 条以下，地公共済 53 条以下），旅費（国家公務員等の旅費に関する法律，自治 204 条 1 項），退職手当（国家公務員退職手当法，自治 204 条 2 項）等が支給される。また，「在外公館の名称及び位置並びに在外公館に勤務する外務公務員の給与に関する法律」，「検察官の俸給等に関する法律」のように，一般職の職員の給与に関する法律の特例を定める法律がある。

(2)　給　与

1)　給与・俸給・給料

給与とは，国または地方公共団体の職員の俸給（給料）と諸手当の総称である。俸給とは，国家公務員に支給される基本給であり，正規の勤務時間による勤務に対する報酬であって，諸手当を控除したものである（給与法 5 条 1 項）。国家公務員の俸給に該当するものが，地方公務員の場合には給料と呼ばれる（自治 204 条，地公 25 条・26 条）。

2) 職務給の原則

国・地方公共団体の職員

給与の基本原則の第1は，職務給の原則であり，職員の給与は，その（官）職の職務と責任に応じて定められる（国公62条，地公24条1項）。戦前の官吏は，天皇に対して無定量に忠勤に励むべきものとされ，俸給については労働の対価とは観念されず，官吏が安んじて職務に精励することができるように生活を保障するための給付と考えられていたのに対し，日本国憲法下の公務員の俸給（給料）は基本的に勤務の対価としての性格を持つ。

Column　免職処分の取消訴訟と給与の不払部分のみの執行停止

免職処分がなされた公務員がその取消訴訟を提起し，執行停止の申立てをした場合に，給与の不払いを免職処分の効力の一部とみて，免職処分の効力を停止せずに給与の不払部分のみの執行停止を行うことが可能かという問題がある。山口地決昭和40・11・9行集16巻11号1847頁は，免職処分を受けた申請人について，「被申請人は給与請求権についてのみ執行を停止すればたりると主張するが，本件懲戒処分の効力を停止しないかぎり，同申請人の給与請求権の回復の余地はないから，被申請人主張のような一部停止はできない」と判示しており，免職処分の効力を維持したまま，公務員としての地位と切断して，給与請求権を認めることはできないという解釈を採った。これに対し，東京高決平成24・7・12判時2155号112頁は，免職処分の効力は維持したまま，給与の一部の不払部分のみの効力を停止することも，免職処分の一部の執行停止として可能であると解し，給与の不払部分の一部のみの執行停止を認めた。給与請求権が公務員の地位から派生する以上，山口地決昭和40・11・9のような考え方が理論的には筋が通っているが，仮の救済としては，東京高決平成24・7・12のような対応が最適な場合があることも否めず，後者のような柔軟な執行停止の余地を認めてもよいようにも思われる。

一般職の職員の給与に関する法律は，「各職員の受ける俸給は，その職務の複雑，困難及び責任の度に基き，且つ，勤労の強度，勤務時間，勤労環境その他の勤務条件を考慮したものでなければならない」（給与法4条）と定め，職務給の原則を明確にしている。ただし，一般職国家公務員の俸給表は，生計費，民間における賃金その他人事院の決定する適当な事情を考慮して定められることとされており（国公64条2項），一般職地方公務員の給与は，生計費ならびに国および他の地方公共団体の職員ならびに民間事業の従事者の給与その他の事情を考慮して定められなければならないとされているので（地公24条2項），職務給の理念が貫徹しているわけではなく，生活保障の理念や官民均衡の理念等も混在しているといえる。

Column　給与構造改革

国家公務員制度改革の一環として，人事院による給与構造改革も進められてきた。民間賃金の地域差を公務員給与に反映させるために，俸給を平均4.8パーセント引き下げた上で，地域手当，広域異動手当，本府省業務調整手当等を新設し，地域間給与配分を見直し，年功的給与上昇を抑制するために給与カーブをフラット化し，職務・職責に応じた俸給構造への転換を図り，人事評価結果を給与に反映させるために査定昇給制度の導入や勤勉手当査定の強化が行われ，複線型人事管理に向けた環境整備として専門スタッフ職俸給表が新設されている。この給与構造改革は，2006（平成18）年度から2010（平成22）年度までの5年間で段階的に実施され，完了した。

行政執行法人の職員　行政執行法人の職員の給与については，一般職の職員の給与に関する法律の規定は適用されない。その給与は，その職務の内容と責任に応ずるものであり，かつ，職員が発揮した能率が考慮されるものでなければならない（独行法57条1項）。行政執行法人は，その職員の給与の支給の基準を定め，これを主務大臣に届け出るとともに，公表しなければならない。これを変更したときも，同様である（同条2項）。給与の支給の基準は，一般職の職員の給与に関する法律の規定の適用を受ける国家公務員の給与，民間企業の従業員の給与，当該行政執行法人の業務の実績および中期計画の人件費の見積もりその他の事情を考慮して定められなければならない（同条3項）。

3)　給与法定主義

給与の基本原則の第2は，給与法定主義である。国家公務員の場合，一般職職員の給与は，別に定める法律に基づいてなされ，これに基づかずには，いかなる金銭または有価物も支給することはできない（国公63条）。地方公務員である一般職職員の給与は条例に基づいて支給されなければならず，また，これに基づかずには，いかなる金銭または有価物も職員に支給してはならない（地公25条1項）。そして，普通地方公共団体は，給与を構成する給料と手当のそれぞれにつき，額およびその支給方法を条例で定めなければならない（自治204条3項）。

4)　給与条例主義に関する裁判例

給与条例主義の意義　給与条例主義の要請を満たすために，条例でどの程度の定めを置くべきかについての指針を示しているのが，茨木市給与条例事件の最判平成22・9・10民集64巻6号1515頁・地方自治百選84事件である。大阪府茨木市において，臨時的任用職員に対し，年2回，期末手当が支給されたことが違法であるとして提起された損害賠償の義務付けを求める住民訴訟において，同判決は，当該支給は違法であるとしている。

同判決は，普通地方公共団体の臨時的任用職員の給与については，当該職員が従事する職が当該普通地方公共団体の常設的な事務にかかるものである場合には，その職に応じた給与の額等またはその上限等の基本的事項が条例において定められるべきであり，当該職員が従事する職が臨時に生じたものである場合には，その職に応じた給与の額等を定めるに当たって依拠すべき一般的基準等の基本的事項が可能な限り条例において定められるべきであるとする（同判決は，平成29年法律第29号による改正前のものであるので，非常勤の職についても臨時的任用が可能であることが前提とされている。同改正により，非常勤の職について臨時的任用を行うことができなくなったことに留意する必要がある）。そして，茨木市の臨時的任用職員に対する期末手当に該当する一時金の支給は，当該支給を受けた多数の臨時的任用職員の多くが当該市の常設的な事務にかかる職に従事していたことが窺われるにもかかわらず，当該一時金の額および支給方法またはそれらにかかる基本的事項について条例に定めがなかったなどの事情の下では，地方自治法（平成20年法律第69号による改正前のもの）203条5項，204条3項の給与条例主義に違反すると判示している[2)]。

非常勤の嘱託員の報酬について，報酬および費用弁償条例の別表で月額または金額の上限のみを定め，その範囲内で任命権者が定めることとしたことが給与条例主義に違反するかが争われた事案において，大阪地判平成19・2・9判時2021号22頁は，給与条例主義に違反すると判示したのに対し，控訴審の大阪高判平成19・10・31判時2021号15頁は，本件条例においては，法律・条例に根拠があり報酬額があらかじめ確定しうる非常勤職員については直接に報酬額を定め，その他の非定形的・臨時的で報酬額をあらかじめ定めがたい非常勤の嘱託員については，報酬の限度額，支給の方法その他の基本的事項を条例で規定し，一定の限度額の範囲内で任命権者に具体的な額の決定を委任しているのであるから，本件条例の規定する委任の在り方には，十分な合理性が認められるのであって，任命権者の恣意的な決定を排するものであり，かつ，給与条例主義の趣旨を没却するものではないと考えられると判示している（上告不受理により確定）。本件条例

2）詳しくは，宇賀克也「条例の適法性審査――地方分権改革後の最高裁判例の動向」法教369号54頁以下参照。

では，非常勤の嘱託員の報酬につき「月額27万円又は日額1万2700円の範囲内で任命権者の定める月額又は日額」と定めていたが，一審の大阪地裁は，月額制と日額制の選択基準すら条例の規定から読み取れないことを重視したのに対し，控訴審の大阪高裁は，この点は重視していない。前掲最判平成22・9・10は，当該職員が従事する職が臨時に生じたものである場合には，その職に応じた給与の額等を定めるに当たって依拠すべき一般的基準等の基本的事項が可能な限り条例において定められるべきとする一般的基準を示しているが，月額制と日額制の選択基準は，上記の基本的事項として，条例で定めるべきであるようにも思われる。

なお，熊本市職員特殊勤務手当条例（当時。以下同じ）2条が「手当の種類，手当を受ける者の範囲及び手当の額は，別表のとおりとする」と規定し，別表で13種類の特殊勤務手当を挙げる一方，同条例6条が，「この条例に定めるもの以外の勤務で特別の考慮を必要とするものに対しては，市長は，臨時に手当を支給することができる」(1項)，「前項の手当の額は，そのつど市長が定める」(2項)と規定していたため，市長が，この規定に基づき，昼休みの休憩時間に窓口業務を行う職員に「昼窓手当」と称する特殊勤務手当を支給していたところ，「昼窓手当」は違法な支出であるとして，住民訴訟が提起された事件がある。同条例6条のような概括的な委任規定自体，給与条例主義に反し違法とする解釈も成立しうるが，最判平成7・4・17民集49巻4号1119頁・地方自治百選83事件は，同条例6条の委任規定自体は違法としなかった。それは，同条例6条を同条例別表に掲げられた特殊勤務手当の支給の対象となる勤務との対比において特殊勤務手当を支給しないことが不合理であると認められるような場合に限定して適用されるものと限定解釈をしたからである。そして，昼窓業務は，継続的，恒常的に行われており，職員を昼休みに臨時に従事させたものとみる余地はないし，「昼窓手当」の支給も継続的に実施され，かつ，昼窓業務は，その勤務内容や勤務条件からすれば，同条例別表に掲げられた13種類の特殊勤務手当の支給の対象となる業務との対比において，特殊勤務手当の支給の対象としないことが不合理であると認められるような勤務であるということもできず，「昼窓手当」の支給は，同条例6条によって市長に許容された範囲を超えた違法な支出であると判示している。

地方自治法204条は，地方公共団体の長にも管理職手当を支給しうるように文理上はみえるが，長のような特別職の場合には，本来は，その管理または監督の職にふさわしい一切の給料を含めた額を給料として条例で決定すべきであり，管理職手当は，一般職の職員を念頭に置いたものと思われる。しかし，東京都北区長等の給料等に関する条例（当時。以下同じ）に基づき，区長に管理職手当が支給された事案において，最判昭和50・10・2判時795号33頁・地方自治百選〔第3版〕67事件は，長に管理職手当を支給するのは給与体系上異例としながらも，そのこと自体を当然に違法とはしなかった。なぜならば，給料の額のみでは長の職責に対する給付として不十分であると判断し，別に管理職手当を支給する条例を定めることは，手当相当額を給料に含めて支給することと実質的に異なるところはないからである。しかし，東京都北区長等の給料等に関する条例4条は，「区長等に対しては，給料及び旅費のほか，法律に基づき，一般職の職員について定められる諸手当を支給し，その額は，東京都有給吏員の例による」とのみ規定しており，区長の場合，「東京都有給吏員の例による」という規定のみで，手当の額を確定することは困難であるため，前掲最判昭和50・10・2は，同条例によって区長に管理職手当を支給することは許されないと判示している。

常勤と非常勤の区別の基準　平成29年法律第29号による改正前の地方自治法は，非常勤の職員に対しては，原則として勤務日数に応じた報酬と費用弁償を受けることのみを認め（自治旧203条の2），他方，常勤職員については，給料，旅費のほか，条例で各種手当を支給することができるとしていた（自治旧204条）。これは，非常勤職員の場合，勤務の態様に照らし，当該給与は生活給的意味を持たず，純粋に勤務に対する反対給付として位置づければ足りるのに対し，常勤職員の場合には，勤務の態様に照らし，当該給与は当該職員およびその家族の生活を支える生活給としての意味も併有すると考えられたからである。そのため，非常勤職員に当たると解される職員に年2回の一時金（常勤職員の期末手当に相当）を支給することは，いわゆる「やみ賞与」となり違法とされた（京都地判昭和60・6・3行集36巻6号789頁，大阪高判平成元・1・27行集40巻1＝2号50頁）。非常勤職員に当たると解される職員に報償費の費目を用いて特別謝礼金を支給しても，報償費の要件を満たさなければ違法とされた（仙台地判平成15・7・24判例集不登載）。茨木市給与条例事件の大阪地判平成20・1・30判時2036号3頁，大阪高判平成20・9・5判例自治337号37頁も，非常勤職員に当たると解される職員への一時金支給は違法であり，たとえ条例で定めたとしても，違法であることに変わりはないとした。

茨木市給与条例事件の前掲最判平成22・9・10は，常勤と非常勤の区別の基準を示している点においても，重要な判例であった。同判決は，たとえ基本的事項を条例で定めたとしても，非常勤の臨時的任用職員に対する手当の支給は違法と解していた。この点については，地方自治法が常勤職員に対する手当の支給について定める一方，非常勤職員について定めていないことを理由として，非常勤職員に対する手当の支給は認められないと反対解釈すべきでなく，自治組織権を根拠に非常勤職員に条例で手当を支給することを適法とする見解もあった[3)]。しかし，最高裁は，そのような見解を採らず，非常勤職員に対する手当の支給は，地方自治法で全国一律に禁止されているという解釈を採っていた。しかも，常勤職員と非常勤職員の区別の基準についても，地方公共団体の裁量を尊重するのではなく，むしろ，国の基準に準拠して一律に判断する姿勢を見せていた。すなわち，同判決は，臨時的任用職員への手当の支給が平成29年法律第29号による改正前の地方自治法204条2項の規定に基づく手当の支給として適法であるためには，当該臨時的任用職員の勤務に要する時間に照らして，その勤務が通常の勤務形態の正規職員に準ずるものとして常勤と評価できる程度のものであることが必要であり，かつ，支給される当該手当の性質からみて，当該臨時的任用職員の勤務の内容およびその勤務を継続する期間等の諸事情にかんがみ，その支給の決定が合理的な裁量の範囲内であるといえることを要するものと解するのが相当であると判示した。そして，本件一時金は，週3日以上の勤務をした臨時的任用職員に支給されていたが，茨木市においては，週3日の勤務では通常の勤務形態の正規職員の勤務時間の6割に満たず，しかも，パートタイムの臨時的任用職員が週3日勤務した場合の勤務時間はさらにそれより短いものとなるのであって，人事院規則15-15（非常勤職員の勤務時間及び休暇）2条（平成21年人事院規則15-15-6による改正前のもの。以下同じ）において，非常勤職員の勤務時間は常勤職員の勤務時間の4分の3を超えない範囲において各省各庁の長が定めるとしていることなどをも参酌すると，勤務日数が週3日という程度では，その勤務に要する時間に照らして，その職務が正規職員に準ずるものとして常勤と評価できるものとはいいがたいとする。したがって，勤務日数が週3日程度の臨時

3）三浦大介・判評610号（判時2054号）167～168頁参照。

的任用職員に対する本件一時金の支給は，本件一時金の性質および当該臨時的任用職員にかかるその他の事情について検討するまでもなく，地方自治法旧 204 条 2 項の要件を満たさず，違法というべきであると判示していた。

このように，同判決においては，臨時的任用職員に対する手当の支給が，常勤職員に対する手当の支給と同様に適法とされるためには，(i)勤務に要する時間に照らして常勤と評価できる場合であって，かつ，(ii)その勤務の内容およびその勤務を継続する期間等の諸事情にかんがみ，支給決定が合理的裁量の範囲内であること，の 2 つの要件を満たさなければならないが，本件の場合には，(i)の要件を満たさないので，(ii)について検討するまでもなく違法とされていた。

逆に，実質的に常勤職員とみることができる場合には，手当の支給も合理的根拠があれば認めるのが，裁判例の立場といえた。嘱託職員に退職手当を支給したことが違法であるとして住民訴訟で争われた事案において，東京地判平成 19・12・7 判例集不登載は，当該職員の勤務の内容および態様，嘱託職員制度の導入の経緯およびその機能ならびに報酬額の決定方法等の諸般の事情を総合考慮し，当該嘱託職員は常勤職員に該当するから退職手当の支給を受けることは不当利得にならないと判示し，東京高判平成 20・7・30 判例集不登載は控訴を棄却している。福岡高判平成 25・12・12 判時 2222 号 123 頁も，常勤的非常勤職員について，事実上常勤職員の実体を備えているので，退職手当を支給すべきと判示している。

公営競技に携わる鳴門競艇従事員共済会が日々雇用の臨時従事員に支払った離職せん別金の原資のほぼすべてが，鳴門市からの補助金で賄われていた事案において，その適法性が住民訴訟で争われた事件がある。同市では，地方公営企業法 38 条 4 項の規定に基づき，「鳴門市企業職員の給与の種類及び基準に関する条例」が制定されていたが，同条例では，常勤職員については，勤務期間 6 月以上で退職した場合に退職手当を支給すること，非常勤職員については，常勤職員との均衡を考慮して，予算の範囲内で給与を支給する旨が定められていた。また，鳴門競艇臨時従事員就業規程（平成 25 年鳴門市企業管理規程第 3 号による改正前のもの）では，臨時従事員の賃金は日給とし，基本給および手当を支給する旨が規定されていたが，鳴門競艇臨時従事員賃金規程（平成 25 年鳴門市企業管理規程第 1 号による改正前のもの）では，臨時従事員の賃金の種類には退職手当は含まれていなかった。

徳島地判平成25・1・28判例自治383号18頁，その控訴審の高松高判平成25・8・29判例自治383号16頁は，本件の離職せん別金は退職手当としての性格を有することを認めたが，臨時従事員の就労の実態は常勤職員に準ずるものであり，退職手当を受領する実質が存在するので，本件補助金の交付が給与法定主義を潜脱するものとはいえず，裁量権の逸脱・濫用とはいえないと判示した。これに対し，上告審の最判平成28・7・15判時2316号53頁は，「地方自治法204条の2は，普通地方公共団体は法律又はこれに基づく条例に基づかずにはいかなる給与その他の給付も職員に支給することができない旨を定め，地方公営企業法38条4項は，企業職員の給与の種類及び基準を条例で定めるべきものとしているところ，本件補助金の交付当時，臨時従事員に対して離職せん別金又は退職手当を支給する旨を定めた条例の規定はなく，賃金規程においても臨時従事員の賃金の種類に退職手当は含まれていなかった。また，臨時従事員は，採用通知書により指定された個々の就業日ごとに日々雇用されてその身分を有する者にすぎず，給与条例の定める退職手当の支給要件……を満たすものであったということもできない」とし，臨時従事員に対する離職せん別金に充てるためにされた本件補助金の交付は，地方自治法204条の2および地方公営企業法38条4項の定める給与条例主義を潜脱するものといわざるをえず，このことは，臨時事業員の就労実態等のいかんにより左右されるものではなく，地方自治法232条の2の定める公益上の必要性があるとしてされた本件補助金の交付は，裁量権の範囲を逸脱し，またはこれを濫用したものであって，同条に違反する違法なものというべきであると判示した。

本件で，最高裁は，本件臨時従事員の勤務の実態からしても，給与条例の定める退職手当の支給要件を満たすものであったとはいえないと述べているので，前掲最判平成22・9・10が採用した勤務の実態を重視した判断方法を変更したわけでは必ずしもないようにもみえる一方，退職手当について条例等に定めがない状態での支給が違法になるのは，臨時従事員の就労実態等のいかんにより左右されるものではないとも述べているので，給与条例主義の原則を重視する立場を鮮明にしているようにもみえる。

追認条例　給与条例に基づかずに過去に行われた支給について遡及的に適法なものとするいわゆる追認条例について，最判平成5・5・27判時1460号57頁はその効力を認めたが，前掲大阪地判平成20・1・30は，追認条例が直ちに給与条例主義を没却するとはいえないものの，追認条例における根拠規定自体が，地方自治法や地方公務員法の給与等に関する規定に違反しないものでなければならず，非常勤職員に当たると解される職員に期末手当に相当する一時金を支給することは地方自治法203条（平成20年法律第69号による改正前のもの。現203条の2），204条の2の規定に違反するから，追認条例によっても適法にならないと判示する。そして，仮に常勤職員に当たると解される者がいたとしても，本件追認条例は，支給金額についてその上限すら規定せずにその決定を規則にゆだねており，地方自治法204条3項，204条の2，地方公務員法25条1項等の定める給与条例主義に違反するから，本件追認条例により遡及的に適法となることはないと判示する（前掲大阪高判平成20・9・5は控訴棄却）。その上告審の前掲最判平成22・9・10も，追認条例自体の内容も違法という立場を採っている。

***Column*　追認条例が機能しなかった例**

鳴門競艇従事員共済会が日々雇用の臨時従事員に条例上の根拠なく支払った離職せん別金の原資のほぼすべてが，鳴門市からの補助金で賄われていた事案において，その適法性が住民訴訟で争われたため，追認条例を制定し，在籍期間が1年を超える臨時従事員が退職した場合に退職手当を支給する旨を定め，「この条例の施行の際現に企業局長が定めた規程に基づき臨時従事員に支給された給与については，この条例の規定に基づき支給された給与とみなす」との経過規定を定めたところ，最判平成28・7・15判時2316号58頁は，共済会の規約に基づき臨時従事員に支給された離職せん別金は，企業局長が定めた規程に基づいて臨時従事員に支給された給与に当たるものでないことは明らかであるから，上記経過規定が定められたとしても，その文言に照らし，本件条例の制定により臨時従事員に対する離職せん別金の支給につき遡って条例上の根拠が与えられたということはできず，このことは，本件補助金を原資としてされた離職せん別金の支給が実質的な退職手当の支給というべきものであり，また，本件条例の制定の趣旨が離職せん別金の支給につき条例上の根拠を明確にする点にあったとしても，左右されるものではないと判示した。

給与の額　当該給与を支給しうることに争いがなく，支給額も具体的に条例で定められていたとしても，支給額が高すぎれば，当該給与の支給は違法になる。この点が争点になったのが，札幌市議会議員費用弁償等条例事件である。最判平成22・3・30判時2083号68頁・地方自治百選82事件は，地方自治法（平成20年法律第69号による改正前のもの。以下同じ）203条3項（議員について現2項），5項（現4項）の規定に基づく「札幌市議会議員の報酬，費用弁償及び期末手当に関する条例」を制定し，市議会議員が定例会等の会議に出席したときの費用弁償として日額1万円（附則11項による平成17年4月1日以降の金額）を支給したことが，高額にすぎ違法として提起された住民訴訟において，当該条例を適法と判示している。その理由として，同判決は，本件条例は，議員が定例会等の会議に出席した場合に定額の費用弁償を支給するものであるが，同条例所定の会議はいずれも地方自治法に定められたものであって，議員の重要な活動の場であり，そこへの出席に伴い，その職責を十全に果たすための準備，連絡調整および移動等の費用を含む，常勤の公務員にはない諸雑費や交通費の支出を要する場合がありうるとする。そして，このような諸経費の弁償の定め方は，政令指定都市においても様々に異なるものの，本件条例が定めるのと同程度の定額で費用弁償を支給する政令指定都市も存在していたのであって，札幌市議会は，このような取扱いとの均衡をも考慮しつつ，費用弁償額を定めていたと認定し，以上の事実を考慮すると，定例会等の会議に出席した議員に費用弁償として日額1万円を支給する旨の本件条例の定めは，地方自治法203条が普通地方公共団体の議会に与えた裁量権の範囲を超え，またはそれを濫用したものとして違法，無効となると断ずることはできないと判示する。

本件で留意すべきは，地方自治法が明確な準則として定める給与条例主義との関係で，本件条例が違法とされる可能性はほとんど考えられない事案であるということである。なぜならば，本件では，いかなる場合に費用弁償を行うかは条例に明記されており，かつ費用弁償額も具体的に定められていたからである。原告が問題にしていたのも，費用弁償額が高額にすぎるということであった。そして，地方自治法は，費用弁償の額の算定方法については，なんら定めを置いていないから，地方自治法が定める（明示的）準則との抵触が問題になった事案ではない。

もっとも，およそ費用弁償の対象にすべきでないものを対象として積算した条例であれば違法となりうるであろうが，本件条例は，そもそも費用弁償の対象となる費目の範囲を確定して必要な費用を積算する方式を採らず，1日当たりの定額で費用弁償を定める方式を採用していた。そして，このような定額方式については，最判平成2・12・21民集44巻9号1706頁が，「右費用弁償については，あらかじめ費用弁償の支給事由を定め，それに該当するときには，実際に費消した額の多寡にかかわらず，標準的な実費である一定の額を支給することとする取扱いをすることも許されると解すべきであり，そして，この場合，いかなる事由を費用弁償の支給事由として定めるか，また，標準的な実費である一定の額をいくらとするかについては，費用弁償に関する条例を定める当該普通地方公共団体の議会の裁量判断にゆだねられていると解するのが相当である」と判示している。このように，最判平成2・12・21は，定額方式を採用するか否か，費用弁償の支給事由の選定，標準的な実費の決定について議会の裁量を認めていた。しかも，同判決は，支給額の決定に関して考慮された費目の是非を問題にせず，単に概括的な支給事由を定めるだけで足りるとすることにより，フリーハンドに近い決定権を議会に認めたと評価されるものであった。したがって，最判平成22・3・30が，費目にかかる具体的な審査を行わず，他の政令指定都市において同程度の定額を支給する例があることを指摘して，裁量権の逸脱濫用を認めなかったことも，最判平成2・12・21の延長上でとらえることができると思われる。

5)　非常勤職員に対する報酬の月額制の可否

非常勤の職員に対する報酬は，その勤務日数に応じて支給するのが原則であるが，条例で特別の定めをした場合には，この限りでない（自治203条の2第2項）。そのため，条例で月額制を採用することが稀でない。大阪地判平成18・7・7判タ1247号186頁は，監査委員の報酬を月額制にしている場合，勤務実績がまったくない月があったとしても，これを理由に当該月において条例により定められた月額報酬の全部または一部を支給しないことは許されないと判示している（ただし，実質的にみて法令により規定された職務および責任をまったく果たしていないと評価できる場合は報酬の支払は給与の根本基準に違反し違法となると解すべきとする）。

他方，大津地判平成21・1・22判時2051号40頁は，滋賀県住民が知事に対し，県選挙管理委員会，労働委員会および収用委員会の各委員に月額報酬を支給しているのは違法であるとして，その支出の差止めを求めた事案で，本件委員らに対し，勤務日数によらないで月額報酬を支給するとしたことは，近時の勤務実績を前提とする限り，地方自治法203条の2第2項の規定に違反し違法であるとして差止めを認めた。すなわち，普通地方公共団体の委員会の委員または委員（監査委員）は，法律に定めがあるものを除くほか非常勤とすることとされており（自治180条の5第5項），選挙管理委員会，労働委員会，収用委員会の委員については，法律に常勤とし，または常勤とすることができる旨の規定はなく，政令または条例等に基づいて常勤とすることはできないのであるから，これらの委員に対し常勤の委員に対するのと同様な生活給的色彩を持つ給与を支給することは，法の予定するところではないので，これらの委員に対しては，その業務の繁忙度等から，勤務実態は常勤の委員と異ならないといえる場合に限り，上記原則の例外として，条例で特別の定めをすることにより，勤務日数によらないで報酬を支給することを許しているにすぎないというのである。その控訴審の大阪高判平成22・4・27判タ1362号111頁は，選挙管理委員会委員長については，勤務負担の量に照らし，月額報酬が著しく不合理とは断じがたいとして，支払の差止めを命ずる部分を取り消したが，その余の者については，各委員の報酬額が勤務量に対応した反対給付と評価することはできず，地方自治法203条の2第2項本文の日額報酬制の原則に矛盾抵触して著しく妥当性を欠く状態にあり，かかる状態が遅くとも2003（平成15）年度以降継続し，すでに是正のために必要な相当期間が経過しているから，同条ただし書で許された裁量の範囲を逸脱して違法であるとして，控訴を棄却した。その上告審の最判平成23・12・15民集65巻9号3393頁・地方自治百選81事件は，月額報酬制を採っていた2011（平成23）年3月分までの滋賀県労働委員会および滋賀県収用委員会の各委員（会長を含む。以下同じ）の報酬は，すでに全額が支給されていることが認められ，さらに，本件条例の規定は，平成23年滋賀県条例第17号により改正され，上記各委員会に関しては，それぞれ勤務日数1日につき，会長に各2万7800円，それ以外の委員に各2万4700円の報酬を支給する日額報酬制を採ることとされ，上記改正条例は同年4月1日から施行されているので，滋賀県が将来において滋賀県労働委員会および滋賀県収用委員会の各委員について月額報酬にかかる公金を支出する蓋然性は存しないことになるとして，上記各委員会については，地方自治法242条の2第1項1号に基づく差止めの対象となる行為が相当程度の確実さをもって予測されるとはいえないことが明らかであり，第1審原告が第1審被告に対し滋賀県労働委員会および滋賀県収用委員会の各委員の月額報酬にかかる公金の支出の差止めを求める訴えは，不適法というべきであると判示した。他方，月額報酬制を維持している選挙管理委員会の委員については，実体判断を行っている。そして，(i)地方自治法203条の2第2項ただし書は，普通地方公共団体が条例で日額報酬制以外の報酬制度を定めることができる場合の実体的な要件についてなんら規定していないこと，(ii)委員会の委員を含め，職務の性質，内容や勤務態様が多種多様である普通地方公共団体の非常勤の職員（短時間勤務職員を除く。以下「非常勤職員」という）に関し，どのような報酬制度が当該非常勤職員にかかる人材確保の必要性等を含む当該普通地方公共団体の実情等に適合するかについては，各普通地方公共団体ごとに，その財政の規模，状況等との権衡の観点を踏まえ，当該非常勤職員の職務の性質，内容，職責や勤務の態様，負担等の諸般の事情の総合考慮による政策的技術的な見地からの判断を要するものということができること，(iii) 1956（昭和31）年改正の経緯も併せ考慮すれば，地方自治法203条の2第2項は，普通地方公共団体の委員会の委員等の非常勤職員について，その報酬を原則として勤務日数に応じて日額で支給するとする一方で，条例で定めることによりそれ以外の方法も採りうることとし，その方法および金額を含む内容に関しては，上記のような事柄について最もよく知りうる立場にある当該普通地方公共団体の議決機関である議会において決定することとして，その決定をこのような議会による上記の諸般の事情を踏まえた政策的，技術的な見地からの裁量権に基づく判断に委ねたものと解するのが相当であることを指摘する。そして，普通地方公共団体の委員会の委員を含む非常勤職員について月額報酬制その他の日額報酬制以外の報酬制度を採る条例の規定が同法203条の2第2項に違反し違法，無効となるか否かについては，上記のような議会の裁量権の性質にかんがみると，当該非常勤職員の職務の性質，内容，職責や勤務の態様，負担等の諸般の事情を総合考慮して，当該規定の内容が同項の趣旨に照らした合理性の観点から上記裁量権の範囲を超え，またはこれを濫用するものであるか否かによって判断すべきものと解するのが相当であると判示している。そして，諸般の事情を総合考慮すれば，本件委員について月額報酬制を採りその月額を20万2000円とする旨を定める本件規定は，その内容が地方自治法203条の2第2項の規定の趣旨に照らして特に不合理であるとは認められず，県議会の裁量権の範囲を超えまたはこれを濫用するものとはいえないから，同項に違反し違法，無効であるということはできないと判示した。

本件最高裁判決は，滋賀県選挙管理委員会の委員についての事例判決であるので，他の地方公共団体における委員会の委員や監査委員の月額制の適法性については，それぞれ個別に判断する必要があるが，議会の裁量を基本的に尊重する立場を示しており，行政庁としての性格を有する委員会については訴訟が提起された場合に長に代わって普通地方公共団体を代表して訴訟追行をする権限も有するなど，その事務について最終的な責任を負う立場にあること，専門的知識を有する人材を確保する必要性があること，登庁日以外にも勤務する必要があることを重視していること，業務に必要な専門知識の習得，情報収集等に努めることも必要となることを考慮していることに照らすと，争訟への対応を自らの責任で行わなければならず，登庁日以外にも資料の閲読，事務局との打合せ，情報収集等が必要となる行政委員会の委員については，月額報酬制が適法と解される可能性が高まったといってよいように思われる。

なお，滋賀県以外でも，委員の月額報酬制が違法であるとして提起された訴訟は少なくない。原告が勝訴した例として，仙台地判平成23・9・15判例集不登載（仙台市）もあるが，神戸地判平成22・4・27判例集不登載は，兵庫県の行政委員会の委員が勤務時間外においても，職務のための調査研究に従事しており，勤務日数のみで職務の質量を的確に判断できないと指摘し，日額報酬にした場合との差額を委員に返還させることの義務付けを求めた請求を棄却した。その控訴審の大阪高判平成22・11・4判例集不登載も，損害賠償請求等をすることを求める訴えを却下または棄却している。京都地判平成22・12・21判例集不登載（公金支出差止請求）も，城陽市にかかる事案で差止請求を棄却しており，京都地判平成22・12・21判例集不登載（不当利得返還行為請求）も，京都市にかかる事案で不当利得返還請求権の行使の義務付け請求を棄却している。東京地判平成22・3・31判例集不登載（練馬区），名古屋地判平成22・7・15判タ1362号102頁（愛知県），横浜地判平成22・8・4判例自治342号44頁（川崎市），仙台高判平成24・4・13判例集不登載も原告の請求を認容していない。

6）平成29年法律第29号による改正

平成29年法律第29号による改正前の地方自治法においては，常勤の職員および地方公務員法28条の5第1項に規定する短時間勤務職員を給料，旅費および手当の支給対象とし（自治旧204条1項・2項），非常勤の職員（短時間勤務職員を除く）を報酬および費用弁償の対象としていた（自治旧203条の2第1項・3項）。同改正により，会計年度任用職員という分類が設けられたが，従前からフルタイムの非常勤職員であれば手当の支給が可能と解されていたため，フルタイムの会計年度任用職員については，給料，旅費および手当の支給対象であることが明確にされた（自治204条1項・2項）。他方，パートタイムの会計年度任用職員については，報酬および費用弁償に加えて，新たに期末手当を支給することも可能とされた（自治203条の2第4項）。

会計年度任用職員の給料および報酬を定めるに当たっては，地方公務員法24条1項・2項の規定に基づき，その職務と責任に応ずるとし，生計費ならびに国および他の地方公共団体の職員ならびに民間事業の従事者の給与その他の事情を考慮しなければならない。総務省自治行政局公務員部が作成した「会計年度任用職員制度の導入等に向けた事務処理マニュアル〔第1版〕」（2017〔平成29〕年8月）においては，フルタイムの会計年度任用職員には，時間外勤務手当，宿日直手当，休日勤務手当，夜間勤務手当，通勤手当を適切に支給するほか，任期が相当長期にわたる者に対して期末手当を支給すること，一定の要件に該当する者に対して退職手当を適切に支給すること，特殊勤務手当等の職務給的な手当，地域手当，特地勤務手当（これに準ずる手当を含む）およびへき地手当（これに準ずる手当を含む）については，その支給について適切に判断すること，それ以外の手当については支給しないことを基本とすることとしている。また，パートタイムの会計年度任用職員には，時間外勤務手当，宿日直手当，休日勤務手当，夜間勤務手当に相当する報酬を適切に支給することとするほか，通勤にかかる費用については費用弁償として適切に支給すること，任期が相当長期にわたる者に対して期末手当を支給することとしている。

(3)　俸給請求権の融通性

1)　俸給請求権の放棄

戦前は，官吏の俸給請求権は公権であり，その生活を保障することにより公務の円滑な運営に支障が生じないようにするためのものであるから（生活扶養説または生活資金説），俸給を受けることは権利であると同時に義務でもあり，俸給請求権は放棄できないと一般に解されており，大判昭和9・6・30法律新聞3725号7頁も同様の解釈を採っていた。戦後においても，原則として公務員の俸給請求権の放棄を認めない裁判例がある（仙台高判昭和32・7・15行集8巻7号1375頁・公務員百選49事件）。この判決は，公務員の俸給は職務に対する反対給付であると同時に，その地位相当の生活を保障する資金として支給されるものであるとし，したがって，もしその請求権の放棄を許せば，公務員と国または地方公共団体との間に存する特別権力関係を破壊し，公益を害するに至るおそれがあるとする。他面で同判決は，公務員が退職した後に退職前に生じた個々の俸給請求権を放棄する場合のように，上記のおそれが全く存在しない場合には，有効に放棄しうるものと解すべきとする。最高裁は，この点について明示的には判断を示していない。最判昭和53・2・23民集32巻1号11頁・百選Ⅰ〔第4版〕14事件・

地方自治百選 A21 事件は，地方議会議員の報酬請求権の譲渡可能性を肯定したが，その理由として，地方議会の議員は，特定公職との兼職を禁止され，当該普通地方公共団体と密接な関係のある私企業から隔離されるほかは，一般職公務員に課されるような法律的拘束から解放されているのであって，議員の報酬は一般職公務員の「職務上の収入」とは異なり，公務の円滑な遂行を確保するために議員の生活を保護すべき必要性はないと述べている。このことから推すと，最高裁は，一般職の公務員については，原則として兼職が禁じられ，俸給のみにより生活することが想定されているため，俸給請求権の放棄を認めれば，公務の円滑な遂行に支障が生ずるおそれがあるので，単なる経済的価値として移転が予定されているとはいえず，放棄を認めるべきではないと考えていると思われる。学説においても，かかる考えを支持するものが少なくない。

2)　俸給請求権の譲渡

俸給請求権の譲渡が可能か否かについて，国家公務員法・地方公務員法に明文の規定はないが，人事院規則 9-7〔俸給等の支給〕1 条の 2 第 2 項は，職員の給与は，法律または規則によって特に認められた場合を除き，直接その職員に支払わなければならないとしている。したがって，俸給請求権を譲渡することは，法律または人事院規則で特に認めた場合に限り許されることになろう。

3)　俸給請求権の差押え

差押えについては，公務員の場合も民間労働者と同様に，その支払期に受けるべき給付の 4 分の 3 に相当する部分の差押えが禁止されている（民執 152 条 1 項)。国税徴収法に基づく給与の差押えについても，官民間で差異を設けておらず，所定の限度を超える差押えは禁じられている（税徴 76 条 1 項)。

(4)　退職手当

国家公務員の退職手当は国家公務員退職手当法，地方公務員の退職手当は地方自治法 204 条 2 項の規定に基づく条例により支給される。退職手当は，勤続・功労報償的性格が強いが（地方公務員の退職手当について，最判平成 12・12・19 判時 1737 号 141 頁，名古屋高判平成 25・9・5 判例自治 376 号 66 頁〔最決平成 26・11・28 判例集不登載は上告棄却，上告不受理〕は，勤続・功労報償的性格を重視する），賃金の後払い的性格も有する。すなわち，最判昭和 43・3・12 民集 22 巻 3 号 562 頁は，国家公務員退職手当法に基づく退職手当は，国家公務員が退職した場合に，その勤続を報償する趣旨で支給されるものであって，必ずしもその経済的性格が給与の後払いの趣旨のみを有するものではないと解されると述べ，両者の性格を併有することを認めている。これに加えて，退職後の生活保障の趣旨もあるとする裁判例（津地判平成25・3・28判例自治376号69頁，神戸地判平成25・12・10判例集不登載，東京地判平成26・6・5判例自治395号39頁，札幌高判平成27・9・11判例自治403号23頁）もある。

総務省の「国家公務員退職手当の支給の在り方等に関する検討会報告書」を受けて2008（平成20）年に改正される前の同法は，懲戒免職処分を受けた者や失職した者に対しては，公務に対する国民の信頼を損ねたことへの制裁として，退職手当を全額支給しないこととしていた。同改正により，これらの者であっても，当該退職をした者が占めていた職の職務および責任，当該退職をした者の勤務の状況，当該退職をした者が行った非違の内容および程度，当該非違に至った経緯，当該非違後における当該退職をした者の言動，当該非違が公務の遂行に及ぼす支障の程度ならびに当該非違が公務に対する国民の信頼に及ぼす影響を勘案して，当該一般の退職手当等の全部または一部を支給しない処分を行うことができることになった（同法12条1項，同法施行令17条）。この改正は，民間企業における懲戒解雇の場合，必ず全額不支給になるわけではないこととの均衡も考慮したものである。しかし，「国家公務員退職手当法の運用方針（昭和60年4月30日総人第261号）」では，同法12条1項の運用について，非違の発生を抑止するという制度目的に留意し，一般の退職手当等の全部を支給しないこととすることを原則とするとしている。

(5) 年　金

恩　給

戦前においては，官吏には天皇の恩恵により退職後は恩給が支給されており，これは民間労働者と異なる特権的待遇であった。この制度は，戦後も存続し，一定の国家公務員（恩給19条〜23条）が退職または死亡した場合，法定の要件を満たせば，本人またはその遺族の生活を保障するために年金（普通恩給，増加恩給，扶助料）または一時金（傷病賜金，一時恩給，一時扶助料）として支給がなされる（恩給2条）。総務大臣の裁定を受けることが支給の要件とされている（恩給12条）。恩給権の譲渡は禁止され，担保に供すること，差押えを行うことは，所定の例外事由に該当する場合にのみ認められる（恩給11条）。

国家公務員共済制度の創設

1958（昭和33）年の国家公務員共済組合法の全部改正および1959（昭和34）年の改正により，恩給法上の公務員を含む常勤の国家公務員全体を対象とした共済制度としての退職年金制度が創設された（国公共済126条の6。国家公務員共済組合は公共組合の一種であり，国ではなく公共組合が退職年金の給付を行うことになっている）。その結果，すでに受給権が発生している者および恩給法を準用する法令の規定の適用を受ける者（教公特附2条等）のみに恩給が支給されることとなった。こうして，退職した公務員の中には，恩給法に基づく恩給受給者と国家公務員共済組合法に基づく長期給付としての退職年金受給者が併存することになった。1985（昭和60）年の改正により，国家公務員の退職年金は，国民年金法に基づき支給される基礎年金と国家公務員共済組合法に基づき支給される共済年金（民間の厚生年金相当部分と独自の職域年金相当部分を合算したもの）になり，民間労働者の退職年金制度と接近することになった。なお，2007（平成19）年の通常国会に「被用者年金制度の一元化等を図るための厚生年金保険法等の一部を改正する法律案」が提出された。同法案は，厚生年金に公務員および私学教職員も加入することとし，いわゆる2階建部分の年金を厚生年金保険制度に統一し，共済年金にある公的年金としての職域部分を廃止すること等を内容としていた（2009（平成21）年7月21日，衆議院解散に伴い廃案）。2012（平成24）年2月17日に閣議決定された「社会保障・税一体改革大綱について」においても，被用者年金制度全体の公平性・安定性確保の観点から，共済年金制度を厚生年金制度に合わせる方向を基本として被用者年金を一元化し，公的年金としての職域部分廃止後の新たな年金の取扱いについては，官民均衡の観点等からの検討を進めるとし，2007（平成19）年法案をベースに一元化の具体的内容について検討し，関係省庁間で調整の上，2012（平成24）年通常国会への法案提出に向けて検討することとされた。そして，「被用者年金制度の一元化等を図るための厚生年金保険法等の一部を改正する法律案」が同年4月13日に国会に提出され，同年8月10日に可決成立した。2015（平成27）年10月1日に，公務員も厚生年金に加入し，年金の2階部分は厚生年金に一元化された。

(6) 公務災害補償

戦前から官吏については公務災害補償の制度が設けられていたが，戦後は，国家公務員災害補償法，地方公務員災害補償法に発展し，民間においても，労働基準法8章の災害補償の諸規定にくわえ，労働者災害補償保険法が制定された。国家公務員災害補償法，地方公務員災害補償法と労働者災害補償保険法の間には，請求主義か（地公災45条1項〔大阪地判昭和63・3・28判時1306号27頁参照〕，労災12条の8第2項〔最判昭和29・11・26民集8巻11号2075頁参照〕）否か（国公災8条〔東京地判昭和45・10・15行集21巻10号1218頁，前掲大阪地判昭和63・3・28参照〕），審査請求の方法（国公災24条，地公災51条，労災38条）等の面で相違があるが，給付内容については労働基準法，労働者災害補償保険法等に基づく給付との均衡原則が採られている（国公災23条）。

6　労働基本権

(1)　沿　革

1945（昭和20）年，GHQは，治安立法を廃止し，同年制定された旧労働組合法（同年12月公布，翌年3月施行）は，公務員にも民間労働者と基本的に同様の労働基本権を保障し，警察・消防・刑事施設の職員に団結権を禁止したのみであった。しかし，翌1946（昭和21）年に制定された労働関係調整法により，非現業職員の争議権が否定された（違反に対する罰則は罰金にとどめられていた）。そして，日本国憲法が労働基本権を保障し（公務員も憲法28条にいう勤労者であることについては，最大判昭和28・4・8刑集7巻4号775頁〔政令201号違反事件〕を嚆矢として累次の最高裁判決〔最大判昭和48・4・25刑集27巻4号547頁・公務員百選81事件（全農林警職法事件），最大判昭和52・5・4刑集31巻3号182頁・公務員百選82事件（全逓名古屋中郵事件）等〕で一貫しており，判例法として確立しているといえるのみならず，学説上もほぼ異論はない），1947（昭和22）年10月に公布された国家公務員法には，労働基本権の制限についての明文の規定はなく，特別の公務員を除き，労働3法（労働基準法，労働組合法，労働関係調整法）の規定が適用されると解されていた。しかし，官公労を主体としたゼネストが計画される中，1948（昭和23）年7月22日のマッカーサー書簡において，公務員の団体交渉権を制限し争議を禁止すべきことが示され，これを契機として，ポツダム政令の1つである政令201号（同年7月31日公布施行）により，国家公務員の団体交渉権，争議権が否定され，争議を行った者に対する懲役刑を含む罰則が設けられた。そして，政令201号に即して，同年12月に国家公務員法が改正され，労働組合法，労働関係調整法，労働基準法等およびこれらの法律に基づいて発せられる命令の規定は，一般職職員には適用しないこととされた（国公附16条）。そして，代償措置を講ずる恒久的機関として人事院が設けられ，臨時人事委員会は廃止された。1948（昭和23）年に制定された公共企業体労働関係法も，公社職員の争議行為を禁止した。

Column　フーバー草案

1947（昭和22）年10月に公布された国家公務員法は，わずか1年余りで大改正を受け，労働基本権についての姿勢は180度変化した。それは，以下のような理由による。1946（昭和21）年11月に来日した合衆国対日人事顧問団は，国家公務員法の制定に強い意欲を示し，自ら要綱を作成して，1947（昭和22）年6月に，社会党政権の片山哲内閣にそれに沿った法律制定を促した。ところが，官公労を大きな支持基盤とする片山内閣は，合衆国対日人事顧問団長のブレイン・フーバーが一時帰国している間に，合衆国対日人事顧問団の要綱と大幅に異なる国家公務員法案を作成して国会に提出し，可決・成立させたのである。片山内閣が大幅な修正を加えたのは，一般職職員の争議行為を禁ずる規定を削除したこと，人事委員会の独立性と権能を弱めたこと，各省の事務次官を政治任用の対象となる特別職としたことであった。再来日したフーバーは，片山内閣のこの行為に対して激怒し，直ちに同法を改正する法律案の起草に着手した。また，芦田均内閣時代の1948（昭和23）年7月31日に公布された政令201号により，労働基本権が制限された以上，国家公務員法をそれに整合させる必要もあった。そこで，吉田茂内閣は，フーバー草案とも呼ばれる合衆国対日人事顧問団の改正草案に忠実に従った改正案を国会に提出し，1948（昭和23）年11月に国会で可決・成立させたのである。改正の主眼は，一般職職員を労働3法（労働基準法，労働組合法，労働関係調整法）および最低賃金法等の規定の適用除外とし労働基本権を大幅に制約したこと，独立性の高い人事院を設置し，国家公務員法を施行するために必要な命令について人事院規則に委任したこと，各省事務次官の職を一般職としたことであった[4)]。

国家公務員法第1次改正法律附則3条1項においては，「一般職に属する職員に関しては，別に法律が制定実施されるまでの間，国家公務員法の精神にてい触せず，且つ，同法に基く法律又は人事院規則で定められた事項に矛盾しない範囲内において，労働基準法及び船員法並びにこれらに基く命令の規定を準用する」こととされた。すなわち，一般職国家公務員には，労働基準法の規定は適用されないが，暫定的かつ補充的にその準用の余地を肯定したのである。なお，地方公務員は，労働組合法の規定の適用を受けないが，労働基準法の規定は原則として適用される（地公58条3項）。また，行政執行法人の職員については，国家公務員法附則16条および第1次改正法律附則3条の規定の適用除外となっているため，労働基準法の規定が全面的に適用される（行執労37条1項）。地方公営企業等の労働関係に関する法律の規定が適用される職員にも，労働基準法の規定が全面的に適用される。

4）　西尾勝・行政学〔新版〕（有斐閣，2001年）135～136頁，西尾隆・公務員制（東京大学出版会，2018年）77頁等参照。

(2) 現行制度

1) 団結権

団結権が認められる者

一般職の職員が勤務条件の維持改善を図ることを目的として組織する団体またはその連合体を職員団体という（国公108条の2第1項，地公52条1項）。職員団体であるためには，少なくとも構成員の過半数が職員でなければならないと解されている。勤務条件とは，職員が当局に対し勤務を提供するについて存する諸条件で，職員が自己の勤務を提供し，またはその勤務の提供を継続するか否かを決定するに当たり，一般的に当然考慮の対象となるべき利害関係事項をいう（昭和33年7月3日法制局一発第19号文部事務次官・自治事務次官あて法制局長官回答）。

一般職職員は団結権が認められており，その勤務条件の改善を図ることを目的として，職員団体を結成し，もしくは結成せず，またはこれに加入し，もしくは加入しないことができる（国公108条の2第3項，地公52条3項）。職員は，職員団体の構成員であること，これを結成しようとしたこと，もしくはこれに加入しようとしたこと，またはその職員団体における正当な行為をしたことのために不利益な取扱いを受けない（国公108条の7，地公56条）。ただし，国家公務員のうち警察職員，海上保安庁職員，刑事施設職員については，団結権は認められておらず（国公108条の2第5項），非現業の地方公務員のうち警察職員および消防職員には団結権は認められていない（地公52条5項）。したがって，これらの職員は団体交渉権，争議権も認められていないことになる（特別職の自衛隊員も団結権を認められていない。自衛64条1項）。団結権を否定された国家公務員の場合には団体結成自体に対して刑事罰が設けられているが（国公110条1項20号，入管61条の3の2第4項，自衛119条1項2号），団結権を否定された地方公務員については団体結成自体は処罰されない。

職員団体

ILO 87号条約の批准に伴い，1965（昭和40）年の国家公務員法改正で，職員団体の定義規定が設けられ（国公108条の2第1項），職員団体は，職員が勤労者として組織する団体であり，勤務条件の維持改善を図るために交渉する団体であることが明確にされた。そのため，管理職員等と管理職員等以外の職員とは同一の職員団体を組織することができず，管理職員等と管理職員等以外の職員とが組織する団体は，国家公務員法・地方公務員法上の職員団体としては取り扱われない。また，管理職員等のみによる職員団体の結成が禁じられているわけではない（国公108条の2第3項，地公52条3項）。職員組合の組合員資格は，原則として現に職員である者に限定され（国公108条の3第4項，地公53条4項），雇い入れられた労働者はショップ協定を結んでいる労働組合に加入を義務づけられるユニオン・ショップ制は禁止されている（国公108条の2第3項，地公52条3項）。なお，同年の改正で，実際には事務職員のみの国の消防職員には団結権が認められた。

登録職員団体制度

① 意 義　職員団体は，人事院または人事委員会もしくは公平委員会に登録することができる（国公108条の3第1項，地公53条1項）。登録職員団体制度は，職員団体が，職員により自主的，民主的に結成され運営されており，職員を代表する組織として当局と交渉する適格性を具備していることを人事院または人事委員会もしくは公平委員会が事前に証明することにより，職員団体と当局との交渉を効果的なものとし，正常かつ安定した労使関係の確保を企図するものである。登録および登録維持の要件は，規約の作成・変更，役員の選挙等の重要な行為について，全構成員が平等に参加する直接秘密投票により全構成員（役員選挙については投票者）の過半数により決定される手続が保障され，かつ現実にその手続によりこれらの重要な行為が決定されていること，団結権のない警察職員等以外の職員のみで組織されていること等である（国公108条の3第3項・4項，地公53条3項・4項）。当該職員団体の役員である者を構成員とすることは登録拒否事由にはならない（国公108条の3第4項ただし書，地公53条4項ただし書）。

2018（平成30）年3月31日現在，一般職国家公務員の登録職員団体数は1368にのぼり，在職者に占める登録職員団体の組織人員の割合は，44.3パーセントである。

② 登録の効果　登録団体は，勤務条件に関する交渉権を有することになり，当局は交渉の申入れに応じなければならない（国公108条の5第1項，地公55条1項）。職員は，職員団体の業務にもっぱら従事することはできないが，所轄庁の許可を受けて，登録職員団体の役員として従事することは認められる（在籍専従職員制度。国公108条の6第1項ただし書，地公55条の2第1項ただし書）。在籍専従職員は，その間，給与の支給を受けない。一般職国家公務員は，在籍専従職員となる場合を除き，登録職員団体の役員または登録職員団体の規約に基づいて設置される議決機関，投票管理機関もしくは諮問機関の構成員として勤務時間中当該団体の業務に従事する短期従事の許可を年間30日を限度として受けることができる（人規17-2〔職員団体のための職員の行為〕6条1項・4項）。また，登録職員団体は，一般職国家公務員の依頼を受けて，その代表者が人事院に対して行政措置要求をすることができる（人規13-2〔勤務条件

に関する行政措置の要求〕1条1項)。

Column　ヤミ専従

職員団体の役員が，所轄庁の許可を受けずに，給与を受けつつ，職員団体の活動に専従することを「ヤミ専従」という。地方公務員は職務専念義務を課されているが（地公35条），職員団体と地方公共団体の当局との適法な交渉は，勤務時間中においても行うことができる（地公55条8項)。

職務専念義務の例外は法律または条例で定めなければならない（地公35条)。旧自治省は，1966（昭和41）年に，職務専念義務の例外として，一般職地方公務員が給与を受けつつ職員団体のために活動しうる範囲について，「職員団体のための職員の行為の制限の特例に関する条例」（いわゆる「ながら条例」）の準則を示し，(i)地方公務員法55条8項の規定に基づき適法な交渉を行う場合，(ii)休日および休日の代休日（特に勤務を命じられた場合を除く），(iii)年次有休休暇および休職の期間の3つの場合には，職務専念義務を免除することができるとした。しかし，地方公共団体の中には，(i)の適法な交渉について，その準備行為を含めた条例を制定するものがあり，この準備行為が拡張解釈されたことが，ヤミ専従を横行させる要因となった。2005（平成17）年に発覚した大阪市のヤミ専従は大きな社会問題になり，大阪市は，同年，「ながら条例」を改正し，適法な交渉の準備行為については，給与を受けつつ職員団体のために活動しうる範囲の対象外とした。他の地方公共団体においても，総務省の助言を受けつつ，「ながら条例」の同様の改正が進行した。

国においても，2007（平成19）年より，旧社会保険庁を始めとするヤミ専従が批判を招き，2008（平成20）年7月29日の閣議決定において，ヤミ専従を行った社会保険庁職員は後継組織である日本年金機構には採用しないこととされた。さらに，同年12月26日，当時の厚生労働大臣はヤミ専従を行った職員およびその上司を背任容疑で刑事告発したが，2009（平成21）年2月27日，東京地検は，懲戒処分等による制裁を受けていること，すでに弁償を行っていること，ヤミ専従が事実上慣習化していたことを理由として，起訴猶予処分とした。

2)　団体交渉権

団体交渉権が認められる者　国の職員および地方公共団体の非現業職員は，職員の給与，勤務時間その他の勤務条件（管理運営事項以外）およびこれに附帯して，社交的または厚生的活動を含む適法な活動にかかる事項に関し団体交渉をできるが（国公108条の5第1項・3項，地公55条1項・3項)，団体協約締結権は認められていない（国公108条の5第2項，地公55条2項)。管理運営事項とは，行政機関が自らの判断と責任において処理すべき事項である（民間では，管理運営事項に相当する事項についても，任意に交渉することは可能である)。団体交渉の結果結ばれた覚書等は，紳士協定であり法的拘束力を持つわけではないが，事実上の拘束力を持つことが少なくない。また，地方公務員法においては，職員団体に，法令，条例，地方公共団体の規則および地方公共団体の機関の定める規程に抵触しない限りにおいて，当該地方公共団体の当局と書面による協定を結ぶことができることとされており（地公55条9項），当該地方公共団体の当局および職員団体の双方において，当該協定を誠意と責任をもって履行しなければならないとされているので（同条10項），協定は協約と実質的に同様の重みを持つといえよう。しかし，東京高判平成8・4・25労判740号15頁は，この協定は，拘束的な団体協約ではなく，原則として道義的責任を生じるにとどまるものと判示し，その上告審の最判平成10・4・30労判740号14頁は，原審の判断は正当として是認することができるとして，上告を棄却している。

行政執行法人の職員の労働関係については，「行政執行法人の労働関係に関する法律」の規定が適用され（行執労3条1項），団結権，管理運営事項を除く団体交渉権（協約締結権を含む）が認められている（行執労4条・8条）。団体交渉により決着しない場合には，関係当事者は，中央労働委員会に調停・仲裁を申請することができる（行執労27条1号〜3号・33条1号〜3号）。

Column **「行政執行法人の労働関係に関する法律」の系譜**

1948（昭和23）年，公共企業体職員（日本国有鉄道，日本専売公社）の争議行為を禁止する一方，その団体交渉手続と特別の争議調整の仕組みを定める公共企業体労働関係法が制定された。1952（昭和27）年には，地方公営企業労働関係法が制定され，地方公営企業の職員の労働基本権について，公共企業体職員と同様の制限に服することになった。さらに，同年，日本電信電話公社と5現業の職員を適用対象に追加するために公共企業体労働関係法が改正され，公共企業体等労働関係法に改名された。しかし，3公社が民営化されて公共企業体が存在しなくなったことにかんがみ，1987（昭和62）年に公共企業体等労働関係法は国営企業労働関係法に改名された。1999（平成11）年には独立行政法人制度の創設に伴い，「国営企業及び特定独立行政法人の労働関係に関する法律」と改名され，さらに，2002（平成14）年に郵便事業が郵政公社により行われることになったことに伴い，「特定独立行政法人等の労働関係に関する法律」（独行等労）に改称された。さらに，2013（平成25）年4月1日より，国有林野事業が廃止されて国有林野事業は国営企業形態でなくなり，国には現業職員が存在しなくなったため，「特定独立行政法人等の労働関係に関する法律」は「特定独立行政法人の労働関係に関する法律」（独行労）になった。

そして，2014（平成26）年の独立行政法人通則法改正により，特定独立行政法人が行政執行法人になったため，「特定独立行政法人の労働関係に関する法律」は「行政執行法人の労働関係に関する法律」（独行労）に改称されて，今日に至っている。

地方公営企業，特定地方独立行政法人の職員および単純労務職員の労働関係については，「地方公営企業等の労働関係に関する法律」の規定が適用され（地公等労1条・附則5条），団結権，管理運営事項を除く団体交渉権（協約締結権を含む）が認められる（地公等労5条・7条）。ただし，地方公営企業の予算上または資金上不可能な資金の支出を内容とする協定が締結された場合には，地方公共団体の議会に付議して，その承認を求めなければならない（地公等労10条2項）。

団体交渉の当事者　交渉は，登録職員団体と当局との間で行われることが想定されている。当局とは，交渉事項について適法に管理し，または決定することのできる当局でなければならない（国公108条の5第4項，地公55条4項）。登録職員団体以外の職員団体から交渉の申入れがあった場合には，交渉に応ずる義務はないが，みだりに拒否すべきではない。

苦情処理　行政執行法人の労働関係に関する法律12条，地方公営企業等の労働関係に関する法律13条は，職場の苦情を適当に解決するため，行政執行法人または地方公営企業等を代表する者および職員を代表する者各同数をもって構成する苦情処理共同調整会議の設置を義務づけ，苦情処理共同調整会議の組織その他苦情処理に関する事項は，団体交渉で定めることとしている。個別的な苦情処理は団体交渉とは別のルートで対応することにより，団体交渉を円滑に行うことを企図したものである。

***Column*　給与総額制**

従前は，国有林野事業を行う国の経営する企業の業務を遂行するために恒常的に置く必要がある職に充てるべき常勤の職員にかかる給与準則については，その給与準則に基づいて各会計年度において支出する給与の総額が，その会計年度の予算の中での給与の総額として定められた額を超えないようにしなければならないという給与総額制が採られていた（旧国有林野事業を行う国の経営する企業に勤務する職員の給与等に関する特例法5条）。また，国有林野事業職員の場合，協定の内容が予算実施上不可能な場合には，国会に付議しなければならないこととされていた（旧独行等労16条）。しかし，2012（平成24）年6月21日の法改正で上記特例法は廃止され，国有林野事業職員の給与については，他の一般職の国家公務員と同じ仕組みになった。

3）争議権

公務員は争議権を有しない（国公98条2項前段，地公37条1項前段）。行政執行法人の職員については，国家公務員法の争議行為等の禁止に関する規定（国公98条2項・3項）は適用除外となっているが（行執労37条1項1号），「行政執行法人の労働関係に関する法律」で争議権を否定されている（行執労17条1項前段）。地方公営企業または特定地方独立行政法人に勤務する一般職職員も争議権を否定されている（地公等労11条1項）。争議行為を共謀し，そそのかし，もしくはあおり，またはこれらを企てる行為も禁じられているが（国公98条2項後段，地公37条1項後段，行執労17条1項後段，地公等労11条1項後段），国の職員および地方公共団体の非現業職員の場合には，この違反に対して罰則の規定が適用される（国公110条1項17号，地公61条4号）。争議行為自体を処罰することとしなかったのは，憲法18条が禁止する「意に反する苦役」に当たるおそれがあるからである。しかし，「あおり」行為を処罰することは争議行為自体を処罰することと変わらないという批判がある。国・地方公共団体の非現業職員で争議行為をした者は，その行為の開始とともに，国・地方公共団体に対し法令・条例等に基づいて保有する任命または雇用上の権利をもって対抗することができなくなる（国公98条3項，地公37条2項）。

行政執行法人の職員が争議行為を行った場合には解雇される（行執労18条）。地方公営企業または特定地方独立行政法人に勤務する一般職職員が争議行為を行った場合には，地方公共団体および特定地方独立行政法人は，当該職員を解雇することができる（地公等労12条）。

なお，政府または地方公共団体の機関の活動能率を低下させる行為を怠業的行為といい，これは争議行為としての怠業と区別されるが，公務員は争議行為のみならず怠業的行為も禁止されている（国公98条2項，地公37条1項）。

一般職国家公務員による争議は，1970年代半ば，1980年代初頭に多く行われ，1年間に30件を超える年もあったが，1980年代後半から激減し，最近はまったく行われなくなっている。一般職国家公務員が違法な職員団体活動を理由として受けた懲戒処分件数も，多い年には3万件を超えていたが（1965〔昭和40〕年，1972〔昭和47〕年），最近は皆無になっている。

(3) 労働基本権に関する判例

政令201号事件等

(1)で述べたような労働基本権の広範な制限が合憲かについては，かねてより議論があり，とりわけ，争議行為を一律に禁止することの合憲性が訴訟において争われることが少なくなかった。最大判昭和28・4・8刑集7巻4号775頁〔政令201号違反事件〕は，国家公務員が全体の奉仕者であり，公共の利益のために勤務し，職務の遂行に当たっては全力を挙げて専念しなければならないことから，争議行為全面禁止を合憲とする立場を採った。

その後，最大判昭和30・6・22刑集9巻8号1189頁，最判昭和38・3・15刑集17巻2号23頁も，この立場を踏襲した。

全逓東京中郵事件等

その後，最高裁は，争議行為に対して刑事罰を科することが違憲となることがありうるという立場を採るようになった。すなわち，郵便局職員に職場離脱を慫慂したことが，郵便法が定める郵便物不取扱いの罪の教唆に当たるとして起訴された事案において，1審判決（東京地判昭和37・5・30下刑集4巻5＝6号485頁）が，職場離脱が公共企業体等労働関係法（当時）が禁止する違法な争議行為であるとしながら，労働組合法1条2項（「刑法……第35条の規定は，労働組合の団体交渉その他の行為であつて前項に掲げる目的を達成するためにした正当なものについて適用があるものとする。但し，いかなる場合においても，暴力の行使は，労働組合の正当な行為と解釈されてはならない」），刑法35条にいう正当業務行為であるとして無罪判決を出し，控訴審判決（東京高判昭和38・11・27刑集20巻8号1012頁）が，公共企業体等労働関係法が禁止する違法な争議行為には労働組合法1条2項の規定は適用されないとして有罪判決を行ったところ，最大判昭和41・10・26刑集20巻8号901頁〔全逓東京中郵事件〕は，原審判決を破棄差戻しとしたのである。この事件において，最高裁は，労働基本権は勤労者の生存権を保障するための重要な手段であり，その制限は必要最小限度にとどめるべきこと，職務の公共性が高く，その停廃が国民生活に重大な支障をもたらすことを回避するために必要やむをえない場合にのみ労働基本権の制限が正当化されること，労働基本権の制限が許される場合であっても，制限違反に対して課される不利益は必要な限度を超えないように慎重に配慮すべきこと，刑事制裁は必要やむをえない場合に限られ，同盟罷業・怠業のような単純な不作為に刑事罰を科すことには特に慎重であるべきこと，労働基本権の制限には代償措置が伴うべきことを指摘した。そして，公共企業体等労働関係法の争議行為禁止規定を文面違憲とはしなかったが，労働組合法1条1項が定める目的を達成するための争議行為であって，単なる罷業・怠業等の不作為によるもので暴力の行使等を伴わない場合には，刑事制裁の対象とならないと合憲限定解釈をしたのである。

最高裁は，次いで，最大判昭和44・4・2刑集23巻5号305頁〔都教組事件〕において地方公務員法61条4号について，最大判昭和44・4・2刑集23巻5号685頁〔全司法仙台事件〕において国家公務員法110条1項17号について，これらの罰則規定は，違法性が強度な争議行為のあおり行為等に限定して処罰する趣旨と合憲限定解釈を行ったのである。

全農林警職法事件等

ところが，その後，最大判昭和48・4・25刑集27巻4号547頁・公務員百選81事件〔全農林警職法事件〕は，再度判例を変更し，争議行為全面禁止合憲論の立場に復帰した。同判決は，以下のように論じる。まず，憲法28条の労働基本権の保障は公務員に対しても及ぶが，労働基本権は，勤労者の経済的地位の向上のための手段として認められたものであって，それ自体が目的とされる絶対的なものではないから，おのずから勤労者を含めた国民全体の共同利益の見地からする制約を免れないとする。そして，公務員の使用者は実質的には国民全体であり，公務員の労務提供義務は国民全体に対して負い，公務の停廃は勤労者を含めた国民全体の共同利益に重大な影響を及ぼすか，またはそのおそれがあるとする。そして，このような公務員の地位の特殊性と職務の公共性にかんがみるときは，これを根拠として公務員の労働基本権に対し必要やむをえない限度の制限を加えることは，十分合理的な理由があるとする。

以上の基本的前提の下で，同判決は，より具体的に公務員の争議権制限の正当化根拠として，以下のことを指摘している。第1が，議会制民主主義の下で，国会が勤務条件を決定する勤務条件法定主義（国公63条。ただし，国公106条に基づく委任により人事院規則で定めることができる），財政民主主義である。すなわち，公務員の場合は，その給与の財源は国の財政とも関連して主として税収によって賄われ，私企業における労働者の利潤分配のごときものとは全く異なる。また，その勤務条件はすべて政治的，財政的，社会的その他諸般の合理的な配慮により決定されなければならず，しかもその決定は民主国家のルールに従い，立法府において論議のうえなされるべきもので，同盟罷業等争議行為の圧力による強制を容認する余地は全く存しないとする。そして，公務員の勤務条件の決定に関し，政府が国会から適法な委任を受けていない事項について，公務員が政府に対し争議行為を行うことは，使用者としての政府によっては解決できない立法問題に逢着せざるをえないこととなり，ひいては民主的に行われるべき公務員の勤務条件決定の手続過程を歪曲することともなって，議会制民主主義に背馳し，国会の議決権すら侵すおそれすらなしとしないという。第2に，私企業においては，きわめて公益性の高い特殊なものを除き，一般に使用者には作業所閉鎖（ロックアウト）をもって争議行為に対抗する手段があるばかりでなく，労働者の過大な要求を容れることは，企業の経営を悪化させ，企業そのものの存立を危殆ならしめ，ひいては労働者自身の失業を招くという重大な結果をもたらすことともなるのであるから，労働者の要求はおのずからその面よりの制約を免れず，ここにも私企業の労働者の争議行為と公務員のそれとを一律同様に考えることのできない理由が存するとする。第3に，一般の私企業においては，その提供する製品または役務に対する需給につき，市場からの圧力を受けざるをえない関係上，争議行為に対しても，いわゆる市場の抑制力が働くことを必然とするのに反し，公務員の場合には，そのような市場の機能が作用する余地がないため，公務員の争議行為は場合によっては一方的に強力な圧力となり，この面からも公務員の勤務条件決定の手続をゆがめることになるとする。第4に，労働基本権を制限するにあたっては，代償措置が講じられなければならないが，公務員は法律等により身分保障を受けながら，特殊な公務員を除き，一般に職員団体の結成が認められ，協約締結権こそ認められないものの団体交渉権が与えられていること，中央人事行政機関として準司法機関的性格を持つ人事院は，公務員の勤務条件について，いわゆる情勢適応の原則により，国会および内閣への勧告または報告を義務づけられていること，公務員には人事院に対する行政措置要求をしたり，不利益処分を受けたときに人事院に対する審査請求をしたりする途も開かれていることを指摘し，公務員は，労働基本権に対する制限の代償として，制度上整備された生存権擁護のための関連措置による保障を受けていると判示する。そして，「あおり」行為は，違法な争議行為の原動力となるものであるから，刑事罰に処することに合理性があり，全司法仙台事件の最高裁判決で採られた合憲限定解釈の手法は，犯罪構成要件の保障的機能を失わせることにより，その明確性を要請する憲法31条に違反する疑いすら存すると述べている。同日に出された国労久留米駅事件（最大判昭和48・4・25刑集27巻3号418頁・百選Ⅰ99事件），全農林長崎事件（最大判昭和48・4・25判時699号89頁）の大法廷判決も同趣旨である。

さらに，最大判昭和51・5・21刑集30巻5号1178頁〔岩手県教組事件〕により都教組事件最高裁判決が明示的に変更され，最大判昭和52・5・4刑集31巻3号182頁・公務員百選82事件〔全逓名古屋中郵事件〕により全逓東京中郵判決が明示的に変更された。また，刑事制裁のみならず懲戒処分との関係においても，最判昭和53・7・18民集32巻5号1030頁・公務員百選64事件が，同趣旨の考え方を示している[5)]。最判平成2・4・17刑集44巻3号1頁，最判平成5・3・2判時1457号148頁においても，この立場が踏襲された。そして，団体協約締結権が認められていないことについても，最判昭和53・3・28民集32巻2号259頁・公務員百選79事件が，同様の論理で，非現業国家公務員の団体協約締結権否認を合憲と判示している[6)]。最判昭和63・12・9民集42巻10号880頁〔北九州市清掃事業局事件〕は，地方公営企業の労働関係に関する法律（当時）11条1項の争議行為の禁止についても合憲と判示している。

もっとも，全農林警職法事件最高裁判決以後も，下級審の裁判例の中には，合憲限定解釈を否定しつつ，争議行為全面禁止規定は文面違憲とするものがある（旧公共企業体等労働関係法17条1項につき盛岡地判昭和49・6・6判時743号3頁，地方公務員法37条1項につき和歌山地判昭和50・6・9判時780号3頁等）。

(4) 労働基本権の制約に対する代償措置

1) 意　義

日本国憲法の下においては公務員も勤労者として労働基本権を有するが，公共の福祉のためにそれが制約され，労働基本権の行使を通じた勤務条件の決定が困難であるのであるから，労働基本権制約の代償措置を設けることにより，公務員の権利利益を保護する必要がある。労働基本権の代償措置として，後述する人事院・人事委員会による報告・勧告および措置要求権のみで十分かについては議論があり，公務員団体の立法的参加の制度的保障を検討すべきとの提言もある[7)]。

2) 人事院による報告・勧告

国家公務員の労働基本権制約への代償措置として，人事院は，毎年少なくとも1回，俸給表が適当であるかどうかについて国会および内閣に報告しなければならず，給与を決定する諸条件の変化により，俸給表に定める給与を100分の5

---

5) 全逓名古屋中郵事件最高裁判決は，全農林警職法事件最高裁判決と異なり，公務員の労働基本権と財政民主主義等の憲法上の諸原則との調和という発想をとらず，後者が前者を全面的に否定する論理をとっているようにも読める。この点について，下井・公務員制度70頁以下参照。

6) 公務員の労働基本権に関する最高裁判例について，菅野和夫「公務員の労働基本権」行政法大系(9) 148頁以下参照。

7) 塩野・行政法Ⅲ322頁参照。労働基本権を憲法13条に基づく自己決定権と結びついた労働条件の決定過程への関与権と解する学説が登場していることにつき，宇賀ほか・対話268頁（川田琢之発言）参照。

以上増減する必要が生じたと認められるときは，人事院は，その報告にあわせて，国会および内閣に適当な勧告をしなければならない（国公28条2項，給与法2条3号〜5号）。そのほか，給与に関する事項について，常時，必要な調査を行い，これを改定する必要を認めたときは，遅滞なく改定案を作成して，国会および内閣に勧告をしなければならない（国公67条）。人事院は，人事行政改善に関する勧告も行うことができる（国公22条1項）。

人事院の給与勧告がなされると，給与関係閣僚会議で協議がなされる。取扱方針が閣議決定されると，給与法案が作成され，法案が閣議にかけられ，閣議決定されると国会に提出されることになる。

3)　人事委員会による報告・勧告

地方公務員の労働基本権制約への代償措置として，人事委員会は，毎年少なくとも1回，給料表が適当であるかどうかについて地方公共団体の議会および長に同時に報告するものとされ，給与を決定する諸条件の変化により，給料表に定める給料額を増減することが適当であると認めるときは，あわせて，適当な勧告をすることができる（地公26条）。人事委員会の給与勧告がなされると，長が給与改定方針を決定し，議会へ条例案を提出する。人事委員会が置かれていない地方公共団体の場合，人事院や他の地方公共団体の人事委員会の勧告等を参考にして長が給与改定方針を決定し，議会へ条例案を提出する。

4)　措置要求権

国家公務員の措置要求権　労働基本権制約の代償措置として，国家公務員には，勤務条件に関する行政措置要求権が認められている。すなわち，一般職国家公務員は，俸給，給料その他あらゆる勤務条件に関し，人事院に対して，人事院もしくは内閣総理大臣またはその職員の所轄庁の長（外務公務員については外務人事審議会〔外公17条1項，外公令1条の4〕）により，適当な行政上の措置が行われることを要求することができる（国公86条）。この要求のあったときは，人事院は，必要と認める調査，口頭審理その他の事実審査を行い，事案の性質により適当と認めるときは苦情審査委員会（人規13-2〔勤務条件に関する行政措置の要求〕9条）を設置して当該事案を審査させ，事案の審査が終了したときは，一般国民および関係者に公平なように，かつ，職員の能率を発揮し，および増進する見地において，速やかに事案を判定しなければならない（国公87条）。人事院は，判定に基づき，勤務条件に関し一定の措置を必要と認めるときは，その権限に属する事項については，自らこれを実行し，その他の事項については，内閣総理大臣またはその職員の所轄庁の長に対し，その実行を勧告しなければならない（国公88条）。人事院は，場合によってはあっせん等により解決を図ることもある。2017（平成29）年度の新たな措置要求件数は13件であり，前年度から繰り越した5件と併せて18件が係属した。人事院が行った措置要求にかかる判定は2件であった。取下げ・却下等は10件であった。なお，措置要求の規定は，行政執行法人の職員には適用されない（行執労37条1項1号）。

地方公務員の措置要求権　一般職の地方公務員の場合も，国家公務員の場合と同様に，人事委員会または公平委員会に対する勤務条件に関する措置の要求と呼ばれる制度がある（地公46条・47条）。人事委員会または公平委員会に対する措置要求および審査，判定の手続ならびに審査，判定の結果とるべき措置に関し必要な事項は，人事委員会規則または公平委員会規則で定めなければならない（地公48条）。この制度について，最判昭和36・3・28民集15巻3号595頁・公務員百選44事件は，地方公務員法が定める措置要求制度は，「地方公務員法が職員に対し労働組合法の適用を排除し，団体協約を締結する権利を認めず，また争議行為をなすことを禁止し，労働委員会に対する救済申立の途をとざしたことに対応し，職員の勤務条件の適正を確保するために，職員の勤務条件につき人事委員会または公平委員会の適法な判定を要求し得べきことを職員の権利乃至法的利益として保障する趣旨のものと解すべき」と判示している。

措置要求権者　人事院規則13-2〔勤務条件に関する行政措置の要求〕は，職員は，個別的に，または職員団体を通じてその代表者により団体的に，措置要求を行うことができるとしている（1条1項）。措置要求権を有するのは職員であり，職員団体は職員のために要求しうるにすぎない。

措置要求の対象　措置要求の対象は法律の制定改廃を含まず，また，当事者間に紛争のある事項についてのみ要求しうるという制限がある。しかし，その他の点では，措置要求の対象は広範であり，人事院規則，人事委員会規則，公平委員会規則，政令，府省令の制定改廃のような行政立法も含まれる。政令，府省令の制定改廃のように，人事院が権限を有しない行政立法については，人事院は他の機関に制定改廃を勧告することになる。退職勧奨のような行政指導も措置要求の対象になる。懲戒処分には至らないが，内規に基づき訓告や注意が行われることがあるが（その性格については，京都地判昭和51・2・17行集27巻2号

177頁・公務員百選27事件参照)，これが昇給延伸等の措置と結びつけば，国家公務員89条にいう「いちじるしく不利益な処分」，地方公務員法49条にいう「不利益な処分」として人事院や人事委員会・公平委員会に審査請求をすることができると解釈する余地があり，昇給延伸等の措置と結合しておらず審査請求の対象とはならない場合であっても，措置要求の対象にはなると思われる。

実務上は，措置要求の対象として，管理運営事項を除くとする解釈が有力である。管理運営事項は，団体交渉の対象から除外されていることを根拠とする。もっとも，定員管理のような管理運営事項であっても，過重勤務の解消のためであれば勤務条件として措置要求の対象となる[8)]。管理運営事項であるからといって当然に措置要求の対象外になるわけではないと判示したものとして，神戸地判平成29・11・29判時2381号41頁がある。

なお，措置要求は，職員からの苦情相談（⇒本章***8***(4)）と異なり，判定を求める権利を職員に付与したものであり，判定は行政処分と解されている（前掲最判昭和36・3・28)。

⑸　労働基本権をめぐる最近の動向

1)　行政改革推進本部専門調査会報告

行政改革推進本部専門調査会が2007（平成19）年10月19日に公表した「公務員の労働基本権の在り方について（報告)」においては，責任ある労使関係を構築するためには，透明性の高い労使間の交渉に基づき，労使が自律的に勤務条件を決定するシステムへの変革を行わなければならないという基本的立場を示し，一定の非現業職員について，協約締結権を新たに付与するとともに第三者機関の勧告制度を廃止して，労使交渉の権限の制約を取り払い，使用者が主体的に組織パフォーマンス向上の観点から勤務条件を考え，職員の意見を聴いて決定できる機動的かつ柔軟なシステムを確立すべきとする。ただし，改革に先立って，その全体像を国民に提示し，その理解を得ることが必要不可欠であることも指摘していた。「公務員制度の総合的な改革に関する懇談会」が2008（平成20）年2月5日に公表した報告書においては，労働基本権の付与については，専門調査会の報告を尊重する旨，規定されている。

---

8)　森園ほか・逐条国家公務員法744頁参照。

2) 国家公務員制度改革基本法

内閣提出の国家公務員制度改革基本法案12条においては,「政府は,国家公務員の労働基本権の在り方については,協約締結権を付与する職員の範囲の拡大に伴う便益及び費用を含む全体像を国民に提示してその理解を得ることが必要不可欠であることを勘案して検討する」と規定されていた。しかし,国会で修正されて成立した国家公務員制度改革基本法12条においては,「政府は,協約締結権を付与する職員の範囲の拡大に伴う便益及び費用を含む全体像を国民に提示し,その理解のもとに,国民に開かれた自律的労使関係制度を措置するものとする」と規定され,協約締結権の付与に,より踏み込んだ規定になった。同法附則2条1項においては,「政府は,地方公務員の労働基本権の在り方について,第12条に規定する国家公務員の労使関係制度に係る措置に併せ,これと整合性をもって,検討する」(1項)こととし,国家公務員制度改革推進本部が,地方公務員の労働基本権に在り方についての検討もつかさどることとしている(2項)。

3) 労使関係制度検討委員会

国家公務員制度改革基本法13条の規定に基づき設置される国家公務員制度改革推進本部にかかる政令である国家公務員制度改革推進本部令2条において,国家公務員制度改革推進本部に労使関係制度検討委員会を置き,同委員会は,国家公務員制度改革基本法12条および同法附則2条1項の規定に基づき政府が講ずべき措置に関する事項について調査審議し,その結果に基づき,本部長に意見を述べることとされた。労使関係制度検討委員会は,2009(平成21)年12月15日,「自律的労使関係制度の措置に向けて」と題する報告書を公表した。これは,現在,協約締結権が付与されていない職員に協約締結権を付与するに当たっての制度的検討を行った成果をまとめたものである。そこにおいては,政府が検討を行うに当たり参考に供するため,人事院勧告制度を廃止し労使交渉で勤務条件を取り決める労働協約締結権を国家公務員に付与することを前提とした制度設計として,3つのモデル・ケースが示されている。すなわち,(i)労使合意を直接的に反映することをより重視する観点と民間の労働法制により近い制度とする観点から選択肢を組み合わせたパターンⅠ(民間型),(ii)現行公務員制度の基本原則を前提としつつ,労使合意を尊重するパターンⅡ(中間型),(iii)労使合意に基づきつつ国会の関与をより重視する観点と公務の特殊性をより重視する観点から選択肢を組み合わせたパターンⅢ(国会重視型)が提示されている。

4)　国家公務員の労働基本権（争議権）に関する懇談会

国家公務員の労働基本権（争議権）については，国家公務員制度改革推進本部に国家公務員の労働基本権（争議権）に関する懇談会が設けられ，そこで集中的な検討が行われた。2010（平成22）年12月22日に公表された報告書においては，一定の規制措置等を講じれば，国家公務員への争議権付与も立法政策上の判断の問題として位置づけうるという基本的立場に立ちながらも，過去の公務部門における労使関係，団体交渉上の「究極のハードパワー」である争議権の性格，争議行為の減少に伴い現実感を持った議論が難しいこと等に留意が必要として，広く国民の意見を聴く取組みが不可欠であることが指摘されている。そして，仮に争議権を付与しようとする場合であっても，まずは協約締結権を前提とした自律的な労使関係の樹立に全力を注ぎ，労使交渉の実態や課題を見た上で，争議権を付与する時期を決断することも1つの選択肢であるとする。早期の争議権付与には慎重な姿勢が窺われる。

5)　国家公務員制度改革推進本部決定

2011（平成23）年4月5日の国家公務員制度改革推進本部決定では，非現業国家公務員に協約締結権を付与し，団体交渉の対象事項，当事者および手続，団体協約の効力，中央労働委員会によるあっせん，調停，仲裁の手続等を規定すること，国家公務員の争議権については，新制度の下での団体交渉の実情や制度運用に関する国民の理解の状況を勘案して検討を行い，その結果に基づいて必要な措置を講ずること，地方公務員の労働基本権の在り方については，地方公務員制度としての特性等を踏まえた上で，関係者の意見も聴取しつつ，国家公務員の労働関係制度にかかる措置との整合性を持たせるように速やかに検討することとしている。

6)　人事院総裁の意見

2011（平成23）年4月19日，人事院総裁は，上記5）の国家公務員制度改革推進本部決定に対する意見書を内閣総理大臣に提出している。労使関係制度についての意見の概要は以下の通りである。

国家公務員の勤務条件に関して，勤務条件法定主義および財政民主主義という憲法上の要請がある一方，自律的労使関係を構築するために公務においても使用者側に十分な当事者能力を確保する必要があることを指摘し，勤務条件を国会が法律および予算でどこまで統制し，どの程度内閣にゆだねるのが適切かについては，憲法上の国会の役割の在り方に関わる事柄であるので，法案の策定・審議に当たり十分に議論して結論を出していただきたいと述べられている。

自律的労使関係制度の導入に当たっては，(i)労使関係に携わる人員を何名程度どの組織に配置するのか，その人材をどのように養成するのかなどの交渉当局の体制整備，(ii)交渉当事者，超過勤務を含む団体交渉事項および協約締結事項の範囲の整理，(iii)複数の労働組合と交渉を行いつつ，統一的勤務条件決定を確保する方法の検討，(iv)中央労働委員会の仲裁裁定の内閣に対する実効性の確保も求めている。

さらに，警察職員および海上保安庁または刑事施設に勤務する職員について，労働基本権制約に対する代償措置を確保する観点から，その勤務条件の決定に際しては有識者による審議会の意見を聴取するなどの仕組みについて検討することを求めている。

7) 国家公務員の労働関係に関する法律案

2011（平成23）年通常国会に提出された「国家公務員の労働関係に関する法律案」は，人事院勧告に代わる仕組みとして，当局と認証された労働組合が団体交渉を行い，団体協約を締結することを認めている。当局は，公務員庁と各府省であり，公務員庁は，政府全体で統一的に定める俸給の額，手当の額，1週間当たりの勤務時間等について団体交渉を行い，各府省は，各府省ごとに定める勤務時間の割振り等について団体交渉を行うこととしている。当局と団体交渉を行い団体協約を締結できるのは，一般職の国家公務員である職員（事務次官，外局の長官および局長等は，労働組合を結成し，またはこれに加入することは認められない）が主体となって自主的に自らの勤務条件の維持改善を図ることを目的として組織する団体またはその連合体であって，規約が法律所定の要件を充足すること，組合員の過半数が団結権を有する職員であること等の要件を満たすとして，中央労働委員会から認証を受けた労働組合である。

認証された労働組合は，不当労働行為救済申立て，あっせん・調停・仲裁手続への参加も認められ，組合員である職員の在籍専従・短期従事も可能とされている。団体協約事項は，(i)職員の俸給その他の給与，勤務時間，休憩，休日および休暇に関する事項，(ii)職員の昇任，降任，転任，休職，免職および懲戒の基準に関する事項，(iii)職員の保健，安全保持および災害補償に関する事項，(iv)上記(i)～(iii)のほか，職員の勤務条件に関する事項，(v)団体交渉の手続等の労使関係に関する事項であり，人事権の行使，予算，政策等の国の事務の管理および運営に関する事項は団体交渉の対象外とされている。団体交渉の議事概要および団体協約の内容は公表することとされており，団体協約の内容を反映した法律案を国会に提出し，政省令の改廃等を行うことが政府に義務づけられている。

認証された労働組合，組合員である職員等から，当局が職員に対する不利益取扱い，団体交渉拒否，支配介入・経費援助等の不当労働行為の禁止義務に違反した旨の申立てを受けたときは，中央労働委員会は，調査・審問を実施し，認定した事実に基づき救済命令等を発することができるとされている。さらに，団体協約締結が可能な事項について，当局と認証された労働組合の間に紛争が発生したときは，あっせん，調停または仲裁を行う権限が中央労働委員会に付与されている。

8）　人事院の「国家公務員制度改革に関する報告」

2011（平成23）年9月30日の人事院勧告の別紙として付された「国家公務員制度改革に関する報告」において，協約締結権付与に関する論点として，(i)現行制度の問題や国民にとっての具体的利害・得失等が明らかにされる必要，(ii)勤務条件についての国会の民主的コントロールという憲法上の要請と，内閣の使用者としての当事者能力の確保との間の整合性をどう図るのか適切な制度設計を行う必要，(iii)一部の組合に対する仲裁協定と他の組合との協約の関係を整理する必要，また，非組合員の勤務条件をどう決定するのかを整理する必要，(iv)予算の事前調整・民間の給与実態の把握，配分交渉の方法，各府省における労使交渉の体制整備について詰める必要，(v)法案では内閣は仲裁裁定に従う努力義務を負うとされているが，その実施を最大限確保する必要，(vi)警察職員等の労働基本権制約に対する代償措置の確保の必要，の6点が指摘されている。

9）　国家公務員法等の一部を改正する法律

2011（平成23）年通常国会に提出された「国家公務員の労働関係に関する法律案」は，2012（平成24）年11月16日の衆議院解散に伴い廃案となった。翌月の政権交代で誕生した自公政権は，国家公務員に団体協約締結権を付与することに対しては慎重であり，2014（平成26）年に成立した「国家公務員法等の一部を改正する法律」は，労働基本権を対象とはしていない。

10）　地方公務員の労働基本権

国家公務員制度改革基本法附則2条1項の規定を受けて，総務省は，2011（平成23）年6月2日に「地方公務員の労使関係制度に係る基本的な考え方」を示し，これについて，同年6月15日から7月6日までパブリック・コメント手続による意見募集が行われ，その結果が同年8月18日に公表された。総務省は，同年12月26日に「地方公務員の新たな労使関係制度に係る主な論点」を提示し，これに対する各団体の意見を踏まえ，2012（平成24）年3月21日に「地方公務員の新たな労使関係制度の考え方について」を公表した。そして，同年5月11日に，「地方公務員制度改革について（素案）」を提示している。そこにおいては，(i)一般職の地方公務員（団結権を制限される職員等を除く）に協約締結権を付与すること，(ii)協約締結権付与に伴い，勤務条件に関する人事委員会勧告制度を廃止すること，(iii)住民への説明責任を果たし，住民の理解を得るために，人事委員会が民間の給与等の実態を調査・把握すること，(iv)消防職員については，一般職員と同様，団結権および協約締結権を付与すること等の考え方が示されていた。公務員連絡会地方公務員部会，全労連公務員制度改革闘争本部は，上記素案について肯定的であり，早期の法制化を求めたが，全国知事会，全国市長会，全国町村会，全国人事委員会連合会からは否定的な意見が出され，慎重な検討が求められた。総務省は，地方公務員にかかる自律的労使関係制度について地方公共団体の労使の関係者の意見を聴取しつつ検討し成案を得ることを目的に，同年9月11日に，「地方公務員の自律的労使関係制度に関する会議」を設置した。同会議は，同年11月5日に報告書を取りまとめた。その内容は，団体協約締結権の付与に前向きなものとなっていた。消防職員に対しても，団結権，団体協約締結権を付与する方向を打ち出していた。同年11月15日に国会に提出された「地方公務員法等の一部を改正する法律案」「地方公務員の労働関係に関する法律案」は，一般職の地方公務員（団結権を制限される職員を除く）に協約締結権を付与し，それに伴い人事委員会勧告制度を廃止すること，消防職員については，団結権を付与し，当局と交渉できることとすること（ただし，協約締結権は付与しない）を内容とするものであった。しかし，翌日の衆議院解散に伴い審議未了廃案となった。

翌12月の政権交代で誕生した自公政権は，地方公務員に団体交渉権を付与することには消極的であり，2014（平成26）年に成立した「地方公務員法及び地方独立行政法人法の一部を改正する法律」においては，地方公務員の団体交渉権は対象とされていない。

7　自由権的基本権

⑴　一般職公務員の政治的行為の禁止

意　義　公務員も1人の人間として，表現の自由，政治活動の自由等の自由権的基本権の享有主体であるが，公務遂行に当たっては，公共の福祉の観点から制約を受けている。公務員の政治活動の自由について，1947（昭和22）年制定時の国家公務員法においては，禁止される行為は政治的寄付の徴収等に限定され，違反に対する罰則もなかったが，翌年の第1次改正により，行政の公正中立性を確保するため，厳格な制約が課され，「職員は，政党又は政治的目的のために，寄附金その他の利益を求め，若しくは受領し，又は何らの方法を以てするを問わず，これらの行為に関与し，あるいは選挙権の行使を除く外，人事院規則で定める政治的行為をしてはならない」とされている（国公102条1項）。この委任を受けて，人事院規則14-7〔政治的行為〕が制定された。さらに，国家公務員は，公選による公職の候補者となることはできず（国公102条2項），政党その他の政治的団体の役員，政治的顧問，その他これらと同様な役割を持つ構成員となることも禁じられている（同条3項）。

地方公務員についても政治的行為が禁止されている。しかし，1950（昭和25）年に国会に提出された政府案では全国的な禁止であったところ，参議院での修正により，当該職員が勤務する地方公共団体の区域外では，一定の政治的行為が認められている（地公36条2項ただし書）[9]。区域内における政治活動については，「政治的目的」が，(i)特定の政党その他の政治的団体または特定の内閣もしくは地方公共団体の執行機関を支持し，またはこれに反対する目的，(ii)公の選挙または投票において特定の人または事件を支持し，またはこれに反対する目的である場合に制限され（同項柱書），人事院規則14-7（政治的行為）5項5号（「政治の方向に影響を与える意図で特定の政策を主張し又はこれに反対すること」），同項6号（「国の機関又は公の機関において決定した政策（法令，規則又は条例に包含されたものを含む。）

9）　公務員の政治的行為の規制について，綿貫芳源・公務員の政治的行為の規制（ぎょうせい，1983年）参照。比較法的研究として，晴山一穂＝佐伯祐二＝榊原秀訓＝石村修＝阿部浩己＝清水敏・欧米諸国の「公務員の政治活動の自由」――その比較法的研究（日本評論社，2011年）参照。

の実施を妨害すること」）のような目的は含まれていない。なお，人事院規則 14-7 は 17 類型の政治的行為を禁止しているのに対し，地方公務員法は 4 類型の政治的行為を禁止するにすぎない。ただし，条例で禁止される政治的行為を定めることが認められているので，条例により広範な制限がなされる可能性は否めない。実際にかかる条例を定めている団体は 10 ほどである。大阪市「職員の政治的行為の制限に関する条例」は，地方公務員に国家公務員と同様の政治的行為の制限を課そうとするものである。

Column 大阪市「職員の政治的行為の制限に関する条例」

2012（平成 24）年 7 月 27 日，大阪市「職員の政治的行為の制限に関する条例」[10)]が制定された。この条例は，一般職の地方公務員に禁止される政治的行為を拡大し，違反行為に対して懲戒処分を行うことを内容とする。橋下徹大阪市長は，当初，条例案には違反行為に対し，国家公務員法と同様に罰則規定を設ける方針であったが，政府が地方公務員法に違反するとの見解を示したため，違反者は原則として懲戒免職にする条例案へと変更した。しかし，議会で修正され，違反者に対しては懲戒処分を行うことができる旨の規定にとどめられた。大阪市では，同日に，「政治的中立性を確保するための組織的活動の制限に関する条例」も制定された。

公立学校の教育公務員は地方公務員であるが，政治的行為の制限については，当分の間，地方公務員法 36 条の規定にかかわらず，国家公務員の例によることとされている。しかし，政治的行為の制限に違反した者に対する罰則の規定による趣旨を含むものと解してはならないとされており，違反に対して刑罰が科されることはない（教公特 18 条)。

なお，公職選挙法においても，一般職および一部の特別職の公務員の政治的行為が規制されている（公選 89 条・90 条・136 条・136 条の 2。また，特別職の公務員について政治的行為を制限する規定として，国会職員法 20 条の 2，裁 52 条 1 号，独禁 37 条 1 号，警 10 条 3 項・42 条 3 項，自衛 61 条参照)。

適用除外

政治的行為の規制は，原則として一般職の国家公務員全体に適用されるが，国家公務員法・人事院規則 14-7 に基づく規制は，顧問，参与，委員その他人事院の指定するこれらと同様な諮問的な非常勤職員（定年退職者等として採用された短時間勤務の官職を占める職員を除く）が他の法令

10） 晴山一穂「大阪市職員政治活動制限条例の問題点」労旬 1775 号 6 頁，同「再び大阪市政治活動制限条例の問題点を考える——国公法違反事件最高裁二判決との関係で」労旬 1790 号 23 頁参照。

に規定する禁止または制限に触れることなしにする行為には適用されない（人規 14-7 第 1 項）。地方公務員の場合には，これらの者は特別職になるので，同法の政治的行為の禁止規定は適用されない。

絶対的禁止と相対的禁止

禁止される政治的行為の中には，主観的意図を問わず絶対的に禁止されるもの（公選による公職の候補者となること，政党その他の政治団体の役員となること等）と政治的目的をもって行う場合にのみ禁止されるもの（寄附金その他の利益を求め，もしくは受領し，または何らの方法をもってするを問わず，これらの行為に関与すること，職名，職権またはその他の公私の影響力を利用すること，多数の人の行進その他の示威運動を企画し，組織しもしくは指導しまたはこれらの行為を援助すること等）がある。後者の場合，政治的目的によるものかが重要な意味を持つので，人事院規則で政治的目的を具体的に定義しており（人規 14-7 第 5 項），公職の選挙において特定の候補者を支持しまたはこれに反対すること，特定の内閣を支持しまたは反対すること，国または公の機関で決定した政策の実施を妨害すること等が，政治的目的の例として掲げられている。

違反に対する罰則

国家公務員の場合，国家公務員法 102 条 1 項に規定する政治的行為の制限に違反した者には刑罰が科される（国公 110 条 1 項 19 号）。地方公務員法制定時の政府提出法案では，職員に政治的行為を行うように教唆した者等について罰則規定が置かれていたが，参議院による修正でそれは削除された。その結果，地方公務員法は，政治的行為の制限に違反した者に対する罰則規定は設けていないので，違反に対しては，懲戒処分という行政的制裁のみになる。

***Column*　地方公務員の政治的中立性の確保のための地方公務員法等改正の動き**

2010（平成 22）年 3 月，自民党，みんなの党は，教育公務員の政治的行為にかかる違反行為に対して罰則を科す「教育公務員特例法の一部を改正する法律案」を国会に提出したが，2012（平成 24）年 11 月の衆議院解散により審議未了・廃案となった。2012（平成 24）年 8 月，自民党，みんなの党，たちあがれ日本は，(i)地方公務員の政治的行為を国家公務員と同様に広範かつ詳細に制限して地域限定も撤廃し，(ii)違反行為に対して 3 年以下の懲役または 100 万円以下の罰金を科し，(iii)地方公営企業職員，単純労務職員，特定地方独立行政法人職員の政治的行為も制限する「地方公務員の政治的中立性の確保のための地方公務員法等の一部を改正する法律案」を国会に提出したが，同年 11 月の衆議院解散により審議未了・廃案となった。2013（平成 25）年 6 月に維新の党が国会に提出した「地方公務員の政治的中立性の確保のための地方公務員法等の一部を改正する法律案」は，上記の自民党，みんなの党，たちあがれ日本提出の上記法案と基本的に同内容であるが，教育公務員の政治的行為にかかる違反行為に対しても罰則を科すものとなっている。維新の党提出のこの法案は，2週間後に会期終了で審議未了廃案になった。維新の党は，同年11月にも，同名・同内容の法案を国会に提出したが，2014（平成26）年11月の衆議院解散により審議未了・廃案となっている。

⑵ 判　例

猿払事件1審判決等

公務員の政治的行為を広範に禁止していることが違憲でないかは，かねてより議論されてきたが，最判昭和33・3・12刑集12巻3号501頁は，全体の奉仕者論，行政の中立性確保論により合憲判断を下している。しかし，多様な公務員について一律に基本的人権を制限することが許容されるとする論理には，疑問が提起されることが多く，猿払事件の1審判決（旭川地判昭和43・3・25判時514号20頁）が，国家公務員の政治的行為を広範に禁止し，違反に対して刑事罰を科す規定は違憲と判示し，その後の裁判に大きな影響を与えた。この事件は，猿払村の郵便局に勤務する非管理職の現業職員が，特定の政党を支持する目的で選挙用ポスターを公営掲示場に自ら掲示し，また，掲示方を他の者に依頼して配布したとして，国家公務員法102条1項，人事院規則14-7第6項13号違反で起訴されたものである。同判決は，政治活動を行う国民の権利の民主主義社会における重要性を考えれば，その権利の制約は必要最小限度のものでなければならないとし，公務員の職務の性質，政治活動の態様，制裁等について，具体的に検討すべきとする立場をとる。そして，「国の政策決定に関与する高級公務員等が勤務時間中に組織的に反政府的政治活動を行い，これが国の行政の能率的運営に重大な影響を及ぼすことがある場合を考えれば，右政治活動に対し82条の懲戒処分の制裁に止まらず，110条の刑事罰を科することも合理的と考えられる場合もないではないのであるが，すべての公務員につき懲戒処分の定めに加えて，右のように決して軽くない刑事罰を科される旨定めることが，法目的を達成する上に合理的であると一概に云うことはできない」と述べ，「非管理者である現業公務員でその職務内容が機械的労務の提供に止まるものが勤務時間外に国の施設を利用することなく，かつ職務を利用し，若しくはその公正を害する意図なしで人事院規則14-7，6項13号の行為を行う場合，その弊害は著しく小さいものと考えられるのであり，このような行為自身が規制できるかどうか，或いはその規制違反に対し懲戒処分の制裁を課し得るかどうかはともかくとして，国公法82条の懲戒処分ができる旨の規定に加え，3年以下の懲役又は10万円以下の罰金という刑事罰を加えることができる旨を法定することは，行為に対する制裁としては相当性を欠き，合理的にして必要最小限の域を超えているものといわなければならない」と判示している。その控訴審判決（札幌高判昭和44・6・24判時560号30頁）もこの判断を支持し，同旨の下級審裁判例が，爾後有力となっていった。

猿払事件最高裁判決等　このような裁判例の流れを大きく変えたのが，最大判昭和49・11・6刑集28巻9号393頁・百選Ⅰ〔第4版〕22事件・公務員百選68事件〔猿払事件〕および同日に言い渡された最大判昭和49・11・6刑集28巻9号694頁〔徳島郵便局事件〕，最大判昭和49・11・6刑集28巻9号743頁〔総理府統計局事件〕である。

猿払事件最高裁判決は，政治的行為は，政治的意見の表明たる面をも持ち，その限りで憲法21条の保障を受けるが，行政の中立的運営が確保され，これに対する国民の信頼が維持されることは，憲法の要請にかない，公務員の政治的中立性を損なうおそれのある公務員の政治的行為を禁止することは，それが合理的で必要やむをえない限度にとどまるものである限り，憲法の許容するところであるとする。そして，現業職員が選挙用ポスターを公営掲示場に自ら掲示し，また，掲示方を他の者に依頼して配布するという政治的行為を規制することは，合理的で必要やむをえない限度を超えるものとは認められず，憲法21条に違反せず，また，かかる政治的行為を行った者に刑罰を科すことも違憲ではないと判示した。さらに，最判昭和55・12・23民集34巻7号959頁・公務員百選70事件〔全逓プラカード事件〕は，非管理職の現業国家公務員が，日曜日に内閣打倒と記載された横断幕を掲げて集団示威行進をしたことが政治的行為に当たるとしてなされた懲戒処分を適法としている。また，最判昭和56・10・22刑集35巻7号696頁・公務員百選69事件は，非管理職の現業国家公務員が投票勧誘行為を行ったとして起訴された事案において，かかる行為に罰則の規定を適用しても違憲ではないと判示している。こうして，現在では，非管理職の職員であって公権力を行使しない者も含めて一般職国家公務員の政治的行為を広範に禁止し，違反に罰則を科す立法も違憲ではないとする判例法が安定した状況になった。学説においては，このような立法は違憲の疑いがあるとする意見が少なくない。

その後，以下の事件において，判例に変化の兆しがみられるようになった。2010（平成22）年には，政党機関紙等を配布するという政治的行為をしたとして起訴された刑事事件で無罪判決（東京高判平成22・3・29判タ1340号105頁）と有罪判決（東京高判平成22・5・13判タ1351号123頁）が出て注目された。前者の東京高判平成22・3・29〔社会保険庁事件〕は，法令違憲とはしなかったが，本件各所為に対し，本件罰則規定を適用して被告人に刑事責任を問うことは，保護法益と関わりのない行為について，表現の自由という基本的人権に対し必要やむをえない限度を超えた制約を加え，これを処罰の対象とするものといわざるをえないから，憲法21条1項および31条に違反するという適用違憲の立場を採っている。また，付言として，わが国における国家公務員に対する政治的行為の禁止が，諸外国，とりわけ，西欧先進国に比べ，非常に広範なものとなっていること，地方公務員法との整合性に問題があるほか，かえって禁止されていない政治的行為の方に規制目的を阻害する可能性が高いと考えられるものがあること，猿払事件当時は広く問題とされた郵政関係公務員の政治的活動等についても，郵政民営化の過程では国会での議論はなく，その関心の外にあったこと，その後の時代の進展，経済的，社会的状況の変革の中で，猿払事件判決当時と異なり，国民の法意識も変容し，表現の自由，言論の自由の重要性に対する認識はより一層深まってきており，公務員の政治的行為についても，組織的に行われたものや，他の違法行為を伴うものを除けば，表現の自由の発現として，相当程度許容的になってきているように思われること，ILO151号条約は未批准とはいえ，様々な分野でグローバル化が進む中で，世界標準という視点からも改めてこの問題が考えられるべきことを指摘している。そして，公務員制度改革が議論され，公務員に対する争議権の付与についても政治上の課題とされている折から，その問題と少なからず関係のある公務員の政治的行為についても，上記のような様々な視点の下に，刑事罰の対象とすることの当否，その範囲等も含め，再検討され，整理されるべき時代が到来しているように思われると述べており，注目された。他方，後者の東京高判平成22・5・13〔世田谷事件〕は，猿払事件最高裁判決を踏襲するものであり，適用違憲の主張等に対しても，付言として，それが認められない理由を詳細に述べている[11]。

11）東京高判平成22・3・29の事案の一審判決直後には，法律時報編集部編・新たな監視社会と市民的自由の現在――国公法・社会保険事務所職員事件を考える（日本評論社，2006年）が，上記の両高裁判決後には，法律時報編集部編・国公法事件上告審と最高裁判所（日本評論社，2011年）が刊行され，この問題について詳しく論じられている。

前者（社会保険庁事件）の上告審・最判平成24・12・7刑集66巻12号1337頁は，本件政党機関紙等の配布行為は，管理職的地位になく，その職務の内容や権限に裁量の余地のない公務員によって，職務と全く無関係に，公務員により組織される団体の活動としての性格もなく行われたものであり，公務員による行為と認識しうる態様で行われたものでもないから，公務員の職務の遂行の政治的中立性を損なうおそれが実質的に認められるものとはいえず，本件罰則規定の構成要件に該当しないと判示した。これに対し，後者（世田谷事件）の上告審・最判平成24・12・7刑集66巻12号1722頁は，同様の事案において，被告人が管理職員等であったことから，当該公務員およびその属する行政組織の職務の遂行の政治的中立性が損なわれるおそれが実質的に生ずるものということができるとする。これら両判決に付された千葉勝美裁判官補足意見によれば，両判決は合憲的限定解釈を行ったのではなく，本件罰則規定を国家公務員法の構造，理念および本件罰則規定の趣旨・目的を考慮して，文理によらず限定解釈したものとされるが，学説上は，実質的に猿払事件大法廷判決の判例変更を行ったものとする見方が多い[12)]。

人事院規則への委任　国家公務員法は人事院規則に広範な委任を行っており，とりわけ，禁止されるべき政治的行為について白紙委任に近いような委任を行っていることの合憲性については，疑問が提起されてきたところであるが，最判昭和33・5・1刑集12巻7号1272頁・百選Ⅰ〔初版〕46事件・公務員百選67事件は合憲判断を下している（⇒第Ⅰ巻第17章***2***(3)）。しかし，猿払事件最高裁判決においては，4名の裁判官が，公務員に禁止されるべき政治的行為に関し，懲戒処分を受けるべきものと，犯罪として刑罰を科されるべきものとを区別することなく，一律一体としてその内容についての定めを人事院規則に委任していることについて，少なくとも犯罪の構成要件を委任する部分に限り，違憲であるとする反対意見を述べていたことが注目される。

***Column*　憲法改正に関する意見表明**

公務員は，政治的行為を禁止する他の法令の規定にかかわらず，国会が憲法改正を発議した日から国民投票の期日までの間，国民投票運動（憲法改正案に対し賛成または反対の投票をし，またはしないよう勧誘する行為）および憲法改正に関する意見の表明を

12)　社会保険庁事件，世田谷事件の最高裁判決に関する文献は枚挙に暇がない。宇賀・判例行政法350頁参照。

することができる（ただし，政治的行為禁止規定により禁止されている他の政治的行為を伴う場合は，この限りでない）（憲改 100 条の 2）。なお，選挙管理委員会の委員および職員，裁判官，検察官，公安委員会の委員，警察官等は，在職中，国民投票運動をすることができない（憲改 102 条）。公務員等および教育者は，その地位を利用した国民投票運動を禁止されている（憲改 103 条）。

8 公務員の権利に関する救済手続

(1) 不利益処分に対する不服申立て

1）意　義

一般職の国家公務員は不利益処分に対しては，第三者的な人事行政機関である人事院，人事委員会または公平委員会に対してのみ行政不服審査法に基づく審査請求をすることができる（国公 90 条 1 項，地公 49 条の 2 第 1 項）。ただし，外務職員が，外交機密の漏えいにより国家の重大な利益をき損したという理由で懲戒処分を受けた場合には，行政不服審査法による審査請求は外務大臣に対して行わなければならない（外公 19 条 1 項）。

行政執行法人およびその職員に対する不当労働行為に当たる行為については，行政不服審査法による審査請求をすることはできない（行執労 37 条 3 項）。特定地方独立行政法人および現業の地方公務員に対する不利益処分についても，行政不服審査法の規定は適用されない（地公等労 17 条 1 項，地公企 39 条 1 項）。

2017（平成 29）年度における不利益処分にかかる人事院への不服申立件数は 16 件であり，前年度からの繰越分の 6 件を加え，係属件数は 22 件であった。判定が行われた 5 件のすべてにおいて処分が承認されている。取下げ・却下等は 6 件であった。

審理手続の流れ　実際には，一般職の国家公務員に対する不利益処分にかかる審査請求について行政不服審査法の審理手続の規定は基本的には適用されず（国公 90 条 3 項，地公 49 条の 2 第 3 項），審理手続は国家公務員の場合は人事院規則，地方公務員の場合は人事委員会規則または公平委員会規則で定められている（地公 51 条）。にもかかわらず行政不服審査法に基づく審査請求とする意味があるかは疑わしい（⇒第Ⅱ巻第 5 章 *2*(1)4)）。

① 公平委員会の設置　人事院は，審査請求を受理したときは，そ

の審理を行わせるため，公平委員会を設置する。公平委員会は調査（国公91条）の結果，調書をとりまとめ（人規13-1〔不利益処分についての不服申立て〕65条），人事院は，公平委員会が提出した調書に基づいて，速やかに指令で判定を行う（人規13-1第67条1項）。

② 判　定　　処分を行うべき事由のあることが判明したときは，人事院は，その処分を承認し，またはその裁量により修正しなければならない（国公92条1項）。その職員に処分を受けるべき事由のないことが判明したときは，人事院は，その処分を取り消し，職員としての権利を回復するために必要で，かつ，適切な処置をなし，およびその職員がその処分によって受けた不当な処置を是正しなければならず，また，職員がその処分によって失った俸給の弁済を受けられるように指示しなければならない（同条2項）。

③ 再　審　　人事院の判定に対しては，一定の場合に再審を請求することができる。再審請求事由は，(i)除斥事由に該当する者が公平委員または調査員として審理に関与したことが判明した場合，(ii)判定の基礎となった証拠資料が，偽造または変造されたものであることが判明した場合，(iii)判定の基礎となった証人の証言，当事者の陳述または鑑定人の鑑定が虚偽のものであることが判明した場合，(iv)審理の際証拠調べが行われなかった重大な証拠が新たに発見された場合，(v)判定に影響を及ぼすような事実について判断の遺脱があった場合である（人規13-1第74条）。また，人事院は，再審請求事由に当たる場合その他特に必要があると認める場合には，職権により再審を行うことができる（人規13-1第78条）。

2) 不利益処分審査の性質

公平審査[13)]と呼ばれる人事行政機関による不利益処分の審査は，以下の点で，準司法的手続として位置づけられている。第1に，審査機関の独立性が担保されていること（国公8条・9条，人規13-1第21条・22条，地公9条の2第6項・7項），第2に，請求者が口頭審理の公開を請求した場合には原則公開で審理されること（国公91条2項，人規13-1第31条3項，地公50条1項），第3に，対審構造による手続が採られること（人規13-1第31条以下）である。独立性・専門性を有する機関による準司法手続が用意されているため，審査請求前置主義が採用されている（国公92条の2，地公51条の2）。戦前は，官吏の免官について，官吏分限令・

13) 人事行政機関による公平審査については，和田英夫・公平審査制度論（良書普及会，1985年）参照。

官吏懲戒令で原則として懲戒委員会という合議制機関の議決を経ることを要件としていた（ただし，懲戒委員会による審理は書面審理が原則で準司法的手続とはほど遠いものであった）のに対し，国家公務員法・地方公務員法は，事後手続において，合議制機関による審理を保障している点，そしてそれが準司法的手続である点に特色がある。しかし，裁判所が行政機関の事実認定を判断代置せずに当該事実認定に合理性があれば裁判所はそれに拘束されるとする実質的証拠法則（⇒第Ⅱ巻第5章***2***(1)4)）は採用されておらず，また，個別法で不服申立てに対する裁決・決定のみを取消訴訟で争うことができることとし，原処分に対する取消訴訟を認めない裁決主義（⇒第Ⅱ巻第8章***6***(2)）が採られているわけでもないので，原処分の違法は原処分に対する抗告訴訟で争うことになり，司法審査との関係では，準司法的手続を採用した意義は大きくない。

修正裁決に基づく処分の救済　人事院または人事委員会もしくは公平委員会が，停職処分を減給処分に修正したが減給処分にも不服の場合，修正裁決により原処分である停職処分は消滅したとみれば減給処分の取消しを求めることになるが，最判昭和62・4・21民集41巻3号309頁・百選Ⅱ138事件は，修正裁決があった場合，原処分は，当初から修正裁決による修正どおりの法律効果を伴う懲戒処分として存在したものとみなされると判示している（⇒第Ⅱ巻第4章***3***(2)2)）。したがって修正裁決の結果の減給処分を争うには修正された原処分の取消しを求めねばならない。

3) 不当労働行為に関する争訟手続

従前，現業の国家公務員の労働関係については，旧「特定独立行政法人等の労働関係に関する法律」（制定当時の法律名は公共企業体労働関係法。467頁の***Column***参照）により国家公務員法の規定の多くが適用されないこととされていたが（旧独行等労37条1項），不服申立前置主義を定めた規定（国公92条の2）は，適用除外とされていなかった。他方，旧特定独立行政法人等およびその職員にかかる処分であって不当労働行為に該当するものについては，行政不服審査法による不服申立てをすることができないとされていた（旧独行等労37条3項）。そのため，かつては現業の国家公務員は不当労働行為に対して抗告訴訟を提起しうるのか等について議論があり，学説も下級審の裁判例も必ずしも一致していなかったところ，最判昭和49・7・19民集28巻5号897頁・百選Ⅰ8事件・公務員百選5事件は，現業の国家公務員は，不利益処分に不服がある場合，直ちに取消訴訟を提起しうるが，不当労働行為に該当しない瑕疵を当事者が主張しまたは裁判所が審理する場合には，国家公務員法92条の2の規定により人事院に対する不服申立てをしてその裁決を経ることを要し，これを経ない限り，その主張，審理が制限されるとする解釈を示した。

国有林野は2013（平成25）年4月1日から国営企業形態ではなくなり，国の現業職員は存在しなくなったが，同判決の射程は，行政執行法人の職員にも及ぶといえよう。

(2)　給与の決定についての審査の申立て

一般職国家公務員は，一般職の職員の給与に関する法律の規定による給与の決定に苦情がある場合，人事院に審査の申立てをすることができる（給与法21条1項）。人事院は必要な審査を行い，審査の申立てにかかる給与の決定が違法でないときは申立てを棄却し，違法であるときは，決定で当該審査の申立てにかかる給与の決定を更正し，またはその更正を命ずる（人規13-4〔給与の決定に関する審査の申立て〕14条）。2017（平成29）年度には，新規に14件の申立てがあり，前年度からの繰越21件と併せて35件が係属し，うち20件について決定がなされた（超過勤務手当額の算定，勤勉手当の成績率にかかる各1件を容認，扶養親族の認定にかかる1件の申立てを一部容認）。取下げまたは却下がなされたのは5件であった。

(3)　災害補償等についての審査の申立て

実施機関の行う公務上の災害または通勤による災害の認定，療養の方法，補償金額の決定その他補償の実施について不服がある者は，人事院に審査の申立てをすることができる（国公災24条1項）。人事院は，審査の申立ての審理を行わせるため，災害補償審査委員会を置いている（人規13-3〔災害補償の実施に関する審査の申立て等〕2条）。

災害補償審査委員会は，審理が終了したときは，意見を付した調書を作成し，これを人事院に提出しなければならない（人規13-3第3条）。人事院は，災害補償審査委員会が作成した調書に基づいて判定を行い，審査の申立てに理由がないときは棄却し，理由があるときは，当該審査の申立てにかかる補償の実施を変更し，または命ずる（人規13-3第24条）。福祉事業の運営に関する措置についても，同様の申立て制度がある（国公災25条）。2017（平成29）年度には，新規に20件の申立てがあり，前年度からの繰越8件と併せて28件が係属し，うち7件について判定がなされた（全部または一部が容認されたものは2件）。取下げまたは却下がなされたのは7件であった。

(4)　苦情相談

職員からの勤務条件その他の人事管理に関する苦情の申出および相談をインフォーマルに処理する苦情相談は，きわめてよく利用されており，2017（平成29）年度における人事院への苦情相談件数は1111件にのぼる。人事院は，人事院事務総局の職員のうちから職員相談員を指名し（人規13-5〔職員からの苦情相談〕3条），人事院の指揮監督の下に，指導，あっせんその他の必要な措置を行わせる（人規13-5第4条1項）。

第4章 公務員の義務と責任

Point

1）国家公務員法・地方公務員法は，服務の根本基準として，すべて職員は，国民全体の奉仕者として，公共の利益のために勤務し，かつ，職務の遂行に当たっては，全力を挙げてこれに専念しなければならないと定めている。
2）1999年に国家公務員倫理法が制定され，翌年4月1日から施行された。
3）公務員の秘密保持義務は，在職中のみならず退職後も課されている。法令による証人，鑑定人等となり，職務上の秘密に属する事項を発表するには，一般職国家公務員の場合には所轄庁の長，一般職地方公務員の場合には任命権者の許可を受けなければならない。
4）2007年の国家公務員法改正，2014年の地方自治法改正により，新しい再就職規制の仕組みが導入された。
5）国家公務員が国に職務上損害を与えた場合の弁償責任について，出納官吏については会計法が，物品管理職員については物品管理法が，予算執行職員については予算執行職員等の責任に関する法律が，特別の定めを設けている。
6）地方自治法は，会計事務等を担当する職員の地方公共団体に対する賠償責任について特別の規定を置いている。

1 意　　義

公務員はその勤労の対価として給与を支給されるので，民間労働者と同様，使用者に対して，上司の命令に従って，労働力を提供する義務があることは当然である。しかし，公務員は全体の奉仕者として公共の利益のために勤務するという特性を有し，そのため，公務の公正中立性の確保，公務への信頼の確保の観点から，法律で広範な義務が課され，その中には，義務違反に対する刑罰が定められているものもある。また，前章で公務員の権利として説明した労働基本権，政治的行為のような基本的人権ですら，国家公務員法，地方公務員法では，争議行為等の禁止（国公98条2項，地公37条1項），政治的行為の制限（国公102条，地公36条）という不作為義務として規定され，服務の一環として位置づけられている。

公務の公正中立性の確保，公務への信頼の確保の要請と公務員の基本的人権の保障の要請をいかに調和させるかが，公務員の義務についての立法論，解釈論のポイントになる。

2　公務員の義務

(1)　服務の根本基準

服務とは，公務員がその勤務に服するについての在り方を意味する。国家公務員法・地方公務員法は，服務の根本基準として，すべて職員は，国民全体の奉仕者として，公共の利益のために勤務し，かつ，職務の遂行に当たっては，全力を挙げてこれに専念しなければならないと定めている（国公96条1項，地公30条）。服務の根本基準の実施に関し必要な事項は，国家公務員の場合，国家公務員法または国家公務員倫理法に定めるものを除いては，人事院規則で定める。

(2)　服務の宣誓義務

職員は，服務の宣誓をしなければならない（国公97条，地公31条）。アメリカの影響で戦後導入された義務である。国家公務員法97条の規定を受けて，「職員の服務の宣誓に関する政令」が制定され，新たに職員になった者（非常勤職員および臨時的職員を除く）は，任命権者またはその指定する職員の面前において宣誓書に署名して，任命権者に提出することが義務づけられている（服務宣誓令1条1項）。宣誓書の文言は，「私は，国民全体の奉仕者として公共の利益のために勤務すべき責務を深く自覚し，日本国憲法を遵守し，並びに法令及び上司の職務上の命令に従い，不偏不党かつ公正に職務の遂行に当たることをかたく誓います」というものである（服務宣誓令別記様式）。警察職員については，特別の宣誓の規定が置かれている（警3条，警察職員の服務の宣誓に関する規則）。特別職の職員についても，宣誓義務が法定されている例がある（人事官について国公6条1項，人規2-0〔人事官の宣誓〕）。

⑶　法令・条例等および上司の命令に従う義務

1）　法令・条例等遵守義務

職員は，その職務を遂行するについて，法令（地方公務員の場合は，これに加えて条例，地方公共団体の規則および地方公共団体の機関の定める規程）に従わなければならない（国公98条1項，地公32条）。行政機関が法令・条例等を遵守することは法治主義の要請であるが，そのためには，行政機関の職員が法令・条例等を遵守する必要があるので，職員の服務として，法令・条例等遵守義務が明記されている。

2）　上司の命令に従う義務

意　義　職員は上司の職務上の命令に忠実に従わなければならない（国公98条1項，地公32条）。上司による職務命令は，口頭によることもでき，また，個別に法律の根拠を要しない。もっとも職務と関係がなければならず，職務と無関係な私生活を対象とすることはできない。職務と関係があるとは，職務の遂行と直接関係がある場合（出張命令，超過勤務命令等）のみならず，間接的に関係するもの（制服着用命令等）も含む。

違法な職務命令への違反　法治主義の要請に基づく法令・条例等遵守義務と組織の統一的効率的運営の要請に基づく上司の命令（職務命令）に従う義務は，通常は矛盾しない。しかし，職務命令が違法なこともありうるので，違法な職務命令にも服従する義務があるかが議論されている。この問題は，実際には，職員が上司の命令に従わずに懲戒処分等の不利益処分を受けた場合，当該不利益処分に対する審査請求や訴訟において，職務命令の違法の抗弁を出せるのかという問題として現れることが多い[1)]。

かつては，職務命令に重大明白な瑕疵（虚偽の公文書の作成を命ずるような場合）

1）　職務命令に対する服従義務については，山内一夫「職務命令の『公定力』批判」同・新行政法論考（成文堂，1979年）158頁以下，今村成和「職務命令に対する公務員の服従義務について」同・人権叢説（有斐閣，1980年）100頁以下，松戸浩「訓令・職務命令の服従義務」立教法務研究9号333頁以下，下井康史「公務員法の課題」行政法研究20号139頁以下，晴山一穂「公務員に対する職務命令の法的性質」西谷古稀・労働法と現代法の理論㊤（日本評論社，2013年）251頁以下，濱西隆男「行政機関の指揮監督権限と公務員の服務についての覚書⑴⑵・完）」自治研究88巻4号46頁以下・5号43頁以下，村上博「職務命令と服従義務」争点〔第3版〕174頁以下参照。

があり無効でなければ，服従義務があるとする考え方が通説であった。その後，職務命令を訓令的職務命令と非訓令的職務命令に分けて論ずる説が有力になった。上級行政機関の下級行政機関に対する指揮監督権の行使として訓令が出される場合，行政機関としての権限行使は，公務員の職務活動として行われなければならないから，公務員に対する職務命令としての性格も併有すると一般に解されている。これが前者の訓令的職務命令である。これに対し，後者は，下級行政機関を名あて人とする訓令としての性格を持たず，もっぱら職員個人を名あて人とするものである。たとえば，総務省公務員課長に地方公務員法改正についての説明会で講演を行うよう命ずることは，公務員課長としての権限行使自体についての訓令であると同時に職務命令としての性格を併有するが，その講演のために出張を命ずることは，行政機関としての権限行使自体ではなく，そのための準備行為にすぎないので，訓令としての性格は持たず職務命令であるにとどまると解されている。この学説は，訓令に対する服従義務の問題は法律による行政の原理と行政の統一性確保の要請との調和の問題であるのに対し，職務命令に対する服従義務は，公務員の労働力処分権の範囲を超えるかの問題であるから，両者の適法性は当然に一致するわけではなく，訓令としては違法であっても職務命令としては適法であることがありうるとする[2)]。

訓令が論理必然的に職務命令としての性格を有するといいうるかについては議論の余地があるが，訓令が同時に職務命令を包含する制度をわが国の公務員法制が採用していると解するならば，訓令的職務命令と非訓令的職務命令の区別が肯定されることになる。本書も，このような立場から，両者の区別を前提としている。しかし，この立場に立っても，訓令の違法性と訓令的職務命令の違法性が当然に一致するといえるかという問題が残ることになる。この点について，わが国の公務員法制は，公務員に法令遵守義務を課しているので，公務員労働法上の公務員の職務命令服従義務の中に，法令遵守という行政組織法原理が組み込まれているとすれば，その限りで訓令遵守義務と訓令的職務命令遵守義務の範囲は一致すると考えられる[3)]。

近年では，訓令的職務命令については原則として服従義務を肯定し，非訓令的

2) 今村・前掲注 1) 130 頁参照。
3) 藤田・行政組織法 303 頁以下，藤田・基礎理論(下) 53 頁参照。

職務命令については否定する二区分説が学説上は有力となり，裁判例においても，大阪地判平成26・12・17判時2264号103頁，大阪地判平成27・2・16裁判所ウェブサイトのように，二区分説をとるものもある。

訓令の服従義務については，すでに述べたので（⇒第1編第3章*2*(1)3)），ここでは，非訓令的職務命令について論ずることとする。非訓令的職務命令は，職員自身がもっぱら名あて人となり，当該職員の後任者を拘束するものではないので，職務命令の違法を争訟制度で争いうる者は当該職員以外になく，また，職員の基本的人権とも関わりうることから，違法の抗弁を認めるべきとする説が有力である。最判平成15・1・17民集57巻1号1頁・地方自治百選70事件〔野球大会参加旅費等返還請求事件〕は，地方議会議員を野球大会に派遣する決定を違法と認定したが，旅行命令に従った随行員については上司の職務命令に重大明白な瑕疵がない以上，服従義務があるので不当利得返還請求の要件を満たさないと判示した。同判決は，非訓令的職務命令の服従義務についても重大明白説を採っているように思われるが，職務命令違反で受けた懲戒処分の取消訴訟における違法の抗弁まで射程に置くものとは即断できない。

職務命令に対する争訟手段　訓令的職務命令に対する訴訟を認めることは，訓令に対する訴訟を認めることにつながり，実質的には下級行政機関が上級行政機関に対して機関訴訟を提起することになるから，法律に特別の定めがない限り許されない（行訴42条）。これに対し，非訓令的職務命令に対しては，抗告訴訟または当事者訴訟（もしくは民事訴訟）の提起を肯定する見解もある。

福岡地判昭和57・3・19行集33巻3号504頁は，すでに2年6か月の研修を終えた校長に対するさらに長期の研修命令が取消訴訟の対象になることを肯定し，当該研修命令が違法であると認定しているが，職務命令に重大明白な瑕疵がない限り，服従義務が生ずるので，これに違反すれば懲戒事由があることになり，懲戒処分は適法と判示している（その控訴審判決である福岡高判昭和58・2・28判タ497号131頁は，控訴棄却）。また，広島地判昭和61・11・19行集37巻10＝11号1336頁は，(i)担任解除命令については，原告の教諭としての地位ないし権利関係に変動を生じさせるものではないという理由で，その処分性を否定し，(ii)研修命令については，すでに研修を履修しているという理由で，その取消訴訟の訴えの利益を否定しているが，職員の地位ないし権利関係に変動をもたらす職務命令であれば，その処分性を肯定し，取消訴訟で争うことを認める趣旨と考えられる。

ただし，(iii)職務命令違反を理由とする懲戒処分については，たとえ，職務命令に瑕疵がある場合でも，何人が見ても違法であることが明白であり，それに服従すれば違法な行為を行う結果となるような場合を除き，これに服従する義務があると判示した（広島高判平成2・9・13行集41巻9号1456頁は控訴棄却，最判平成3・4・26集民162号785頁は上告棄却）。

なお，最判昭和47・11・30民集26巻9号1746頁〔長野勤評事件〕は，自己観察結果の表示義務の不存在の確認を求める訴えについて，当該義務の履行により侵害を受ける権利の性質および侵害の程度，違反に対する不利益処分の確実性およびその内容または性質等に照らし，当該処分を受けてからこれに関する訴訟において事後的に義務の存否を争ったのでは回復しがたい重大な損害を被るおそれがある等，事前の救済を認めないことを著しく不相当とする特段の事情がある場合には，職務命令違反を理由とする不利益処分がなされる前に訴訟により救済を求める法律上の利益が認められる余地を肯定しているように思われる。現行の行政事件訴訟法の下では，職務命令違反を理由とする懲戒処分の差止訴訟（⇒第II巻第16章***2***(2)）または職務命令により課された義務の不存在確認訴訟が認められよう。

2004（平成16）年の行政事件訴訟法改正後の法制の下で，最高裁が，この点について，明確な判示を行ったのが，最判平成24・2・9民集66巻2号183頁・百選II207事件である。

本件では，東京都教育委員会（以下「都教委」という）の教育長が，2003（平成15）年10月23日付けで，都立学校の各校長宛てに，「入学式，卒業式等における国旗掲揚及び国歌斉唱の実施について（通達）」（以下「本件通達」という）を発した。都立学校の各校長は，本件通達を踏まえ，その発出後に行われた2004（平成16）年3月以降の卒業式や入学式等の式典に際し，その都度，多数の教職員に対し，国歌斉唱の際に国旗に向かって起立して斉唱することを命ずる旨の職務命令を発し，相当数の音楽科担当の教職員に対し，国歌斉唱の際にピアノ伴奏をすることを命ずる旨の職務命令を発した（以下，将来発せられるものも含め，かかる職務命令を併せて「本件職務命令」という）。

同判決は，本件通達は，行政組織の内部における上級行政機関である都教委から関係下級行政機関である都立学校の各校長に対する示達ないし命令にとどまり，それ自体によって教職員個人の権利義務を直接形成し，またはその範囲を確定することが法律上認められているものとはいえないから，抗告訴訟の対象となる行政処分には当たらないと判示している。また，本件職務命令も，教科とともに教育課程を構成する特別活動である都立学校の儀式的行事における教育公務員としての職務の遂行の在り方に関する校長の上司としての職務上の指示を内容とするものであって，教職員個人の身分や勤務条件にかかる権利義務に直接影響を及ぼすものではないから，抗告訴訟の対象となる行政処分には当たらないと解されるとする。このように，同判決は，職員個人の身分や勤務条件にかかる権利義務に直接影響を及ぼさない職務命令については処分性を否定するが，そうでない職務命令については処分性を肯定する趣旨とも解しうる。そして，本件職務命令の違反を理由に懲戒処分を受ける教職員としては，懲戒処分の取消訴訟等において本件通達を踏まえた本件職務命令の適法性を争いうるほか，本件の事情の下では事前救済の争訟方法においてもこれを争いうるとする。本件職務命令は，受命職員の思想良心の自由に対する間接的制約になるので，従前の二区分説の下で，いずれか一方に単純に分類できないようにも思われる。

同判決は，本件差止めの訴えのうち免職処分以外の懲戒処分の差止めを求める訴えは，いずれも適法というべきであると判示している（免職処分については蓋然性を否定）。また，本件通達を踏まえて処遇上の不利益が反復継続的かつ累積加重的に発生し拡大する危険が現に存在する状況の下では，毎年度2回以上の各式典を契機として上記のように処遇上の不利益が反復継続的かつ累積加重的に発生し拡大していくと事後的な損害の回復が著しく困難になることを考慮すると，本件職務命令に基づく公的義務の不存在の確認を求める本件確認の訴えは，行政処分以外の処遇上の不利益の予防を目的とする公法上の法律関係に関する確認の訴えとしては，その目的に即した有効適切な争訟方法であるということができ，確認の利益を肯定することができるので，被上告人東京都に対する本件確認の訴えは，上記の趣旨における公法上の当事者訴訟としては，適法というべきであると判示している。処分性の有無により，差止訴訟と（確認訴訟としての）当事者訴訟の機能分担を行うようにも読め，そうであるとすると，（確認訴訟としての）当事者訴訟の機能をかなり限定することになる。しかし，同判決がそこまでを意味していると解する必要は必ずしもないように思われる。同判決の射程は，差止訴訟にかかる訴訟要件と確認訴訟としての当事者訴訟にかかる確認の利益の考慮要素が一致する場合に限定して解すべきと思われる。また，同判決では，瑕疵の重大性や明白性について言及しておらず，職務命令に瑕疵があれば懲戒処分の違法を主張しうるとする趣旨のように読めなくもない。

(4) 信用失墜行為の禁止

職員は，その（官）職の信用を傷つけ，または官職（職員）全体の不名誉となるような行為をしてはならない（国公99条，地公33条）。官吏服務紀律においては，職務の内外を問わず官吏としての品位を辱めない義務を負うことが定められていた。そこでは，高い地位と権限を付与された者が負う義務（ノブレス・オブリュージュ）という観念が強かった。これに対し，国家公務員法・地方公務員法の定める信用失墜行為の禁止は，公務への信頼の保持を目的とする。職務外においても公務への信用を失墜させる行為は，信用失墜行為の禁止に違反するとして扱われている（最判昭和59・5・31労判435号48頁）。信用失墜行為を行った場合，懲戒処分の対象になりうる。飲酒運転のような職務外の行為で懲戒処分を受ける例は稀でない。

Column 職務と関連した職務外の行為

職務外で行われた非違行為であっても，それが職務と関連した行為である場合，懲戒処分を重くする要素として考慮されることがありうる。公立中学校の音楽の教師が，市販の音楽作成ソフトウェアを無断で複製し，インターネットのオークションサイトで販売して利益を得た事件において，札幌地判平成28・6・14判時2332号95頁は，①中学校学習指導要領において，ネットワークを利用する上での責任について考えさせる学習活動，基本的なルールや法律を理解し，違法な行為のもたらす問題について考えさせる学習指導，知的財産権などの情報に関する権利を尊重することの大切さについて考えさせる学習活動などを通じて，情報モラルを身に付けさせることが必要であるとしていること，②「教育の情報化に関する手引き」は，情報モラル教育に当たり教員が持つべき知識を掲げた上，児童生徒がインターネットに起因する問題の加害者にも被害者にもならないよう，教員が関連する知識を持って，児童生徒の指導に当たる必要があるとし，ソフトウェアを違法コピーすることなどが法令に触れることがあることを教員がしっかり認識しておくべきとしており，情報モラルの各教科等における指導例（中学校音楽）として，著作権には，著作物を保護する著作者の権利等があることなどについても指導するようにするとしていたことを指摘している。したがって，生徒に著作権法違反をしないように教育する責任を負う音楽教師が，同法違反の非違行為をしたことを，懲戒免職処分を適法とする考慮要素の一つとしているように思われる（控訴審の札幌高判平成28・11・18判時2332号90頁は，懲戒免職処分は違法としている。最決平成29・6・13判例集不登載は上告棄却・上告不受理）。

(5) 公務員の倫理原則

1) 国家公務員倫理法の制定

信用失墜行為に対しては懲戒処分がなされうるが，いかなる行為が信用失墜行為に該当するかは必ずしも明確ではない。そこで，1996（平成8）年12月の事務次官等会議申合せ（「行政及び公務員に対する国民の信頼を回復するための新たな取組について」）に基づいて各省庁で1997（平成9）年に公務員倫理規程が訓令として制定されたが，その後も不祥事が続き，実効性が伴っていないという批判を受けて，議員立法（衆議院内閣委員長提案）として，1999（平成11）年に国家公務員倫理法[4)]が制定され，翌年4月1日から全面施行された。

2) 国家公務員倫理法の内容

目　的　国家公務員倫理法は，国家公務員が国民全体の奉仕者であってその職務は国民から負託された公務であることにかんがみ，国家公務員の職務にかかる倫理の保持に資するため必要な措置を講ずることにより，職務の執行の公正さに対する国民の疑惑や不信を招くような行為の防止を図り，もって公務に対する国民の信頼を確保することを目的とする（国公倫理1条)。同法は，一般職の常勤職員が遵守すべき職務に関する倫理原則を明らかにしている（国公倫理2条1項)。すなわち，(i)常に公正な職務の執行に当たらなければならないこと，(ii)職務や地位を私的利益のために用いてはならないこと，(iii)国民の疑惑や不信を招くような行為をしてはならないことが，倫理原則として明記されている（国公倫理3条)。国家公務員法は，官職の信用を傷つけ，または官職全体の不名誉となるような行為をすることを禁じているが（国公99条)，国家公務員倫理法は，国家公務員法にいう信用失墜行為に該当するとまではいえない場合であっても，国民の疑惑や不信を招くような行為を禁止しており，懲戒処分の対象が拡大したこ

---

4)　同法については，齋藤憲司「国家公務員倫理法——比較法的考察」ジュリ1166号59頁以下，行政法制研究会「国家公務員倫理法」判時1717号17頁以下，石田榮仁郎「国家公務員倫理法」法教230号2頁以下，同「国家公務員倫理法・倫理規程——制定の背景とその内容及び施行状況と今後の課題」近畿大学法学50巻1号83頁以下，下井・公務員制度201頁以下，仁田山義明「公務員倫理が明確に——併せて調査・懲戒手続も規定」時法1614号20頁以下，同「国家公務員倫理法」法資215号18頁，同「国家公務員倫理法」ひろば52巻11号11頁以下参照。また，公務員倫理の在り方について論じたものとして，杉本泰治・日本の公務員倫理——積極，協働への転換（創英社／三省堂書店，2012年）参照。

とになる。これらは職務に関する倫理原則であるから，職務と無関係な私生活を規律するものではない。

なお，行政執行法人の職員については，国家公務員倫理審査会の規定は適用されない（国公倫理 41 条 1 項）。

特別職の自衛隊員については，1999（平成 11）年に自衛隊員倫理法が制定され，裁判所職員については国家公務員倫理法の規定が原則として準用されている（裁判職員臨措）。なお，第 142 回国会において衆法第 4 号として，「国会職員の倫理の保持に関する法律案」が提出されたが，第 145 回国会において，審査未了で廃案となっている。

国家公務員倫理規程　内閣は，国家公務員倫理法 3 条に掲げる倫理原則を踏まえ，職員の職務にかかる倫理の保持を図るために必要な事項に関する政令（国家公務員倫理規程）を定めている（2000〔平成 12〕年施行）。国家公務員倫理規程には，職員の職務に利害関係を有する者からの贈与等の禁止および制限等，職員の職務に利害関係を有する者との接触その他国民の疑惑や不信を招くような行為の防止に関し職員の遵守すべき事項が規定されている（国公倫理 5 条 1 項）。内閣は，国家公務員倫理規程の制定改廃を国会に報告しなければならない（同条 6 項）。国家公務員倫理法・国家公務員倫理規程への違反は懲戒事由になる（国公倫理 26 条）。

職員の職務にかかる倫理に関する訓令・規則　内閣総理大臣，各省大臣，会計検査院長，人事院総裁，内閣法制局長官および警察庁長官ならびに宮内庁長官および各外局の長は，人事院に置かれる国家公務員倫理審査会（国公 3 条の 2，国公倫理 10 条）の同意を得て，所属の職員の職務にかかる倫理に関する訓令を定めることができる（国公倫理 5 条 3 項）。また，行政執行法人の長は，国家公務員倫理審査会の同意を得て，当該行政執行法人の職員の職務にかかる倫理に関する規則を定めることができる（同条 4 項）。内閣は，国家公務員倫理に関する訓令・規則の制定改廃を国会に報告しなければならない（国公倫理 5 条 6 項）。これらの訓令・規則に違反した場合にも懲戒処分の対象になる（国公 82 条 1 項 1 号）。

贈与等の報告および公開　国家公務員法上の義務が一般職の国家公務員全体に一律に課されているのと異なり，国家公務員倫理法が職員に課している報告義務は，贈与等の報告については本省課長補佐級以上の職員（国公倫理 6 条 1 項），株取引等，所得等の報告については本省審議官級以上の職員（国公倫理 7 条 1 項・

8条1項）を対象としている。贈与等は事業者等から行われたものであるが，事業者等とは，「法人（法人でない社団又は財団で代表者又は管理人の定めがあるものを含む。）その他の団体及び事業を行う個人（当該事業の利益のためにする行為を行う場合における個人に限る。）」をいい（国公倫理2条5項），事業者等の利益のためにする行為を行う場合における役員，従業員，代理人その他の者は事業者等とみなされるから（同条6項），国，地方公共団体，独立行政法人等による贈与，接待等も含まれることになる。

提出された贈与等報告書，株取引等報告書および所得等報告書（または納税報告書）は，これらを受理した各省各庁の長等またはその委任を受けた者において，5年間保存しなければならない（国公倫理9条1項）。何人も，各省各庁の長等またはその委任を受けた者に対し，保存されている贈与等報告書（贈与等により受けた利益または支払を受けた報酬の額が1件につき2万円を超える部分に限る）の閲覧を請求することができる（同条2項本文）。各省各庁の長等またはその委任を受けた者は，贈与等報告書の提出を受けたときは，当該贈与等報告書（指定職以上の職員に係るものに限り，かつ，(i)公にすることにより，国の安全が害されるおそれ，他国もしくは国際機関との信頼関係が損なわれるおそれまたは他国もしくは国際機関との交渉上不利益を被るおそれがあるもの，(ii)公にすることにより，犯罪の予防，鎮圧または捜査，公訴の維持，刑の執行その他の公共の安全と秩序の維持に支障を及ぼすおそれがあるもの，のいずれかに該当するものとしてあらかじめ国家公務員倫理審査会が認めた事項に係る部分を除く）の写しを提出期限の翌日から起算して30日以内に国家公務員倫理審査会に送付しなければならない（国公倫理6条2項，国公倫理規程12条）。株取引等報告書，所得等報告書（または納税報告書）の写しも，提出期限の翌日から起算して30日以内に国家公務員倫理審査会に送付される（国公倫理7条2項・8条3項，国公倫理規程12条）。

国家公務員倫理審査会

(a)　組　織　　国家公務員倫理審査会は，会長および委員4人をもって組織する（国公倫理13条1項）。委員のうち1人は行政委員会である人事院の委員である人事官（国公4条～10条）のうちから内閣が任命する者をもって充てるが（国公倫理14条2項），会長および人事官である委員以外の委員は，人格が高潔であり，職員の職務にかかる倫理の保持に関して公正な判断をすることができ，法律または社会に関する学識経験を有する者であって，かつ，職員（検察官を除く）としての前歴を有する者についてはその在職期間が20年を超えないもののうちから，両議院の同意を得て，内閣が任命する（同条1項）。任期は4年であるが（国公倫理15条1項），再任されることができる（同条4項）。

(b)　所掌事務　　国家公務員倫理審査会は，各省各庁に属する職員の職務にかかる倫理に関する訓令制定への同意，国家公務員倫理規程の制定または改廃に関し案を備えて内閣に意見を申し出ること，国家公務員倫理法・国家公務員倫理規程（前述の職員の職務にかかる倫理に関する訓令・規則を含む。以下同じ）に違反した場合にかかる懲戒処分の基準の作成および変更，贈与等報告書・株取引等報告書・所得等報告書等の審査，国家公務員倫理法・国家公務員倫理規程に違反する行為に関し，任命権者に対し調査を求め，その経過につき報告および意見を述べ，その行う懲戒処分につき承認をし，ならびにその懲戒処分の概要の公表について意見を述べること，国家公務員法84条の2の規定により委任を受けた権限に基づき職員を懲戒手続に付し，および懲戒処分の概要の公表をすること等を所掌する（国公倫理11条）。懲戒権限は一般的には任命権者が有するが（国公84条1項，地公6条1項），国家公務員については人事院が自ら任命権を有しない一般職職員について懲戒手続に付す権限を付与されており（国公84条2項），人事院は，この権限のうち国家公務員倫理法・国家公務員倫理規程違反行為に対して行われるものについては国家公務員倫理審査会に委任しているので（国公84条の2），国家公務員倫理法・国家公務員倫理規程違反については，任命権者のみならず国家公務員倫理審査会も懲戒手続に付す権限を有する（国公倫理30条）。

倫理監督官

行政機関等に，それぞれ倫理監督官1人が置かれ（国公倫理39条1項），倫理監督官は，その属する行政機関等の職員に対しその職務にかかる倫理の保持に関し必要な指導および助言を行うとともに，国家公務員倫理審査会の指示に従い，当該行政機関等の職員の職務にかかる倫理の保持のための体制の整備を行う（同条2項）。

(c)　国家公務員倫理法違反に対する懲戒手続　　任命権者は，職員に国家公務員倫理法・国家公務員倫理規程に違反する行為を行った疑いがあると思料するときは，国家公務員倫理審査会に報告しなければならない（国公倫理22条）。そして，かかる疑いに基づき実際に調査を行おうとするときにも，国家公務員倫理審査会に報告しなければならない。国家公務員倫理審査会は，調査の経過について報告を求め，または意見を述べることができる。任命権者は，調査を終了したときは，遅滞なく，国家公務員倫理審査会に対し，調査結果を報告する義務がある（国公倫理23条）。また，国家公務員倫理審査会は，職員に国家公務員倫理法・国家公務員倫理規程に違反する行為を行った疑いがあると思料するときは，任命権者に対し，当該行為に関する調査を行うよう求めることができ（国公倫理24条），任命権者から調査開始の報告を受けた場合において必要があると認めるときは，任命権者と共同して調査を行うこともできる（国公倫理25条）。

任命権者は，職員に国家公務員倫理法・国家公務員倫理規程に違反する行為があることを理由として懲戒処分を行おうとするときは，あらかじめ，国家公務員倫理審査会の承認を得なければならない（国公倫理26条）。任命権者は，職員の職務にかかる倫理の保持を図るため特に必要があると認めるときは，当該懲戒処分の概要を公表することができ（国公倫理27条1項），国家公務員倫理審査会は，特に必要があると認めるときは，当該任命権者に対し，当該処分の概要の公表について意見を述べることができる（同条2項）。

国家公務員倫理審査会は，特に必要があると認めるときは，自ら調査することもできる（国公倫理28条1項）。そして，その調査の結果，任命権者において懲戒処分を行うことが適当であると思料するときは，任命権者に対し，懲戒処分を行うべき旨の勧告をすることができる（国公倫理29条1項）。任命権者は，この勧告にかかる措置について，国家公務員倫理審査会に対して報告しなければならない（同条2項）。国家公務員倫理審査会が独自調査を行ったときは，自ら懲戒処分を行うことも可能である（国公倫理30条）。国家公務員倫理審査会が各府省と共同調査を行った例はあるが，国家公務員倫理審査会が独自調査を行った例は，これまでのところない。

2017（平成29）年度に国家公務員倫理法違反の疑いがあるとして調査が開始された件数は19件であり，前年度から継続して調査が行われた事案はなかった。これらのうち9件で14人に懲戒処分が行われている。

以上のように，国家公務員倫理法・国家公務員倫理規程違反を理由とする懲戒手続については特別の定めが置かれていることにかんがみ，国家公務員法違反にも国家公務員倫理法・国家公務員倫理規程違反にも該当する行為を理由として懲戒手続を行う場合には，国家公務員倫理法の定める手続によるものと解される。

特殊法人等の講ずる措置等　特殊法人（民間法人化されたものを除く），非公務員型独立行政法人，認可法人（以下「特殊法人等」という）は，国家公務員倫理法の規定に基づく国および行政執行法人の施策に準じて，特殊法人等の職員の職務にかかる倫理の保持のために必要な施策を講ずるようにしなければならない（国公倫理 42 条 1 項，国家公務員倫理法第 42 条第 1 項の法人を定める政令）。各省各庁の長は，その所管する特殊法人等に対し，特殊法人等が講ずる職員の職務にかかる倫理の保持のための施策について，必要な監督を行うことができる（国公倫理 42 条 2 項）。国家公務員倫理審査会は，特殊法人等が講ずる職員の職務にかかる倫理の保持のための施策について，報告を求め，または監督上必要な措置を講ずるよう求めることができる（同条 3 項）。

地方公共団体等の講ずる施策

地方公共団体および特定地方独立行政法人は，国家公務員倫理法の規定に基づく国および行政執行法人の施策に準じて，地方公務員の職務にかかる倫理の保持のために必要な施策を講ずる努力義務を課されている（国公倫理 43 条）。これを受けて，一部の地方公共団体において，職員倫理条例，職員倫理規則が制定されている（1997〔平成 9〕年の北海道職員の公務員倫理に関する条例，1999〔平成 11〕年の高知県職員倫理条例，2000〔平成 12〕年の福島県職員倫理条例，静岡県職員倫理条例，岡山県職員倫理条例，松山市職員倫理条例，横須賀市職員倫理条例，2001〔平成 13〕年の岩手県職員の職務に係る倫理の保持に関する条例，香川県職員倫理条例，福岡県職員倫理条例，宝塚市職員倫理条例，2003〔平成 15〕年の徳島県の公務員倫理に関する条例，2007〔平成 19〕年の神奈川県職員等不祥事防止対策条例等）。この場合，職員倫理条例により，地方公務員法が服務について定めている義務の程度を加重したり，同法では定められていない義務を定めることは，同法に違反せず可能なのかという解釈問題が生ずる（職員倫理規則〔規程〕を定めた例として，青森県，埼玉県，岐阜県，愛知県，滋賀県，山口県，大分県，沖縄県等）。さらに，職員行動規範・職員行動指針を定める例もある（秋田県，群馬県，東京都，長野県，岐阜県，三重県，滋賀県等）。なお，議員に関して，2007（平成 19）年に制定された京都市会議員政治倫理条例は，京都市会議員の政治倫理に関する基本となる事項を定めることにより，議員の政治倫理の一層の向上に努めることとしている。

***Column*　コンプライアンス条例**

地方公共団体中には，公益通報者保護や不当要求行為等への対応も併せて対象としたコンプライアンス条例ないし法令遵守条例を制定するものがある。「長岡京市における法令遵守の推進に関する条例」，石巻市の「信頼される市政のためのコンプライアンス条例」，「新潟市における法令遵守の推進等に関する条例」，大阪市の「職員等の公正な職務の執行の確保に関する条例」のほか，滋賀県甲賀市の「甲賀市法令遵守の推進条例」等がその例である。

(6) 秘密保持義務（守秘義務）

1) 意　義

行政機関が活動を行うためには，情報が必要である。そのため，行政機関には一般に調査権限が付与されており，行政機関は膨大な情報を保有している。その中には，個人のプライバシーや法人等の営業秘密のように，当該個人や法人等の権利利益を守るため，官民を問わず，その漏洩が許されないものがある。また，かかる情報が公務員により漏洩されれば，公務員への信頼が失われ，行政機関による情報収集が困難となり，行政事務の円滑な遂行に支障が生ずるおそれがある。したがって，公務員に秘密保持義務を課す必要がある。また，行政機関が保有する情報の中には，行政機関自身の秘密にかかるものもある。たとえば，違反行為を発見するための行政調査のノウハウがそうである。かかるノウハウも秘密として保護しなければ，行政事務の円滑な執行に支障が生ずるおそれがある。そのため，このような行政上の秘密についても公務員に保持義務を課す必要があるのである。

2) 一般職公務員

一般職公務員は職務上知りえた秘密を，在職中のみならず退職後も漏らしてはならない（国公100条1項，地公34条1項）。法令による証人，鑑定人等となり，職務上の秘密に属する事項を発表するには，一般職国家公務員の場合には所轄庁の長（退職者については，その退職した官職またはこれに相当する官職の所轄庁の長），一般職地方公務員の場合には任命権者（退職者については，その退職した職またはこれに相当する職にかかる任命権者）の許可を受けなければならない（国公100条2項，地公34条2項，民訴191条1項，刑訴144条，議院証言5条1項）。

秘密保持義務違反に対しては刑罰が科される（国公109条12号，地公60条2号）。個別法において秘密保持義務違反に対する罰則が定められている例がある（税通126条，行政個人情報53条）。秘密に該当しない保有個人情報であっても，行政機関の職員もしくは職員であった者または行政機関から個人情報の取扱いの委託を受けた業務に従事している者もしくは従事していた者が，その業務に関して知りえた保有個人情報を自己もしくは第三者の不正な利益を図る目的で提供し，または盗用したときは，刑罰が科せられる（行政個人情報54条）[5]。

国家公務員法・地方公務員法は，「職務上知ることのできた秘密」（国公100条1項），「職務上知り得た秘密」（地公34条1項）という用語と「職務上の秘密」（国公100条2項，地公34条2項）という用語を使い分けている。前者は，職務の執行に当たり知りえたすべての秘密を包含するのに対し，後者は当該職員に割り当てられた職務と直接関係する秘密を意味する。したがって，「職務上の秘密」は「職務上知ることのできた秘密」，「職務上知り得た秘密」に包摂される。秘密保持義務違反は，在職中であれば，懲戒処分の対象になりうる。

Column **公務秘密文書における「職務上の秘密」**

民事訴訟法220条4号ロは，「公務員の職務上の秘密に関する文書でその提出により公共の利益を害し，又は公務の遂行に著しい支障を生ずるおそれがあるもの」（公務秘密文書）を文書提出命令に基づく提出義務の例外としている。最決平成17・10・14民集59巻8号2265頁は，公務秘密文書における「職務上の秘密」とは，公務員の所掌事務に属する秘密だけではなく，公務員が職務を遂行するうえで知りえた私人の秘密であって，それが本案事件において公にされることにより，私人との信頼関係が損なわれ，公務の公正かつ円滑な運営に支障を来すこととなるものも含まれるとする。この判例によれば，公務秘密文書における「職務上の秘密」は，公務員が職務を遂行するうえで知りえた私人の秘密の一部を含む点において，国家公務員法，地方公務員法の「職務上の秘密」よりも広い概念であることになる。

なお，人事院で扱われる調査または審理の際に人事院から求められる情報等に関しては，所轄庁の長の許可の規定は適用されない。何人も，人事院の権限によって行われる調査または審理に際して，秘密のまたは公表を制限された情報を陳述しまたは証言することを人事院から求められた場合には，何人からも許可を受ける必要がない。人事院が正式に要求した情報について，人事院に対して，陳述および証言を行わなかった者は，国家公務員法の罰則の規定の適用を受ける（国公100条4項）。この人事院による調査や審理への応諾義務の規定は，行政執行法人の職員には適用されない（行執労37条1項1号）。

5） 公務員の秘密保持義務については，石村善治「公務員と秘密保持義務」行政法大系(9)201頁以下，佐藤英善「公務員の守秘義務論」早稲田法学63巻3号14頁以下，玉国文敏「職務上の秘密」争点〔新版〕134頁以下，下井康史「公務員の守秘義務」新争点72頁以下参照。

3)　特別職公務員

特別職国家公務員　特別職国家公務員の秘密保持義務について，以下の類型がある。

第1に，国会議員のように秘密保持義務規定がないものがある（ただし，参議院規則236条において，国会法63条により秘密会の記録で議決により公表しないとしたものを他に漏らした者に対して，議長が，懲罰事犯として，懲罰委員会に付託する旨の規定がある)。

第2に，官吏服務紀律（明治20年勅令第39号）4条1項（「官吏ハ己ノ職務ニ関スルト又ハ他ノ官吏ヨリ聞知シタルトヲ問ハス官ノ機密ヲ漏洩スルコトヲ禁ス其職ヲ退ク後ニ於テモ亦同様トス」）の規定の適用があると考えられている者であり，内閣総理大臣，国務大臣，副大臣，大臣政務官，内閣官房副長官，内閣法制局長官，宮内庁長官，侍従長，裁判官がこれに当たる。

第3は，閣議決定，内規で守秘義務を定めている場合である。内閣総理大臣，国務大臣，副大臣（内閣官房副長官を含む）および大臣政務官については，「国務大臣，副大臣及び大臣政務官規範」（平成13年1月6日閣議決定）1(8)（「職務上知ることのできた秘密を漏らしてはならない。法令による証人，鑑定人等となり，職務上の秘密に属する事項を発表するには，国務大臣にあっては内閣の，副大臣等にあってはその上司である国務大臣の許可を要する。これらについては，国務大臣等の職を退任した後も同様とする」）の規定も適用される。東宮大夫，式部長官，式部官長，侍従次長については，「宮内庁における特別職の職員の服務，勤務時間等に関する内規」（昭和61年宮内庁長官決裁）第5の1（「特別職職員は，職務上又は職務に関して知り得た秘密を漏らしてはならない。その職を退いた後も，また同様とする」）の規定が適用される。以上の第2，第3の類型の場合，秘密保持義務違反に対する罰則規定がないという問題がある。

第4の類型は，個別の法律で秘密保持義務が定められている場合である。これについては，罰則規定がある場合とない場合がある。罰則規定がある場合の例として，特命全権大使および特命全権公使があり，国家公務員法100条1項（「職員は，職務上知ることのできた秘密を漏らしてはならない。その職を退いた後においても同様とする」）の規定が準用されているのみならず（外公4条1項），秘密保持義務違反に対する罰則も定められている（同27条)。ただし，罰金額が一般職の国家公務員の場合（50万円以下）よりも大幅に低い3万円以下になっている。行政執行法人の役員についても，秘密保持義務（独行法53条1項），その違反に対する罰則（同69条の2）の双方が定められている。国の審議会等の委員で国会同意人事の場合には特別職となるため（国公2条3項9号），国家公務員法の秘密保持義務規定は適用されない。そのため，情報公開・個人情報保護審査会設置法は委員に秘密保持義務を課し（4条8項），違反に対する罰則を設けている（18条）。裁判所職員（裁判官および裁判官秘書官を除く）については，裁判所職員臨時措置法1号により，国家公務員法100条1項，109条12号の規定が準用されるため，秘密保持義務が課され，違反に対する罰則もある。特定秘密の保護に関する法律23条1項は，大臣等，特別職の者も含め，「特定秘密の取扱いの業務に従事する者」を対象として特定秘密の漏洩を処罰することとしている。他方，罰則のない例として，内閣危機管理監，内閣情報通信政策監，国家安全保障局長，内閣官房副長官補，内閣広報官，内閣情報官および内閣総理大臣補佐官があり，内閣法においては，これらの職について，国家公務員法100条1項の規定が準用されているものの（内15条4項・16条3項・17条5項・18条3項・19条3項・20条3項・22条5項），その違反に対する罰則規定はない。国会職員については，国会職員法19条の規定により秘密保持義務が課されているが，違反に対する罰則規定はない。

Column　JR福知山線脱線事故

旧航空・鉄道事故調査委員会の委員は国会同意人事であったため，旧航空・鉄道事故調査委員会に委員の秘密保持義務規定が置かれていたが，違反に対する罰則規定はなかった。JR福知山線脱線事故の調査過程において，JR西日本の社員が非公式に旧航空・鉄道事故調査委員会の委員と接触し，公表前の報告書案の情報を入手していた事件では，罰則規定の欠如が問題とされた。旧航空・鉄道事故調査委員会の後継組織である運輸安全委員会の委員も国会同意人事で特別職であり，秘密保持義務規定はあるものの（運輸安全委員会設置法12条1項），秘密保持義務違反に対する罰則規定はない（調査等の委託を受けた者については秘密保持義務〔19条2項〕とその違反に対する罰則〔31条〕が定められている）。「JR西日本福知山線事故調査に関わる不祥事問題の検証と事故調査システムの改革に関する提言」（2011〔平成23〕年4月15日）は，運輸安全委員会の委員の守秘義務違反に対する罰則を設けることは，情報公開の推進に対する悪影響を与えるおそれがあり適切でないとするが，委員が守るべき秘密の範囲を明確にすれば，守秘義務違反を処罰することが情報公開の推進を妨げることにはならないと思われる。

特別職地方公務員　特別職の地方公務員には，地方公務員法の一般職を対象とした秘密保持義務規定も，その違反に対する罰則規定も適用されない。副知事，副市町村長のように就任について議会の同意によることを必要とする職（自治162条）は特別職であるため（地公3条3項1号），地方公務員法の秘密保持義務規定は適用されないが（地公4条2項），東京都職員服務紀律（昭和18年内務省令第51号），道府県職員服務紀律（明治35年内務省令第3号），市町村職員服務紀律（明治44年内務省令第16号）[6]の秘密保持義務の例によることとされている。上記の職員服務紀律は，地方自治法施行規則（昭和22年内務省令第29号）附則2条の規定により廃止されたが，地方自治法制定時の附則9条において，「この法律に定めるものを除くほか，地方公共団体の長の補助機関である職員，選挙管理委員及び選挙管理委員会の書記並びに監査委員及び監査委員の事務を補助する書記の分限，給与，服務，懲戒等に関しては，別に普通地方公共団体の職員に関して規定する法律が定められるまでの間は，従前の規定に準じて政令でこれを定める」と規定された。一般職の職員の服務については地方公務員法に規定が置かれたが，特別職については，地方自治法施行規程10条において，「都道府県の職員の服務に関しては，なお従前の東京都職員服務紀律又は道府県職員服務紀律の例による」とされ，同規程15条本文において，「市町村及び特別区の職員の服務に関しては，なお，従前の市町村職員服務紀律の例による」こととされている。しかし，地方自治法施行規則附則2条は「地方公共団体の長の補助機関である職員」は対象としているものの，長は対象外としているため，長については，東京都職員服務紀律，道府県職員服務紀律，市町村職員服務紀律の秘密保持義務規定が適用されないという問題がある。「入札談合等関与行為の排除及び防止並びに職員による入札等の公正を害すべき行為の処罰に関する法律」（官製談合防止法）2条5項柱書の「職員」には地方公共団体の長や国務大臣も含まれるので，長が予定価格等の入札に関する秘密を教示する場合には，罰則の規定が適用されるが（同8条），一般的には，長に対する秘密保持義務規定やその違反に対する罰則規定が存在しない。

行政委員会，審議会等の臨時または非常勤の委員も特別職であるが（地公3条3項2号），人事委員会・公平委員会の委員については，地方公務員法自体におい

6）大日本帝国憲法下の官吏の秘密保持義務については，佐藤・前掲注5）4頁以下参照。

て，一般職職員の秘密保持義務規定の準用規定を置いている（地公9条の2第12項）。都道府県公安委員会の委員については，警察法42条で一般職公務員の秘密保持義務規定が準用されている。しかし，以上の特別職の地方公務員については，秘密保持義務違反に対する罰則規定が存在しない。特定地方独立行政法人の役員も特別職であるが（地公3条3項6号），地方独立行政法人法50条1項の規定により秘密保持義務を課され，その違反に対しては，一般職の地方公務員と同じ刑事罰が規定されている（地独行法128条）。

秘密保持義務法制改善の必要性　以上みてきたように，特別職公務員の秘密保持義務法制には，(i)そもそも秘密保持義務が課されていない場合があること，(ii)秘密保持義務が課されていても，その違反に対する罰則規定がない場合が多いこと，(iii)罰則規定がある場合であっても，一般職公務員と比べて，罰則が非常に軽かったり重かったりすることがあり，そのことの合理的理由を見出しがたいこと，(iv)重要な秘密に接することの多い職であるにもかかわらず，一般職公務員と比較して，秘密保持にかかる規制が緩和されている場合が多いことにかんがみ，法制の整備が必要なように思われる。

4)　形式秘と実質秘

秘密保持義務違反における「秘密」とは，形式的に秘密指定されているのみでは足りず，非公知の事項であって実質的にも秘密として保護に値するものでなければならない（最決昭和52・12・19刑集31巻7号1053頁・百選Ⅰ41事件・公務員百選66事件〔徴税虎の巻事件〕，最決昭和53・5・31刑集32巻3号457頁〔外務省秘密漏洩事件〕）。この点については異論がないが，秘密指定されて形式秘であることが実質秘であるための前提となるかについては，必ずしも見解が一致しているわけではない。

いわゆる第三者情報（個人や法人等の情報）については，それが秘密として保護されるべきであり，私人間においても保護されるにもかかわらず，行政機関が指定を懈怠したことにより行政上保護されなくなるのは不合理である。したがって，第三者情報については，形式秘であることは実質秘であるための要件ではないと解される。他方，行政上の秘密（国家安全保障情報，公共の安全情報，審議・検討・協議情報，事務事業情報）については，行政機関自身が秘密としての要保護性について第1次的判断を行い，その判断について争いがあれば，秘密指定が実質的に正当化されるかを最終的には裁判所が判断することが基本になると思われる。

したがって，秘密指定されていない行政情報を提供した場合には，秘密保持義務違反にはならず，その提供を理由とする行政的制裁も刑事的制裁も受けないのが原則と解される。

もっとも，情報公開法・情報公開条例に基づく開示請求がなされた場合においては，秘密指定がなされていないことをもって，国家安全情報等の不開示情報に該当すると主張することが当然に許されなくなるかについては，議論がありうる。最判平成13・7・13判例自治223号22頁・百選Ⅱ142事件・地方自治百選118事件〔ASWOC事件〕において，国は秘密指定をしていなかった文書について防衛上の秘密に該当すると主張した。このような主張を一切認めなければ，ミスにより指定を怠った機密情報も公開を余儀なくされることになり，そのことが妥当かには疑問が残る。しかし，一般的にいえば，国家安全保障情報や公共の安全に関する情報について，過剰に秘密指定がなされることはあっても，過少になされることは通常はないので，秘密指定がなされていなかった場合，行政文書に対する開示請求において，これらの秘密に該当しないことが推定されることとなろう。

ただし，以上に述べたことは，文書についていえることで，職務上知りえた秘密がすべて文書化されるわけではないので，文書化されないものについては，形式秘の指定を受けていなくても，実質秘として保護すべき場合は少なくないであろう。このような場合も念頭に置くと，形式秘の指定は，実質秘であるための要件であると一般的にいうことは困難であろう。立入調査の調査日の漏洩が地方公務員法の秘密保持義務違反に当たるとされた京都地判平成4・9・8判タ811号233頁も，形式秘とされていなくても実質秘に当たることがあると判示している。他方，形式秘ではあるが実質秘でない情報を他者に提供した場合，秘密保持義務違反にはならないが，職務命令違反として懲戒処分の対象にはなりうる。

実質秘に該当するか否かが司法審査される場合，一般的には，憲法82条の裁判公開原則[7)]との関係で，他方当事者には見せずに裁判官のみが当該文書を見て実質秘該当性を審理するインカメラ審理の方法は採用せず，推認の方法により判断してきた。

5)　情報公開法制との関係

諸外国の情報公開法制においては，秘密保持義務との関係について明文の規定

---

7)　裁判公開原則について，宇賀ほか・対話132頁以下参照。

を設けている例がある。たとえば，デンマークの情報公開法は，刑法，公務員法等の一般的守秘義務規定は，情報公開法上は不開示の根拠となしえないと明記している。また，オーストラリアやニュージーランドの情報公開法は，不開示情報に該当しないと判断して開示した場合，結果として開示が違法であっても，秘密保持義務違反として訴追しない旨の明文の規定を置いている。わが国の情報公開法には，秘密保持義務との関係について明文の規定は置かれていないが，情報公開法に基づき誠実になされた開示は，たとえ不開示情報に該当しないという判断が誤っていても，他者に秘密を漏らすという秘密保持義務違反罪の構成要件に該当しないと解すべきであろう。情報公開訴訟においては，実質秘該当性という観点からではなく，不開示情報該当性という観点から司法審査が行われるが，この場合にも，一般的にインカメラ審理は行われず，推認の方法によっている[8)]。

6) 情報公開訴訟におけるインカメラ審理

なお，インカメラ審理について，最決平成21・1・15民集63巻1号46頁・百選Ⅰ39事件は，訴訟で用いられる証拠は当事者の吟味，弾劾の機会を経たものに限られるということは，民事訴訟の基本原則であるところ，情報公開訴訟において裁判所が不開示事由該当性を判断するため証拠調べとしてのインカメラ審

8) 情報公開訴訟におけるインカメラ審理について詳しくは，村上裕章「情報公開訴訟におけるインカメラ審理」法政研究77巻4号621頁以下，同「情報公開法改正案の検討——インカメラ審理を中心として」同・行政情報の法理論（有斐閣，2018年）56頁以下，笹田栄司「イン・カメラ手続の憲法的定礎」同・司法の変容と憲法（有斐閣，2008年）191頁以下，山下義昭「行政上の秘密文書とインカメラ審理」川上宏二郎先生古稀記念論文集・情報社会の公法学（信山社，2002年）519頁以下，渋谷秀樹「知る権利・インカメラ審理と憲法」自由と正義61巻9号44頁以下，甲斐素直「裁判の公開とインカメラ審理——保護されるものは」会計と監査61巻8号34頁以下，安井英俊「情報公開訴訟におけるインカメラ審理の可否」福岡大学法学論叢54巻2＝3号75頁以下，佐藤優希「情報公開訴訟とインカメラ審理——最高裁平成21.1.15決定を題材に」志學館法学12号23頁以下，森田明「情報公開訴訟におけるインカメラ審理の立法化——最高裁平成21.1.15決定を素材に（特集 行政事件訴訟法改正の第2ステージへ）」自由と正義60巻8号44頁以下，畠基晃「情報公開訴訟とインカメラ審理——情報公開法の現状と課題(3)」立法と調査306号90頁以下，宮下紘「『国民の知る権利』と『政府の説明責任』のあいだ——情報公開訴訟におけるイン・カメラ審査の許否」比較法文化18号103頁以下，宇賀克也「情報公開訴訟におけるヴォーン・インデックスとインカメラ審理」季報情報公開・個人情報保護46号77頁以下，同「情報公開訴訟におけるインカメラ審理」論究ジュリ3号19頁以下参照。アメリカの情報公開訴訟におけるインカメラ審理については，宇賀克也・情報公開法（日本評論社，2004年）139頁以下参照。

理を行った場合，裁判所は不開示とされた文書を直接見分して本案の判断をするにもかかわらず，原告は，当該文書の内容を確認した上で弁論を行うことができず，被告も，当該文書の具体的内容を援用しながら弁論を行うことができないし，裁判所がインカメラ審理の結果に基づき判決をした場合，当事者が上訴理由を的確に主張することが困難となる上，上級審も原審の判断の根拠を直接確認することができないまま原判決の審査をしなければならないことを指摘する。そして，情報公開訴訟において証拠調べとしてのインカメラ審理を行うことは，民事訴訟の基本原則に反するから，明文の規定がない限り，許されないとしている。

ここで注目に値するのは，最高裁が，情報公開訴訟においてインカメラ審理が認められない根拠を憲法82条に求めているのではなく，訴訟で用いられる証拠は当事者の吟味，弾劾の機会を経たものに限られるという民事訴訟の基本原則に求めていること，したがって，憲法を改正しなくても，法律で明文の規定を設ければ，インカメラ審理が可能となると解していることである。泉徳治裁判官，宮川光治裁判官の補足意見においては，明確に情報公開訴訟におけるインカメラ審理の導入が憲法82条に違反しないことが述べられており，立法政策として，インカメラ審理の導入が望ましいという立場が示されている。これを受けて，日本弁護士連合会会長が，情報公開訴訟におけるインカメラ審理の導入のための法改正を求める声明を出している。憲法82条違反の問題は生じないという最高裁の立場が示された以上，情報公開訴訟におけるインカメラ審理の導入について，積極的に検討することが望まれる。2011（平成23）年の通常国会に提出された行政機関情報公開法改正案24条において，裁判所は，特に必要があると認めるときは，申立てにより，当事者の同意を得て，インカメラ審理をすることができるとし（1項），インカメラ審理の申立てがあったときは，被告は，国の防衛もしくは外交上の利益または公共の安全と秩序の維持に重大な支障を及ぼす場合その他の国の重大な利益を害する場合を除き，同意を拒むことができないとしていた（2項）（なお，同法案は2012〔平成24〕年11月の衆議院解散に伴い廃案になったが，同内容の法案が2013〔平成25〕年10月に議員提出されたが，2014〔平成26〕年11月の衆議院解散で廃案になった。その後も，おおむね同内容の法案が繰り返し，議員提出されている）。

7）特定秘密の保護にかかる義務

秘密保全法案の検討　尖閣諸島沖で中国漁船が海上保安庁巡視船に衝突した場面を撮影したビデオが，2010（平成22）年11月4日，海上保安庁職員により動画サイト「YouTube」にアップロードされた事件で，この行為が国家公務員法の秘密保持義務違反に該当するかが議論されることになった。その理由は，同年9月17日から同月22日までの間，当該映像は海上保安大学校のパブリックフォルダに掲載されていたため，不特定多数の海上保安庁職員がアクセス可能な状態にあったからである。そのため，実質秘に当たらないという意見を述べる者もあった。結局，当該職員は停職12月の懲戒処分を受けたが，刑事事件については起訴猶予となった。

この事件を直接の契機として，政府は，「秘密保全のための法制の在り方に関する有識者会議」を設け，同会議の報告書（「秘密保全のための法制の在り方について」）が，2011（平成23）年8月8日に公表された。その骨子は，以下のようなものである。第1に，国の安全，外交，公共の安全および秩序の維持の3分野で，特に秘匿を要する秘密を「特別秘密」として指定する制度を導入することである。わが国の当時の法制では，防衛の分野でのみ，秘密保全法制が存在した。すなわち，自衛隊法上，「防衛秘密」の指定制度があり，自衛隊についての一定の事項で非公知のもののうち，わが国の防衛上特に秘匿が必要なものを，防衛大臣が「防衛秘密」として指定することとされていた（平成25年法律第108号による改正前の96条の2第1項）。また，「日米相互防衛援助協定等に伴う秘密保護法」（MDA秘密保護法）1条3項は，日米相互防衛援助協定等に基づきアメリカから供与された装備品等に関する一定の事項を「特別防衛秘密」としている。上記報告書は，防衛以外の分野にも，秘密保全法制を拡張しようとするものである。第2に，「特別秘密」を保全するために，適性評価制度（セキュリティ・クリアランス）を法制化することである。適性評価制度とは，秘密情報を取り扱わせようとする者について，日常の行動や周囲の環境を調査し，対象者が能動的に秘密を漏洩するリスクや，対象者が外部からの漏洩の働きかけに応ずるリスクの程度を評価することにより，秘密情報を取り扱う適性を判断する制度である。当時，「カウンターインテリジェンス機能の強化に関する基本方針」（平成19年8月9日カウンターインテリジェンス推進会議決定）に基づき，政府統一基準として，国の行政機関の秘密情報取扱者を対象とした適性評価が行われていたが，法令上の制度ではなく，公私の団体への照会権限も明確でないなどの問題があるため，法律上の制度として必要な権限を明記すべきとしている。第3に，十分な威嚇力を持った罰則を設けることであり，業務により「特別秘密」を取り扱う者については，過失による漏洩行為も処罰の対象とすべきとしている。そして，財物の窃取，不正アクセスまたは「特別秘密」の管理場所への侵入等，管理を害する行為を手段として「特別秘密」を直接取得する行為，欺罔により適法な伝達と誤信させ，あるいは暴行・脅迫によりその反抗を抑圧して，取扱業務者等から「特別秘密」を取得する行為も処罰の対象とすべきとする。自首による刑の必要的減免規定を置くこと，国外犯処罰規定を設けることも提言している。しかし，「知る権利」を侵害するという批判が多く，2012（平成24）年の通常国会への法案提出は見送られた。

特定秘密の保護に関する法律の制定

政府は，わが国をめぐる安全保障環境が厳しさを増し，アルジェリアでのテロ事件で邦人の犠牲者が出たこと等，国際テロ情勢も緊迫している中で，わが国の安全保障に関係する情報を適確に収集し，入手した情報に基づいて適切な判断を迅速に行うことの重要性が一層高まっているという認識を示している。そして，そのためには，わが国の情報保全体制を関係国にとり信頼できるものとすることにより，機微性の高い安全保障関係情報を関係国から収集することが不可欠であるとする[9)]。2013（平成25）年に国家安全保障会議が発足したが，その審議の実効性，効率性を確保するためにも，安全保障にかかる秘密保護に関するルールの共通化を図ることが喫緊の課題であることも理由として，同年の臨時国会に「特定秘密の保護に関する法律案」を提出し，会期末に可決成立した。

目　的

同法は，わが国の安全保障（国の存立に関わる外部からの侵略等に対して国家および国民の安全を保障することをいう）に関する情報のうち，特に秘匿することが必要であるものについて，これを適確に保護する体制を確立した上で収集し，整理し，および活用することが重要であることにかんがみ，当該情報の保護に関し，特定秘密の指定および取扱者の制限その他の必要な事項を定めることにより，その漏洩の防止を図り，もってわが国および国民の安全の確保に資することを目的としている（特定秘密保護1条）。

特定秘密の指定

行政機関の長は，(i)当該行政機関の所掌事務にかかる別表に掲げる事項に関する情報であって，(ii)公になっていないもののうち，(iii)その漏洩がわが国の安全保障に著しい支障を与えるおそれがあるため，特に秘匿することが必要であるもの（日米相互防衛援助協定等に伴う秘密保護法1条3項に規定する特別防衛秘密に該当するものを除く）を特定秘密として指定する。

同法別表では，防衛，外交，特定有害活動（スパイ行為等）の防止，テ

9)　内閣官房ウェブサイトの「特定秘密の保護に関する法律について」Q&AのQ1のA（2014〔平成26〕年11月14日作成）参照。

ロリズムの防止に関する事項（計23の事項）が列記されている。国家公務員法等上の秘密は実質秘であり，非公知性，要保護性を要件とするが，特定秘密は非公知性を前提として，要保護性が特段に高いものである。したがって，特定秘密は国家公務員法上の秘密に含まれ，その一部をなすことになる。

指定の有効期間および解除

行政機関の長は，特定秘密の指定をするときは，当該指定の日から起算して5年を超えない範囲内においてその有効期間を定めるものとされている（特定秘密保護4条1項）。行政機関の長は，指定の有効期間（延長された場合には延長された有効期間を含む）が満了する時において，当該指定をした情報が同法3条1項に規定する特定秘密の指定要件を満たすときは，5年を超えない範囲内においてその有効期間を延長するものとされている（同条2項）。指定の有効期間は，通算で30年を超えることは認められないのが原則である（同条3項）。ただし，例外的に，政府の有するその諸活動を国民に説明する責務を全うする観点に立っても，なお指定にかかる情報を公にしないことが現にわが国および国民の安全を確保するためにやむをえないものであることについて，その理由を示して，内閣の承認を得た場合は，行政機関の長は，当該指定の有効期間を，通算で30年を超えて延長することができることとされている。もっとも，この例外的取扱いが恣意的に行われないように，かかる場合にも，指定の有効期間は，通算で60年を超えることができないことを原則とし，その例外が認められるのは，(i)武器，弾薬，航空機その他の防衛の用に供する物（船舶を含む），(ii)現に行われている外国（本邦の域外にある国または地域をいう）の政府または国際機関との交渉に不利益を及ぼすおそれのある情報，(iii)情報収集活動の手法または能力，(iv)人的情報源（協力者，情報提供者等）に関する情報，(v)暗号，(vi)外国の政府または国際機関から60年を超えて指定を行うことを条件に提供された情報，(vii)前記(i)から(vi)までに掲げる事項に関する情報に準ずるもので政令で定める重要な情報に限られている（同条4項）。したがって，前記(i)から(vii)まで以外については，指定期間が60年を超えた場合には，自動的に指定が解除されることになる。

行政機関の長は，前記の内閣の承認が得られなかったときは，公文書等の管理に関する法律（以下「公文書管理法」という）8条1項の規定にかかわらず，当該指定にかかる情報が記録された行政文書ファイル等の保存期間の満了とともに，これを国立公文書館等に移管する義務を負う（特定秘密保護4条6項）。公文書管理法8条1項は，保存期間が満了した行政文書ファイル等について，レコードスケジュールに従って国立公文書館等に移管または廃棄する義務を定めているが，特定秘密の保護に関する法律は，通算で30年を超える特定秘密の指定の承認を内閣に求める以上，レコードスケジュールでは保存期間満了後廃棄とされている場合であっても，国立公文書館等に移管を義務づけ，現在および将来の国民に対する説明責任を果たさせることとしている。

適性評価

「日米相互防衛援助協定等に伴う秘密保護法」（MDA 秘密保護法）に基づく特別防衛秘密については，MDA 秘密保護法2条の規定による委任を受けた MDA 秘密保護法施行令7条1項の規定に基づく「秘密の取扱いに関する適格性の確認等に関する訓令」（平成21年防衛省訓令第25号）が定める秘密取扱適格性確認制度により特別防衛秘密を取り扱う者の適格性が確認されているが，特定秘密を取り扱う業務を行う者についても，その適格性を事前に確認する必要がある。

特定秘密の取扱いの業務は，当該業務を行わせる行政機関の長もしくは当該業務を行わせる適合事業者に当該特定秘密を保有させ，もしくは提供する行政機関の長または当該業務を行わせる警視総監または道府県警察本部長が直近に実施した適性評価において特定秘密の取扱いの業務を行った場合にこれを漏らすおそれがないと認められた者に限り行うことができる。ただし，(i)行政機関の長，(ii)国務大臣（前記(i)に掲げる者を除く），(iii)内閣官房副長官，(iv)内閣総理大臣補佐官，(v)副大臣，(vi)大臣政務官，(vii)以上のほか，職務の特性その他の事情を勘案し，適性評価を受けることなく特定秘密の取扱いの業務を行うことができるものとして政令で定める者については，適性評価を受けることを要しないとされている（特定秘密保護11条）。もとより，(i)〜(vii)に掲げる者も，特定秘密を漏洩する可能性が皆無ではないことは，漏洩した場合の処罰の対象とされていることからも明らかであるが，諸外国においては，一定範囲の政府高官については，適性評価の対象外とするのが一般的である。すなわち，アメリカでは大統領，副大統領，イギリスでは首相，大臣，ドイツおよびフランスでは大統領，首相，大臣は適性評価の対象外になっている。(i)〜(vii)に掲げる者の任命に当たっては，適性評価の対象外であることを斟酌して慎重な配慮がなされるものと思われる。

なお，特定秘密の保護に関する法律10条の規定に基づき，公益上の必要により特定秘密を提供された者は，自己の職務を行うために他の行政機関，都道府県警察，適合事業者が保有する特定秘密をアドホックに提供されて特定秘密に接するにとどまり，特定秘密を継続的に取り扱うわけではないので，特定秘密の取扱いの業務を行う者に該当せず，適正評価を受ける必要はない。適性評価は，あらかじめ，評価対象者に対し告知した上で，その同意を得て実施するものとされている（特定秘密保護12条3項柱書）。この同意は明示的になされる必要がある。したがって，適性評価を受けることを義務づけるものではない。

Column 特定核燃料物質の防護等に関する秘密を取り扱う職員の信頼性確認

原子力施設における内部脅威対策の一環として，2016（平成28）年9月，原子力規制委員会規則が改正され，原子力事業者に対して，防護区域等に常時立ち入る者や核物質防護に関する秘密を知りうる者の信頼性確認を実施することが義務づけられた。この趣旨を踏まえ，「原子力規制委員会における職員の信頼性確認に関する訓令」に基づき，2018（平成30）年7月から，原子力規制委員会の委員長および委員ならびに原子力規制庁長官による信頼性確認を受けた職員のみが特定核燃料物質の防護等に関する秘密を取り扱うこととされている（原子力委員会行政文書管理規則29条3項も参照）。

罰　則　特定秘密の取扱いの業務に従事する者がその業務により知得した特定秘密を故意に漏らしたときは，10年以下の懲役に処し，または情状により10年以下の懲役および1000万円以下の罰金に処せられる。特定秘密の取扱いの業務に従事しなくなった後においても，同様である（特定秘密保護23条1項）。同法4条5項，9条，10条または18条4項後段の規定により提供された特定秘密について，当該提供の目的である業務により当該特定秘密を知得した者が故意にこれを漏らしたときは，5年以下の懲役に処し，または情状により5年以下の懲役および500万円以下の罰金に処せられる。特定秘密漏洩の罪の特色として過失犯も処罰されることがある。すなわち，特定秘密の取扱いの業務に従事する者または従事していた者が，過失により特定秘密を漏洩した場合には，2年以下の禁錮または50万円以下の罰金に処せられる（同条4項）。また，同法4条5項，9条，10条または18条4項後段の規定により提供された特定秘密について，当該提供の目的である業務により当該特定秘密を知得した者が，過失により特定秘密を漏洩した場合は，1年以下の禁錮または30万円以下の罰金に処せられる（同条5項）。

公文書管理　特定秘密である情報を記録する行政文書にも，公文書管理法の規定が適用される。したがって，特定秘密である情報を記録する行政文書について，指定が解除され，または指定の有効期間が満了し，当該行政文書の保存期間が満了した場合，歴史公文書等に該当するものは，国立公文書館等に移管しなければならない。

Column 特定秘密以外の公表しないこととされている情報が記録された行政文書の管理

「国会法等の一部を改正する法律」（2014〔平成26〕年6月成立）において，「行政機関が保有する特定秘密以外の公表しないとされている情報の取扱いの適正を確保するための仕組みを整備する」（同法附則5項）とされたことを受けて，2015（平成27）年1月23日に，(i)特定秘密の保護に関する法律の施行を受け，特定秘密である情報が記録された行政文書についても公文書管理法の体系の下で管理されることを明確化するとともに，(ii)特定秘密以外の公表しないこととされている情報が記録された行政文書について，公文書管理法の下で行政機関に共通の文書管理ルールを定める「行政文書の管理に関するガイドライン」（以下「行政文書管理ガイドライン」という）の改正が行われた。秘密文書等の取扱いについては，従来は，1965（昭和40）年4月15日の事務次官等会議申合せ（以下，単に「事務次官等会議申合せ」という）により実施されてきたが，そこでは，秘密文書は，機密，極秘，秘の3区分とされていた。行政文書管理ガイドラインでは極秘文書，秘文書の2区分とされた。ただし，行政文書管理規則において，特例が認められた例がある。すなわち，外務省行政文書管理規則29条1項においては，極秘文書のうち秘密保全の必要性がきわめて高く，その漏洩が国の安全，利益に著しい損害を与えるおそれが高い情報を含む行政文書を機密文書に指定することができることとした。これは，諸外国において，一般に秘密文書は3区分とされており，外国で機密文書として指定されている秘密文書をわが国が入手するに当たり，特定秘密の指定の要件を満たさない場合，わが国で極秘文書として指定することになると，セキュリティを懸念する外国が，わが国への機密文書の提供を躊躇するおそれがあること，逆に，わが国で特定秘密に当たらないが秘密保全の必要性がきわめて高い秘密文書も極秘文書として指定して外国に提供すると，当該外国で機密文書としてのセキュリティ措置を講じられないことを慮ったためである。

指定期間の上限について，事務次官等会議申合せでは定めはなかったが，行政文書管理ガイドラインでは5年としている。簿冊の作成についても，事務次官等会議申合せでは定めはなく，各省の判断に委ねられていたが，行政文書管理ガイドラインでは，その作成を義務づけている。秘密文書の管理状況の各行政機関の長への報告についても，事務次官等会議申合せでは定めはなかったが，行政文書管理ガイドラインでは，各行政機関の長への報告を義務づけている。

(7) 職務専念義務

職員は，法律または命令（条例）の定める場合を除いては，その勤務時間および職務上の注意力のすべてをその職責遂行のために用い，政府または当該地方公共団体がなすべき責を有する職務にのみ従事しなければならない（国公101条1項前段，地公35条）。ただし，地震，火災，水害その他重大な災害に際し，当該官庁が職員を本職以外の業務に従事させることは妨げられない（国公101条2項）。職員は，法律または命令の定める場合を除いては，官職を兼ねてはならず，官職を兼ねる場合においても，それに対して給与を受けてはならない（国公101条1項中段・後段）。例外的に職務専念義務が免除される例として，職員団体のための在籍専従がある（国公108条の6第1項ただし書，地公55条の2第1項ただし書）。

職務専念義務違反といえるためには，現実に職務遂行に支障が生じたことが要件となるかという問題があるが，裁判例は不要説を採り，職員団体の活動の一環として勤務中にリボン等を着用することが，職務上の注意力のすべてを職責遂行に向けていないことを示すものとして職務専念義務違反とする判決がある（大阪高判昭和51・1・30労民集27巻1号18頁・公務員百選63事件）。また，最高裁は，政治的内容のプレートを勤務時間中に着用してかかる政治的内容を職場の同僚に訴えかけることは旧日本電信電話公社法が定める職務専念義務に反すると判示している（最判昭和52・12・13民集31巻7号974頁）。しかし，リボン・プレート等の着用のみで職務専念義務違反とすることには疑問があり，リボン・プレート等を着用しないようにという職務命令違反を懲戒理由とすべきであったと思われる[10)]。

勤務時間

職務専念義務は，職員の勤務時間中における義務であるから，職務専念義務を論ずる前提として，勤務時間を明確にする必要がある。勤務時間は給与と並ぶ勤務条件の二大要素であるから，国家公務員については勤務条件法定主義に従い，「一般職の職員の勤務時間，休暇等に関する法律」（以下「勤務時間法」という）により，地方公務員については条例により定められている（地公24条5項）。

勤務時間法は，職員の勤務時間は休憩時間を除き1週間あたり38時間45分であり（勤務時間法5条1項），各省各庁の長は，月曜日から金曜日までの5日間において，1日につき7時間45分の勤務時間を割り振るものとされている（勤務時間法6条2項）。しかし，一定の任期付研究員については，その職務の性質上時間配分の決定その他の職務遂行の方法を大幅に任期付研究員の裁量に委ねることが研究業務の能率的な遂行のため必要であると認められる場合には，勤務時間の割振りをせず，月曜日から金曜日までの5日間において，1日につき7時間45分の勤務時間を割り振られたものとみなし，当該勤務時間を勤務したものとみなす裁量的勤務が認められている（任期付研究員8条1項・2項）。かつて国公立大学の教員についても裁量勤務制の導入の議論がなされたが，国立大学法人，公立大学法人について非公務員型が採用されたため，民間の労働法制における裁量労働制を適用することが可能になった。

勤務時間の多様化が進んでおり，定年退職者を再任用して短時間勤務させることが認められ（国公81条の5，地公28条の5），地方公務員について任期付短時間勤務職員制度が導入された（地方任期付職員5条）。この制度は，高度の専門的な知識経験または優れた識見を一定の期間活用

10）　塩野・行政法Ⅲ313頁参照。

することが特に必要とされる業務，一定の期間内に終了することが見込まれる業務，一定の期間内に限り業務量の増加が見込まれる業務，住民に対して職員により直接提供されるサービスについて，その提供時間を延長し，または繁忙時における提供体制を充実させる必要がある業務等に活用することが予定されている（地方任期付職員3条〜5条）。

Column　フレックスタイム制

2014（平成26）年10月17日，各府省事務次官等を構成員とする女性職員活躍・ワークライフバランス推進協議会において，「国家公務員の女性活躍とワークライフバランスの推進のための取組指針」が決定された。そこにおいて，各府省等における適切な公務運営を確保しつつ，幅広い職員がより柔軟な働き方が可能となるようなフレックスタイム制の導入について，人事院に対して検討が要請された。これを受けて，2015（平成27）年8月6日，人事院は，国会および内閣に対し，フレックスタイム制の拡充について勧告を行った。その内容は，①原則としてすべての職員をフレックスタイム制の対象とし，適用を希望する職員から申告が行われた場合，各省各庁の長は，公務の運営に支障がないと認められる範囲内において，始業および終業の時刻について職員の申告を考慮して勤務時間を割り振ること，②組織的な対応を行うために全員が勤務しなければならない時間帯（コアタイム）は，月曜日から金曜日までの毎日5時間設定すること，③育児または介護を行う職員については，より柔軟な勤務形態となる仕組みとすること，④フレックスタイム制の拡充は，2016（平成28）年4月1日から実施すること，であった。

Column　超過勤務の縮減

国家公務員については，人事院「超過勤務の縮減に関する指針」という局長通知により，年間の超過勤務の上限の目安を示してきた。しかし，民間労働法制の改正を踏まえて，超過勤務を命ずることができる上限を人事院規則で定めることとなり，原則として，1か月について45時間かつ1年について360時間までとし，他律的な業務の比重が高い部署に勤務する職員については，1か月について100時間かつ1年について720時間までと定められた。ただし，大規模な災害への対応や重要な法令の立案等公務の運営上真にやむをえない場合には，この上限を超えることができることとされている。また，上限の時間を超えた場合には，各省各庁の長は，超過勤務を命ずることが公務の運営上真にやむをえなかったのかを事後的に検証することが義務づけられた。さらに，1か月について100時間以上の超過勤務を行った職員に対しては，職員からの申出がなくても，医師による面接指導を行うこととするとともに，超過勤務の多い職員から申出があった場合の面接指導について，その対象となる超過勤務時間数の基準が1か月について100時間から80時間に引き下げられた。それに加えて，超過勤務手当の支給割合の引上げを行い，引上げ分の支給に代えて超過代休時間を指定する制度の新設も行われた。

(8) 兼職等の規制

私企業からの隔離　一般職の国家公務員は，原則として，商業，工業または金融業その他営利を目的とする私企業（以下「営利企業」という）を営むことを目的とする会社その他の団体の役員，顧問もしくは評議員の職を兼ね，または自ら営利企業を営んではならない（国公103条1項）。ただし，国家公務員の場合は，所轄庁の長の申出により人事院の承認を得た場合は，この限りでない（国公103条2項，人規14-8〔営利企業の役員等との兼業〕）。これは，公務の遂行の公正中立性を担保する目的と職務専念義務を担保する目的を併有する規制である。公務の遂行の公正中立性を担保する観点を徹底するのであれば，公務員本人のみならず，その近親者についても同様の規制を行うべきことになり，実際，官吏服務紀律においては，「官吏並ニ其家族ハ本属長官ノ許可ヲ得ルニ非サレハ直接ト間接トヲ問ハス商業ヲ営ムコトヲ得ス」（11条）とされていた。しかし，かかる規制は，家族の職業選択の自由を侵害することになるので，日本国憲法の下では認められない。

一般職地方公務員も，任命権者の許可を受けなければ，営利を目的とする私企業を営むことを目的とする会社その他の団体の役員その他人事委員会規則（人事委員会を置かない地方公共団体においては地方公共団体の規則）で定める地位を兼ね，もしくは自ら営利を目的とする私企業を営んではならない（地公38条1項）。人事委員会は，人事委員会規則により，上記の任命権者の許可の基準を定めることができる（同条2項）。

他の事業または事務の関与制限　一般職国家公務員が報酬を得て，営利企業以外の事業の団体の役員，顧問もしくは評議員の職を兼ね，その他いかなる事業に従事し，もしくは事務を行うにも，内閣総理大臣およびその職員の所轄庁の長の許可を要する（国公104条，職員の兼業の許可に関する政令）。これも，職務専念義務の確保を目的とする。また，営利企業以外の団体等の役員等との兼職であっても，報酬を得る以上，公務の公正中立性が阻害されるおそれがあるし，公務に対する国民の信頼が失われるおそれもある。一般職地方公務員も，任命権者の許可を受けなければ，報酬を得ていかなる事業もしくは事務にも従事してはならない（地公38条1項）。人事委員会は，人事委員会規則により，上記の任命権者の許可の基準を定めることができる（同条2項）。

研究職員に関する特例

一般職国家公務員による営利企業の役員等の兼業については，1998（平成10）年制定の「大学等における技術に関する研究成果の民間事業者への移転の促進に関する法律」を受けて人事院規則14-17（研究職員の技術移転事業者の役員等との兼業）が定められ，研究職員が技術移転事業者の役員の職を兼ねる場合の人事院の承認基準を規定している。また，2000（平成12）年制定の産業技術力強化法を受けて，人事院規則14-18（研究職員の研究成果活用企業の役員等との兼業）が定められ，研究職員が研究成果活用企業の役員等の職を兼ねる場合についての人事院による承認基準について規定している。同年には，人事院規則14-19（研究職員の株式会社の監査役との兼業）も制定されている。このように，研究職員の研究成果・能力を社会還元するための規制緩和が行われている。

公務員の消防団員との兼職に関する特例

消防団員は非常勤特別職の地方公務員であり，市町村は一般に条例に基づき報酬を支払っている。近年，地域防災力の重要性が増大している一方，少子高齢化の進展等により地域における防災活動の担い手を十分に確保することが困難となっていることにかんがみ，2013（平成25）年に制定された「消防団を中核とした地域防災力の充実強化に関する法律」により，公務員の消防団員との兼職に関する特例が定められた。すなわち，同法10条では，一般職の国家公務員または一般職の地方公務員から報酬を得て非常勤の消防団員と兼職することを認めるよう求められた場合には，任命権者は，職務の遂行に著しい支障があるときを除き，これを認めなければならないこととされた（同法10条1項）。また，国および地方公共団体は，消防団員との兼職にかかる職務専念義務の免除に関し，消防団の活動の充実強化を図る観点からその任命権者等により柔軟かつ弾力的な取扱いがなされるよう，必要な措置を講ずることとされた（同条3項）。

(9)　退職管理

1)　意　義

民間においては，退職後の再就職は，契約上特段の義務を負っているような例外的場合を除いて，職業選択の自由の問題である。公務員も職業選択の自由を有するが，これを無規制のまま放置すると，権限と予算を背景とした押付け的な再就職のあっせんが行われ，再就職者の採用数を考慮して補助金を交付したり，官制談合で再就職者採用企業に落札させたりすることにより，公務の公正中立性が阻害されるおそれがある。国家公務員法において一般職公務員の再就職規制を定めているのは，これが公務の公正中立性を確保するという同法の目的を達成するための手段のひとつと位置づけられるからである。

退職管理基本方針　内閣総理大臣は，あらかじめ任命権者と協議して職員の退職管理に関する基本方針を閣議決定し公表しなければならない（国公106条の26第1項・2項）。任命権者は，退職管理基本方針に沿って，職員の退職管理を行わなければならない。

2）国家公務員の退職管理

新しい再就職規制の仕組み　国家公務員法には，離職後2年間，営利企業の地位で，その離職前5年間に在職していた人事院規則で定める国の機関または特定独立行政法人（当時）と密接な関係にあるものへの再就職規制（いわゆる天下り規制）の規定が置かれていた（平成19年法律第108号による改正前の国公103条2項）。これは，地方公務員についてはない，国家公務員独自の規制であった。2007（平成19）年の国家公務員法改正により，これに代わる新しい再就職規制の仕組みが導入された。すなわち，各府省職員等が職員または職員であった者について，営利企業および非営利法人に対し再就職あっせんを行うことを禁止し（国公106条の2第1項），内閣府に置かれる官民人材交流センター（国公18条の7第1項）が，内閣総理大臣の委任を受けて，職員の離職に際しての離職後の再就職の援助を一元的に行うこととなった（国公18条の5第1項・18条の6）。なお，官民人材交流センターは，官民の人材交流の円滑な実施のための支援もあわせて行う（国公18条の5第2項・18条の6）。

官民人材交流センターは2008（平成20）年末に設置された。官民人材交流センターによる再就職援助の一元化実施は，同センター設置後3年以内とされた。一元化実施までの間は暫定的に内閣による事前承認制度が設けられた（平成19年国公附則4条）。「国家公務員法等の一部を改正する法律附則第4条第1項の政令で定める日等を定める政令」（平成21政令第116号）により，各府省による再就職のあっせんは，2009（平成21）年12月31日までとされ，一元化実施が早期に実現することとなった。政府は，官民人材交流センターについて，その設置後5年を経過した場合において，その体制を見直し，その結果に基づき，必要な措置を講ずるものとされた（平成19年国公附則17条）。官民人材交流センターは，職員の離職に際しての離職後の再就職の援助を行っていたが，政権交代に伴い，2009（平成21）年9月から運用が変更され，組織の改廃等により離職せざるをえない場合を除き，再就職のあっせんを行わないこととなり，2010（平成22）年3

月末をもって再就職支援業務を終了した。官民人材交流センターは，引き続き，各府省の民間からの採用に関する情報提供，官民の人材交流の支援を行っている。

職員の求職活動の規制　現職の職員が，自己の職務と利害関係を有するものとして政令で定める企業等に対し求職活動を行うことは原則として許されないことになった（国公106条の3第1項）。ただし，現役出向の場合，在職する局等組織の意思決定の権限を実質的に有しない官職として政令で定める職員が行う場合，官民人材交流センターから紹介された利害関係企業等またはその子法人の地位に就くことに関して行う場合，公務の公正性の確保に支障が生じないと認められる場合として政令で定める場合において，政令で定める手続により再就職等監視委員会の承認を得た職員が当該承認にかかる利害関係企業等に対して行う場合には，例外が認められる（同条2項・3項）。

再就職者による職務上の行為の依頼等の規制　職員であった者であって離職後に営利企業等の地位に就いている者は，離職前5年間に在職していた局等組織に属する役職員またはこれに類する者として政令で定めるものに対し，当該営利企業等もしくはその子法人との間で締結される契約またはこれらに対して行われる処分に関する事務（以下「契約等事務」という）であって離職前5年間の職務に属するものに関し，離職後2年間，職務上の行為をするように，またはしないように要求し，または依頼をしてはならないこととされた（国公106条の4第1項）。また，課長またはこれらに準ずる職以上の職に，離職した日の5年前の日より前に就いていた者は，当該職に就いていたときに在職していた局等組織に属する役職員またはこれに類する者として政令で定めるものに対し，契約等事務であって離職した日の5年前の日より前の職務（当該職に就いていたときの職務に限る）に属するものに関し，同様の規制を受ける（同条2項・3項）。さらに，離職後に営利企業等の地位に就いている再就職者が，行政機関等に属する役職員またはこれに類する者として政令で定めるものに対し，在職中に自らが決定した契約等事務であって当該営利企業等もしくはその子法人が関係するものに関して職務上の行為をするように，またはしないように要求し，または依頼することは，無期限に禁止されることとされた（同条4項）。

現職職員が再就職者から前述の規定により禁止される要求または依頼を受けたときは，再就職等監視委員会に置かれる再就職等監察官（国公106条の14第1項）にその旨を届け出る義務が原則として課されている（国公106条の4第9項）。

再就職者による依頼等の規制の規定に違反して，役職員またはこれに類する者として政令で定めるものに対し，契約等事務に関し，職務上の行為をするように，またはしないように要求し，または依頼した者（不正な行為をするように，または相当の行為をしないように要求し，または依頼した者を除く）は，10 万円以下の過料に処せられる（国公 113 条 1 号）。再就職に関し，不正な行為等があった場合には，刑罰に処せられる（国公 112 条）。

再就職情報の内閣による一元管理

管理職職員であった者は，営利企業等の地位に就く場合には，離職後 2 年間，内閣総理大臣に一定の事項を届け出なければならない（国公 106 条の 24）。内閣総理大臣は，届出を受けた事項について，遅滞なく内閣に報告し，内閣は，毎年度，報告をとりまとめ，政令で定める事項を公表する（国公 106 条の 25）。

再就職等監視委員会による監視体制の整備

再就職等監視委員会は，職員の退職管理に関する調査（国公 18 条の 3・18 条の 4），在職中の求職の特例の承認（国公 106 条の 3 第 2 項 4 号・3 項），再就職者による依頼等の規制の特例の承認（国公 106 条の 4 第 5 項 6 号・6 項）その他国家公務員法および他の法律の規定によりその権限に属せられた事項を処理する（国公 106 条の 5 第 2 項）。再就職等監視委員会に置かれる再就職等監察官は，再就職等監視委員会から委任があった場合，在職中の求職の特例の承認（国公 106 条の 3 第 2 項 4 号・3 項・4 項），再就職者による依頼等の規制の特例の承認（国公 106 条の 4 第 5 項 6 号・6 項・7 項）を行うこと，再就職者から前述の規定により禁止される要求または依頼を受けた現職職員からの届出を受理すること，再就職等規制違反行為について任命権者と共同して調査すること（国公 106 条の 19），再就職等監視委員会のイニシアティブによる再就職等規制違反行為についての調査を実施すること（国公 106 条の 20 第 1 項），その他国家公務員法および他の法律の規定によりその権限に属せられた事項を処理する（国公 106 条の 14 第 2 項）。

在職中の求職の特例の承認（国公 106 条の 3 第 2 項 4 号）を再就職等監視委員会（またはその委任を受けた再就職等監察官）から受けた管理職職員が離職後に当該承認にかかる営利企業等の地位に就いた場合には，当該管理職職員が離職時に在職していた機関は，その者の離職後 2 年間（その者が当該営利企業等の地位に就いている間に限る）は，(i)その者の氏名，(ii)在職機関が当該営利企業等に対して交付した補助金等の総額，(iii)在職機関と当該営利企業等との間の売買，貸借，請負その他の契約の総額，(iv)その他政令で定める事項を公表しなければならない（国公106条の27）。

Column　再就職等監視委員会の権限の内閣総理大臣による行使

再就職等監視委員会は，2008（平成20）年12月31日から活動を開始する予定であったが，委員が国会同意人事であり，参議院の同意が得られないため，委員不在の状況が続いていた。「職員の退職管理に関する政令」（平成20年政令第389号）附則21条は，同委員会の委員長等が任命されるまでの経過措置として，再就職等監視委員会の権限を内閣総理大臣が行使するための読替えを行うこととしている。内閣総理大臣の権限が法律で再就職等監視委員会に委任されている場合において，政令で委任元の機関が権限を行使するようにすることができるかという行政法上の委任についての理論的問題が国会でも議論されたのは興味深い。ようやく，2012（平成24）年2月29日に参議院で，翌3月1日に衆議院で同意が与えられ，同月21日に委員が就任し，活動を始めている。

行政執行法人の役員の退職管理　行政執行法人の役員についても，国家公務員法の退職管理の規定を準用している（独行法54条1項）。

都道府県警察出身の地方警務官の退職管理　都道府県警察出身の地方警務官（特定地方警務官）については，国家公務員法の再就職規制にかかる規定の適用は除外される（警56条の2）。特定地方警務官には，地方公務員法の退職管理に関する規定が，地方公務員と同様に適用される（警56条の3）。

3)　地方公務員の退職管理

地方公務員法においては，民間企業への再就職規制が定められていなかったところ，国家公務員の再就職規制の改革を踏まえた退職管理を導入する地方公務員法改正案が2007（平成19）年の通常国会に提出され，継続審査となっていたが，2009（平成21）年7月21日の衆議院解散に伴い廃案になっている。2012（平成24）年11月15日に国会に提出された地方公務員法改正案も，退職職員による現職職員への働きかけに関する規制等，地方公務員の退職管理の適正を確保するための規定を設けていたが，翌日の衆議院解散により，審議未了廃案となった。ようやく，2014（平成26）年の通常国会で，地方公務員の退職管理について定める地方公務員法改正が実現した。すなわち，(i)営利企業等に再就職した元職員に対し，離職前の職務に関して，現職職員への働きかけを禁止し，(ii)地方公共団体は，国家公務員法の退職管理に関する規定の趣旨および当該地方公共団体の職員の離職後の就職の状況を勘案し，退職管理の適正を確保するために必要と認められる措置を講ずるものとされ，(iii)条例により，再就職した元職員に再就職情報の届け出をさせることができるものとされた。また，(iv)働きかけの規制違反に対する人事委員会または公平委員会による監視体制を整備するとともに，不正な行為をするよう働きかけた元職員への罰則などが設けられた。なお，特定地方独立行政法人の役職員等に対しても，同年の地方独立行政法人法の改正により，同様の措置が講じられた。

4) 退職管理適正化の課題

専門スタッフ職の導入 キャリアと呼ばれる国家公務員の場合，同期入省の者は，本省課長までは，ほぼ例外なく，一律に昇進し，それ以上のポストは限られてくるため，大臣官房が再就職先をあっせんして退職勧奨を行い，同期から事務次官になる者が出るまでに同期の他の者は勧奨退職させる慣行が継続してきた（ノンキャリアの場合は，昇進競争の敗者も，退職勧奨を受けることは多くない）[11]。退職管理の適正化のためには，職員が定年まで勤務できる体制を確立し，年次一律的な昇進管理と結合した定年前の退職勧奨に伴う再就職先のあっせん需要自体を削減する必要がある。そのためには，複線型人事管理が必要であり，職員の専門能力を活用して公務部門で長期間在職可能な専門スタッフ職の早期導入を目指すことが閣議決定されている（前出「公務員制度改革について」4(1)）。

定年延長 公務員の定年と年金受給開始年齢の乖離は再就職先のあっせん需要を生み出す一因となるため，定年が延長されることが望ましい。しかし，この問題は，民間における定年の延長や再雇用の状況等を考慮して判断する必要があり，民間と比較して公務員を優遇することには，国民一般の理解は得難いということで，当面は定年を延長せず，再任用義務付けにより対応する方針が採られたことは，前述した（⇒第2編第2章***6***(**4**)**2**)）。しかし，その後，働き方改革の一環として，国家公務員の定年を延長する国家公務員法改正案が，早ければ2019（平成31）年の通常国会に提出される見込みとなった。

11） 稲継・官僚人事34頁以下参照。

3　公務員の責任

(1) 意　　義

公務員法においては，公務員の義務と並んで公務員の責任が論じられることが多い。その多くは，上記のような義務に公務員が違反した場合に，その責任を問うために課される二次的な義務としての性質を有し，懲戒責任，刑事責任，弁償・賠償責任が存在する。他方，分限責任は義務違反に対する制裁としての性格を有しない。本編では，分限，懲戒について，法定事由以外で不利益処分を受けないという公務員の身分保障の観点から説明したが（⇒第2編第3章*2*(1)〜(3)），他面において，これらは，職務を行う能力に欠けていたり，義務違反を犯したりした場合等において，公務員として負うべき責任としての側面も有する。分限，懲戒についてはすでに述べているので，ここでは，刑事責任と弁償・賠償責任について取り扱う。

(2) 刑事責任

信用失墜行為のうち重大なものに対しては，行政的制裁にとどまらず，刑法により刑事制裁が科される。すなわち，職務執行自体が法益を侵害する職務犯罪として職権濫用罪（刑193条・194条・196条）が，職務に関連して法益を侵害する準職務犯罪として収賄罪（刑197条〜197条の5）が，公務員であることを要件とする真正身分犯として定められている。公立病院における医療事故や公立学校における生徒の事故では，公務員たる医師や教師が業務上過失致死傷罪に問われることがかねてよりあったが，薬害エイズ事件においては，元厚生省生物製剤課長が，危険な血液製剤の販売中止，回収の行政指導を懈怠したことを理由として業務上過失致死罪に問われた（東京地判平成13・9・28判時1799号21頁は一部について有罪判決を出したが，東京高判平成17・3・25高検速報（平17）号99頁は控訴棄却，最決平成20・3・3刑集62巻4号567頁は上告棄却）。

国家公務員法・地方公務員法は，公務員に対する刑罰を定めている（国公109条〜112条，地公60条〜63条）。また，刑法，国家公務員法，地方公務員法以外にも，公務員に対する刑罰を定めているものがある（公選226条・227条）。

(3) 弁償・賠償責任

1) 国家公務員の弁償責任

沿　革　わが国においては，1889（明治22）年に制定された会計法において，無過失責任を基本とする出納官吏の弁償責任制度が導入された。これは，民法制定前であり，損害賠償の過失責任原則が一般に認識されていなかったことも影響していた。そして，会計検査院が正当と判決（会計裁判制度が採られていたわけではないが，「判決」という文言が用いられた）をしたときに，出納官吏の責任が解除されることとされていた。その後，民法，商法が制定され，過失責任原則が定着すると，それとの均衡を図るため，会計検査院は，過失責任原則により判決を行うように運用が変化した。その後，1921（大正10）年に会計法が改正され，出納官吏は，その出納保管にかかる現金につき一切の責任を負うものの，現金を亡失または毀損したときは善良な管理者の注意を怠らなかったことを会計検査院に証明し，責任解除の判決を受けることにより，弁償責任を免れることとされた。戦後，1947（昭和22）年に新会計法が制定され，弁償責任をさらに限定する改正がなされた。

物品会計官吏の弁償責任制度も，1889（明治22）年の会計法で設けられた。この旧会計法においては，物品についての弁償責任も現金の弁償責任と同列に取り扱っていた。なお，1889（明治22）年に制定された物品会計規則（勅令）は，旧会計法施行前に施行されていたが，物品会計官吏の弁償責任は，故意怠慢により保管している物品を亡失毀損したときに限定されていた。旧会計法施行後は，同法の規定が優先的に適用されたのであるが，旧会計法が戦後廃止された後も，1956（昭和31）年に物品管理法が制定されるまで，物品会計規則は有効に存続した。

なお，従前の会計監督制度では，出納系統の職員にのみ現金亡失の弁償責任を負担させ，命令系統の職員は責任を免れていたところ，戦後の混乱期に出納職員以外の者の非違行為に起因して国に多額の経済的損害が発生する事案が多発した。そのため，1950（昭和25）年制定の「予算執行職員等の責任に関する法律」において，命令系統の予算執行職員の弁償責任の規定が設けられた[12)]。

弁償責任を定める法律　以上述べたように，国家公務員が国に職務上損害を与えた場合の弁償責任について，出納官吏については会計法が，物品管理職員については物品管理法が，予算執行職員については「予算執行職員等の責任に関する法律」が，それぞれ，特別の定めを設けている。

弁償責任を定める法律の規定が適用される職員

①　出納官吏　　現金の出納保管をつかさどる職員を出納官吏という（会計38条1項）。各省各庁の長またはその委任を受けた職員が必要があると認めるときは，出納官吏の事務の一部を分掌する分任出納官吏または当該出納官吏もしくは分任出納官吏の事務の全部を代理する出納官吏代理を命ずることができる（会計39条2項）。また，各省各庁の長は，特に必要があると認めるときは，出納官吏，分任出納官吏および出納官吏代理以外の職員（出納員）に現金の出納保管の事務を取り扱わせることができる（会計40条）。出納官吏が，その保管にかかる現金を亡失した場合において，善良な管理者の注意を怠ったときは，弁償の責を免れることができない（会計41条1項）。出納官吏は，単に自ら事務をとらないことを理由としてその責を免れることはできないが，分任出納官吏，出納官吏代理または出納員の行為については，この限りでない（同条2項）。なお，出納官吏に関する規定は出納員に準用されており（会計45条），出納員も出納官吏と同様の弁償責任を負う。

②　物品管理職員　　物品管理者，物品出納官，物品供用官等の物品管理者は，故意または重大な過失により，物品管理法の規定に違反して物品の取得，所属分類の決定，分類換，管理換，出納命令，出納，保管，供用，不用の決定もしくは処分（以下「物品の管理行為」という）をしたことまたは同法の規定に従った物品の管理行為をしなかったことにより，物品を亡失し，または損傷し，その他国に損害を与えたときは，弁償の責に任じなければならない（物品管理31条1項）。物品管理職員でなくても，物品を使用する職員は，故意または重大な過失によりその使用にかかる物品を亡失し，または損傷したときは，その損害を弁償する責に任じなければならない（同条2項）。

③　予算執行職員　　支出負担行為担当官，支出負担行為認証官，支出官，契約担当官等の予算執行職員（予算執行職員2条1項）は，故意または重大な過失により法令の規定に違反して支出等の行為をしたことにより国に損害を与えたときは，弁償の責に任じなければならない（予算執行職員3条2項）。

財務大臣および会計検査院への通知

各省各庁の長は，出納官吏がその保管にかかる現金を亡失したとき，その所管にかかる物品が亡失し，もしくは損傷したとき，または物品管理職員が物品管理法の規定に違反して物品の管理行為をしたこともしく

12）　以上につき，小峰保栄・財政監督の諸展開――日本及び諸外国における独立会計検査の歴史（大村書店，1974年）131頁以下，142頁以下，241頁以下参照。

は同法の規定に従った物品管理行為をしなかったことにより国に損害を与えたと認めるとき，予算執行職員が法令の規定に違反して支出等の行為をした事実があると認めるときは，財務大臣および会計検査院に通知しなければならない（会計42条，物品管理32条，予算執行職員4条4項）。

会計検査院の検定　出納官吏等の弁償責任について会計検査院の検定制度があることは前述した（⇒第1編第12章*4*(4)）。「予算執行職員等の責任に関する法律」は，会計検査院による検定（予算執行職員4条1項）のほかに，職権または再審請求による再検定の制度を設けている（予算執行職員5条1項）。権限ある機関は会計検査院の検定前にも弁償を命ずることができること（会計43条1項，物品管理33条1項，予算執行職員4条3項），検定に直接拘束されるのは行政機関のみであることを理由として，検定の抗告訴訟対象性（処分性）について消極的に解する見解がある[13]。他方，実質的に弁償命令の相手方を拘束する性格を持つことから処分性を肯定する見解もある[14]。また，弁償命令についても，客観的に成立した損害賠償請求権の行使であること，行政上の不服申立てについての特別の定めがないことを理由として，処分性を否定する見解がある[15]。検定，弁償命令の法的性格について不明確な状態は望ましくなく，救済のルートをめぐる混乱を回避するために，これらの法的性格を明らかにする法改正が期待される。なお，会計検査院の検定前に弁償命令が出された場合において，会計検査院が弁償責任がないと検定したときは，すでに納めた弁償金は直ちに還付しなければならない（会計43条2項，物品管理33条2項，予算執行職員4条5項）。

一般職員の不法行為責任　戦前は官吏の公法上の不法行為責任が一般に否定されている中で，特別の官吏について弁償責任の規定が置かれていたが，戦後は，公法私法二元論を基礎として官吏の公法上の責任を否定する論理はとりえない。したがって，現行法上，出納官吏，物品管理職員，予算執行職員以外の一般職員の不法行為責任については特段の規定はないが，このことは，一般職員の国に対する不法行為責任を否定するものではなく，その存在を前提として，出納官吏，物品管理職員，予算執行職員について特則が設けられたとみるべきであろう。しかし，本来ならば，物品管理，予算執行を所掌する職員として高度の注意

13） 塩野・行政法Ⅲ338頁参照。
14） 中西又三「会計職員の責任」行政法大系⑽341～342頁参照。
15） 塩野・行政法Ⅲ338頁参照。

義務が課されるべき物品管理職員，予算執行職員について，故意重過失が要件とされていることおよび国家賠償法1条2項に基づく求償が公務員に故意重過失がある場合に限定されていることとの均衡上，一般職員の国に対する不法行為責任についても故意重過失を要件とする説が有力である。

2) 地方公務員の賠償責任

沿　革　府県吏員の損害賠償については，すでに1900（明治33）年，府県出納吏の賠償責任に関する勅令が出され，現金，証券，物品の亡失毀損についての賠償責任が定められた。府県知事は，府県参事会の議決を経て，賠償責任を免除することができるとされ，知事の処分に不服がある場合には内務大臣への訴願が認められていた。市町村吏員についても，1911（明治44）年，府県吏員に準じた弁償責任が定められた。戦後，1947（昭和22）年制定の地方自治法においては，職員の弁償責任に関する規定は置かれなかった。これは，民法の不法行為責任の問題として処理すれば足りると考えられたからである。しかし，その後，公金の亡失，横領等が多発し，民事上の不法行為責任を民事訴訟で追及するのでは不十分であることが認識され，1950（昭和25）年に，地方自治法に職員の賠償責任の規定が設けられるに至る。しかし，この段階では，職員の賠償責任は民法上の不法行為責任であることが前提とされ，その手続上の特則を定めるという位置づけがなされていた。1963（昭和38）年の同法改正により，賠償責任に関する民法の規定が適用されないこととされ，その性格が変化して現在に至っている。

会計管理者等の賠償責任　地方公務員が地方公共団体に損害を与えた場合の責任については，賠償責任という用語が使われている。そして，(i)会計管理者もしくは会計管理者の事務を補助する職員，資金前渡を受けた職員，占有動産を保管している職員または物品を使用している職員が故意または重大な過失（現金については故意または過失）により，その保管にかかる現金，有価証券，物品（基金に属する動産を含む）もしくは占有動産またはその使用にかかる物品を亡失し，または損傷したときは，これによって生じた損害を賠償する義務を負うこと，(ii)支出負担行為，支出命令，支出負担行為にかかる債務が確定していることの確認，支出または支払，契約の適正な履行を確保するためまたはその受ける給付の完了の確認をするために必要な監督または検査の権限を有する職員またはその権限に属する事務を直接補助する職員で普通地方公共団体の規則で指定したものが，故意または重大な過失により，法令の規定に違反して当該行為をしたことまたは怠ったことにより普通地方公共団体に損害を与えたときも同様に賠償義務を負うことについて，明文の規定を置いている（自治243条の2の2第1項）。この規定によって損害を賠償しなければならない場合においては，同項の職員の賠償責任については，賠償責任に関する民法の規定は適用されない（同条13項）。普通地方公共団体の長が普通地方公共団体に損害を与えた場合は，地方自治法243条の2の2第1項の規定の適用を受けず，住民訴訟により認められた損害賠償責任のみを負うとするのが判例の立場である（最判昭和61・2・27民集40巻1号88頁・地方自治百選108事件〔市川市接待費事件〕）。なお，地方自治法243条の2の2の規定は，地方公営企業の業務に従事する職員の賠償責任について準用されている（地公企34条）。

賠償命令の手続　普通地方公共団体の長は，以上の職員が上記の行為によって当該普通地方公共団体に損害を与えたと認めるときは，監査委員に対し，その事実があるかどうかを監査し，賠償責任の有無および賠償額を決定することを求め，その決定に基づき，期限を定めて賠償を命じなければならない（自治243条の2の2第3項）。監査委員による決定は会計検査院による検定に対応するが，監査委員の決定を経ずに普通地方公共団体の長が賠償命令を出すことは予定されていない。

賠償命令に対する救済　普通地方公共団体の長の賠償命令は行政処分として構成されている。すなわち，地方自治法242条の2第1項4号ただし書の規定による訴訟の判決に従い賠償命令がなされた場合を除き，当該賠償命令に対して，当該普通地方公共団体の長に審査請求をすることができる（自治243条の2の2第10項）。また賠償命令に対し取消訴訟が提起できることが明らかにされている（同条7項）。

住民訴訟との関係　地方自治法243条の2の2による長の賠償命令の対象になる職員の損害賠償責任を同法242条の2の定める住民訴訟によっても追及しうるかという問題がある。この点について，かつて議論があったが，2002（平成14）年の地方自治法改正で立法的整理がなされた。すなわち，普通地方公共団体の長が行う賠償命令（自治243条の2の2第3項）の対象となる者については，当該職員に損害賠償の請求をすることを当該普通地方公共団体の執行機関に対して求める請求（自治242条の2第1項4号）は，当該賠償の命令をすることを求める請求とされている（同号ただし書）。そして，この住民訴訟の判決に従いなされた賠償命令について取消訴訟が提起されているときは，裁判所は，当該賠償命令にかかる損害賠償の請求を目的とする訴訟の手続を中止しなければならないこととされている（自治243条の2の2第7項)。最判平成15・1・17民集57巻1号1頁・地方自治百選70事件は，同法243条の2の2の規定に基づく賠償命令の対象になる者については，住民訴訟で賠償命令を出す場合にも，故意または重過失の存在が必要とする立場をとっている。

長および一般職員の不法行為責任　地方自治法243条の2の2の規定の適用を受けない普通地方公共団体の長や一般の職員は，民法上の不法行為責任を負うことになる。ただし，この場合にも，会計管理者等の賠償責任が，現金を取り扱う場合以外は故意重過失がある場合に限定されていること，国家賠償法1条2項の規定に基づく求償が公務員に故意重過失がある場合とされていることとの均衡上，一般の職員の地方公共団体に対する不法行為責任についても故意重過失を要件とすべきとする説が有力である。しかし，裁判例は，故意または過失で足りるとしている[16)]。

2017（平成29）年の地方自治法改正により，条例において，長や職員等の地方公共団体に対する損害賠償責任について，その職務を行うにつき善意でかつ重大な過失がないときは，賠償責任額を限定してそれ以上の額を免責する旨を定めることを可能にし，条例で定める場合の免責に関する参酌基準および責任の下限額は政令で定めることとされ（同法243条の2第1項)，議会は，この条例の制定または改廃に関する議決をしようとするときは，あらかじめ監査委員の意見を聴取することとされた（同条2項)。そして，住民監査請求があった後に，当該請求にかかる行為または怠る事実に関する損害賠償または不当利得返還の請求権その他の権利の放棄に関する議決をしようとするときは，事前に監査委員の意見を聴取することが義務づけられた（同法242条10項)。

---

16)　碓井光明・要説住民訴訟と自治体財務〔改訂版〕（学陽書房，2002年）175～176頁参照。

第 3 編

公物法

Outline

第３編は公物法を扱う。道路，公園等を私人の利用に供することは，行政主体の側からみれば，給付行政の一環をなす。そこで，『行政法概説Ｉ』において，給付行政の一類型として公物を私人が使用する関係について，簡単な説明を行った。しかし，公物をめぐる法律問題はそれに尽きるものではなく，公物に対する民事法の適用，公物管理と公物警察の相互調整，公物管理と財産管理の関係等，多岐にわたる。そのため，行政法学においては，公物に関する法律問題を包括的に扱う公物法理論を発展させてきた。公物法理論の形成は，公法私法二元論を基礎にしていたが，公法私法二元論を否定しても，なお公物法理論には，学問上も行政実務上も重要な意義が認められ，行政法学の一分野として，公物法を学ぶ意義は大きいと考えられる。もっとも，伝統的な公物法理論には様々な批判があることも事実である。本編では，それらについても説明する。

第１章　公物法の基礎概念

Point

1）　行政主体が直接に公の用に供する有体物を公物という。
2）　国有財産，公有財産であって，行政目的に供されているものを行政財産，行政目的に供されていないものを普通財産という。
3）　いまだ公物ではないが，将来公物とすることが決定されたものを予定公物といい，これについては，公物に準じた取扱いがなされることが多い。
4）　公物は，行政主体自身が利用する公用物と直接に公衆により利用される公共（用）物に分類される。
5）　私人が所有権を有するのが私有公物である。私有公物が存在するのは，公物であるための行政主体の権原が所有権に限らないからである。
6）　個別の公物管理法の適用を受けない公物を法定外公共物という。
7）　里道，水路は，地方分権改革の結果，市町村に譲与（無償譲渡）され，財産管理，機能管理の双方が，市町村の自治事務とされることになった。ただし，譲与の対象になったのは，現に公共の用に供されていた旧建設省所管の里道，水路のみであり，公共用物としての機能を喪失しているものは，国が普通財産として直接管理することになった。
8）　1999 年の海岸法改正と地方分権一括法制定により，法定外公共物である海浜地は存在しなくなった。

9）公物が物に着目した概念であるのに対し，行政主体により公の目的に供される人的・物的施設の総合体を営造物という。しかし，今日では，営造物概念に代えて公共施設概念が広く用いられるようになってきた。公共施設とは，公共の福祉を維持増進するという目的のために，国民の利用に供するものとして行政主体が設ける施設である。

1 公　　物

(1) 意　　義

行政主体が直接に公の用に供する有体物を公物という。公物概念は，比較法的にみて，必ずしも普遍的なものではなく，アメリカのようにこの概念を用いない国もあるが[1)]，わが国は，フランス[2)]やドイツ[3)]の影響を受けて，公物概念を導入し，これを維持している[4)]。しかし，公物という言葉は実定法上使用されているわけではなく，講学上の概念であるにとどまる。公物の概念は，戦前，公法私法二元論を基礎に成立したものであり，公法私法二元論が立法・解釈の指針としては意義を失った今日において，公物概念を維持することに対しては疑問も提起されている[5)]。他方，伝統的な公物概念の枠を超えて，環境を公物ととらえ，公物管理を環境管理の視点から把握すべきとの主張も注目されている[6)]。

1）荏原明則「アメリカにおける水・沿岸・公有地の利用と管理」同・公共施設30頁参照。

2）フランスの公物法について，小幡純子「フランスにおける公物法」公法研究51号238頁以下，同「公物の有効利用と公物占用理論――フランス公物法の変容を中心として」上智法学論集41巻3号33頁以下，木村・港湾80頁以下参照。

3）ドイツの公物法について，磯村篤範「ドイツの公物法理論について」公法研究51号225頁以下，同「ドイツ行政法学における公物理論の展開(1)(2・完)」大阪教育大学紀要38巻1号1頁以下・2号145頁以下，同「ドイツにおける公物法理論の形成(1)(2・完)」法学論叢121巻5号56頁以下，122巻3号78頁以下，土居正典「公物法理論成立史(1)～(4)――ドイツにおける成立と日本行政法学への影響」秋田法学14号1頁以下，15号1頁以下，16号1頁以下，17号1頁以下参照。

4）わが国における公物法理論の継受とその後の展開について，広岡隆「公物法理論の省察」同・公物法の理論（ミネルヴァ書房，1991年）3頁以下，土居正典「公物法理論成立史(5)～(8・完)――ドイツにおける成立と日本行政法学への影響」秋田法学18号1頁以下，19号1頁以下，20号1頁以下，21号42頁以下参照。

伝統的な公物法理論の最大の弱点は環境管理の視点がきわめて稀薄であったことにある。本書は，公物管理における環境の視点を重視する立場に立っている。もっとも，本書においては，公物管理を環境管理の観点から一元的に把握するのではなく，公物管理を災害防止，公衆の利便の増進等の複合的視点から考察し，環境管理は，その中の重要な視点のひとつと位置づけている。

⑵　公物の要件

1)　行政主体による供用

私人による供用　私人が公の目的に供していても公物ではない。たとえば，私人が私道を一般に利用させていたり，自己の所有する空地を一般に開放し，公園として自由に使用させていたとしても，公物ではない。道路運送法は，自動車道事業者が国土交通大臣の免許を受け（道運47条1項），一般自動車道の使用料金を定め国土交通大臣の認可を受け（道運61条1項），当該道路を供用する義務を負う制度（道運65条）を設けているが，この一般自動車道は民間の自動車道事業者が供用するものなので公物ではない。国土交通大臣の免許や認可が行われていること，一般自動車道が道路交通法上の道路とされ（道交2条1項1号），同法の規制を受けることをもって公物になるわけではないのである。地下水については，立法政策としては公物とすることも考えられるが，わが国では，土地所有権に包摂されており，公物ではない。

私有地が建築基準法42条2項の規定に基づく指定を受けて建築基準法上の道路（いわゆる「2項道路」）になったとしても，当該道路は私道であり，行政主体により直接公の用に供されているわけではないので，公物ではない。しかし，2項道路は，準公道としての性格を持つ。東京地判平成19・2・22判時1963号78頁は，「自己の所有地がいわゆる2項道路として指定され，当該2項道路に接す

---

5)　公物の概念をめぐる議論について，松島諄吉「公物の概念」争点〔初版〕154頁以下，同「公物・営造物の概念」争点〔新版〕144頁以下，田村悦一「公物法総説」行政法大系⑼247頁以下，論究ジュリ28号特集2掲載の諸論稿参照。

6)　磯部力「公物管理から環境管理へ」成田退官・国際化時代の行政と法（良書普及会，1993年）25頁以下参照。環境法の分野で語られてきた持続的利用ないし開発の概念を，公物利用とその利用調整の目的として位置づけうるとして公物法の再構成を提唱し，環境保全は公物法理論の中心的位置を占めるべきと主張するものとして，三浦大介「公物法の課題」行政法研究20号151頁以下参照。

ることにより自己所有の建物が建築基準法上の接道義務を満たしている場合には，その土地の所有者は，私法上，他人の通行権を一般的に否定したり，一般的な通行禁止を命ずる裁判を求めたりすることは，特段の事情のない限り，権利の濫用であって許されないものというべきである。けだし，道路は，本来公共の需要を満たすために存在するものであり，自己が建築確認を受けることができたのも，自己のみならず，他人の通行も許容し，その結果都市の安全さ，快適さを確保することを社会一般に対して許容したからなのであって，そのような者は，自己所有の2項道路を他人が通行することも受忍すべき地位にあるからである」と判示している。そして，「2項道路の所有者が通行妨害をした場合に私法上妨害を受けた者が所有者に対してその妨害排除請求をすることができるかどうかはともかく，2項道路の所有者が私法上自ら通行妨害行為をすることができる地位にあることの確認を司法機関に求めることはできない」としている。他方において，2項道路の所有者以外の者による利用について，一般には反射的利益ととらえられており，日常生活上不可欠の利益を有する者に限り，人格権に基づく妨害排除請求が認められている（最判平成5・11・26判時1502号89頁，最判平成9・12・18民集51巻10号4241頁，最判平成12・1・27判時1703号131頁）。

***Column*　建築基準法上の道路**

建築基準法上の道路は，道路法，都市計画法，土地区画整理法，旧住宅地造成事業に関する法律，都市再開発法，新都市基盤整備法，大都市地域における住宅及び住宅地の供給の促進に関する特別措置法または密集市街地整備法による道路（建基42条1項1号・2号），道路法，都市計画法，土地区画整理法，都市再開発法，新都市基盤整備法，大都市地域における住宅及び住宅地の供給の促進に関する特別措置法または密集市街地整備法による新設または変更の事業計画がある道路で，2年以内にその事業が執行される予定のものとして特定行政庁が指定したもの（同項4号）に限定されているわけではない。建築基準法3章の規定が適用されるに至った際現に存在する道，すなわち，現実に道としての実態を備え，幅員が4メートル以上の現存道路（同項3号）は，公道，私道の区別を問わず，法律により包括的に指定されている。土地を建築物の敷地として利用するため，道路法，都市計画法，土地区画整理法，都市再開発法，新都市基盤整備法，大都市地域における住宅及び住宅地の供給の促進に関する特別措置法または密集市街地整備法によらないで築造する政令で定める基準に適合する道で，これを築造しようとする者が特定行政庁からその位置の指定を受けた位置指定道路（同項5号）は，私道が申請に基づき指定を受けて，建築基準法上の道路となるものである。道路の幅員は4メートル以上でなければならないが，建築基準法3章の規定が適用されるに至った際現に建築物が立ち並んでいる幅員4

メートル未満の道で，特定行政庁が指定したものは，2項道路と呼ばれ，幅員4メートル以上の道路とみなされる（同条2項）。最判平成14・1・17民集56巻1号1頁・百選Ⅱ154事件は，告示による2項道路の一括指定は，抗告訴訟の対象となる行政処分であると判示している。建築基準法上の道路については，道路内の建築制限（同法44条），私道の変更または廃止の制限（同法45条）の規制がかかる。

指定管理者制度　公立の図書館，保育所等の公物（「公の施設」と呼ばれる）が民間の指定管理者により管理されている場合（自治244条の2第3項），行政主体により供用されているといえるかという問題が生ずるが，指定管理者は行政主体の管理事務を代行しているので，公物ととらえてよいと思われる。

ＰＦＩ　1999（平成11）年に議員立法で「民間資金等の活用による公共施設等の整備等の促進に関する法律」が制定された。いわゆるPFI法である。PFI（Private Finance Initiative）は，イギリスにおいて，サッチャー政権以来，小さな政府を目指して進められた一連の行財政改革の一環として，1992（平成4）年に導入されたものであり，国が従来行ってきた公共施設の整備や公共サービスをPFIにより民間事業者に委ねることにより，国の財政負担を減らし，かつ，提供する施設・サービスをより効率的なものとするための施策として採用されたものである。

わが国においても，行政主体が公共施設を整備する場合，建設は民間事業者に請け負わせ，管理も民間に委託する例がみられたが，PFIにおいては，民間事業者が自ら施設完成後の管理運営を見越して施設の設計を行うことができる。PFI法によれば，公共施設等の管理者等（各省各庁の長〔衆議院議長，参議院議長，最高裁判所長官，会計検査院長を含む〕，地方公共団体の長，独立行政法人，特殊法人その他の公共法人）が基本方針および実施方針に基づいて特定事業を選定し，その特定事業を実施する民間事業者を公募の方法等により選定し，選定した民間事業者との間で協定（契約）を結んで当該事業が行われることになる。PFI法が対象としている公共施設等の定義では，道路，鉄道，港湾，空港，河川，公園，水道，下水道，庁舎等の多様な公物が含まれている（民活公共施設2条1項）。公物の設置管理がPFI事業者によって行われる場合，行政主体が公の目的に供するといえるのかという問題があるが，指定管理者の場合と同様，肯定してよいと思われる[7)]。

PFI事業の主たるスキームには，BTO方式とBOT方式がある。BTO方式とは，選定事業者が施設を設計・建設し（Build），施設完成後に当該施設を国・地方公共団体等の公的主体に所有権を譲渡し（Transfer），選定事業者が当該施設を維持管理して公共サービスを提供するものである（Operate）。これに対し，BOT 方式とは，選定事業者が施設を設計・建設し（Build），当該施設を所有したまま当該施設を維持管理して公共サービスを提供し（Operate），事業終了後，当該施設を国・地方公共団体等の公的主体に譲渡するものである（Transfer）。その他，選定事業者が既存の対象施設を改修した後（Rehabilitate），当該施設を維持管理して公共サービスを提供する（Operate）RO 方式もある。

***Column*　PFI 事業費の回収**

PFI 事業者が事業費を回収する方法としては，サービス購入型と独立採算型，両者の混合型がある。サービス購入型とは，PFI 事業者のコストを公共主体がサービス購入料として全額支払う仕組みであり，中央合同庁舎 7 号館，8 号館の庁舎整備等の費用，2010（平成 22）年から使用が開始された衆参両院の議員会館の建設費用が国からのサービス購入料で賄われるのがその例である。独立採算型とは，PFI 事業者のコストがサービス利用者が支払う利用料金等により回収される仕組みであり，羽田空港国際線旅客ターミナルビルの整備等の費用が航空旅客の支払う空港使用料やテナントの支払う賃料等で回収されることになっているのがその例である。両者の混合型の例が「高尾の森わくわくビレッジ」であり，施設の改修費は東京都が支払い，運営費は東京都からの支払いと利用者の施設利用料により回収する仕組みになっている。これまでのわが国の PFI 事業の大半はサービス購入型であり，2018（平成 30）年 3 月 31 日現在，サービス購入型が約 70 パーセント，混合型が 23 パーセントで，独立採算型は約 7 パーセントにすぎない。そのため，財政負担の抑制効果は限定的であった。

2011（平成 23）年に PFI 法の重要な改正が行われた。対象施設の拡大（賃貸住宅，船舶，航空機，人工衛星を追加），民間事業者による PFI 事業の提案の制度化（回答義務あり）（民活公共施設 6 条）も重要であるが，最も注目されるのが，公共施設等運営権（コンセッション）制度の導入である。これは，「新成長戦略（2010〔平成 22〕年 6 月 18 日閣議決定）」において，PFI 制度にコンセッション方式を導入し，

7）　PFI 事業と国公有財産有効活用について，碓井光明「PFI・国公有財産有効活用」争点〔第 3 版〕205 頁以下参照。また，PFI と公物法の関係について，小幡純子「公物法と PFI に関する法的考察」塩野古稀(上) 765 頁以下，同「PFI と公物管理法」成田頼明＝園部逸夫＝塩野宏＝松本英昭編・行政の変容と公法の展望（行政の変容と公法の展望刊行会，1999 年）103 頁以下参照。

既存の法制度（いわゆる公物管理法）の特例を設けることにより公物管理権の民間への部分開放を進めるとされたことを受けたものである。公共施設等運営権とは，公共施設等の管理者等が所有権を有する公共施設等であって利用料金を徴収するものについて，運営等（運営および維持管理ならびにこれらに関する企画をいい，国民に対するサービスの提供を含む）を行い，利用料金を自らの収入として収受する事業（民活公共施設2条6項）を実施する権利をいう（同条7項）。公共施設等の管理者等は，PFI事業者に公共施設等運営権を設定することができる（民活公共施設16条）。既存の公共施設等に公共施設等運営権を設定した場合には，公共施設等の管理者等は，当該建設，製造または改修に要した費用に相当する金額の全部または一部を公共施設等運営権者から徴収することができる（民活公共施設20条）。これは，公共施設等運営権設定の対価（コンセッション・フィー）としての性格を持つ。公共施設等運営権者は，公共施設等運営事業を開始する前に，公共施設等の管理者等と公共施設等運営権実施契約を締結しなければならない（民活公共施設22条1項）。公共施設等運営権者は，国民へのサービス提供の対価として，利用料金を自らの収入として収受する（民活公共施設23条1項）。利用料金については公共施設等の管理者等への届出制がとられている（同条2項）。公共施設等運営権は物権とみなされ，同法に別段の定めがあるものを除き，不動産に関する規定が準用される（民活公共施設24条）。公共施設等運営権には抵当権を設定することもできるので（民活公共施設25条），金融機関からの融資や投資家の投資を受けやすい仕組みになっている。このように，公共施設等運営権制度は，公的主体が所有する公共施設等について，財政負担を抑えつつ，民間事業者による自由度が高く安定的な運営を可能にし，利用者のニーズに対応した効率的で高品質のサービスが提供されるようにすることを目的としている[8)]。2013（平成25）年6月6日の民間資金等活用事業推進会議決定では，空港，上下水道における公共施設等運営権制度を積極的に導入することとされた。

***Column*　民間資金等活用事業推進機構**

2013（平成25）年のPFI法の改正により，官民連携によるインフラファンドとして，民間資金等活用事業推進機構（以下「機構」という）を認可法人として設けることとなり，同年10月7日に機構が設立された。機構は，特定選定事業（選定事業であって，

8)　この改正について詳しくは，福田隆之＝赤羽貴＝黒沼匡昭・改正PFI法解説（東洋経済新報社，2011年）参照。

利用料金を徴収する公共施設等の整備等を行い，利用料金を自らの収入として収受するものをいう）または特定選定事業を支援する事業（以下「特定選定事業等」と総称する）を実施する者に対し，金融機関が行う金融および民間の投資を補完するための資金の供給を行うことにより，特定選定事業にかかる資金を調達することができる資本市場の整備を促進するとともに，特定選定事業等の普及に資する支援を行い，もってわが国において特定事業を推進することを目的とする（民活公共施設31条）。業務の中立性・公平性を確保するために，機構には，民間資金等活用事業支援委員会が置かれ（民活公共施設45条），内閣総理大臣の監督（民活公共施設62条）等により，ガバナンス体制を整備している。機構は15年間（2028〔平成40〕年3月末）を目途に業務を終了することとされている。

2018（平成30）年のPFI法改正は，PPP（Public Private Partnership）／PFIを推進するため，①公共施設等の管理者等および民間事業者による特定事業に係る支援措置の内容および規制等についての確認の求めに対して内閣総理大臣が一元的に回答するワンストップ窓口制度の創設，内閣総理大臣が公共施設等の管理者等に対して行う特定事業の実施に関する報告の徴収ならびに助言および勧告に関する制度の創設等，②実施方針条例において定められた利用料金の範囲内で利用料金の設定を行う等の条件を満たした場合に地方公共団体の承認を要しない旨の地方自治法の特例の創設，公共施設等運営権の移転を受けた者を新たに指定管理者に指定する場合において，条例に特別の定めがあるときは，議会に対して事後報告で可とする旨の地方自治法の特例の創設，③2018（平成30）年度から2021（平成33）年度までの間に実施方針条例を定めること等の要件の下で，水道事業・下水道事業に係る公共施設等運営権を設定した地方公共団体に対し，当該地方公共団体に対して貸し付けられた当該事業に係る旧資金運用部資金の繰上償還を認め，その場合において，繰上償還に係る地方債の元金償還金以外の金銭（補償金）を受領しないことを内容としている。

Column　水道事業における官民連携

2018（平成30）年の臨時国会における水道法改正（平成30年法律第92号）は，水道事業を民間開放するものであると報じられることがあった。しかし，この改正前から，「水道事業は，原則として市町村が経営するものとし，市町村以外の者は，給水しようとする区域をその区域に含む市町村の同意を得た場合に限り，水道事業を経営することができるものとする」（水6条2項）と定められていたから，民間事業者も，給水しようとする区域をその区域に含む市町村の同意を得て，かつ，厚生労働大臣の認可（同条1項）を得れば，水道事業を行うことは可能であった。実際，別荘地を開

表　コンセッション事業等の重点分野の進捗状況

空　港

施設	進捗状況
但馬空港	平成27年1月から運営事業を実施中。
関西国際空港 大阪国際空港	平成28年4月から運営事業を実施中。
仙台空港	平成28年7月から運営事業を実施中。
神戸空港	平成30年4月から運営事業を実施中。
高松空港	平成30年4月から運営事業を実施中。
鳥取空港	平成30年7月から運営事業を実施中。
静岡空港	平成31年4月の事業開始に向け，平成30年3月に優先交渉権者を選定。
福岡空港	平成31年4月の事業開始に向け，平成30年5月に優先交渉権者を選定。
南紀白浜空港	平成31年4月の事業開始に向け，平成30年5月に優先交渉権者を選定。
熊本空港	平成32年4月頃の事業開始に向け，平成30年3月に募集要項を公表。
北海道内7空港	平成32年からの事業開始に向け，平成30年4月に募集要項を公表。
広島空港	平成33年4月頃の事業開始に向け，平成29年10月にマーケットサウンディングを開始。

道　路

施設	進捗状況
愛知県道路公社	平成28年10月から運営事業を実施中。

水　道

施設	進捗状況
大阪市	平成27年2月・平成28年2月に実施方針に関する条例改正案を議会に提出したが，成立しなかった（検討継続中）。
奈良市	平成28年3月に実施方針の条例案を議会に提出したが，成立しなかった。平成29年度にデューディリジェンスを実施（検討継続中）。
浜松市	平成29年度にマーケットサウンディングを開始。
伊豆の国市	平成29年度にデューディリジェンスを実施。
宮城県	平成29年度にデューディリジェンスを実施。
村田町	平成29年度にデューディリジェンスを実施。

下水道

施設	進捗状況
浜松市	平成30年4月から運営事業を実施中。
須崎市	平成30年2月に実施方針を公表。
奈良市	平成28年3月に実施方針の条例案を議会に提出したが，成立しなかった。平成29年度にデューディリジェンスを実施（検討継続中）。
三浦市	平成28年12月に事業の調査・審議を行う審議会を設置する条例が公布。
宇部市	平成29年度にデューディリジェンスを実施。
村田町	平成29年度にデューディリジェンスを実施。

文教施設

施設	進捗状況
旧奈良監獄	平成31年10月の史料館運営開始に向け，平成29年12月に実施契約を締結。
有明アリーナ	平成30年度の事業者の募集・選定に向け，平成29年12月に実施方針を公表。
（仮称）大阪新美術館	平成29年11月にマーケットサウンディングを開始。

※文教施設を重点分野に設定する以前である平成27年7月から国立女性教育会館が運営事業を実施中。

公営住宅　※収益型事業・公的不動産利活用事業を含む。

施設	進捗状況
神戸市（東多聞台）	平成28年12月に事業契約を締結。
池田市（石橋）	平成29年6月に事業契約を締結。
岡山市（北長瀬）	平成29年9月に事業契約を締結。
東京都（北青山）	平成30年2月に事業契約を締結。
愛知県（東浦）	平成30年3月に事業契約を締結。
大阪府（吹田佐竹台・吹田高野台）	平成30年3月に事業契約を締結。
埼玉県（大宮植竹）	平成29年5月に基本協定を締結。
京都市（八条）	平成30年1月に事業予定者を決定。

MICE施設

施設	進捗状況
横浜市	平成32年4月の事業開始に向け，平成29年3月に実施契約を締結。
愛知県	平成31年9月の事業開始に向け，平成30年4月に実施契約を締結。

（平成30年7月1日時点。内閣府ウェブサイトより）

発した業者が当該開発区域で水道事業者となるような例も存在した。また，施設の設計や保守点検，水質検査，メーター検針，受付業務等を個別に委託したりする例が，2017（平成29）年度において1714か所（622水道事業者）あり，そのうち，広範囲にわたる複数の業務を一括して委託する包括委託が427か所（141水道事業者）あった。また，浄水場の運転管理業務等の水道管理に関する技術的業務について水道法上の責任を含めて委託が行われる第三者委託については，同年度，民間事業者への委託が191か所（46水道事業者），水道事業者（市町村等）への委託が19か所（13水道事業者）存在した。水道事業者である市町村が資金調達を負担し，施設の設計・建設・運転管理等を民間事業者に包括的に委託するDBO（Design Build Operate）方式は6か所（7水道事業者），PFIも12か所（8水道事業者）存在した。公共施設等運営権方式も，2011（平成23）年のPFI法改正により，制度上は可能になっていたが，実施例はなかった。その一因として，水道法上，施設の運営権を民間事業者に付与するためには，地方公共団体が水道事業の認可を返上することが前提になるところ，不測のリスクが発生した場合に，地方公共団体が責任を負うことができなくなることへの懸念があったことが考えられ，実際，地方公共団体に水道事業の認可を受けた地位を残したまま，公共施設等運営権を設定することができるようにしてほしいという要望が，一部の地方公共団体から寄せられていた。平成30年法律第92号による水道法改正により（従前と同様，PFI法19条4項の規定に基づき地方公共団体の議会の承認の手続を経るとともに），厚生労働大臣の許可を受けることにより，地方公共団体が水道事業の認可を返上することなく，公共施設等運営権を設定することが可能になったのである（水24条の4）。水道事業の公共施設等運営権が設定された場合，水道施設運営権者は，水道料金を自らの収入として収受するが（民活公共施設23条1項），水道料金の範囲等は事前に条例で定められ（民活公共施設18条），地方公共団体が水道施設運営権者の監視・監督を行うことになる（民活公共施設28条・29条）。また，厚生労働大臣は，水道施設運営権者に対して，直接，報告徴収，立入検査を行う権限を有する（水24条の8第2項，39条1項）。

Column　関西国際空港・大阪国際空港の経営統合

海上空港建設の経緯から1兆3000億円を超える巨額負債の元利償還が関西国際空港株式会社の経営を圧迫し，また，大阪国際空港が近隣に存在するために関西国際空港の需要が伸びないという構造的問題に対処するため，2011（平成23）年に「関西国際空港及び大阪国際空港の一体的かつ効率的な設置及び管理に関する法律」（以下「経営統合法」という）が制定された。そして，関西国際空港および大阪国際空港の設置・管理を行うために2012（平成24）年4月1日に新関西国際空港株式会社が設立され，同年7月1日に両空港の経営統合が実現した。経営統合法は，両空港の一体的かつ効率的な設置および管理に資するため，両空港にかかる公共施設等運営権の設定が適時に，かつ，適切な条件で行われるよう努める義務を負い（経営統合法4条2項），新関西国際空港株式会社が両空港の運営をPFI事業として行わせる場合，公共施設等運営権を設定する方式で実施することとしている（経営統合法29条1項）。2013

（平成25）年通常国会において，「民間の能力を活用した国管理空港等の運営等に関する法律」が成立した。同法は，公共施設等運営権制度を活用して国管理空港の運営の民間委託を推進するともに，地方管理空港についても，設置管理者である地方公共団体の判断により，同様に運営等の民間委託を可能にするため，PFI法等の特例措置を定めている。このように，空港運営に広く公共施設等運営権制度を活用することが志向されている。

2）直接公の目的に供すること

普通財産　行政主体が所有している有体物であっても直接に公の目的に供されていないものは公物ではない。たとえば，納税のために物納された土地を売却するまでの間，国・地方公共団体が更地として所有しており直接公の目的に供していない場合には，当該土地は公物ではない。かかる土地は普通財産と呼ばれる（国財3条3項，自治238条4項）。普通財産も国または地方公共団体の資産であり，その管理の適正化を図る必要があるため，国有財産法，地方自治法で規律されている。普通財産の管理については基本的には民法の規定が適用され，その売却は民法上の売買契約による（最判昭和41・11・1民集20巻9号1665頁・百選Ⅰ〔初版〕32事件）。国有財産法，地方自治法は特例を設けているにとどまる。

権原の存在　行政主体が直接公の目的に供するためには権原が必要であるが，それは所有権に限らない。私人の所有する財産であっても行政主体がなんらかの権原を取得し，直接に公の目的に供しているものは公物である。たとえば，民有地を市が借りて公園や農園として市民に提供する場合も公物となる。道路についても，道路法4条が「道路を構成する敷地，支壁その他の物件については，私権を行使することができない。但し，所有権を移転し，又は抵当権を設定し，若しくは移転をすることを妨げない」と規定しているように，行政主体が道路の敷地の所有権を持たずに地上権等の権原を得て道路を供用することもありうる。

行政財産と公物　国有財産，公有財産であって，行政目的に供されている公物（供されることが決定されているものを含む）を行政財産という（国財3条2項，自治238条4項）。公物であっても国・地方公共団体が所有権を有しないものは行政財産ではない。大分地判昭和61・7・14行集37巻7＝8号915頁は，公有財産を地方公共団体自身が直接，特定の行政目的のために供していない場合には，当該財産が間接的に地方公共団体の行政に貢献する機能を果たしたとしても，当該財産が地方公共団体自身の行政執行の物的手段となっているものとはいえず，行政財産に該当しないと判示している（福岡高判昭和63・6・27行集39巻5＝6号531頁も同旨）。

3）有 体 物

公物であるためには有体物でなければならないので，空気のような気体は含まれない。電波は国が管理し，その一部は国が直接公の目的に供しているが，有体物ではないため公物に含まれないと一般に解されている（もっとも，放送局の免許を公物の特許使用の類推で論ずるように，電波について公物法理論が参照されることは稀でない）。固体である必要はなく，水のような液体も公物でありうる。有体物であれば不動産であるか動産であるかを問わないが，鉱物のように費消されるものは原則として公物ではない。地下水は，本来，公物として取り扱われるべきと思われるが，わが国では，土地所有権に包摂されるものととらえられている[9]。ただし，河川の流水は，例外的に公物として取り扱われてきた。

4）公物管理の目的

公物は公の目的に供されるものであるが，公物管理の目的は不変ではない。河川については，従来治水と利水が目的とされてきたが，1997（平成9）年の河川法改正で，「河川環境の整備と保全」も目的として追加されている。同様に，1999（平成11）年の海岸法改正で「海岸環境の整備と保全及び公衆の海岸の適正な利用」が目的として追加されている。

***Column*　公共海岸における海岸環境の整備**

海岸法の目的に海岸環境の整備が加わったため，環境保全の観点からの行為規制が行われるようになった。愛知県遠州灘沿岸は，アオウミガメの産卵地，海洋生物の植生地として貴重な地域であるが，オフロード車等の無秩序な走行がなされていた。そこで，砂浜の自然環境を保全するため，2006（平成18）年1月20日付告示により，自動車，原動機付自転車および軽車両の乗入規制区域の指定が行われた。

公物管理の目的が変化すれば，それに応じて公物の区域も変化しうる。たとえば，治水・利水の観点からは不要であっても，河川環境の整備の観点からは必要な土地を河川区域に含める必要が生ずることがありうる。2003（平成15）年に自然再生推進法が制定されたが，過去に損なわれた生態系その他の自然環境を取り

9）この点への批判として，金沢良雄・水資源制度論（有斐閣，1982年）151頁，294頁参照。

戻すことを目的として，同法に基づき干潟を再生した場合，人工干潟も，「海岸環境の整備と保全及び公衆の海岸の適正な利用」という公の目的に供される公物といえる。公物が複数の目的に供される場合，目的相互間の調整が必要になることがある。たとえば，堤防の敷地上の樹木が堤防の保全の観点からは必ずしも好ましくなくても，河川環境の観点からは貴重であるような場合である。

公物管理が，トレードオフの関係に立ちうる複数の目的の実現を目指す場合，その調整の問題が生ずる。その方法として，マルチステークホルダー・プロセスによる計画策定過程による調整が考えられる。実際，海岸法は，1999（平成11）年の改正で環境・利用を目的に追加した際，あわせて海岸に関する計画制度を導入した。すなわち，同年の改正で，主務大臣（干拓地等に係る海岸保全区域については農林水産大臣〔農林振興局〕，漁港区域に係る海岸保全区域については農林水産大臣〔水産庁〕，港湾区域等に係る海岸保全区域については国土交通大臣〔港湾局〕，上記以外の海岸保全区域については国土交通大臣〔水管理・国土保全局〕）が海岸保全基本方針（海岸保全の基本理念）を定めようとするときは，あらかじめ関係行政機関の長（環境大臣，文部科学大臣）に協議することを義務づけられている（海岸２条の２第２項）。また，都道府県知事は，海岸保全基本方針に基づき，海岸の防護，環境，利用の基本的事項を内容とする海岸保全基本計画を定めなければならないが（海岸２条の３第１項），同計画を定めようとする場合には，あらかじめ関係市町村長および関係海岸管理者の意見を聴かなければならず（同条３項），必要があると認めるときは，あらかじめ海岸に関し学識経験を有する者の意見を聴取する義務がある（同条２項）。また，海岸保全基本計画のうち，海岸保全施設の整備に関する事項で政令で定めるものについては，関係海岸管理者が作成する案に基づいて定める必要があり（同条４項），関係海岸管理者は，その案を作成しようとする場合において必要があると認めるときは，あらかじめ公聴会の開催等関係住民の意見を反映させるために必要な措置を講じなければならない（同条５項）。

***Column*　宮崎海岸トライアングル**

宮崎海岸では，行政・市民・専門家の三者が一体となって海岸事業を進めていることで有名である。すなわち，事業主体である宮崎海岸出張所に設けられた「海岸よろず相談所」は，市民からの意見を受け止めるとともに，能動的に市民からの意見を聴取する活動を行い，市民からなる「宮崎海岸市民談義所」は，多様な意見を出し合い議論を深めるとともに，行政とコミュニケーションを行い，専門家は行政の案に対して技術的・専門的な立場から助言を行っている。

5）予定公物

講学上，予定公物という用語が使用されることがある。これは，いまだ公物ではないが，将来公物とすることが決定されたものをいう。予定公物については，公物に準じた取扱いがなされることが多い。その管理処分について規制がされている例として，河川予定地（河56条・57条），道路予定区域（道91条），公園予定区域（都園33条）がある。国有財産法，地方自治法上も，公用または公共の用に供すると決定したものは，普通財産ではなく行政財産として扱われている（国財3条2項，自治238条4項）。

⑶ 公物の類型

1）公用物と公共用物

区別の意義　公務員を行政の人的手段，公物を行政の物的手段として，広義の行政組織法に位置づける理論体系（行政手段論）の下では，公物を，行政目的を遂行するための手段として行政主体自身が利用する公用物（庁舎やその敷地，職員用の机・椅子・パソコン・筆記具等の備品，公務員宿舎）と，公衆の使用に供することが行政目的であり，直接に公衆により使用される公共（用）物（道路，河川，海岸，公園，空港等）の分類が重要になる。公物法の本来の意義を国民による利用関係に求め，行政作用法の一環としてとらえる視点からも，この分類は重要である。

***Column*　国直轄事業負担金をめぐる議論**

国が直轄で行う事業について，地方財政法17条の2の規定を根拠に地方公共団体がその経費の一部を国に支出する国直轄事業負担金制度については，かねてより，全国知事会から改善要望が出されることはあったが，2009（平成21）年には，大阪府の橋下徹知事（当時）が，同年度予算において，国からの国直轄事業負担金請求額の一部を支払わない方針を明らかにしたこと等のため，大きな社会的注目を集め，同年4月24日には，地方分権改革推進委員会が「国直轄事業負担金に関する意見」を述べている。国直轄事業負担金に対する地方公共団体側の不満は，事前協議がないこと，負担金の積算が示されないこと等もあったが，公共用物である道路，河川自体にかかる負担金ならばまだしも，国の地方支分部局の庁舎建設費のような公用物にかかる費用まで地方公共団体に負担させるのは不合理であるという批判もあった。公共用物と公用物の区別が，国直轄事業負担金をめぐる議論に反映していることは興味深い。その後，関係大臣の発意に基づき設置された総務省，財務省，農林水産省，国土交通省の4省の大臣政務官による「直轄事業負担金制度等に関するワーキングチーム」において，「直轄事業負担金制度の廃止に向けた工程表（素案）」を決定するとともに，2010（平成22）年度は，維持管理にかかる負担金制度が廃止された（特定の事業にかかるものは2011〔平成23〕年度に廃止）。

実定法における用語　国有財産について，公用財産と公共用財産の区別がなされているが（国財3条2項1号・2号），これは公用物と公共用物の区別に対応したものである（公有財産についても，両者の区別は概念上認められるが，地方自治法上は，公用財産，公共用財産という言葉は使用されていない。自治238条4項）。公共用物という言葉は，講学上の概念であるにとどまらず，河川法2条1項（「河川は，公共用物であつて，その保全，利用その他の管理は，前条の目的が達成されるように適正に行なわれなければならない」）のように，実定法上も用いられることがある。また，公共用物は公共物と呼ばれることもあり，実定法上も公共物という言葉が使われる例がある。すなわち，道路運送法74条は，「自動車道事業者は，道路法による道路，河川又は運河の管理者の許可を受けて道路法による道路，河川又は運河に接続し，若しくは近接し，又はこれを横断して一般自動車道を造設することができる」（1項），「前項の管理者は，当該公共物の効用を妨げない限り，これを許可しなければならない」（2項）と規定しており，そこでは，公共物は，道路，河川，運河を指している（その他，国土交通省組織令6条5号・72条4号等参照）。

区別の相対性　公用物と公共用物を截然と区別しうるかについては疑問がある。公立学校は誰もが自由に利用できるものではなく，一般に公用物とされるが，行政主体自身による教育手段としての利用という側面よりも生徒による利用の側面が重視されるべきであり，利用者が限定されているとはいえ，公共用物に近似した面を有する。公用物の典型とされる庁舎についても，宮内庁や防衛省の庁舎のように，一般国民が来訪することはきわめて稀であり，公務員の執務場所としての公用物の性格が濃厚なものもあるが，登記所，市町村の出張所，裁判所のように公共用物としての性格も併有しているといいうるものもある。実務上も，港湾は公共用財産，空港は公用財産とされているように，社会通念と一致しない分類がなされることがあり，このことからも，公用物，公共用物の区別の相対性が窺われる[10]。

公用物の公共用物的利用　とりわけ近時，伝統的に公用物とされてきたものを公共用物としても利用する傾向が顕著になっている。行政文書は，従前は公務員が執務のために利用する公用物であると観念され，法令で公表，閲覧等が義務づけられていない限り，それを公開するか否かは，行政機関の裁量に委ねられてきた。しかし，情報公開法・情報公開条例により，情報開示請求制度が設けられると，不開示情報に該当しない限りは，開示請求者が誰であっても開示されることになり，行政文書は公共用物としての性格も併有することになる。公文書等の管理に関する法律[11]1条は，「公文書等」（行政文書，法人文書，特定歴史公文書等）を「健全な民主主義の根幹を支える国民共有の知的資源として，主権者である国民が主体的に利用し得るもの」と述べており，公文書等の公共用物としての性格が端的に表現されている。ここでは，行政情報の有効利用という側面もあるものの，行政主体の説明責務の履行，国民の「知る権利」の実現という側面が重視されているのである。

他方，公物の有効利用という観点を重視して，従前はもっぱら公用物として利用されてきたものを公共用物としても利用する現象が多方面でみられる。防災のための公用物である防波堤の魚釣りへの開放，治水・利水のための公用物であるダムの湖面におけるボート，カヌー等の利用の解禁，公立学校の校庭・図書館等の休日開放，庁舎最上階の展望室としての一般開放等，枚挙に暇がない。

公用物の公共用物的利用促進の鍵になるのが，空間的時間的分割使用の観念の導入である。すなわち，公用物の場所を限定したり（ダムの湖面のみ，庁舎の最上階のみ，学校の校庭・図書館のみ等），時間を限定したり（防波堤は晴天時のみ，ダム湖は晴天時で水位調節が行われていないときのみ，学校の校庭・図書館は休日のみ等）することにより，公用物としての本来の用途を妨げることなく，公共用物的利用を行う余地が拡大することになるのである。公用物は公用物としてしか用いられないという固定観念は払拭されるべきであろう。公用物の公共用物的利用が進むにつれ，両者の区別は一層相対化することになろう[12]。

10）　港湾は一般に公共用物に分類されているが，主として公共岸壁を念頭に置いて，この分類に疑問を呈するものとして，木村・港湾163頁以下参照。この問題について，木村琢麿「公共施設の管理者の意義に関する若干の考察(2・完)」自治研究90巻4号40頁も参照。

11）　同法については，宇賀克也・逐条解説 公文書等の管理に関する法律〔第3版〕（第一法規，2015年）参照。

12）　宇賀克也「国公有財産有効活用の法律問題」争点〔新版〕334頁参照。

図　スーパー堤防の概念

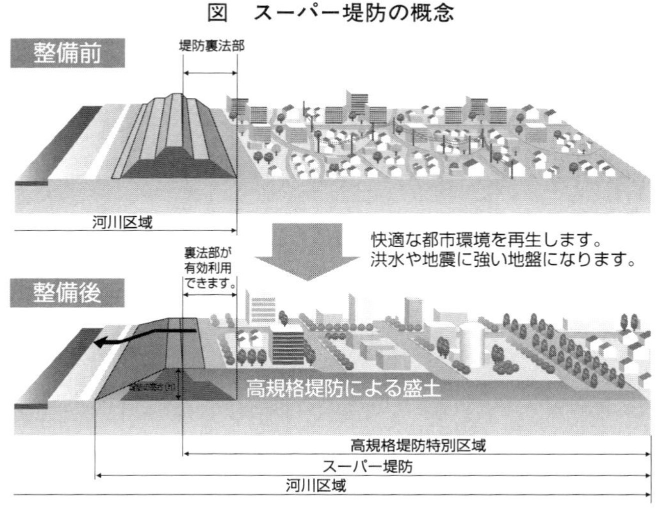

（国土交通省河川局ウェブサイトより）

2）　国有公物・公有公物・私有公物

公物の所有権の所在による分類も可能である。国が所有権を有するのが国有公物，地方公共団体が所有権を有するのが公有公物，私人が所有権を有するのが私有公物である。私有公物が存在するのは，公物であるための行政主体の権原が所有権に限らないからである。

Column　高規格堤防（スーパー堤防）

高規格堤防は，スーパー堤防とも呼ばれ，その敷地である土地の区域内の大部分の土地が通常の用途に供されても計画高水流量を超える流量の洪水の作用に対して耐えることができる規格構造を有する堤防である（河6条2項）。超過洪水の作用によっても破堤しないように堤防の高さの約30倍の幅100～300メートルに及ぶ大規模な堤防である（**図**参照）。高規格堤防が完成するとその敷地である土地の区域は河川区域となるが，通常の利用に供することができる区域を高規格堤防特別区域として指定し，一般の河川区域と比較して規制を緩和している。1987（昭和62）年3月の河川審議会答申を受けて同年度に高規格堤防整備事業が創設され，1988（昭和63）年度において最初の高規格堤防が一部完成している（淀川左岸枚方市出口地区）。1991（平成3）年の河川法改正で法定化された。高規格堤防特別区域の土地は通常は私有地であるが，河川管理施設である堤防として位置づけられている[13)]。

3)　自有公物と他有公物

公物の所有権者と管理者が一致しているものが自有公物であり，一致していないものが他有公物である。公物の管理主体は行政主体であるから，私有公物は他有公物になる。国有公物であっても地方公共団体が管理者である場合，公有公物であっても国が管理者である場合には他有公物になる。

Column　国が地方公共団体に土地を無償で貸し付けている公園

国が地方公共団体に無償で土地を貸し付け，地方公共団体が公園として供用している例は多く，全国で2000件を超える（大阪城公園，熊本城公園，松島公園，山下公園等）。日比谷公園，偕楽園の土地の約9割も国有地であり，国からそれぞれ東京都，茨城県に無償で貸し付けられている。

4)　人工公物と自然公物

公用開始行為

公物は，人工的に設けられる人工公物（道路，港湾[14]，空港，都市公園等）と自然に形成された自然公物（河川，海岸等）に分類されることもある。人工公物のうち公共用物は，公衆の利用が可能となる時点を明確にする必要があるので，公用開始行為（供用開始行為）が行政処分（一般処分）として行われる（人工公物を公衆の利用に供さないこととする場合もその時点を明確にするため，公用廃止行為〔供用廃止行為〕がなされる）。人工公物について黙示の公用開始行為を認めたものとして，東京高判平成26・5・28判時2227号37頁がある。

自然公物の場合には，自然の状態で公衆の利用に供するものであるので，公用開始行為に当たるものはない。1級河川・2級河川の指定や海岸保全区域の指定は，すでに公物であるものについて特別の管理を行うためのものであり，指定により公物になるわけではない。したがって，私有地であっても，地震に伴う地殻変動により海底に埋没したり河川の流水区域になったため海や河川の一部になった場合には，公用開始行為なしに公物になる。

管理瑕疵の判断基準

人工公物と自然公物の区別が実際上重要な意味を持つのは，管理瑕疵の基準である。最判昭和59・1・26民集38巻2

13)　高規格堤防について，宇賀克也「高規格堤防整備事業に関する法律問題」高規格堤防整備事業に係る用地補償に関する研究報告書（財団法人公共用地補償機構，1995年）170頁以下参照。

14)　港湾には，私的に利用されているスペースが多く存在するのが通常であるため，公物とみることに疑問も提起されている。多賀谷一照「港湾管理への法的視角(1)」千葉大学法学論集19巻1号107頁参照。

号53頁・百選Ⅱ237事件〔大東水害事件〕において，最高裁は，自然公物たる河川については，人工公物たる道路とは異なる管理瑕疵の判断基準が適用されるとしている。もっとも，人工公物と自然公物の区別は必ずしも截然とは行いえない場合もある。河川については改修が進むにつれ，人工公物との差異は相対化してくる。最判平成2・12・13民集44巻9号1186頁・百選Ⅱ238事件〔多摩川水害事件〕が，改修済み河川についての具体的な瑕疵判断基準について，改修途上の河川の場合とは異なる基準を用いたことも，そのことの反映といえよう（⇒第Ⅱ巻第2部第22章）[15)]。

資源論・公共信託論　自然公物は古来から継承されてきた国民共有の資産であり有限で，一度失われれば原状回復はほとんど困難な資源である[16)]。したがって，公物は国民の信託に基づき行政主体が管理するものであるという公共信託論[17)]は，とりわけ自然公物について重要な意義を有する。公共信託論によれば，自然公物は国民共有の財産であり，行政主体は，国民の信託を受けてその管理を行うので，管理方針を定めるに当たっては，国民の意思に反しないように，国民の意見を聴取する事前手続が重視されることになる。単に国民から情報を収集するにとどまらず，国民が行政決定過程に参画するパブリック・インボルブメントが，公共信託論と親和的である。1997（平成9）年の河川法改正で，河川管理者は，河川整備計画の案の作成に当たって，必要があると認めるときは，公聴会の開催等関係住民の意見を反映させるために必要な措置を講じなければならないとされたように（河16条の2第4項），住民参加の必要性の認識は高まりつつある。後述する一般公衆による自由使用（⇒第3編第2章***9***(1)1)）は，広範な者による使用であるにもかかわらず，伝統的には反射的利益として弱い地位しか認められなかったが，公共信託論の下では，不特定多数の使用者の意思に反して特定少数の者の利益のために干潟を干拓したりする行為は，信託者の

15)　宇賀・概説Ⅱ475頁以下，同・国家補償法286頁以下参照。

16)　塩野宏「自然公物の管理の課題と方向」同・諸問題320頁，土居正典「公物管理と公物利用の諸問題の検討――公物法の再構成（公共資源管理法の構成）をめざして」雄川献呈・行政法の諸問題(上)（有斐閣，1990年）536頁参照。

17)　原田尚彦「公物管理行為と司法審査――自然公物の利用権と環境権に関連して」同・環境権と裁判（弘文堂，1977年）116頁以下，保木本一郎「公共施設をめぐる法的諸問題」公法研究51号200頁以下，畠山武道・自然保護法講義（北海道大学図書刊行会，2001年）43頁以下参照。

意思に反する行為として位置づけられるので，かかる行為を差し止めるひとつの論拠が提供される。

環境配慮　公物が環境に与える影響への配慮が必要なことは，人工公物であれ自然公物であれ共通している。人工公物の場合には，道路騒音・空港騒音に典型的にみられるように，供用に伴う事業損失の防止が重要な考慮事項となるのに対し，自然公物の場合には，それが有する生態系維持機能，環境保全機能が開発に伴い毀損されることを可及的に防止し，さらに失われた生態系維持機能，環境保全機能を回復することが重要になる。

5)　不動産公物と動産公物

公物には不動産のみならず動産も含まれるので，稀にこの分類がなされることがある。公物管理法制の中心をなすのは不動産公物である。

6)　法定公物と法定外公物

区別の意義　公物は，個別の公物管理法の規定の適用を受ける法定公物と受けない法定外公物を区別することができる。もっとも，わが国では，個別の公物管理法が制定されているのは公共用物に限定されているので（国有財産法，物品管理法は一般には財産管理法と解されている），法定公物と法定外公物の区別が実際上意味を持つのは公共用物の場合である。そこで，以下，法定外公共用物（実務上は，「法定外公共物」と称されるので，以下，この文言を用いる）について論ずることとする。

法定外公共物　法定外公共物は，公物管理のための法律の規定が適用も準用もされない公共用物である。後述するように環境省が所管する国民公園，墓地公園は，都市公園法等の公物管理法の規定の適用を受けないので，法定外公共物といえる。もっとも実務上は，旧建設省所管の国有財産であって，公物管理法の規定が適用も準用もされず，国による管理が行われずに事実上地方公共団体が管理していた公物のみを念頭に置いて法定外公共物と称することが多い。

里道，水路　(a)　意　義　　道路についても法定外公共物が存在する。すなわち，道路法上の道路は，高速自動車国道，一般国道，都道府県道，市町村道であり（道３条），高速自動車国道・一般国道は政令で路線指定がなされ（高速４条１項，道５条１項），都道府県道・市町村道は，それぞれ都道府県知事・市町村長が認定するのであるが（道７条１項・８条１項），かかる手続のとられていない認定外道路（里道）が存在するのである。

河川法の規定は1級河川（国土保全上または国民経済上特に重要な水系で政令で指定したものにかかる河川で国土交通大臣が指定したもの。河4条1項），2級河川（政令で指定された水系以外の水系で公共の利害に重要な関係があるものにかかる河川で都道府県知事が指定したもの。河5条1項）に適用され，1級河川および2級河川以外の河川で市町村長が指定したもの（準用河川）に，2級河川に関する規定が準用される（河100条）。このように河川法の規定の適用も準用も指定を要件とするため，指定のない河川には，同法の規定は適用も準用もされない。これが水路（普通河川）とよばれるもので，法定外公共物の典型例である[18)]。

(b)　問題の所在　　1874（明治7）年の太政官布告120号（「地所名称区別」。1931〔昭和6〕年に地租法により廃止）において，「山岳丘陵藪原野河海湖沼池沢溝渠堤塘道路田畑屋敷等其他民有地ニアラサルモノ」が第3種の官有地とされたため，里道・水路等の所有権は国に帰属すると一般に解されてきた[19)]。1967（昭和42）年の建設省（当時）の調査では，法定外公共物は平野部で約4300平方キロメートルにのぼると推計され（実際には，所有権の帰属が不明で国有地か否かが争われることもある），その大部分は建設省所管の国有財産とされ，国の機関である都道府県知事等が境界画定，用途廃止等の財産管理を行ってきた。境界画定は年に10万件以上，用途廃止は年に1万件以上に達し，事務量が膨大で地方公共団体の負担は大きいにもかかわらず，国有財産であるため，財産の売却金は国の収入となっていた。

法定外公共物の維持，補修等の機能管理については，地方公共団体が条例（普通河川管理条例等）・規則を制定したり，または，かかる条例・規則を制定しないまま，事実上の管理を行ってきた。住民に身近な地方公共団体としては，住民から水路等の安全対策を要望されれば法令上の根拠がなくても対応せざるをえないのである。しかし，法令上の根拠なしに事実上の管理を行うのみであっても，転

---

18)　里道・水路について詳しくは，寶金敏明・里道・水路・海浜——長狭物の所有と管理〔4訂版〕（ぎょうせい，2009年）95頁以下，133頁以下参照。認定外道路（里道）と水路（普通河川）を同一の法定外公共物管理条例で管理することに疑問を提起するものとして，荏原明則「普通河川の管理と法的課題」水野古稀・行政と国民の権利（法律文化社，2011年）324頁参照。

19)　これにより国の所有権が確立したといえるかについては議論があるが，この議論については，塩野宏「法定外公共用物とその管理権」同・諸問題327頁以下参照。

落事故等があると，事実上の管理を行った地方公共団体が国家賠償法2条1項の規定により，河川管理瑕疵に基づく損害賠償責任を負わされることがあり（最判昭和59・11・29民集38巻11号1260頁），地方公共団体は負担のみ負わされ，売却収入等は得られないことに不満を抱いていた。また，事実上の管理を行うことにより管理瑕疵責任を追及されうることは，地方公共団体が法定外公共物を管理するインセンティブを減退させるという問題があった[20)]。

法定外公共物管理法制の改革

かかる背景の下，かねてより，法定外公共物管理法制の整備が課題として認識されてきた。行政監察に基づく勧告，会計検査に基づく指摘も度重なった。1962（昭和37）年2月には地方財務会計制度調査会の「地方財務会計制度の改革に関する答申」において法定外公共物の管理に関する法整備の必要性が指摘された。関係省も手を拱いていたわけではなく，法整備の検討は，かなり早い時期から行われてきた。1953（昭和28）年には，建設省（当時）内で「特殊公共物管理法案」が作成され，1963（昭和38）年には全文41条からなる「公共物管理法案」が建設省（当時）により作成され，1969（昭和44）年には，「特定公共用財産に関する国有財産の特例に関する法律案」が同じく建設省（当時）により作成された。また，地方公共団体においても，具体的な法案要綱案の検討がなされ，1977（昭和52）年には，全国知事会が「公物財産管理法案要綱案」を作成したが，当時の大蔵，建設，自治の関係省の調整がつかず，法案として国会提出されるには至らなかった。1989（平成元）年12月の臨時行政改革推進審議会の「国と地方の関係に関する答申」においては，法定外公共物の管理の実態を踏まえ，その管理の仕組み，敷地にかかる権原の帰属のあり方等に関し，関係者間での検討協議を促進するとともに，管理費用にかかる措置についても検討することとされた。しかし，この答申も具体的成果に結びつくことはなかった[21)]。しかし，1997（平成9）年10月9日の地方分権推進委員会第4次勧告において，法定外公共物の財産管理，機能管理の双方を地方公共団体の事務とすることが，もっとも筋の通った考え方であるという見解が示された。財産管理とは，里道，水路を用途廃止しその敷地を売却して収入を得るというように，財産的価値に着目した管理であり，機能管理とは，里道を補修したり，水路を浚渫したりするように，公物としての機能の維持向上のために行わ

20）水路の実態調査を行ったものとして，室井敬司「法定外の河川その他の公共水域の管理・利用に関する総合的研究(1)」亜細亜法学31巻2号113頁以下参照。

21）以上の経緯について，資料も含め，成田頼明「法定外公共物をめぐって」成田頼明＝西谷剛編・海と川をめぐる法律問題（河中自治振興財団，1996年）153頁以下参照。

れる管理である。これを受けて，地方分権一括法により国有財産法，国有財産特別措置法および河川法の一部改正が行われた。

(c)　法定外公共物管理法制の改革の内容　　地方分権改革に伴う法定外公共物管理法制の改革により，里道，水路は市町村に譲与（無償譲渡）され，財産管理，機能管理の双方が，市町村の自治事務とされることになって，財産管理と機能管理の不一致という事態は解消されることになった。国有財産は法律に基づく場合のほか無償譲渡が禁止されているため（財9条1項），地方分権一括法により，国有財産特別措置法に里道，水路を市町村に譲与することができる旨の規定が設けられた（5条1項5号）。ただし，譲与の対象になるのは，現に公共の用に供されていた旧建設省所管の里道，水路のみであり，公共用物としての機能を喪失しているものは，国が普通財産として直接管理することになった（旧建設省が，1991〔平成3〕年から1992〔平成4〕年にかけて行ったサンプル調査では，宅地，農耕地，資材置場等になり，公共用物としての機能を喪失したものが約5パーセント存在した）。

里道，水路の譲与は，国が職権で行うわけではなく，市町村が公共用物としての機能を有している法定外公共物を特定し，譲与申請を行わなければならない。譲与申請の期限が法定されているわけではないが，地方分権一括法施行後5年を目途に譲与手続を完了することが予定された（「法定外公共物に係る国有財産の取扱いについて」平成11年7月16日建設省会発459号，蔵理2592号，自治行29号，自治調60号）。2005（平成17）年3月31日までに市町村に譲与されなかった法定外公共物については，同日付けをもって一括して用途廃止を行い，同年4月1日以後，国が普通財産として管理することとされた。

市町村への譲与がなされても，里道を認定道路としたり水路を準用河川としたりする手続がとられなければ，里道，水路について公物管理法による規制がなされないという事態は変わらない。里道，水路の機能管理を市町村が適切に行うためには，行為制限等の規制が必要となり，また，地方自治法上，公の施設の管理については条例制定が義務づけられていることに照らし，市町村は譲与を受けた里道，水路の管理条例を制定すべきであろう（京都市里道管理条例，京都市水路等管理条例，越前市里道・水路等管理条例，吹田市認定外道路・水路等管理条例，栗東市法定外公共物管理条例，可児市法定外公共物〔里道，水路等〕管理条例等参照）。

河川指定による土地の無償貸付け　市町村に土地が譲与された普通河川が，その後，1級河川または2級河川として指定された場合には，当該土地は国に無償で貸し付けられたものとみなすこととされた（河100条の2第1項）。他方，準用河川の管理が国の機関委任事務から市町村の自治事務になったため，公物の機能管理のための権原を与えることを目的として，準用河川の用に供されている国有地は当該準用河川を管理する市町村長の統轄する市町村に無償で貸し付けられたものとみなすこととされた（河100条の2第2項）。

海浜地　(a)　一般公共海岸区域制度の導入　　従前は，海岸保全区域には海岸法の規定が適用されたが，海岸保全区域の指定を受けていない法定外公共物（海浜地）が約40パーセントも存在した。地方分権推進委員会第4次勧告は，海浜地については，別途，その適切な管理のあり方を検討することを提言し，1999（平成11）年の「海岸法の一部を改正する法律」[22]と地方分権一括法により，抜本的な改正がなされ，海岸法の目的として従前の津波，高潮等の被害からの海岸の防護にとどまらず，海岸環境の整備と保全，公衆による海岸の適正な利用も追加され，従前の海浜地についての規定も設けられ，法定外公共物は存在しなくなった。すなわち，この改正により，新たに，公共海岸と一般公共海岸区域という概念が導入された。公共海岸とは，国または地方公共団体が所有する公共の用に供されている海岸の土地（他の法令の規定により施設の管理を行う者がその権原に基づき管理する土地として主務省令で定めるものを除き，地方公共団体が所有する公共の用に供されている海岸の土地にあっては，都道府県知事が主務省令で定めるところにより指定し，公示した土地に限る）およびこれと一体として管理を行う必要があるものとして都道府県知事が指定し，公示した低潮線までの水面をいい，公共海岸の区域のうち，海岸保全区域以外の区域は一般公共海岸区域とされた（海岸2条2項）。

***Column*　海岸法が適用される海岸**

法定外公共物たる国有海浜地が一般公共海岸区域として海岸法の規定の適用を受けるようになったことは，海岸のすべてに同法の規定が適用されることを意味するわけではない。すなわち，公共海岸は，他の法令の規定により施設の管理を行う者がその権原に基づき管理する土地として主務省令で定めるものを除き，地方公共団体が所有する公共の用に供されている海岸の土地にあっては，都道府県知事が主務省令で定めるところにより指定し，公示した土地に限るとされている（海岸2条2項）。そして，①砂防法2条の規定により指定された土地，②軌道法3条に規定する運輸事業の用に供されている土地，③土地改良法94条に規定する土地改良財産たる土地，

22）　成田頼明「新たな海岸管理のあり方」自治研究75巻6号21頁以下参照。

④漁港漁場整備法6条1項から4項までの規定により市町村長，都道府県知事または農林水産大臣が指定した漁港の区域のうち海岸保全区域に指定されていない土地，⑤港湾法2条5項に規定する港湾施設（同条6項の規定により港湾施設とみなされたものを含む）の用に供されている土地および同法37条1項に規定する港湾隣接地域のうち海岸保全区域に指定されていない土地，⑥森林法25条1項に規定する保安林または同法41条に規定する保安施設地区，⑦道路法18条1項の規定により決定された道路の区域の土地，⑧空港法4条1項各号に掲げる空港および同法5条1項に規定する地方管理空港の用に供されている土地，⑨都市公園法2条1項に規定する都市公園の用に供されている土地，⑩地すべり等防止法3条1項に規定する地すべり防止区域の土地，⑪河川法6条1項に規定する河川区域の土地，⑫急傾斜地の崩壊による災害の防止に関する法律3条1項に規定する急傾斜地崩壊危険区域の土地，⑬鉄道事業法2条1項に規定する鉄道事業の用に供されている土地は，公共海岸に含まれず（海岸規則1条の3），海岸法の規定の適用を受けない。わが国の海岸線の総延長は約3万5000キロメートルであるが，そのうち，海岸保全区域が約1万3700キロメートル（約39パーセント），一般公共海岸区域が約8500キロメートルであり（約24パーセント），海岸法の規定の適用を受けない保安林，道路護岸，空港，鉄道護岸等は約1万3100キロメートルであり，全体の約37パーセントにのぼる。

Column　人口海浜埋没事故

大蔵海岸を含む東播海岸の大半は，兵庫県知事により海岸法3条1項の指定を受け，同知事を海岸管理者とする海岸保全区域とされた。海岸保全区域内の海岸保全施設に関する工事は，海岸法上，原則として海岸管理者が施行すべきであるが，国（当時の建設省）は，浸食対策事業を進めるため，大蔵海岸を含む海岸保全区域内にある海岸保全施設について，同法6条1項の規定に基づく直轄工事を施行した。直轄工事を施行する場合，主務大臣は，政令（海岸令1条の5）で定めるところにより，海岸管理者に代わってその権限を行うものとされ（海岸6条2項），その代行権限は，地方支分部局の長に委任されていたところ（海岸40条の2，海岸令14条），大蔵海岸の直轄工事に関しては，主務大臣たる建設大臣（2001〔平成13〕年1月の中央省庁組織再編後は国土交通大臣）が持つ代行権限は，建設省近畿地方建設局（前記中央省庁組織再編後の国土交通省近畿地方整備局）の長に委任されていた。

大蔵海岸において，兵庫県明石市が，国の機関である近畿地方建設局長から占用許可を得て，公園の一部として供用し維持管理していた人工海浜において，これと接する突堤に取り付けられた防砂板が破損して砂が海中に吸い出され砂層内に形成された空洞が崩壊し，被害者が陥没孔に埋没して死亡した事故について，最決平成26・7・22刑集68巻6号775頁は，同砂浜は国の直轄工事区域内に存在し，その区域内の海岸保全施設の維持管理を国がしていたこと，国の組織である国土交通省近畿地方整備局姫路工事事務所は，明石市とともに同砂浜で過去に続発していた陥没の対策への取組を開始していたこと等の事実関係の下では，同砂浜を含む海岸の工事，管理事務を担当していた同工事事務所工務第一課の課長には，同課みずから，または明石市に要請する等して安全管理措置を講じ陥没等による死傷事故の発生を未然に防止すべき業務上の注意義務があったと判示した。

(b)　一般公共海岸区域の管理者　　海岸保全区域の管理者は都道府県知事であるが（海岸5条1項），一般公共海岸区域の管理者も原則として都道府県知事とされた（海岸37条の3第1項）。ただし，市町村長も都道府県知事との協議に基づき管理行為を行うことができる（同条3項）。市町村長は，当該市町村の区域に存する海岸保全区域については，海岸管理者との協議に基づき，管理の一部を行うことができるにとどまるが（海岸5条6項），当該市町村の区域に存する一般公共海岸区域については，都道府県知事との協議に基づき，すべての管理を行うことが可能である（海岸37条の3第3項）。

2008（平成20）年3月末において，市町村長が管理している海岸の箇所は，海岸保全区域で52，一般公共海岸区域で24にのぼる。後者の例としては，鳴き砂で著名な京都府京丹後市の琴引浜があり，同市は，琴引浜の自然環境を保全するため，海岸管理条例で花火や喫煙を規制している。

Column　**主務大臣による海岸管理**

1999（平成11）年の海岸法改正で，例外的に主務大臣による海岸管理が認められた。すなわち，国土保全上きわめて重要であり，かつ，地理的条件および社会的状況により都道府県知事が管理することが著しく困難または不適当な海岸で政令で指定したものにかかる海岸保全区域の管理は，主務大臣が行うこととされたのである（海岸37条の2第1項）。主務大臣は，この政令の制定または改廃の立案をしようとするときは，あらかじめ関係都道府県知事の意見を聴かなければならない（同条2項）。これを受けて，「海岸法第37条の2第1項の海岸を指定する政令」（平成11年政令第193号）により，東京都小笠原村沖ノ鳥島の海岸のみが指定されている。沖ノ鳥島は，わが国の国土面積（約38万平方キロメートル）を超える約40万平方キロメートルの排他的経済水域と広大な大陸棚を有する国土保全上きわめて重要な島であるが，東京都庁から約1700キロメートル，小笠原諸島父島からも約900キロメートル離れており，かつ，満潮時には高さ，幅ともわずか数メートル程度の2島（東小島，北小島）が海面上に残るのみであり，年間を通じて高温な熱帯気候で台風の通過ルートにあるという過酷な自然条件のため護岸が劣化しやすいという特色がある。そこで，同島が浸食により水没することを防ぐため，全額国費により維持管理し，保全に万全を期すため，主務大臣の管理する海岸としたのである。

(c)　国所有の公共海岸の土地の無償貸付け　　国有地について地方公共団体の

長に管理権を認めるためには権原が必要と考えられた。そのため，行政財産は，原則として，貸し付け，交換し，売り払い，譲与し，信託し，もしくは出資の目的とし，または私権を設定することができないとする国有財産法18条1項の規定にかかわらず，国の所有する公共海岸の土地は，当該土地の存する海岸保全区域等を管理する海岸管理者の属する地方公共団体に無償で貸し付けられたものとみなすと規定された（海岸40条の3）。

(d)　海浜池の管理　　一般公共海岸区域における公物としての機能管理は，施設または工作物による占用許可（海岸37条の4），土石の採取，水面における施設または工作物の新設・改築等，土地の掘削，盛土，切土その他海岸の保全に支障を及ぼすおそれのある行為等の許可（海岸37条の5）等である。これらの公物管理は都道府県または市町村の自治事務として位置づけられる。他方，国の所有する公共海岸の土地の財産管理は，第1号法定受託事務（国財9条4項，自治2条9項1号）とされた。法定外公共物のうち里道，水路については市町村に譲与され，財産管理は市町村の自治事務とされ，機能管理についても法律では規制せず市町村の自主性を尊重することとしたのに対し，海浜地は地方公共団体に譲与するのではなく無償で貸し付けたものとみなすこととし，機能管理の面についても海岸法で定めることとしたのは，里道，水路と異なり，海浜地の場合，外交や防衛と密接に関わることが考慮されたためである[23)]。

(e)　今後の課題　　1999（平成11）年の海岸法改正は画期的なものと評価できるが，公共海岸の水面部分は低潮線までに限定されていること，地方公共団体により行われる公物の機能管理の中に水面占用許可が含まれていないこと等の問題があり，陸域・水域を一体として管理する沿岸管理法の制定等，なお残された課題も少なくない[24)25)]。2007（平成19）年4月に制定された海洋基本法は，沿岸域の総合的管理のために必要な措置を講ずる義務を国に課す（25条）等，懸案の解決に向けて一歩踏み出したといえ，今後の動きが注目される。

---

23)　地方分権改革に伴う法定外公共物制度の改革について，塩野宏「法定外公共物の概念と制度上の問題点」同・法治主義492頁以下，小幡純子「法定外公共物の管理体制」小早川光郎編・分権改革と地域空間管理（ぎょうせい，2000年）207頁以下，大久保規子「法定外公共用物問題」小早川光郎＝小幡純子編・あたらしい地方自治・地方分権（有斐閣，2000年）144頁以下，亀田健二「法定外公共物」争点〔第3版〕194頁以下参照。

公　園　公園の主なものは，行政主体が権原に基づいて直接に公の用に供している公共物である営造物公園と，行政主体が一定区域内の土地の権原と関係なく，その区域を公園として指定して景観保護等のために土地利用を規制する地域制公園（国立公園，国定公園，都道府県立自然公園）に分類できる。営造物公園については都市公園法，地域制公園については自然公園法が定められている[26)]。都市公園の中には，地方公共団体が設置するもの（上野公園，日比谷公園等）と国が設置する国営公園（武蔵丘陵森林公園，昭和記念公園等。都園2条1項2号）がある[27)]。

都市公園法　都市公園法は，1956（昭和31）年に制定された。公物管理法の一種であるが，以下のような特色がある。第1に，太平洋戦争の終戦直後，食糧難に対応するための農地への転用，住宅不足に対応するための仮設住宅用地への転用，戦災者による不法占拠等により，公園および公園予定地が大量に失われたこと，高度経済成長に伴い都市におけるオープンスペース・緑地が不足し生活環境が悪化したことにかんがみ，市区町村の区域内の都市公園の住民1人当たりの敷地面積の標準（都園令1条の2），

24)　海の管理の問題については，成田頼明「海をめぐる法律問題」成田＝西谷編・前掲注21）1頁以下，同「国内法上の海域の管轄権」新海洋法条約の締結に伴う国内法の研究1号103頁以下，磯部力「公物としての海域と海域利用権の性質」新海洋法条約の締結に伴う国内法の研究2号157頁以下，多賀谷一照「海洋法条約と沿岸域へのその適用」成田＝西谷編・前掲注21）9頁以下，梅田和男「沿岸域および海域にかかる管理法制について――沿岸域保全（総合）利用指針を中心として」同29頁以下，村上武則「新しい形態の海面利用における行政法学上の諸問題」広島法学12巻4号297頁以下，来生新「海の管理」行政法大系(9)342頁以下，横山信二「海・海岸の管理」新争点230頁以下，同「海洋公物管理論」松山大学論集2巻2号53頁以下，荏原明則「海浜・河川・湿地保護の法と課題」同・公共施設65頁以下，同「海域等の利用関係」争点〔新版〕158頁以下，橋本博之「海洋管理の法理」金子古稀・公法学の法と政策(下)（有斐閣，2000年）672頁以下，洞沢秀雄「海の管理における海洋空間計画――イギリスの海洋計画制度を参照して」南山法学40巻3＝4合併号1頁以下参照。

25)　海については，公物法理論の適用自体に問題があるとする指摘もある。櫻井敬子「公物理論の発展可能性とその限界――警察権・統治権からの再定義の必要性」自治研究80巻7号24頁以下参照。

26)　日本のほか，イギリス，韓国等は，自然公園を地域制公園として管理しているのに対し，アメリカ，カナダ，ニュージーランド等は，自然公園を営造物公園として管理している。アメリカの国立公園について詳しくは，久末弥生・アメリカの国立公園法（北海道大学出版会，2011年），鈴木光・アメリカの国有地法と環境保全（北海道大学出版会，2007年）67頁以下参照。

27)　フランスの都市公園について，久末弥生・フランス公園法の系譜（大阪公立大学共同出版会，2013年）参照。

地方公共団体が設置する都市公園の配置および規模の基準を定めていることである（同令2条）。第2に，住宅等，公園の機能に無関係な建物により公園の敷地が占拠されて公園が荒廃し，廃止される例も多数にのぼったことへの反省を踏まえ，公園が本来果たすべき機能を増進するものとして都市公園に設置を認める公園施設の種類を限定し，その面積等，厳格な基準を設けていることである（同令5条～8条）。第3に，都市公園法制定前から，公園内に民間人が経営する売店，飲食店等が存在するという既成事実を無視しえないこと，財政上または経営技術上，公園管理者が自ら設置管理することが不適当または困難な公園施設があることにかんがみ，公園管理者以外の者による公園施設の設置管理を許可することができるとしていることである（都園5条）。第4に，市街化の進展により，都市部におけるオープンスペース・緑地が急速に失われていることにかんがみ，都市公園の保存に関する規定を設けていることである（都園16条）。

Column **国営公園**

2018（平成30）年8月1日現在で供用されている国営公園は，全国に17存在しており，都市公園法2条1項2号イに定める「イ号公園」と同号ロに定める「ロ号公園」に分かれる。「イ号公園」とは，一の都府県の区域を越えるような広域の見地から設置する都市公園施設である公園または緑地であって「ロ号公園」以外のものをいう。都市再生プロジェクト第1次決定を受けて東京湾臨海部の基幹的広域防災拠点として設置された国営東京臨海広域防災公園，中部圏の広域レクリエーション需要に対応するために設置された国営木曽三川公園が「イ号公園」の例である。「ロ号公園」は，国家的な記念事業として，またはわが国固有のすぐれた文化的資産の保存および活用を図るため閣議決定を経て設置する都市計画施設である公園緑地である。昭和天皇在位50年記念事業の一環として設置された国営昭和記念公園，飛鳥地方の文化的資産の保存と活用を図るために設置された国営飛鳥歴史公園が「ロ号公園」の例である。

国が直接に公の用に供しているが，国営公園ではなく，都市公園法の規定の適用を受けないのが国民公園と墓地公園である。国民公園とは，皇居外苑，京都御苑，新宿御苑のことで，戦前までは旧皇室苑地であったが，1947（昭和22）年12月27日，「旧皇室苑地の運営に関する件」についての閣議決定により国民公園としての位置づけがなされ，国の直轄の公園として国民に開放されることとなった。他方，千鳥ヶ淵戦没者墓苑は墓地公園として一般に開放されている。広義の法定外公共物の中には，公物管理法である都市公園法の規定の適用を受けない国民公園および墓地公園，地方公共団体の港湾緑地，条例に基づき設置される公園等も含まれる。

公園施設緑地と民間施設緑地　広義の法定外公共物たる公園緑地を公共施設緑地ということがある。これに対し，公開空地，建築物緑化施設，市民緑地等を民間施設緑地ということがある。

国民公園については，1949（昭和24）年に国民公園管理規則が制定され，同規則4条は，「国民公園内において，集会を催し又は示威行進を行おうとする者は，厚生大臣の許可を受けなければならない」と規定していた。メーデーの集会のための皇居外苑使用申請に対する不許可処分取消訴訟において，最大判昭和28・12・23民集7巻13号1561頁・百選Ⅰ65事件は，傍論においてではあるが，不許可が取消訴訟の対象になる行政処分であることを前提とした上で，「国有財産の管理権は，国有財産法5条により，各省各庁の長に属せしめられており，公共用福祉財産をいかなる態様及び程度において国民に利用せしめるかは右管理権の内容である」と判示している。国有財産法5条は，「各省各庁の長は，その所管に属する行政財産を管理しなければならない」と定めているが，これについては，行政財産の管理権の事務配分を示したにすぎないとする見解があり，公物管理の根拠たりうるかについては議論があるが，いずれにしても法律の具体的委任なしに省令に基づき許可制を採用することが，法律による行政の原理に反しないかという問題がある。その後，1959（昭和34）年に「国民公園及び千鳥ヶ淵戦没者墓苑管理規則」が厚生省令（当時）として制定され（同規則により国民公園管理規則は廃止された），現在は，環境省令の「国民公園，千鳥ケ淵戦没者墓苑並びに戦後強制抑留及び引揚死没者慰霊碑苑地管理規則」になっている（なお，国民公園・墓地公園は，現在は，環境省所管の公共用財産になっている。環境省設置法4条15号）。そこでは一定の行為の許可制（2条），一定の行為の禁止（4条），一定の者の入園拒否（5条），使用料・入園料の賦課（7条）等が定められている。国民の権利義務に関わる内容が法律の明示の委任のない省令で定められているという状態が継続しているのである。

兼用工作物　河川管理施設である堤防が河川管理施設以外の施設である道路と相互に効用を兼ねるような場合の当該施設を兼用工作物という。兼用工作物については，双方の管理者が協議して別に管理の方法を定める（河17条1項，道20条1項本文，海岸15条，地すべり等防止法13条）。管理費用の負担については，双方の管理者が協議して定める（河66条，道55条，海岸

｜30条，地すべり等防止法33条）。

2 営造物

公物が物に着目した概念であるのに対し，行政主体により公の目的に供される人的・物的施設の総合体を営造物という。具体的には，公立の学校をそこに勤務する教職員と校庭，校舎等と一体としてとらえた場合，公立の病院をそこに勤務する医師・看護士等の職員と病棟，医療器具等と一体としてとらえた場合，国公立の図書館を司書等の職員と図書館の建物，蔵書等と一体としてとらえた場合が，営造物の例である。なお，国家賠償法2条1項は，「公の営造物」という言葉を用いているが，立法者意思は，ここでいう「公の営造物」を公物の意味で理解していた[28)]。

営造物という用語は，地方財政法23条1項（「地方公共団体が管理する国の営造物で当該地方公共団体がその管理に要する経費を負担するものについては，当該地方公共団体は，条例の定めるところにより，当該営造物の使用について使用料を徴収することができる」）においても使用されている（その他，営造物という用語が使用されている規定として，沖縄の復帰に伴う特別措置に関する法律67条，地方自治法昭和38年改正附則13条，水害予防組合法23条2項9号・37条2項2号・42条・53条1項がある）。

営造物にも公衆の利用に供される公共用営造物と行政主体自らが使用する公用営造物があるが，前者については，公共施設，公企業の概念で説明されることもある。なお，営造物のうち独立の法人格を有するものを営造物法人ということがある。営造物管理主体が当該営造物本来の目的を実現するために行使する権能を営造物管理権といい，営造物の修繕等の事実行為のほか，営造物の組織，管理，利用等に関する規則（営造物規則）の制定等をその内容とするものとされてきた[29)]。

28）　宇賀・国家補償法233頁参照。
29）　営造物の概念について，原龍之助・公物営造物法〔新版〕（有斐閣，1974年）357頁以下，岡田雅夫「現代行政における『営造物』概念(1)(2・完)」岡山大学法学会雑誌24巻4号35頁以下，25巻1号41頁以下，大久保規子「営造物理論の展開と課題」一橋論叢102巻1号103頁以下参照。

かつて，営造物概念が用いられたのは，非権力的公行政作用を行政法体系に組み入れるために有用な概念と考えられたこと，この概念が特別権力関係論と結合し，特別権力関係の典型例として営造物利用関係が挙げられたこと，営造物法人が公法上の財団法人とされ公法人論において重要な位置づけを与えられたこと等による。しかし，今日では，営造物概念はほとんど用いられなくなっている。

3 公共施設

地方自治法は，施設の行政的側面と財産的側面を峻別し，前者を公の施設としてとらえ，後者を公有財産としてとらえることとし，従前の営造物概念に代えて公の施設概念を用いている（地財24条も参照）。地方公共団体は公の施設の利用について使用料を徴収することができ（自治225条），そのうち法律で定めるものについては，地方税の滞納処分の例により強制徴収をすることができる（自治231条の3第3項）。都市計画法，都市再開発法，都市再生特別措置法は，公共施設を道路，公園等の公共の用に供する施設の意味で用いている（都計4条14項，都開2条4号，都市再生2条2項）。

学問上も，営造物概念に代えて公共施設概念が用いられるようになってきた。公共施設とは，行政主体が公共の福祉を維持増進するという目的で，国民の利用に供するために設けられる施設である[30)]。すなわち，公共施設概念は行政作用法の観点からみて異質の公用営造物を排除し，公共用営造物を給付行政の手段として位置づけたものである[31)]。公用営造物の物的側面は行政財産の管理の問題として[32)]，人的側面は行政組織の問題として取り扱えば足りるので，公用営造物を含めて営造物概念を構成することは無益であるという理解[33)]が，営造物概念に代えて公共施設概念が広く用いられるようになった背景にある。

30） 原・前掲注29）362頁参照。
31） 岡田雅夫「公共施設法に関する一考察」公法研究51号271頁参照。
32） 岡田雅夫「公物」法教226号51頁参照。
33） 小高剛・行政法各論（有斐閣，1984年）245頁参照。

第2章　公物法の基礎理論

Point

1)　公物管理法は，公物の国民による利用関係の規律を主眼とするものであるので，公共用物を対象としている。これに対して，公用物については，公物管理法は制定されていない。

2)　住民の福祉を増進する目的をもってその利用に供するための施設を公の施設という。

3)　公物に対する危害を防止し，公物の機能が適切に発揮されるようにするため，公物管理法で公物に隣接する区域の土地利用を一方的に規制する場合がある。

4)　公共用物は，公衆の利用に供されるので，公衆に対して，いつの時点から利用可能なのかを明確にする必要が生ずる。これが公用開始行為であり，人工公物たる公共用物の成立要件になる。

5)　伝統的に公物の基本的な使用形態とされてきたのが自由使用である。許可を要せずに公衆が公物の本来の目的に従って，他人の共同使用を妨げない限度において自由に使用することを認められている場合を意味する。

6)　許可使用とは，本来的には自由な行為であるが，公物管理または公物警察の観点から一定のものについて禁止し，申請に基づき禁止を解除するものである。

7)　特許使用とは，一般には認められない公物（通常はその一部）の排他的使用を特定の者に認めるものであり，公物使用権の特許ともいわれる。

8)　行政財産は，貸し付け，交換し，売り払い，譲与し，信託し，もしくは出資の目的とし，または私権を設定することができないのが原則である。しかし，行政財産への私権設定禁止原則は，次第に緩和される傾向にある。

1　公物に関する法制

(1)　国による公物管理

公物については通則法が存在するわけではない。公物管理法と総称される個別法典が存在するのみである。また，公物のすべてについて個別法典が存在するわけでもなく，管理法が存在しないものもある。そこで，公物の分野では，公物法一般理論は学説に負うところが大きい。学説により形成された公物法一般理論が，立法や解釈に際しての指針として機能してきたのである。すなわち，公物法一般理論は，実定法制を説明するための概念（説明概念）にとどまらず，立法や解釈に当たり参照される概念（道具概念）としての性格を有する。

公物管理法は，公物の国民による利用関係の規律を主眼とするものであるので，公共用物を対象としている。道路法，都市公園法，港湾法，河川法，海岸法がその例である。これに対して，公用物については，公物管理法は制定されていない。

Column　道路法以外の道路

道路についての基本的法律は道路法であるが，道路法以外の法律が定める道路もある。道路運送法が定める自動車道（2条8号），土地改良法が定める農業用道路（2条2項1号），森林法が定める林道（4条2項4号），都市公園法が定める園路（2条2項1号），港湾法が定める臨港交通施設としての道路（臨港道路。2条5項4号）等である。道路交通法上の道路，道路運送車両法上の道路には，道路法上の道路のみならず，道路運送法上の自動車道（箱根ターンパイク等）なども含まれる（道交2条1項1号，車両2条6項）。

最判昭和57・10・7民集36巻10号2091頁・百選Ⅰ〔第4版〕72事件・公務員百選77事件は，旧郵政省庁舎管理規程6条（「庁舎管理者は，法令等に定めのある場合のほか，庁舎等において，広告物又はビラ，ポスター，旗，幕，その他これに類するもの（以下「広告物等」という。）の掲示，掲場又は掲出をさせてはならない。ただし，庁舎等における秩序維持等に支障がないと認める場合に限り，場所を指定してこれを許可することができる」）について，国有財産法に基づく行政財産の目的外使用許可(⇒本章***9***(2))ではないとし，庁舎管理権に基づく許可制と解している。法律の具体的な委任なしに訓令で許可制を設けることを特に問題視していないので，庁舎管理規則においては，法律の具体的な委任なしに許可制を採用しうるという立場を前提としているようにも思われる。これは，庁舎が公用物であり，公務員により利用されるものであるから，国民との関係を直接に規律するものではないという理解に基づくものともみられる。しかし，庁舎管理は来訪者にも影響を与えるし，とりわけ，近時，展望室を設ける等，庁舎の一部の公共用物としての利用が増加していることにかんがみると，庁舎管理を行政内部関係とのみとらえる見方は再考を要しよう[1]。

⑵　地方公共団体による公物管理

住民の福祉を増進する目的をもってその利用に供するための施設を公の施設という（自治244条1項)。これは施設の行政的側面に着目した概念である。公民館，図書館のような公共用物は，公の施設である。公物とは異なり，当該地方公共団体の住民の利用を念頭に置かない観光ホテル，域外の特産品販売所，純然たる試験研究所は公の施設ではない。庁舎も，一般に公の施設とはされていない。また，住民の福祉を直接の目的とせず，財政上の必要から設けられた競馬場，競輪場等の公営競技施設も公の施設に含まれないと一般に解されている。

普通地方公共団体は，法律またはこれに基づく政令に特別の定めがあるものを除くほか，公の施設の設置および管理に関する事項は，条例で定めなければならない（自治244条の2第1項)。このように，地方公共団体においては，公の施設の条例主義が採られているため，利用規則は条例の委任に基づいたものとなるのが原則である。したがって，公の施設の管理条例も，公物法の法源の重要な一角を占める[2]。しかし，公の施設のすべてについて例外なく条例主義がとられるべきかについては議論がある。地方公共団体が小規模な私有地を賃貸借契約または使用貸借契約により借りて，児童公園として住民の利用に供するような場合，すべて個別に条例を制定することは要求されていないという意見もある[3]。このように公の施設の条例主義が適用されない小規模施設がありうるとすると，地方公共団体の管理規則により許可制を設けることについては，国民公園の管理規則と同様の問題（⇒第3編第1章***1***⑶）が生ずる[4]。なお，国の庁舎と同じく地方公共団体の庁舎についても公物管理法は存在しない。

***Column*　特定離島港湾施設と特定港湾運営会社**

一般国道（道3条2号）の政令指定区間，一級河川（河4条1項）の管理は国土交通大臣が行う（道13条1項，河9条1項。ただし，一級河川の指定区間は都道府県知事が行うとすることができる。河9条2項)。空港法も，国土交通大臣が設置し管理する国営空港に

1)　庁舎の管理については，菊井康郎「官公庁舎の管理・使用」行政法大系⑼328頁以下参照。
2)　公の施設については，宇賀・地方自治法383頁以下参照。
3)　塩野・行政法Ⅲ225頁参照。
4)　塩野・行政法Ⅲ354頁参照。

ついて定めている（空港法4条1項)。しかし，港湾については，国の関与が非常に制限されているのが特色である。これは，連合国軍最高司令部が，港湾を軍事施設としてとらえ，日本の再軍備を警戒して，国が管理する港湾を認めず，地方公共団体が設立する港務局または地方公共団体のみを港湾管理者としたことに由来する（港湾2条1項)。2010（平成22）年に制定された「排他的経済水域及び大陸棚の保全及び利用の促進のための低潮線の保全及び拠点施設の整備等に関する法律」によりようやく，特定離島港湾施設（8条）の存する港湾における水域占用の許可等は，国土交通大臣が行うことになり（9条)，初めて国直轄の港湾が認められることになった。

また，2011（平成23）年の港湾法改正により，国策として戦略的に施策を集中する港湾を国際戦略港湾として政令で指定することができるようになり（2条2項)，2014（平成26）年の同法改正により，国際戦略港湾の運営会社が行う埠頭群の運営の事業の効率化および高度化を図ることが特に必要であると認めるときは，特定港湾運営会社に対し，政府が出資することが可能になった（43条の25)。

2 公物と民事法

(1) 私人の所有権

穂積八束博士が，「余ハ公用物ノ上ニ『此ノ処民法入ル可カラス』ト云フ標札ヲ掲ケ新法典ノ実施ヲ迎ヘントス」[5)]と述べたことは有名である。公物に民事法の規定が適用されるかについては，かねてより議論されてきた。まず，公物を構成する有体物について私人の所有権が成立しうるかという問題があるが，私有公物についての説明で述べたとおり（⇒第3編第1章*1*(3)2)），このことは否定されていない。実定法上も，このことが前提とされており，たとえば，道路法4条は，「道路を構成する敷地，支壁その他の物件については，私権を行使することができない。但し，所有権を移転し，又は抵当権を設定し，若しくは移転することを妨げない」と規定している。これは，私人が道路を構成する敷地等について所有権を有することがありうること，その場合，道路管理者は当該私人から権原を得て他有公物として道路を供用すること，私人が所有権を移転しても道路法に基づく制限は継続することを前提としている[6)]。都市公園法32条も同旨である。

5) 穂積八束「公用物及民法」穂積八束博士論文集（1913年）412頁参照。
6) 同条について，広岡隆「道路法4条の私権制限」同・公物法103頁以下参照。仲野武志「公物と私所有権(5・完)」自治研究92巻10号62頁以下は，道路の敷地に私人の所有権を認める法制に至った歴史的経緯を精緻に分析している。

ただし，河川法は，河川の流水が私権の目的となることを否定しているので（河2条2項），これについては私人の所有権は成立しない。旧河川法3条においては，河川の敷地についても私権の成立を認めていなかったが，現行河川法は，河川の敷地については私人の所有権が成立することを肯定している。この場合，河川管理者は，河川の敷地について権原を取得するわけではなく，当該私人が権原に基づき管理することが認められている（河24条かっこ書）。すなわち，私人所有の河川敷については，私有公物になるわけではなく，土地利用が規制されるにすぎない[7)]。

なお，そもそも私人の所有が認められない土地があるのかという問題がある。最判昭和61・12・16民集40巻7号1236頁〔田原湾干潟訴訟〕は，「海は，古来より自然の状態のままで一般公衆の共同使用に供されてきたところのいわゆる公共用物であつて，国の直接の公法的支配管理に服し，特定人による排他的使用の許されないものであるから，そのままの状態においては，所有権の客体たる土地に当たらないというべきである」と判示している。しかし，海も，およそ人の支配の及ばない深海を除き，その性質上当然に私法上の所有権の客体となりえないというものではなく，国が行政行為などによって一定範囲を区画し，他の海面から区別してこれに対する排他的支配を可能にしたうえで，その公用を廃止して私人の所有に帰属させることが不可能であるということはできず，そうするか否かは立法政策の問題であって，かかる措置をとった場合の当該区画部分は，所有権の客体たる土地に当たると解することができるとする。そして，現行法は，公有水面埋立法が，公有水面の埋立をしようとする者に対しては埋立の免許を与え，埋立工事の竣工認可によって埋立地を被免許者の所有に帰属させることとしていることに照らせば，海について海水に覆われたままの状態で一定範囲を区画しこれを私人の所有権に帰属させるという法制度は採用していないと解されるが，過去において，国が海の一定範囲を区画してこれを私人の所有に帰属させたことがあったとしたならば，現行法が海をそのままの状態で私人の所有に帰属させるという制度を採用していないからといって，私人の所有権の客体性が当然に消滅するものではなく，当該区画部分は今日でも私人の所有権の客体たる土地としての

7)　阿部泰隆・行政の法システム(上)〔新版〕（有斐閣，1997年）186頁，三本木健治「河川の管理」行政法大系(9) 383頁参照。

性格を保持しているものと解すべきであると述べている。また，私有の陸地が自然現象により海没した場合についても，当該海没地の所有権が当然に消滅する旨の立法は現行法上存しないから，当該海没地は，人による支配利用が可能であり，かつ他の海面と区別しての認識が可能である限り，私人の所有権の客体たる土地としての性格を失わないものと解するのが相当であるとしている[8]。

⑵ 強制執行

私有公物を構成する土地物件について，強制執行が可能かという問題がある。かつては，公物の不融通性の法理による否定説がみられたが，今日では，道路を構成する敷地，支壁その他の物件についても，都市公園を構成する土地物件についても，所有権の移転，抵当権の設定・移転が明文で認められており（道4条ただし書，都園32条ただし書），強制執行も否定されていないと解すべきであろう。強制執行の結果，新たに所有権を取得した者も，公物としての制限を受けるのであるから，公益に支障は生じない。

⑶ 取得時効

公物を構成する土地物件について，私人が取得時効により所有権を取得しうるかという問題がある。この点については学説が分かれていたが，最判昭和44・5・22民集23巻6号993頁は予定公物の時効取得を認め，さらに最判昭和51・12・24民集30巻11号1104頁・百選Ⅰ32事件は，公図上は水路として表示されていた国有地が水路としての外観をまったく喪失し，長年公共目的に供されることなく放置されていた事案において，「公共用財産が，長年の間事実上公の目的に供用されることなく放置され，公共用財産としての形態，機能を全く喪失し，その物のうえに他人の平穏かつ公然の占有が継続したが，そのため実際上公の目的が害されるようなこともなく，もはやその物を公共用財産として維持すべき理由がなくなった場合には，右公共用財産については，黙示的に公用が廃止されたものとして，これについて取得時効の成立を妨げないものと解するのが相当である」と判示し，これと趣旨を異にする大審院判例（大判大正8・8・24民録25輯336頁等）を変更した。そして，最判昭和52・4・28集民120号549頁は，道路につ

8） この問題について，阿部泰隆・行政法の解釈（信山社，1990年）1頁以下が詳しい。

いても黙示的に公用が廃止されたとして時効取得を認めている[9]。東京地判平成26・6・5判タ1421号347頁も，公共用財産である土地について，黙示の公用廃止が認められるとして，その時効取得を肯定している。

⑷　相隣関係

民法の相隣関係の規定（民209条〜238条）が公物とその隣接地との間でも適用ないし類推適用されるかについては，学説・判例ともにこれを肯定する傾向にある[10]。相隣関係は，相隣接する土地の利用を調整するために双方が自己の権能を一定範囲で制限し協力する関係であるが，公物に対する危害を防止し，公物の機能が適切に発揮されるようにするため，公物管理法で公物に隣接する区域の土地利用を一方的に規制する場合がある。たとえば，道路法は，「道路管理者は，道路の構造に及ぼすべき損害を予防し，又は道路の交通に及ぼすべき危険を防止するため，道路に接続する区域を，条例（指定区間内の国道にあつては，政令）で定める基準に従い，沿道区域として指定することができる」（道44条1項本文），「沿道区域内にある土地，竹木又は工作物の管理者は，その土地，竹木又は工作物が道路の構造に損害を及ぼし，又は交通に危険を及ぼす虞があると認められる場合においては，その損害又は危険を防止するための施設を設け，その他その損害又は危険を防止するため必要な措置を講じなければならない」（同条3項），「道路管理者は，前項に規定する損害又は危険を防止するため特に必要があると認める場合においては，当該土地，竹木又は工作物の管理者に対して，同項に規定する施設を設け，その他その損害又は危険を防止するため必要な措置を講ずべきことを命ずることができる」（同条4項），「道路管理者は，前項の規定による命令により損失を受けた者に対して，通常生ずべき損失を補償しなければならない」（同条5項）と定めている。河川保全区域（河54条・55条），特別沿道区域（高速13

9）　この問題については，田中二郎「公物の時効取得」同・公法と私法（有斐閣，1955年）183頁以下，山田幸男「公物の時効取得」ジュリ300号116頁，広岡隆「公物の時効取得」同・公物法52頁以下，神長勲「公物の取得時効——所有権確認請求事件」森泉還暦・現代判例民法学の課題（法学書院，1988年）183頁以下，多賀谷一照「公物の時効取得」争点〔新版〕150頁以下，荏原明則「公物の時効取得」新争点224頁以下，遠藤浩「公物の時効取得」加藤一郎＝米倉明編・民法の争点（有斐閣，1978年）73頁以下参照。

10）　桜田誉「公物と相隣関係」争点〔新版〕148頁以下参照。

条・14条)，港湾隣接区域（港湾37条1項）も同様の例である。公共の用に供する飛行場についても，告示で示された進入表面，転移表面または水平表面の上に出る高さの物件の設置等が原則として禁止され（航空49条1項），飛行場設置者は違反物件の権原を有する者に対し除去を命ずることができるとされている（同条2項)。隣接区域への公物管理者の規制権限を公物管理権に含める見解もあるが，公物管理権の根拠を権原に求める場合（⇒本章**5**⑷），公物管理者は隣接区域には権原を有するわけではないので，土地利用規制の一種と解することになる。

かかる制限は，一般に所有権に内在する制約で補償を要しないと解されているが，特別沿道区域のように補償や買取の規定を設けている例がある（高速15条)。これは高速道路が通常の道路と異なる特殊な公物であること，道路法の沿道区域よりも厳しい制限が課されていることによるものと解されている。また，制限のかかる時点に現存していた物件を除却しなければならない場合には，補償を行ったり買取請求を認めたりする例がある（航空49条3項・4項)。

⑸　占 有 権

最判平成18・2・21民集60巻2号508頁・地方自治百選56事件は，地方公共団体が，道路を一般交通の用に供するために管理しており，その管理の内容，態様によれば，社会通念上，当該道路が当該地方公共団体の事実的支配に属するものというべき客観的関係にあると認められる場合には，当該地方公共団体は，道路法上の道路管理権を有するか否かにかかわらず，自己のためにする意思をもって当該道路を所持するものということができるから，当該道路を構成する敷地について占有権を有するというべきであると判示している。そうであるとすると，かかる占有権を有する地方公共団体は，占用権に基づいて占有保全の訴え（民199条）を提起しうるのかが問題になる。道路を構成する敷地の所有権を有しない道路管理者にあっては，道路法上の監督権限のみでは，事前に交通妨害行為をしないように求めることができないため，占有保全の訴えが認められれば，かかる場合に有効な公物管理の手段となりうる。

3　公物管理における公私協働

最近，公物管理の分野でも公私協働が大きく進んでいる。ここでは，その例として，2013（平成25）年の水防法および河川法の改正，2014（平成26）年の海岸法改正による公私協働の推進について説明する。

2013（平成25）年の水防法および河川法の改正により，水防協力団体の業務として，水防に必要な器具，資材または設備を保管し，および提供することが追加された（水防37条2号）。そして，水防協力団体による河川区域内の水防倉庫等の設置については，占用許可等の手続が簡素化され，河川管理者との協議の成立をもって，許可または承認があったものとみなすこととされた（河37条の2）。この協議では，主体の審査は省略することができ，行為のみ審査することになる。

河川法の同改正で，河川管理者は，(i)河川管理者に協力して，河川工事または河川の維持を行うこと，(ii)河川の管理に関する情報または資料を収集し，および提供すること，(iii)河川の管理に関する調査研究を行うこと，(iv)河川の管理に関する知識の普及および啓発を行うこと，(v)以上に掲げる業務に附帯する業務（河58条の9）を適正かつ確実に行うことができると認められる法人その他これに準ずるものとして国土交通省令で定める団体を，その申請により，河川協力団体として指定することができるようになった（河58条の8第1項）。そして，河川協力団体が上記業務として行う国土交通省令で定める行為についての河川法20条（河川管理者以外の者の施行する工事等），24条（土地の占用の許可），25条後段（土石等の採取の許可），26条1項（工作物の新築等の許可），27条1項（土地の掘削等の許可）および34条1項（権利の譲渡。同法24条および25条後段の許可にかかる部分に限る）の規定の適用については，河川協力団体と河川管理者との協議が成立することをもって，これらの規定による許可または承認があったものとみなされる（河58条の13）。2018（平成30）年3月22日現在で，河川協力団体の指定数は，265（国土交通大臣指定259，都道府県知事指定6）にのぼる。

河川法の同改正ではさらに，河川管理施設の維持（堤防上の草刈り等）等の委託先として，従前の地方公共団体に加えて，河川協力団体および一般社団法人，一般財団法人が追加された（河99条1項，河則37条の6）。委託を受けた団体等が当該委託を受けた事項について河川法上の許可または承認を得る必要がある場合，当該団体等と河川管理者との協議が成立することをもって，許可または承認があったものとみなされる（同条2項）。

2014（平成26）年の海岸法改正では，海岸管理者は，海岸の維持等を適正かつ確実に行うことができる法人その他の団体を海岸協力団体として指定することができることとされ（海岸23条の3第1項），海岸協力団体の活動上必要な同法の許可については，海岸協力団体と海岸管理者との協議が成立することをもって，許可があったものとみなすこととされた（海岸23条の7）。

Column　公私協働による特定利用推進計画の作成

河川協力団体，海岸協力団体の指定制度とはかなり性質を異にするが，2013（平成25）年の港湾法改正で導入された特定利用推進計画の制度も広義の公私協働を定めたものといえる。この改正で，国際戦略港湾，国際拠点港湾または重要港湾の中で輸入ばら積貨物の共同化促進のために特に重要なものを特定貨物輸入拠点港湾として国土交通大臣が指定することができることとされた（港湾2条の2）。特定貨物輸入拠点港湾の港湾管理者が特定利用推進計画を作成するに当たり，特定埠頭の運営の事業に関する事項を定めようとするときは，あらかじめ，その実施主体として定めようとする者の同意を得なければならないので（港湾50条の6第5項），民間事業者等で構成される協議会との間で合意を形成して計画を作成することになる。そして，特定利用推進計画の実施に当たっては，港湾区域，臨港地区内の工事の手続等の特例（港湾50条の8）を設けて事業実施の迅速化を図り，税制上の特例措置も講ずることとされている。このように，民間事業者の協力を得て特定貨物取扱埠頭の機能の高度化を図る一方，協力した民間事業者には，優遇措置を与えているのである。

その後，2016（平成28年）の港湾法改正で港湾協力団体（港湾41条の2～41条の6），同年の道路法改正で道路協力団体（道48条の23～48条の28）の制度も法定化された。道路協力団体は，道路管理者との協議の成立をもって，占用許可等があったものとみなされ（道48条の27），道路上でオープンカフェ，レンタサイクル等の収益活動を行うことも可能であるが，他方において，道路空間の修景，除草・植栽活動，不法占用調査等を行い道路管理者に協力する。さらに，2017（平成29）年の水防法改正により，水防管理者（水防管理団体である市区町村の長または水防事務組合の管理者もしくは水害予防組合の管理者）が水防活動のために有する権限の一部を委任を受けた民間事業者（建設業者等）が行使できるとすることにより，民間事業者を活用した水防活動の円滑化を図ることとされた。すなわち，民間事業者は，水防管理者から委任を受けた場合，水防上緊急の必要がある場所に赴くときは，一般交通の用に供しない通路または公共の用に供しない空地および水面を通行する緊急通行権限が認められ（水防19条1項），また，水防管理者から委任を受けた者は，水防の現場において，必要な土地を一時使用し，土石，竹木その他の資材を使用し，または車両その他の運搬用機器もしくは排水用機器を使用する公用負担特権を認められた（同法28条1項・2項）。同法19条1項の緊急通行権限や同法28条1項・2項の公用負担特権の行使により損失を受けた者に対し，時価によりその損失を補償する義務を負うのは水防管理団体（水防の責任を有する市区町村または水防に関する事務を共同に処理する市区町村の組合もしくは水害予防組合）である（水防19条2項・28条3項）。

4　公物と公用収用・公用使用

公物を構成する土地等について公用収用・公用使用が可能かも，かねてより議論されてきた。公用廃止行為がなされない限り収用できないとする説もあるが，土地収用法4条は，「この法律又は他の法律によって，土地等を収用し，又は使用することができる事業の用に供している土地等は，特別の必要がなければ，収用し，又は使用することができない」と規定している。このことは，特別の必要があれば，公益性の高い収用適格事業の用に供されている土地等であっても，公用廃止をすることなく，公用収用，公用使用が可能なことを含意している。特別の必要がある場合とは，当該土地等が現に供されている事業の公益性と公用収用，公用使用の目的とされている事業の公益性を比較して後者が優越することを意味する（名古屋地判昭和46・4・30行集24巻1＝2号30頁）。

公用収用・公用使用ができるのは，それを求める者が当該土地等を所有していない場合であり，所有しているが，他の機関が公物として供用している場合には，所管換（国財4条2項）または所属替（同条3項）の手続によるべきである。国が，公有または私有の土地等を公用収用・公用使用することがありうるし，地方公共団体が国有または私有の土地等を公用収用・公用使用することもありうる。また，国・地方公共団体以外の者が収用適格事業を行うこともあるので，当該私人が国有または公有の土地等を公用収用・公用使用することもありえないわけではない。

5　公物の成立と消滅

⑴　公物の成立

自然公物は，なんらかの自然現象により成立したものであり，今後もたとえば火山の噴火により生じた火口が湖になり，国や地方公共団体により，ボート，カヌー，魚釣り等の目的に供される等，自然公物が新たに成立する可能性はある。しかし，自然公物の場合，公物を成立させる人為的行為は不要なことはすでに述べたとおりである（⇒第3編第1章*1*(3)4)）。

Column 河川区域

河川区域は，「河川の流水が継続して存する土地及び地形，草木の生茂の状況その他その状況が河川の流水が継続して存する土地に類する状況を呈している土地（河岸の土地を含み，洪水その他異常な天然現象により一時的に当該状況を呈している土地を除く。）の区域」（1号地），「河川管理施設の敷地である土地の区域」（2号地），「堤外の土地（政令で定めるこれに類する土地及び政令で定める遊水地を含む。第3項において同じ。）の区域のうち，第1号に掲げる区域と一体として管理を行う必要があるものとして河川管理者が指定した区域」（3号地）からなる（河6条1項）。1号地は低水路，2号地は堤防敷，3号地は高水敷である。河川管理者が設置した河川管理施設は，認定等を要せず，当然に河川法の適用を受ける（河3条2項）。河川区域のうち，河川管理者の指定を要するのは3号地のみである。

人工公物であっても，公用物の性格が濃厚なものについては，基本的には公務員により利用されるので，利用開始の時点は，行政内部で明らかにすれば足りる。これに対して，人工公物である公共用物は，公衆の利用に供されるので，公衆に対して，いつの時点から利用可能なのかを明確にする必要が生ずる。これが公用開始行為であり，公共用物の成立要件になる。もっとも，公用物と公共用物も必ずしも截然と区別できるものではない。住民の申請・届出を受ける窓口としての機能に特化した出張所のように公共用物的性格が濃厚である場合，また，庁舎の一部を一般開放する等，部分的に公共用物としての性格を有するような場合には，住民に対し，利用可能な時点を事前に明らかにすべきであろう。

公共工事により道路，空港等の人工公物を設置するに当たっては，事前手続がきわめて重要である。「行政機関が行う政策の評価に関する法律」9条では，一定規模以上の公共事業について事前評価が義務づけられており（同法施行令3条3号・4号），費用便益分析が行われる。また，環境影響評価法・環境影響評価条例の適用対象事業の場合には，環境影響評価も行われ，さらに，第1種事業については計画段階配慮書の制度も導入された（第2種事業については任意）。今後は，公共事業の計画策定手続を整備し，住民からの情報提供も活用して適正な行政決定に必要な情報を入手し，住民の意見・情報を行政決定に反映させることにより住民の権利利益を擁護し，多様な利害を対話を通じて調整する実効性のある住民参加（⇒第Ⅰ巻第23章***3***）を保障することが，きわめて重要である[11]。

⑵ 公物の消滅

公物はその形態が滅失し，社会通念上回復不可能となったときは消滅すると解されている。河川は，基本的にその実態により公共用物としての性格を有するものであるので，1級河川，2級河川，準用河川の指定を廃止したのみでは廃川敷地（河91条1項）とならず，法定外公共物たる普通河川となる。廃川敷地となるのは，1号地については，社会通念上，河川としての実態を喪失したもの，2号地については，河川管理施設としての効用を喪失したもの，3号地については，河川区域の変更または廃止により，当該河川区域から除外されたものをいう。また，公物は公物管理者により公用廃止の意思表示（公用廃止行為）がなされることによっても消滅する[12]。道路の場合には，路線廃止，供用廃止，道路区域からの除外の公示の後，不用物件の管理期間経過により道路が消滅することになる。人工公物の廃止（学校の統廃合等）の場合には，廃止により不利益を受ける者の意見を事前に十分に聴取し，それを意思決定に当たり斟酌する制度が不可欠である。また，自然公物の廃止は，有限で回復困難な資源を失うことを意味するので，環境保全の観点から，住民参加[13]の下で慎重な事前手続が行われなければならない。自然公物の廃止は，可能な限り回避すべきであるが，どうしてもそれが避けられない場合には，代償措置（海岸埋立の代償としての人工渚の設置等）をとるべきである。これは，自然公物の環境面での機能を人工公物により補おうとするものともいえるが，人工的に自然を再生することには限界があるので，代償措置を安易に開発の免罪符としないように留意しなければならない。人工公物であっても，その公共性に照らし，安易な廃止は避けなければならない。都市公園は，(i)他の

11）「行政機関が行う政策の評価に関する法律」，地方公共団体における政策評価，戦略的環境影響評価については，宇賀克也・政策評価の法制度（有斐閣，2002年）13頁以下参照。

12）　荏原明則「公物の成立と消滅」同・公共施設14頁以下参照。

13）　住民参加の必要性は，公物の成立・消滅の場合に限られず，公物管理一般についていえる。河川管理における住民参加については，三好規正・流域管理の法政策——健全な水循環と統合的流域管理の実現に向けて（慈学社，2007年）85頁以下，162頁以下，同「持続的な流域管理法制の考察——公物管理法制，土地利用規制および住民協働の視点から」阿部泰隆先生古稀記念『行政法学の未来に向けて』（有斐閣，2012年）442頁，456頁参照。

都市計画事業が施行される場合その他公益上特別な必要がある場合，(ii)廃止される都市公園に代わるべき都市公園が設置される場合，(iii)公園管理者がその土地物件にかかる権原を借受けにより取得した都市公園について，当該賃貸者契約の終了または解除により，その権原が消滅した場合のほか，みだりに都市公園の区域の全部または一部について都市公園を廃止してはならないとされている（都園16条)。(ii)の部分は代償措置の理念に基づくものである。

(3) 公用開始行為・公用廃止行為の性質

公用開始行為・公用廃止行為の法的性格については議論があるが，通説・裁判例（福岡高那覇支判平成2・5・29判時1376号55頁は市道廃止行為は対物的行政処分であり適法に公示されることにより効力が発生すると判示している）は行政行為と解している。公用開始行為により，公衆は当該公物を利用することが可能になること，私権制限が開始または強化されること，私人による取得時効の起算点に関係しうること等が根拠とされている。同様の理由が公用廃止行為についても妥当する。公示については，明文の規定が設けられている例もあるが（道18条2項，都園2条の2)，明文の規定がない場合であっても，公用開始行為・公用廃止行為の目的に照らし，公示が要件となると解される。

(4) 公用開始行為と権原

公物は行政主体が直接に公の目的に供する有体物であるが，行政主体が直接に公の目的に供するためには行政主体が権原を有していなければならず，公用開始行為があっても，行政主体が権原を有していなければ，公共用物は成立しない。最判昭和44・12・4民集23巻12号2407頁・百選Ⅰ63事件も，他人の土地について何らの権原を取得することなく供用を開始することは許されないと判示している。もっとも，行政主体が所有権を取得して公用開始行為を行ったが所有権取得登記を懈怠していたため二重譲渡がなされ当該道路敷地の所有権を取得した第三者に対抗しえない場合，道路は廃止されることになるのかという問題がある。前掲最判昭和44・12・4は，行政主体が権原を得て適法に公用開始行為がなされ，道路として使用が開始された以上，当該道路敷地については公物たる道路の構成部分として道路法所定の制限が加えられることになり，その制限は，当該道路敷地が公の用に供せられた結果発生するものであって，当該道路敷地使用の権原に基づくものではないから，その後に至って，道路管理者が対抗要件を欠くため当該道路敷地の使用権原をもって後に当該敷地の所有権を取得した第三者に対抗しえないことになっても，当該道路の廃止がなされない限り，敷地所有権に加えられた制限は消滅するものではないと判示している。そして，その後に当該敷地の所有権を取得した第三者は，上記の制限の加わった状態における土地所有権を取得するにすぎないものと解すべきであり，道路管理者に対し，当該道路敷地たる土地についてその使用収益権が妨げられていることを理由として，損害賠償を求めることはできないし，補償を請求することができる損失をこうむったものと解することもできないと述べている。最判平成8・10・29民集50巻9号2506頁は，道路の敷地の所有権を取得して公用開始行為を行った行政主体が登記を懈怠している間に当該土地が背信的悪意者に譲渡され，さらに，第三者に転売された場合，背信的悪意者から当該土地を譲り受けて登記をした者が背信的悪意者でなければ，行政主体はこの者に対しては所有権取得を対抗できないが，その場合でも，道路法の制限は有効に残るとしている[14]。

6　公物管理権

(1)　意　　義

公物の目的を増進したり，目的阻害行為を防止するための作用が公物管理である。公物管理の権限を公物管理権という。公物管理権の内容として，一般に認識されてきたのは，主として以下のものである[15]。

(i)　公物の範囲の決定（道路区域の決定について道18条1項，河川区域の指定について河6条1項3号）

(ii)　公物の新設・改築または改良（治水のための築堤，川底の浚渫，治水ダムの設置）

(iii)　公物の維持・修繕または災害復旧（道42条2項）

(iv)　公物に対する行為規制（道43条，河29条）

---

14)　この判決については，宇賀ほか・対話287頁以下参照。

15)　原龍之助・公物営造物法〔新版〕（有斐閣，1974年）220頁以下参照。

(v) 公物への損傷の予防措置（道43条の2・44条の2）

(vi) 違法放置等物件に対する措置（道44条の2）

(vii) 公物隣接区域に対する規制（沿道区域について道44条，河川保全区域について河55条）

(viii) 他人の土地への立入，その一時使用（道66条，海岸18条）

(ix) 使用関係の規制

このように公物管理権は，占用許可のような法的行為として行われることもあれば，改築工事のような事実行為として行われることもある。なお，公物管理権の根拠を権原の存在に求める場合，(vii)(viii)については，公物管理権者の権原の存在を前提としないので，公用制限の問題と位置づけられることになろう。

(2) 根　拠

公物管理権の法的根拠については，議論がある。戦前は，公所有権説と私所有権説が対立していた。前者は，行政主体が公物について有する所有権は，単に私人と同様に物を支配するのみならず，行政主体に特有な公の目的のために物を支配することをも内容とするものであり，私所有権と異なる公権であるとするものである[16)]。フランスで有力な説であり，ドイツでは，オットー・マイヤーがこの説を唱えたことは有名である[17)]。これに対し，私所有権説は，ドイツの通説である。自有公物における行政主体の所有権も私人の所有権と変わらず，その物が行政目的に供される結果，必要な限度で所有権が制限されるにすぎないとする。美濃部達吉博士の公所有権説に対抗して私所有権説を唱えた佐々木惣一博士は，公物管理権は所有権の効果ではなく行政作用であるとする[18)]。戦後は，公物管理権は権原の効果ではなく，公物本来の目的を達成するために，実定法または慣

16) 美濃部達吉・日本行政法(下)（有斐閣，1940年）782頁以下参照。

17) 塩野宏・オットー・マイヤー行政法学の構造（有斐閣，1962年）210頁以下参照。

18) 佐々木惣一・日本行政法論（有斐閣，1922年）256頁以下参照。わが国において，公共用物の上に国等の私所有権が存すると解されるか，また，そのことがいかなる論理的帰結をもたらしうるかを実定法に即して詳細に分析するものとして，仲野・前掲注6）(1)～(5・完)自治研究92巻5号56頁以下・6号40頁以下・8号65頁以下・9号41頁以下・10号62頁以下参照。また，国は，国民からの信託管理者の立場で，国民全体の潜在的一般的利用権を念頭に置いた管理が義務づけられると考えるべきであり，国の所有権の観念から決別すべきと主張するものとして，三浦大介「公物法の課題」行政法研究20号154頁以下参照。

行により行政主体に与えられた特殊な包括的権能であるとする説がしばらく有力であった[19)]。しかし，近年は，物に対する権原が公物管理権の根拠であり，公物管理法が制定されている限りにおいて，管理権の根拠がこれに吸収されるとする説も有力になっている[20)]。これに対して，権原の効果としてではなく，公物が有する本来的公共性から条理により地方公共団体の公物管理権を導く説も提唱され[21)]，注目されている。

(3) 権限を行使しうる者

公物管理法が存在する場合には，公物管理権を行使する機関は実定法上定められることになる。庁舎のように公物管理法が存在しない場合には，公物管理権の根拠を何に求めるかにより，公物管理権の主体が異なりうる。公物管理権の根拠を権原に求める場合には，権原の帰属主体が公物管理者となる。国有公物の場合には，各省各庁の長が行政財産を管理することとされており（国財5条），このことは財産管理のみならず，公物としての機能管理の権限も，当該行政財産を管理する各省各庁の長に委ねる趣旨と解される。公有公物についても，地方自治法が行政財産を含めて公有財産の管理を各執行機関の権限としていることに照らすと（自治238条の2），公物としての機能管理の権限も，当該公有財産を管理する各執行機関に委ねる趣旨と解される。独立行政法人，国立大学法人，地方独立行政法人のような行政主体性が認められうる法人が当該法人の目的に供する有体物も公物に含めた場合，公物管理権は当該法人に帰属することになる。

(4) 公物管理権の範囲

立体区域

公物管理権は，公物管理上必要な範囲で公物の敷地の上下の空間にも及ぶため，道路上の電線設置や道路下の地下鉄敷設についても道路占用許可を要するが，公物管理者が敷地の所有権を有する場合において，所有権の効果が及ぶ範囲と公物管理権が及ぶ範囲が同一かという問題がある。この点については，所有権の効果が及ぶ範囲全体に公物管理権を及ばさなくても，公物管理の目的に支障が生じないのであれば，公物管理権の範囲は所有権の効果が及ぶ範

19)　田中・行政法中316～317頁参照。

20)　塩野・行政法Ⅲ373頁以下参照。

21)　磯部力「公物管理から環境管理へ」成田退官・国際化時代の行政と法（良書普及会，1993年）46頁以下参照。

図　高架道路の上部空間と隣接地との一体利用

（財団法人道路空間高度化機構ウェブサイトより）

囲よりも限定されてよいといえよう。国有公物，公有公物であれば，公物管理権の及ばない部分は，普通財産として位置づけられることになろう[22)]。また，公物管理者が敷地の所有権を有せず，地下等の一定の範囲のみに限定して権原を得て公物管理を行うこともある。実際，以下のように，公物の上下空間の範囲を明確に限定する制度を設けているものがある。

立体道路　道路管理者は，適正かつ合理的な土地利用の促進を図るために必要があると認めるときは，道路の区域を空間または地下について上下の範囲を定めたものとすることができる（立体道路。道47条の7）。また，道路一体建物の制度も設けられている（**図**参照）。すなわち，道路管理者は，立体道路と当該道路の区域外に新築される建物とが一体的な構造となることについて，当該建物を新築してその所有者になろうとする者との協議が成立したときは，道路管理に必要な事項を定めた協定を締結して，当該道路の新設，改築，維持，修繕，災害復旧その他の管理を行うことができる（道47条の8第1項）。この協定は公示され（同条2項），公示のあった協定は，公示後において当該協定の目的となっている道路一体建物の所有者となった者に対しても，その効力を有する（道47条の9）。道路一体建物の所有者以外の者であってその道路一体建物の敷地に関する所有権または地上権その他の使用もしくは収益を目的とする権利を有する者は，その道路一体建物の所有者に対する当該権利の行使が協定の目的たる道路を支持する道路一体建物としての効用を失わせることとなる場合においては，当該権利の行使をすることができない（道47条の10第1項）。東京外郭環状道路和光市インターチェンジ付近で立体道路の上部の空間に集合住宅が建設された事例等がある。環状2号線新虎通り（マ

22）　磯村篤範「公物管理権の空間的範囲」争点〔新版〕161頁参照。

ッカーサー道路）は，立体道路制度を利用して，虎ノ門ヒルズを貫通している。

立体河川　河川管理施設が地下に設けられた場合（地下河川）や建物その他の工作物内に設けられた場合等において，適正かつ合理的な土地利用の確保を図るため必要があると認めるときは，当該河川管理施設にかかる河川区域を地下または空間について一定の範囲を定めた立体的な区域として指定することができる（立体河川。河58条の2第1項）。立体河川制度の最初の適用例が，2006（平成18）年4月1日に立体河川区域が指定された大阪府淀川水系打上川治水緑地である。

立体都市公園　都市公園についても，立体都市公園の制度（都園20条），公園一体建物の制度（都園22条）が設けられている。立体都市公園制度を活用した最初の公園が，横浜の元町・中華街駅の駅舎上部を増築して結合し，園地として整備した「アメリカ山公園」である。2013（平成25）年に公用開始された目黒天空庭園は，大橋ジャンクションの屋根を活用した目黒区立の立体都市公園である。

保全立体区域　立体区域を指定する公物を保全するため必要があると認めるとき等においては，当該立体区域に接する一定の範囲の空間または地下を保全立体区域として指定することができる（道路保全立体区域〔道47条の11第1項〕，河川保全立体区域〔河58条の3第1項〕，公園保全立体区域〔都園25条1項〕）。

予定立体区域　河川管理者は，河川工事を施行するため必要があると認めるときは，河川工事の施行により新たに河川立体区域として指定すべき地下または空間を指定することができる。この区域を河川予定立体区域という（河58条の5第1項）。河川管理者が河川予定立体区域について権原を取得した後においては，当該区域が河川立体区域となる前においても，河川法の規定の適用については，その地下または空間は河川立体区域内の地下または空間とみなされる（河58条の7）。

大深度地下の公共的使用に関する特別措置法　2000（平成12）年に成立した「大深度地下の公共的使用に関する特別措置法」は，事業区域を大深度地下の一定の範囲における立体的な区域であって当該事業を施行する区域と定義している（大深度地下2条3項）。同法の対象事業（同法4条）を施行する者であって大深度地下の使用を必要とする事業者は，使用の認可を受けて，当該事業のために大深度地下を使用することができるが（同法10条），使用の認可を受けた認可事業者は，事業区域を使用する権利を取得するのみである（同法25条）。この使用権は，物権類似の権利とされる[23)]。同法の対象事業の中には，道路法による道路に関する事業（同法4条1号）のような公物を設置する事業が含まれているが，たとえば，国が大深度地下の使用権を得て，大深度地下に道路を設置した場合，公物管理権は，使用権が設定された事業区域にしか及ばない。この法律では，上下空間すべてに公物管理権が及ばなければならないという思考は明瞭に否定されている。しかし，使用認可の効果として，当該事業区域にかかる土地に関するその他の権利は，認可事業者による事業区域の使用を妨げ，または使用認可の告示にかかる施設もしくは工作物の耐力および事業区域の位置からみて認可事業者による事業区域の使用に支障を及ぼす限度においてその行使を制限されるので（同法25条），公物管理権の範囲が限定されていても問題はない[24)]。同法の規定の最初の適用例が，2007（平成19）年6月19日に認可された神戸市の大容量送水管整備事業（奥平野工区）である。

⑸　公物管理と公物運営

公物の中には，利用者のニーズに適応した経営の観点が重要なものがある。とりわけ，国際海上コンテナ輸送の拠点となる港湾は，国際インフラであり[25)]，低価格で良質のサービスを提供できなければ，国際競争に敗れ，ひいては日本の国際物流システムが外国の港湾に依存せざるをえなくなり，日本産業全体の国際競争力を低下させることになる。このような危機感が背景となって，2011（平成23）年にわが国の港湾の国際競争力を強化するために港湾法が改正された[26)]。この改正により，「国際戦略港湾」，「国際拠点港湾」という港格が設けられたが（港湾2条2項），もっとも注目されるのが港湾運営会社制度の創設である（港湾43条の11～43条の24）。

23）　山田協「大深度地下の公共的使用に関する特別措置法について」ジュリ1186号86頁参照。

24）　大深度地下利用の法律問題に関する文献は多いが，主として行政法的視点から検討するものとして，小高剛「大深度地下利用の法的問題点」ひろば43巻4号43頁以下，阿部泰隆「大深度地下利用の法律問題⑶(4・完)」法時68巻11号62頁以下・12号57頁以下，平松弘光・大深度地下利用問題を考える：大深度地下利用権と土地所有権（公人社，1997年）109頁以下，同・地下利用権概論（公人社，1995年）223頁以下参照。

25）　櫻井敬子・行政法講座（第一法規，2010年）203頁，同「港湾法制の行方」港湾88巻6号25頁参照。

Column　港湾運営会社

国際戦略港湾，国際拠点港湾において，港湾施設運営の一体化，一の港湾区域を越えた事業展開，積極的なポートセールスを可能にすることを目的とし導入されたのが港湾運営会社制度である。港湾運営会社の参入については指定制度が採られている（港湾43条の11第1項・6項，附則20項・30項）。大阪港と神戸港のように，国際戦略港湾が近接している場合があり，複数の国際戦略港湾を一体的に運営するほうが効率的な場合には，複数の港湾において一の港湾運営会社を指定することも可能である（港湾43条の11第2項）。港湾運営会社は，当該港湾の埠頭群を構成する行政財産の貸付けを受けて，その運営を行い（港湾55条1項・4項・5項），その提供する施設または役務の利用に対し料金を徴収することができ，料率については届出制が採られている（港湾45条2項）[27]。2018（平成30）年12月1日現在，9つの港湾運営会社が指定されている。

港湾運営会社の制度は，広義の港湾管理を公権力の行使を伴う狭義の港湾管理（港湾計画の作成，港湾区域内の占用許可，臨港地区の規制等）と港湾経営に分かち，後者の中で港湾整備等を除いたものを港湾運営（港湾3条の2第2項6号）と位置づけ，港湾運営を港湾運営会社に行わせるものといえる[28]。そこには，PFI法における公共施設等運営権制度（⇒第3編第1章*1*(2)1)）と共通の思考を看取しうる。広義の公物管理の中の公物運営の部分を民間企業に委ねることにより，民間のノウハウを活用した効率的な運営を可能にする試みが，今後どのように発展していくかは注目に値する。

Column　有料道路コンセッション特区

道路整備特別措置法では，有料道路を運営できる者を高速道路株式会社や地方道路公社等に限定している。愛知県は，道路整備特別措置法に基づく有料道路に公共施設等運営事業を導入するために，地方道路公社が民間事業者に有料道路の運営権

26）　菊地身智雄「港湾法及び特定外貿埠頭の管理運営に関する法律の一部を改正する法律について」港湾88巻6号6頁以下，多賀谷一照「港湾法制について――港湾法外的な仕組みの包摂」港湾88巻6号20頁以下，木村琢麿「法理論の観点からみた改正港湾法――その歴史・比較法的な普遍性」港湾88巻6号38頁以下，松島宇大「我が国の港湾の国際競争力の強化に向けて」時法1886号26頁以下，安達啓佑「港湾法及び特定外貿埠頭の管理運営に関する法律の一部を改正する法律」法令解説資料総覧359号35頁以下参照。

27）　港湾運営会社について詳しくは，多賀谷一照・詳解逐条解説港湾法〔3訂版〕（第一法規，2018年）313頁以下参照。

28）　木村・前掲注26）39頁参照。港湾管理と港湾運営を分離して，後者では，地方公共団体の区域を超えた民間事業者の広域的活動に対応することが多いので，国の権限を強化する方向を示唆するものとして，木村琢麿「港湾の基礎概念について」千葉大学法学論集29巻3号24頁参照。

を付与する制度を特区として提案した。これを受けて，2015（平成27）年通常国会で改正された構造改革特別区域法では，有料道路コンセッション特区を認めることとしている（28条の3）。

(6) 事業損失の防止

公物を供用することにより，周辺に受忍限度を超える事業損失を生ぜしめることが，当該公物の設置管理の瑕疵になることは，判例上確立している（空港について最大判昭和56・12・16民集35巻10号1369頁・百選Ⅱ241事件〔大阪空港事件〕，道路について最判平成7・7・7民集49巻7号1870頁・百選Ⅱ〔第4版〕165事件〔国道43号線事件〕参照）。そして，事業損失が著しい場合には差止めが認められることもある。したがって，公物管理は，周辺に受忍限度を超える事業損失を与えないように行わなければならない。そのための法整備として，空港については「公共用飛行場周辺における航空機騒音による障害の防止等に関する法律」，特定空港周辺航空機騒音対策特別措置法，道路については「幹線道路の沿道の整備に関する法律」，防衛施設については「防衛施設周辺の生活環境の整備等に関する法律」が制定されている。公物周辺の土地利用規制，移転補償，騒音緩衝帯の整備，防音工事の助成等がメニューになっているが，受忍限度を超える事業損失を発生させないような立地点の選定，公物の低騒音構造化等について，環境影響評価が重要であることはいうまでもない。公物の構造の一部として環境施設帯を設ける等，事業損失を防止する施設も公物の一部として位置づけることも検討されるべきであろう[29)]。

7 公物管理と公物警察

(1) 意　義

従来，公物管理と公物警察は区別されてきた[30)]。ここでいう警察とは，社会公共の安全と秩序を維持するために一般統治権に基づき国民に命令・強制する作用全般を意味し，警察庁や都道府県警察が行う作用に限定されているわけではな

29) 宇賀克也「航空機騒音問題管見」法時64巻8号68頁以下参照。

い。公物警察は，公物にかかる警察作用である。これに対して，公物管理は，公物本来の目的を達成するために行われる。道路を例にとれば，道路のガードレールが破損したときに補修すること，電柱による占用を許可すること，道路下に水道・ガス・下水道の管を敷設することを許可することは公物管理であり，道路管理者により行われる。他方，信号を設置すること，交通整理をすること，集団示威行進を許可すること，違法駐車車両の使用者に放置違反金納付を命ずることは公物警察であり，都道府県公安委員会が所掌する。そして，道路の公物管理法として道路法，公物警察法として道路交通法が制定されている。同様に，港湾の公物管理法が港湾法，公物警察法が港則法である。

⑵　両者の調整

公物管理と公物警察が競合する場合は，両者の調整をする必要がある。たとえば，道路上に露店の施設を設けて継続的に商売を行おうとするときは，道路の本来の効用に支障が生じないか審査する必要があり，道路管理者から占用許可を得なければならない（道32条1項6号）。くわえて，交通事故の危険を増大させないかを審査する必要もあるため，警察署長から道路の使用許可を得る義務がある（道交77条1項3号）。かかる場合には，道路管理者と所轄警察署長は，あらかじめ協議しなければならない（道32条5項，道交79条）。しかし，共管事務ではなく，それぞれが別個の法律に基づき異なる観点から審査するのであるから，協議を経ても，一方が許可するが，他方が不許可にすることはありうる。

道路管理者が横断歩道橋を設けたり，道路の附属物である自動車駐車場を設置しようとするときは，都道府県公安委員会の意見を聴かなければならず（道95条の2第1項），都道府県公安委員会が，速度制限の標識を設けて交通規制をしようとするときは，道路管理者の意見を聴かなければならないとしているのも（道交110条の2第3項），公物管理と公物警察の調整を図るためである。

庁舎管理　　庁舎管理については，法廷警察権（裁71条，刑訴288条，法廷秩序）が認められている例外を除き，管理権者には公物管理権が与えられているにすぎず公物警察権は付与されていない。したがって，庁舎が不法占拠

30）　両者の区別については，疑問も提起されている。櫻井敬子「公物理論の発展可能性とその限界――警察権・統治権からの再定義の必要性」自治研究80巻7号24頁以下参照。

された場合であっても，庁舎管理者は実力による排除はできず，不退去罪や威力業務妨害罪（非権力的公務については，刑法234条にいう業務として同条が適用されることにつき，最判平成14・9・30刑集56巻7号395頁・百選Ⅰ102事件参照）により警察に逮捕を要請する等の対応をとる以外にない[31)]。

(3)　裁判例における公物管理と公物警察

河川におけるモーターボートの規制　公物管理と公物警察の区別が訴訟の争点になったのが，東京地判昭和57・3・29判時1044号407頁の事案である。1級河川である荒川で大学生が部活動でエイトの練習中に無免許運転のモーターボートに衝突され死傷した事故で，河川管理者である建設大臣（当時）の河川管理に瑕疵があったとして国に対する損害賠償請求がなされたが，裁判所は，モーターボートによる走行は公物の自由使用の範疇を超えるものではなく，それを取り締まり，安全，円滑な舟の運航を確保することは，まさに公物警察権の作用であって，いまだ河川管理権の対象となるような河川の排他的，独占的な占用が行われていたとは認めがたいとし，本件事故についても，その原因は，もっぱら無謀，未熟なモーターボートの操船によることは明らかであって，事故現場付近の水域が加害者により排他的，独占的に利用されていたとか，そのような排他的占用の結果事故が発生したとは認められないと判示している。本件事故当時，東京都水上取締条例，滋賀県琵琶湖等水上交通安全条例のように，河川における舟の危険な通航を取り締まる条例が制定されている例はあった。しかし，かかる条例の存在は例外的であったので，本件事故直後，警察庁は，各道府県警察本部長らに対し，事故防止のため，モーターボート等を無謀操縦する者の指導取締りおよび水上安全に関する条例制定の推進等について通知を発している。

もっとも，河川法28条（「河川における竹木の流送又は舟若しくはいかだの通航については，1級河川にあっては政令で，2級河川にあっては都道府県の条例で，河川管理上必要な範囲内において，これを禁止し，若しくは制限し，又は河川管理者の許可を受けさせることができる」）の委任に基づく同法施行令16条の2第3項（「1級河川の河川区

31)　この問題について，早坂禧子「公物管理行政と実力行使の限界」菅野古稀・公法の思想と制度（信山社，1999年）335頁以下参照。

域のうち河川が損傷し，河川工事若しくは河川管理施設の操作に支障が生じ，若しくは他の河川の使用に著しい支障が生じないようにするため，舟若しくはいかだの通航を制限する必要があると認めて河川管理者が指定した水域又は閘門を通航する舟又はいかだは，河川管理者が指定した方法により通航させなければならない」）は自由使用を制限する規定であると解しうる[32)]。この見解によれば，公物管理の範囲外であるからモーターボートによる利用を河川管理者が規制できないとする前掲東京地判昭和57・3・29とは異なり，河川法は，公物管理の一環として，他の自由使用に支障を及ぼさないようにモーターボートによる自由使用を制限することを認めていることになる。現在では，実務上も，この規定を用いてプレジャーボート規制を行うことができるとする解釈が採られている。

市立会館ホールの使用許可　市立会館ホールにおける関西新空港反対決起集会のための使用許可申請が，市立泉佐野市民会館条例7条1号（当時）が定める「公の秩序をみだすおそれがある場合」に該当するとして拒否されたため提起された国家賠償請求事件において，最判平成7・3・7民集49巻3号687頁は，不許可処分を適法とした。しかし，園部逸夫裁判官は，補足意見において，「本件条例は，公物管理条例であって，会館に関する公物管理権の行使について定めるのを本来の目的とするものであるから，公の施設に関連するものであっても，地方公共の秩序の維持及び住民・滞在者の安全の保持のための規制に及ぶ場合は……，公物警察権行使のための組織・権限及び手続に関する法令（条例を含む。）に基づく適正な規制によるべきである。右の観点からすれば，本件条例7条1号は，『正当な理由』による公の施設利用拒否を規定する地方自治法244条2項の委任の範囲を超える疑いがないとはいえない」と述べている。

⑷　公共用物における自力救済

公共用物にかかる違法行為が行われ，それを放置しておくと，公共の安全が損なわれるおそれがある場合には，公物警察権の発動が問題になる。しかし，公物警察権を発動し，命令強制を行うためには，法律または条例の根拠を要する。最判平成3・3・8民集45巻3号164頁・百選Ｉ101事件・地方自治百選45事件は，浦安漁港の管理者である町長が，漁港管理規程を制定せずに鉄杭撤去を強行したことは違法であり，行政代執行法に基づく代執行としての適法性を肯定する余地はないとしたが，緊急の事態に対処するためにとられたやむをえない措置であり，民法720条の規定する緊急避難の法意に照らしても，撤去に要した費用を町の経費として支出したことを容認すべきであり，公金支出は違法とはいえず，町長は町に対して損害賠償責任を負わないと判示している。これに対しては，漁港管理者である町が公物管理権に基づく自力救済として，何ができたかを論ずべきであり，管理瑕疵責任を問われうる公共用物の管理者は，公共用物の安全性を確保するために一定範囲で自力救済が認められ，その範囲は，私人間における自力救済の範囲よりも広く認められうるとする説がある[33)]。

8　公物管理と財産管理

国有財産については国有財産法，公有財産については地方自治法（自治238条～238条の7）に定めがある。国有財産法と個別の公物管理法の関係については，見方が分かれている。以下，国有財産法の性格についての対立する学説をみることとする。

公物管理一般法説　国有財産法は，「国有財産の取得，維持，保存及び運用（以下「管理」という。）並びに処分については，他の法律に特別の定めのある場合を除くほか，この法律の定めるところによる」（1条）と規定しており，国有財産法を国有公物の一般法とし，個別の公物管理法を特別法として位置づけているようにもみえる。また，国有財産法が，行政財産について，貸付けや売払いを禁止していることも，公物の本来の目的を達成させる管理作用の内容的限界を明らかにするものであり，公物の観点からの規律をしたもので，そこに国有財産法の公物管理法としての性格が読み取れるとし，そのことを国有財産法を公物管理の一般法として位置づける根拠とする説もある[34)]。

財産管理一般法説　これに対し，国有財産法は，財産管理についての一般法であり，公物管理の一般法としての性格を有しないとする見解がある。この見解は，以下の点を根拠にしている。第1に，国有財産法における行政財産に関する主要な規定は，行政財産の管理機関（国財5条），財務大臣の措

32)　広岡隆「公共施設の利用関係」同・公物法119頁参照。
33)　塩野宏「法治主義の諸相」同・法治主義122頁以下参照。
34)　森田寛二「国有財産法の理解に対する疑問(上)(中)(下)」自治研究73巻12号3頁以下・74巻1号3頁以下・3号3頁以下参照。

置要求（国財10条），処分等の制限（国財18条）のみであり，公物管理の中心であるその利用関係については正面から規定しておらず，主たる関心が財産管理に向けられているとみられることである。第2に，国有財産法に定める国有財産は，基本的に不動産であり（国財2条1項），動産に関しては，基本的には，物品管理法という別の法律の規定が適用されるのに対して，公物には動産も含まれるから，動産である公物については，国有財産法が一般法とはいえないことである。第3に，国有財産法は，一定の権原（地上権，地役権等）を国有財産に含めているが（国財2条），すべての権原を含めているわけではなく，借地権，借家権，使用貸借権等は行政財産ではなく（使用貸借による権利が自治238条1項4号の「地上権，地役権，鉱業権その他これらに準ずる権利」に該当しないとしたものとして，東京高判平成5・9・28行集44巻8＝9号826頁参照），国有財産法の規定の適用を受けないことである。第4に，独立行政法人，国立大学法人のような特別行政主体が直接に公の目的に供する財産は，公物であっても国有財産ではないことである[35)]。

以上，国有財産法について述べたことは，地方自治法の公有財産に関する規定についても，同様に妥当するとされる（地方自治法も，動産については，公有財産についての規定と別に「物品」として規定している。自治239条）。

なお，国有財産法を基本的には財産管理の一般法ととらえる本書の立場においても，公物管理法が存在しない場合には，行政財産に関する法規制，とりわけ使用許可制度は実質的には機能管理と同様の意味を持つ[36)][37)]。

9　公物の使用関係

(1)　公共用物の使用関係

1)　自由使用（一般使用）

意　義　伝統的に公物の基本的な使用形態とされてきたのが自由使用である。道路を通行したり，河川敷を散策したり，海岸で潮干狩りをしたりと

---

35)　塩野・行政法Ⅲ356頁以下参照。
36)　小幡純子「公物法とPFIに関する法的考察」塩野古稀(上)785頁参照。
37)　公物管理と財産管理については，三浦大介「公物管理と財産管理――海の管理を素材として」高知論叢社会科学69号71頁以下参照。

いうように，許可を要せずに公衆が公物の本来の目的に従って，他人の共同使用を妨げない限度において自由に使用することを認められている場合を意味する。社会経済的諸条件の変化に伴い，自由使用の形態も変化するのは当然であり，新たに登場してくる自由使用の形態に柔軟に対応した公物管理が必要になる。自由使用といっても，公物管理または公物警察の観点からの規制が行われることがあり，無制限の自由が認められるわけではない。公物を損傷する行為は禁止されるし（道43条），公物の構造を保全し，または利用者への危険を防止するために，公物の利用が禁止されたり制限されたりすることがある（道46条，河28条，道交77条）。

自由使用は無料でなければならないとはされていない。たとえば，有料道路が存在するし，新宿御苑のように入園料をとるものもある。ただし，自由使用は無料の場合に限定し，有料の場合は自由使用とは異なる契約使用として構成する説もある[38]。

Column　道路無料公開の原則

道路については，社会生活に不可欠なインフラであることから，自由使用（一般使用）に支障が生じないように，道路法は，無料公開原則を採っているが，このことが明文化されているわけではない。しかし，同法は，料金の徴収ができる場合について，自動車駐車場の駐車料金（道24条の2第1項本文），橋または渡船施設の新設または改築（道25条1項）に限定していることから，その反対解釈として，同法の道路無料公開原則が導かれている。もっとも，道路整備特別措置法は，道路整備を促進するため，借入金等による建設費用を料金により償還する有料道路制度を創設し，その新設，改築その他の管理を行う場合の特例を定めている。

自由使用が他の私人により妨害された場合には，不法行為となり，妨害排除請求が可能である（最判昭和39・1・16民集18巻1号1頁・百選I 17事件）。

公用廃止を争う訴訟の原告適格　自由使用についての従前の通説は，公衆は，当該公共用物が供用されていることにより反射的利益としてその使用が可能になるにとどまり，使用の権利を有するものではないから，公共用物の公用廃止により自由使用が不可能になっても，法律上の利益が侵害されたとはいえないとしてきた。松山地判昭和53・5・29行集29巻5号1081頁も，付近住民等が海水浴をなしうるのは，国がその利用を許容していることの反射的効果であって，付近

38）　磯村篤範「公物・公共施設の利用関係」新争点226頁参照。

住民等が海水浴をなす権利を有することによるものではないから，漁港修築により海水浴場の破壊がなされたとしても，原告らの権利が害されることとはならないとする。

もっとも，公衆による自由使用といっても，その持つ意味は，一様ではない。道路を例にとれば，通行に利用するのみで他の道路を利用した通行でも大きな支障がない者と，沿道に居住しその廃止により日常生活に大きな支障を受ける者を同一に論ずることには問題があろう。ドイツにおいても，道路の自由使用について，通行者と沿道者を区別し，沿道者には外部との往来を確保すべく道路の存続を求める権利（ただし，補償が認められるにとどまる可能性もある）が肯定されている[39]。わが国の裁判例においても，自由使用であっても，公物の公用廃止により日常の生活や業務に著しい支障を被るおそれがある者には，公用廃止行為の抗告訴訟を提起する「法律上の利益」が肯定される傾向にある。すなわち，松山地判昭和53・5・30行集29巻5号1095頁は，里道および水路の用途廃止処分無効確認請求事件において，「一般に公共用物は，その管理者がこれを公共の用に供していることから，一般公衆は，これを利用する自由を有するが，一般公衆はその利用によつて特定の権利又は法律上の利益を有するに至るものではないものと解される。もつとも特定人の公共用物の利用が，特定の権利又は法律上の利益に基づくものであることを認めるべき特別な事情がある場合には，右と別異に解することも許されるものと考えられる」と判示しており（特別の事情の存在を否定。控訴審の高松高判昭和54・8・30行集30巻8号1444頁も同旨），市道路線廃止処分無効確認請求事件において，京都地判昭和61・5・8行集37巻4＝5号667頁は，「道路を利用する利益は，国民一般の利益であつて，これが道路の路線廃止，供用廃止処分を争う原告適格を直接に基礎づけるものではない。しかしながら，住民又は所有地がその道路に近接しているなどにより，その道路の利用が生活上不可欠である者に限つては，例外的に，その道路を廃止する処分を争う原告適格を有すると解すべきである」と判示している（特別の事情の存在を否定。控訴審の大阪高判昭和62・4・28行集38巻4＝5号382頁も同旨）。沿道の企業が市道路線廃止処分により，借地への資材搬出入等が妨げられた事案において，東京高判昭和56・

39)　大橋洋一「公物法の比較法研究」同・行政法学の構造的変革（有斐閣，1996年）218頁以下参照。

5・20 判時 1006 号 40 頁は，市を被告として，本件市道が市道であることの確認を求めて提起された確認訴訟において，確認の利益を肯定している[40]。

公用廃止行為の取消しや無効確認を求める抗告訴訟において，最高裁が原告適格をどのように判断するかは定かではない。周知のように，最高裁は，行政事件訴訟法 9 条 1 項の「法律上の利益」について，不特定多数者の具体的利益をそれが帰属する個々人の個別的利益としても保護していることを要件としている。そして，原告適格の有無の判断に当たっては，当該処分または裁決がその根拠となる法令に違反してされた場合に害されることとなる利益の内容および性質ならびにこれが害される態様および程度をも勘案しなければならないから（行訴 9 条 2 項参照），自由使用の中でも，公用廃止が重大な不利益を与える者（沿道者等）について，一般通行者と異なり，個別的利益保護要件を満たすと解することは可能であろう。

公用廃止の要件 公共用物を廃止するには道路法 10 条 1 項前段（「都道府県知事又は市町村長は，都道府県道又は市町村道について，一般交通の用に供する必要がなくなったと認める場合においては，当該道路の全部又は一部を廃止することができる」）のように明文の規定が置かれている例もあるが，かかる規定の有無にかかわらず，当該公共用物を供用する必要性が喪失したか，当該敷地をより公共性の大きい目的のために使用することがやむをえないと認められること，後者の場合には公共用物の公用廃止により日常の生活や業務に重大な支障を受ける者に対する救済策（代替施設の設置，移転補償等）が講じられることが要件となると解されるから，公用廃止を争う訴訟の本案の判断においても，この要件を欠く場合には違法と判断されることになろう。

2) 許可使用

本来的には自由な公物の使用であるが，公物管理または公物警察の観点から一定のものについて禁止し，申請に基づき禁止を解除する使用形態が許可使用である。道路を通行するのは本来自由使用であるが，集団示威行進について，公物警察の観点から公安条例で許可制をとったり，車両の構造または車両に積載する貨物が特殊であるため，道路の構造の保全または交通の危険の防止の観点から道路

40） この問題については，石井昇「道路の自由使用と私人の地位――路線廃止等における反射的利益論」南古稀・行政法と法の支配（有斐閣，1999 年）13 頁以下参照。

法で許可制（道47条の2第1項）を採ったり，道路工事について交通への支障を回避する観点から道路交通法で許可制（道交77条1項1号）を採ったりするのがその例である。

Column　伝統的パブリック・フォーラム

JR吉祥寺駅構内ビラ配布事件における最判昭和59・12・18刑集38巻12号3026頁の伊藤正己補足意見で，「ある主張や意見を社会に伝達する自由を保障する場合に，その表現の場を確保することが重要な意味をもつている。特に表現の自由の行使が行動を伴うときには表現のための物理的な場所が必要となつてくる。この場所が提供されないときには，多くの意見は受け手に伝達することができないといつてもよい。一般公衆が自由に出入りできる場所は，それぞれその本来の利用目的を備えているが，それは同時に，表現のための場として役立つことが少なくない。道路，公園，広場などは，その例である。これを『パブリツク・フオーラム』と呼ぶことができよう。このパブリツク・フオーラムが表現の場所として用いられるときには，所有権や，本来の利用目的のための管理権に基づく制約を受けざるをえないとしても，その機能にかんがみ，表現の自由の保障を可能な限り配慮する必要があると考えられる。道路における集団行進についての道路交通法による規制について，警察署長は，集団行進が行われることにより一般交通の用に供せられるべき道路の機能を著しく害するものと認められ，また，条件を付することによつてもかかる事態の発生を阻止することができないと予測される場合に限つて，許可を拒むことができるとされるのも（最高裁昭和56年(あ)第561号同57年11月16日第三小法廷判決・刑集36巻11号908頁参照），道路のもつパブリツク・フオーラムたる性質を重視するものと考えられる」と述べられた。これを契機に，パブリック・フォーラム論が広く論じられるようになった。道路，公園などの公共用物は，伝統的パブリック・フォーラムと呼ばれ，公会堂，市民会館，公民館などの公共用物は指定的パブリック・フォーラムと呼ばれるが，その許可使用を認めるかを判断するに当たり，道路における集団示威行進，公園，公会堂における集会のように，表現活動である場合には，公物管理権に基づく制約はあるものの，憲法21条が保障する表現の自由，集会の自由にできる限り配慮する必要がある。

3）　特許使用

一般には認められない公物（通常はその一部）の排他的使用を特定の者に認めるものが特許使用であり，公物使用権の特許ともいわれる。電力会社や電話会社が道路に電柱を立て電線を張ったり，ガス会社が道路下にガス管を埋設したり，電力会社が水力発電のために流水を占用したり，河川区域内の土地で土石を採取（河25条）するのがその例である。河川区域内の土地（河川管理者以外の者がその権原に基づき管理する土地を除く）を占用しようとする者は，河川管理者の許可を受けなければならない（河24条)。この占用も，排他的・継続的使用を意味し，イベント等により他の使用を排除する使用は，工作物の設置（河26条）や土地の形状変更（河27条）を伴わなくても，占用許可を要することになる。排他的使用といっても公共用物としての性格と矛盾しないように使用する制約は内在する。最判昭和37・4・10民集16巻4号699頁・百選Ⅰ18事件も，「公水使用権は，それが慣習によるものであると行政庁の許可によるものであるとを問わず，公共用物たる公水の上に存する権利であることにかんがみ，河川の全水量を独占排他的に利用しうる絶対不可侵の権利でなく，使用目的を充たすに必要な限度の流水を使用しうるに過ぎないものと解するのを相当とする」と判示している[41]。

Column　流水の占用の登録

2013（平成25）年の河川法改正により，小水力発電を推進する趣旨で，すでに許可を得た水利権を使用した従属発電（河川法23条の許可を受けた水利使用のために取水した流水のみを使用する発電）のために河川の流水を占用しようとする者は，新たに減水区間が発生しないため，改めて占用許可を得る必要はなく，河川管理者の登録を受けるのみで足りることとされた（河23条の2）。

占用許可を得た者が，それによりかなりの収益を得ることが見込まれる場合には，占用者の公平な選定を図るとともに，公物管理者の収入の増加を図る上では，占用者を入札により決定することが有効である。そこで，2014（平成26）年の道路法改正により，占用許可における入札制度が導入された（道39条の2～39条の7)。

特許使用は排他的使用であるため，占用料というかたちで対価を徴収しうることが法律に規定されている例がある（道39条，河32条，海岸11条，港湾37条4項)。かかる明文の規定がない場合においても，占用料を賦課徴収することができるかが議論されることがある。大日本帝国憲法下においては，公物占用料は「報償ニ属スル行政上ノ手数料」（62条2項）として，法律の根拠なく徴収可能であるとする説が有力であったが，日本国憲法下においても，自有公物については，所有権に基づく使用料であり，法律の根拠を要しないとする説がある[42]。

41）　占用権の性質をめぐる議論については，松島諄吉「公物管理権」行政法大系(9) 313頁参照。

42）　塩野・行政法Ⅲ396頁参照。

Column　はみ出し自動販売機事件

公物占用料に関する著名な事件として，「はみだし自動販売機事件」がある。主婦連合会等は，自動販売機が都道に無権限ではみ出して設置されたことにより，東京都は都道の占用料相当額の損害を被ったとして，地方自治法（平成14年法律第4号による改正前のもの）242条の2第1項4号の規定に基づき，東京都に代位して，商品製造業者らに対し，損害賠償または不当利得返還を請求する住民訴訟を提起した。

最判平成16・4・23民集58巻4号892頁・地方自治百選114事件は，地方公共団体の長は，債権で履行期限後相当の期間を経過してもなお完全に履行されていないものについて，「債権金額が少額で，取立てに要する費用に満たないと認められるとき」に該当し，これを履行させることが著しく困難または不適当であると認めるときは，以後その保全および取立てをしないことができるとされていることを指摘した（自治令171条の5第3号）。

そして，本件では，東京都が，はみ出し自動販売機全体について考慮する必要がある中において，1台ごとに債務者を特定して債権額を算定することには多くの労力と多額の費用とを要するものであったとして，本件について，「債権金額が少額で，取立てに要する費用に満たない」と認めたことは違法でないとした。また，はみ出し自動販売機にかかる最大の課題は，それを放置することにより通行の妨害となるなど望ましくない状況を解消するためこれを撤去することであったから，対価を徴収することよりも，はみ出し自動販売機の撤去という抜本的解決を図ることを優先した東京都の判断は，十分に首肯でき，商品製造業者が，東京都に協力をし，撤去費用の負担をすることによって，はみ出し自動販売機の撤去という目的が達成されたのであるから，そのような事情の下では，東京都がさらに撤去前の占用料相当額の金員を商品製造業者から取り立てることは著しく不適当であると判断したとしても違法でないと判示した。

占用許可の撤回に対して通常生ずべき損失を補償する義務について明文の規定が設けられている例があるが（道72条，河76条，海岸12条の2，都園28条），そこでいう通常生ずべき損失とは，占用権の対価を含むのか否かという問題がある。占用権は公益上の必要性が生じたときは消滅するという制約を内在させているとみるべきであり，占用権自体の権利対価補償は原則として不要であろう。最判昭和63・1・21判時1270号67頁（福原輪中堤訴訟）は，輪中堤占用許可の撤回に伴う権利対価補償を認めているが，当該輪中堤は原告の祖先が私財を投じて築造し管理してきたもので，原告が相続したが，旧河川法の下で河川附属物に認定され，無補償で私権が消滅していたという特殊な沿革があったためであり，一般化できない[43)]。

4)　伝統的分類の再考の動き

公共用物の使用についての以上の3分類は，今日とは社会経済的諸条件がまったく異なる時代に設けられたものであり，はたして，今日においても維持しうるものであるかについては，疑問が提起されることが稀でない。学説においても，たとえば，河川敷におけるモトクロス等について，他者の自由使用との調整を要する調整使用という新しいカテゴリーを提唱するものもある[44)]。

ドイツでは，水法においては，許可使用と特許使用の区別がみられるのに対し，道路法制では両者が区別されないように[45)]，公共用物の類型に応じて使用形態の分類基準を考えることが適切な場合がありうることも否定できない。

わが国の公物法理論では，許可使用と特許使用を区別しているが，その境界は必ずしも明瞭ではなく，個別の公物管理法上の許可制度が，いずれに該当するかについて判断が分かれる場合も生じうる。わが国では，前述のように許可使用は，本来は自由な行為であることが前提とされているのに対し，特許使用は，本来の用法とは異なる用法であるとする説明が，従前行われてきた。本来の用法か否かは，公物の目的をどのように理解するかによることになるが，公物の目的のとらえ方も，社会経済的諸条件の変化に応じて変化する。かつては，道路は，もっぱら交通のための施設であったが，今日においては，道路は，水道管，ガス管，下水管，電線等を敷設するための公共空間としての機能もきわめて重要になっており，これを本来の目的とは異なるということが，はたして現代の社会通念に沿ったものといえるか疑問の余地がある。道路法が，電柱，電線，水管，下水道管，ガス管等が占用物件であっても，道路の敷地外に余地がないためにやむをえないことを占用許可の要件の1つとしていること（「無余地性」の基準。道33条1項）は，これらの物件のための道路占用も，道路本来の用途とは異なる特許使用に当たるという考えに基づくものといえるし，交通への支障を排除するために道路の占用を禁止し，または制限する区域を設定することができるとしていることも（道37条1項），交通機能こそが道路の本来の機能であるという思考の現れといえるが，他面において，水道事業，電気事業，ガス事業等の公益性の高い事業のた

43)　詳しくは，宇賀克也「行政財産の使用許可の撤回と損失補償(下)」ジュリ1017号159頁以下参照。

44)　広岡・公物法118頁参照。

45)　大橋・前掲注39）243頁参照。

めの道路占用については，道路占用許可基準を満たしている場合には，占用許可を義務づけていること（道36条2項）は，かかる公共公益施設を収容する公共空間機能を道路本来の機能として位置づけるものとみることもできなくはないように思われる。

また，水道が整備される以前は，河川の流水を生活用水等として使用することは自由使用として位置づけられていたが，水道の整備された今日においては，水道事業者が許可を得て利水ダム等を設置し，水道の供給を行うことが一般的になっている。生活用水等としての河川の流水の使用という面で，両者間に量的差異はあっても質的差異があるとはいえず，後者を河川の本来的使用ではないとはいいがたい[46]。そのため，許可使用と特許使用の区別には疑問が提起されうる。

***Column*　公物の利用強制**

公共下水道の供用が開始された場合においては，当該公共下水道の排水区域内の土地の所有者，使用者または占有者は，遅滞なく，その土地の下水を公共下水道に流入させるために必要な排水管，排水渠その他の排水施設を設置しなければならない（下水道10条1項柱書本文)。下水道という公物は，このように利用強制の仕組みがとられている点に特色がある。これは，生活環境の改善，公衆衛生の向上，公共用水域の水質保全のためである。公共下水道の管理者は原則として市町村であるが，事業計画について都道府県知事に協議しなければならず，都道府県が設置する公共下水道の事業計画について国土交通大臣に協議しなければならないのは，下水道の設置管理が適切でない場合に当該地方公共団体以外の公共水域を汚染するなど外部不経済をもたらすことのほか，利用強制という私人への義務付けの側面を有するからである。

(2)　公用物の使用関係

1)　使用許可

行政財産は，貸し付け，交換し，売り払い，譲与し，信託し，もしくは出資の目的とし，または私権を設定することができないのが原則である（国財18条1項，自治238条の4第1項)。しかし，行政財産は，その用途または目的を妨げない限度において，その使用または収益を許可することができる（国財18条6項，自治

46)　三本木健治「公物法概念の周辺的諸問題」同・公共空間論（山海堂，1992年）93頁参照。

238条の4第7項）。これが，一般に行政財産の目的外使用許可といわれてきたものである。この制度は，行政財産一般を対象としたものであるが，公共用物については，個別の公物管理法に基づく許可制度が優先的に適用されると解されており，そのため，目的外使用許可制度が適用されるのは，実際には，公用物と法定外公共物であり，実務上は，前者に適用される場合が圧倒的に多い。

この点についての注目すべき最高裁判例が，最判平成19・12・7民集61巻9号3290頁・地方自治百選55事件である。同判決は，国が所有する一般公共海岸区域は国有財産法上の行政財産であるが，海岸法37条の4は，一般公共海岸区域の適正な保全を図るため，その占用について，国有財産法18条3項所定の行政財産の使用または収益の許可に代え，海岸法7条の規定に倣い，海岸管理者の許可を要することとしていると述べており，公物管理法に占用許可の規定が存在する場合には，国有財産法の目的外使用許可ではなく，公物管理法の占用許可が行われることを明確にしている。そして，海岸法には，一般公共海岸区域の占用の許否の要件に関する明文の規定が存在しないが，一般公共海岸区域が行政財産としての性格を失うものではない以上，同法37条の4により一般公共海岸区域の占用の許可をするためには，行政財産の使用または収益の許可の要件が満たされている必要があるというべきであって，一般公共海岸区域は，その用途または目的を妨げない限度において，その占用の許可をすることができるものと解すべきとする。すなわち，公物管理法の占用許可の要件に，国有財産法が定める行政財産の目的外使用許可の要件が組み込まれていると解しているのである。したがって，公物の占用許可申請があった場合において，申請にかかる占用が当該公物の用途または目的を妨げるときには，公物管理者は占用許可をすることができないことになる。しかし，同判決は，申請にかかる占用が当該一般公共海岸区域の用途または目的を妨げないときであっても，海岸管理者は，必ず占用許可をしなければならないものではなく，海岸法の目的等を勘案した裁量判断として占用の許可をしないことが相当であれば，占用許可をしないことができると判示している。その理由として同判決は，海岸法37条の4の立法趣旨からすれば，一般公共海岸区域の占用の許否の判断に当たっては，当該地域の自然的または社会的な条件，海岸環境，海岸利用の状況等の諸般の事情を十分に勘案し，行政財産の管理としての側面からだけではなく，同法の目的の下で地域の実情に即してその許否の判断をしなければならないのであって，このような判断は，海岸管理者の裁量にゆだねるのでなければ適切な効果を期待することができないことを挙げている。すなわち，公物管理権者は，占用許可に当たり，行政財産の適切な管理の観点から，国有財産法18条3項の要件を遵守することを義務づけられるとともに，公物の機能管理の観点から，占用許可についての裁量を有することになる。しかし，同判決は，一般公共海岸区域の占用許可をしないものとした海岸管理者の判断につき，裁量権の範囲の逸脱または濫用があった場合には，占用の許可をしない旨の処分は違法として取り消されるべきと述べ，実際に，裁量の逸脱または濫用があったとして，占用不許可処分を取り消している（裁量権の逸脱・濫用を認めるに当たって，本件占用許可を得られないと，許可申請者が予定していた採石業を行うことが相当困難になるという事情が考慮されている）。

公立小中学校の教職員の職員団体が教育研究集会の会場として市立中学校の学校施設を使用することを市教育委員会が許可しなかったことが裁量権を逸脱することを理由に提起された国家賠償請求事件において，最判平成18・2・7民集60巻2号401頁・百選Ⅰ73事件・地方自治百選59事件（呉市立中学校事件）は，学校施設は，地方自治法238条の4にいう行政財産であり，それを目的外に使用する場合には，同条4項（当時。現在は7項）の規定に基づく許可が必要であるとする。そして，学校施設は，一般公衆の共同使用に供することを主たる目的とする道路や公民館等の施設とは異なり，本来学校教育の目的に使用すべきものとして設置され，それ以外の目的に使用することを基本的に制限されている（学校施設の確保に関する政令1条，3条）ことからすれば，学校施設の目的外使用を許可するか否かは，原則として，管理者の裁量にゆだねられているとし，学校教育上支障があれば使用を許可できないことは明らかであるが，そのような支障がないからといって当然に許可しなくてはならないものではなく，行政財産である学校施設の目的および用途と目的外使用の目的，態様等との関係に配慮した合理的な裁量判断により使用許可をしないこともできると判示している。

***Column*　大阪市労使関係に関する条例**

橋本徹前大阪市長の下で制定された大阪市労使関係に関する条例（平成24年条例第79号）[47)]12条は，「労働組合等の組合活動に関する便宜の供与は，行わないものとする」と定め，これを受けて，大阪市学校教育委員会は，2012年7月30日，審査基準

47）　同条例については，西谷敏「便宜供与の法的性格と大阪市労使関係条例」法時85巻10号75頁参照。

を改正し，行政財産の目的外使用許可について，労働組合に対する許可は行わないことを明確にした。これを受けて，大阪市教職員組合が主催する教育研究集会の会場として学校施設の目的外使用許可申請拒否処分がされた事案において，大阪地判平成26・11・26判時2259号114頁は，同条は，これが適用されなければ違法とされる便宜供与不許可処分を適法化するために適用される限りにおいて，職員団体の団結権等を違法に侵害するものとして憲法28条に違反して無効という適用違憲の判断を行い，本件不許可処分は，考慮すべきでない考慮要素（本件条例12条の存在）のみを考慮している点において判断が明らかに合理性を欠いており，他方，当然考慮すべき事項（教育研究集会の意義，学校教育上の支障がないこと等）を十分考慮しておらず，各校長の裁量権を逸脱濫用した違法な処分であると判示した。そして，同条例12条および同条を受けた改正後の審査基準には憲法28条に違反するという重大な法的瑕疵があり，当該校長は，本件不許可処分が違法であることを認識しえたとして，国家賠償請求を認容した。その控訴審の大阪高判平成27・10・13判時2296号30頁（確定）は，同条例12条は，労働組合等の組合活動を一律に禁止したものではないとして，同条を違憲無効としなかったが，本件不許可処分は裁量権の逸脱濫用に当たるとした。しかし，当該校長が同条により労働組合等の組合活動に関する便宜の供与が一律に禁止されると解釈して本件不許可処分をしたことは無理からぬ面があったといわざるをえないとして，国家賠償請求を認容しなかった。

また，2012年3月まで大阪市庁舎の一部を労働組合の事務所として利用するための目的外使用許可を受けてきた労働組合またはその連合体である原告らが，2012年度，2013年度，2014年度の目的外使用許可申請を拒否されたため，各不許可処分の取消訴訟（ただし，2012年度，2013年度の使用許可申請拒否処分については，取消訴訟係属中に使用期間が経過したため，取消訴訟は取り下げられている），2014年度の使用許可義務付け訴訟，不許可処分に起因する損害の賠償を求める国家賠償請求訴訟を提起し，他方，大阪市は，原告らが使用許可期間満了後も明渡しに応じなかったことから，明渡しを求めるともに，明渡しまでの賃料相当分の損害賠償請求を行った事案において，大阪地判平成26・9・10判時2261号128頁は，2012年度にかかる不許可処分は，重視すべきでない考慮要素（行政事務スペースとしての使用の必要性や組合事務所としての庁舎の使用を許可することによる弊害のおそれ）を重視するなど，考慮した事項に対する評価が明らかに合理性を欠いており，他方，当然考慮すべき事項（労働組合の団結権に与える影響）を十分考慮しておらず，その結果，社会通念に照らし著しく妥当性を欠いたものといえ，市長の裁量権を逸脱・濫用して違法とした。また，2013年度，2014年度にかかる不許可処分は，大阪市労使関係に関する条例12条の規定に基づくものであったが，同判決は，同条は，少なくとも同条例が適用されなければ違法と評価される大阪市の行為を適法化するために適用される限りにおいて，明らかに職員の団結権等を違法に侵害するものとして憲法28条または労働組合法7条の規定に違反して無効というべきであり，前記不許可処分の違法性を判断するに当たっては，独立した適法化事由とはならないとし，これらの不許可処分も違法であるとした。そして，いずれの不許可処分についても過失が認められるとして，国家賠償請求を認容し，義務付け訴訟についても請求を認容した。その控訴審の大阪高判平成27・6・26判時2278号32頁は，2012年度にかかる不許可処分については，2011年度の許可期間満了のわずか3か月前に，何の前触れもなく不許可の方針を表明し，事務方においては，2012年1月下旬頃になって不許可方針の説明をし，その説明も詳細に渡ることを避けたのであって，団結権等を有する労働組合等に対する配慮を欠き，あまりに性急であって違法であるとし，過失も認めて国家賠償請求を認容した。他方，2013年度，2014年度にかかる不許可処分は，大阪市労使関係に関する条例12条の規定に基づくものであり，同条例は違憲でも違法でもないことから，不許可処分は適法であるとし，したがって，2013年4月1以降は労働組合が不法占拠していることになるとして，大阪市による明渡請求および損害賠償請求を認容した（最決平成29・2・1判例集不登載は上告棄却，上告不受理）。

公の施設については，福祉会館を葬儀会場として使用するための許可申請の不許可処分を理由とする国家賠償請求事件において，最判平成8・3・15民集50巻3号549頁・地方自治百選57事件（上尾市福祉会館事件）は，地方自治法244条に定める公の施設として，本件会館のような集会の用に供する施設が設けられている場合，住民等は，その施設の設置目的に反しない限りその使用を原則的に認められることになるので，管理者が正当な理由もないのにその利用を拒否するときは，憲法の保障する集会の自由の不当な制限につながるおそれがあるとし，不許可処分は「会館の管理上支障があると認められるとき」（上尾市福祉会館設置及び管理条例6条1項1号）の解釈適用を誤り違法としている。

呉市立中学校事件においても上尾市福祉会館事件においても，集会の自由が問題になる点，結論として請求を認容した点は共通しているが，行政財産の目的外使用許可である前者の場合には，管理者の合理的裁量により不許可にする余地が認められている。

公用物である行政財産の使用許可がなされることが多いのは，庁舎における食堂，売店，職員団体の事務所としての使用に対してである。これらは，伝統的には，目的外使用として説明されてきた。しかし，庁舎内でこれらの使用を許可するのは，職員（食堂，売店については来訪者にも）の便宜に資するからであり，庁舎の本来の目的と無関係とはいえない。立法者意思は目的外使用許可制度として構成したものと解されるが，目的外か否かにこだわらず，職員以外の者による使用について許可制が採用されたと解すればよいようにも思われる[48]。

Column 公用財産と公の施設

公有財産が公用財産であるか，公の施設であるかが争われることがある。市庁舎前広場が，市庁舎の敷地の一部をなす公用財産であるのか，住民の憩いの場として利用されることを想定した公の施設であるかが争われた事案において，金沢地判平成28・2・5判時2336号53頁は，当該広場は，市庁舎と一体をなす公用財産であって，公の施設ではないと判示した。また，本件広場は，市によって市民の利用に供されてきた面があるとはいえ，市においては，本件広場が物理的・構造的に市庁舎の一部であり，市の事務または事業を執行するために直接使用すべき公用財産であることなどを踏まえて，あくまでも市の事務・事業そのものやそれに密接に関連する表現活動等であるか，そうでないとしても市の事務・事業に支障が生じない表現活動等であると事前判断されたものに限定して表現活動等を許可してきたにとどまり，実際にもそれ以外の表現活動等は許可されてこなかったので，市が本件広場を自発的に公衆の表現活動の場所としてその利用に供してきたものとは評価し難く，本件広場が指定的パブリック・フォーラムに該当するとはいえず，本件広場にパブリック・フォーラムの法理が適用されるとは認められないとした。その控訴審の名古屋高金沢支判平成29・1・25判時2336号49頁は控訴を棄却し，最決平成29・8・3判例集不登載は，上告棄却・上告不受理とした。

使用許可取消訴訟の原告適格

公用物である行政財産の使用許可処分に対し，周辺住民が取消しを求める法律上の利益を有するかという問題がある。千葉地判平成3・9・13行集42巻8＝9号1496頁は，県知事が，ガス会社に対し，ガス整圧機建設のために県営住宅の敷地の一部について行政財産使用許可処分をしたため，その隣地および地上建物の所有者が取消訴訟を提起した事案において，公有財産の使用許可の規定の趣旨は，行政財産の適正かつ効率的な管理を期することにあるのであって，当該土地周辺地域の住民の個別的な権利・利益を保護することにあるのではないことは明らかであるとして，原告適格を否定した。控訴審の東京高判平成4・2・27行集43巻2号265頁も同様の理由で控訴を棄却している。

また，森林法に基づく潮害防備保安林に指定されている国有林を大規模総合リゾート公園建設のために使用することを営林署長が国有財産法に基づき許可したため，近隣住民が当該許可処分の取消訴訟を提起した事案において，宮崎地判平成6・5・30判時1532号61頁は，国有財産法が，行政財産に企業用財産（当時）という特別の種類を設けた趣旨は，国が営む事業用の財産については，その職員のための宿舎をも含めて，営利原則に立脚した事業用財産として企業会計的な処理に服するようにする必要があり，他の国有財産とは異なる処理をするためであると解し，

48) 塩野・行政法Ⅲ399頁，森田寛二「国有財産法の理解に関する疑問(下)」自治研究74巻3号6頁参照。

企業用財産の用途または目的に，当該企業に無関係な周辺住民の個別的利益が含まれているとみる余地はないと判示している。原告らは，国有財産が企業用財産であるとしても，同時に森林法上の潮害防備保安林であるから，このよう場合には，国有林についての使用収益処分を制限する国有財産法18条3項（現6項）の趣旨には，保安林の指定によって達成しようとした利益を守ることも含まれると主張した。しかし，同判決は，国有財産法の基本的な趣旨は，国有財産の取得，維持，保存および運用ならびに処分についての通則を定めることにあり，森林法の基本的な趣旨は，森林計画，保安林その他森林に関する基本的事項を定めて，森林の保続培養と森林生産力の増進とを図り，もって国土の保全と国民経済の発展とに資することにあるのであって，両者は，趣旨，目的を共通にするとはいえないと述べている。そして，保安林の指定解除に直接の利害関係を有する者は，当該保安林の指定解除の適否を争う原告適格を有するのであるから，国有財産法に基づく許可処分を争うのでなく，保安林指定解除を争えば足りると判示している[49]。

なお，行政財産の使用許可が撤回されたとき，使用権自体の権利対価補償が必要か，除却費用，移転料等の補償が必要かが争われることがある[50]。行政財産の使用権は，公益上の理由で撤回が行われる時点で消滅する解除条件付きまたは不確定期限付きの権利と解されるので，原則として，権利対価補償は不要と解される。他方，投下資本を回収できない間に公益上の理由により撤回がされた場合には，除却費用や移転料等の付随的損失の補償がされるべきと思われる。

2）行政財産への私権の設定

国有財産の使用

1964（昭和39）年の国有財産法改正により，行政財産については私権の設定を禁止し，国以外の者による使用収益については，使用許可制度を利用することが明確にされた。しかし，1973（昭和48）年の同法改正で，国と地方公共団体等が庁舎等の1棟の建物を区分所有するための建築（合築）を行い，行政財産である敷地を合築の相手方に貸し付ける制度が導入され（国財18条2項2号），鉄道・道路等，一定の公益性の高い施設のために行政財産への地上権の設定も認められた（同項5号）[51]。また，PFI法も，国有行政財産

49）その他の判決も含め，この問題については，石崎誠也「国有財産使用許可処分に対する住民の原告適格」兼子仁＝磯部力編・手続法的行政法学の理論（勁草書房，1995年）367頁以下参照。

50）宇賀・概説Ⅱ513頁以下，詳しくは，宇賀・前掲注43）158頁以下参照。

の貸付けを認める規定を置いている（民活公共施設69条1項〜5項）。そして，2006（平成18）年1月18日の財政制度等審議会答申「今後の国有財産の制度及び管理処分のあり方について――効率性重視に向けた改革」を受けて，同年の通常国会で国有財産法の改正が行われ，国有財産の管理および処分の原則が新たに規定され（国財9条の5），効率的な運用を図ること等が明記され，財務大臣による国有財産の総括においても，各省各庁の長に対し，効率的な運用を求めることができることが明らかになった（国財10条1項）。さらに，庁舎等の床面積または敷地の余剰部分（国財18条2項4号），堅固な工作物を利用者自ら設置する場合（従前は，羽田空港のターミナルビルのような堅固な建物が使用許可により利用されている例があった）を貸付対象に追加し（同項1号），国有地と隣接民有地の上に合同庁舎等を合築する場合に当該国有地を貸付対象に追加し（同項3号），電線路等の施設のための地役権の設定を認め（同項6号），行政財産である土地に定期借地権の設定が可能となるように，貸付期間の制限を緩和し，定期借地権設定の場合は50年以上とする（国財21条1項2号・19条）等，行政財産への私権の設定禁止原則は大きく緩和された。また，従前は運用上制限されていた営利を主たる目的とする使用収益も認められることになった。

Column 国有財産の地方公共団体への譲与

巨額の赤字を生んだ「私のしごと館」は，2010（平成22）年3月31日に営業を終了し閉館した。「私のしごと館」を管理していた独立行政法人雇用・能力開発機構は，同年5月31日以後，2回にわたり，「私のしごと館」の土地建物を一般競争入札により売却する公告を行ったが，いずれにおいても入札参加者はいなかった。同機構は2011（平成23）年10月1日に廃止されたため，「私のしごと館」の土地建物は，同日から厚生労働省所管の国有財産になった。国有普通財産を譲与できる場合はきわめて限定されているため（国財28条），2013（平成25）年の総合特別区域法の改正により，地方公共団体が研究開発の用途に使用するために譲与を希望した場合には，譲与が可能になった。売却ができず維持管理費が嵩んでいた「私のしごと館」の土地建物は，この特区制度を活用して，2014（平成26）年4月1日に京都府に譲与された。

公有財産の使用

公有財産についても，1974（昭和49）年の地方自治法改正で合築制度が導入され，地上権の設定も一定の場合に認められることになった。また，1989（平成元）年の政令改正により，地方公営企業が所有す

51） 宇賀克也「国公有財産有効活用の法律問題」争点〔新版〕324頁以下参照。

る行政財産である土地について，地下を使用している場合の地上の貸付け，空中を使用している場合のその下の貸付けが認められた。PFI法も，公有行政財産の貸付けについての規定を置いている（民活公共施設69条6項〜10項)。さらに，2006（平成18）年の国有財産法改正と合わせて，同年の通常国会で地方自治法改正が行われ，行政財産の貸付け規制の緩和，地役権制度の導入等が行われた（自治238条の4第2項)。

Column　特定漁港施設の貸付け

漁港施設は行政財産であるため，原則として貸付けができず，短期間の使用許可により利用されてきたが，使用許可は更新の保証もなく，民間事業者の参入は困難であった。下関市は，長期間の貸付契約という法的に安定した条件の下で民間投資を促進し，民間の資金・ノウハウを活用して流通機能の高度化を図るために，構造改革特別区域法に基づく漁港特区の認定を受け，認定事業者に行政財産である特定漁港施設を長期契約で貸し付けた。その後，上記の地方自治法改正により，行政財産の貸付けの要件が緩和されたが，係留施設，輸送施設，加工施設，護岸のように，上記の地方自治法改正による規制緩和の対象外の施設も，漁港特区による貸付けの対象になっていた。そこで，構造改革特別区域の全国展開として，2007（平成19）年の通常国会における漁港漁場整備法改正により，行政財産である特定漁港施設の貸付け制度が一般化された（37条の2)。

特別行政主体の公用物の使用関係

独立行政法人，国立大学法人，地方独立行政法人等が使用する公用物の管理については，特別の規定が法律に置かれているわけではない。これらの法人の通則法においては，重要な財産を譲渡し，または担保に供しようとするときの認可に関する規定が置かれているのみであり（独行法48条，国大法人35条，地独行法44条)，使用許可に関する規定は設けられていない。したがって，当該法人の管理する財産を第三者に使用させる場合には，契約の手法が用いられる。

判例索引

〈大審院〉

〈最高裁判所〉

〈高等裁判所〉

〈地方・簡易裁判所〉

事項索引

き

く

け

こ

さ

し

た

ち

つ

て

行政法概説Ⅲ　行政組織法／公務員法／公物法〔第5版〕

Administrative Law Text, Vol.3,
Administrative Organization Law/Civil Service Law/Public Things Law

2008年4月10日　初　版第1刷発行
2010年3月20日　第2版第1刷発行
2012年11月30日　第3版第1刷発行
2015年12月20日　第4版第1刷発行
2019年3月20日　第5版第1刷発行

著　者　宇　賀　克　也
発行者　江　草　貞　治
発行所　株式会社　有　斐　閣

郵便番号 101-0051
東京都千代田区神田神保町 2-17
電話（03）3264-1314〔編集〕
（03）3265-6811〔営業〕
http://www.yuhikaku.co.jp/

印刷・株式会社暁印刷／製本・牧製本印刷株式会社

ISBN 978-4-641-12605-3